中国图书馆年鉴 2022

ZHONGGUO TUSHUGUAN NIANJIAN

中国图书馆学会
国家图书馆 编

国家图书馆出版社

图书在版编目(CIP)数据

中国图书馆年鉴. 2022 / 中国图书馆学会,国家图书馆编. —北京:国家图书馆出版社,2023. 12
ISBN 978-7-5013-7874-6

Ⅰ.①中… Ⅱ.①中… ②国… Ⅲ.①图书馆事业—中国—2022—年鉴 Ⅳ.①G259.2-54

中国国家版本馆 CIP 数据核字(2023)第 182852 号

书　　名	中国图书馆年鉴 2022 ZHONGGUO TUSHUGUAN NIANJIAN 2022
著　　者	中国图书馆学会 国 家 图 书 馆　编
责任编辑	唐　澈
责任校对	郝　蕾
封面设计	耕者设计工作室
出版发行	国家图书馆出版社(北京市西城区文津街 7 号　100034) (原书目文献出版社　北京图书馆出版社) 010-66114536　63802249　nlcpress@nlc.cn(邮购)
网　　址	http://www.nlcpress.com
排　　版	北京金书堂文化发展有限公司
印　　装	河北鲁汇荣彩印刷有限公司
版次印次	2023 年 12 月第 1 版　2023 年 12 月第 1 次印刷
开　　本	889×1194　1/16
印　　张	32　　**彩插**　2
字　　数	943 千字
书　　号	ISBN 978-7-5013-7874-6
定　　价	450.00 元

编辑说明

1.《中国图书馆年鉴》是反映中国图书馆事业年度发展状况的大型资料工具书。首卷出版于1996年,反映1990年至1995年间的情况。自1999年始,编辑出版周期为隔年一卷,包括1999年卷、2001年卷、2003年卷以及2005年卷。自2006年卷起,改为每年编辑出版一卷。

2.《中国图书馆年鉴》自2007年卷起,由中国图书馆学会、国家图书馆联合主办,编纂工作由国家图书馆研究院《中国图书馆年鉴》编辑部主持。

3.《中国图书馆年鉴2022》反映2021年中国图书馆界的发展状况。

4.《中国图书馆年鉴2022》的动态性信息由全国各省、自治区、直辖市图书馆学会、中国图书馆学会各分支机构及所属各专业委员会、相关专业机构或教学研究机构提供。年鉴的统计资料来自文化和旅游部、地方文化行政部门、专业协作组织、中国图书馆学会高校图书馆分会以及有关专业机构。年鉴的参考性、指南性资料,由年鉴编辑部组织整理编辑,并得到中国图书馆学会编译出版委员会图书馆学期刊与年鉴编辑出版专业委员会的指导。

5.《中国图书馆年鉴2022》正文采用分类编辑法。全文由图书馆活动图辑、纪事、图书馆事业、学术研究与活动、法律法规与政策性文件、专业文献、统计资料、年度大事记、综合主题索引等几大部分构成。

《中国图书馆年鉴》主办与编纂单位

主　　办　中国图书馆学会　国家图书馆

编　　纂　国家图书馆研究院(业务管理处)《中国图书馆年鉴》编辑部

《中国图书馆年鉴》编纂工作委员会

《中国图书馆年鉴》编辑部

编辑部联系方式：

地　　址：北京市中关村南大街33号　国家图书馆研究院（业务管理处）《中国图书馆年鉴》编辑部

邮　　编：100081

电　　话：（010）88545307

电子邮箱：zgtsgnj@nlc.cn

联 系 人：王秀香　李兴芳

本卷撰稿人（按姓氏笔画排序）

于莉娜　马晓茹　王　波　王　哲　王　雷　王　颖　王　慧　王　薇　王　璐
王一先　王玉宝　王芊予　王丽丽　王伯秋　王国强　王星胜　王梦莹　云志芳
韦绍芬　韦艳芳　毛发虎　毛晓敏　文一叶　文佩珊　方明媚　孔令花　艾丽娜
田　甜　田　颖　田欣雨　冯　英　冯占英　兰芷仪　朴继红　曲慧婷　吕　娜
吕元月　朱　欢　朱　利　朱本军　朱振宏　任青吉　任夏静　伦志军　刘　丹
刘　伟　刘　芳　刘　洋　刘　婧　刘　锦　刘江宁　刘炼红　刘洁萍　刘晓辉
刘海迪　刘雪平　次旦普赤　安嘉璐　祁月月　孙　诗　孙　超　孙小满　孙德存
严　真　苏丽璇　李　伟　李　闯　李　娇　李　艳　李　倩　李　益　李　浩
李　萍　李　梅　李　敏　李小梅　李玉红　李昕阳　李凯翔　李晓萌　李海燕
李彬莉　李景贤　杨　凡　杨　帆　杨　奕　杨白柳　杨雨霖　杨荣成　杨荔雯
杨效军　杨粒彬　肖　利　肖东琛　肖林霖　吴汉华　吴晋斐　何杰锋　何国艳
闵国锋　汪　维　汪　滨　宋海鸥　宋福燕　张　亚　张　伟　张　明　张　莉
张　鑫　张小云　张小野　张义祥　张立琼　张丽佳　张宏亮　张若冰　张明华
张建功　张建荣　张袁媛　张晓庆　张晓燕　张雪英　张惠君　张媛艳　张潇雨
邵　燕　陆文静　陈　妮　陈玉芳　陈亦阳　陈敏仪　武　霞　武晋媛　武锦丽
苑金海　范　爽　林厚梅　易　琳　罗　叶　罗　欢　罗　颖　罗倩倩　罗慧娴
金仙花　周　杰　周　雄　周　静　周克勤　周丽丽　周思妤　庞兴梅　庞晓春
郑江平　赵　旭　赵　楠　赵　燕　赵冬梅　赵树宜　赵奕沣　赵维芯　赵新萍
荣　嘉　胡　萍　胡从启　胡咏欣　钟海珍　段凤霞　段蓓虹　姜　宏　姜　蕴
姚伟欣　秦　琳　耿恺悌　栗璐燕　贾　蔷　贾恬恬　倪海燕　徐　磊　徐晓方
唐　璐　唐晓应　朗杰卓玛　黄　兵　黄　艳　菅晓睿　曹　涛　曹宇婷　常潇潇
崔晓彦　章素梅　梁　娜　梁　雪　梁江伟　梁丽宁　梁新梅　隋长宏　彭著君
葛　丽　董　莹　蒋　娟　覃衍海　焦　倩　储继华　舒　珍　谢佳新　靳常生
路连英　鲍国葆　廉丽华　蔡军深　蔡家意　裴　潇　谭志红　谭黎绮珊　樊佳琦
潘艳丽　潘雅茵　霍晓焰　霍彩玲　冀　娜　鞠贤竹　魏秀玲

图书馆活动图辑

◆ 9 月 28 日，《鲁迅手稿全集》新书首发式在国家图书馆举行

◆ 4 月 21 日，古籍数字资源联合发布座谈会在国家图书馆召开，国家图书馆（国家古籍保护中心）联合全国 9 家单位发布新增古籍数字资源 1700 余部 / 件

◆ 5 月 22 日，“碧海白帆——船舶种类知多少”科普讲座在国家图书馆少年儿童馆举办

◆ 6 月 1 日，“珠还合浦　历劫重光——《永乐大典》的回归和再造”展览在国家典籍博物馆开展

◆ 7 月 3 日，“致敬经典·艺术里的红色记忆”系列活动之“永远做党的好女儿”公益讲座在国图艺术中心举办

◆ 7 月 8 日，《共产党宣言》专题展在国家典籍博物馆开展

◆ 9 月 2 日，首届丝绸之路国际图书馆联盟大会在杭州举行

◆ 12 月 2 日，由国家图书馆承办的全国智慧图书馆建设联席会议第一次会议召开

◆ 12 月 28 日，第十六届全国省、自治区、直辖市、较大城市图书馆馆长联席会议在国家图书馆召开

◆ 5 月 18—21 日，中国图书馆学会第八届青年学术论坛在广东广州举办

◆ 6 月 8—12 日，主题为“红色文献阅读推广”的“阅读推广人”培育行动（第十七期）在陕西宝鸡举办

◆ 7 月 12—17 日，全国基层文化和旅游公共服务队伍培训——第十三期全国县级图书馆馆长培训班在云南昆明举办

◆ 10 月 31 日，2021 年“书香社区”论坛在浙江宁波举办

◆ 3 月 18 日，北京市顺义区图书馆新馆对外开放

◆ 4 月 23 日，首都图书馆启动“我的冬奥梦”中俄儿童写作暨绘画竞赛活动

◆ 6 月 1 日，首都图书馆推出“童书经典中的党史”主题童书展

◆ 6 月 28 日，北京市丰台区图书馆大红门新馆开馆运营

◆ 6 月 28 日，首都图书馆大兴机场分馆开馆

◆ 9 月 27 日，首都图书馆“益起读”阅读助学公益活动在河北省张家口市部分区县小学举行

◆ 5 月 26 日，天津图书馆“学党史、读好书、习礼仪、树家风”校园公益行系列活动之汽车图书馆，进入天津师范学校附属小学

◆ 6 月 20 日，天津图书馆举办“红色经典进基层，琅琅书声满津城”活动，庆祝中国共产党成立 100 周年

◆ 7 月 31 日，天津图书馆联合天津市艺术研究所（天津市非物质文化遗产保护中心）在贵州路梦娃绘本馆区举办“小小传承人”首场传统文化活动

◆ 8 月 27 日，天津市东丽区图书馆“大画阅读”讲座在“阅东方”城市书房开讲

◆ 3 月 10 日，河北省图书馆举办拍抖音送图书盲盒活动

◆ 6 月 12 日，河北大学管理学院师生赴河北省图书馆参观河北数字旅游体验展

◆ 6 月 30 日，河北省图书馆举办“峥嵘百年　红心向党”——河北省图书馆庆祝建党 100 周年音乐诗文朗诵会

◆ 10 月 20 日，沧州市向国家图书馆捐赠张之洞铜像仪式在沧州市图书馆举行

◆ 6月9日，2021年图书馆红色空间与红色专藏论坛在太原市图书馆举办

◆ 6月18日，“中西部部省合建高校图书馆协作联席会”成立暨第一次工作会议在山西大学召开

◆ 7月8—10日，2021年山西省高校图书馆年会在山西财经大学图书馆举办

◆ 10月13日，“我是你的眼”山西省图书馆2021年视障读者“游山西　读历史”系列活动在太原古县城开展

◆ 11月20日，2021年全国高职院校信息素养大赛全国赛复赛（山西赛区）在山西工程职业学院落幕

◆ 4 月，山西省群众文化惠民工程“读党史·学党史”世界读书日全民阅读大赛山西省图书馆赛区选手合影

◆ 4 月 1 日，呼和浩特市图书馆“鸿雁书房”启动

◆ 4 月 23 日，内蒙古自治区图书馆举办世界读书日主题活动

◆ 6 月 8 日，呼和浩特市图书馆邀请阿勒得尔图讲述“红色文艺轻骑兵——乌兰牧骑纪事”

◆ 9 月 16 日，呼伦贝尔市图书馆举办“我的书屋　我的梦”活动

◆ 7 月 21—23 日，“追寻百年记忆　弘扬红色精神”红色文献整合与开发高峰论坛在辽宁沈阳召开

◆ 11 月 30 日，辽宁省图书馆“敏学天地”——“男孩屋　女孩屋”少儿成长体验阅读空间对外开放

◆ 4 月 21 日，辽源市图书馆开展第八届校园读书节——馆校联办“书香飘万家”阅读展演活动

◆ 7 月 23 日，朝阳市图书馆开展“畜牧专家零距离指导　助养殖户扩产增收”智助山村惠民服务活动

◆ 4 月 23 日，吉林省图书馆“书香吉林阅读季”系列活动启动

◆ 6 月 16 日，2021 出版发行界图书馆界阅读推广论坛在吉林长春召开

◆ 6 月 27 日，梅河口市图书馆开展“文同脉 · 绽风华”国学课堂体验活动

◆ 9 月 9—17 日，桦甸市图书馆深入 10 个村屯开展阅读活动

◆ 10 月 27 日，长春人文学院举办第二十一届“十月书香”阅读推广系列活动总结暨颁奖大会

◆ 3 月 17 日，齐齐哈尔市首家村级党建图书馆分馆举办启动仪式

◆ 4 月 14 日，黑龙江省高等学校图书情报工作委员会第九届五次副主任扩大会议在哈尔滨工业大学召开

◆ 6 月 18 日，黑龙江省第三届“美丽家园·幸福生活”社区文化艺术节暨龙江诵读第四季“百年辉煌”红色经典朗诵比赛决赛在黑龙江省图书馆举行

◆ 9 月 17 日，2021 年黑龙江省图书馆业务辅导暨学会秘书长工作会议在双鸭山市图书馆召开

◆ 9 月 17 日，双鸭山市图书馆新馆开放

◆ 3 月 22 日，“心系乌蒙　情牵千里”——钱伟长与毕节试验区扶贫记忆展在钱伟长图书馆开幕

◆ 4 月 23 日，“上图之夜”：“红星照耀中国——从上海出发”阅读推广活动在上海图书馆举行

◆ 11 月 1 日，“大唐气象”——上海图书馆藏唐碑善本展在上海图书馆开展

◆ 2021 年底，上海少年儿童图书馆长风馆建成

图书馆活动图辑

◆ 3 月 1 日，“陶风青蓝工程”——江苏省中青年图书馆员科研能力提升培训班（第一场）在南京图书馆举办

◆ 4 月 15 日，苏州工业园区公共文化中心图书馆举办“融学堂”通识课堂第三期

◆ 4 月 21 日，第十二届南图阅读节开幕式在南图多功能厅隆重举行，主题为“江山如此多娇——庆祝建党 100 周年主题阅读活动”

◆ 4 月 23 日，无锡市图书馆举办“吉光片羽”锡图典籍文化推广——荣氏文库主题直播

◆ 4 月 28 日，江苏公共图书馆大数据应用与智慧服务研讨会在南京图书馆举办

◆ 5 月 16 日，刘季平少年儿童图书馆在南通市如东县图书馆落成

◆ 7 月 10 日，南通市经济技术开发区图书馆联合江苏航运学院航海系开展“小小航海家”少儿主题活动

◆ 9 月 21 日，太仓市图书馆举办诗书礼易乐中秋古风市集

◆ 4 月 29 日，湖州市吴兴区图书馆新馆开馆

◆ 5 月 25—26 日，2021 年浙江省高职高专院校图书馆馆长工作会议在温州科技职业学院召开

◆ 6 月 28 日，嘉兴市图书馆举办“庆祝建党百年　喜迎七一华诞”活动

◆ 6 月 29 日，第五届“浙思享”学术研讨会在浙江宁波举办

◆ 9 月 29 日，嘉兴市秀洲区图书馆新馆开放

◆ 9 月 30 日，建德市图书馆新馆启用

◆ 10 月 30 日—11 月 1 日，“宋版传续　文脉郁衍”——首届“悦读宋韵节”之宋刻本展在浙江图书馆举行

◆ 12 月 31 日，温州市发布《流动书巴服务规范》地方标准

◆ 3 月 12 日，安徽省图书馆组织离退休职工赴舒城县阙店乡转水湾村，开展关爱下一代成长活动

◆ 10 月 14 日，安徽省蚌埠市图书馆开展“书香敬老”重阳节主题活动

◆ 12 月 12 日，安徽省肥西县图书馆举办“西图游　书香阅——游三河古镇　赏古韵风采”研学游活动

◆ 12 月 19 日，安徽省长丰县图书馆开展“手中的非遗之线装书”文化惠民活动

◆ 3 月，福建师范大学图书馆“24 小时书房项目”在第十届中国国际设计大赛（中国建筑装饰奖）评审中荣获银奖。图为 24 小时书房一角。

◆ 4 月 23 日，第四届福建文学好书榜上榜图书作家在福建省图书馆给获赠图书读者签名

◆ 6 月 5 日，厦门市图书馆开展“清风有味　乐读人生”——厦门本土作家新书品读会活动

◆ 6 月 27 日，由福建省图书馆等承办的“百年风华正青春”——第三届福建省“读中华经典　颂时代华章”诵读比赛颁奖典礼在福建省广播影视集团举行

◆ 6 月 30 日，晋江市图书馆举办晋江市“百年党史百日学”党史知识百人对抗赛

◆ 11 月 9 日，福建省高校数字图书馆（FULink）工作会议暨十周年庆典在福州大学图书馆举行，图为参会代表合影

◆ 4 月 23 日，江西省图书馆举办 2021 年“学党史　读经典”4·23 世界读书日暨“书香赣鄱”全民阅读活动启动仪式

◆ 4 月 23 日，九江市图书馆举办 2021“世界读书日”全民阅读活动暨工人文化宫“寻书”城市书房揭牌仪式

◆ 12 月 29 日，江西省图书馆学会举办 2021 江西图书馆年会

◆ 3 月 31 日，山东省大运河五市（济宁、泰安、聊城、德州、枣庄）公共图书馆联盟成立

◆ 6 月 6 日，“光锥之外”青年发展论坛暨真人图书馆活动在山东师范大学图书馆举办

◆ 6 月 15 日，国际图书馆协会与机构联合会（IFLA）公布 2021 年图书馆营销奖获奖名单，济南市图书馆的“泉城书房——‘快递小哥’阅读驿站”项目荣获第二名

◆ 6 月 24—25 日，烟台图书馆举办首届烟台“冰心读书节”百名儿童阅读推广人领读行动启动仪式

◆ 11 月 17 日，青岛市第一个海上舰艇图书馆流动分馆——“青岛市市南区图书馆海警双鹰舰流动分馆”成立并揭牌

◆ 3月31日，第六届长江读书节在湖北省图书馆启动

◆ 6月1日，“放飞梦想”——中国湖北·拉脱维亚里加国际少儿画展在湖北省图书馆开展

◆ 6月25日，红色故事讲书人大赛十佳讲书人颁奖仪式在湖北省图书馆举行

◆ 12月17日，“珠还合浦　历劫重光”——《永乐大典》的回归和再造湖北巡展在湖北省图书馆举行

◆ 1 月，湖南图书馆工作人员在湖南省两会代表驻地协助政协委员提交提案并发放专题资料

◆ 4 月 12 日，韶山毛泽东图书馆联合韶山市图书馆推出“24 小时党史主题图书馆”

◆ 4 月 21 日，“湘西为什么这样红”庆祝中国共产党成立 100 周年湘西自治州十大群众文化活动在湖南吉首启动

◆ 12 月 10 日，邵阳市松坡图书馆联合邵阳学院图书馆、邵阳学院艺术设计学院到武冈市邓家铺中心小学，开展“书送阳光 点亮梦想”主题活动

◆ 4 月 22 日，华南理工大学图书馆习近平新时代中国特色社会主义思想阅读空间——研习书院启用

◆ 5 月 21 日，广东省职业院校图书馆情报工作指导委员会成立大会暨全体委员工作会议在深圳职业技术学院举行

◆ 5 月，图书采分编智能作业系统——“采编图灵”在广东省立中山图书馆投入使用

◆ 7月1日，暨南大学世界华侨华人文献馆被命名为“广东省爱国主义教育基地”

◆ 8月，深圳市坪山区图书馆荣获国际图书馆协会与机构联合会 2021 年“绿色图书馆奖”

◆ 9月27日，广州市白云区图书馆新馆开馆

◆ 4 月 28 日，“党旗高高飘扬·走读广西”庆祝中国共产党成立 100 周年系列活动启动仪式在百色市图书馆举办

◆ 6 月 7 日，梧州市图书馆举办“永远跟党走　奋进新征程”庆祝中国共产党成立 100 周年系列活动“足球运动思维与英语”三人笼式足球赛

◆ 10 月 1 日，北海市少年儿童图书馆举办“民族团结心向党　我与祖国共奋进”2021 年北海市中小学生汉字书写大赛

◆ 10 月 30 日，《一个女孩朝前走》图书分享会暨图书捐赠仪式在百色市图书馆举办

图书馆活动图辑

◆ 11 月 8 日，2021 年广西公共图书馆业务技能大赛在广西壮族自治区图书馆举办

◆ 6 月 1 日，海南省图书馆举办连环画世界里的“红孩子”公益讲座

◆ 7 月 1 日，庆祝中国共产党成立 100 周年——红色经典美术作品展在海南省图书馆开展

◆ 3 月起，重庆图书馆举办“信仰的力量”——庆祝中国共产党成立 100 周年川渝“阅读之星”诵读大赛

◆ 8 月，重庆图书馆联合中国古籍保护协会开展古籍普查文化志愿服务行动

◆ 6 月 28 日，重庆图书馆大创书院阅读成长空间开放

◆ 7 月 31 日，“长江水上图书馆”揭牌仪式在重庆长航邮轮“长江壹号”上举行

◆ 9 月 22—26 日，重庆图书馆在昌都 3 所学校开展“春雨工程”重图阅读行文化援藏活动

◆ 3 月 4 日，四川省图书馆学会第九次会员代表大会在四川省图书馆召开

◆ 6 月 15 日，庆祝中国共产党成立 100 周年川渝“阅读之星”诵读活动集中展演在四川传媒学院举行

◆ 11 月 25 日，四川省科学图书馆在成都天府新区科学城揭牌

◆ 3 月 9 日，云南省图书馆学会七届二次理事会暨学术论坛在云南省图书馆召开

◆ 4 月 27—30 日，云南省图书馆等开展建设“全民阅读进乡村示范点”实地调研

◆ 6 月 25 日—11 月，云南省图书馆、云南省摄影家协会、云南省公共图书馆展览联盟委员会共同主办的《奋进新时代》——云之南美丽乡村建设成果摄影图片展在全省各州、市图书馆巡展

◆ 4 月 25 日，2021 年陕西省图书馆“三区”人才支持计划文化工作者专项培养暨陕西省图书馆学会扶贫攻坚项目培训班在商洛举办

◆ 10 月 21 日，陕西省图书馆学会在陕西省图书馆召开 2021 年课题立项及 2019 年课题结题评审会议

◆ "4·23"世界读书日期间，宁夏海原县图书馆开展送书进校园活动

◆ 4 月 23 日，宁夏回族自治区图书馆开展"行走的图书"活动

◆ 5 月 1 日，吴忠市图书馆开展"送给妈妈的爱"少儿活动

◆ 5 月 29 日，银川市图书馆承办的银川市"学党史　听党话　感党恩　永远跟党走——百人魔方作画　献礼建党百年暨百米长卷绘画六一专场活动"在玉皇阁广场举办

◆ 9月29日，宁夏回族自治区图书馆在宁夏特殊教育学校举办“童阅汇”——“迎双节　关注特需儿童　友谊与爱同行”推广普通话与传承中华经典文化特别活动

◆ 4月9日，吐鲁番市图书馆在拜西买里社区开展阅读推广活动

◆ 4月20日，新疆大学图书馆开展“新芒阅读计划”进附中活动

◆ 4月18日，哈密市图书馆举办“一颗红心献给党”朗诵快闪活动

◆ 4月22日，和田地区图书馆开展大爱北京——聚焦北京扶贫支援图片展活动

◆ 4月29日，新疆图书馆在红山公园举办分馆“红山书房”揭牌仪式

◆ 7月16日，莎车县图书馆在拍克其乡14个村小学开展剪纸培训活动

◆ 4月12日，国家科技图书文献中心（NSTL）中医药服务站在中国中医科学院中医药信息研究所举行揭牌

◆7月，青岛市委党校（青岛行政学院）“勇立时代潮头”党性教育主题馆建成

◆10月27—29日，2021年华东地区党校（行政学院）信息化和图书馆工作高质量发展专题研讨班在宁波市委党校（宁波行政学院）举办

◆12月31日，中央党校（国家行政学院）中共党史文献中心启用

China
Library Yearbook

中国图书馆 年鉴 2022

目 录

纪 事

图书馆事业

学术研究与活动

法律法规与政策性文件

专业文献

统计资料

年度大事记

纪　　事

国家图书馆召开
学习贯彻习近平总书记给国家图书馆老专家回信精神两周年座谈会

9月13日，国家图书馆（以下简称“国图”）召开学习贯彻习近平总书记给国图老专家回信精神两周年座谈会，进一步深化学习、深刻认识习近平总书记给国图老专家回信精神，回顾总结两年来深入贯彻落实习近平总书记回信精神工作情况，以习近平总书记回信精神为指引，全面推动国图事业转型创新发展。馆长、党委副书记熊远明出席会议并讲话，党委书记、副馆长魏大威主持会议，副馆长张志清、陈樱、张军、霍瑞娟出席会议。国图各部处有关负责人和各馆属企业主要负责人，新闻媒体记者等参加会议。会上，国图有关部处6位负责人做交流发言，对照《关于深入学习贯彻落实习近平总书记给国家图书馆老专家回信精神　推动事业创新发展的实施意见》及有关项目工作台账，分别汇报两年来各部处各项工作具体举措和主要成果以及对未来有关工作的思考和建议。

会议认为，在文化和旅游部党组的正确领导下，在馆党政领导班子的带领下，全馆干部职工认真学习贯彻习近平总书记一系列重要论述精神，以习近平总书记给国图老专家回信精神为指引，不断提升国图事业发展水平和服务能力，在传承中华文明、提高国民素质、推动经济社会发展中发挥重要作用。

会议强调，要继续坚持以习近平新时代中国特色社会主义思想为指导，将深入贯彻落实习近平总书记给国图老专家回信精神作为当前和今后一段时期的重要政治任务，进一步深入学习领会习近平总书记对新时代国图初心使命和事业发展方向、发展任务的指示精神，坚持在常学常新中准确把握丰富内涵与核心要义，自觉将习近平总书记回信精神作为推动事业创新发展的行动指南。

会议要求，要从“深入学习贯彻习近平新时代中国特色社会主义思想，始终坚持正确的政治方向”“进一步夯实业务基础，不断提升国家图书馆依法履职能力”“进一步贯彻新发展理念，全面推进‘十四五’时期各项事业高质量创新转型”等三个方面，进一步深入贯彻落实习近平总书记给国图老专家回信精神，勇担开拓创新、转型发展的时代责任，凝心聚力、再接再厉、奋发有为，以实际行动回报习近平总书记的关心关怀，建设好让党放心、让人民满意的国家图书馆，为建设社会主义文化强国、实现中华民族伟大复兴再立新功。（国家图书馆网站报道）

全国智慧图书馆体系建设项目正式启动

2020年初以来，在文化和旅游部党组及相关司局支持下，国家图书馆围绕图书馆事业智慧化转型发展深入开展调查研究，提出建设“全国智慧图书馆体系”的工作思路，并在广泛听取各方面意见、建议的基础上不断完善全国智慧图书馆体系建设项目建设方案，推动项目获国家财政立项支持，同时该项目被纳入“十四五”时期文化和旅游系列发展规划。

项目于2021年正式启动，中央本级财政和转移地方支付经费都为项目建设做出专门安排。5月，《文化和旅游部公共服务司　财务司关于做好2021年全国智慧图书馆体系建设项目、公共文化云建设项目实施工作的通知》发布，明确“由文化和旅游部、财政部领导，文化和旅游部公共服务司、财务司牵头协调，国家图书馆进行业务指导，省级文化和旅游行政部门统筹本地项目建设和任务分配，地方各级公共图书馆按照各自职责定位参与实施”的工作机制。

为推动项目有序实施，国家图书馆于4月印发《国家图书馆智慧图书馆建设工作方案》，建立专门工作机制，组建国家图书馆智慧图书馆建设领导小组，筹建全国智慧图书馆体系建设专家库。同时，结合中央本级财政经费预算，启动一批基础性和试验性建设项目，包括：遴选有资质的信息化工程设计与咨询机构，启动项目概要设计工作；依托已有视频资源、古籍资源等，开展试验性知识资源和可视化知识关联图谱建设；开展全网知识内容集中仓储系统（一期）建设；依托“国图公开课”、《山海经》等特色馆藏，开展音视频资源、古籍资源等的知识抽取、知识关联、语义表达、可视化展示以及开放共享服务；建设中国战“疫”记忆库知识产权管理系统，探索推动区块链技术在知识内容资产管理领域的示范应用；尝试利用私有云集成管理方式，满足各类系统平台对数据存储、计算等能力的需求；探索建立智能咨询服务系统；等等。此外，国家图书馆还积极发挥在智慧图书馆建设领域的行业引领和业务指导作用：配合财政部及文化和旅游部，协调安排中央转移地方支付经费支出；以2021年公共数字文化建设专项培训班为契机，统筹部署全国项目建设；制定《智慧图书馆知识资源数据建设指南》，支持和指导各地图书馆立足各自资源优势和地方文化特色，不断丰富智慧图书馆的资源内容；围绕智慧图书馆建设、管理和服务的标准化需求开展调研，提出标准规范体系初步框架建议；在全国选取江西、四川等地的8家省级图书馆，试点部署基于5G技术的安全交互网络；同时联合全国图书馆界专家团队，围绕智慧图书馆建设的重难点问题开展调查研究；举办2021年省市级公共图书馆馆长智慧图书馆建设与管理线上培训班，为全国2000余名省级、地市级图书馆馆长和相关业务部门负责人提供专业指导。（摘编自文化和旅游部网站、中国图书馆学会网站、国家图书馆网站）

全国智慧图书馆建设联席会议第一次会议召开

12月2日，全国智慧图书馆建设联席会议第一次会议以线下与线上相结合的方式召开。此次会议由国家图书馆承办，主题为“智慧图书馆建设实践与思考”。文化和旅游部公共服务司副司长朱渤，中国图书馆学会理事长、国家图书馆馆长熊远明先后致辞，国家图书馆党委书记魏大威，中国图书馆学会副理事长、国家图书馆副馆长陈樱先后主持会议。中国图书馆学会、联席会议各成员单位相关负责人及代表参加会议，共同交流讨论智慧图书馆建设的合作与发展。

朱渤在致辞中指出，此次会议的召开是国家图书馆发挥行业龙头作用、推进智慧图书馆建设的重要举措。长期以来，中国图书馆学会围绕搭建行业交流平台、凝聚行业力量、服务行业数字化发展做了大量卓有成效的工作。她强调，智慧图书馆的建设不仅涉及单体图书馆建设管理和服务的全链条、全流程智慧化升级，还涉及各公共图书馆之间、公共图书馆和行业图书馆之间的合作共享。联席会议的举办将有助于各成员单位与业界深化认识、拓宽视野、厘清思路，进一步提高今后工作的针对性和实效性。

熊远明在致辞中指出，十余年来，全国数字图书馆建设与服务联席会议各成员单位在促进全国数字图书馆建设和发展方面发挥了不可替代的作用，将全国数字图书馆建设与服务联席会议更名为全国智慧图书馆建设联席会议，对于继续发挥各成员单位的引领示范作用，带动全国各级各类图书馆积极应用新技术推动事业改革创新，加快实现资源、服务、设施、管理等领域全面智慧化转型，具有十分重要的现实意义。

在为期一天的交流发言中，与会成员单位代表分别介绍了各自在智慧图书馆建设方面的研究和思考，分享各单位在资源、服务、设施、管理等领域开展智慧化转型探索的成果与经验。熊远明以《以智慧化转型推动全国图书馆事业高质量发展》为题，对国家图书馆牵头策划实施的全国智慧图书馆体系建设项目的总体思路、主要内容和实施进展做了系统介绍，并就下一阶段项目建设与各成员单位之间的交流与合作提出初步建议。文化和旅游部全国公共文化发展中心副主任罗云川对“十四五”公共文化云项目建设规划情况进行介绍。上海图书馆副馆长刘炜对该馆智慧图书馆建设情况和有关思考做分享。中国科学院文献情报中心主任刘细文结合“十四五”发展设想交流该中心有关工作规划情况。中国高等教育文献保障系统管理中心副主任、北京大学图书馆副馆长姚晓霞结合《高等学校数字校园建设规范》介绍数字校园、智慧校园工作。大学数字图书馆国际合作计划项目管理中心副主任、浙江大学图书馆副馆长黄晨以《复合图书馆新议：基于“元宇宙”视角》为题分享有关工作的思考。中央党校（国家行政学院）图书和文化馆馆长于军就党校（行政学院）系统的智慧图书馆建设提出思考与建议。中国社会科学院图书馆文献中心建设部副主任赵以安以习近平新时代中国特色社会主义思想文库数据库建设为例做交流发言。在交流讨论环节，与会成员单位代表围绕智慧图书馆建设的目标愿景、方法路径及困难问题等进行深入交流，同时就如何进一步健全完善联席会议机制，更好发挥各成员单位的引领示范作用，以智慧化转型推动我国图书馆事业高质量发展进行研讨。

最后，陈樱对会议进行总结。她指出，此次会议是全国智慧图书馆建设联席会议的第一次会议，“十四五”期间，中国图书馆学会和国家图书馆将继续以全国智慧图书馆体系建设为抓手，联合各图书馆系统共同推进和开展智慧图书馆建设的理论研究与实践探索，拓宽信息发布渠道，加强人才培养和智库建设，为智慧图书馆建设提供有力支撑和保障。中国图书馆学会将继续发挥全国智慧图书馆建设联席会议在交流和合作中的平台作用，助力各成员单位加强交流，协同合作，共同完善智慧图书馆的建设发展体系。（摘编自文化和旅游部网站、中国图书馆学会网站、国家图书馆网站）

图书馆界开展各种活动庆祝中国共产党成立100周年

2021年是中国共产党成立100周年，全国各地各级各类图书馆围绕建党百年主题开展各种活动庆祝党的百岁生日。如朗读红色经典、讲述红色故事、展播红色电影、挖掘红色记忆、打造红色空间、举办党史讲座展览、征集地方红色文献等，引导广大读者在爱读书、多读书、读好书的同时，知史爱党、知史爱国，赓续红色基因，传承革命精神，凝聚时代力量，启航新征程。

国家图书馆举办《共产党宣言》专题展

7月8日，由国家图书馆与中共浙江省委宣传部共同主办的《共产党宣言》专题展在国家图书馆开幕。文化和旅游部党组书记、部长胡和平出席活动并宣布展览开幕，文化和旅游部党组成员、副部长，国家图书馆馆长饶权出席活动并致辞，中共浙江省委宣传部副部长、省文明办主任俞慧敏，著名藏书家金亮，北京外国语大学教授、德文翻译家李逵六等分别致辞。国家图书馆党委书记、副馆长魏大威主持开幕式。

《共产党宣言》是国际共产主义运动的第一个纲领性文献，它的问世标志着科学社会主义的诞生和国际共产主义运动的开端。此次展览深入贯彻落实习近平总书记“七一”重要讲话精神和给国图老专家回信精神，共分为“《共产党宣言》的诞生”“《共产党宣言》在世界的传播”“《共产党宣言》在中国的传播”“‘画’说《共产党宣言》”等四个单元，讲述一代伟人马克思、恩格斯的生平及他们缔结革命友谊的历程，展示《共产党宣言》的诞生背景及过程、重大理论贡献、在世界及中国的译介传播，梳理其不同语种版本的首译本及重要译本的出版时间、地点、内容特点等，阐释这部伟大著作的历史价值、文献价值和时代价值，让观众深刻感悟中国共产党团结带领中国人民开辟的伟大道路、创造的伟大事业、取得的伟大成就。

此次展览充分发挥国家图书馆与中共浙江省委宣传部在革命历史文献收集、整理、研究、利用领域的互补优势，共展出精品文献423种，包括中文文献166种、外文文献257种。其中，展出中文、德文、俄文、英文、法文等55种语言的《共产党宣言》版本达306种（含中文版本78种）。此外，观众还可以看到包括善本、普通古籍、西文善本、手稿、期刊、报纸等多种类型的珍贵红色革命历史文献。

展览采用重点陈列与密集陈列相结合的方式，辅以多媒体展示等现代化展陈手段，设置了互动书架、电子翻书、场景展示区、版本展示墙等集知识性、趣味性和互动性于一体的展陈项目，为观众提供更顺畅、舒适、立体的观展体验。（国家图书馆网站报道）

上海图书馆推出“上图讲座·何建明系列党史课”

上海图书馆推出“上图讲座·何建明系列党史课”，该系列讲座由上海市思想政治工作研究会（以下简称“思研会”）、解放日报社、上海图书馆主办，上海图书馆讲座中心、上海何建明文学研究院共同承办。3月4日，此次系列讲座启动仪式暨第一讲“中国共产党成立为什么在上海？”在上海图书馆报告厅举办，线上直播间有数万名听众共同听讲。

讲座开始前，上海市委宣传部副部长、思研会副会长潘敏和上海图书馆党委书记楼巍分别致辞。上海图书馆馆长陈超向何建明颁发了“上图讲座”高级顾问聘书。何建明分别向思研会、解放日报社和上海图书馆捐赠《革命者》签名本。

何建明从历史的选择、阶级的选择、地域的选择、时代的选择四个方面，阐述了“红色基因”为什么诞生在上海和上海在党的发展历程中所做出的巨大贡献，细述了维金斯基、李大钊和陈独秀的革命故事。从作家的视角，用文学的方式让他们鲜活、立体了起来。最后，何建明从历史维度总结了上海的担当、包容、交融、出新等伟大精神，呼应了一百年前我们党为什么从这里起航。

截至6月8日，“上图讲座·何建明系列党史课”又陆续推出3场讲座：第二讲“影响列宁的三个中国人”，从浩瀚史料中找出3位普通的中国劳动者，讲述其对列宁革命事业的贡献；第三讲“13个‘一大’代表之外的‘一大’人”，聚焦“一大”代表之外的20余位中共早期党员的人生轨迹及其与上海的交集；第四讲“从上海滩到南京雨花台”，讲述革命先烈在生与死、忠诚与背叛之间的坚定抉择。（上海图书馆网站报道）

南京图书馆举办“书海识·遗——非‘遗’般的魅力！”庆祝中国共产党成立100周年非遗主题展及系列活动

6月8日，由江苏省文化和旅游厅指导，南京图书馆、江苏省非物质文化遗产保护中心主办的“书海识·遗——非‘遗’般的魅力！”庆祝中国共产党成立100周年非遗主题展及系列活动在南京图书馆开幕，主办单位邀请10位国家级非遗代表性传承人来到活动现场，展示非物质文化遗产的特色魅力。江苏省文化和旅游厅副厅长裴旭出席活动并观看展览。

此次活动紧扣2021年文化和自然遗产日“人民的非遗　人民共享”主题，通过形式新颖的开幕式，开启非遗项目表演与红色主题朗诵相融合的文化盛宴，向建党百年献礼。南通蓝印花布印染技艺国家级非遗代表性传承人吴元新、剪纸（南京剪纸）国家级非遗代表性传承人张方林、南京白局国家级非遗代表性传承人徐春华、苏绣国家级非遗代表性传承人姚惠芬、南京金箔锻制技艺国家级非遗代表性传承人王必生、古琴艺术（金陵琴派）国家级非遗代表性传承人桂世民、南京云锦木机妆花手工织造技艺国家级非遗代表性传承人周双喜、金银细工制作技艺国家级非遗代表性传承人李建军、金陵刻经印刷技艺国家级非遗代表性传承人马萌青、秦淮灯会（秦淮灯彩）国家级非遗代表性传承人顾业亮等10位国家级非遗代表性传承人现场展示非遗技艺，并与观众交流互动。

此次系列活动于6月8—26日开展，持续近20天，内容包括非遗主题展、非遗公开课、非遗进校园、《中华人民共和国非物质文化遗产法》专题宣传展等8项活动，通过丰富多彩的非遗保护传承宣传展示活动，提高人民群众非物质文化遗产保护意识，营造非遗保护浓厚的社会氛围。（南京图书馆网站报道）

湖南图书馆启动“读步课堂”红色研学之旅

4月17日，由湖南图书馆、毛泽东与第一师范纪念馆联合举办的“追寻伟人足迹 传承红色基因——庆祝建党100周年湖南图书馆‘读步课堂’红色研学之旅启动式暨湖南第一师范学校旧址研学活动”在湖南图书馆多媒体演示厅拉开帷幕。湖南图书馆馆长贺美华，毛泽东与第一师范纪念馆馆长艾建玲，湖南图书馆副馆长王旭明出席活动仪式，20组亲子家庭约80人参加此次活动。

王旭明致欢迎词，他表示湖南图书馆之所以选择在中国共产党建党100周年之际来举办红色研学之旅，就是希望广大青少年通过红色研学之旅，亲身体验革命先辈们的光辉历史，继承和发扬革命先辈伟大精神，做志存高远、有责任、有理想、有担当的新时代好少年。艾建玲在活动现场发言，她表示，一百多年前，毛泽东就是在湖南图书馆自学半年后进入湖南省立第一师范学校（以下简称“第一师范”），开始了长达8年的求学和工作历程，在这里，实现了由青年学生向革命家的转变。第一师范是毛泽东思想的萌芽地，是其革命初心的形成地，也是中国共产主义的策源地，将第一师范作为红色研学的第一站，具有特别的意义。随后，贺美华为此次活动授旗并宣布庆祝建党100周年湖南图书馆“读步课堂”红色研学之旅正式启动。

启动仪式结束后，20组亲子家庭在湖南图书馆活动组老师的带领下，一同乘坐大巴车前往此次红色研学之旅第一站——毛泽东与第一师范纪念馆，全体人员参观学校旧址和相关展厅，追寻青年毛泽东的足迹，感受伟人的理想和优良革命传统。

此次研学活动通过现场讲述与实地感触的方式，让全体同学和家长接受了一次深刻的爱国主义教育。在文旅融合的背景下，湖南图书馆创新服务内容，推出“读步课堂”，取义“阅读·永不止步”。自活动开展以来，参加人数累计近千人，踏遍长沙五区一县。“读步课堂”红色研学之旅系列活动设计了8条红色路线，涵盖第一师范学校旧址，刘少奇故居，湖南党史陈列馆，八路军驻湘通讯处旧址，中共湘区委员会旧址暨毛泽东、杨开慧故居，橘子洲等地，时间贯穿全年。全年共开展5期活动，吸引500余名读者参与，得到10余家媒体的持续关注和报道。

（湖南图书馆网站报道）

首届丝绸之路国际图书馆联盟大会举行

9月2日，首届丝绸之路国际图书馆联盟大会在浙江杭州以视频会议形式举行。会议由文化和旅游部国际交流与合作局支持，中国国家图书馆与浙江省文化和旅游厅共同主办，浙江图书馆承办。文化和旅游部国际交流与合作局副局长封立涛、中国国家图书馆副馆长陈樱、浙江省文化和旅游厅副厅长许澎、浙江图书馆馆长褚树青以及来自亚洲、欧洲、非洲、大洋洲等地的30余位国家图书馆馆长、知名文化机构代表，30余位国内图书馆馆长和专家学者出席此次会议。

封立涛在开幕式致辞中表示，秉承古丝绸之路精神的“一带一路”正从中国倡议变成全球行动，成为构建人类命运共同体的伟大实践。中方倡导建立的丝绸之路国际图书馆联盟（以下简称“联盟”）是一个秉持和而不同、开放包容理念的平台，是“一带一路”倡议在文化领域实践的重要成果，也是各国图书馆界构建长期合作关系和定期交流机制的重要举措。中方期待通过此次大会的召开，各成员馆进一步凝聚合作共识，形成发展合力，在联盟框架下稳步实现业务提升和人才培养等合作愿景。

许澎在开幕式致辞中表示，自古以来，浙江杭州就是陆上和海上丝绸之路的重要节点城市，各种灿烂的文化因为频繁贸易往来在这里碰撞和交融。此次共建“一带一路”沿线国家和地区的各位专家学者的目光通过“云端”再次聚焦杭州，分享知识，展望未来，为图书馆事业转型和变革出谋划策，为人类文明共融发展贡献智慧。希望此次大会可以推动“一带一路”沿线国家和地区的图书馆建设，联盟能够不断发展壮大。

陈樱代表联盟牵头单位做大会主旨报告。她首先回顾了联盟的建设背景及主要成绩，并指出共建“一带一路”国际合作在全球抗击疫情行动中展现出的强大韧性和旺盛活力，充分证明在推进“一带一路”文化交流与合作，夯实“一带一路”文明互学互鉴等方面，图书馆应当发挥并且可以发挥更加重要的作用，同时倡议共建“一带一路”沿线国家和地区的图书馆进一步加强交流与合作。最后提出促进联盟可持续发展的三项建议：一是优化管理运行机制，强化成员机构合作共识；二是加强品牌项目建设，推动重点领域合作行稳致远；三是深化数字化合作，促进图书馆智慧化创新转型。

大会同期举行第三届丝绸之路国际图书馆联盟论坛。浙江图书馆、福建省图书馆、陕西省图书馆等3家国内联盟成员单位，印度尼西亚国家图书馆、卡塔尔国家图书馆、俄罗斯国立外国文学图书馆、沙特阿拉伯阿卜杜勒·阿齐兹国王公共图书馆、新加坡国家图书馆管理局等5家国际联盟成员单位代表，围绕“构建‘一带一路’图书馆命运共同体的新未来”主题分别做报告，结合各馆参与共建和计划实施的“一带一路”相关工作实务进行案例分享和经验交流，并对联盟未来发展积极建言献策。

丝绸之路国际图书馆联盟现有成员单位38家，主要由共建“一带一路”沿线国家和地区的代表性图书馆组成，成员数量较成立之初有所壮大，下一阶段还将吸纳更多国内外有代表性的图书馆加入联盟。

大会期间，联盟成员单位讨论并通过《丝绸之路国际图书馆联盟管理办法》，该办法对联盟的宗旨、职能、组织、成员、经费等进行详细阐述和必要界定。此项议程的顺利推进对联盟的规范化运作和可持续发展意义重大。

中国国家图书馆作为联盟牵头单位，在会上发布联盟即将启动实施的“丝绸之路数字图书馆”“丝绸之路国际图书馆联盟馆员系列培训班”两项计划长期开展的重点项目，得到与会成员单位的积极响应。各方一致希望通过项目机制的有效实施，在联盟框架下，深化资源共建共享理念，开展专题文献保护和数字化合作，加强图书馆管理与人才培养方面的交流等。

首届丝绸之路国际图书馆联盟大会的召开和《丝绸之路国际图书馆联盟管理办法》的生效，标志着联盟建设已经迈出实质性步伐。中国国家图书馆作为首届联盟指导委员会主席单位、联盟指导委员会办公室所在地，将积极构建交流机制，搭建合作平台，策划品牌项目，为联盟未来的高质量发展做好服务和保障工作。（国家图书馆网站报道）

“继承与创新：大学图书馆现代化新征程”学术研讨会举行

12月24日，为庆祝教育部高等学校图书情报工作指导委员会（以下简称“教育部高校图工委”）成立40周年，“继承与创新：大学图书馆现代化新征程”学术研讨会在北京大学举行。会议在教育部高等教育司指导下，由北京大学主办，教育部高校图工委和北京大学图书馆承办。北京大学党委书记邱水平、国家图书馆馆长熊远明出席会议并致辞，教育部高等教育司司长吴岩出席会议并讲话。开幕式前，北京大学校长郝平、副校长王博会见与会领导和嘉宾。教育部高等教育司一级巡视员宋毅、二级巡视员李静，北京大学原常务副校长吴志攀等出席开幕式。开幕式由北京大学校长助理孙庆伟主持。

教育部高校图工委于1981年设立，40年来，在加强馆员队伍建设、促进资源共建共享、开展信息素质教育、推进图书馆现代化进程等方面取得显著成绩，充分发挥专业组织的研究、咨询和指导等作用，已成为教育部宏观领导全国高校图书馆的参谋助手和联系各高校图书馆的桥梁纽带，有力支撑我国高等教育和图书馆事业的繁荣发展。

邱水平在致辞中回顾教育部高校图工委与北京大学的渊源，并结合党和国家对高等教育发展的新要求，提出希望和建议。他指出，2021年是中国共产党百年华诞，我们党始终高度重视图书馆事业的发展。李大钊、毛泽东等中国共产党的主要创始人曾在北京大学图书馆工作，北京共产党小组正是在北大红楼的图书馆主任室成立的。站在“两个一百年”奋斗目标的历史交汇点上，要从党领导图书馆事业的奋斗历程中总结经验、汲取力量，要把国家和社会各界的厚爱转化为改革奋进的强大动力，继承光荣传统，弘扬大钊精神，与兄弟高校共同推动图书馆事业的创新发展、高质量发展。他强调，新时代的高校图书馆要坚持以习近平新时代中国特色社会主义思想为指导，深入学习贯彻党的十九届六中全会精神，扎根中国大地，坚定办馆自信，要努力成为前沿文献中心，既为高等教育服务，更为国家战略服务；要努力成为思政育人平台，传承红色基因，有力服务立德树人根本任务；要努力成为先进文化殿堂，传承和弘扬中华优秀传统文化、革命文化、社会主义先进文化，发挥春风化雨、以文化人的功能，在滋养民族心灵、培育文化自信中发挥引领作用。

熊远明从中国文化事业和图书馆事业发展的层面提出对高校图书馆发展前景的期待。他指出，教育部高校图工委走过的40年，是我国不断深化改革开放、推动科技教育文化事业走向繁荣兴盛的40年，也是我国图书情报工作体系持续健康完善的40年。在规划“十四五”事业发展时，国家图书馆研究提出要建设全国智慧图书馆体系，运用现代信息技术，加速建立高品质知识资源发布、管理、服务、储存体系，推进知识内容生产、传播、应用环节的融合、创新，培育集成化一站式知识协同共享情境，为国家科技自立自强、社会创新创造和公众阅读学习提供更加优质、高效、便捷的知识信息服务。他强调，这将是一个全面开放共享的体系，期待在项目建设过程中进一步健全完善各系统图书馆间的协调合作机制，在推动全国图书馆事业社会化转型和高质量发展道路上继续携手开拓美好未来。

教育部高校图工委主任、北京大学图书馆馆长陈建龙围绕“教育部高校图工委的坚守与担当”做工作报告，系统总结教育部高校图工委的成就、经验、共识，以及对未来教育部高校图工委使命、任务、目标的思考和谋划。他指出，经过40年的发展，教育部高校图工委作为全国高校图书馆领域的组织机构并接续发挥重要作用，确立高校图书馆的性质、地位和功能并得到贯彻落实，创立专业技术职务评聘制度并促进高素质馆员队伍建设，树立“共商共建共享共治”的先进理念并指导文献保障与信息服务工作广泛开展，建立信息素质课程教育体系并融入高校教育教学工作，铸就鲜明的图书馆精神并引领高校图书馆现代化进程。下一步，教育部高校图工委将在数字化转型中勇担使命，在现代化强国建设中开创未来，共创理论建设新境界、实践发展新高度、价值理性新贡献。

吴岩从高等教育全局高度阐述对高校图书馆未来发展战略的思考，强调要加快实现高校图书馆现代化步伐、全面提升信息服务水平、做好文化传承创新。他表示，新时代高等教育正在发生格局性的变化，希望高校要高度重视图书馆现代化建设，根据学校发展定位和经济社会发展需要，推动图书馆创新体制机制；希望高校图书馆全面提升信息服务水平，牢固树立以学生发展为中心的理念，加快新一代信息技术应用，为教学科研和学科专业建设提供精准化、可视化的知识服务和保障；希望高校图书馆为文化传承贡献力量，把图书馆打造成为高校校园文化建设的重要阵地，充分发挥经典古籍文献资源的育人作用，提高青年学生对优秀传统文化的认同感，增强文化自信和文化创新意识与能力。他强调，教育部高校图工委要继续发挥咨询台、指导组、参谋部和推动队的作用，做好战略谋划，不断提升高校图书馆文献保障能力，为我国建设高等教育强国、实现全面现代化做出更大贡献。

会议对改革开放以来高校图书馆事业向现代化发展过程中涌现的16位高校图书馆突出贡献者、40名高校图书馆榜样馆长、198名高校图书馆榜样馆员进行通报表扬。会上还发布教育部高校图工委最新的3项重要成果：《教育部高校图工委40年文献汇编》、《图书馆是大学的心脏——大学图书馆馆长采访书记/校长访谈录》、《大学图书馆现代化指南针报告》（2021精简版）。

开幕式后，“继承与创新：大学图书馆现代化新征程”学术研讨会正式拉开帷幕。此次学术研讨会就“大学图书馆的现代化”等有关最新研究成果、实践经验以及发展趋势进行大会交流和专题讨论。12月25日，2021年教育部高校图工委工作会议举行。教育部高校图工委40年成果展也于12月24日在北京大学开展。

京内教育部高校图工委委员、高校图书馆馆长、相关单位代表等线下参加此次会议，京外教育部高校图工委委员及各省、自治区、直辖市的高校图工委主任、秘书长线上参加会议，全国高校图书馆通过网络直播收看会议。（教育部高等学校图书情报工作指导委员会网站报道）

2021年全国古籍保护工作座谈会召开

12月8日，2021年全国古籍保护工作座谈会在湖北武汉召开。文化和旅游部党组成员、副部长张旭出席会议并讲话，为相关单位代表颁发入选第六批国家珍贵古籍名录证书和“第六批全国古籍重点保护单位”标牌。

会上，张旭代表文化和旅游部向奋斗在一线的广大古籍保护工作者表示崇高的敬意，并就认真贯彻落实中央领导同志批示精神，进一步加强古籍保护工作提出指导意见。一是深入学习贯彻党的十九届六中全会和习近平总书记关于传承弘扬中华优秀传统文化重要论述精神，增强做好古籍保护工作的责任感、使命感；二是认真总结经验，深入分析存在问题，为做好古籍保护工作奠定坚实基础；三是坚持守正创新，突出重点任务，扎实推进古籍保护和利用工作。张旭强调，做好古籍保护工作，传承发展中华优秀传统文化，是历史和时代赋予我们的光荣使命，责任重大。我们要按照中央有关精神，把古籍保护工作纳入整体布局，继续深入推进实施中华古籍保护计划。各级公共图书馆要加强组织领导，发挥古籍保护工作的主力军作用。国家古籍保护中心要指导各地进一步建立完善省级珍贵古籍名录和古籍重点保护单位评审机制。中国古籍保护协会要发挥行业组织优势，吸引更多社会力量参与，推动形成全社会共同关心、支持古籍保护工作的生动局面。

会上，文化和旅游部公共服务司一级巡视员陈彬斌宣读《文化和旅游部关于公布第六批国家珍贵古籍名录和第六批全国古籍重点保护单位名单的通知》。国家图书馆馆长、国家古籍保护中心主任熊远明做关于近年来全国古籍保护工作的报告，总结“十三五”时期全国古籍保护工作主要进展及经验体会，并提出做好“十四五”时期及未来十年古籍保护重点工作的思考。湖北省文化和旅游厅厅长雷文洁致辞。国家图书馆副馆长、国家古籍保护中心副主任张志清主持会议。

国家博物馆、天津师范大学、首都图书馆、吉林省图书馆、南京图书馆、湖北省图书馆、云南省文化和旅游厅、西藏图书馆等单位有关负责人做经验交流。来自各省、自治区、直辖市古籍保护中心有关负责人50余人参加会议。（国家图书馆网站报道）

国家图书馆联合全国9家单位在线发布古籍数字资源，10万部/件古籍资源实现免登录访问

4月21日，在第26个世界读书日到来之际，国家图书馆（国家古籍保护中心）联合天津图书馆、南京图书馆、安徽省图书馆、湖北省图书馆、四川省图书馆、云南省图书馆、西藏自治区图书馆、杭州图书馆、河南省唐河县图书馆9家单位，在国家图书馆召开古籍数字资源联合发布座谈会。国家图书馆馆长、国家古籍保护中心主任饶权，文化和旅游部公共服务司副司长朱渤，以及国家民族事务委员会全国少数民族古籍整理研究室、国家中医药管理局科技司等相关部门负责人，专家学者代表、联合发布单位代表、新闻媒体记者等出席会议。国家图书馆副馆长、国家古籍保护中心副主任张志清主持会议。

饶权指出，《中华人民共和国国民经济和社会发展第十四个五年规划和2035年远景目标纲要》明确提出要深入实施中华优秀传统文化传承发展工程，推动中华优秀传统文化创造性转化、创新性发展，加强文物和古籍保护研究利用。这充分体现了党和政府对古籍工作的高度重视，也为今后古籍保护工作提出要求、指明方向。以国家图书馆为代表的各古籍存藏机构将在习近平新时代中国特色社会主义思想指引下，坚决贯彻落实好习近平总书记给国图老专家回信精神和“十四五”规划任务，坚守“传承文明、服务社会”初心，按照中宣部的总体部署和顶层设计，在文化和旅游部的指导下，积极探索共建共享途径，进一步加大古籍数字资源建设发布和揭示力度，通过建设全国智慧图书馆体系，不断改进服务质量，提升服务水平，继续深入挖掘古籍的深厚内涵和时代价值，提高优秀传统文化资源的传播能力，真正“让书写在古籍里的文字活起来”，为保障国家文化资源安全、传承弘扬中华优秀传统文化做出新的更大贡献。

此次联合发布新增古籍资源1700余部/件，全国累计联合发布古籍资源达7.4万部/件，这些资源中不仅有宋元善本、明清古籍，还有贴近地方社会文化生活的方志、家谱等特色资源。特别是此次新增发布一批藏文和中医药古籍善本资源，使得古籍文种和资源类型都进一步增加，为广大读者和专家学者开展利用与研究提供更加丰富的文献资料。此次联合发布古籍资源的10家单位中，有6家来自长江流域，这对推进长江流域古籍文化遗产的保护、研究和利用工作具有重要意义。

座谈会上，与会领导、专家、发布单位代表等围绕古籍数字资源建设和合作服务机制、古籍数字化成果共享方式、古籍数字化标准规范等问题进行讨论，为下一步古籍数字化工作的深入开展提供重要指导和宝贵建议。

作为中华古籍保护计划的重要阶段成果，“中华古籍资源库”“全国古籍普查登记基本数据库”自2016年正式上线提供服务以来，国家图书馆已通过这些数据库陆续发布古籍资源3.3万部/件，超过三分之二的馆藏善本古籍实现在线阅览；同时，国家图书馆先后联合39家古籍收藏单位组织了5次古籍数字资源联合发布活动。

国家古籍保护中心在组织开展古籍数字资源发布的同时，全国古籍“摸家底”工作也取得重要进展：已完成汉文古籍普查270万余部，“全国古籍普查登记基本数据库”累计发布264家单位古籍普查数据825362条7973050册。“国家珍贵古籍名录数据库”更新发布第六批《国家珍贵古籍名录》收录的752部古籍信息。

2021年，国家图书馆实现“中华古籍资源库”免登录开放。读者云门户开放数字古籍、数字方志、宋人文集、敦煌文献等古籍资源库，10万部/件古籍数字资源免登录访问。这些资源包括国家图书馆馆藏善本、普通古籍、甲骨、碑帖拓片等，天津图书馆、云南省图书馆等有关存藏机构的古籍资源以及从美国哈佛大学哈佛燕京图书馆、日本东京大学东洋文化研究所、法国国家图书馆等海外机构征集的古籍资源。同时国家图书馆优化“中华古籍资源库”阅读界面，提升读者使用体验。（国家图书馆网站报道）

《中国图书馆学会"十四五"发展规划纲要（2021—2025年）》发布

9月6日，《中国图书馆学会"十四五"发展规划纲要（2021—2025年）》（以下简称《规划纲要》）经中国图书馆学会十届二次理事会审议通过后正式印发。《规划纲要》坚持以习近平新时代中国特色社会主义思想为指导，全面贯彻落实习近平总书记给国家图书馆老专家回信精神，贯彻落实习近平总书记提出的"四个服务"职责定位及中国科学技术协会"三轮"驱动、"三化"联动、"三维"聚力工作要求，贯彻新发展理念，构建新发展格局。《规划纲要》描绘了"十四五"期间推进中国图书馆学会工作高质量发展的蓝图，即努力把学会建成自主发展力、会员凝聚力、学术引领力、行业协调力、社会公信力和国际影响力更强的现代社会组织，努力推动我国图书馆学术繁荣，引领带动全国图书馆事业实现高质量转型发展。

《规划纲要》对"十三五"期间中国图书馆学会在学术研究、决策咨询、科普阅读、编译出版、国际交流等工作中发挥的作用进行简要回顾，并对"十四五"时期图书馆事业的发展环境进行科学分析。

《规划纲要》对"十四五"期间中国图书馆学会工作进行总体设计和任务部署，确立全面推进"五大中心"建设，努力实现"双一流"（世界一流学会和世界一流期刊）的发展目标。《规划纲要》提出全面推进学科引领与事业发展研究中心建设、公共事务和决策咨询服务中心建设、全民阅读促进与专业指导中心建设、图书馆对外合作与文化交流中心建设、会员服务与行业发展协调中心建设等"五大中心"建设，有效提升事业发展的科学性和前瞻性、决策咨询的支撑力和创新力、普惠服务的覆盖面和实效性、全球事务的话语权和影响力以及行业组织的领导力和凝聚力，并对"五大中心"建设做出详细的规划部署。

《规划纲要》从加强规划纲要实施的组织领导、完善规划纲要实施的条件保障、加强经费规范管理和多元投入、加强对规划纲要实施情况的评估考核等方面对实施保障提出要求。（**摘编自中国图书馆学会网站**）

第二届中国图书馆馆长高级论坛

4月7日，第二届中国图书馆馆长高级论坛在北京大学信息管理系举办。在此次论坛上，图书馆界发出推动图书馆专业化发展的倡议。东莞图书馆馆长、第二届中国图书馆馆长高级论坛轮值主席李东来，首都图书馆原馆长、第一届中国图书馆馆长高级论坛轮值主席倪晓建，贵州民族大学图书馆馆长卢云辉，山东省图书馆副馆长李西宁，深圳图书馆馆长张岩，武汉图书馆馆长李静霞，广州图书馆馆长方家忠，太原市图书馆馆长郭欣萍，长沙图书馆馆长王自洋，广西壮族自治区桂林图书馆馆长钟琼，昆山市图书馆馆长金磊，东莞图书馆副馆长冯玲，《图书馆报》执行主编白玉静，《图书馆建设》常务副主编刘琳琳等来自全国的业界代表，北京大学信息管理系党委书记、系主任张久珍，副系主任张鹏翼，教授王余光等出席此次会议，会议由系主任助理黄文彬主持。此次论坛的主题是“新阶段图书馆再发现”，会议聚焦现实问题与专业价值，与会人员围绕学界与业界融合、“十四五”时期图书馆高质量发展、专业化与社会化、服务体系建设、核心业务重塑、阅读推广等问题和挑战分享交流并深入探讨。

张久珍对各位馆长的支持表示感谢，希望能够加强理论和实践融合，也希望馆长论坛能打造一个平台，让大家畅所欲言，集合力量，发出一些回应时代需要的声音。随后，她为此届论坛轮值主席李东来颁发聘书。

李东来指出，21世纪图书馆事业蓬勃发展20年，开始进入以专业化支撑高质量发展的新阶段，同时学界与业界的融合也处在一个新阶段。当前要聚焦四点：一是对图书馆发展阶段的认识，二是图书馆构成要素需要有时代的填充，三是对城市图书馆重要作用的再认识，四是既要有内部的专业性互通，也要有内外部的行业合作。我们要让社会再发现图书馆，此次在图书馆学的专业重镇北京大学，再一次聚焦图书馆的专业化发展，认识图书馆所具有的重要意义。

在自由发言环节，倪晓建等业界代表分别发表自己的观点或建议。代表们提出基层图书馆的服务难题、外包浪潮下图书馆专业价值如何体现、专业化受到复杂社会形势制约、社会对图书馆专业性与体系性认识不足、专业人才与专业培训缺乏以及图书馆阅读推广边界模糊等问题，并对这些问题进行深度探讨。同时也有馆长提出以文化温度激活阅读场域、培养“斜杠馆员”、图书馆适应新媒体、高校图书馆不仅要服务学校还要服务社会、大力宣传图书馆的社会价值、学界与业界合作开展专业培训、对事业单位改革等影响图书馆发展的重大问题开展联合研究、推进图书馆体制机制创新等一系列宝贵建议。王余光指出，需要进一步增进图书馆阅读推广的深度，体现独特性、专业性、引领性，在推广阅读之外还要加强对图书馆的推广，同时认为图书馆馆长与馆员的专业性对图书馆的发展至关重要。

大家一致认为，站在“两个一百年”奋斗目标的历史交汇期，国家“十四五”规划与2035年远景目标令人鼓舞，为图书馆事业发展提供了战略机遇，也提出更高要求。针对如何把握新发展阶段、贯彻新发展理念、推动高质量发展，正视行业面临的巨大挑战，论坛达成全面提升图书馆事业专业化水平的共识，并发布《推动图书馆专业化发展倡议书》。该倡议书主要内容有：坚守初心使命，展现行业担当；注重内涵发展，锻造专业精神；推动技术赋能，重构核心业务；发挥体系优势，注重规范引领；对接社会需求，加强理论实践互动。

会议最后，张久珍建议与会人员针对倡议书内容拟订行动计划、组建行动团队，将会议精神和倡议落到促进图书馆专业化发展的实处。

（摘编自北京大学信息管理系网站）

附：

推动图书馆专业化发展倡议书

为促进图书馆事业和图书馆学的发展，北京大学信息管理系发起并主办“中国图书馆馆长高级论坛”系列活动，致力于搭建一个开放的交流平台，探讨行业面临的新环境、新变化和新问题，形成具有理论意义和实践价值的思想成果。

人间最美四月天，不负春光和时行。2021年4月7日，“第二届中国图书馆馆长高级论坛”举办，来自省、市、区县公共图书馆的馆长代表和高校图书馆馆长代表，聚焦工作领域和现实问题，分享交流和深入探讨。大家认为，站在“两个一百年”奋斗目标的历史交汇期，国家“十四五”规划与2035年远景目标令人鼓舞，为图书馆事业发展提供了战略机遇，也提出了更高要求。如何把握新发展阶段、贯彻新发展理念、推动高质量发展，面对后疫情时代的数字化、智慧化变革，正视行业面临的巨大挑战，论坛达成了推动图书馆专业化发展的共识。发出倡议如下：

一、坚守初心使命，展现行业担当。深入贯彻落实习近平总书记给国图老专家回信精神，牢记“传承文明、服务社会”初心，践行《中华人民共和国公共图书馆法》赋予的职责使命和公共图书馆精神，继续以平等、开放、共享的理念指引图书馆工作，彰显人文关怀，全面落实以人民为中心的宗旨，以高质量发展推动图书馆服务均等化，为建设社会主义文化强国宏伟目标不懈努力。面向各级政府、社会公众、图书馆用户等利益相关者，大力宣传图书馆的社会价值与使命，普及图书馆学知识与现代图书馆服务理念，加强图书馆营销推广，凸显图书馆行业的专业性与显示度，优化阅读生态，提升社会各界对图书馆的认知与专业认同，为事业与学科发展营造良好的外部环境。

二、注重内涵发展，锻造专业精神。发挥馆长的关键少数作用，以“领导工作要有专业思维、专业素养、专业方法”为指针，充分认识图书馆管理、运营和服务的专业性，以专业化发展推动图书馆事业的创新发展与高质量发展。在社会发展和变革中秉持专业立场，应对和解决现实问题，与时俱进、与社会同步推动图书馆服务，获得更多的读者认可、政府与社会支持，发挥更大社会作用。打造职业化队伍，在守正创新中推进图书馆专业化建设，提高图书馆学及相关学科背景人员在全馆员工中的占比，推进图书馆员职业资格标准建设。继承老一辈图书馆人“爱馆惜书”优良传统，恪守《中国图书馆员职业道德准则（试行）》，认真钻研业务，提升专业素养，让爱岗敬业、精益求精、协作共进、追求卓越成为图书馆行业和图书馆员的职业自觉、职业共识和职业追求，各图书馆培养和推出更多专业能手、专业人才。

三、推动技术赋能，重构核心业务。重视文献资源建设选择的专业性和积累的系统性，纸本资源和数字资源互补并重，加强特色馆藏和灰色文献建设，提供更有组织、更有质量的文献资源保障。开展新环境下多类型文献信息资源的选择、采编、典藏、揭示、宣传、流通等核心业务的变革研究和实践探索，促进图书馆应用新技术建设数字化馆藏，丰富文献信息元数据，提升图书馆员对阅读资源、阅读方法的咨询和推广能力。共同参与智慧图书馆体系，加大文献信息资源开发力度，推动馆藏资源数据的智慧化而非单纯的设备智慧化，增强知识交流、知识发现功能，支持图书馆成为知识生产的重要阵地，为读者提供准确、高效、充分的图书馆知识服务。进一步挖掘图书馆在传承中华优秀传统文化、传播地方文化、宣传红色文化、文化扶贫等方面功能，深化阅读推广，理清服务边界，增强独特性、专业性、引领性，更为紧密地参与地方文化、经济、社会等方面发展。辩证看待社会化与专业性二者关系，坚定不移地夯实专业核心竞争力，对于过度业务外包等可能造成的图书馆专业阵地丧失、核心业务弱化、馆员业务能力下降等后果保持清醒的预见性。

四、发挥体系优势，注重规范引领。新时代图书馆的转型发展带来功能和业务的不断成长和提升，发挥图书馆体系优势和整体活力，深化公共图书馆与高校图书馆等各类、各级、各区域图书馆的业务合作与服务体系建设，持续推动图书馆服务体系的纵深化发展，发挥区域中心图书馆的带动作用，补足基层图书馆服务短板。标准规范是专业化水平的重要体现，业务建设坚持标准规范先行，及时对创新性和前瞻性探索项目提炼总结，注重从专业上深化和探讨，丰富和扩展业务规范体系，拓展专业深度，提高业务工作质量。

五、对接社会需求，加强理论实践互动。图书馆事业与学科发展相结合，守望相助构建图书馆命运共同体。图书馆学教育与行业需要的人才培养相结合，优化图书馆学课程体系与教学内容，通过馆校合作开设专业培训、业务竞赛等方式，提升馆员职业能力与知识体系更新。图书馆学理论支撑和图书馆实践提升相结合，建立高校、研究所等学术科研机构与图书馆的合作交流和资源共享机制，加强对于影响图书馆事业发展的重大理论与实践问题的合作研究，推动联合创新与体制机制创新，共同打造新阶段图书馆服务的模式和生态，不断推动图书馆事业的专业化水平与高质量发展。

北京大学信息管理系

中国图书馆馆长高级论坛

2021 年 4 月

2021年中国图书馆界获国际奖项

济南市图书馆、上海图书馆和温州图书馆荣获2021年“国际图书馆协会与机构联合会国际营销奖”

6月15日，国际图书馆协会与机构联合会（国际图联，IFLA）公布2021年“IFLA国际营销奖”获奖名单。此次评选国际图联共收到包括中国、美国、加拿大、俄罗斯、德国等国家与地区的几百个参赛项目，最终有十个项目获奖，中国图书馆界占据三个位置。其中，济南市图书馆的“泉城书房——‘快递小哥’阅读驿站”项目荣获第二名，上海图书馆的“我的战疫”阅读马拉松线上快闪赛和温州市图书馆的“漫画温图”两个项目入选前十名。

济南市图书馆以关注“快递小哥”的阅读需求为出发点，推出“泉城书房——‘快递小哥’阅读驿站”项目。借助已建成开放的29家高品质泉城书房，该项目为快递员、送餐员和网约车司机等提供周到、便利、温暖的阅读服务。济南市每天接待“快递小哥”读者近百人次，累计接待“快递小哥”读者7万人次，借阅文献20万册次，开展专项阅读推广活动90余场，媒体转发报道百余篇。

“我的战疫”阅读马拉松线上快闪赛由上海图书馆与湖北省图书馆、武汉图书馆、南京图书馆、浙江图书馆、安徽省图书馆和阅读马拉松组委会共同主办，来自四省一市及其他地区的公共图书馆共同承办。活动推出后，全国共有338家图书馆共同参与，其中湖北地区共有98家图书馆响应。3月2日活动正式开放报名后，短短4天就招募到来自全国各地的15545名读者。阅读马拉松线上快闪赛是一种新型阅读体验活动。通过网络分发电子书籍，把比赛变得更为轻量和快速，并容纳更多阅读者的参与，从而以更多元的方式向社会集中展示阅读这种美好的生活习惯。此次线上快闪赛的比赛用书选择张文宏医生的《张文宏教授支招防控新型冠状病毒》，主办方希望通过阅读让更多人掌握新型冠状病毒的防控知识。3月5日晚19:00，“我的战疫”阅读马拉松线上快闪赛准时鸣响发令枪，读者们齐聚线上，阅读、答题、为武汉送去寄语。由于此次活动的参与人数超过预期，19:40答题通道开启的时候，将近15000名报名读者集体涌入平台答题，还导致平台服务器的宕机。原定1小时内结束的活动，也因为读者的热情“加时了”。截至3月6日8:00，已有11332名参赛选手完成答题。通过答题的读者收到了特制的电子完赛证书，而参赛者在此次活动中的照片也被制作成抗疫公益海报，赠送给湖北省图书馆和武汉图书馆。

温州市图书馆“漫画温图”项目启动于2017年，是以温州市图书馆为原型所编绘的原创系列漫画，从馆内的馆藏信息、借阅规则、人员服务等取材，通过虚拟馆员“温小图”等人物形象，讲述图书馆的故事，让读者轻松了解图书馆的规则和资讯，并传递图书馆的品牌形象与文化理念。截至2021年，“漫画温图”在温州市图书馆微信公众号、官方微博等平台上累计发布原创漫画30余篇，总阅读量近15万次，讨论图书馆借阅规则、馆内外抗疫、馆舍介绍等内容，塑造了“温小图”“阿策”“扫地僧”“阿福”等漫画人物形象。2018年5月31日，“漫画温图”作品《图书馆闭馆，馆员都去哪儿了》被《中国文化报》采录刊登。2021年4月23日世界读书日当天，中国图书馆学会阅读推广委员会主办的图书馆杯官方微信号上刊登的“漫画温图”作品《图书馆扫地僧》，向全体图书馆员致敬。（摘编自文化和旅游部网站、上海图书馆网站、《温州商报》）

宁波图书馆入围国际图书馆协会与机构联合会 2021 年“年度公共图书馆奖”

7 月 5 日，国际图联公布 2021 年“年度公共图书馆奖”的入围名单，宁波图书馆位列其中。与宁波图书馆一同入围的还有来自澳大利亚的 Marrickville 图书馆、挪威的 Oslo 公共图书馆、比利时的 Het Predikheren 图书馆以及荷兰的 Forum Groningen 图书馆。这 5 家图书馆在 8 月 17—19 日举行的第 86 届国际图联大会上做在线展示。

“年度公共图书馆奖”由国际图联的 3 个委员会——公共图书馆委员会、大都会图书馆委员会及图书馆建筑和设备委员会共同评审，旨在嘉奖将数字化发展和当地文化特色融入建筑的公共图书馆。2021 年是该奖项的第六届评选，共有来自全球 21 个国家的 32 家图书馆参与评审。评审团表示，宁波图书馆在信息技术应用和建筑可持续性等领域的广泛创新令他们印象深刻。

宁波图书馆（新馆）位于宁波市新的城市中心——东部新城行政服务核心区，建筑面积 3.18 万平方米。新馆为一体式建筑，底层大面积落地玻璃幕墙向四面开放，与外部空间有机衔接，并利用天然资源，使室外景观与室内环境融为一体。新馆的建筑设计和质量受到业界好评，先后获得宁波市“甬江建设杯”优质工程奖、浙江省建设工程“钱江杯”优质工程奖、宁波市建筑工程优秀设计一等奖、浙江省“钱江杯”优秀设计一等奖等奖项。（摘编自《宁波晚报》）

深圳市坪山区图书馆荣获国际图书馆协会与机构联合会 2021 年“绿色图书馆奖”第二名

8 月 17—19 日，第 86 届国际图联大会在线举行。在此次大会上，深圳市坪山区图书馆从全球参评的 33 家图书馆中脱颖而出，荣获国际图联 2021 年“绿色图书馆奖”第二名。

深圳市区坪山图书馆坚持“正而新、小而精、特而亮、惠而美”的发展思路，将绿色环保和可持续发展理念贯穿设计、运营全过程，打造了绿色图书馆的坪山样板。一是构筑绿色开放空间，出台《坪山图书馆高质量发展规划》，融合绿色社区概念，深度衔接 2.4 万平方米中心公园，利用植物幕墙、竹林休息区等装饰并提高场馆的保温隔热性能，提升读者的“绿色幸福感”；二是探索绿色运营模式，采用绿色建筑材料和绿色照明、自然通风等先进的设备、技术，制定厉行节约的管理办法，鼓励读者自带水杯等，提高资源利用率，降低能源损耗；三是传播绿色环保理念，开展绿色夏令营、坪山自然博物系列讲座等“绿色主题”活动，为市民读者打造认识生态文明和学习环保知识的平台。通过总分馆制把“绿色阅读”覆盖全区。该馆设区级总馆 1 家、分馆 14 家，已实现街道图书馆覆盖率 100%，逐步搭建起普惠性、高质量、可持续的城市公共图书馆服务体系。（广东省文化和旅游厅网站报道）

图书馆事业

国家图书馆

综述

2021 年，国家图书馆坚持以习近平新时代中国特色社会主义思想和习近平总书记回信精神为指导，全面贯彻党的十九大和十九届历次全会精神，持续将学习贯彻习近平总书记回信精神引向深入，统筹推进安全生产、疫情防控与各项事业创新发展，各领域工作取得积极进展，实现“十四五”良好开局。经复核继续保有“全国文明单位”荣誉称号，获文化和旅游部“先进基层党组织”、中央和国家机关“中国青年五四奖章集体”等荣誉称号，入选首批文化和旅游行业智库建设试点单位。典藏阅览部获评“全国三八红旗集体”，古籍馆获评“全国文化和旅游系统先进集体”，中国古籍保护协会获评“全国先进社会组织”称号。官方新媒体账号获“走好网上群众路线百佳账号”、2020 年度“全国十大文旅微博”“2020 年政务抖音号优秀创作者”等荣誉。

坚持正确政治方向。组织全体员工深入学习贯彻习近平新时代中国特色社会主义思想，推动理论武装。扎实开展党史学习教育，精心组织学习贯彻习近平总书记“七一”重要讲话精神和党的十九届六中全会精神，召开贯彻落实习近平总书记给国图老专家回信两周年座谈会。充分发挥馆藏红色资源优势，围绕建党百年主题，建设学习专区，设立红色文献专架，建设党建专题数据库，举办《共产党宣言》专题展览、专题讲座、国图公开课等活动，彰显党史宣传教育阵地作用。成立党员志愿服务总队，落实36 项“我为群众办实事”实践活动。扎实落实文化和旅游部党组巡视年度各项整改任务。严格落实意识形态责任制，守好意识形态阵地。推进党支部标准化规范化建设，完成各支部换届选举，组织开展“两优一先”评选表彰。建立健全党委、纪委定期会商研判机制，完善财经管理制度，不断推进党风廉政建设。

科学规划未来发展。立足国家图书馆核心职能任务，研究提出“智慧转型”“品质提升”“开放合作”三大核心战略，编制发布《国家图书馆“十四五”发展规划》及革命文献与民国时期文献保护、全国图书馆文献缩微工作等多个专项规划。制订规划分工方案，细化部署 199 项行动举措，确保规划目标任务落到实处。支持中国图书馆学会、全国图书馆标准化技术委员会等行业组织编制发展规划。组织召开第十六届全国省、自治区、直辖市、较大城市图书馆馆长联席会议，交流研讨“十四五”时期事业发展思路。

启动全国智慧图书馆体系建设项目。在文化和旅游部党组及相关司局支持下，进一步完善项目建设方案，获国家财政立项支持，项目被纳入国家及文化和旅游系统相关规划。制定《国家图书馆智慧图书馆建设工作方案》，建立专门工作机制，部署启动平台系统建设、知识资源建设、标准规范体系建设、理论研究等 20 个基础性和示范性项目。组织召开国家图书馆智慧图书馆建设领导小组扩大会议，围绕进一步凝聚各方面力量、统筹各方面资源，组织实施好全国智慧图书馆体系建设项目等深入交流研讨。统筹全国项目建设，制定智慧图书馆知识资源建设指南，举办线上专题培训班，为全国 2000 余名省级、地市级图书馆馆长和相关业务部门负责人提供专业指导。承办全国智慧图书馆建设联席会议第一次会议，联合各图书馆系统共同推进和开展智慧图书馆建设理论研究和实践探索。

大力传承弘扬中华优秀传统文化。中华古籍保护计划深入实施，全国古籍保护工作座谈会召开；全国古籍资源分布和保存状况基本摸清，“中华古籍资源库”10 万部 / 件古籍资源实现免登录访问；“传统书籍装帧技艺”“传拓技艺（甲骨传拓）”“敦煌遗书修复技艺”等分别入选国家和北京市非物质文化遗产代表性项目；“中华古籍普查文化志愿服务行动”收官；编制《全国古籍保护人员名录》，建设古籍保护人才库；推动实施中华经典传习项目，新增 1 家单位正式挂牌；中华传统晒书、“寻找古籍守护人”等宣传推广活动反响强烈。革命文献与民国时期文献保护计划稳步推进，出版《民国时期图书总目·宗教》，推进《革命历史文献专题书目（1911—1949）》编纂；评审立项文献整理项目14项，全年出版图书1192册；上线“革命历史文献资源库”，发布革命图书、革命期刊、革命报纸百余万页，“近代报纸数据库”入选国家新闻出版署“百佳数字出版精品项目献礼建党百年专栏”。编辑出版新版《鲁迅手稿全集》，共计7编78册，收录鲁迅手稿影像3.2万余页，较已出版的手稿增加近1.5万页。《中华传统文化百部经典》全年新出版图书10种，第一至五批获中国出版政府奖。国家传统文化典籍整理工程《汉文敦煌遗书题名索引》《辛亥革命武昌起义报刊资料选编·续编》交付出版。《论语》等11种图书入选全国古籍整理出版规划领导小组办公室首批推荐书目，“《永乐大典》、敦煌文献出版工程”等12个项目入选《出版业“十四五”时期发展规划》。《永乐大典》研究中心成立，举办“《永乐大典》的回归和再造”专题展览及巡展。启动中华经典传习项目。高标准推进国家典籍博物馆建设，举办“《永乐大典》的回归与再造展”等专题展览14场，联合全国363家图书馆线上线下举办《永乐大典》巡展490余场，“中华传统文化典籍陈列展”获国家文物局重点推介。与中央电视台合作录制《典籍里的中国》《国家宝藏》等大型综艺节目，开展中华传统晒书等古籍保护宣传推广活动，开发《山海经》等主题文创产品，推动传统文化元素不断深入公众日常生活。

有效提升国家文献信息战略保存保障能力。全年入藏各类型文献118.60万册/件，馆藏文献总量达4230.15万册/件；外购数据库253个，数字资源存储总量达2497.98TB。持续推进中国战“疫”记忆库等专题资源建设，“中国记忆”项目采集功勋模范人物等活态记忆资源307小时，纪录片《口述国图》获首届“国际口述历史协会传媒奖”。围绕战“疫”记忆资源、外文黑胶唱片等新型文献信息入藏要求，组织制定有关编目规则和元数据规范。完成文津搜索系统9129万余条元数据的核查和备份。完成《中国图书馆分类法》第五版电子版升级研制与发行，修订《中国图书馆分类法》A大类第二表方案。为重新启动国家文献储备库建设工程初步设计和投资概算审批开展调研协调和准备工作，将153万余册文献外迁至承德文献周转库暂存。推动北平图书馆旧址修缮工作，筹建国家纸质文献修复中心。与新浪微博、微信视频等就新媒体资源整合应用、专题资源保存等开展沟通合作。全年修复各类纸质文献4041册/件、缩微胶片500卷，“天禄琳琅”专项修复项目基本完成。

切实发挥全民阅读服务阵地作用。根据疫情防控形势，及时动态调整“预约、限流”服务政策。实现中文开架图书“借阅合一”，丰富外借图书品类、扩充外借图书总量。优化阅读环境，设立视听体验专区，部署沉浸式阅读体验空间，全景VR《永乐大典》展示入围全国文化和旅游装备技术提升优秀案例。实施少年儿童图书馆能力提升计划。推进移动客户端、读者云门户升级改造，举办“云上畅听会”、“文津少儿讲坛”、典籍文化展览等线上公共文化活动。推出“网络书香·阅见美好”微信小程序，通过1000余家公共图书馆，面向公众免费提供优质数字阅读资源。联合业界广泛开展“4·23”世界读书日活动，新浪微博“全民阅读季”第三季活动话题阅读量达23.2亿人次。第十六届文津图书奖评选出获奖图书20种，推荐图书49种，联合450余家图书馆开展宣传推广，参与推荐单位同比增长近50%。“国图公开课”平台年点击量达1.34亿人次，“千年回望王安石”特别活动累计播放量突破800万人次。“M地铁·图书馆”“文津经典诵读”“关爱夕阳”老年课堂等阅读品牌影响力不断扩大。文献借阅创新项目累计为湖北、河南、内蒙古等12个省区提供文献120余万册。

支持国家立法决策和科技创新。全年为党政军等重点用户提供咨询服务1681件，编制各领域专报518期，《新时代博物馆事业高质量发展相关资料》得到全国政协领导的肯定和表扬。部级领导干部历史文化讲座推出12期线上专题讲座，组织线下专场展览参观。建设军事科学院分馆，协助财政部分馆空间改造；在国务院办公厅设置图书专柜。为建党100周年文艺演出《伟大征程》建设集训场地阅读空间，围绕舞台背景及道具等内容展现是否符合史实提供文献参考，受到文艺演出领导小组办公室高度表扬。完成全国政协委员服务平台升级改造，建设海外中国问题研究资料中心网站，上线“书林撷英”新书推荐数据库。与中国图书馆学会共同参与中国科协“科创中国”项目，为试点城市重点产业发展提供专业化知识服务，入选2021年度“科创中国”科技服务团示范项目。推进知识产权信息服务中心建设，入选“2021年度国家知识产权信息公共服务网点”。

积极发挥行业引领作用。全国联合编目中心新增成员馆180家，上传数据67.1万条，下载数据

1299.7万条。全国图书馆文献缩微复制中心成员馆完成传统拍摄23.4万拍、数转模拍摄36.2万拍、善本缩微胶片数字化93.7万拍。面向业界的业务指导与技术支持作用进一步发挥，重点领域业界培训累计参训超过10万人次。通过选派优秀干部挂职锻炼、"订单式"人才援疆、文化进万家文化小分队、"春雨工程·网络书香"数字阅读推广等形式，为西藏、新疆、贵州、福建等地区图书馆提供专业指导和技术支持。"网络书香"数字阅读推广活动入选2021年"春雨工程"全国示范性志愿服务项目。

务实推进国际交流合作。举办"首届丝绸之路国际图书馆联盟大会"，发布《丝绸之路国际图书馆联盟管理办法》，打造丝绸之路国际图书馆联盟品牌。组织、参与亚大地区国家图书馆领导者对话、中英图书馆论坛等国际交流活动20余场。与英国国家图书馆、新加坡国家图书馆管理局签署合作协议，推进"中国之窗"海外赠书项目。"中阿电子图书馆"入选2021年世界互联网大会"携手构建网络空间命运共同体实践"案例集。切实履行国际图联保存保护中国中心、中文语言中心职责，与中国图书馆学会共同组织推荐国内优秀专家参与国际图联任职人员改选。

逐步优化多元互补发展格局。与中国文物保护基金会合作，设立中国文物保护基金会字节跳动古籍保护专项基金，合作开展《永乐大典》"湖"字册等100册/件全国珍贵古籍修复工作；利用"中国文物保护基金会花呗文物守护专项基金"修复保护敦煌遗书；与阿里巴巴公益基金会合作开展"汉典重光"古籍数字化公益项目。与新浪微博、阅文集团探讨微博及网文整合应用。与社会力量合作共建"国图津湾·文创空间""颐和园书院·霁清轩"，推动文化旅游融合发展。

创新推动科研工作。支持员工申请立项国家和省部级科研基金项目5项。依托全国图书馆标准化技术委员会、全国文献影像技术标准化技术委员会，立项启动国家标准和行业标准制修订项目5项，制定发布标准4项。深入开展图书馆事业发展研究和政策研究，配合有关部门组织研制《公共图书馆馆藏文献信息处置管理办法》等政策制度，推动图书馆纳入"十四五"期间进口免税清单适用范围。编辑出版《中国图书馆年鉴》《中国图书馆事业发展报告》，主办《中国图书馆学报》《文献》《国家图书馆学刊》《文津流觞》等学术刊物，为全国图书馆界搭建开放交流平台。以入选首批文化和旅游行业智库建设试点单位为契机，统筹推进试点工作，开展国内智库建设与运行管理调研。[国家图书馆研究院（业务管理处）]

年度工作

【国家图书馆、中国图书馆学会与中国科技馆签署战略合作框架协议】3月11日，国家图书馆、中国图书馆学会与中国科技馆在国家图书馆举行战略合作框架协议签约仪式。中国科学技术协会党组成员、中国科技馆馆长殷皓，中国科技馆副馆长庞晓东，国家图书馆馆长、中国图书馆学会理事长饶权，国家图书馆副馆长、中国图书馆学会副理事长陈樱以及国家图书馆、中国图书馆学会、中国科技馆相关部门负责同志出席仪式。饶权、殷皓先后致辞并签署战略合作框架协议，陈樱主持签约仪式。（国家图书馆办公室）

【国家图书馆中文开架图书借阅一体化服务正式开启】4月13日，国家图书馆中文开架图书借阅一体化服务正式开启。总馆北区的中文图书外借服务并入中文图书阅览区，实现中文开架图书阅览和外借服务合并。除工具书区与专题展示区图书外，中文图书区的开架图书均可提供外借。（国家图书馆办公室）

【国家图书馆副馆长张军一行赴江苏多地调研】4月13—16日，国家图书馆副馆长张军一行11人赴江苏淮安、南通、南京等地，就北京国图文化发展有限责任公司在有关地区业务发展情况开展调研并与相关主管机关负责人进行座谈。调研组先后前往淮安市涟水县图书馆、淮安市文化三馆（市文化馆、市美术馆、市图书馆）、南通市经济开发区图书馆、南通市崇川区图书馆、南京市江北新区图书馆等场馆。（国家图书馆办公室）

【5G全景文化典籍《永乐大典》成果汇报会召开】4月15日，5G全景文化典籍《永乐大典》成果汇报会在中国图书进出口（集团）有限公司召开。国家图书馆馆长饶权，中国图书进出口（集团）有限公司执行董事、党委书记张纪臣，副总经理兼中图云创智能科技有限公司董事长林丽颖出席会议。与会人员听取了5G全景文化典籍项目组关于项目进展情况的汇报，体验了5G全景文化典籍《永乐大典》成果，并围绕5G全景文化典籍项目下一步建设规划进行深入讨论。（国家图书馆办公室）

【全国古籍修复技艺竞赛颁奖仪式暨古籍修复工作研讨会举办】4月16日，国家图书馆（国家古籍保护中心）举行全国古籍修复技艺竞赛颁奖仪式暨古籍修复工作研讨会。国家图书馆馆长、国家古籍保护中心主任饶权，文化和旅游部非物质文化遗产司副司长钟建波出席活动并致辞，中国古籍保护协会会长刘惠平以及古籍修复技艺传习导师、古籍修复竞赛获奖修复师代表、有关专家等参加活动。活动由国家图书馆副馆长、国家古籍保护中心副主任张志清主持。会议公布了全国古籍修复技艺竞赛获奖名单和古籍修复技艺传习所增聘及续聘导师名单。饶权、钟建波为在京古籍修复技艺传习导师颁发聘书，并为古籍修复技艺竞赛获奖代表颁奖。获奖代表分享古籍修复经验，与会古籍修复技艺传习导师和修复师就古籍修复技艺传习工作进行探讨和交流。（国家图书馆办公室）

【国家图书馆军事科学院分馆成立】4月19日，国家图书馆与军事科学院军事科学信息研究中心签署合作协议，正式成立国家图书馆军事科学院分馆。国家图书馆馆长饶权、军事科学信息研究中心主任刘林山为分馆揭牌。国家图书馆向军事科学院分馆赠送《中华传统文化百部经典》系列图书40种。（国家图书馆办公室）

【第十六届文津图书奖发布暨北京公园阅读文化季启动活动举办】4月23日，“行走在阅读的时空里——第十六届文津图书奖发布暨北京公园阅读文化季启动活动”在颐和园霁清轩举办。国家图书馆馆长饶权，中共北京市委宣传部二级巡视员丁梅，北京市公园管理中心副主任张亚红，国家图书馆副馆长汪东波，北京市颐和园管理处党委书记马文香、园长杨华等活动组织单位有关同志，全国政协常委兼副秘书长、民进中央专职副主席、文津图书奖评委会副主任朱永新，文津图书奖评委王渝生、庄建、喻剑南、杨虚杰、阿甲、赖雪梅、王海茹等，以及获奖图书作者、出版社和新闻媒体代表等参加活动。活动现场揭晓了第十六届文津图书奖获奖图书20种，推荐图书49种，还展示了北京市公园代表性阅读空间以及由中国图书馆学会联合各省级图书馆学（协）会在全国范围内推荐的53个图书馆特色主题阅读空间。（国家图书馆办公室）

【国家图书馆与北京出版集团签署战略合作协议】4月29日，国家图书馆与北京出版集团战略合作签约仪式在国家图书馆古籍馆举行。国家图书馆馆长、国家古籍保护中心主任、国家典籍博物馆馆长饶权，北京出版集团党委书记、董事长康伟在签约仪式上致辞并签署战略合作协议，北京出版集团副总经理、总编辑李清霞，副总经理张景山等相关负责同志参加签约仪式，国家图书馆副馆长张军主持签约仪式。（国家图书馆办公室）

【“《永乐大典》的回归和再造”展览开幕式暨《永乐大典》研究中心揭牌仪式举行】5月26日，“珠还合浦　历劫重光——《永乐大典》的回归和再造”展览开幕式暨《永乐大典》研究中心揭牌仪式在国家图书馆举行。文化和旅游部党组书记、部长胡和平为《永乐大典》研究中心揭牌并宣布展览开幕，部党组成员、副部长张旭，部党组成员、副部长，国家图书馆馆长、国家古籍保护中心主任、国家典籍博物馆馆长饶权，国家文物鉴定委员会主任傅熹年出席开幕式并致辞，国家图书馆党委书记、副馆长魏大威主持开幕式。（国家图书馆办公室）

【国家图书馆新阅读空间开放暨党员志愿服务总队成立活动举行】6月8日，国家图书馆新阅读空间开放暨党员志愿服务总队成立活动在国家图书馆总馆北区举行。国家图书馆党委书记、副馆长魏大威，副馆长、党委副书记陈樱，中国出版集团党组成员、中国出版传媒股份有限公司董事、副总经理，中国图书进出口（集团）有限公司执行董事、党委书记张纪臣，华为数字政府文旅行业总经理李学成出席活动，活动由国家图书馆副馆长张军主持。魏大威宣布“国家图书馆党员志愿服务总队”正式成立。魏大威、陈樱为4支党员志愿服务分队代表授牌。（国家图书馆办公室）

【中国文物保护基金会与国家图书馆合作签约暨字节跳动古籍保护专项基金启动仪式举行】6月17日，中国文物保护基金会与国家图书馆合作签约暨字节跳动古籍保护专项基金启动仪式在国家图书馆举行。文化和旅游部党组成员、副部长，国家图书馆馆长、国家古籍保护中心主任、国家典籍博物馆馆长饶权，原文化部党组成员、副部长，国家文物局原党组书记、局长，中国文物保护基金会理事长励小捷，北京字节跳动科技有限公司副总裁李涛，国家级非物质文化遗产项目古籍修复技艺代表性传承人杜伟生等领导和嘉宾出席仪式并致辞。文化和旅游部公共服务司一级巡视员陈彬斌，国家文物局博物馆与社会文物司副司长吴旻，全国古籍保护工作专家委员会主任李致忠以及有关方面领导、专家代表等参加仪式。国家图书馆党委书记、副馆长魏大威主持仪式。中国文物保护基金会副理事长兼秘书长梁钢，国家图书馆副馆长、国家古籍保护中心副主任张志清，北京字节跳动科技有限公司企业社会责任部总经理杨洁代表三方签订《中国文物保护基金会与国家图书馆（国家古籍保护中心）古籍保护公益项目战略合作框架协议》《中国文物保护基金会字节跳动古籍保护专项基金设立协议》《古籍保护与利用公益项目合作备忘录》。饶权、励小捷、李涛、陈彬斌、吴旻共同启动“中国文物保护基金会字节跳动古籍保护专项基金”。（国家图书馆办公室）

【“伟业：庆祝中国共产党成立100周年书法大展”之“崇高信仰”篇开展】6月19日，“伟业：庆祝中国共产党成立100周年书法大展”之“崇高信仰”篇在国家典籍博物馆开展。该展览分为“百年辉煌”“崇高信仰”“光昭九域”三个篇章。“崇高信仰”篇由中国文学艺术界联合会、国家图书馆、中国书法家协会共同主办，中国文

联书法艺术中心承办，共展出135件主题创作作品。（国家图书馆办公室）

【“国图之夏——寻踪仰迹·共沐理想之光”庆祝建党一百周年主题活动举行】7月2日，由中国文学艺术界联合会、国家图书馆、中国书法家协会主办的“国图之夏——寻踪仰迹·共沐理想之光”庆祝建党一百周年主题活动在国家图书馆举行。中国书法家协会名誉主席苏士澍，中国书法家协会主席孙晓云，国家图书馆党委书记、副馆长魏大威，西泠印社副社长李刚田，中国人民大学徐悲鸿艺术研究院院长徐庆平，国家图书馆副馆长张志清等领导和嘉宾参加活动。此次活动特邀苏士澍、徐庆平、张志清以及广东省书法家协会主席张桂光讲述历史伟人与文学艺术界巨匠手稿背后的故事，请书法家代表讲述创作过程中“寻踪”革命先行者事迹的故事。（国家图书馆办公室）

【《古本戏曲丛刊》编纂出版座谈会召开】7月23日，“六十载使命接续　千百卷传奇完璧——《古本戏曲丛刊》编纂出版座谈会”在国家图书馆召开。原文化部副部长、中国艺术研究院原院长王文章，国家图书馆党委书记、副馆长魏大威，中国社会科学院学部委员、文学研究所原所长刘跃进等出席会议并致辞。中国作家协会原副主席、书记处书记廖奔发表书面致辞。来自全国的戏曲文献研究专家学者以及古籍界、出版界专家参加座谈会。（国家图书馆办公室）

【国家图书馆与西藏自治区群众艺术馆签订人才援助协议】7月22日，国家图书馆与西藏自治区群众艺术馆（西藏自治区非物质文化遗产保护中心）人才援助协议签约仪式在国家图书馆举行。国家图书馆副馆长汪东波，西藏自治区文化厅党组成员、副厅长阎平，西藏自治区群众艺术馆（西藏自治区非物质文化遗产保护中心）党委书记、副馆长敖超及双方相关部门负责同志出席仪式。根据协议，国家图书馆将在非物质文化遗产相关工作方面为西藏自治区群众艺术馆（西藏自治区非物质文化遗产保护中心）提供对口援助，并建立国家级非物质文化遗产代表性传承人记录工作人才对口援助联系人制度，为对方提供专门化的人才培养和业务咨询。（国家图书馆办公室）

【国家图书馆组织参加2021年世界图书馆和信息大会】8月17—19日，国际图书馆协会与机构联合会组织召开首次线上世界图书馆和信息大会（第86届国际图联大会）。中国国家图书馆副馆长魏大威、陈樱、霍瑞娟及相关部门负责人参加大会，与各国参会代表就知识管理与服务、亚大地区图书馆交流与合作、图书馆可持续发展、图书馆宣传和推广、文献编目、文献保存和保护以及文献提供和资源共享等议题进行交流。（国家图书馆办公室）

【国家图书馆入选首批文化和旅游行业智库建设试点单位】8月19日，《文化和旅游部办公厅关于公布首批文化和旅游行业智库建设试点单位的通知》正式发布，国家图书馆等19家单位入选首批文化和旅游行业智库建设试点单位。国家图书馆的重点研究方向为决策咨询研究、海外中国问题研究、智慧图书馆研究。（国家图书馆办公室）

【文化和旅游部召开国家图书馆领导干部任职宣布会】8月31日，文化和旅游部召开国家图书馆领导干部任职宣布会。部党组成员、副部长张旭，部党组成员、副部长饶权，人事司司长汪志刚出席会议。会议由国家图书馆党委书记、副馆长魏大威主持，馆领导班子成员、各部处负责同志、各馆属企业主要负责同志，以及部分高级专业技术人员参加会议。汪志刚宣读了干部任免文件，免去饶权兼任的国家图书馆馆长、党委副书记、国家古籍保护中心主任、国家典籍博物馆馆长职务，任命熊远明为国家图书馆馆长、党委副书记、国家古籍保护中心主任、国家典籍博物馆馆长。（国家图书馆办公室）

【第四届中国与阿拉伯国家图书馆及信息领域专家会议举行】9月1日，第四届中国与阿拉伯国家图书馆及信息领域专家会议在浙江杭州以视频会议形式举行，主题为“疫情常态化条件下图书馆的区域性交流与合作”。会议由中国文化和旅游部国际交流与合作局、浙江省文化和旅游厅支持，中国国家图书馆和阿拉伯国家联盟秘书处共同主办，浙江图书馆承办。阿拉伯国家联盟秘书处信息文献和翻译司司长哈莱·贾德，中国文化和旅游部国际交流与合作局副局长封立涛，中国国家图书馆副馆长陈樱，浙江省文化和旅游厅副厅长叶菁，浙江图书馆馆长褚树青，以及来自 11 个阿拉伯国家及阿拉伯国家联盟秘书处、13 家中方机构共 40 余名馆长、官员、专家以视频连线的方式出席会议。与会代表围绕“中阿图书馆线上服务的机遇与挑战”“中阿图书馆运营管理新特点与新模式”等分主题进行交流探讨。（国家图书馆办公室）

【国家图书馆馆长熊远明带队调研承德文献周转库和国家文献战略储备库项目用地】9 月 14 日，国家图书馆馆长熊远明，副馆长张军、霍瑞娟赴河北省承德县调研承德文献周转库和国家文献战略储备库项目用地，了解有关工作进展情况。承德市委常委、宣传部部长赵青英，副市长张树国，承德县委书记刘志琦，县长柳雪松等参加调研。（国家图书馆办公室）

【《鲁迅手稿全集》新书首发式举行】9 月 28 日，《鲁迅手稿全集》新书首发式在国家图书馆举行。文化和旅游部部长、《鲁迅手稿全集》编委会主任胡和平，副部长、编委会副主任饶权，国家文物局副局长胡冰出席首发式。中央宣传部、文化和旅游部、国家文物局有关司局负责同志，国家图书馆等有关单位负责同志，《鲁迅手稿全集》编委会、专家委员会、编纂人员代表，从事鲁迅研究、文物利用的文博机构、研究会负责人及高校专家学者等参加首发式。胡和平为《鲁迅手稿全集》新书揭幕并讲话，饶权介绍编纂出版情况。胡和平、饶权、胡冰为鲁迅手稿存藏机构代表及鲁迅家属赠送全套《鲁迅手稿全集》。鲁迅长孙、鲁迅文化基金会会长周令飞及部分专家代表发言。（国家图书馆办公室）

【国家图书馆与南京市江北新区管理委员会签署战略合作协议】9 月 29 日，国家图书馆与南京市江北新区管理委员会战略合作协议签约仪式在南京市江北新区举行。国家图书馆馆长熊远明，副馆长张军，南京市委常委、江北新区党工委专职副书记罗群，江北新区党工委委员、管委会副主任李保平出席活动。张军和李保平作为双方代表签署战略合作协议。（国家图书馆办公室）

【中国记忆项目“视障领域代表性人物专题”资源共建共享工作正式启动】10 月 13 日，由国家图书馆、中国盲人协会、中国盲文图书馆合作策划的中国记忆项目“视障领域代表性人物专题”资源共建共享工作启动仪式在国图艺术中心举行。中国残疾人联合会党组书记、理事长周长奎，国家图书馆馆长熊远明、副馆长汪东波，中国盲人协会主席李庆忠，中国盲文图书馆馆长朱兵、副馆长张学超等出席启动仪式。熊远明、李庆忠、朱兵代表合作方共同启动项目。（国家图书馆办公室）

【沧州市向国家图书馆捐赠张之洞铜像】10 月 20 日，沧州市向国家图书馆捐赠张之洞铜像仪式在沧州市图书馆举行。原文化部副部长、国家图书馆原馆长周和平，国家图书馆馆长熊远明、副馆长霍瑞娟，河北省文化和旅游厅党组副书记、副厅长、一级巡视员翟玉虎，沧州市委书记康彦民，市委副书记、市长向辉出席仪式。沧州市委常委、宣传部部长李凡主持仪式。周和平、熊远明、康彦民、向辉共同为张之洞铜像揭幕。（国家图书馆办公室）

【国家图书馆召开智慧图书馆建设领导小组扩大会议】10 月 29 日，国家图书馆召开智慧图书馆建设领导小组扩大会议。馆领导熊远明、魏大威、张志清、陈樱、张军出席会议，部处负责同志及有关人员参加会议。熊远明主持会议并讲话，魏大威、张志清、陈樱、张军分别发言。研究院（业务管理处）院长申晓娟汇报了全国智慧图书馆体系建设项目的基本情况。（国家图书馆办公室）

【国家图书馆馆长熊远明出席亚大地区国家图书馆领导者对话视频会议】11 月 1 日，“展望我们的未来：图书馆和档案馆的总体发展规划——亚大地区国家图书馆领导者对话”视频会议举行。国际图联主席巴巴拉·利森，中国国家图书馆馆长熊远明、副馆长陈樱，以及来自新加坡、澳大利亚、芬兰、印度尼西亚、新西兰、英国等国的国家图书馆馆长出席会议。熊远明在会上做专题报告。（国家图书馆办公室）

【文化和旅游部副部长、国家文物局局长李群到国家图书馆古籍馆调研】 11月3日，文化和旅游部副部长、国家文物局局长李群到国家图书馆古籍馆调研，先后考察了古籍馆中控室、文津楼、古籍书库、阅览室、脱酸实验室、缩微母片库、临琼楼、弘文堂等区域，深入了解国家图书馆古籍馆保护修缮、馆藏文献资源保存保护、消防安防设施设备运行等有关情况，与国家图书馆相关负责人座谈交流，听取关于北平图书馆旧址修缮、古籍类文物定级工作进展以及工作中遇到的困难情况汇报。国家文物局有关司室负责人、国家图书馆有关负责人参加调研。（国家图书馆办公室）

【国际图联保存保护中心（中、日、韩）线上会议召开】 11月11日，国际图联保存保护中心（中、日、韩）线上会议召开。中国国家图书馆副馆长、国际图联保存保护中国中心负责人张志清，国际图联保存保护日本中心负责人永井善一，国际图联保存保护韩国中心负责人李贵馥参加会议并做主旨报告。（国家图书馆办公室）

【全国图书馆联合编目中心2021年度工作会议召开】 11月23日，全国图书馆联合编目中心2021年度工作会议在线召开。国家图书馆副馆长汪东波出席会议并致辞，全国图书馆联合编目中心负责人以及来自全国各省级分中心的代表等50人参加会议。会议对全国图书馆联合编目中心2021年度工作进行整体回顾，并提出下一步工作计划；对2020—2021年度优秀分中心、成员馆和质量监控员进行表彰。（国家图书馆办公室）

【中华古籍资源库建设成果及相关古籍保护工作新闻媒体通气会召开】 11月26日，中华古籍资源库建设成果及相关古籍保护工作新闻媒体通气会在国家图书馆召开。国家图书馆副馆长、国家古籍保护中心副主任张志清出席会议并介绍2007年中华古籍保护计划实施以来，国家图书馆及全国古籍保护单位在各方面取得的主要成果。30余家新闻媒体记者参加会议，并分组参观“妙手补书书可春——全国古籍修复技艺竞赛暨古籍保护成果展”、古籍修复室、缩微数字一体化展示区、善本特藏阅览室等。（国家图书馆办公室）

【国家图书馆馆长熊远明与日本国立国会图书馆馆长吉永元信举行视频会议】 11月30日，中国国家图书馆馆长熊远明与日本国立国会图书馆馆长吉永元信举行视频会议。会上，双方以“智慧图书馆的发展与建设”为主题进行业务交流，并就疫情防控期间图书馆的应对措施及面临的挑战、图书数字化版权问题等进行探讨。（国家图书馆办公室）

【国家图书馆馆长熊远明与俄罗斯国立外国文学图书馆馆长帕维尔·库兹明举行视频会议】 12月7日，中国国家图书馆馆长熊远明与俄罗斯国立外国文学图书馆馆长帕维尔·库兹明举行视频会议。中国国家图书馆副馆长陈樱、俄罗斯国立外国文学图书馆副馆长玛丽亚·别洛科连科参加会议。双方就两馆持续开展交流合作进行深入探讨。（国家图书馆办公室）

【国家图书馆举办岗位建功经验交流活动】 12月13日，国家图书馆举办岗位建功经验交流活动。文化和旅游部人事司副司长徐晋，国家图书馆馆长、党委副书记熊远明出席活动并讲话，党委书记、副馆长魏大威主持活动并传达习近平总书记在中央人才工作会议上的重要讲话精神，副馆长张志清、陈樱、张军、霍瑞娟出席活动。10位岗位建功先进代表分别做经验交流。（国家图书馆办公室）

【国图公开课“千年回望王安石——纪念王安石诞辰1000周年”《百部经典》阅读推广特别活动举办】 12月18日，国图公开课“千年回望王安石——纪念王安石诞辰1000周年”《百部经典》阅读推广特别活动在北京紫竹院公园友贤山馆和江西抚州王安石纪念馆举行，并通过多个平台实时线上直播。国家图书馆馆长熊远明出席活动并致辞。活动以演讲、访谈、实地导览和艺术演绎相结合的方式，带领读者了解北宋时期杰出人物王安石波澜壮阔的一生。在活动主场地紫竹院公园友贤山馆内，还举办了“观宋——宋代人文主题展”。（国家图书馆办公室）

【国家图书馆与中国社会科学院近代史研究所签署战略合作协议】12月22日，国家图书馆与中国社会科学院近代史研究所战略合作签约仪式举行。国家图书馆馆长熊远明、副馆长张志清，中国社会科学院近代史研究所副所长金以林出席活动。熊远明和金以林代表双方签署合作协议。（国家图书馆办公室）

公共图书馆

综述

2021年，全国公共图书馆系统坚持以习近平新时代中国特色社会主义思想为指导，深入贯彻落实党的十九大和十九届历次全会精神，立足新发展阶段、贯彻新发展理念，构建新发展格局以推动高质量发展为主题，以深化公共文化服务供给侧结构性改革为主线，积极构建公共图书馆事业新发展格局，推动公共图书馆工作开创新局面，实现“十四五”期间良好开局。

一、以庆祝建党百年为契机，围绕中心服务大局促进重点工作

2021年，全国公共图书馆系统紧紧围绕庆祝中国共产党成立100周年，将党史学习教育作为贯穿全年的重大政治任务，开展丰富多彩的庆祝活动，包括学习教育、参观交流、展示宣传等。如首都图书馆推出“培根铸魂　启智润心　童书经典中的党史——庆祝中国共产党成立100周年主题童书展”；天津图书馆举办“红色经典进基层，琅琅书声满津城”等庆祝活动；河北省图书馆举办“峥嵘百年　红心向党——河北省图书馆庆祝建党100周年音乐诗文朗诵会”，石家庄市图书馆举办革命烈士文献收藏展；山东省图书馆开展“学党史，传承红色基因　百馆千场红色经典阅读推广活动”，全省150多家公共图书馆联合分馆、流通点、城市书房等单位举办讲座、演讲、展览、读书会等主题活动约1.23万场，240万人次参与；山西省图书馆举办“永远跟党走”2021年全省群众文化活动——视障读者“读党史，学党史”全民阅读活动，太原市图书馆承办2021年图书馆红色空间与红色专藏论坛；上海图书馆推出“上图讲座·何建明系列党史课”，浙江图书馆以“百年党史　百年经典”为主题，引领全省公共图书馆开展全民读书月活动近6000场，在全省范围形成红色阅读文化活动的热潮；福建省图书馆等举办“读吧！福建”2021年世界读书日“阅百年历程，传精神力量”主题活动；安徽省公共图书馆联盟组织策划“颂伟业　读经典——庆祝中国共产党成立100周年”系列活动；中共四川省委宣传部、中共重庆市委宣传部、四川省文化和旅游厅、重庆市文化和旅游发展委员会联合举办“信仰的力量”——庆祝中国共产党成立100周年川渝“阅读之星”诵读活动集中展演；湖南图书馆开展“追寻伟人足迹　传承红色基因——庆祝建党100周年湖南图书馆‘读步课堂’红色研学之旅启动仪式暨湖南第一师范学校旧址研学活动”；中部六省（湘鄂赣皖晋豫）公共图书馆联盟推出庆祝建党100周年专题讲座巡讲活动；辽宁省图书馆举办庆祝中国共产党成立100周年馆藏红色文献图文特展；陕西省图书馆开展“红色延安”文献讲读公开课项目建设工作；内蒙古自治区图书馆策划举办“颂百年风华　传红色基因”诵读活动；宁夏回族自治区图书馆举办“寻访红色足迹——共产党人的革命之路”等展览；新疆图书馆举办“光辉历程红色文献展”等5个主题展览，该馆还入选“自治区直属机关党员教育基地”。

二、聚焦高质量发展，构建图书馆新业态

2021年，全国公共图书馆系统贯彻落实文化和旅游部等部门发布的《文化和旅游部　国家发展改革委　财政部关于推动公共文化服务高质量发展的意见》《“十四五”公共文化服务体系建设规划》要求，各级公共图书馆在制度建设、总分馆制建设、区域协作等方面成果迭出。截至2021年底，全国共有公共图书馆3215个，同比增加3个；从业人员59301人，同比增加1321人；实际使用房屋建筑面积1914.24万平方米，同比增长7.2%；图书总藏量126178.02万册，同比增长7.0%；全国平均每万人公共图书馆建筑面积135.51平方米，同比增加9.05平方米；全国人均图书藏量0.89册，同比增加0.05册；总流通74613.69万人次，同比增长37.8%；书刊文献外借58730.15万册次，同比增长39.5%；外

借 23809.24 万人次，同比增长 36.3%。全年举办讲座、展览等各种活动 202568 次，同比增长 34.4%；参加 11892.49 万人次，同比增长 28.2%。截至 2021 年底，全国共 2636 个县（市、区）建成图书馆总分馆制[①]。

首都图书馆、天津图书馆、河北省图书馆共同召开 2021 年度京津冀图书馆联盟工作会议，联合制定《京津冀图书馆联盟“十四五”发展规划》，成立“雄安新区图书馆建设支持计划专家委员会”；重庆图书馆、四川省图书馆、成都图书馆联合主办“成渝地·巴蜀情”成渝地区公共图书馆联盟第二次会议；南京图书馆与陕西省图书馆代表两省公共图书馆签署了《苏陕公共图书馆“十四五”协作交流框架协议》；洛阳、焦作、平顶山、三门峡、济源等五地市公共图书馆就加强馆际间公共文化服务交流、推动洛阳都市圈公共阅读服务一体化发展共同签署《洛阳都市圈五地市公共图书馆服务联盟框架协议》。辽宁省图书馆出台《辽宁省图书馆特殊群体文化服务标准化管理办法》等 7 项管理办法，确定了包括 104 项标准的标准体系；安徽省图书馆协助省文化和旅游厅起草《安徽省实施〈中华人民共和国公共图书馆法〉办法》，修订《全省县级以上公共文化场馆免费开放服务标准及细则》；海南省图书馆制定和完善《海南省图书馆馆校（园）合作建设和管理办法》等 16 项制度，印发《海南省图书馆制度汇编》。

2021 年，首都图书馆大兴机场分馆正式开馆，成为国内首家“机场图书馆”；吉林省图书馆推进“吉林省公共文化一体化服务信息平台”建设，建立了能够满足各级公共图书馆基本公共文化服务的标准化、均等化服务平台；山东省各级公共图书馆共建设分馆、书房等服务点近 5000 个；内蒙古自治区图书馆建成 14 个校园分馆；四川省、重庆市联合实施川渝阅读“一卡通”项目，打通成渝两地三馆社保卡图书借阅服务；重庆市建成图书馆分馆 1455 个，乡镇（街道）覆盖率达到 95%；广东省“粤读通”服务正式上线，在全省范围内实现公共图书馆“一证通”；浙江各级公共图书馆不断完善基层图书馆体系建设，新建各类主题图书馆、城市书房等 273 个，超过 60% 村级综合文化中心、农村文化礼堂纳入图书馆业务管理体系；湖北省 117 个图书馆设立分馆 1410 个，覆盖 86.7% 乡镇，另外在商圈、社区、产业园和景区建成城市书房 105 个。

三、推进全国智慧图书馆服务体系建设

2021 年，各级公共图书馆积极推进智慧图书馆服务体系建设，加快完善全国智慧图书馆的体系架构，推动各类型、各来源文化资源的深度挖掘、增值开发和集成共享，并积极推进图书馆线下智慧服务空间建设，助力形成数据驱动的智慧化协同治理能力。

上海图书馆和苏州市文化广电和旅游局主办下一代图书馆智慧服务平台研讨暨长三角智慧阅读圆桌会议，讨论“十四五”时期图书馆系统平台向下一代智慧图书馆服务平台过渡与转型途径；湖北省图书馆举办智慧图书馆建设馆长论坛；黑龙江省图书馆、河北省图书馆、南京图书馆等均举办各类全省性公共图书馆会议，推进智慧图书馆建设；浙江图书馆牵头全省各级公共图书馆共同建设“浙江省文献信息资源共建共享平台”，整合全省县级以上公共图书馆馆藏书目数据，实现全省公共图书馆数字资源的整合与共享；广东省立中山图书馆图书采分编智能作业系统——“采编图灵”正式投产使用，实现传统人工作业向自动化智能化操作的转型升级；深圳市南山图书馆打造无接触服务。

四、全民阅读活动精彩纷呈，阅读推广品牌建设持续推进

2021 年，各级公共图书馆加强阅读推广活动节庆化、系统化、品牌化建设，围绕世界读书日、图书馆服务宣传周、科技活动周等大型活动和春节、国庆等节假日，组织各类型宣讲、展览、讲座等阅读推广活动。首都图书馆举办的以“阅读百年风华　奋进千秋伟业”为主题的“阅读北京——2021 年度首都市民阅读系列文化活动”吸引 428 万人次参与，获评北京市委宣传部颁发的第十一届书香中国·北京阅读季“2021 年北京市全民阅读优秀项目”。“2021 长三角阅读马拉松大赛”在沪苏浙皖四省市同时

① 本段数据源自《中华人民共和国文化和旅游部 2021 年文化和旅游发展统计公报》。

开赛，共设188个赛点，参赛总人数多达7000人。湖北省图书馆举办的第六届长江读书节，被国家新闻出版署评为2021年全民阅读优秀项目。浙江图书馆加强“天籁浙江”“阅读锦鲤”“布可读书”“宋韵文化”“红色阅读”等新品牌推广力，多渠道开展文化活动。广东全省联动，举办21天阅读挑战书、2021年粤港澳“共读半小时”和2021年世界读书日粤港澳创作比赛等活动。新疆各地公共图书馆通过“七进”走基层开展“春节年俗展”“端午华彩　古籍流韵”“月满中秋　情系阅读”等活动，提高传统节日文化的“浸润度”和“滋养度”。

京津冀三省市各级公共图书馆共同开展第五届京津冀图书馆“我与图书馆的故事”——“翻开红色记忆”阅读推广线上交流展示活动作品征集活动；首都图书馆举办“我的冬奥梦”中俄儿童写作暨绘画竞赛；长三角区域18家公共图书馆共同举办“阅书香　绘梦想”首届长三角亲子绘本插画创作大赛；辽宁省图书馆“敏学天地——男孩屋　女孩屋少儿成长启蒙体验区”正式对外开放，该体验区是专注孩子哲学启蒙与心理健康的沉浸式少儿成长体验阅读空间；山东省图书馆建立“山东省光明之家盲人数字图书馆”网站平台，通过音频技术，把海量的文化资源转化成视障读者容易收听的音频资料；山西省图书馆发起“阅读零障碍　智享晚年乐”适老化服务活动，为老年读者入馆阅读提供便利；内蒙古自治区图书馆少儿部策划“哈尼之声”有声阅读活动；重庆图书馆联合川渝两地公共图书馆，开展“蒲公英梦想书屋——重庆市公共数字文化工程乡村留守儿童关爱行动”；海南省三亚市图书馆“悦读童年·少儿成长悦读会”品牌以进校园、进福利院等各种形式开展阅读活动，并获评全国“终身学习品牌项目”。

五、继续深耕文献资源建设和保护，提升文化传承服务功能

2021年，各地以“中华古籍保护计划”“中华优秀传统文化传承发展工程”等项目为抓手，深入做好古籍普查、修复和整理出版工作，加强古籍数字资源开发，抓好重点项目落地，创新宣传推广方式，促进中华优秀传统文化的创造性转化和创新性发展，古籍保护和开发利用工作成效显著。

国家图书馆（国家古籍保护中心）举办全国古籍修复技艺竞赛颁奖仪式暨古籍修复工作研讨会。南京图书馆、辽宁省图书馆、山西省图书馆申报的珍贵古籍修复项目获中国文物保护基金会字节跳动古籍保护专项基金支持，安徽省图书馆、辽宁省图书馆、山西省图书馆获批可移动文物修复资质，安徽省图书馆完成“馆藏桐城派珍贵古籍修复与研究”等项目验收。古籍数字化和信息发布工作取得新进展，“山西省图书馆古籍数字资源库”正式上线，该馆入选《国家珍贵古籍名录》的22部286册珍贵古籍实现数字书影的全文发布。古籍保护宣传活动和展览亮点频出：2021年河南省中华传统晒书活动暨第六届两宋图书展在开封市图书馆举行；内蒙古自治区图书馆策划推出《解锁尘封的记忆　聆听古籍的声音——让典籍里的文字“活”起来》系列阅读推广节目并在该馆微信公众号上定期发布；“宋版传续　文脉郁衍——首届‘悦读宋韵节’宋刻本展”在浙江图书馆展出，20册宋版书集中亮相；“珠还合浦　历劫重光——《永乐大典》的回归和再造”湖北巡展在湖北省图书馆举办。古籍出版工作成果斐然，首都图书馆、江西省图书馆、安徽省图书馆和广西壮族自治区图书馆等单位，完成《北京市十四家区级公共图书馆古籍普查登记目录》、《江西省图书馆馆藏古籍珍本丛书》第十一辑《江城名迹记》、第十二辑《吴草庐先生粹言》、《安徽中国徽州文化博物馆古籍普查登记目录》、《湖南省九家收藏单位古籍普查登记目录（长沙市·株洲市·湘潭市）》等图书的编纂出版工作。

地方文献整理和利用地方特色资源开展活动工作硕果累累。首都图书馆“红色北京　峥嵘岁月——北京地区红色文献专题数据库”在“北京记忆”网站正式开通上线；山西省图书馆策划主办的微信视频号“山西文化记忆”正式上线；广东省立中山图书馆主持整理的大型地方历史文献丛书《中国近代城市史料丛刊·广州卷》第一辑正式出版；黑龙江省图书馆《黑龙江省志·公共图书馆志（1986—2005）》正式出版，出版馆藏《黑龙江公报》《黑龙江政府公报》；洛阳都市圈五城市公共图书馆黄河文化特色资源数据库共建共享研讨会在洛阳市图书馆召开，河南省首个以黄河文化特色资源为主题的数据库建设项目正式启动。

六、推动公共图书馆法人治理结构改革，提升管理水平现代化

2021 年，全国公共图书馆界按照文化和旅游部有关要求，进一步推动公共图书馆法人治理结构改革。湖南图书馆召开第二届理事大会，审议通过《湖南图书馆 2020 年工作报告》，原则性通过新修订的《湖南图书馆章程》等事项；四川省图书馆召开第二届理事会换届暨第二届理事会一次会议，就《四川省图书馆“十四五”规划（征求意见稿）》《四川省公共图书馆高质量发展规划纲要（征求意见稿）》进行讨论；广西壮族自治区图书馆举办两期广西公共图书馆法人治理结构改革培训班；海南省图书馆召开第一届理事会第六次会议，审议并通过《海南省图书馆理事会理事长、副理事长、监事选举办法（修改稿）》和《海南省图书馆章程（修改稿）》，选举产生新一届理事会；新疆图书馆召开第一届理事会第二次会议，审议通过新修订的《新疆图书馆章程》；北京市丰台区图书馆召开第一届理事会成立大会；贵阳市少年儿童图书馆召开第一届理事会、监事会第二次全体会议，就该馆公共安全突发事件的预防与处理、志愿者的招募与管理等方面工作提出意见和建议。

七、筑牢疫情防控底线，建立常态化疫情防控机制

根据文化和旅游部公共服务司发布的《公共图书馆、文化馆（站）疫情防控措施指南（2021 年 11 月修订版）》，按照“坚持常态防控”“坚持科学防控”的总体原则，全国各级公共图书馆结合当地疫情防控总要求，对入场读者数量进行总量控制和动态调控，尽量减少在密闭场所举办聚集性活动，在场馆防控、员工防护、公众防护等方面采取重点防控措施，严格遵守疫情防控动态调控机制，确保公共图书馆的正常开放。在广东省发生 3 起境外输入关联本土局部聚集性疫情时，全省图书馆界党员干部冲锋在前，深入抗疫一线，全省公共图书馆未发生聚集性疫情；宁夏回族自治区图书馆在多措并举做好疫情防控和读者服务工作的同时，广大干部职工积极参与社区疫情防控工作；海南省图书馆落实常态化疫情防控机制，加强读者入馆管控，实行预约限流，扫码进出馆，并开展员工疫情防控应急演练；石家庄市图书馆发挥资源优势，加强线上数字阅读推广，为居家抗“疫”的市民推出《宅家干点啥？石图给您送“大餐”！》《线上阅读的使用方法》《云展厅——建党百年系列红色收藏展》等内容，掀起云端阅读热潮。（公共图书馆分会　刘伟　王芊予　王慧）

年度工作

北京市

【概况】截至2021年底，北京市共有公共图书馆6136个，其中市图书馆1个，区图书馆19个，街道图书馆167个、乡镇图书馆183个，社区图书室2362个、村图书室3404个。此外，全市公共图书馆建立分馆482个、24小时自助图书馆206个、送书点3815个。顺义区图书馆新馆、丰台区图书馆新馆于年内面向读者开放。2021年，20个区及以上公共图书馆文献总藏量3316.7万册。在疫情防控常态化下，全年公共图书馆实施预约、限流开放，逐步扩大服务面积、延长服务时间，全年接待读者681.2万人次，较2020年增长106.4%；书刊外借690.7万册次，较2020年增长139.3%。北京市“一卡通”成员馆增至424个，全年共办理读者卡23.3万个，文献外借872.7万册次、120.1万人次，图书预约2.3万册次，归还图书839.2万册次。

推进法制化建设。根据1月22日第十三届全国人民代表大会常务委员会第二十五次会议修订通过的《中华人民共和国行政处罚法》，北京市文化和旅游局公共服务处会同法制处、首都图书馆对原北京市文化局2003发布的《〈北京市图书馆条例〉实施办法》和2016年发布的《北京市基层图书服务资源整合实施管理办法》进行相应的修订。

公共图书馆服务体系效能持续提高。2021年，首都图书馆大兴机场分馆正式开馆，成为国内首家“机场图书馆”，旅客所借图书可在北京市“一卡通”通还服务的成员图书馆之间实现异地还书。该分馆建设项目入选文化和旅游部2021年度“国家文化和旅游科技创新工程”一类项目。首都图书馆贯彻落实北京市人民政府制定的《深入推进回龙观天通苑地区提升发展行动计划（2021—2025年）》，实地调研、制订工作方案，为天通苑文化中心配送图书2万册，该中心正式开放后，形成回龙观天通苑地区与核心城区图书馆资源共享、服务联动的便民服务网络。首都图书馆牵头，联合朝阳区、石景山区、房山区、通州区4个区图书馆对全市24小时自助图书馆服务进行全面巡查及提质增效，自助机利用率得到显著提升。各区依据《北京市文化和旅游局关于转发中宣部办公厅〈关于开展农家书屋提质增效监督检查工作的通知〉》部署，落实农家书屋督查工作，针对督查中暴露出的购书经费短缺、管理员不足等问题，结合实际情况提出整改措施，切实推进农家（益民）书屋规范化建设。

公共图书馆阅读活动特色显著。2021年，围绕中国共产党成立100周年与2022年北京冬奥会主题，依托公共图书馆四级服务网络，策划开展全市性系列阅读活动，全年举办“阅读北京”等线上、线下活动10920场，参与市民2106万人次。全年举办少儿活动2862场，76.1万人次参加。

推进国家重点文化工程建设。北京市公共数字文化工程依托“首都图书馆公共文化云”网站与微信公众号组织开展活动，持续推进北京市地方特色数字资源建设。2021年全市公共图书馆共享数字资源库26个，各类型数字资源总使用量2897.6万次，“首都图书馆公共文化云”网站点击量达25.6万次。北京市古籍保护中心进一步开展古籍普查与保护工作，编辑《首都图书馆藏国家珍贵古籍图录（修订版）》，出版《北京市十四家区级公共图书馆古籍普查登记目录》，同时持续推进古籍宣传推广工作。

加强公共图书馆专业队伍建设。12月，北京市公共图书馆业务培训首次采取线上直播方式举办，全市公共图书馆馆长、业务人员以及基层图书管理员2000余人报名参加，总观看量达1万余次。北京市文献联合编目中心还对各区图书馆编目岗位工作人员提供编目工作系统操作指导。此外，各区图书馆通过集体授课、线上直播、下基层辅导等多种形式，坚持开展基层图书馆管理员业务培训。

强化协同共享，京津冀三地公共图书馆携手发展。2021年，首都图书馆、天津图书馆与河北省图书馆联合召开2021年底京津冀图书馆联盟工作会议与线上工作推进会议，联合制定《京津冀图书馆联盟“十四五”发展规划》，签订《京津冀图书馆红色文献数据库建设框架协议》，成立雄安新区图书馆建设支持计划专家委员会。首都图书馆主办的“童书经典中的党史——庆祝中国共产党成立100周年主题童书展”、“追寻奋斗记忆　共读红色经典”撰写红色书评活动及“阅读冬奥　共迎未来——京津冀百万少年儿童冬奥知识竞赛”被推广到天津市和河北省各级图书馆举办。三地图书馆联合举办“京津冀公共图书馆区域合作联盟阅读品牌LOGO设计大赛”、“2021京津冀公共图书馆高质量、智慧化发展研讨会”以及“百年赤子心”主题阅读展等活动。各区图书馆也积极开展京津冀地区图书馆交流合作。

创新志愿服务管理模式，促进志愿服务持续健康发展。2021年，北京市公共图书馆文化志愿服务总队累计注册志愿者达2.8万名，全年开展文化志愿服务4002场，参与志愿者17532人次，服务总时长8.7万小时。“志愿首图传文明”案例获首都精神文明建设优秀案例奖。在2020年首都学雷锋志愿服务“五个100”先进典型评选活动中，首都图书馆“心阅书香”助盲有声志愿服务项目、丰台区青少年儿童图书馆“小小图书管理员”文化志愿服务项目被评为首都“最佳志愿服务项目”，怀柔区图书馆志愿服务分队、石景山区图书馆志愿服务分队、西城区第一图书馆志愿服务分队和密云区图书馆志愿服务分队被评为首都“最佳志愿服务组织”。（首都图书馆）

【首都图书馆概况】截至2021年底，首都图书馆馆藏文献总量941.7万册/件，数字资源总量630.9TB，数据库共92个，全市累计持证读者71.8万人。2021年，新增各类文献23.4万册/件，总流通227.8万人次，外借71.0万册次，新增读者卡11.5万个。举办各类读者活动1122次，1372.1万人次参与，其中线上活动573次，1331.2万人次参与。首都图书馆官方微博和微信公众号关注人数51万余人，全年发布推文3580余篇，阅读量达1200万次；首都图书馆app使用量44.3万次；网站点击量740.9万次；数字资源使用量3532.4万次。

深入学习贯彻习近平新时代中国特色社会主义思想、习近平总书记视察北京重要讲话精神以及关于文化旅游工作的重要论述。持续推进党史学习教育，扎实开展“我为群众办实事”实践活动。围绕建党百年，聚焦全馆重点工作，在党员干部中组织开展主题党日、专题组织生活会等多种形式的党史学习教育。在内网开辟党史学习教育专区，开展学习教育，交流学习经验、展示学习效果。加强人才培养，激发内生动力，全年职工继续教育培训共计8073人次，累计60265学时。

围绕建党百年与北京冬奥会，策划多类型阅读推广活动。制定《首都图书馆关于开展庆祝建党100周年相关读者活动工作方案》和《首都图书馆关于开展北京冬奥会和冬残奥会相关读者活动工作方案》。先后举办“培根铸魂　启智润心　童书经典中的党史——庆祝中国共产党成立100周年主题童书展”“连环画世界里的中国共产党”“百年初心　红色记忆——首都图书馆藏红色文献展”等主题展览和“‘百年百部红旗谱’中的共产党人”等讲座。建设推出“红色北京　峥嵘岁月——北京地区红色文献专题数据库”。作为“北京市青少年冬奥教育基地”，组织“我的冬奥梦”中俄儿童写作暨绘画竞赛、“阅读冬奥　共迎未来——京津冀百万少年儿童冬奥知识竞赛”等活动，开展线上冬奥课堂讲座，与首都体育学院共建“奥运书屋”和“数字冬奥”资源专栏等。开展以“阅读百年风华　奋进千秋伟业”为主题的“阅读北京——2021年度首都市民阅读系列文化活动”，推出“百年初心　经典永诵”2021年北京市诵读大赛、“阅读伴我成长”主题活动、“十佳优读空间”评选、“最美书评”征集评选等全市性四大阅读系列文化活动，吸引428万人次参与，读者满意率95.61%。在全市中小学范围组织多种形式的线上线下阅读推广活动，包括以“忆百年峥嵘　筑少年梦想”为主题的系列阅读活动、云上“亲子故事会”、“春明学堂”直播课堂第二季“趣说北京三千年”、“网络智力大挑战”系列竞赛等。“首图动漫在线”制作完成《胡同漫游记》系列动画片13集。

持续推进服务品牌建设。“首图讲坛”系列全年举办线上线下活动111场，810余万人次参与。策划“百家导师领读计划”活动，推出“中华古籍保护计划”线上教程“制作一本线装书”，举办“春明群玉——首都图书馆藏古籍藏书印赏析”和“珠还合浦　历劫重光——《永乐大典》的回归和再造”展览。面向全国公共图书馆及高校图书馆举办“百名摄影师聚焦脱贫攻坚图片展”“大爱北京——聚焦北京扶贫支援精选图片展”巡展。全年举办“首都市民音乐厅”活动20场，接待现场观众8700人次，线上观看10万余人次。

坚持服务创新，开通二维码读者卡，实现手机借阅，并推出自助设备二维码收取办证押金服务。聚焦公共图书馆服务新业态，作为全要素文旅体验主题的首都图书馆大兴机场分馆正式开馆，成为首都国门的新坐标。打造实体书店和公共图书馆服务融合发展新样本，建成开放的“轩辕书馆”汽车文化主题特色阅读空间被评为2021年北京网红打卡地。探索社会力量参与公共文化建设的“春明簃”特色阅读空间对外开放，满足借阅、休闲、餐饮等需求，是“图书馆+”升级服务，有效扩展服务空间、延长服务时长。

全力推进北京城市副中心图书馆建设，聚焦“一馆两址”工作要求，以资源结构、空间布局、服务方式和运行管理为抓手，深化馆内区域功能设计和业务规划，积极推进业务规划、运营管理分析、特色资源挖掘、智慧场景设计、文创开发等工作。

履行中心馆职能，推进公共图书馆服务体系建设。编辑完成《北京市公共图书馆2020年度报告》和“北京市公共图书馆2020年度业务统计表”。开展北京市公共图书馆社会化合作情况调研和关于省级图书馆中心馆功能作用调研。

促进京津冀三地协同发展，联合印发《京津冀图书馆联盟“十四五”发展规划》，与天津图书馆、河北省图书馆分别签订《京津冀图书馆红色文献数据库建设框架协议》。与雄安新区公共服务局签订《雄安新区图书馆发展支持计划框架协议》，成立雄安新区图书馆建设支持计划专家委员会。

加强国际合作交流，配合北京市政府外事办公室开展北京—惠灵顿、北京—特拉维夫、北京—赫尔辛基缔结友好城市关系15周年系列纪念活动。配合匈牙利布达佩斯大都会图书馆申报联合国教科文组织“世界图书之都”。

深入开展调查研究。2021年在研科研项目13项，其中国家社会科学基金项目2项、文化和旅游部科技创新项目1项、全国图书馆标准化技术委员会项目2项、中国国家版本馆委托项目3项、北京市人才资助类项目5项。完成北京市社会科学基金项目“北京地区碑拓资料整理与研究”和国家社会科学基金项目“移动互联网思维中图书馆微服务体系构建与保障研究”的结题工作。

强化精细化管理，开展事业单位章程管理试点工作，完成《首都图书馆章程》的制定、核准备案和公示工作。完善《首都图书馆文献资源建设委员会工作职责》和《首都图书馆学术委员会章程》。完成北京雍幽文化书社公司制改革工作以及北京雍幽文化有限公司与北京泮水文化有限公司合并工作。（首都图书馆　贾蔷）

【首都图书馆正式授牌成为北京市青少年冬奥教育基地】4月21日，北京冬奥组委新闻宣传部正式授牌首都图书馆为北京市青少年冬奥教育基地。为此，首都图书馆在馆内设置北京2022年冬奥会和冬残奥会教育材料展示专架，先后开展“冬奥课堂”“高校‘魅力冬奥’冬奥知识讲解员”“征集少儿绘画作品送外国运动员”“‘筑梦冰雪　童绘冬奥’藏书票作品展”等系列活动，为青少年了解奥林匹克知识和冰雪运动项目提供平台。（首都图书馆　贾蔷）

【首都图书馆举办“阅读北京——2021年度首都市民阅读系列文化活动”】4月21日，“阅读北京——2021年度首都市民阅读系列文化活动”发布会在首都图书馆举办。此次活动以“阅读百年风华　奋进千秋伟业”为主题，围绕中国共产党成立100周年与2022年北京冬奥会主题热点，依托公共图书馆四级服务网络，发挥图书馆资源优势，通过全市性四大阅读系列文化活动——“百年初心　经典永诵”2021年北京市诵读大赛、“阅读伴我成长”主题活动、“十佳优读空间”评选、“最美书评”征集评选，组织引领市民关注阅读、参与阅读、热爱阅读。全年“阅读北京”微博话题阅读量6237.7万次，“双微”平台文章阅读量1102.5万次，相关视频播放量累计493.9万次，全年活动累计428万人次参与。“阅读北京——2021年度首都市民阅读系列文化活动”荣获北京市委宣传部颁发的第十一届书香中国·北京阅读季“2021年北京市全民

阅读优秀项目”。（首都图书馆　贾蔷）

【首都图书馆推出童书经典中的党史主题童书展】为在青少年读者中开展好党史学习教育，首都图书馆于6月1日推出“培根铸魂　启智润心　童书经典中的党史——庆祝中国共产党成立100周年主题童书展”。该展览共展出《闪闪的红星》《人生第一扣》《童心向党·百年辉煌》等经典童书千余种，囊括图书、报刊、影音资料等多种文献类型，特别展出《小兵张嘎》《刘胡兰》等10种全版本文献，并利用融媒体技术让党史资源“活”起来，为青少年读者提供亲近、互动、沉浸式的学习和观展体验。开幕式当天，人民艺术家、原文化部部长王蒙为现场100多名小学生和网络观众讲授党史公开课，在线观看近180万人次。展览期间，共举行系列活动45场，累计接待观众近2万人次。配套数字展览在首都图书馆官网展出，“文旅北京”抖音平台的讲解直播吸引4.9万余人次点击观看。展览先后在京津冀地区及全国部分省（区、市）公共图书馆、中小学校进行巡展。（首都图书馆　贾蔷）

【首都图书馆大兴机场分馆正式开馆】6月28日，首都图书馆与大兴国际机场合作共建的首都图书馆大兴机场分馆正式开馆。该分馆紧紧围绕“文化与旅游”，依托文献资源和科技设备，让读者通过阅读触摸中国、感受世界。分馆共472平方米，设座席175个，藏书9500余册，开放数据库21个，设置体验活动空间，提供通借通还、图书预约和读者活动服务，实现扫码借书功能。（首都图书馆　贾蔷）

【“红色北京　峥嵘岁月——北京地区红色文献专题数据库”开通上线】7月1日，首都图书馆建设的“红色北京　峥嵘岁月——北京地区红色文献专题数据库”在“北京记忆”网站正式开通上线。专题数据库包括“红色纪念日”“红色文史”“红色印记”“红色图书”“红色影像”“红色研究”六个板块，从多个角度展现1915年至1949年间中国共产党在北京地区领导人民群众争取民族独立、人民解放的红色革命文献，为学者开展这一时期北京地区革命史资料研究提供文献资源支持，也为民众了解中国共产党党史发展历程提供文献获取途径。（首都图书馆　贾蔷）

【首都图书馆携手阿里巴巴智能信息事业群共同助力乡村儿童阅读公益事业】9月27日，由首都图书馆、阿里巴巴智能信息事业群、担当者行动共同发起的夸克“益起读”阅读助学公益活动在河北省张家口市宣化区赵川小学、李家堡小学、小村小学举办。活动捐建班级图书角36个、图书室1间，共计1100余册书籍。其中，首都图书馆根据学生的年龄层次，特别精选一批优质读物，包括《这里是中国》《神奇图书馆》《天工开物》等近30种图书充实3所学校的图书角，并且为学生带去助学物资。此次活动开辟线上朗读兑换捐献书籍的新模式——“为你读　见未来”公益朗读活动。读者通过“夸克”app平台活动页面完成3次书籍的有效朗读，即可捐赠1册实体图书，线上朗读新模式吸引17万人次参与，收集声音近11万条，为乡村儿童阅读公益事业建设注入更多力量。（首都图书馆　贾蔷）

【首都图书馆与新西兰惠灵顿城市图书馆签署战略合作仪式】12月17日，首都图书馆与新西兰惠灵顿城市图书馆举行视频战略合作签署仪式，惠灵顿市市长安迪·福斯特、副市长萨拉·弗里，中国驻新西兰大使馆文化参赞杨亚贤及惠灵顿市政府国际关系处、惠灵顿城市图书馆代表，北京市政府外事办公室环太平洋地区处副处长庄沙沙和耿小平，首都图书馆馆长、党委副书记毛雅君等出席线上仪式。双方就未来在文化交流、学术交往、业务研讨等多领域达成深度战略合作。（首都图书馆　贾蔷）

【东城区图书馆举办“2021与好书相遇——人民文学出版社新年新书大放送”线上直播活动】1月13日，“2021与好书相遇——人民文学出版社新年新书大放送”线上直播活动在东城区图书馆（交道口馆）举办。活动由人民文学出版社主办，东城区图书馆、一刻（talks）承办。著名作家梁晓声、周大新、李洱做客活动直播间，分享他们2021年的新作《我和我的命》、《洛城花落》、《花腔》和《石榴树上结樱桃》，莫言等著名作家通过视频为读者介绍新书，人民

文学出版社向东城区图书馆赠书。活动在抖音、新浪等网络平台直播，持续6小时，总点击量超过20万次。（东城区图书馆）

【东城区党史学习教育“领读计划”正式启动】4月23日，东城区党史学习教育“领读计划”在东城区图书馆分馆——角楼图书馆启动。活动由东城区委党史学习教育领导小组办公室主办，东城区图书馆承办，以“书香致远　红色领航”为主题，贯穿全年。活动通过遴选经典原著、革命诗词、优秀散文、红色家书等“十大品类、百篇经典”为代表的诵读文章，组织东城区党员干部、社会工作者、社区居民、青少年群体等十大“领读圈”、百名“领读人”进行领读，引导全区党员群众广泛参与。东城区图书馆依托“集中领读”和“特色领读”两大板块，线上线下联动，通过阅读主题讲座、读书分享、领读短视频等多元化呈现形式，积极带动全区读者进一步知史爱党、知史爱国。（东城区图书馆）

【东城区图书馆“故宫以东·书香之旅”案例入选“2021出版发行界、图书馆界阅读推广论坛典型案例”】6月17日，2021出版发行界、图书馆界阅读推广论坛在长春市举行。经专家组评审，东城区图书馆“故宫以东·书香之旅”案例入选“2021出版发行界、图书馆界阅读推广论坛典型案例”。从2019年底开始，东城区图书馆与其王府井书店分馆持续选取东城区内具有文化地标性质的特色书店，推出“故宫以东·书香之旅”读者选书系列活动。读者通过微信报名，到相应书店报到选书，馆员现场分编加工读者所选图书，并为其办理借阅手续。读者可于活动当天参与图书馆与该书店联合组织的讲座或沙龙。每次活动有20至30个读者参与名额，常常在48小时内即报满。活动固定于每个节气举办，《七十二番花信风》插画作者为活动设计系列纪念票，已有40余位作家、学者参与其中。该活动是东城区图书馆充分利用区域资源，积极推进“馆店合作、文旅融合”助力阅读推广的创新实践。（东城区图书馆）

【西城区图书馆举办“侨心向党　我与祖（籍）国”庆祝中国共产党成立100周年图片摄影展】5月19日，由北京市归国华侨联合会主办，西城区图书馆联合区归国华侨联合会、归国留学联谊会承办的“侨心向党　我与祖（籍）国”庆祝中国共产党成立100周年图片摄影展开幕式在西城区图书馆举行。此次摄影展作为第十届“首都新侨乡文化节”西城专场活动，从近300幅征集作品中评选出80幅优秀作品参展。参展摄影作品涉及自然风光、人文情怀、民俗风情、经济发展及社会变迁等多个角度和层面。展览持续至6月4日。（西城区图书馆）

【西城区青少年儿童图书馆举办2021年度“北京儿童文学研究中心”专家研讨会】10月19日，西城区青少年儿童图书馆在馆内举办2021年度“北京儿童文学研究中心”专家研讨会。研讨会以“北京儿童文学研究中心”发展方向为议题，与会专家学者结合新时期儿童文学发展特点和《中国儿童发展纲要（2021—2030年）》精神，北京儿童文学研讨中心推进少儿阅读推广工作规划。中国作家协会会员、北京师范大学文学院教授、博士生导师张国龙，北京作家协会副秘书长王虓，东方少年杂志社编辑部主任、副编审崔翌以及西城区青少年儿童图书馆领导参加会议。北京儿童文学研究中心成立于2004年，是西城区青少年儿童图书馆联合北京作家协会创立的。（西城区青少年儿童图书馆）

【朝阳区图书馆策划举办“百年赤子心”主题阅读展】6月29日，由北京市朝阳区图书馆联合上海、天津、河北多地公共阅读服务机构共同策划的“百年赤子心”主题阅读展在朝阳区图书馆开展。展览共分为“为主义而牺牲”“甘将热血沃中华”“我们是人民的长工”“我的事业在中国”“奋斗就是幸福”5个篇章，展示多位革命先烈及共和国建设者杰出代表的奋斗人生与卓越成就。展览因循建党百年历史足迹，通过不同载体，线上线下展示党史不同阶段模范人物的英雄事迹和精神品质，服务党史教育、献礼中国共产党成立100周年。该展览在朝阳区图书馆展出至7月20日，后续在天津市河北区图书馆、河北省石家庄市图书馆及上海市建投书局巡回展出。（朝阳区图书馆）

【丰台区图书馆大红门新馆正式开馆运营】 6月28日，丰台区图书馆大红门新馆正式开馆运营。新馆是丰台区委区政府利用“疏整促”成果打造的“政务服务＋文化服务”深度融合的智能化、数字化现代图书馆，位于南苑路7号丰台区政务服务中心内，建筑面积9543平方米，阅览座席430个，藏书量36万册。新馆整合文献借阅、读者自习、报刊阅览等阅读服务职能，集“藏、借、阅、现代化技术”于一体，通过信息可视化、服务自助化、阅读数字化等方式，为读者提供智能化、信息化、全方位的服务，致力于打造温馨舒适、便利快捷、丰富多元的阅读空间。（丰台区图书馆）

【石景山区图书馆荣获“全国文化和旅游系统先进集体”称号】 11月18日，人力资源和社会保障部、文化和旅游部决定授予全国232个单位“全国文化和旅游系统先进集体”称号，推动文化和旅游高质量发展。石景山区图书馆是北京市5个受到表彰的先进集体之一，也是石景山区唯一1个入选单位。近年来，石景山区图书馆对传统的阅读场馆、社区图书室进行建设改造，打造了一批兼具阅读特色和热门网红打卡地属性的多元化阅读空间；结合冰雪运动特色大力开展阅读推广活动，在冬奥组委驻地建立冬奥主题图书馆，发挥“智库”作用；作为全国文化馆图书馆总分馆制建设试点单位，依托总馆的“快乐阅读直通车”品牌服务，各分馆向群众提供点单式服务，总馆—街道—社区三级公共图书馆服务网络打通阅读“最后一公里”；研发建设公共数字文化服务平台，开启“云模式”，实现疫情防控期间线上服务高质量、低门槛、有人气，有效发挥公共文化服务在疫情防控中的作用。（石景山区图书馆）

【海淀区图书馆打造北京地铁西郊线“开往新中国的列车”】 3月25日，海淀区图书馆打造的北京地铁西郊线“开往新中国的列车”正式开始在香山站和巴沟站之间往返运行。列车车厢内、地面上展示双清别墅、李大钊烈士陵园等红色历史遗迹线路图，红色座椅靠背上也标有“香山革命纪念地”等文字标志。乘客通过扫描吊环扶手上的二维码，可以浏览由海淀区图书馆提供的党史类电子图书、有声读物及电子期刊等数字资源，了解海淀区文化旅游、演出与展览信息，开启别样红色旅程。在该列车运行的3个月时间里，由海淀区文化和旅游局主办、区图书馆承办的“开往新中国的列车”之“追寻红色足迹”文化主题活动持续深挖西郊线沿线的红色资源，策划并推出4条“追寻红色足迹”线路，通过阅读、走读、诵读方式带领市民群众重温中国共产党百年辉煌。活动邀请革命先辈后人、党史专家学者、党建图书作者及阅读推广人等与读者一道乘坐“开往新中国的列车”，参观沿途集中展示香山革命历史的重要纪念地与场馆，实地感受中国共产党波澜壮阔的光辉历程。（海淀区图书馆）

【门头沟区图书馆启动“京蒙文化共建　携手共同发展”系列活动】 6月22日，由北京市门头沟区文化和旅游局、区图书馆，内蒙古自治区呼和浩特市图书馆、武川县文化和旅游局及县图书馆共同举办的“京蒙文化共建　携手共同发展”系列活动在门头沟区小龙门村和瀚书院启动。门头沟区图书馆、呼和浩特市图书馆、武川县图书馆及北京和瀚书院共同签署建设武川县24小时图书馆、合作开展全民阅读活动的协议。门头沟区图书馆、东城区图书馆及呼和浩特市图书馆签订《“书香呼和浩特全民阅读共同体”共建协议书》，呼吁各成员单位通过加强党组织联结，将党建工作与中心工作目标相结合，共同推动京蒙两地公共文化事业高质量发展。参加启动活动的各图书馆对共同开展全民阅读活动、推动两地共建与资源共享、促进两地间读者文化交流以及做好地方文化传承工作等议题进行研讨。（门头沟区图书馆）

【房山区文化活动中心图书服务部石文化特色馆藏专区正式开放】 6月1日，房山区文化活动中心图书服务部石文化特色馆藏专区正式开放接待读者。2003年，房山区图书馆依托地域文化资源，建立以“石文化”为主题的特色馆藏，多年来一直致力于收集整理相关文献资源，丰富藏书体系。2016年底，新馆搬迁至长阳，特成立地方文献石文化特色馆藏阅览室。2021年，为进一步提升图书馆服务能力，经房山区文化活动中心领导班子研究决定，调整石文化藏书布局，在房山区文化活动中心七层开辟石文化特色馆藏专区。新专区建筑面积200平方米，收藏有关石文化图书1700余册，展示石雕展品34件，设有石文化知识展示墙。此外，新专区还面向广大市民开设石板拓片实践课程，使读者深入了解拓片技艺的历史与现实价值。（房山区文化活动中心图书服务部）

【通州区图书馆举办“牵手冬奥　冰雪追梦——北京2022冬奥巡礼”展览】12月23日，由通州区文化和旅游局主办、通州区图书馆承办的“牵手冬奥　冰雪追梦——北京2022冬奥巡礼”展览在通州区图书馆开幕。展览通过“历史上的冬奥”“中国冬奥之路”“北京冬奥知多少”“北京冬奥新气象”4大主题内容、60幅图文展板，回顾冬奥会的起源与发展历史，再现北京冬奥会的筹办之路，介绍冬奥会24项运动项目，为广大读者全面解读2022年北京冬奥会、冬残奥会精神内涵，呈现中国奥运健儿风采与中国智慧及力量。为配合疫情防控工作同时将展览的社会效益最大化，区图书馆运用全景数字展览技术，将展览内容上传至该馆官方微信公众号等平台进行线上展出，并将展览送进军营，助力部队开展文化建设。（通州区图书馆）

【顺义区图书馆新馆开放运行】3月18日，顺义区图书馆新馆正式对外开放，开馆首周吸引万余名读者到馆。新馆位于顺义区文化中心（顺义新城第五街区仁和公园北侧），总建筑面积20106平方米，阅览座席1100个，具有2000—3000人次的日接待能力，藏书总量达175万余册，期刊1200余种，报纸200余种。馆内设有党建书房、为残障人士服务的康复阅览室以及24小时开放的自助阅览区——潮白书苑。新馆采取借阅合一、开放式、自助式、智能化的服务方式，打造智慧、开放、共享的阅读文化空间，综合运用现代科技手段服务读者。（顺义区图书馆）

【怀柔区图书馆举办“永远跟党走”庆祝中国共产党成立100周年知识竞赛】6月25日，作为“书香怀柔”第十四届全民阅读活动重点内容之一的“永远跟党走”庆祝中国共产党成立100周年知识竞赛决赛在怀柔区图书馆举行。经过3场复赛的激烈争锋，6支代表队进入决赛。该竞赛活动不仅在各乡镇街道、区直属单位的支持下广泛开展线下选拔，还在怀柔区图书馆微信公众号上开辟在线答题专栏，为广大读者提供学习党史知识的平台。通过以赛促学的方式，活动引领群众重温中国共产党的百年光辉历程，在全区掀起“学党史、悟思想、办实事、开新局”的热潮。决赛全部奖项在“书香怀柔”第十四届全民阅读颁奖典礼上颁出。（怀柔区图书馆）

【平谷区图书馆为残障儿童打造“星宝悦读计划”阅读活动品牌】5月14日，第31个全国助残日前夕，平谷区图书馆走进平谷区七彩阳光康复中心开展绘本阅读活动。活动采用通俗易懂的视频课件，由绘本老师带领孩子朗读故事并配合故事内容进行简单手工制作。该中心老师及40余名残障儿童参加活动。七彩阳光康复中心是一所专为孤独症、智力障碍儿童提供康复教育的民办非营利性机构。平谷区图书馆与该中心于2018年5月建立长期合作关系，为其建立人工智能阅读体验馆，并送去图书、文具和数字阅读设备，组织孩子们开展“走进图书馆”参观实践活动等。2019年，图书馆与该中心共同打造“星宝悦读计划”阅读活动品牌，为残障儿童定期开办绘本阅读课程，截至2021年底已累计开展49场次，参与儿童达1500余人次。（平谷区图书馆）

【北京作家协会领导到平谷区图书馆调研“北京作家书屋”】8月25日，北京作家协会副秘书长王虓等一行3人到平谷区图书馆调研“北京作家书屋”发展现状。平谷区作家协会名誉主席柴福善、区委宣传部文化科科长张斌、区文化和旅游局副局长徐玲等参加调研。“北京作家书屋”于2000年10月18日在平谷区图书馆成立，是北京作家协会在北京市成立的唯一一家书屋，该书屋收藏浩然等著名作家亲笔签名的各类图书共计1000余册。平谷区近年来高度重视全民阅读活动，利用多方资源举办高品质读书活动，以此扩大书屋的知名度和影响力。调研座谈会上，王虓对如何利用书屋图书提出建议，与会领导共同就进一步加强图书馆与北京作家协会合作、吸引优质文学资源将“北京作家书屋”打造成知名文化品牌，以及有效发挥文学在文化建设中的独特作用等议题进行研讨。与会者还参观了平谷区图书馆特色馆藏“冰心奖陈列室”与“冰心奖儿童图书馆”。(平谷区图书馆)

【延庆区图书馆举行2021—2022延庆区“最美冬奥城 一起向未来”冬奥知识宣传普及系列文化活动启动仪式】12月16日，2022年北京冬奥会开幕倒计时50天之际，2021—2022延庆区“最美冬奥城 一起向未来”冬奥知识宣传普及系列文化活动启动仪式在延庆区图书馆举行。仪式上，延庆区委宣传部副部长赵超宣布活动启动，延庆区文化和旅游局党组副书记张静致辞，区图书馆馆长张娟发布系列活动内容。此次活动周期为2021年12月至2022年5月，采取线上、线下相结合的方式，联动京津冀蒙四地协同开展，包括四大板块、十余项具体活动。活动通过组织开展冬奥知识展览、冬奥书信展演、冬奥系列讲座及冬奥互动体验等，向广大市民呈现更生动的冬奥故事，展现2022年北京冬奥会三大赛区之一——延庆的美丽生态环境和全民迎冬奥的热情。(延庆区图书馆)

天津市

【概况】截至2021年底，天津市共有省级公共图书馆1个、区县级公共图书馆19个、公共图书馆建立的分馆313个。省级、区县级两级公共图书馆馆舍面积43.6万平方米，阅览座席2.5万个。文献总藏量2281.5万册，其中图书2039.3万册、古籍65.5万册、报刊76.3万件、视听文献29.9万件/套、缩微制品1.2万件/套，开架书刊1104.2万册，少儿文献316.3万册，拥有电子图书2934万册。2021年新增文献157.7万册，新增电子图书410.7万册，接待读者860.7万人次，书刊文献外借741.3万册次。全年省级、区县级两级公共图书馆为读者举办讲座、展览、培训班等各种活动2606次，110.9万人次参与，其中：讲座1056次，6.6万人次；展览547场，99.8万人次；培训1003次，4.5万人次。各图书馆通过官方网站、微博、微信等方式向读者提供线上服务总计2319.2万人次。年文献购置费6228.2万元。志愿者服务队伍68个，共计5884人。

持续深化读者服务。在中国共产党成立100周年之际，天津市各公共图书馆开展形式多样的阅读推广活动，深入学校、社区、武警部队，满足不同读者的阅读需求，进一步扩大全民阅读的覆盖面和影响力。天津图书馆举办“学党史、读好书、习礼仪、树家风”校园公益行系列活动、“红色经典进基层，琅琅书声满津城”庆祝中国共产党成立100周年活动、“走进科技 动态阅读 AR互动体验展”等。和平区图书馆举办庆祝中国共产党成立100周年书香满和平“和平杯”第四届文化阅读之旅主题音乐会和“建党百年践初心 普法宣传暖人心”普法读书会·《民法典》进社区活动。津南区图书馆举办庆祝中国共产党成立100周年津南区第七届读书节主题读书系列活动。

完善总分馆服务体系。天津图书馆驻津武警某部队行业分馆落成开放，进一步丰富部队官兵文化生活；津南区图书馆引入社会力量开展总分馆巡检服务，有效保障津南区图书馆总分馆服务体系的正常运转；中新天津生态城图书档案馆截至2021年底共建有分馆5个、服务点7个、书屋16个，完善“总馆—分馆—服务点(书屋)”三级公共阅读服务体系；东丽区图书馆“阅东方”新立城市书房、张贵庄城市书房、无瑕城市书房3个街道分馆建成并开放。

加强智慧图书馆建设。和平区图书馆推行“共享有声书吧”建设计划，满足读者多元化的分层阅读及智慧阅读需求；中新天津生态城图书档案馆推出40余项智慧应用，实现全馆5G移动网络全覆盖。

推动京津冀协同发展。天津图书馆举办第五届京津冀图书馆“我与图书馆的故事”——“翻开红色记忆”阅读推广线上交流展示活动，通过不同类型的在线活动板块全面征集摄影、朗诵、少儿故事、书画、好书推荐等优秀作品，并长期在网络平台予以展示；中新天津生态城图书档案馆举办2021年京津冀公共图书馆高质量、智慧化发展研讨会，邀请北京大学、南开大学资深业界专家以及京津冀地区各公共图书馆馆长、业务骨干约100人参加。(天津市图书馆学会 张雪英)

【“学党史、读好书、习礼仪、树家风”校园公益行系列活动举行】4月23日世界读书日之际，“学党史、读好书、习礼仪、树家风”校园公益行系列活动启动仪式在天津图书馆文化中心馆区报告厅举行。中华儿童文化艺术促进会会长刘波、天津图书馆党委副书记韩晓晰、天津市礼仪行业协会会长尚小华等领导和特邀嘉宾以及60余名志愿者代表和10所学校代表等出席启动仪式。此次系列活动于5—12月在天津市的中小学及幼儿园举行，内容包括举办党史、少儿及教师礼仪、家庭教育等主题巡讲以及开展汽车图书馆进校园、中小学生礼仪展演等公益文化活动。5月26日汽车图书馆首站来到天津师范学校附属小学，参加活动的领导为学校授牌"献礼建党百年，培育时代新人校园公益行系列活动实践单位"。在活动现场天津图书馆为师生们提供办证及借还书"一站式"服务。（天津图书馆　王颖）

【"红色经典进基层，琅琅书声满津城"庆祝中国共产党成立100周年活动举办】6月20日，"红色经典进基层，琅琅书声满津城"庆祝中国共产党成立100周年活动在天津市民族文化宫成功举办。此次活动由天津市文化和旅游局、天津市民族和宗教事务委员会主办，天津图书馆、天津市各区图书馆、天津市民族文化宫承办，天津市图书馆学会等协办。市委宣传部、市文化和旅游局、市民族和宗教事务委员会等单位的领导嘉宾出席活动。活动汇聚全市各级公共图书馆读者代表、志愿者代表及馆员等，以朗诵、讲述、访谈、宣传片、舞蹈、合唱等多种立体生动的演绎形式，呈现出一场多元素回顾百年党史、传承红色基因、促进全民阅读的视听盛宴。（天津图书馆　王颖）

【天津图书馆举办"阅享红色经典　重温光辉党史"津彩游学季红色教育实践活动】7月10日，由天津图书馆主办的"阅享红色经典　重温光辉党史"津彩游学季红色教育实践活动启动，该活动持续至7月23日。此次活动打造立体化游学，在始发站天津图书馆，小读者和家长们共同参观"百年大党　思想常新"马克思主义经典名著名篇宣传展。在第二站天津觉悟社纪念馆，小读者通过参观基本陈列和"永远的旗帜——党旗·军旗·国旗专题展"，聆听"觉悟社"的成立背景和艰辛历程，汲取奋斗和进取的力量。在第三站周恩来邓颖超纪念馆，大家先后参观西花厅展区的实物实景复原陈列、主题文物展"伟大的情怀"和纪念馆的基本陈列展览"人民总理周恩来"，深入了解文物故事，感受伟人精神，树立红色理想。（天津图书馆　王颖）

【天津图书馆开展暑期志愿服务培训活动】7月22日，天津图书馆"凝聚青春力量　彰显青春风采"暑期志愿服务培训活动拉开帷幕，共有34名学生志愿者参与第一期培训。培训中，该馆馆员以互动问答的形式，从本馆简介、安全知识、志愿服务工作日常规范及服务岗位说明等方面向志愿者进行详细讲解，加深志愿者们对图书馆各部门的职能、服务方式、服务岗位的了解。（天津图书馆　王颖）

【天津图书馆举办"小小传承人"首场传统文化传承活动】7月31日，天津图书馆联合天津市艺术研究所（天津市非物质文化遗产保护中心）在该馆梦娃绘本馆举办"小小传承人"首场传统文化传承活动。此次活动以扎染为主题，从扎染的起源、扎染在不同时期呈现出的不同特点、扎染作为设计手法在现代社会呈现的效果等方面介绍扎染文化。最后，工作人员带领小读者们动手制作，亲身感受传统文化的美妙，增强青少年的民族文化认同感。（天津图书馆　王颖）

【"科技赋新能　同读一本书"少儿微书评活动举办】8月20日—9月20日，天津图书馆联合河北省滦平县图书馆、丰宁县图书馆、承德县图书馆3家图书馆，共同举办"科技赋新能　同读一本书"少儿微书评活动。此次活动通过AR智慧小程序的引导推荐和创新性阅读模式，为4地小读者搭建起在线同读一本书的平台，通过线上书写阅读寄语，分享阅读感悟，增进4地小读者的学习交流，提升孩子们的文字表达能力，引导孩子们养成"爱读书、会读书、读好书"的好习惯。来自4地近500名小读者参加此次活动。（天津图书馆　王颖）

【第十一届"牵手残疾人，走进图书馆"系列公益活动举办】9月10—24日，由天津图书馆、天津市残疾人联合会、天津广播电视台生活广播联合主办第十一届"牵手残疾人，走进图书馆”系列公益活动。活动包括“红色经典名篇诵读作品征集评选”活动、《中华人民共和国残疾人保障法》线上有奖互动答题、“话《本草纲目》 传中华经典”讲座。天津生活广播对专家评选出的3篇红色经典名篇优秀诵读作品进行展播。（天津图书馆　王颖）

【“天津图书馆藏稿抄本古籍数字化项目”入选2021年度国家古籍数字化工程专项经费拟资助项目】9月23日，天津图书馆申报的课题“天津图书馆藏稿抄本古籍数字化项目”入选2021年度国家古籍数字化工程专项经费拟资助项目（全国共27个项目入选）。该项目以该馆馆藏未开发稿抄本为整理对象，包括经、史、子、集、丛五部类，其内容包含诗文集、日记、奏折、书札等。天津图书馆拥有数据发布平台，在完成图像采集、制作后，可实现线上发布，实现“藏”与“用”的成果转换与共享。（天津图书馆　王颖）

【天津图书馆主题期刊展献礼中华人民共和国72华诞】10月1日—11月20日，天津图书馆举办主题期刊展献礼祖国生日。天津图书馆文化中心馆区以“我的祖国我的梦”为展览标题，精选出7个类别40余种期刊；天津图书馆复康路馆区以“回望复兴路，共圆中国梦！”为展览标题，共展出期刊40种。此次展览共吸引6万余名读者参观并阅览。（天津图书馆　王颖）

【天津图书馆举办“走进科技　动态阅读　AR互动体验展”】11月2日—12月2日，天津图书馆梦娃绘本馆以恐龙为展览主题举办“走进科技　动态阅读　AR互动体验展”。此次活动采用裸眼4D技术，虚拟与现实互动，带领小朋友一起走进恐龙时代。此次活动基于AR技术，开启全新的阅读模式，依靠新形态下的视频图书，让小朋友在体验感知中想象恐龙的生活，培养小朋友的创造力和想象力。（天津图书馆　王颖）

【天津图书馆“诵读经典美文　歌颂伟大祖国”经典诵读志愿服务项目荣获2021年书香天津“优秀阅读品牌”】12月31日，天津市全民阅读活动办公室发布《关于公布2021年书香天津“优秀读书人物”“新时代阅读推广人”“优秀阅读品牌”推荐工作人选名单的通知》，天津图书馆报送的“诵读经典美文　歌颂伟大祖国”经典诵读志愿服务项目获评2021年书香天津“优秀阅读品牌”。2021年，天津图书馆依托该服务项目，相继举办“‘4·23’世界读书日经典诵读会”“迎庆建党百年专场诵读会”等活动。（天津图书馆　王颖）

【和平区庆祝中国共产党成立100周年书香满和平“和平杯”第四届文化阅读之旅主题音乐会举行】该活动于6月18日在天津音乐厅举行。活动由中共和平区委宣传部、和平区文化和旅游局主办，和平区图书馆承办，和平区各街道分馆、社区基层服务点、共享书吧等协办。天津市学艺术界联合会、天津图书馆等有关单位领导，各街道、区图书馆负责人，书香满和平领读大使等出席音乐会，领读志愿者代表及社区居民等共计600余位观众共同欣赏音乐会演出。（和平区图书馆　李伟　杨奕）

【和平区图书馆开展“建党百年践初心　普法宣传暖人心”普法读书会·《民法典》进社区活动】该活动于7月16日在天津市和平区金泉里社区举行。读书会吸引金泉里社区所辖居民40余人参加。书香满和平领读志愿者、北京盈科（天津）律师事务所律师史晓芸为社区群众深入浅出地介绍《中华人民共和国民法典》内容，并结合日常案例，做生动形象的普法宣传活动。（和平区图书馆　李伟　杨奕）

【和平区推进“共享有声书吧”项目】和平区文化和旅游局在推进图书馆总分馆制建设的基础上，充分利用区内资源和优势，联合知名音频分享平台喜马拉雅共同推行“共享有声书吧”建设计划，从而满足读者多元化的分层阅读及智慧阅读需求，不断完善公共文化服务体系。2021年新建和平区“共享有声书吧”点位40个，同时新建共享书吧10个。（和平区图书馆）

【庆祝中国共产党成立100周年津南区第七届读书节主题读书系列活动举办】4—6月，津南区委宣传部、区文化和旅游局、区教育局主办，区图书馆承办庆祝中国共产党成立100周年津南区第七届读书节主题读书系列活动，70余家单位和团体参与其中。系列活动包含“学党史　阅经典”征文比赛、“拥抱会展　书香津南”演讲比赛、《沽上讲堂》之“党史学习教育”公益讲座、“庆祝建党百年　讴歌新时代”诗词征集巡展、“党的光辉历程”图片图书期刊联展和红色经典电子资源线上推荐、津南区第七届读书节总结表彰会等，共收到征文410篇、演讲节目30个、征集诗词158首。（津南区图书馆　谭志红）

【2021年京津冀公共图书馆高质量、智慧化发展研讨会举办】5月26—28日，2021年京津冀公共图书馆高质量、智慧化发展研讨会在中新天津生态城图书档案馆举办。此次研讨会由天津市中新天津生态城图书档案馆、北京市石景山区图书馆、河北省秦皇岛图书馆共同主办，来自京津冀三地的相关专家学者和业内代表约100人参加。研讨会上，中新天津生态城图书档案馆馆长齐丽娜结合图书馆实际情况，分享该馆在智慧化领域的探索和实践。北京大学信息管理系教授刘兹恒、南开大学信息资源管理系教授柯平、中国索引学会副理事长叶艳鸣和超星集团智慧图书馆项目经理王福生，分别就“智慧图书馆与智慧图书馆员”“公共图书馆转入高质量发展阶段的重要任务”“新时代、新思想、新发展——公共图书馆智慧化建设新思路”“微服务架构建设智慧图书馆”等主题进行主旨发言。（中新天津生态城图书档案馆　肖东琛）

【中新天津生态城图书档案馆加强智慧图书馆建设】中新天津生态城图书档案馆积极对接中新天津生态城智慧城市建设，将现代科技与图书馆深度融合，推出大数据分析平台、手机扫码借书、机器人导航找书、智能分拣还书系统、室内定位导航系统、智能盘点机器人40余项智慧应用，实现全馆5G移动网络全覆盖。2021年，该馆以2020年发布的《中新天津生态城智慧图书馆指标体系》为引领，有序推动智慧图书馆建设阶段性目标落实，完成首个无人值守分馆提升改造，进一步将智慧服务向基层延伸。（中新天津生态城图书档案馆　肖东琛）

【东丽区图书馆推进“阅东方”城市书房建设】2021年，东丽区图书馆“阅东方”新立城市书房、张贵庄城市书房、无瑕城市书房3个街道分馆相继建成并开放，至此，东丽区共建设并开放“阅东方”城市书房（街道分馆）11个。这些城市书房遍布东丽区的大街小巷，总面积3930平方米，藏书69233册，阅览座席713个，将图书馆开到居民的家门口，将标准化、均等化、便利化的图书馆服务送到居民身边。开放的城市书房以它的特色阅读空间迎来大量读者，在7—12月6个月的时间里，城市书房合计办理读者证1842个，借还图书64769册次，接待读者75001人次。（东丽区图书馆）

河北省

【概况】截至2021年底，河北省共有各级公共图书馆177个、各级分馆1310个。公共图书馆实际使用建筑面积72.3万平方米，阅览室面积27.2万平方米，阅览室座席5.7万个，有效借书证总数228.2万个。公共图书馆从业人员2149人，其中专业技术人员1354人，占从业人员总数的63.0%，中级职称以上人员达897人，占从业人员总数的41.7%。各类志愿者服务队伍309个，流动图书车96辆，文创产品种类166个。2021年，全省各级图书馆总流通2157.3万人次，书刊文献外借936.1万人次，图书馆网站访问2401.7万人次，组织各类讲座3940次，举办各类展览2935次，举办培训班2741次，参加讲座、培训及参观展览合计366.7万人次。

促进京津冀协同发展。2021年度京津冀图书馆联盟工作会议在张家口召开，起草《京津冀图书馆联盟“十四五”发展规划》。启动京津冀图书馆红色文献数据库建设项目，共同签署框架性合作协议。与雄安新区公共服务局共同签署《雄安新区图书馆发展支持计划框架协议》。召开“新技术新理念下的图书馆创意传播”学术研讨会暨2021年度京津冀图书馆联盟馆员论坛。

献礼建党100周年，推进红色文化阅读。石家庄市图书馆举办革命烈士文献收藏展，衡水市图书馆举办“红心向党　阅动湖城”——献礼建党100周年“4·23”全民阅读红色经典活动和“礼赞百年情　红色儒乡梦”衡水党史人物暨馆藏红色文献展，邢台市图书馆举办民间红色文化收藏展，唐山市图书馆举办“跨越时空永续传承”——“七一勋章”获得者唐山籍抗美援朝战斗英雄王占山事迹宣讲报告会，保定市图书馆举办“品读红色经典，聆听历史声音”红色绘本展览。

深化读者服务工作。全省开展2021年“赏春意　品书香　暖万家”春节主题活动，举办“激活经典　熔古铸今——《中华传统文化百部经典》编纂出版成果展”。秦皇岛图书馆开展“红色经典入我心　文化助盲感党恩——世界读书日系列活动”“我们的中国梦——文化进万家”活动。唐山市图书馆南厂小学分馆正式开馆。邢台市信都区图书馆新馆开馆，与邢台市图书馆实现通借通还。

石家庄市图书馆荣获“年度影响力图书馆”称号。秦皇岛图书馆、邯郸市图书馆被授予“全国文化和旅游系统先进集体”称号。沧州市图书馆入选2021年文化和旅游领域学雷锋志愿服务先进典型“最佳志愿服务组织”。（河北省图书馆）

【河北省图书馆为河北省两会提供“云服务”】2021年，河北省图书馆根据疫情防控需要，两会服务采取线上和远程服务等“云服务”模式，主要通过微信、QQ和电话3种服务形式，在河北会堂及省人大代表7个驻地摆放两会信息服务展牌，与会代表通过扫描展牌上的二维码即可获得省图书馆信息服务。省图书馆围绕当前河北经济社会发展面临的热点、难点，人民群众关注的焦点，编印有关“十九届五中全会解读”“‘十四五’规划解读”“双循环相互促进的新发展格局”等10个专题的资料供代表和委员履职参考。（河北省图书馆）

【2021年度京津冀图书馆联盟工作会议召开】6月11日，会议在张家口市图书馆召开。京津冀三地市（区）图书馆馆长及业务骨干、河北省部分县级图书馆馆长近50人参加会议。河北省图书馆会同首都图书馆、天津图书馆联合起草《京津冀图书馆联盟“十四五”发展规划》，同时在会上启动京津冀图书馆红色文献数据库建设项目，并共同签署框架性合作协议，旨在统筹推进京津冀区域各类红色文化资源、图书馆各种载体红色文献的征集梳理、整合开发、数据库建设工作。会上，3家图书馆还与雄安新区公共服务局共同签署《雄安新区图书馆发展支持计划框架协议》，就雄安新区图书馆服务体系规划、新馆筹建、开馆筹备和运营管理等方面专家咨询机制、人才支持与培养，以及现有图书馆（室）资源建设、读者服务等方面达成合作意向。（河北省图书馆）

【“峥嵘百年　红心向党——河北省图书馆庆祝建党100周年音乐诗文朗诵会”举办】6月30日，朗诵会在河北省图书馆在馆内多功能厅举办。河北省文化和旅游厅、省委宣传部版权处等单位相关领导，河北新闻网、河北花山文艺出版社等单位代表，河北省图书馆领导班子全体成员出席活动。来自省内的著名播音主持人、诗人、作家、媒体记者与读者朋友欢聚一堂，用音乐和诗文的形式传承红色基因。朗诵会按照中国共产党历史发展的重要阶段，选择《红船，从南湖起航》《祖国啊，我亲爱的祖国》《我的歌献给辉煌的七月》等诗文名篇，分为“曙光”“建国”“建设”“新时代”4个篇章，讴歌中国共产党在不同历史时期的光辉历程和伟大成就。参与协办的河北省交响乐团在4个篇章中表演弦乐四重奏《绒花》、双簧管《曙光》等节目。朗诵会由河北新闻网现场直播，点击量超过172万人次。（河北省图书馆）

【“珠还合浦　历劫重光——《永乐大典》的回归和再造”线上展暨馆藏《中华传统文化百部经典》展举办】8月11日，河北省古籍保护中心第三届中华传统晒书活动在省图书馆正式启动。此次晒书活动采取线上与线下相结合方式，满足不同读者对古籍的欣赏需求。其中，线上展览“珠还合浦　历劫重光——《永乐大典》的回归和再造”展通过河北省图书馆官网和微信公众号同时进行，该展览共分为“大典犹看永乐传”“合古今而集大成”“久阅沧桑惜弗全”“遂使已湮得再显”“珠还影归惠学林”5个单元；同时开展线下晒书活动，省图书馆从馆藏古籍珍本及《中华再造善本》中，选择《中华传统文化百部经典》中的古籍40部，在古籍阅览室设实物展览，读者和古籍爱好者可以近距离观赏体验。（河北省图书馆）

【第二十八届河北省、市公共图书馆馆长联

席会议召开】10 月 14 日，会议在廊坊市召开。省内各市图书馆馆长及代表等共计 20 余人参加会议。河北省文化和旅游厅二级巡视员梁扉就"十四五"时期如何推动全省公共图书馆事业高质量发展提出 3 点意见。与会代表交流各馆一年来的工作亮点和成功案例，破解工作难题，就推进京津冀图书馆红色文献数据库建设、跨区域数字资源联建共享、社会力量参与图书馆管理与服务等事宜进行深入探讨，就开展红色文献数据库建设、数字资源共建共享开展前期摸底调研等工作达成一致意见。（河北省图书馆）

【"新技术新理念下的图书馆创意传播"学术研讨会暨 2021 年度京津冀图书馆联盟馆员论坛召开】会议于 10 月 20—21 日在石家庄市召开，由中国图书馆学会主办，河北省图书馆学会、河北省图书馆承办，来自 8 个省市的代表参加会议。此次会议聚焦图书馆工作中的新技术、新理念、新创意，以专家报告、优秀论文分享等形式，分享图书馆利用漫画、音乐、直播、视频和微博、微信等新媒体平台的服务实践以及数字融合背景下图书馆的创意探索。（河北省图书馆）

【河北省图书馆举办"中国空间站科普知识图展"】11 月 16 日，由河北省图书馆主办的"中国空间站科普知识图展"在该馆展出。此次展览精选 43 块图文并茂的展板，全面展示中国空间站的科普知识和主要成就，回顾人类探索空间站走过的历程。从 1999 年我国第一艘无人试验飞船神舟一号首飞成功，到 2021 年神舟十三号载人飞船成功发射，展览展示了神舟系列飞船在探索宇宙的路上走过的 22 年历程。此次展览让读者了解中国空间站的发展史，激发民众探索创新热情。（河北省图书馆）

【石家庄市图书馆疫情期间开展线上业务活动】1 月，石家庄市图书馆办公室起草《关于疫情期间积极开展线上业务活动的通知》，号召全馆职工在做好疫情应对和防控工作的同时，积极开展线上业务活动，充分利用馆内海量的数字资源，丰富线上文化产品供给，有效满足群众精神文化需要。为此，该馆整合全馆数字资源，详细全面地介绍石家庄市图书馆官方网站及微信端数字资源的内容及使用办法，同时组织线上新闻媒体通气会，进行信息发布。该馆官网和微信公众号相继推出《宅家干点啥？石图给您送"大餐"！》《线上阅读的使用方法》《云展厅——建党百年系列红色收藏展》等多篇文章。（石家庄市图书馆）

【承德市图书馆建设塞罕坝精神特色资源库】2021 年，承德市图书馆通过深入挖掘塞罕坝精神所蕴含的文化资源，利用中国知网特色库构建技术，建成包含前世今生、领导关怀、榜样力量、精神解读、生态文明、文旅融合六大模块的"塞罕坝精神特色资源库"，让信息技术为公共文化服务赋能。（承德市图书馆）

【"通武廊 2021 年全民阅读活动发布会"举行】4 月 22 日，由河北省图书馆和北京市通州区、天津市武清区、河北省廊坊市三地文化和旅游局指导，三地图书馆主办的以"阅百年历程，传精神力量"为主题的"通武廊 2021 年全民阅读活动发布会"在廊坊市图书馆举行。此次活动集中发布"通武廊"各馆 2021 年全民阅读活动信息，"通武廊"三地市县两级公共图书馆、驻廊高校图书馆全年策划讲座、展览、朗诵、荐书、电影、体验课、公开课、读书会、知识竞赛、流动服务等各类线上线下活动 2000 余场。发布会上还举行廊坊市图书馆馆外"全民阅读推广基地"授牌仪式，该馆与市区部分幼儿园、中小学对接，开展馆校资源共建共享，探索社会教育与学校教育的有机结合，确定首批 6 个馆外"全民阅读推广基地"。（廊坊市图书馆）

【衡水市图书馆举办庆祝建党百年红色收藏展暨衡水第六届晒书节】7 月 15 日，由衡水市图书馆、衡水市书报刊收藏委员会联合举办的庆祝建党百年红色收藏展暨衡水第六届晒书节在衡水市图书馆举办。展览以红色书籍、报刊为主，共展出 400 余件具有红色记忆的经典藏品，为党史学习教育提供生动教材，向广大读者展示中国共产党带领人民不断奋进的光辉历程和伟大成就。（衡水市图书馆）

【沧州市向国家图书馆捐赠张之洞铜像仪式

及张之洞与近代图书馆事业发展研讨会、2021公私藏书与经典阅读(沧州)会议等学术活动举办】10月20日，沧州市向国家图书馆捐赠张之洞铜像仪式在沧州市图书馆举办，张之洞与近代图书馆事业发展研讨会、2021公私藏书与经典阅读(沧州)会议、“京津冀公共文化服务示范走廊”公共图书馆阅读推广联盟工作会议在该馆同时拉开帷幕。文化和旅游部，国家图书馆，中国图书馆学会，河北省文化和旅游厅，沧州市委、市政府领导出席捐赠仪式和会议开幕式。全国图书馆界、藏书界知名专家以及参会代表，沧州市文化界代表共200余人参加为期2天的学术会议。此次学术活动深入开展学术交流和典型案例分享，推动学术研究和业务工作创新开展，充分展示沧州深厚的文化底蕴、崭新的城市面貌、文化事业和文旅产业发展的丰硕成果。(沧州市图书馆)

【曹妃甸区数字图书馆正式启用】4月8日，曹妃甸区数字图书馆正式启用。唐山市曹妃甸区图书馆以创建国家公共文化服务体系示范区为契机，整合馆内数字资源，最大限度满足广大读者需求，这也是曹妃甸区为群众办的10件实事之一。此次建设的图书馆数字资源体验区投资130万元，包括双屏电子书借阅机、朗读亭、电子书阅读本、阅读本借阅柜、大数据实时展示平台、文化长廊、瀑布流电子书借阅机系统、VR眼镜、双人蛋椅体验、智慧魔法墙、VR一体机、VR成语论剑等互动体验项目，把文化的输入从被动变主动，这是图书馆向智慧化建设迈出的重要一步。(唐山市曹妃甸区图书馆)

【“中国流动科技馆”巡展活动(唐山丰南站)启动】6月1日，由中国科学技术协会和中国科学技术馆、河北省科学技术协会联合组织的“中国流动科技馆”巡展活动(唐山丰南站)在唐山市丰南区图书馆启动，展期2个月。此外，通过浏览中国数字科技馆，公众可以进一步学习科学知识，讨论科学问题、发表科学见解、查阅最新的科学新闻、了解最新的科学技术。同时，还可以通过虚拟科技馆，在线观看中国科技馆、各省市科技馆设置的展品、科普剧、科普活动。(唐山市丰南区图书馆)

山西省

【山西省图书馆概况】2021年，山西省图书馆共接待读者81.9万人次，借还书刊37.2万人次、109.8万册次，新增读者证1.2万个；举办各类活动2946次、37.5万人次参与，其中线上活动2795次、20.5万人次参与，线下活动151次、17万人次参与；入藏纸质图书2.7万种8万册，报纸合订本158种2226册，期刊合订本1836种7011册；数字资源新增12.3TB，总量达288.9TB(其中含自建数字资源68.1TB)。山西省图书馆官方网站浏览量49.3万次；官方微信阅读量64.3万次；官方微博阅读量208.6万次；山西公共文化图书馆云主平台发布资源584条、访问量3.9万次，分平台发布资源3763条、访问量8.4万次。

深挖馆藏红色文献价值，举办形式多样的红色主题活动。山西省图书馆依托山西省群众文化惠民项目，省、市、县、乡、村五级联动，辐射全省13个县，全年举办线上线下讲座88场，服务约2.4万人次；全省范围内开展“读党史　学党史”2021年山西省全民阅读活动117场，10万人次参与。精选馆藏具有代表性的早期红色文献《共产党宣言》《中国共产党章程》《毛泽东选集》等珍贵版本，设计“红色典藏”文创产品。联合山西省图书馆学会、山西省高等学校图书情报工作委员会共同开展“话峥嵘岁月　迎光辉未来——庆祝中国共产党成立100周年诗文诵读比赛”，活动期间平台访问量达15.6万次，8851人参赛，18.6万人通过平台参与投票，多家媒体对活动进行报道。

基础设施建设取得重大进展。山西省图书馆长风馆环境改善与功能提升项目初步设计全面启动，可行性研究报告于6月25日获山西省发展与改革委员会审批通过，经过专家和馆员充分发表意见的初步设计方案编制完成。山西省少年儿童图书馆修缮项目基本完成室内家具安装、设施设备配备、基础网络建设，书刊资源、书架和阅览桌椅、自助借还机、安防设施等招标采购到位，视觉标识设计和综合大厅美化装饰项目完成招标和方案制订。山西省古籍保护中心改造项目完成主楼结构加固，裙楼封顶，完成报告厅、展厅、阅览室、文源书院等重点开放区域优化设计及部分窗型和采暖方式的调整。

山西省图书馆2021年公共数字文化（智慧图书馆）项目工作启动。聚焦本土突出文学成就，制作微视频《山西作家》。重点围绕《山西通志》、《山西日报》、政府公开信息和地方特色视频资源，完成数字资源精细化标引项目15万条。

"阅读推广走基层"形成新时代公共文化服务体系化、均等化的山西经验。创新打造融公共服务、研学服务、志愿服务于一体的"文源研学"新品牌，在省内广武汉墓遗址、明代边靖楼遗址、介休张壁古堡等10余处文化旅游标地开展研学活动，服务3000余人次。以"文源视界"为蓝本，推进省、市、县三级公共图书馆公益展览巡展，共举办展览62场，服务10.5万人次。发起"阅读零障碍 智享晚年乐"适老化服务活动，通过设立老年阅览区、提供引导服务、开展培训等方式，为老年读者入馆阅读提供便利。组织视障读者参与中国盲文图书馆主办的"时刻听党话，永远跟党走"红色经典诵读比赛，所选送的作品《丰碑》荣获优秀奖，山西省图书馆荣获优秀组织奖。

全省古籍保护工作取得丰硕成果。组织2021年"中华古籍普查文化志愿服务行动·山西行"，山西省图书馆派出5名业务骨干带领20余名高校学生组成志愿服务团队，协助太原学院、忻州师院五寨分院、山西省中医院等单位和民间收藏者开展古籍普查，共登记古籍及线装书3061种24699册。山西省图书馆取得可移动文物修复资质，馆藏元刻"西夏文大藏经扉画"修复项目获中国文物保护基金会字节跳动古籍保护专项基金支持。启动"山西省图书馆古籍数字资源库"建设项目，首批上线发布22部286册入选《国家珍贵古籍名录》的珍贵古籍全文数字书影；出版《山西省晋中地区六家收藏单位古籍普查登记目录》。以《中华传统文化百部经典》为素材，面向大众和青少年群体开设"论语"与"中国文字学"等课程，带领公众传习经典，感悟传统文化魅力。

山西省少年儿童图书馆荣获"第20届全国青年文明号集体"，2021年"中华古籍普查文化志愿服务行动·山西行"被评为2021年文化和旅游领域学雷锋志愿服务先进典型"最佳志愿服务项目"。（山西省图书馆　樊佳琦）

【山西省图书馆举办"中华传统文化百部经典暨山西省图书馆馆藏珍品展"】1月，山西省图书馆举办"中华传统文化百部经典暨山西省图书馆馆藏珍品展"，展品包括伪齐阜昌八年（1137）刻《成唯识论了义灯钞科文》、唐写本《维摩诘所说经》、日本奈良写本《大般若波罗蜜多经》等珍贵古籍等，山西境内最早的雕版印刷品、北宋雍熙三年（986）绛州刻《佛说北斗七星经》也一并展出。各类展品年代久远、版本珍贵、类型多样、特色鲜明、备受瞩目，累计参观达4700人次。（山西省图书馆　赵旭）

【山西省图书馆举办馆藏革命根据地地图展】2021年，山西省图书馆筹备策划的"红色经纬　燎原之钥——建党百年华诞·馆藏革命根据地地图展"分别于2月5日、4月16日、10月29日分三期通过山西省图书馆官方微信公众号对外发布。展览遴选馆藏抗日战争和解放战争时期山西三大根据地晋绥、晋察冀、晋冀鲁豫的行政区划图、军区地形图、边境路线图、对敌斗争形势图、长途有线电线路略图等，通过挖掘展示的形式，营造建党100周年党史学习教育浓厚氛围，传承红色基因，弘扬革命精神。（山西省图书馆　吴晋斐）

【山西省图书馆启动"读党史　学党史"2021年山西省全民阅读活动】4月23日，山西省图书馆启动主题为"读百年党史、悟思想伟力，阅百年历程、传精神力量"的"读党史　学党史"2021年山西省全民阅读活动。启动仪式上发布《2021年山西省公共图书馆年度服务数据》，同时向"游山西　读历史"文旅融合阅读推广Vlog视频大赛获奖代表、"以声传我心，我的中国年"2021年新春线上盲人综艺秀活动获奖代表以及获得山西省图书馆2020年度"阅读达人""阅读推广之星""星级阅读推广分馆"荣誉称号代表颁发荣誉证书及奖品。（山西省图书馆　赵旭）

【山西省图书馆举办"永远跟党走"2021年全省群众文化活动——视障读者"读党史，学党史"全民阅读活动】5月14日，活动在山西省图书馆举办，优秀视障读者代表、太原市盲童学校盲童读者及助盲志愿者共计100余人参加活动。工作人员首先带领他们参观山西省图书馆“读百年党史，悟思想伟力”党建学习教育专区；随后，优秀视障读者代表、盲童读者及助盲志愿者在山西省图书馆24小时书房举办“永远跟党走”节目会演，并在助盲志愿者的帮助下，通过无障碍口述的方式欣赏该馆自建数字资源《山西红色历史动漫·刘胡兰的故事》。（山西省图书馆　赵旭）

【“我为群众办实事——山西优秀党史图书进公共图书馆”图书捐赠仪式举行】5月20日，由中共山西省委党史研究院（山西省地方志研究院）与山西省文化和旅游厅联合举办的“我为群众办实事——山西优秀党史图书进公共图书馆”图书捐赠仪式在山西省图书馆举行。省委党史研究院向省内24家公共图书馆共赠送图书5232册并获颁收藏证书，赠书包含《中国共产党山西历史》《山西庆祝改革开放40周年丛书》《辉煌山西70年》《中国共产党与山西抗战》《山西干部南下实录》《山西通史》等，这些图书是省委党史研究院历年编辑出版的优秀党史研究成果，是助力广大干部群众进行“四史”学习教育的生动教材。（山西省图书馆　冀娜）

【山西省图书馆举办太原市中小学校图书馆（室）馆员培训班】5月27—28日，山西省图书馆与太原市教育局联合举办太原市中小学校图书馆（室）馆员培训班，来自太原市各中小学校图书馆（室）的80余名图书馆管理人员参加培训。来自山西省图书馆的3位馆员分别从“图书的采选及编目”“信息化设备在图书馆的应用”“未成年人阅读推广活动案例分析——阅读分级书目推荐”方面授课。（山西省图书馆　吴晋斐）

【山西省图书馆举办中国共产党山西活动纪事展】6月25日，山西省图书馆线上推出“筚路蓝缕开天辟地　牢记使命勇毅前行——中国共产党山西活动纪事展”。展览参考大量地方党史文献，由14000余字文稿和100余幅党史照片组成，系统介绍党组织在山西艰辛辉煌的发展史。为推动党史学习教育走深走实，此次展览的线下展于9月7日在柳林县图书馆举办，展期一个月。参观线下展成为当地干部群众开展主题党日活动的重要内容之一，基层干部群众通过学习和观展，进一步重温党史、砥砺初心，增强干事创业的激情斗志。（山西省图书馆　吴晋斐）

【中央编译出版社图书捐赠仪式举办】7月18日，中央编译出版社和山西省文化和旅游厅、山西省教育厅在山西省图书馆联合举办图书捐赠仪式，向山西省图书馆和山西大学、太原理工大学、山西财经大学3所高校的图书馆、马克思主义学院以及山西大学外语学院捐赠习近平总书记著作多语种版本、党和国家重要文献外文版、马克思恩格斯珍贵文献等各类图书共计410册。捐赠的图书包括习近平总书记《在庆祝中国共产党成立100周年大会上的讲话》等文献，以及《马克思恩格斯书信选》、《共产党宣言》德文第一版、《山西煤矿志》1929年版等19世纪末20世纪初的原件或仿真件。（山西省图书馆　冀娜）

【山西省图书馆微信视频号“山西文化记忆”上线】8月31日，山西省图书馆策划主办的微信视频号“山西文化记忆”正式上线。该视频号秉持展示山西文化底蕴、彰显山西文化自信的理念，以山西省图书馆近十年来自主拍摄完成的《山西好风光》《对峙与融合——山西古长城》《凝固的音符——山西古建筑》《山西古戏台》《山西村落》《守望家园——山西传统手工技艺》《山西春节》等共19个系列的文化纪录片、微视频和动漫作品为基础，把山西特色旅游景区、地方优秀文化集中包装，集中打造升级，集中进行推介，用影像记录、传承山西文化。自第一部文化专题片同名微视频《黄河古渡》上线以来，备受社会各界好评。（山西省图书馆　冀娜）

【山西省图书馆获得可移动文物修复资质，“西夏文大藏经扉画”修复项目获中国文物保护基金会字节跳动古籍保护专项基金支持】9月24日，经山西省文物局认定，山西省图书馆正式取得可移动文物修复资质。作为全国首批12家国家级古籍修复中心之一，该馆近5年来陆续完成山西省国家珍贵古籍修复项目、西南大学图书馆国家珍贵古籍修复项目以及馆藏刘大鹏《退想斋日记》的修复工作。10月13日，山西省图书馆在线参加中国文物保护基金会字节跳动古籍保护专项基金支持全国古籍修复项目专家评审会，经与会专家评审，该馆申报的元刻大藏经残片“西夏文大藏经扉画”修复项目获得专项基金支持。该项目是山西省图书馆自获颁可移动文物修复资质以来实施的首个珍贵古籍修复项目，也是首次有社会力量参与和支持的古籍修复项目，该馆希望借此机会与相关单位开展更多古籍保护领域内的深度合作。（山西省图书馆　赵旭）

【山西省图书馆举办2021年度山西省古籍保护培训班】11月29日，山西省图书馆举办2021年度山西省古籍保护培训班。培训班邀请国家图书馆、天津师范大学、上海图书馆、复旦大学、武汉大学等单位古籍保护领域的专家，通过现场授课和远程视频教学等方式，讲授“十四五”时期古籍保护工作、古籍版本鉴定、碑帖拓片知识与鉴定、四库全书的分类问题等课程。全省各市县文化和旅游系统负责古籍保护、传承与利用的工作人员和相关单位人员及古籍保护民间人士90余人参加培训。（山西省图书馆　赵旭）

【山西省图书馆第二届图书“捐赠之星”十佳评选结果揭晓】12月31日，山西省图书馆第二届图书“捐赠之星”十佳评选结果揭晓。根据捐赠者捐赠图书的数量、价值和影响力等指标，首先从2021年460个捐赠团体和捐赠个人中遴选出22个捐赠团体和60位捐赠个人，再组织1700余位读者进行网络投票，最终综合网络投票以及专家评议结果，评选出第二届图书“捐赠之星”十佳团体和十佳个人。2021年，山西省图书馆共接收图书捐赠6000余册。（山西省图书馆　冀娜）

【《山西省晋中地区六家收藏单位古籍普查登记目录》正式出版】12月，《山西省晋中地区六家收藏单位古籍普查登记目录》正式出版。该书收录山西省晋中地区六家收藏单位所藏古籍共计5724部85514册，其中包括祁县图书馆2327部43453册、晋中市太谷区图书馆2302部25596册、祁县中学校图书馆560部10439册、介休市图书馆418部5450册、灵石县图书馆116部575册和晋中市榆次区图书馆1部1册，较为详尽地揭示出晋中地区的古籍存藏状况，为今后继续深入开展古籍保护工作奠定基础。该书的出版，也是继《山西省图书馆古籍普查登记目录》《山西师范大学图书馆古籍普查登记目录》之后山西省古籍普查登记目录出版方面的又一重要成果。（山西省图书馆　赵旭）

【太原市图书馆概况】2021年，太原市图书馆累计文献借还348.4万册次，接待读者218.9万人次。数字资源访问801.8万次，官方微信公众号推文阅读122万次，官方微博阅读513.7万次。开展线上阅读推广活动886次，51.1万人次参与；开展线下阅读推广活动1331次，173万人次参与。

创新阅读推广模式，传承优秀传统文化。以新媒体为抓手，阅读推广活动为内核，采取“线上＋线下”的方式，开展“游山西·读历史·畅游锦绣太原城”系列阅读推广活动；开通“太图直播间”，推出“读城记”系列活动；馆员自主创作“谈经论典”“揭秘古籍技艺”“太图之声——馆员讲书”等栏目。创新阅读体验形式，关注城市历史、人文阅读，上线《太原日报》老报纸展示平台，收录自1959年起馆藏13000余版《太原日报》老报纸，为进一步传承、保护、宣传和弘扬太原历史文化奠定基础。

以马克思书房为主阵地，开展“党史公开课”“少年党史故事汇”“小小马克思”思政课等红色主题教育，推动党史学习教育在基层走深走实。以官方微信公众号为载体，通过“红色三晋那些事儿”“馆藏中的百年党史”“少年朗读者”等栏目，深入挖掘馆藏红色资源。

延伸公共文化服务，助推文旅融合发展。在太原市建设并运行全省首批8个智慧化自助图书馆，采取全方位一体化服务模式，拓展太原市“十五分钟公共文化圈”服务覆盖面。在旅游景区建立以晋商文化为主题的“太图古县城汇通天下分馆”“太图小西沟文旅康养小镇分馆”，为游客提供便捷的文化体验，创新“图书馆＋旅游”服务内涵。组织文化志愿服务队在太原市晋祠、晋商博物馆（督军府）、太原古县城等多个旅游景区开展“学党史　共阅读　游太原　读历史”阅读推广活动，全年共计发放红色文献特别纪念明信片18000张、“码上太图”系列阅读手册4000余册，进一步发挥馆藏红色文献资源教育作用，使景区成为市民的红色文化“充电站”。

提升学术交流水平，承办2021年图书馆红色空间与红色专藏论坛，邀请业界专家学者共话红色空间与红色专藏建设的创新和发展。与国际图联（IFLA）取得联络与沟通，经申报太原市图书馆注册成为国际图联会员单位。制作题为“绿色建筑，中式空间——一座每年吸引421万人次的改扩建图书馆典范”电子海报在国际图联世界图书馆和信息大会电子海报展上亮相。以“读城记”品牌活动为案例，参与申报2021年“IFLA国际营销奖”。2021年，该馆被确定为山西省首批“省校合作智库示范基地”，并荣获2021年“全国文化和旅游系统先进集体”荣誉称号。（太原市图书馆　张建荣　毛晓敏）

【2021年图书馆红色空间与红色专藏论坛举办】6月9—10日，由中国图书馆学会、国家图书馆、中共太原市委宣传部指导，中国图书馆学会阅读推广委员会、太原市文化和旅游局主办，太原市图书馆、太原图书馆学会承办的2021年图书馆红色空间与红色专藏论坛在太原市图书馆举办。来自全国图书馆界的专家、学者、各级各类图书馆馆长和业务骨干、专业媒体代表等约150人参加论坛。论坛围绕图书馆红色空间与红色专藏建设专题，通过专家报告、案例分享和特色展览等形式，探讨红色专藏保护、开发与利用，交流红色空间建设经验，共话红色空间与红色专藏建设的创新和发展。为配合此次论坛，太原市图书馆同期举办“红色空间联展”“红色专藏联展”“印记——太原市图书馆馆藏红色历史文献展”“太图马克思书房少年红色主题思政课展览”“看图游——山西红色革命老区”5个红色专题展。（太原市图书馆　张建荣　毛晓敏）

【太原市图书馆建立“山西作家馆”并正式对外开放】10月23日，由太原市图书馆与山西省作家协会合作，历经两年征集筹办的“山西作家馆”在该馆举行揭牌仪式并正式对外开放。“山西作家馆”收藏当代山西新老作家文学作品3000余种1万余册。同时，太原市图书馆积极与山西省作家协会、省内出版机构对接，共同组织开展“书海漫聊”“新书发布会”等读书会活动，以读者沙龙的形式为作者与读者提供近距离交流互动的机会，与广大读者一起分享图书背后的精彩故事，并将山西作家作品入藏图书馆，使读者更深入地品鉴山西本土作家的作品，了解山西文化精髓，也加强山西本土作家与图书馆的联系，为进一步开展阅读推广和地方文献资源建设开辟新的路径。（太原市图书馆　张建荣　毛晓敏）

【太原市图书馆首批8个“网上预约、投递到柜”自助图书馆正式开放运行】12月31日，太原市图书馆首批8个“网上预约、投递到柜”自助图书馆正式开放运行。首批开放的8个自助图书馆，其中5个沿地铁2号线分布，3个分别位于太原市图书馆、太原汽车站和太原市高新技术开发区消防救援大队。该馆根据不同站点配备特色书刊，网借书库可供读者网上借阅的图书有2万余册。自助图书馆以在固定的服务站点建设自助信用借阅柜的方式，依托“太图约书”网借平台，通过“图书馆+互联网+信用”的新模式，实现“网上预约、投递到柜、免押金信用办证、便捷图书借还”等智能化、多样化服务。自助图书馆支持实体读者证和电子读者证。（太原市图书馆张建荣　毛晓敏）

【太原市图书馆推出首版藏书票和红色文献特别纪念明信片文创产品】2021年，太原市图书馆以党史学习教育为契机，推出首版红色文献特别纪念明信片、藏书票等一系列红色主题学习教育文创产品。藏书票共两套，分为“红色文献藏书票”“古籍中的太原纪念版藏书票”两个主题，每套12张。“红色文献藏书票”选取馆藏建党以来的重要会议、重要论述、重要报告封面作为正面，反面附相应的介绍；“古籍中的太原纪念版藏书票”选取县志中太原的名胜古迹作为背景。红色文献特别纪念明信片选取馆藏中新民主主义革命开端以来具有重大历史意义的部分红色经典文献作为背景进行设计制作。（太原市图书馆　张建荣　毛晓敏）

【大同市图书馆概况】2021年，大同市图书馆（大同市少儿图书馆）全年接待读者62.51万人次，借书37.33万册次，办理各类读者证、阅览证共计3.12万张。全年举办线上活动24次，线下活动47次。围绕建党100周年，结合大同市历史文化底蕴和时政热点，举办“平城讲坛”17期，先后邀请郑爱、闫桂花、赵忠格等大同著名教授、作家、学者现场授课，每期讲座录制视频，并上传到大同市图书馆app、网站和山西公共文化云平台。与灵丘县旅游集散中心合建的“大同市图书馆灵丘城市书房”建成并免费开放，为外地游客和本地居民提供纸质和电子图书1万余册。

2021年，该馆获山西省图书馆颁发的“2020年度优秀志愿服务组织单位”，被山西省图书馆学会授予2021年全民阅读“先进集体”、2021年“赏春意　品书香　暖万家”春节主题活动“优秀服务单位”、“话峥嵘岁月　迎光辉未来——庆祝中国共产党成立100周年”系列活动“优秀组织单位”、“万卷寻知　检索智行——山西省公共图书馆信息检索大赛”获奖单位，被中共大同市委授予“全市先进基层党组织”，被大同市精神文明建设指导委员会授予“文明单位”。（大同市图书馆　赵新萍）

【**阳泉市图书馆概况**】截至2021年底，阳泉市图书馆累计藏书42.20万册/件，累计办理读者证7.32万个，数字资源总量25TB。全年新增馆藏13593册，其中中文图书3106册、少儿图书5456册、红色图书1575册、期刊3456册。新增电子图书5000册。全年接待读者21.79万人次，借还书刊13.05万册次。累计开展社区辅导46次。全年公益文化志愿者累计服务200余小时。举办桃河讲堂7次，各类主题、专题展览27次，累计服务读者4.02万人次。开展少儿绘本活动6期，累计服务300多个家庭。官方微信公众号关注人数达15293人，全年累计发送推文100余篇；官方抖音账号发布各类活动现场视频100余条，单个短视频最高浏览量达100.3万次。累计编辑出版《阳泉工人画》《阳泉老镜头》《阳泉文物录》等“共享文丛”系列丛书38种，基本形成具有阳泉地方特色的馆藏文献资源。该馆开展的“盲人农家阳光书屋”和盲人文化周活动项目获得由中国盲文图书馆等单位举办的首届文化助盲志愿服务项目专项赛“优秀奖”，该馆获专项赛“优秀组织奖”。（阳泉市图书馆　梁江伟）

【**阳泉市图书馆阅读服务进景区实现全市A级以上景区全覆盖**】2021年，阳泉市图书馆利用设立流动图书站点等方式，送展览、送图书、送数字资源进景区，投放红色经典文献、历史典故、军事等针对性图书资料，每个景点不少于200册/件，累计投放3000册/件，实现全市三区两县15个A级景区图书流动站全覆盖。（阳泉市图书馆　赵奕沣）

【**忻州市图书馆概况**】9月，忻州市图书馆正式开馆。馆舍总建筑面积1.5万平方米，阅览座席593个，共划分15个阅读区域，设立10个服务窗口。馆内现有藏书10.8万册，数字资源存储约2TB。截至12月底共计接待读者5.6万人次。

9—12月，该馆举办讲座、展览、培训、开展特色阅读推广活动共计67次，其中特色阅读推广活动50次、讲座5次。微信平台关注人数共计3.3万人，推送图文消息114条，发表新闻报道84条，回复读者留言1294条。登记在册的志愿者共计162人，建立志愿者服务队伍3支，提供志愿服务累计时长211小时。完成流动服务活动4场，流通图书共计1739册次。收集、整理地方志、文史类、人文类等地方文献共计4577册。（忻州市图书馆　任夏静）

【**晋城市图书馆概况**】截至2021年底，晋城市图书馆共有藏书73万余册。全年到馆读者24万余人次，图书借还62.1万余册次，24小时街区自助图书馆借还32万余册次，新增读者证5459个。成立晋城市图书馆富士康分馆和凤鸣中学流通点，并调拨5200余册图书。图书馆书目检索查询269.9万次，官方网站访问14.4万次，数字资源（馆外访问系统）访问1.2万次；官方网站发布信息135条；微信公众号发布信息256条，好书推荐54条，关注人数6.4万人。全年开展“读红色书　走红色路”送书助读活动18次；向红色教育基地、红色乡村农家书屋送书刊共6657册次；举办特色活动10余次，累计服务读者5万余人次。（晋城市图书馆　陈妮）

【**临汾市图书馆概况**】截至2021年底，临汾市图书馆文献总藏量96.60万册/件，其中图书95.95万册、报刊6200册、视听文献195件、古籍116册，拥有电子文献资源15TB。建立市直属分馆7个，24小时智能微型图书馆6个，全年共计配送流动图书4.20万册。2021年文献购置费985万元，新增图书15.25万册，新增电子图书151.74万册，接待读者97.40万人次，书刊文献外借59.79万册次。举办线下活动397次，50.92万人次参与，包括绘本故事会27次、悦读沙龙20次、临图讲坛48次、特色读者活动66次等；开展线上活动264次，3.81万人次参与，包括"临"听书声49次、临萌苑有声故事汇50次。官方网站年访问68.60万人次，微信订阅号关注人数3.97万人，微信服务号关注人数12.52万人。志愿者共计309人。组织召开2021年临汾市公共图书馆业务交流暨"十四五"规划会议，邀请全市17个县（市、区）级图书馆参与，共同探讨新时代临汾市公共图书馆高质量转型发展新使命。（临汾市图书馆　何国艳）

【晋中市图书馆概况】2021年，晋中市图书馆每周开放时间为70小时，共接待读者54.23万人次，外借图书18.06万册次，举办读者活动1263次，参加活动82.11万人次。全年微信订阅号推送宣传稿2020篇，关注人数1.26万人；微信服务号推送信息366篇，关注人数4.34万人，总回复留言7481条。1月1日开通抖音，全年发布59条视频。为传承和保护地域特色文化，该馆收藏反映晋中历史及区情的出版物、内部资料和古籍共计6000余册。整合政府和社会各界资源，建设同心书屋6个，在城区布局建立分馆30个。一人荣获由人力资源和社会保障部、文化和旅游部评选的"全国文化和旅游系统先进工作者"称号。（晋中市图书馆　胡萍）

【朔州市图书馆概况】2021年，朔州市图书馆接待读者26.9万人次，办理读者证2363个，累计办理读者证50744个；财政拨付购书经费200万元，新购置纸质图书近6万册，藏书总量35.2万册；图书借还26.1万册次，数字资源点击量及下载量共计260多万次；官方网站浏览量共计45433次；微信公众号发布推文1213篇，浏览11.4万次；全年举办线下、线上各类阅读推广活动200多次，累计服务约15万人次。由商务印书馆出版的文津阁《四库全书》影印本（全1500册），正式入藏该馆史志特藏馆。（朔州市图书馆　李凯翔）

内蒙古自治区

【概况】截至2021年底，内蒙古自治区有公共图书馆117个，其中自治区图书馆1个、盟市图书馆12个、旗县图书馆104个。馆舍建筑面积50.35万平方米，其中书库面积6.25万平方米、书刊阅览室面积11.12万平方米、电子阅览室面积1.94万平方米。阅览室座席35801个，其中少儿阅览室座席8347个、盲人阅览室座席1212个。总藏量2145.06万册，其中图书1789.07万册、古籍35.96万册、报刊178.61万件、视听文献28.86万件。2021年新增藏量119.60万册，新增电子图书61.32万册，购买报刊19933种。受疫情影响，读者到馆、图书借还数量同比都有一定程度的下降，但线上服务大幅提升。截至2021年底，实际持证读者98.89万人。全年总流通837.48万人次，书刊文献外借476.97万册次，线上服务1857.95万人次。组织各类讲座789次，参与读者9.93万人次；举办展览662个，观展读者36.86万人次；举办培训班317个，受训读者2.40万人次。（内蒙古自治区图书馆学会　云志芳）

【内蒙古自治区图书馆举办"书香草原　大美北疆"——全区第三届"蒙古娃"少儿美术作品大赛】4—10月，该活动在内蒙古自治区图书馆举办。活动以"庆祝中国共产党成立100周年"为主题，通过书法、绘画、手工艺作品创作等方式，组织少年儿童参加作品征集活动，庆祝中国共产党百年华诞。主办方共收到乌拉特中旗、巴林左旗、鄂托克前旗等7个旗县参赛读者的246幅作品，并借助2021年"春雨工程"内蒙古文化志愿者边疆行走进云南活动，在云南省迪庆藏族自治州德钦县举办作品展。此次活动，充分发挥公共图书馆在未成年人素质教育中的积极作用，进一步增进蒙滇两地人民的相互了解，促进两地文化交流。（内蒙古自治区图书馆学会　云志芳）

**【内蒙古自治区图书馆举办"巩固残疾人脱贫成果　提高残疾人生活质量"全国助残日主

题活动】5月14日，内蒙古智力残疾人及亲友协会、融爱助残服务中心、小蜗牛创业服务中心的40多名残障儿童及陪护家属受邀来到内蒙古自治区图书馆参加全国助残日主题活动。孩子们在图书馆工作人员的带领下共同诵读红色经典《写给祖国母亲的歌》，为中国共产党成立100周年献上诚挚祝福。随后，工作人员带领孩子们参观全国助残日宣传展板和该馆少儿部馆舍，并依次体验其中的特色项目7D科普电影、情景互动等，到该馆残障人服务部无障碍放映厅观看动画短片《冲破天际》。（内蒙古自治区图书馆学会　云志芳）

【内蒙古自治区图书馆举办“庆祝七一”系列活动】6月25—27日，系列活动在内蒙古自治区图书馆少儿部举办。活动包括“浸书香　润童心　筑未来”会演、与娃“阅”会、“小小新闻发布会”和“汉字的故事”，旨在培养青少年儿童爱国主义情怀，铸牢中华民族共同体意识，树立正确的民族观、国家观，让青少年传承红色基因。（内蒙古自治区图书馆学会　云志芳）

【2021年“春雨工程”内蒙古文化志愿者边疆行走进云南活动举行】10月19—23日，根据文化和旅游部、中央文明办《2020年文化和旅游志愿服务工作方案》的要求，以庆祝中国共产党成立100周年为主题，内蒙古自治区图书馆联合云南省图书馆在云南省迪庆藏族自治州德钦县图书馆等地举办2021年“春雨工程”内蒙古文化志愿者边疆行走进云南活动。此次活动先后为云南省图书馆及部分州、市图书馆累计捐赠内蒙古地方文化艺术图书378册以及由内蒙古自治区图书馆制作的无障碍电影光盘140张和听书机30台。（内蒙古自治区图书馆学会　云志芳）

【内蒙古自治区图书馆策划多项全民阅读活动喜迎建党100周年】2021年，为庆祝中国共产党成立100周年，内蒙古自治区图书馆各业务部门积极策划，针对不同读者群体开展分众化的阅读推广活动，包括“第十六届文津图书奖获奖图书同步展”“教你如何写好大自然的故事——冰心图书奖作者浬鎏洋读书月巡讲活动”“‘颂百年风华　传红色基因’诵读活动”“‘经典润童心　阅读启智慧’红色图书亲子阅读活动”“‘中国梦　书香梦’世界读书日主题活动”“少儿魔法乐读节”等，形式覆盖展览、讲座、知识竞答、红色经典读书会、红色资源专题展播等。这些活动讴歌党和祖国，激发人民群众爱国主义情怀，铸牢中华民族共同体意识，积极培育和践行社会主义核心价值观。（内蒙古自治区图书馆学会　云志芳）

【内蒙古自治区图书馆策划录制《解锁尘封的记忆　聆听古籍的声音——让典籍里的文字“活”起来》系列阅读推广节目】2021年，内蒙古自治区图书馆策划推出《解锁尘封的记忆　聆听古籍的声音——让典籍里的文字“活”起来》系列阅读推广节目。此项工作以珍藏古籍为依托，经过溯源、查证、研究、提炼，以短视频形式拍摄制作，通过该馆微信公众号每月定期推广发布，为读者讲述馆藏珍本古籍的前世今生，品鉴古籍的历史价值、文献价值与版本价值。（内蒙古自治区图书馆学会　云志芳）

【内蒙古自治区图书馆全年建成14个校园分馆】2021年，内蒙古自治区图书馆贯彻落实内蒙古自治区层面“我为群众办实事”项目清单任务、丰富农村牧区儿童文化需求的指示精神，结合党史学习教育“我为群众办实事”要求，在前期深入调查的基础上，全年在农村牧区乡镇苏木学校（包括幼儿园）共建设14个校园分馆，获内蒙古广播电视台、“学习强国”内蒙古学习平台报道。（内蒙古自治区图书馆学会　云志芳）

【内蒙古自治区图书馆举办“哈尼之声”有声阅读等阅读推广活动】2021年，内蒙古自治区图书馆少儿部推出“哈尼之声”有声阅读活动，共发布50期音视频推文，142名大学生志愿者参与，讲述《东方红》《没有共产党就没有新中国》等红色革命歌曲创作背后的故事，朗读少儿版《红军长征史》《共产党宣言》《上下五千年》等优秀著作。在春节期间举办“展地方年俗　明文化自信”活动，由11名孩子以视频形式讲述“年”的文化，分享“年”的故事。该馆还与自治区妇女儿童中心联合举办“经典润童心　阅读启智慧”线下阅读推广活动，200余组家庭通过现场阅读分享、经典诵读等形式，唱响共产党好、社会主义好、改革开放好、伟大祖国好、各族人民好的主旋律，并走进8所小学开展以“如何有效阅读一本书”为主题的赛前培训，累计举办33场。（内蒙古自治区图书馆学会　云志芳）

【包头市图书馆“与你同行——我帮你”助残志愿服务项目荣获2021年度全自治区“我帮你”新时代文明实践志愿服务项目大赛三等奖】12月，包头市图书馆“与你同行——我帮你”助残志愿服务项目荣获2021年度全自治区“我帮你”新时代文明实践志愿服务项目大赛三等奖。该项目由“心手相牵·悦读世界”系列走读活动、视障者专用安全马甲发放、《畅听微阅读》栏目及线上线下阅读分享会等活动共同组成。（内蒙古自治区图书馆学会　云志芳）

【鄂尔多斯市图书馆开展“弘扬传统美德　传承孝道文化——鄂尔多斯市‘写给母亲的一封信’有奖征文”】5月9日，鄂尔多斯市图书馆与鄂尔多斯市文学艺术界联合会《阿拉腾甘德尔》编辑部共同主办的“弘扬传统美德　传承孝道文化——鄂尔多斯市‘写给母亲的一封信’有奖征文”朗诵暨颁奖仪式在市图书馆报告厅举行。通过1个多月的作品征集，活动共收到蒙汉文作品416篇，其中成人作品188篇、青少年作品228篇。通过专家评审，成人组及青少年组共有34篇作品获奖，其中一等奖4名、二等奖8名、三等奖12名、优秀奖10名，另设鼓励奖20名。（内蒙古自治区图书馆学会　云志芳）

【巴彦淖尔市图书馆举办文创体验活动】2月6日，巴彦淖尔市图书馆在文创体验厅举办“书颂经典　翰墨飘香——传统古籍抄写临摹体验”活动，此次活动准备《御注孝经》、《永乐大典》以及《论语》的复制材料供读者临摹抄写使用，其中《御注孝经》为该馆的重要典藏之一。2月21日，该馆在文创体验厅举办“纸上流年——你与风雅的距离，只差一本线装书”文创体验活动，馆员向参与活动的读者讲述书籍的演变过程和装帧形式的发展，并指导参与者亲自动手体验装帧技术。（内蒙古自治区图书馆学会　云志芳）

【乌兰察布市图书馆开展阅读推广及系列亲子活动】4月23日，乌兰察布市图书馆开展“书香飘万家，快乐亲子读”阅读推广活动。乌兰察布市第二幼儿园的30名小朋友和家长跟随老师一起走进市图书馆，在图书馆志愿者的带领下，了解图书馆，体验读书的乐趣。6月4—6日，该馆联合同方知网（北京）技术有限公司共同开展“粽情端午，百舸争流”中华优秀传统文化系列亲子活动，普及社科文化知识，活动分别在集宁区永宁路小学、商都县图书馆、乌兰察布市图书馆内举办，共有少年儿童及家长120余人参加。10月14日，该馆举办“共享阳光·触摸温暖”活动，邀请视障读者走进图书馆、了解图书馆，共度第38个国际盲人节。（内蒙古自治区图书馆学会　云志芳）

【阿拉善盟图书馆举办“阅百年历程，传精神力量”阅读推广系列活动】2021年，为庆祝中国共产党成立100周年，阿拉善盟图书馆举办“阅百年历程，传精神力量”阅读推广系列活动。一是在第26个世界读书日来临之际参加“永远跟党走·书香阿拉善”2021年全民阅读、版权宣传、绿书签行动启动仪式，现场向群众发放该馆“鸿雁悦读”服务活动宣传手册，宣讲惠民服务内容，让群众在合作书店网点通过“你选书，我买单”程序实现免费借书。二是举办第93期“阿拉善文化讲堂”，内容是“学习党的百年光辉历史，奋斗民族复兴新征程”。三是举办“永不忘却的记忆”红色连环画阅读推广活动，该活动共分为红色题材优秀电影故事、红色少年英雄故事、少数民族保家卫国故事、外国无产阶级革命故事4个主题部分。四是该馆书香党支部联合瀚海园读书会举办“世界读书日：名作阅读推广与交流”主题活动，在活动中，读书会会员推荐《论中国共产党历史》《婆娑大地》《冬牧场》等党史读物和著名作家的获奖书籍。五是积极推广图书馆数字资源，在全年开展内容丰富的线上阅读活动：举办“我听·我读——经典润童心　阅读启智慧”少儿音视频征集活动，通过阅读名著、绘本故事、历史故事促进亲子共读；以“4·23”世界读书日为契机，开展21天阅读打卡活动，激励广大读者踊跃读书；利用“码上悦读”平台提供的建党百年历史资源，开展“红色经典阅读，点亮爱党红心”活动；

利用该馆微信公众平台，开展“学百年党史，守初心情怀——庆祝建党100周年线上答题活动”，通过竞赛答题继承和发扬党的光荣传统和优良作风。3月8日，全国妇联授予阿拉善盟图书馆“全国巾帼文明岗”称号。（内蒙古自治区图书馆学会　云志芳）

【赤峰市图书馆口述历史项目“赤峰记忆”第六期文旅专题发布】10月21日，赤峰市图书馆口述历史项目“赤峰记忆”第六期文旅专题发布。“赤峰记忆”项目是该馆组织实施的赤峰历史文化遗产长期保存口述历史数字工程。该工程通过数字视频技术对赤峰地区近百年来有重要价值的人物、事件进行深度挖掘保存，以讲好赤峰故事、保存和传承区域文化为目标。从2016年到2021年，“赤峰记忆”项目已拍摄完成第一期文化专题、第二期乌兰牧骑专题、第三期非物质文化遗产专题、第四期杰出女性专题、第五期图书馆人专题、第六期文旅专题等，共对100多位人物进行访谈，制作330多集6300多分钟的高清版视频资源，并开发“赤峰记忆”专题网站，形成一整套系统的地方文化口述史视频资源。（内蒙古自治区图书馆学会　云志芳）

辽宁省

【辽宁省图书馆概况】2021年，采购中文图书8.07万种19.85万册；入藏声像资料5740件，订购数据库53个；举办读者活动1368场次，参加活动读者208万人次；编辑出版《图书馆学刊》和《辽宁图书馆界》各12期。

在健康安全防疫基础之上，以“奋斗百年路，启航新征程——辽宁省庆祝中国共产党成立100周年主题展览”“庆祝中国共产党成立100周年馆藏红色文献图文特展”等展览带动全省开展巡展61次，全年举办展览89次。充分利用新媒体平台，开展“辽图讲坛”线上讲座、“童心向党　童颂祖国”辽宁省第四届少儿故事大赛、“红色经典阅读，点亮爱党红心”数字阅读活动、“传诵红色文化　传承百年精神”辽宁省第二届百姓诵读大赛多项读者活动。

守正创新，大力弘扬中华传统文化。2021年扫描善本书影104176叶，古籍元数据著录267部，在辽宁古籍数字平台发布珍稀古籍275部，修复破损古籍5171页；编辑出版《馆藏民国线装书图录》；制作《好太王碑》《御制盛京赋》两部仿真书。推出“格致工坊”传统技艺印刷展演体验活动；举办“辽图汉韵，盛世霓裳”汉服文化体验系列活动；获批可移动文物修复资质，申报中国文物保护基金会字节跳动古籍保护专项基金之国家级古籍修复中心修复项目并获得资助，文物修复发展空间和文物修复能力不断提升。有4部古籍入选第六批《国家珍贵古籍名录》。

不断提升公共文化服务水平。出台《辽宁省图书馆特殊群体文化服务标准化管理办法》等7项管理办法，确定104项服务标准，建立标准体系。3月12日，被国家标准化管理委员会批准成为第七批社会管理和公共服务综合国家级标准化试点单位。完成空间再造工程，开启“敏学天地——男孩屋　女孩屋少儿成长启蒙体验区”，采用人机智能互动和新媒体技术，开展少儿哲学启蒙与心理健康教育活动；推出“解放双眼，书刊有声”有声阅读推广活动，设置“辽宁省图书馆有声墙”；与沈阳建筑大学合作共建研究生联合培养基地；“辽宁省图书馆知识产权服务中心”正式挂牌，提升图书馆智库服务能力；启动总分馆制建设项目；继续开展“辽图约书”“流动图书馆”等活动，大力推进公共文化服务均等化进程。（辽宁省图书馆　孙超）

【辽宁省图书馆举办庆祝中国共产党成立100周年馆藏红色文献图文特展】4月24日，辽宁省图书馆推出庆祝中国共产党成立100周年馆藏红色文献图文特展，展出1921年7月至1949年10月期间的图片资料、馆藏文献和实物展品，《共产党宣言》《论持久战》等百余种珍贵红色文献均为首次集中展出。展览分为“伟大的壮举——党史上的第一”“寻访红色足迹——共产党人的革命之路”“借问英雄何处——你所不知道的英雄事迹”3个篇章，讲述100个红色故事，展现中国共产党人敢为人先的探索精神、英勇无畏的奋斗精神以及无私奉献的牺牲精神。（辽宁省图书馆　孙超）

【辽宁省图书馆“敏学天地——男孩屋　女孩屋少儿成长启蒙体验区”对外开放】11月30日，该体验区正式对外开放。该体验区是专注孩子哲学启蒙与心理健康的沉浸式少儿成长体验阅读空间，设置“我是谁”“我要长大”“我要变强”“榜样的力量”“我的祖国我的家”“阅·未来”6大主题板块，应用新媒体技术，通过触控屏、VR、体感捕捉、拼接大屏等智能设备，将馆藏少儿图书与数字影音阅读资源相结合，打造沉浸式阅读体验空间。（辽宁省图书馆　孙超）

【沈阳市图书馆概况】截至2021年底，沈阳市图书馆馆舍面积4.29万平方米，阅览座席1289个，文献总藏量655.33万册/件，其中实体馆藏407.57万册/件。全年接待读者71.94万人次，书刊文献外借24.78万册次，基藏书库入藏新书36584册，其中地方文献1345种1989册，举办讲座、展览、培训等线上线下读者活动366次，7.20万人次参与。图书馆网站、微博、微信等年访问量308.28万人次。编辑《市长专报》《决策参考》《文化信息参考》《人大资料》等各类参考资料226期，其中《决策参考》多次获得沈阳市市长批示。

围绕沈阳地方文献特色，举办“寒木春华——冰天诗社主题文献展”“翰苑墨华——缪润绂主题文献暨何文扬书《沈阳百咏》展”“沈阳地方党史主题文献展”“张鹤龄与奉天图书馆主题文献展”“泠然希音——王弘力书画并主题文献展”等展览5场。

探索新的阅读推广模式，创办“文化沙龙”，为市民提供沉浸式文化服务及陶冶情操的载体媒介。举办“伟大奇迹　光辉历程”庆祝中国共产党成立100周年图片展、“红色沈阳　奋斗历程”有奖征文活动、“闹新春·过大年”活动、“名家谈传统文化”、“打卡读经典”、“‘迎新年·猜灯谜’竞猜活动”、“‘看展览·学文化’活动”、“‘传统文化知识闯关’竞赛活动”、“品传统经典　过文化大年”等线上活动；开展“文化志愿者送墨宝迎新春同心抗疫”线下活动，将沈阳市知名书法家创作的春联送往9家隔离安置宾馆，为抗疫工作者送上新春的美好祝福。

延伸服务领域，创新合作模式。创建沈阳市图书馆第一个主题分馆——沈阳国际设计谷科技分馆，采取图书馆提供文献资源、技术，合作方提供场地、设备的运营模式，首批投入图书2万册，并向分馆开放部分数字资源；与沈阳建筑大学合作共建研究生联合培养基地。（沈阳市图书馆　赵楠）

【沈阳市少年儿童图书馆概况】2021年，沈阳市少年儿童图书馆新增文献35392册，接待读者21.04万人次，书刊文献外借55.99万册次。举办讲座、展览、培训等读者活动，其中讲座23次，2814人次参与，展览7次，1.55万人次参与，读者培训44次，6676人次参与。通过官方网站、微信等方式向读者提供服务，年网站访问量13.90万次。新建分馆3个，配送图书3.71万册；开展流动文化进乡村等活动24次；流动图书馆全年书刊借阅8.85万人次、27.33万册次。

坚持党建与业务建设深度融合，深化读者服务工作。年内启动“阳光下的足迹”党史学习教育，推出“童心向党”沈阳市少年儿童书画大赛、“国旗下的成长”沈阳市少年儿童征文大赛、“书香沈城·万家共读”红色书籍线上荐读等贯穿全年的系列阅读活动。立足馆藏资源开设“革命传承　红色经典”建党100周年专题推荐图书角和线上党史学习教育数字化阅览区，营造浓厚的红色文化氛围。以数字赋能传统文化，创新推出集电子古筝、电子棋盘、电子书法、电子绘画于一体的智能艺术体验区。全年工作亮点被《辽宁日报》、《沈阳日报》、辽宁广播电视台、沈阳广播电视台、“学习强国”辽宁学习平台等主流媒体宣传报道。

组织馆内员工参加2021年公共图书馆儿童阅读推广会、《“十四五”时期我国公共文化发展规划解读》等线上业务会议，提升其专业素养和业务能力。（沈阳市少年儿童图书馆　王雷）

【2021皇姑区全民读书节暨MINI书屋首发仪式启动】4月21日，由中共沈阳市皇姑区委宣传部、沈阳市皇姑区文化旅游和广播电视局、沈阳市皇姑区文化旅游体育事业发展中心主办，沈阳市皇姑区图书馆承办的2021皇姑区全民读书节正式启动，以“行走阅读　红色传承”为主题的诚信阅读、中国精神、品味经典等此次读书节系列读书活动拉开序幕。“行走阅读　红色传承”MINI书屋首发仪式同时启动，10个MINI书屋分别被投放到银行、政务服务大厅、商场、景区等公共服务空间。（沈阳市皇姑区图书馆　朴继红）

【大连市图书馆概况】截至2021年底，大连市图书馆馆藏总量达1189万册/件，其中实体文献472万余册、电子文献717万余件。全年共采购、验收、移交各类文献7.50万种10.03万册；续采数据库21个，外购数据库达54个，数据库总量达92个。年增加电子书8180种、电子期刊100种、报纸500种、视频2000部、光盘6000种、标准专利及各类数据270余万条、试题1.7万套、图片5万张。全馆数字资源存储总量达345TB，比2020年增长21%。

积极开展阅读推广活动，打造书香社会。采用线上线下相结合的形式，积极开展世界读书日、大连读书月、图书馆服务宣传周等系列主题活动。全年举办讲座、培训、沙龙等阅读推广活动共计1077次，17万余人次参与（含线上点击量），其中鲁迅路外文文献分馆在线上举办系列讲座51次，多媒体阅览区·音乐图书馆举办"'书韵大连'——少年儿童朗诵大赛"等品牌活动335场。该馆还将馆藏黑胶唱片制作成"数字黑胶"数据库，通过微信平台持续推广，以新技术展现艺术之美。

大连市图书馆白云书院持续深耕"白云系列"特色文化品牌，推出"庆祝中国共产党成立100周年""'红色记忆'视频讲座"等专题讲座。全年举办讲座72场，听众3000余人次（含线上点击量）。国学义塾招收新学员24人，线上授课270课次、受众8249人次。

以"代表履职智库"为平台，为大连市人大代表提供日常信息服务，全年完成9个定题咨询，推送信息50期、250篇、127.6万余字。两会召开期间，实时做好会议热线保障工作，向代表、委员发放《两会专刊》；编撰《中央、部委创新高质量发展政策及解读》《数字经济——产业变革新机遇》两个专题报告，完成2022年两会专刊《营商环境——助推城市高质量发展》的编辑工作。

该馆全年新增1个专业分馆、7个流通站，为13个分馆、流通站配送图书2.35万册/次、期刊2600册/次。开展"一卡通"成员馆线上业务指导工作，共培训58次237人次；为"一卡通"成员馆配送图书4.37万册，切实解决基层图书馆藏书不足的困难。

2021年，该馆被中国图书馆学会评为"全民阅读示范基地"，被辽宁省图书馆学会、辽宁省高等学校图书情报工作委员会评为"庆祝中国共产党建党100周年系列活动"之"重温百年党史　传承红色基因"党史知识竞赛活动最佳组织单位，被大连市社会科学界联合会评为第三批哲学社会科学普及示范基地。（大连市图书馆　于莉娜）

【大连市图书馆举办珍贵革命文献特展】6月26日—8月31日，大连市图书馆举办"孟春红簃——大连地区早期珍贵革命文献特展"，展出部分史料珍贵、出版年代早、版本珍稀、极具地方特色的早期革命文献近300册，其中包括马克思主义经典著作早期版本及译本、"特殊解放区"时期大连地区出版发行的革命书籍与报刊等文献，线上线下观展人数达2万余人次。（大连市图书馆　于莉娜）

【大连市少年儿童图书馆举办第四届"七彩绘本·照亮童年"绘本嘉年华活动】4—11月，活动在大连市少年儿童图书馆举办。活动以"让绘本陪伴孩子成长"为主题，举办"21天绘本亲子阅读"打卡活动、"直播间里话阅读"活动、"全家总动员——亲子共读经典绘本"有声故事征集活动、"绘读绘评"绘本书评征集活动、"菁菁夏日"三寰牧场草地趴绘本活动等8项31场阅读活动，5.6万余人次参与。（大连市少年儿童图书馆　梁雪）

【鞍山市图书馆概况】2021年，鞍山市图书馆入藏新书1.11万种1.63万册，馆藏总量达67.40万种193.93万册；新增办证读者4397人，接待到馆读者27.13万人次（其中少儿读者9.98万人次），流通图书36.50万册次（其中少儿图书25.97万册次）；网站读者访问量12万余人次。

举办鞍山市首届全民朗诵大赛、鞍山市第三十四届"马良杯"少儿书画大赛、第二届鞍山市图书馆奇妙夜、"永远跟党走"主题朗诵会等全市性大型阅读推广活动4次。举办各类线上线下讲座、展览等共187次，参与读者43.51万人次，其中：讲座62次，3801人次；展览52次，25.42万人次；其他读者活动73次，17.71万人次。举办各类读者培训16次，培训读者642人次。开展图书馆业务培训及基层培训5

次，参加培训215人次。为弱势群体送书上门6次。开展文化志愿服务活动130余次，参与志愿者2303人次。

图书馆智能化服务水平显著提升。完成外借流通图书3D导航检索路径设计，有效提高联机公共目录查询系统（OPAC）检索终端数据的准确度；采购党建双屏机、党建VR体验椅等专业设备，建设党建红色文献数字阅读空间；完成图书馆大楼Wi-Fi布线、设备安装、网络调试工作；完成抖音官方账号、喜马拉雅官方账号注册工作。

公共文化服务工作稳步推进。全年召开两次鞍山地区县区公共图书馆馆长工作会议，签署《鞍山地区公共图书馆阅读推广区域联动战略联盟协议书》，制定《鞍山市县区公共图书馆自助借还工程方案》，编印《鞍山地区公共图书馆联合借阅示范项目宣传册》。鞍山地区公共图书馆联合借阅项目获评第四批国家公共文化服务体系示范项目。（鞍山市图书馆　李艳）

【抚顺市图书馆举办线上阅读推广活动】4月23日—5月11日，抚顺市图书馆联合同方知网（北京）技术有限公司辽宁分公司等8家单位开展“名家谈经典”线上讲座、“开启新的阅读之旅”21天听书打卡、“阅享新时代，书香赞荣光”主题征文、“畅想领航·悦读悦美”阅读之星评选、“诵读红色经典，传承红色基因”献礼建党100周年诵读等系列线上活动，参与读者2000余人次。（抚顺市图书馆　菅晓睿）

【本溪市图书馆概况】2021年，本溪市图书馆图书流通13.34万册次，接待读者12.20万人次，解答读者咨询1.69万次，文献检索1587人次，代检索课题24项，入藏地方文献56册。微信公众号推送信息314条，点击量1.51万次；微博账号推送信息172条，阅读量8.09万次。编辑二次文献12期，举办线上线下展览48次、讲座28次。8月12日，该馆推出原创品牌“小刺儿讲绘本”有声读物专栏，面向全市小朋友征集孩子们喜爱的故事绘本，开启“你送绘本，我来发声”有声阅读推广活动，在微信公众号、微博及喜马拉雅平台推送有声绘本故事。（本溪市图书馆　廉丽华）

【丹东市图书馆概况】截至2021年底，丹东市图书馆建筑面积5028平方米，藏书103.81万册/件，工作人员62名；服务窗口9个，阅览座席516个。全年共接待读者22.52万人次，外借书刊28.03万册次，新增持证读者2974人；开展各类读者活动130余次，16万读者参与；入藏图书4130种9329册；编写《他山之石》12期，收集网络农业信息、“媒体上的丹东”等信息共计361条。新建图书流动站10个，全年为图书流动站（分馆）送书15000册次。网站、微信公众号共计发布信息1787次、文章398篇，数字资源年访问量共计220万余次。（丹东市图书馆　刘晓辉）

【锦州市图书馆概况】2021年，锦州市图书馆采购图书5220种5500册，报纸63种90份，期刊232种232份，人大报刊复印资料139种139份，全国报刊索引2种2份；征集并加工地方文献图书69种127册；接受读者赠书近600册；全年接待读者19万人次，书刊文献外借47万册次；新建4个馆外流通站；解答咨询652条；编辑《锦州人文》6期1200份；网站年访问量5.73万次。全年举办读者活动100余次，参与读者1万余人次，其中讲座19次，参与3426人次；展览3次，参观2600人次。

继续开展古籍整理与保护工作。该馆现有古籍线装书5万余册，其中善本692册，是辽西地区古籍藏量最多、古籍保存相对完好的图书馆。馆藏元刻本《资治通鉴》和明刻本《元包经传》已入选《国家珍贵古籍名录》。清康熙内府刻五色套印本《古文渊鉴》等48部古籍入选《辽宁省珍贵古籍名录》。

该馆现有工作人员53人，其中高级职称11人、中级职称19人。2021年获辽宁省图书馆学会、辽宁省高等学校图书情报工作委员会颁发的“庆祝中国共产党建党100周年系列活动”之“重温百年党史　传承红色基因”党史知识竞赛活动最佳组织单位。（锦州市图书馆　陆文静　杨效军）

【营口市图书馆举办“阅百年历程　传精神力量”全民读书节系列活动】在2021年“4·23”世界读书日期间，营口市图书馆举办“阅百年历程　传精神力量”全民读书节系列活动。系列活动包含“红船精神：中国共产党的精神之源”党史专题讲座、“阅百年光辉历程 启时代远航篇章”专题图书推荐、“中国共产党重大会议”党史专题巡览等线下活动，“经典阅读，点亮爱党红心”数字阅读活动、“唤起读书激情，涵养人文精神”听书打卡活动，全国科技工作者日系列活动等45次线上活动，线下、线上参与读者总计4万余人次。（营口市图书馆 田甜）

【阜新市图书馆概况】2021年，阜新市图书馆接待读者近10万人次，流通图书2.5万册次，新增持证读者1060人；入藏地方文献36种170册，装订入藏期刊282种3554册、报纸58种696册；举办读者活动18次、展览44次（含线上展览26次）。微信公众平台关注用户突破万人，累计阅读量达10万余人次。

组织开展线上线下相结合的特色活动。开展“建党100周年，经典阅读推广”2021年全民阅读季主题活动和“名家谈经典”线上讲座，“阜图荐读”阅读品牌举办“清明祭英烈 春雨润红心”和“天地英雄气，千秋尚凛然”建党百年相关书目推荐活动，另外还举办“百年荣光 薪火相传”庆祝建党100周年有奖答题、“全国劳动模范先进事迹选”线上展览、“童心向党——主题少儿绘画作品征集活动”、“红色经典阅读，点亮爱党红心”数字阅读以及阜新市中老年书画作品展等活动。（阜新市图书馆 李梅）

【辽阳市图书馆概况】2021年，辽阳市图书馆新增注册读者3669人，新增文献10975册；文献借阅30.06万册次、3.07万人次，到馆读者13.09万人次。微信公众平台发布线上讲座33次；举办6次有奖知识竞答、11期少儿国学云课堂、13期少儿线上党史学习教育等线上阅读推广活动，与辽阳交通广播电台合作开辟《读书时间：图书馆好书推荐》栏目。

深入推进古籍数字化及整理、保护工作。全年新增入库2175种4648册；登记整理古籍馆藏价值极大的拓片、清朝年间地契等，完成古籍库图书数据加工1402册；举办“辽阳市图书馆馆藏珍贵古籍文献展”。（辽阳市图书馆 祁月月）

【铁岭市图书馆概况】截至2021年底，铁岭市图书馆共有藏书30.02万册/件、报刊6949册、地方文献6594册、声像资料3838件，电子文献101种，数据库6个；对外服务窗口10个，阅览座席500个。2021年举办读者活动49次，参加读者9080人次；其中举办展览21次，参展约5700人次；举办讲座5次，听众1020人次；举办其他活动23次，参与2360人次。（铁岭市图书馆 武霞）

【朝阳市图书馆概况】2021年，朝阳市图书馆新增图书2908册、报刊256册，征集地方文献185册，新增中文图书书目数据2712条；举办读者活动162次，其中讲座24次、专题展览31次、其他读书活动107次，参与读者共计3万人次；解答读者咨询1050条。图书流通站及分馆68个，年流通图书1.7万册次。

组织地区图书馆学学术研究活动，征集学术论文49篇；申报立项课题6项，申请结项课题2项。积极参与各级单位组织的各项活动，先后获朝阳市第九届全民读书节活动“最美阅读空间”，朝阳市文化和旅游系统信息工作先进单位，辽宁省图书馆学会红色经典朗读活动最佳组织单位，“时刻听党话 永远跟党走”视障读者红色经典诵读比赛优秀组织奖等荣誉。（朝阳市图书馆 倪海燕）

【朝阳市图书馆举办“永远跟党走——庆祝中国共产党成立100周年红色文献展”】5月26日，由朝阳市图书馆主办、喀左北陶书院承办的“永远跟党走——庆祝中国共产党成立100周年红色文献展”在喀左北陶书院开展。展览分为“开天辟地”“改天换地”“翻天覆地”“惊天动地”4个部分，展出600余件展品。展览历时3个月，接待到馆参观单位70余批次、1.2万余人次。（朝阳市图书馆 倪海燕）

吉林省

【吉林省图书馆公共文化服务能力稳步提升】2021年，吉林省图书馆接待到馆读者87万人次，网站、微信、微博、app、授权访问系统、抖音、快手等远程访问读者近500万人次，外借纸质文献30万册/次，自建和外购数字资源的总点击量达1.8亿次。6月28日，吉林省图书馆党委被中共中央授予“全国先进基层党组织”称号，是全国499家先进基层党组织之一。该馆被国家机关事务管理局、国家发展和改革委员会、水利部评为“全国公共机构水效领跑者”，被人力资源和社会保障部、文化和旅游部授予“全国文化和旅游系统先进集体”称号。（吉林省图书馆）

【吉林省图书馆举办学习贯彻习近平总书记“七一”重要讲话精神宣讲活动】9月8日—10月28日，由吉林省文化和旅游厅主办、吉林省图书馆承办的学习贯彻习近平总书记“七一”重要讲话精神宣讲活动在全省各公共图书馆社区、学校等开展。此次活动共计开展45场宣讲和座谈活动，为全省公共文化服务系统引导广大党员干部和群众全面准确把握习近平总书记“七一”重要讲话精神的重大意义、丰富内涵、核心要义和实践要求起到积极的示范引领作用。（吉林省图书馆）

【吉林省图书馆实施全国智慧图书馆体系建设项目】2021年，吉林省图书馆实施全国智慧图书馆体系建设项目，项目包括建设吉林省百佳红色旅游地数据库、拍摄微视频《品长白》2个基础数字资源项目以及知识资源细颗粒度建设和标签标引建设。《品长白》微视频主要展示长白县的山川自然风光、历史变迁、服饰文化、舞蹈文化、饮食文化以及全县生态旅游发展格局。知识资源细颗粒度建设和标签标引建设则选取地域主题鲜明、内容多元丰富、自有版权的数据资源《吉林访古》，建设19万条细颗粒度结构化数据库。（吉林省图书馆）

【吉林省图书馆推进“吉林省公共文化一体化服务信息平台”建设】2021年，吉林省图书馆推进“吉林省公共文化一体化服务信息平台”建设。该平台是吉林省“数字吉林”建设重点项目，主要是通过业务协调系统，实现省、市、县文化和旅游部门行业管理职能，建立能够满足各级公共图书馆、博物馆、文化馆、美术馆等公益机构举办讲座、展览、表演、培训等各种文化活动的需求，提升公共文化管理和服务的信息化、数字化、网络化水平，促进基本公共文化服务的标准化、均等化。（吉林省图书馆）

【吉林省图书馆实施馆藏纸质文物本体修复项目】2021年，吉林省图书馆争取到国家文物保护资金，组织实施馆藏纸质文物本体修复项目，对馆藏破损古籍文献进行消毒灭菌、固色、清洗、脱酸、修复，共修复文献21部270册。（吉林省图书馆）

【长春市图书馆概况】截至2021年底，长春市图书馆总藏量416.4万册/件，其中普通文献349.8万册，电子图书66.6万册；数字资源本地存储总量达137.8TB。2021年经费总投入5343.5万元，其中文献购置费975.2万元；订购中外文图书7.2万种13.9万册，订购中外文报刊4209种；采购数据库48个，试用数据库30余个；外借各类普通文献64.7万册次，电子资源下载495万册次，网站访问量1190万余次，远程数字资源访问量6122万次，移动端访问量977万次；编辑《立法信息快讯》24期，面向人大、市政府等单位提供课题咨询17项，全国网上联合参考咨询解答2万余条；接待读者57.2万人次，新办理读者证1.9万余个；媒体报道900余次；自媒体发文4825篇，总阅读量1583万次；长图微信公众号累计用户12.4万人；编印内部资料《品读》6期；举办各类型读者活动447场次，253万人次参与；完善城市阅读书网实体网点建设，新建示范分馆9家，全年为各分馆配送图书11.4万册，联动分馆开展线上线下活动179次；汽车流动图书馆全年借还图书2.8万余册，服务9000余人次。2021年，该馆还联合吉林市图书馆、四平市图书馆等全省8家地市级图书馆成立公共图书馆高质量发展联盟，在区域文化活动交流、参考咨询、数字资源共建等项目开展业务合作；被文化和旅游部授予“全国文化和旅游系统先进集体”称号。（长春市图书馆）

【长春市图书馆开展“奋斗百年路　启航新征程”庆祝中国共产党成立100周年主题系列活动】2021年，长春市图书馆共推出讲座、文献展阅、书画展、文艺汇演等10大类18项主题活动，突出群众参与，营造“党的盛典、人民的节日”的浓厚氛围，凝聚同心共筑中国梦的磅礴力量。重点关注少年儿童群体，通过举办“百年春秋·童心如歌”党史童书展阅活动、“读红色

书籍·悟红色精神”红色经典儿童文学系列图书线上推荐等活动，让红色基因薪火相传。（长春市图书馆）

【长春市图书馆建立“阅 HUI·长图”品牌矩阵】 4月23日，长春市图书馆多年培育发展形成的涵盖资源建设、阅读活动、社会教育、智慧平台、服务体系等方面的28个优质服务品牌，通过整体包装设计，形成“阅 HUI·长图”品牌矩阵，向全社会发布。品牌矩阵作为该馆服务内容输出的综合性平台，为读者提供更为多元化、智慧化的服务，不断扩大社会辐射效应。（长春市图书馆）

【长春市图书馆承办2021出版发行界图书馆界阅读推广论坛】 6月16—19日，由中国出版协会、韬奋基金会等主办，长春市图书馆等承办，《国际出版周报》《图书馆报》等协办的2021出版发行界图书馆界阅读推广论坛在长春市举办。此次论坛主题为“书香百年路　阅读新征程”，包括开幕式、主旨论坛、案例分享等活动，旨在推动出版发行界和图书馆界交流合作，展示长春市公共文化发展成果。来自全国各地出版发行界、图书馆界的120余位嘉宾出席论坛。（长春市图书馆）

【长春市图书馆承办“阅百年历程　建书香长春”2021长春市民读书节】 6月17日，2021长春市民读书节正式启动。读书节由长春市文化广播电视和旅游局主办，长春市图书馆、长春市少年儿童图书馆、各县（市）区文化和旅游局承办，各县（市）区图书馆协办，以“阅百年历程　建书香长春”为主题，历时116天，由阅读党史、领读好书、乐读万家、品读云端4个板块组成，在全市开展156项阅读推广活动，线上线下107万人次参与。（长春市图书馆）

【长春市图书馆举办“燃情冰雪，阅读相约”长春冰雪阅读季活动】 此次活动自2021年11月起，历时4个月，在长春市公共图书馆、阅书房、示范分馆、阅读推广基地等地举办，13万余人次线下参与，百余万人次在线参与，媒体报道300余次。活动围绕“冬奥”“冰雪节”“新年”“阅读”等关键词，开展“逐梦冬奥”“冰雪礼赞”“壬寅迎新”三大板块共97项，包括文化展览、艺术沙龙、数字阅读、竞赛评比、培训讲座、文献推介等线上线下多种形式的阅读推广活动，通过展现“冰雪文化与阅读融合”的魅力，打造一场冰雪阅读的嘉年华。（长春市图书馆）

【长春市少年儿童图书馆推进数字资源平台建设】 2021年，长春市少年儿童图书馆采购数字资源26TB。打造该馆微信公众平台、app、官方网站三位一体的自媒体服务。微信公众平台全年发布推文1170条，阅读次数达5.6万次；app累计上传信息602条；官方网站每月进行新书推荐，累计上传信息402条。以微信公众平台为载体，以数字资源为依托，重点打造“共筑书香梦”线上读者主题系列活动，全年开展177次，近万人次参与，阅读量达2万余次。在疫情防控常态化的环境下，为读者提供更便捷优质的服务。（长春市少年儿童图书馆　王一先）

【吉林市图书馆举办“少儿绘本阅读推广”活动】 1月初至7月底，吉林市图书馆在一楼少儿阅览室和二楼多媒体功能厅举办“少儿绘本阅读推广”活动，共25期，2100人次参与。此次活动采用绘本讲师和少儿读者现场互动的阅读方式，达到图画、文字和声音三位一体的阅读效果。（吉林市图书馆　李昕阳）

【辽源市图书馆开展庆祝中国共产党成立100周年系列活动】 自5月起，辽源市图书馆组织全市广大读者、文化志愿者、部队官兵、残障人士及小学生，举办精品会演、红色经典诵读会、先进事迹读书分享会、文化志愿者座谈会、建党100周年党史知识大赛、经典影片百日回放、讲红色故事比赛、主题党日联谊等线下庆祝活动，同步开展有奖知识竞答、征文活动、摄影比赛等线上活动。该系列活动是辽源市图书馆2021年度阅读推广活动重点项目，共3000余位读者参与。（辽源市图书馆　杨帆）

【辽源市图书馆搬迁新馆】 8月23日，辽源市图书馆由旧馆搬至南部新城新馆。新馆建筑面积达14856平方米，共4层，设有阅览室、数字体验区、视障阅览室、非遗文化活动室等，是集典藏整理和传统服务、数字化服务、远程服务于一体的综合性图书馆，实现了空间综合化、服务智能化、功能多元化、信息多样化、资源特色化。（辽源市图书馆　杨帆）

【通化市图书馆“佟江学堂”进校园】4月，通化市图书馆“佟江学堂”文化志愿者服务队走进偏远的五道江镇中心校、长流小学、头道镇中心校，向学生捐赠图书、教辅资料，讲授中华传统文化。同时深入柳河县育智学校、东昌区康复中心儿童学校，为特殊儿童播放经过挑选的影像和图书，与孩子们进行手工制作等互动活动，受众学生500余人次。（通化市图书馆　王哲）

【通化市图书馆开展文化拥军活动】7月27日，通化市图书馆员工走进中国人民武装警察部队通化支队，开展“送文化进军营，致敬最可爱的人”主题活动，30名武警官兵参加此次活动。图书馆向支队官兵赠送包括政治、军事、励志等内容的图书300余册，并邀请通化市委党校教师做“在学习党史国史中坚定‘四个自信’”党史专题报告。（通化市图书馆　鞠贤竹）

【白山市图书馆举办“幸福乡村文化大集”】9月，白山市图书馆与白山市群众艺术馆、白山市美术馆在全市范围内联合举办为期1个月的“幸福乡村文化大集”。活动包括书画摄影展览、剪纸工艺现场制作、文化会演、赠送图书、公益电影播放等。同时，“幸福乡村文化大集”中的优秀文艺节目、美术作品、原创作品在9个村屯进行巡演（展），推动乡村文化艺术交流。（白山市图书馆　隋长宏）

【白山市图书馆举办首届“书香筑梦，你我同行”阅读表彰会暨读者联欢会】12月30日，白山市图书馆举办首届“书香筑梦，你我同行”阅读表彰会暨读者联欢会。该馆对评选出的优秀读者、优秀阅读团队、图书馆优秀服务志愿者进行表彰并颁发证书。来自社会各界的180多名读者参加活动。（白山市图书馆　隋长宏）

【2021年度延边地区公共图书馆馆长例会召开】4月8日，2021年度延边地区公共图书馆馆长例会在安图县图书馆召开。与会代表就总分馆建设、服务拓展、特色资源建设、馆员培训等方面的经验与亮点工作进行交流和讨论，对将举办的延边朝鲜族自治州图书资料专业技术人员继续教育培训班培训形式及内容、2021年度公共图书馆工作重点以及发展中的难点与未来公共图书馆的合作、共享提出建议。（延边图书馆　金仙花）

【延边图书馆举行“我爱朝鲜语”小学生写作暨表演大赛】9月25日，由延边图书馆主办，延边教育出版社、延边诗朗诵协会承办的“我爱朝鲜语”小学生写作暨表演大赛颁奖活动在延边图书馆举行。此次大赛自4月启动，共征集到来自全自治州及吉林省其他市州，以及辽宁省、黑龙江省、山东省部分县（市）小学生创作的诗歌、散文、小故事等作品180余篇。经过评审，最终遴选出50篇优秀作品，并将这些作品布展于延边图书馆的“文化之窗”展区，供市民观看。（延边图书馆　金仙花）

【梅河口市图书馆举行“忆峥嵘岁月　诵百年华诞”红色经典诗词朗诵会】7月27日，由中共梅河口市委宣传部、市文化广播电视和旅游局主办，市图书馆承办的“忆峥嵘岁月　诵百年华诞”红色经典诗词朗诵会在市文化馆百姓大舞台举行，庆祝中国共产党成立100周年。朗诵会由“韶华语·追忆往昔”“家国情·江山多娇”“岁月歌·扬帆起航”3个篇章组成，近500人参演，同步通过网络直播平台观看的观众近4000人。（梅河口市图书馆）

【农安县图书馆开展农家书屋补充出版物、图书捐赠及置换活动】3月，农安县图书馆面向全县377个农家书屋，开展农家书屋补充出版物活动，共计发放包括自然科学、社会科学在内的图书34684册。9月22日，该馆举行“情系家乡　感恩家园”图书捐赠仪式。仪式上，本土作家修成国捐赠自己的作品及手稿122册，爱心人士刘健、姜万峰等捐赠个人藏书共2000余册。12月，该馆举办“倡导全民阅读、共建书香农安”第十七届图书置换活动，为期7天。此次用于置换的图书种类多、可读性较强，置换率较高，参与读者1000余人次。（农安县图书馆

朱利）

【桦甸市图书馆开展“全民阅读公益行”活动】3月31日，桦甸市图书馆开展“全民阅读公益行”活动。此次活动走进四方甸子林场，桦甸市文化广播电视和旅游局与市林业局领导，市图书馆、四方甸子林场干部职工共150余人参加活动。桦甸市图书馆根据林场职工的需求，在林场内设立图书流通服务点，为在一线的林场职工送去总价值近3.7万元的各类书籍1856册。目前，该馆已在全市合作共建图书流通服务点23家。（桦甸市图书馆　黄艳）

【桦甸市图书馆探索总分馆制全域服务新模式，助力重点企业文化建设】4月26日，由桦甸市图书馆、吉林省红石林业局工会合作共建的“红石林业局职工书屋”示范点揭牌仪式在红石林业局天然林资源保护管理中心举行。红石林业局、桦甸市文化广播电视和旅游局领导为新建职工书屋示范点揭牌，并深入红石林业局物资供应处、森林防火办公室、红林加油站等5个职工书屋示范点调研指导。该馆此次共向红石林业局3个基层单位、10个工作站投放图书1800余册。“红石林业局职工书屋”示范点的建立是桦甸市图书馆实现公共文化服务均等化、助力企业文化建设的一次实践。（桦甸市图书馆　黄艳）

【和龙市图书馆荣获多项荣誉表彰】1月，和龙市图书馆被中共延边朝鲜族自治州委宣传部授予“第十四届延边读书节优秀组织奖”。3月，该馆被吉林省图书馆学会授予“2019—2020年度先进单位”，同月被和龙市妇女联合会授予“2021年和龙市城乡妇女岗位建功表彰活动巾帼文明岗”。6月，被中共延边朝鲜族自治州委组织部授予“延边州先进基层党组织”。11月，该馆创建的“慢时光 · 稻香 · 咖啡书屋”被中国图书馆学会列入2021年特色阅读空间风采展示活动之“文旅融合空间”名单。12月，该馆被中共吉林省委宣传部和吉林省文化和旅游厅授予“2021年吉林省‘服务农民、服务基层’文化建设先进集体”，同月被延边朝鲜族自治州妇女联合会授予“延边州家庭教育指导中心基层示范点”。（和龙市图书馆）

黑龙江省

【概况】截至2021年底，黑龙江省共有公共图书馆103个。馆舍建筑总面积达36.35万平方米，阅览座席28641个。总藏量2430.38万册，计算机5254台（其中电子阅读室终端数3240台）。从业人员1558人，其中专业技术人员1266人，包括中级职称571人、副高级职称349人、正高级职称106人。2021年，全省公共图书馆财政拨款3.04亿元，专项购书经费2094.20万元；新购藏量90.59万册，其中报刊20688种；办理借书证68万个，书刊文献外借145.28万人次、354.11万册次，总流通人数508.58万人次；图书馆网站访问量达1952.76万页次；组织各类讲座693次，4.06万人次参加；举办展览575个，65.50万人次参观；举办培训班415个，培训1.46万人次。

推进黑龙江省公共图书馆协同发展。举办2021年黑龙江省公共图书馆业务创新暨公共数字文化服务培训班，在思想、技术、服务上紧跟图书馆智慧化转型发展，完成知识资源保障和智慧服务支撑能力的全面提升。开展“2021年黑龙江省基层公共数字文化服务提档升级项目”线下服务推广工作，在桦南县、桦川县、汤原县、兰西县等地建设65个乡镇服务点、36个数字文化驿站，下发公共文化一体机、中国文化网络电视互动播出终端、公共数字文化盒等公共数字文化服务设备，让移动数字服务和远程数字服务普惠百姓。以全省星级旅游景区文化内涵与旅游外延为融合点，着重挖掘红色革命基地、习近平总书记考察地文化基因，打造集文化休闲于一体的牡丹江“山水书房”文旅融合示范点。“牡丹江旅游服务中心”“镜泊湖游客服务中心‘镜泊书房’”“宁安牡丹智慧科技馆”“宁安渤海镇清华大学乡村振兴工作站”“海林七里地村‘红色书吧’”“清华大学乡村振兴海林工作站”的建设切实考虑地区的实际需求、文化特色和专业发展方向，避免千篇一律、简单重复，将具有一定显示度、标志性、特色鲜明的景区图书馆连点成线，逐步形成黑龙江全域景区图书馆体系。黑龙江省古籍普查工作正式启动，推进古籍普查平台的著录工作，完成古籍普查3672种，审校数据3988条；整理民国时期文献出版项目，出版馆藏《黑龙江公报》《黑龙江政府公报》，审校《黑龙江省图书馆藏民国时期日本对华调查资料整理研究》文献 50 册等。

拓展阅读活动品牌服务范围。公益文化讲座“龙江讲坛”围绕中国共产党成立 100 周年，举办“百年辉煌”系列讲座 10 期，根据黑龙江省“十四五”时期经济社会发展主要目标的“十个新突破”主题，举办专题讲座 10 期，“文艺家说”“教育系列”等系列讲座贯穿全年，全年共举办讲座 45 期，观看人数 210 万人次。黑龙江省第三届社区文化艺术节暨龙江诵读第四季“百年辉煌”红色经典朗诵比赛以及少儿诵读比赛推动基层文化建设。中华优秀传统文化教育实践基地——龙江书院，全年开展传统文化讲座 21 场，参与读者 1831 人次。

多渠道弘扬传统文化与地方文化。黑龙江省图书馆联合全省公共图书馆开展“重温百年党史　传承红色基因”党史知识竞赛活动、“红色经典阅读，点亮爱党红心”阅读活动，制作“纪念萧红诞辰 110 周年系列抖音作品——文化名人与萧红”，打造红色经典阅读平台。黑龙江省图书馆联合黑龙江省古琴协会、省音乐家协会、省戏剧家协会等举办“2021 黑龙江《天闻阁琴谱》打谱会”“龙音古韵——走近民乐系列讲座”“致敬经典　礼赞百年——庆祝中国共产党成立 100 周年黑龙江戏曲名家演唱会”等，传承文化基因、厚植文化自信。黑龙江省图书馆建设完成 20 集微视频《大美龙江》二期、9 集专题片《森林英雄马永顺　林区号子》、10 集专题片《龙江古村》、《龙江多媒体资源库——东北抗联专题》，寻找龙江黑土文化传承的基因和脉络，推进地方特色数字资源建设。

2021 年，黑龙江省图书馆学会获得中国图书馆学会“2021 年相关主题活动组织得力的单位”表现突出表彰。双鸭山市图书馆——全民阅读　为特殊人群点亮心灯活动入选“2020 年全民阅读推广优秀项目”。（黑龙江省图书馆学会秘书处）

【《黑龙江省志·公共图书馆志（1986—2005）》正式出版】2021 年，由黑龙江省地方志编纂委员会统一部署，省地方志办公室具体指导，黑龙江省文化和旅游厅承编，黑龙江省图书馆《公共图书馆志》编纂办公室负责的《黑龙江省志·公共图书馆志（1986—2005）》正式出版。编纂《黑龙江省志·公共图书馆志（1986—2005）》始于 2015 年。《黑龙江省志·公共图书馆志（1986—2005）》设有省图书馆、市（地）图书馆、县（区）图书馆 3 篇，从建置、信息资源、读者工作、图书馆数字化、业务辅导与研究、学会工作等方面客观地记述 1986 年至 2005 年黑龙江省公共图书馆的发展变化。（黑龙江省图书馆学会秘书处）

【黑龙江省“小手拉大手·亲子阅读季”活动启动】4 月 3 日，黑龙江省“小手拉大手·亲子阅读季”活动在黑龙江省图书馆正式启动。“小手拉大手·亲子阅读季”活动紧密结合党史学习教育中突出扎根群众、服务基层，为民办实事的宗旨，主要面向省内 0—12 岁的亲子家庭，通过高品质的阅读引领，推动亲子阅读在龙江大地广泛普及，以内容丰富多样的阅读推广活动，在本省营造“多读书、读好书、善读书”的良好家庭读书氛围，塑造龙江亲子阅读活动品牌，建设长期广泛的分级阅读生态体系。启动仪式现场发布 2021 年“小手拉大手·亲子阅读季”推荐书单 100 本，分为 0—3 岁、4—6 岁、7—9 岁、10—12 岁四个龄段，内容涵盖中外各类优秀作品，从多个角度对亲子阅读家庭进行指导。（黑龙江省图书馆学会秘书处）

【黑龙江省图书馆开展“我为群众办实事”暨“三下乡”活动】4 月 23 日，黑龙江省图书馆副馆长张大尧带领相关工作人员到明水县榆林乡东方红村开展“我为群众办实事”暨“三下乡”活动，将扶贫工作重点定位于扶“志”与“智”。一方面从文化与精神层面给予已脱贫群众帮助，树立正确的价值观，帮助困难群众在思想上“脱贫”，激发脱贫致富内生动力；另一方面利用图书馆大量的文献资源和数字资源库，为困难群众提供针对性的技术支持和信息服务，陆续向明水县榆林乡东方红村投入纸本图书 5000 余册，公共文化一体机、电视等数字文化服务设备，在此建立黑龙江省图书馆的流动分馆。（黑龙江省图书馆学会秘书处）

【2021 年黑龙江省公共图书馆业务创新暨公共数字文化服务培训班举办】4 月 25—30 日，由黑龙江省图书馆主办，齐齐哈尔市图书

馆、伊春市图书馆承办的2021年黑龙江省公共图书馆业务创新暨公共数字文化服务培训班按区域分别在齐齐哈尔与伊春举办，全省市（地）、县（区）图书馆230人参加学习。培训邀请文化和旅游部全国公共文化发展中心、国家图书馆、黑龙江大学信息管理学院、黑龙江省图书馆专家讲授“智慧赋能，共谋发展——携手推进全国智慧图书馆体系建设”“智慧背景下图书馆的信息化展望和技术创新”“公共数字文化服务再认识与新进展”“公共文化云基层直录播工作”“智慧图书馆的核心价值体现——数字云服务”“图书馆支撑文化和旅游公共服务体系融合发展创新实践”“图书馆与经典阅读推广工作”等课程。培训还包括齐齐哈尔市图书馆“蜂鸟读书会”阅读推广工作与伊春市图书馆“森林书房”文旅融合发展实践的案例分享，富有区域特色与创新实践经验的个案为各级图书馆提供借鉴与参考。（黑龙江省图书馆学会秘书处）

【黑龙江省图书馆完成“2021年黑龙江省基层公共数字文化服务提档升级项目”服务推广工作】5月，黑龙江省图书馆完成“2021年黑龙江省基层公共数字文化服务提档升级项目”建设工作，先后在桦南县、桦川县、汤原县、延寿县、富裕县、克东县、兰西县建设65个乡镇服务点、36个数字文化驿站。下发公共文化一体机、中国文化网络电视互动播出终端、公共数字文化盒等公共数字文化服务设备，提供电子书报阅读、数字化资源视听、数字资源定制推送等多种形式的数字资源服务。（黑龙江省图书馆学会秘书处）

【黑龙江省第三届“美丽家园·幸福生活”社区文化艺术节暨龙江诵读第四季“百年辉煌”红色经典朗诵比赛举行】6月18日，由黑龙江省文化和旅游厅主办、黑龙江省图书馆承办的黑龙江省第三届“美丽家园·幸福生活”社区文化艺术节暨龙江诵读第四季“百年辉煌”红色经典朗诵比赛决赛在黑龙江省图书馆举行，活动邀请黑龙江省委宣传部、黑龙江省文化和旅游厅相关领导及哈尔滨师范大学传媒学院专家、朗诵艺术家组成专家评委会进行现场评审，评选出一等奖4个、二等奖8个、三等奖11个，优秀组织奖8个、组织奖5个。该活动是黑龙江省第三届“美丽家园·幸福生活”社区文化艺术节四大活动板块之一。比赛于3月正式启动，活动面向社区、群众，经过初赛、地区推荐、专家初评，23个优秀作品入选决赛，“直播龙江”同步直播决赛现场，以“龙江诵读优质的朗诵作品”献礼中国共产党成立100周年。（黑龙江省图书馆学会秘书处）

【“情系边关——韩玉平摄影艺术作品展”巡展举办】7月30日，由黑龙江省文化和旅游厅、黑龙江省退役军人事务厅、哈尔滨警备区主办，黑龙江省图书馆、哈尔滨警备区政治工作处、大兴安岭地区退役军人事务局承办的“情系边关——韩玉平摄影艺术作品展”巡展在黑龙江省图书馆举办。此次展览共展出123幅精选作品，这些作品是韩玉平40年驻守边关的拍摄创作，展现新时代边防军人保家卫国、奉献青春、担当使命、忠诚于党的家国情怀，再现黑龙江大自然壮美博大的绚丽景色。韩玉平将他毕生创作的摄影作品数字版全部捐赠给黑龙江省图书馆，用于公益性的文化展示与传播。（黑龙江省图书馆学会秘书处）

【“哈巴罗夫斯克边疆区——黑龙江省”国际图书馆学术研讨会（线上）召开】10月27日，由中国黑龙江省文化和旅游厅、俄罗斯哈巴罗夫斯克边疆区文化部主办，黑龙江省图书馆、俄罗斯远东国立科学图书馆承办的“哈巴罗夫斯克边疆区—黑龙江省”国际图书馆学术研讨会在黑龙江省图书馆、远东国立科学图书馆两地举办。此次研讨会以“图书馆珍贵文献的保存与推广”为主题，采用视频会议的形式共同探讨中俄两国图书馆的建设与发展。研讨会以“中俄科技创新年”为契机，分别就“俄罗斯联邦文化部数字平台Artefact”“中华古籍保护计划开展以来黑龙江省古籍保护工作”“以创意大师课普及图书史”“虚拟环境下的善本推广”“黑龙江省图书馆及齐齐哈尔市古籍保护、开发及利用”等具体工作进行深入交流，加强对中俄两国优秀传统文化的挖掘和传播。（黑龙江省图书馆学会秘书处）

【哈尔滨市图书馆获评“全国古籍重点保护单位”】2021年，文化和旅游部公布第六批“全国古籍重点保护单位”名单，哈尔滨市图书馆等23家古籍保护单位入选。哈尔滨市图书馆收藏线装古籍总量约13万册，其中善本古籍有246种3710册。先后入选《国家珍贵古籍名录》18部365册，其中宋刻本4部、元刻本3部。藏书体系特征体现为常用书较为齐备，版本丰富，类目较广，善本中版本质量较好。史部的各类公私书目、甲骨、铜器，子部的篆刻、碑拓和小说，在数量和种类上都较具规模，构成馆藏中的特色。（黑龙江省图书馆学会秘书处）

【齐齐哈尔市首家村级党建图书分馆揭牌】3月17日，齐齐哈尔市首家村级党建图书分馆在建华区曙光村揭牌。该分馆是齐齐哈尔市首家村级党建图书分馆，位于曙光村委会一楼，馆藏图书近3000册，涵盖党的思想、方针政策及国家领导人的思想著作、入党经历、地方志等红色主题类图书，为齐齐哈尔市党员干部开展党建主题活动和专题教育提供充足的软硬件设施。（黑龙江省图书馆学会秘书处）

【双鸭山市图书馆新馆正式开放】9月17日，双鸭山市图书馆新馆正式落成并举行开馆启动仪式。双鸭山市图书馆始建于1961年，2017年开始建新馆，位于尖山区五马路178号，占地面积22000平方米，建筑面积13200平方米，馆藏各类文献50余万册。双鸭山市图书馆是省内唯一一所森林环绕的园林式图书馆，位于翠峰山与益寿山之间。该馆设有7个读者服务馆室（包括特殊群体服务借阅室），提供图书借阅、参考咨询、网络信息等服务，并设有自助文献资源借阅室。双鸭山市图书馆引进丰富的数据库资源，对外开放数字阅览室、数字影院等，全馆无线覆盖，资源共享，是集智慧管理、智慧服务、智慧体验于一体的综合性现代化图书馆。（黑龙江省图书馆学会秘书处）

上海市

【概况】2021年，上海市图书馆行业围绕上海国际文化大都市建设、“上海文化”品牌建设和长三角一体化战略等全市中心工作，积极开展疫情防控常态化下图情服务创新，大力推动全民阅读、弘扬优秀传统文化，促进全市公共图书馆事业健康、规范、有序发展。

上海图书馆行业连续6次获上海市文明行业，上海图书馆（上海科学技术情报研究所）连续4届保持全国文明单位殊荣，连续12次获得上海市文明单位。《2020年上海市公共图书馆行业报告》编撰出版，《上海市志・图书・文博分志・图书馆事业卷（1978—2010）》正式发布。上海图书馆东馆工程建设通过综合竣工验收。

“上海市中心图书馆”服务体系建设稳步拓展。“一卡通”服务点建设稳中有进。截至2021年底，总分馆协议机构数为273家，“一卡通”建设协议机构数为255家，服务网点数达394个。“一卡通”阵地服务恢复增长。“一卡通”持证读者数475.24万人，同比增长4.45%；2021年新办“一卡通”读者证13.79万张，同比增长4.32%；“一卡通”文献入藏量达3591.40万册，同比增长4.63%；“一卡通”文献外借2221.25万册次，同比增长79.94%，“一卡通”文献外借人次368.96万人次，同比增长68.75%。少年儿童“一卡通”方面，持证读者数达212.80万人（包括具有电子学生证的读者），同比增长3.49%；“一卡通”少儿图书入藏量为521.20万册，同比增长15.09%；“一卡通”少儿图书外借951.30万册次，同比增长122.75%，“一卡通”少儿图书外借人次139.30万人次，同比增长109.55%。跨馆借阅流通量同步增长。“一卡通”文献物流和分拣的数量为105.62万册，同比增长77.57%；物流体系服务于16个区，273个馆点完成异地归还书籍返回原藏馆，发送读者卡242批次，分送条码491次314.69万张。“一卡通”标准体系建设逐步完善。新制定发布《上海市中心图书馆多功能识读器技术标准》，修订发布《上海市中心图书馆自助服务设备技术标准》、《RFID标签数据格式规范》和《新建街道（乡镇）成员馆基本操作流程》等标准规范3个。

上海公共数字文化工程资源建设有序推进。根据全国公共文化发展中心、国家图书馆相关通知，组织全市12个区29个年度项目（2017—2020）提交最终验收。按照《共享工程讲座资源征集工作流程规范》要求，完成全年31集专题讲座资源征集。按照财政部、文化和旅游部及上海市文化和旅游局下发文件精神，完成对2020年度公共数字文化项目绩效目标实现情况的自评、2020年度公共数字文化项目的验收和2021

年度上海市全国智慧图书馆体系建设项目的阶段性总结，并形成相关项目绩效自评报告、项目验收总结报告和项目阶段性总结报告。进一步优化完善公共数字资源整合推广。整合推广内容包括专题片、慕课、图书馆公开课等共计35GB的优质项目视频资源，并将其上传上海数字化网，组织开展“网络书香·阅见美好”新春活动，大力助推“阅见美好”小程序应用服务等，为广大社会公众推荐和提供内容丰富、形式多样的特色数字主题资源。

上海古籍保护工作成绩斐然，古籍整理出版硕果累累。上海图书馆与台湾古籍保护学会合作整理的《青溪旧屋尺牍》《通义堂尺牍》历经10年正式出版，对于研究清代学术史，特别是扬州学派意义重大；《江南制造局译书全编》40卷出版，为学界研究晚清中西文化交流提供一批重要文献；“徐家汇藏书楼珍稀文献整理与研究”课题阶段性研究成果《罗氏藏书图录》出版，较全面地概括中华人民共和国成立以来我国引进数量最多的这批西洋古籍的内容特点；由全市11家古籍收藏单位合作的《上海地区馆藏中医古籍联合目录》编撰工作启动。上海图书馆和上海市书法家协会等举办“大唐气象——上海图书馆藏唐碑善本展”，复旦大学举办“蛾术箧存——王大隆先生诞辰120周年纪念展”，华东师范大学举办“蓬山揽胜——迎校庆馆藏珍稀古籍特展”。古籍普及传播和服务得到媒体广泛报道。上海图书馆联合苏州图书馆合作开展“古韵今辉，乐创未来——非物质文化遗产推广项目”系列公益活动，上海图书馆与上海市民政局合作开展的姓氏源流及家规家训项目以及上海图书馆正式推出的“上海传承家谱家训服务平台”等，得到媒体广泛报道，获得良好的向社会公众推广效果。

上海图书馆“上海之窗”项目继续本着讲好中国故事、传播上海精彩的宗旨，在全球六大洲75个国家和地区的177家机构开设“上海之窗”，累计捐赠纸质图书约13万册，电子赠书约3万种，并可访问包括“中华家谱”“上图讲座”等多个栏目在内的上海图书馆开放数据。2021年的“上海之窗”电子书平台在原有赠书保持不变的基础上，推出介绍诸子百家的“与中国智者同行”阅读专题，让全球合作伙伴享受到来自“上海之窗”的最新读物，推出合作伙伴馆免认证登录措施，让海外读者更方便地阅读来自“上海之窗”的电子赠书。（上海市图书馆学会秘书处）

【上海市民政局、上海图书馆合作建设“上海传承家谱家训服务平台”上线】1月1日，上海市民政局、上海图书馆合作建设的“上海传承家谱家训服务平台”正式开通上线。该平台集家谱家训查询、婚姻登记留念电子贺卡、家庭历史文化知识传播等功能于一体，市民登录平台即可查询到首批117个姓氏的简介以及从该117个姓氏家谱中筛选出的248条家训家规。这些家规家训内容涵盖敦孝行、和邻里、谨嫁娶、崇勤俭、重修身、务职业、勤读书、守廉洁、慎交友9方面。市民可以以图片形式下载姓氏简介与家规家训，作为电子贺卡留念。（上海市图书馆学会秘书处）

【十七世纪以来的中外报刊珍藏展举行】1月21日—4月9日，上海图书馆中西文化交流研究资料中心与复旦大学新闻学院联合举办的“历史的底稿——十七世纪以来的中外报刊珍藏展”在上海图书馆徐家汇藏书楼举行。展览围绕“报刊本身的新闻史价值”“头版刊发重大新闻”“报刊的地域与国家分布”3条线索展开，选取展出十七世纪以来300年间数十个国家、数十种语言的报刊共90余件。这次展览是徐家汇藏书楼与社会力量合作提供多样化历史文献公众服务的一次尝试，展品主要为复旦大学新闻学院教授张力奋的私人收藏，上海图书馆也从馆藏中提供数件报刊珍品展示。（上海市图书馆学会秘书处）

【“上图讲座·非遗大课堂”系列讲座】2021年逢《中华人民共和国非物质文化遗产法》颁布实施10周年，在上海市文化和旅游局指导下，上海图书馆主办，上海图书馆讲座中心、上海公共艺术协同创新中心承办“上图讲座·非遗大课堂”系列讲座，邀请非遗领域重大政策制定参与者、重大事件亲历者，国家级、市级专家学者，有丰富实践经验的管理者和非遗代表性项目传承人，为市民打造可以系统、准确、开放地了解非物质文化遗产的社会大课堂。2—11月，上海图书馆讲座中心、上海公共艺术协同创新中心承办的“上图讲座·非遗大课堂”举办5次讲座，分别邀请文化和旅游部原副部长项兆伦、中国社会科学院荣誉学部委员刘魁立、文化和旅游部非物质文化遗产司原巡视员马盛德、上海戏曲艺术中心党委书记谷好好、华东师范大学终身教授陈勤建主讲。2月17日，“上图讲座·非遗大课堂”举行启动仪式暨首讲开讲，项兆伦做开场讲座“中国非物质文化遗产保护的认识与实践”。4月17日，刘魁立主讲“中国人的时间制度”。6月5日，马盛德主讲“中国非遗保护20年”。7月17日，谷好好以“不到园林，怎知春色如许”为题，回顾其35载昆曲传承生涯。11月20日，陈勤建主讲“上海非遗的特色及对都市文化个性的形塑”，解析上海非遗孕育的城市及居民特有的文化个性和精神气质。（上海市图书馆学会秘书处）

【上海图书馆与上海人民出版社合作举办多场新书分享会】4—5月，上海图书馆与上海人民出版社合作在上海图书馆举办多场新书分享会，让读者通过与作者面对面交流，更贴近新书，激发读者的阅读兴趣。4月11日，举行“追寻人类与病毒共存之道——《别丧！不就是传染病》新书分享会”，由该书中文版译者之一、上海交通大学安泰经济与管理学院副教授赵一飞担任主讲。5月15日，举行“《民法典》如何守护我们的婚姻家庭——《民法典必修课》新书分享会”，由该书作者之一、上海政法学院教授王康担任主讲。5月21日，举行关于散文集《梧桐四季又一年》的跨界新书分享活动“一梧桐一世界”，由该散文集作者、投资人吕明方与哥伦比亚大学神经生物学博士王健进行对话，介绍创作的起始、困惑与顿悟。（上海市图书馆学会秘书处）

【上海图书馆举行鲁迅作品朗诵会】4月11日，为纪念鲁迅先生诞辰140周年，上海图书馆、上海市作家协会、鲁迅文化基金会共同主办的“海上心声诗歌朗诵会·春——寒凝大地发春华”鲁迅作品朗诵会在上海图书馆举行。朗诵会分为开篇、上篇“一支春秋笔”、下篇“两地故人思”、尾声，艺术家和观众朗诵《自题小像》《自嘲》等诗作和《狂人日记》《阿Q正传》《孔乙己》等小说片段。上海图书馆利用馆藏资源，将鲁迅先生的文章、图书的最初版本进行翻拍并整理，制作视频和画面背景进行投放，以配合朗诵会的演绎。（上海市图书馆学会秘书处）

【徐建融向上海图书馆捐赠手稿和签名本】4月16日，上海市文史研究馆馆员、上海大学美术学院教授徐建融向上海图书馆中国文化名人手稿馆捐赠手稿353件，包括《语孟艺解》书法作品40篇、经史文学文稿20件、书画艺术文稿87件、文化教育文稿54件、社会生活文稿24件、思想理念文稿23件、序跋和艺术评论等文稿105件；同时捐赠签名本10册，包括个人著作5册、发表文章刊物5册。上海图书馆副馆长何毅代表上海图书馆接受捐赠并颁发捐赠证书。同日，徐建融手稿捐赠展在上海图书馆中国文化名人手稿馆开幕，展出《语孟艺解》《语孟日知》《潘天寿学派和浙东学派》等36件文稿。（上海市图书馆学会秘书处）

【“上图杯”2021新征程上海阅读马拉松赛】4月17日，上海图书馆、阅读马拉松、上海徐汇区虹梅庭公益服务中心联合主办的“上图杯”2021新征程上海阅读马拉松赛开赛。此次阅读马拉松的赛点覆盖上海市、南通市的36家图书馆，共吸引1500名读者参赛。选择的比赛用书是由上海人民出版社提供的纪实文学《起来：〈风云儿女〉电影摄制与〈义勇军进行曲〉创作历程纪实》。比赛包括集中阅读、答题和撰写阅读体会，共计6个小时。4月24日，活动颁奖典礼在上海图书馆举行。（上海市图书馆学会秘书处）

【《青溪旧屋尺牍》《通义堂尺牍》出版】4月20日，上海图书馆与台湾古籍保护学会主办的“《青溪旧屋尺牍》《通义堂尺牍》新书首发暨尺牍整理学术研讨会”在上海图书馆举行。上海、北京、天津、南京、重庆、广州和台湾等地的近40位图书馆、高校、研究机构的学者参加会议。台湾古籍保护学会向上海图书馆赠送《青溪旧屋尺牍》《通义堂尺牍》全套新书，上海图书馆馆长陈超向台湾古籍保护学会颁发捐赠证书。《青溪旧屋尺牍》《通义堂尺牍》是上海图书馆馆藏尺牍中文献数量大、涉及人物多、学术含量高、文字辨识难的原件合集之一，具有很高的史料价值。台湾经学文化事业公司新出版的《青溪旧屋尺牍》《通义堂尺牍》，作为《稀见清代尺牍》第一辑，以原件彩色图片与释文对照的形式呈现，精装46册，是上海图书馆与台湾古籍保护学会自2010年起合作开展的古籍整理项目的成果，10余年来，两岸共有30余位学者参与释读与审校，并多次在沪台召开审稿会议。（上海市图书馆学会秘书处）

【“上图之夜”：“红星照耀中国——从上海出发”阅读推广活动举办】4月23日，上海图书馆、上海市龙华烈士陵园、上海何建明文学研究院共同主办，上海克勒门文化沙龙艺术中心、行知读书会协办的世界读书日“上图之夜”：“红星照耀中国——从上海出发”阅读推广活动在上海图书馆举行，并在央视新闻、东方网、澎湃新闻、腾讯视频、喜马拉雅等平台全程直播。活动组织者从上海图书馆红色馆藏资源中挖掘出可阅读的典型，邀请研究红色文化的作家、专家学者展开对话，由表演艺术家对发生在上海的革命故事进行再创作、再演绎。第一篇章“红色的起点”由上海师范大学教授苏智良等学者分享上海红色文化地标的研究新成果，瞿弦和、张筠英等表演艺术家朗诵演绎发生在老渔阳里、平民女校、南京路的革命故事。第二篇章“血染的风采”由龙华烈士陵园讲解员颂咏《你们是一本永远读不完的书》，梁波罗、陈燕华等艺术家演绎上海的英雄故事。第三篇章“不朽的丰碑”由中国作家协会副主席何建明讲述长篇纪实文学著作《革命者》中革命英雄在上海的动人片段，赵静、陈少泽等艺术家演绎《血色玫瑰》《十一的歌者》等革命故事，钢琴家宋思衡演奏《黄河》。（上海市图书馆学会秘书处）

【“海派之源中的红色基因”主题展举办】4月23日，由徐汇区委宣传部指导，徐汇区文化和旅游局、徐汇区徐家汇街道党工委及办事处、上海图书馆、上海地铁公共文化发展中心联合主办的“海派之源中的红色基因”主题展在地铁1号线徐家汇站“地铁文化长廊”开幕。展览以上海图书馆馆藏历史文献、历史原照以及音视频还原徐家汇地区历史文化风貌，并揭示其中蕴含的红色血脉。展览通过二维码、线上展陈，增强与观众的互动、与徐家汇地区实景的联动，在半年的展期内，展览通过上海图书馆历史文献大数据平台下的“红色旅游”小程序，引导观众前往实地浸入式体验徐家汇的时代变迁与红色基因。（上海市图书馆学会秘书处）

【第六届上海图书馆开放数据竞赛举办】4月23日，上海图书馆与国际科技信息委员会（ICSTI）联合主办的第六届上海图书馆开放数据竞赛启动。竞赛主题为“探寻红色印记·点亮城市智慧”，围绕建党百年和城市发展，面向全球征集移动应用产品原型或服务创意，以释放历史人文开放数据的应用潜力。主办单位与中国历代人物传记资料库、复旦大学图书馆、上海宋庆龄研究会、上海韬奋纪念馆等9家数据合作单位为竞赛数据池注入大量的红色与人文数据，数据总量达数千万条。针对数据资源内容，竞赛推荐百年红色、城市印记、市井百态、名人掌故、古籍探寻、宋庆龄与中国共产党、爱国志士民主先锋共7个创意子主题。截至6月30日，竞赛吸引来自美国、韩国、荷兰和国内24个省（自治区、直辖市）的156支团队356人报名。10月19日，获奖作品揭晓。经书面评审、答辩评审，产生一等奖1个、二等奖2个、优秀创意奖1个、优秀设计奖1个、优胜奖5个；经微信投票，产生最佳人气奖1个、人气奖7个。（上海市图书馆学会秘书处）

【上海图书馆藏《共产党宣言》仿真影印本纪念版出版】5月20日，上海科学技术文献出版社与复旦大学档案馆策划出版的《共产党宣言》仿真影印本纪念版及“学习笔记”首发仪式在上海图书馆举行。该套纪念版含两种《共产党宣言》仿真影印本，分别据上海图书馆所藏《共产党宣言》陈望道译本第一、二版仿真影印。1920年8月在上海出版的《共产党宣言》陈望道译本第一版，是《共产党宣言》的首版中文全译本，书名被错印成“共党产宣言”。该版流传极少，已知在全国只存12本，上海图书馆所藏一本的品相是现存各本最佳。1920年9月印行的第二版，改正第一版错印的书名，封面的书名和马克思肖像由红色改为蓝色，正文部分与第一版相同。该套纪念版还附赠由复旦大学档案馆编写的“学习笔记”，介绍各语种《共产党宣言》的早期出版情况和收藏故事，是复旦大学

《共产党宣言》展示馆(陈望道旧居)挖掘利用档案、发挥公众宣教功能的一项成果。(上海市图书馆学会秘书处)

【《上海市志·图书·文博分志·图书馆事业卷(1978—2010)》发行】5月21日,《上海市志·图书·文博分志·图书馆事业卷(1978—2010)》发行仪式在上海图书馆举行。《上海市志·图书·文博分志·图书馆事业卷(1978—2010)》(以下简称《图书馆事业卷》)的编纂于2012年9月正式启动,2021年3月由上海古籍出版社出版,是全市图书馆事业史上出版的第二部志书,系统反映1978—2010年间上海地区图书馆事业的发展全貌和取得的成就。上海市地方志办公室主任洪民荣、副主任姜复生,《图书馆事业卷》编委会主任、上海图书馆馆长陈超,编委会常务副主任周德明及编委会顾问、委员代表和主要编纂人员参加发行仪式,姜复生、周德明为公共图书馆以及高校、党校、中小学、工会等系统的图书馆赠送《图书馆事业卷》。(上海市图书馆学会秘书处)

【"唱支山歌给党听——沪浙绘·欢庆建党百年漫画展"举行】5月24—30日,以上海市美术家协会、浙江省美术家协会为指导单位,上海市美术家协会漫画动漫艺术委员会、浙江省漫画家协会、上海图书馆、浙江图书馆共同主办的"唱支山歌给党听——沪浙绘·欢庆建党百年漫画展"在上海图书馆举行。展览分建党百年、沪浙文化、两地风貌、市井百态、社会民生五大板块,汇聚沪浙两地100位漫画家新创作的153件漫画作品,表现沪浙历史变迁和时代进步,歌颂我国的繁荣昌盛,展现当下人民的幸福生活。漫画家们通过"上海画浙江、浙江画上海"的形式,力求画出新意趣、新视角、新效应。展览开幕式上,上海漫画家潘文辉、浙江漫画家宓风光向上海图书馆捐赠作品,上海图书馆副馆长何毅向两位漫画家颁发捐赠证书。(上海市图书馆学会秘书处)

【宋庆龄文献数据中心上线试运行】5月28日,在纪念宋庆龄逝世40周年前夕,上海宋庆龄研究会、上海图书馆、上海市孙中山宋庆龄文物管理委员会联合打造的宋庆龄文献数据中心(网址:http://www.sclrd.net.cn)在上海图书馆举行上线试运行仪式。该中心定位为忠实记录宋庆龄珍贵文献、传承弘扬宋庆龄"永远和党在一起"思想精神的重要载体与资料平台,以宋庆龄著作、函电、题词、档案、报刊、忆述、研究论著7个文献类别为主,加上宋庆龄图片和音视频,确立"7+2+1"应用场景全媒体数字平台模块。在试运行前已完成宋庆龄文献数据中心网上服务平台、后台支撑和线下组织等顶层设计,公共基础数据建设第一期已录入宋庆龄研究成果文献数据1284种11442条,为后续的大规模数据建设与服务工作奠定坚实基础。(上海市图书馆学会秘书处)

【《四库全书总目稿钞本丛刊》出版】6月,2021年度国家古籍整理资助项目《四库全书总目稿钞本丛刊》由上海科学技术文献出版社出版。《四库全书总目》为我国古代目录学的集大成之作,在其20多年纂修过程中形成多部稿钞本。鉴于稿钞本分藏各馆,学者取用不便,《四库全书总目稿钞本丛刊》汇辑上海图书馆藏残稿本、国家图书馆藏残稿本及文溯阁残钞本、辽宁省图书馆藏残稿本及文溯阁残钞本、南京图书馆藏残稿本等6部稿钞本,分作20册影印出版。该丛刊特色有三:一是选辑的6部稿钞本均为首次公开出版;二是4家图书馆提供的均为高精度原图,出版则采用高质量灰度影印技术,保留原书更多细节;三是专家学者团队为该丛刊所收各版本撰写解题,全面梳理相关版本的内容。(上海市图书馆学会秘书处)

【上海图书馆珍藏红色文献展举办】6月24日—7月7日,上海图书馆珍藏红色文献展在上海图书馆第一展厅举行。上海图书馆是全国少数几个设有革命历史文献专藏的公共图书馆之一,目前共收藏有各类革命历史文献原件近万种,15000余册/件。展览的展品是从这部分馆藏文献中精选而出,例如陈望道翻译的、最早的《共产党宣言》中文全译本的初版与二版实物、中共第一份公开发行的机关刊物《向导》、《红军长征记》、《论持久战》的最早版本,中共地下党组织为解放上海而汇编的《上海概况》等。6月24日还举行《上海图书馆藏革命文献总目·书目编》《上海图书馆藏革命文献总目·图录编》

首发式。(上海市图书馆学会秘书处)

【“百年征程，红色书香——探寻海派文化里的红色基因主题馆藏文献展”举办】7月1日—9月30日，中共四大纪念馆、上海大学海派文化研究中心和上海图书馆历史文献中心共同举办的“百年征程，红色书香——探寻海派文化里的红色基因主题馆藏文献展”在上海图书馆近代文献目录厅举行。展览展示《新青年》、《海上述林》、革命老照片等馆藏红色文献，并将这些文献与精选的对于中国共产党及新中国成立具有重要历史意义的上海近百处革命纪念地相结合，推荐“马克思主义与上海”“上海，中国共产党的诞生地”“上海的红色学府”等12条主题红色阅读行走路线。(上海市图书馆学会秘书处)

【“上海之窗”在澳大利亚澳中友协西澳分会中文图书馆设立】9月3日，由上海图书馆、上海市人民对外友好协会、澳大利亚中国友好协会西澳分会以及澳中友协西澳分会中文图书馆共同推动的“上海之窗”赠书项目正式落地澳大利亚西澳州首府珀斯，500本图书抵达澳中友协西澳分会中文图书馆，被摆放于图书馆前排显著位置，一上架立刻吸引众多当地读者的关注。2021年5月开馆的澳中友协西澳分会等中文图书馆，是西澳州首个以中文图书和中文书籍英译本为馆藏主体的图书馆，面向澳中友协会员和当地社区广大民众。(上海市图书馆学会秘书处)

【美国旧金山侨领方氏家族向上海图书馆捐赠《亚洲人周刊》全套纸质版】9月17日，《亚洲人周刊》线上捐赠仪式在上海图书馆举行。美国旧金山侨领方李邦琴、上海图书馆馆长陈超、中国驻旧金山总领事王东华、上海市人民政府外事办公室副主任贝兆健等通过视频连线在上海和旧金山两地参与捐赠仪式。《亚洲人周刊》于1979年创刊，是美国第一份以英语在全美发行、以介绍美国亚裔生活为主的周刊，为提升亚裔形象地位和争取社会认知做出了贡献，有“美国亚裔之声”之称。经上海市政府外事办公室协商，《亚洲人周刊》拥有人方李邦琴等同意将所有刊物无偿赠予上海图书馆，并向公众开放，数字版免费提供浏览。(上海市图书馆学会秘书处)

【上海图书馆举办“新年画中的共和国史”展览】10月1—10日，上海图书馆主办、上海杨培明宣传画收藏艺术馆协办的“新年画中的共和国史”展览在上海图书馆第二展厅举行。展览由上海杨培明宣传画收藏艺术馆提供展品，以“庆祝中华人民共和国成立”“解放全中国”“农民翻身　土地回家”“新婚姻法　民主选举”“拥军爱民　热爱劳动”“学习文化　建设国家”6个主题，反映中国人民的伟大奋斗和艺术家们的创作热情。(上海市图书馆学会秘书处)

【上海图书馆与阿基米德传媒达成战略合作】11月1日，上海图书馆与上海人民广播电台阿基米德传媒达成战略合作，明确基于上海图书馆东馆，以声音与阅读的IP联名破圈，双向打通“广播里的图书馆和图书馆里的广播”，共同探索“声入悦读”模式，提升以阅读为核心的丰富多元体验性文化服务。上海图书馆与阿基米德传媒在上海图书馆东馆共同打造广播馆，通过常设馆及特色临展，集成全国广播电台节目，通过广播与图书结合的实物展陈、直播空间与移动互联网交互等形式，展示全国广播特色内容、声音等；基于社会图书馆的新书推荐、每月书评、馆员荐书及读书会等阅读活动，通过阿基米德AI智能音频技术，打造图书馆特色荐书样态。基于在“阿基米德”app开设的“上海图书馆”专属主页，定制“上海图书馆”24小时节目流，打造“上海图书馆”专属电台；阿基米德传媒携手故事会杂志社向上海图书馆捐赠近千个有声故事，拓展图书内容的传播渠道。(上海市图书馆学会秘书处)

【上海图书馆馆藏“罗氏藏书”图录和版本研究著作《罗氏藏书》出版】11月4日，上海图书馆与上海古籍出版社联合主办的《罗氏藏书》“上图首发”座谈会在上海图书馆徐家汇藏书楼举行。上海图书馆馆长陈超、原副馆长周德明，上海古籍出版社总编辑吕健等专家学者出席座谈会。陈超、周德明、吕健等共同为《罗氏藏书》“上图首发”揭幕。瑞典藏书家、汉学家罗闻达私人收藏的1551种1477年至1877年间西方出版的西文汉学古籍珍品（即“罗氏藏书”）于2010年由上海图书馆收购入藏。上海古籍出版社自2010年就着手与上海图书馆合作开展“罗氏藏书”图录的编纂出版，其2021年出版的“罗氏藏书”图录和版本研究著作《罗氏藏书》，从“罗氏藏书”中精选手稿1种、印本60种，每种书详列馆藏编号、中文译名、编著译者、版本、载体形态、装订形态、内容提要等，配高清书影。（上海市图书馆学会秘书处）

【上海图书馆举办馆藏唐碑善本展】11月1—14日，上海图书馆、上海市书法家协会联合主办的“大唐气象——上海图书馆藏唐碑善本展”在上海图书馆举行。上海图书馆藏有25万件碑帖拓片，其中善本约3000件。这次展览从中遴选60余种唐碑善本，其中近一半属于国家一、二级文物，除了堪称镇馆之宝的“四欧宝笈”，还有多种宋拓本、孤本、初拓稀见本等珍品；展品大部分是宋拓或明拓，即便是清初拓，也是该唐碑品种最早或较早的传本。上海图书馆编撰的《大唐气象——上海图书馆藏唐碑善本》一书于展览开幕当天首发。展览期间，上海图书馆与上海市书法家协会还联合举办“馆藏唐碑善本线上竞临活动”。（上海市图书馆学会秘书处）

【2021年“最美的书”获奖作品展览举行】12月6—30日，由“最美的书”评委会、上海图书馆、上海市出版协会等主办的2021年“最美的书”获奖作品展览在上海图书馆举行。“最美的书”是2003年起由上海市新闻出版局主办的书籍设计年度评选活动，旨在挖掘国内优秀的书籍设计作品，推动书籍设计师的品质化发展与进步，并且选送获奖作品参加在德国莱比锡举行的“世界最美的书”评比。《2016—2018中国·最美的书》发布会于12月6日举行。《2016—2018中国·最美的书》汇聚2016—2018年3年“最美的书”获奖作品共75件，获评为2021年“最美的书”。发布会上，上海市出版协会、上海长江出版交流基金会向上海图书馆及部分上海市区级图书馆赠送《2016—2018中国·最美的书》。（上海市图书馆学会秘书处）

【“浦东傅雷主题书房”揭牌】4月24日，浦东新区第一个主题书房——“浦东傅雷主题书房”在位于浦东新区航头镇的傅雷故居揭牌。“浦东傅雷主题书房”作为集图书借阅、电子阅读、学习交流、文化体验、文化沙龙、志愿服务等于一体的多元知识空间，致力于传承弘扬傅雷精神、傅雷家文化。书房中有浦东图书馆、傅雷故居与喜马拉雅联合打造的有声图书馆，有声图书馆容纳喜马拉雅海量资源，扫码即可在线听书。揭牌仪式当天还举行首场“浦东悦享会”。“浦东悦享会”是面向浦东图书馆的主题分馆、主题书房等浦东主题阅读空间打造的线下精品读书会，旨在对接一流名家资源，使公众与名家一同阅读、思考、分享。（上海市图书馆学会秘书处）

【明复图书馆举办“阅读老建筑”活动】4月24日，黄浦区明复图书馆以世界读书日为契机，开展“阅读老建筑”活动，邀请上海震旦职业学院学生走进经过修旧如旧的升级改造的明复图书馆，感受建筑之美、阅读之美。馆员引导参与活动的学生参观明复图书馆的老建筑，并讲解明复图书馆的历史变迁和修缮后的功能布局。之后，学生们又参观“最美的书”——书籍设计展，参观近几年获“最美的书”称号的优秀作品，感受书籍设计的装帧工艺和艺术美感，重拾纸质书本的阅读情怀和乐趣。此次活动通过走读方式，推广“文旅融合”理念，实践“建筑可阅读，阅读知建筑”，拓展图书馆的服务范围，延伸公共阅读服务的领域，积极发挥图书馆的文化传播功能。（上海市图书馆学会秘书处）

【普陀区图书馆打造苏州河书房主题空间】4月23日，普陀区图书馆打造的苏州河书房主题空间正式对外开放。苏州河书房主题空间位于普陀区图书馆八、九楼，总面积约2000平方米，摆放精选图书约2万册。该书房兼具展览、阅读、休闲等多种功能，满足广大市民读者多样化的空间功能需求。普陀区图书馆历史文献中心推出的“沉思瀚藻”馆藏古籍文献展成为“书房”的首个展览。八楼阅读区的图书以艺术人文类图书为主。九楼为综合类阅读空间，共有100余个席位，为市民读者提供阅览和自修服务。此外，苏州河书房为强化空间的休闲功能，在中庭等区域摆放休闲桌椅和喜马拉雅耳机，并引入

"申活馆"的咖啡和茶饮服务。(上海市图书馆学会秘书处)

【杨浦区图书馆举办"上海城市记忆中的孙中山文物文献图片展"】 4月23日—6月1日，上海孙中山故居纪念馆和杨浦区图书馆共同主办的"上海城市记忆中的孙中山文物文献图片展"在杨浦区图书馆一楼展厅举办。孙中山一生喜爱读书，在世界读书日启动展览，旨在追寻孙中山在城市建设等方面留给上海的宝贵历史记忆，并传递阅读精神。展览还推荐《实业计划》《吾志所向：孙中山的政治与社会思想》《孙中山文集》等馆藏文献，供读者借阅。(上海市图书馆学会秘书处)

【闵行区图书馆举办党史主题连环画展】 4月23—29日，由闵行区文化和旅游局主办、闵行区图书馆承办的"一书一世界——2021世界读书日闵行主题展"在闵行区图书馆举行。主题展分为"你应该了解的世界人文""画说党史""连环画与闵行"3个篇章，选取展出上海海派连环画中心创作的各个年代有影响力、流传广泛的百余幅连环画作品，反映党史、新中国史、改革开放史、社会主义发展史中的重要事件、节点、人物。家住闵行的连环画画家徐有武绘制的闵行籍历史文化名人造像《闵行文脉·历史人物》的手稿也在展览中首次亮相。(上海市图书馆学会秘书处)

江苏省

【概况】 截至2021年底，江苏省共有省、市、县三级公共图书馆122个(含独立编制的少儿图书馆10个)，其中省级图书馆1个、市级图书馆17个、县级图书馆104个。实际使用总建筑面积162.42万平方米，其中书库面积19.58万平方米、书刊阅览室面积36.75万平方米、电子阅览室面积3.35万平方米。阅览室座席79767个，其中少儿阅览室座席22000个。全省实际持证读者数2026.68万个。实体文献总藏量为11160.84万册，其中普通图书9780.52万册，古籍352.95万册、报刊614.31万件、试听文献171.10万件/套、缩微制品5.70万件/套。电子图书总量1990.16TB。共有从业人员3825人，其中专业技术人员2374人，包括中级职称1074人、副高级职称385人、正高级职称62人。2021年，新增藏量603.92万册/件，新增电子图书253.88万册，购买报刊76795种。财政拨款预算总收入14.51亿元，其中专项购书经费1.52亿元。总流通10960.86万人次，书刊文献外借4499.65万人次、8019.63万册次。组织各类讲座5512次，参加读者88.20万人次；举办各类展览4071个，观展读者1767.71万人次；举办各类培训班5760个，培训50.37万人次。共有计算机13144台，供读者使用电子阅览室终端数6886个，图书馆网站总访问量1.56亿人次。流动图书车数量46辆，流动服务书刊借阅129.39万人次，流动图书馆车书刊借阅203.27万册次，分馆数量7854个。文化创意产品种类386个，文化创意产品销售收入54.50万元。(江苏省图书馆学会　李浩　董莹)

【南京图书馆"陶风网借"服务覆盖全国31个省、自治区、直辖市】 3月，南京图书馆重点打造的"信用办证，网上借书，送书到家"文化精准惠民服务重要举措之一——"陶风网借"服务短短一年多的时间已覆盖全国31个省、自治区、直辖市。南京图书馆专门成立项目工作组，以该馆民国时期藏书楼——"陶风楼"为名，命名南京图书馆信用网借平台为"陶风网借"系统，向全国读者提供"南图百万好书"的网上借阅、免费送书到家服务。项目工作组在经费紧缺，智能书架、网借书籍专库缺少的条件下，通过智能技术手段，实现网借图书与馆内外借图书"同书同源"的全库服务模式，大大节约经费，节省图书馆的空间，提高图书利用率和服务效率。(江苏省图书馆学会秘书处　李浩　董莹)

【第十二届南京图书馆阅读节开幕式暨嘉惠论坛举行】 为庆祝中国共产党成立100周年，深入推进全民阅读，在第26个"4·23"世界读书日到来之际，南京图书馆以线下、线上结合的方式，举办"第十二届南图阅读节：江山如此多娇——庆祝建党100周年主题阅读活动"，并邀请"学习强国"江苏学习平台、中国江苏网联合主办，中国知网协办。

4月21日，第十二届南图阅读节开幕式在南京图书馆举行，主题为"江山如此多娇——毛泽东诗词鉴赏与解读”的嘉惠论坛也同时举行。此届阅读节南京图书馆继续举办以论坛为重点的主题阅读系列活动，邀请《毛泽东诗词》研究领域著名学者和著名播音朗诵专家，围绕主题为公众解读和品鉴这部红色经典。同时利用荐读台，向读者推介10余种与主题有关的图书以及专题数据库，并在阅读节期间举办专题讲座、展览、分享会、影片赏析、知识竞赛、馆校共建书香校园、向农家书屋援助图书并共建服务点、馆史馆人物志、优秀传统文化推介、“陶风图书奖”获奖图书发布、学术研讨会、精准化服务、文学作品赏析、少年儿童俱乐部、数字资源体验、文创新玩法等一系列丰富多彩的主题活动。（江苏省图书馆学会秘书处　李浩　董莹）

【江苏公共图书馆大数据应用与智慧服务研讨会举办】4月28日，江苏公共图书馆大数据应用与智慧服务研讨会在南京图书馆举办，此次研讨会以“深析数据、共建智慧”为主题，围绕大数据基础应用、平台建设、智慧图书馆体系建设、公共服务数字化转型以及人工智能等5个方面展开研讨。来自国家图书馆、上海图书馆、浙江图书馆、安徽省图书馆、北京大学、南京大学以及全省13个地级馆的专家、学者80余人参加研讨会。（江苏省图书馆学会秘书处　李浩　董莹）

【南京图书馆举办首届文化与旅游融合发展国际高端智库峰会】5月30日，由南京图书馆主办，江苏省旅游协会、江苏省旅游学会、《中国图书馆学报》、《旅游学刊》12家支持单位共同举办的首届文化与旅游融合发展国际高端智库峰会在该馆举行。来自国内外130余名专家学者和媒体代表参会，围绕“文旅融合　创新发展”的会议主题，共同就推进文化与旅游融合发展的相关议题进行深入探讨。大会接收论文124篇。会议设置1个主会场、2个分会场，共组织7个特邀专家报告，33名代表在分论坛交流发言。（江苏省图书馆学会秘书处　李浩　董莹）

【2021年江苏全省公共图书馆工作年会暨全省少儿图书馆工作交流会召开】6月19—20日，由南京图书馆、江苏省图书馆学会主办，盐城市图书馆协办的2021年江苏全省公共图书馆工作年会暨全省少儿图书馆工作交流会在盐城召开。江苏省文化和旅游厅、南京图书馆等有关单位领导及全省各市图书馆馆长，盐城市图书馆领导班子，盐城市各县（市、区）图书馆馆长等60余人参加会议。（江苏省图书馆学会秘书处　李浩　董莹）

【南京图书馆珍贵古籍获中国文物保护基金会字节跳动古籍保护专项基金支持】10月12日，“中国文物保护基金会字节跳动古籍保护专项基金支持全国古籍修复”项目举行线上视频会议，包括南京图书馆在内的10家单位对各自的申报项目进行陈述。此次南京图书馆申报的项目为国家一级珍贵古籍、元刻本《永类钤方》。该书为元代李仲南所撰，是一部综合性方书，其中所载录的骨伤科内容对后世影响较大。元刻本《永类钤方》全国仅存三部，传世稀少，版刻精良。（江苏省图书馆学会秘书处　李浩　董莹）

【2021长三角阅读马拉松大赛（南京图书馆赛区）开赛】10月23日，2021长三角阅读马拉松大赛在江、浙、沪、皖四地的187个图书馆同时开赛，7000名抽中此次大赛入场券的参赛选手以书为“跑道”，开启一场专注力与意志力的终极挑战。自2018年至2021年，长三角阅读马拉松大赛已连续举办4届，总参与人数超过2万人。此届大赛，江苏省设63个赛点共2200个名额，是办赛以来参赛规模最大的一次。（江苏省图书馆学会秘书处　李浩　董莹）

【“中国图书之窗”落户泰国曼谷法政大学】11月19日，南京市文化和旅游局、曼谷中国文化中心联合金陵图书馆、泰国法政大学共同举办线上赠书仪式暨“美丽古都　创新名城”讲座活动，至此由南京首创的第十个“中国图书之窗”正式落户泰国曼谷。金陵图书馆与泰国法政大学通过视频，共同签署《中国南京金陵图书馆和泰国法政大学比里・帕侬荣学习中心关于加强相互合作的谅解备忘录》，中国驻泰国大使馆文化参赞常禹萌现场向泰国法政大学行政与外事副校长苏拉・提拉卡披邦捐赠书籍。（金陵图书馆）

【金陵图书馆“朗读者”公益助盲志愿服务

项目荣获文化和旅游部“最佳志愿服务项目”】在文化和旅游部开展的2021年文化和旅游领域学雷锋志愿服务先进典型宣传推选工作中，金陵图书馆“朗读者”公益助盲志愿服务项目入选“最佳志愿服务项目”。“朗读者”是由金陵图书馆联合南京新闻广播于2012年共同发起的一项全民阅读、文化助盲公益志愿服务项目。在10年的建设发展中，金陵图书馆始终以“解决盲人阅读最后一公里”为宗旨，通过招募志愿者，与社会各界广泛合作，依托“有声书录制”“盲人剧场”等文化品牌，走进图书馆、社区、盲校、盲人企业等基层单位，以明盲共读、区域协作、云上直播的方式开展朗读、讲座、戏曲、话剧、电影等适合盲人欣赏的文艺演出一站式服务，形成独具特色的图书馆公益助盲志愿服务体系。（金陵图书馆）

【南京市建成开放102家少儿图书室（阅读空间）】截至2021年底，南京市102家少儿图书室（阅读空间）建成并投入运营。南京市少儿图书室（阅读空间）建设工作是南京市2021年十大民生实事工程之一，该工程坚持以群众需求为导向，以人流密集、交通便利为选址原则，新建或统筹利用24小时自助图书馆、镇街综合文化站或村（社区）服务中心图书室、新型阅读空间等现有阵地，进行适儿化改造，形成一批覆盖全市11个市辖区的小而精的少儿图书室，打造面向全市少年儿童及家庭的数字资源、图书借阅及阅读推广一体化的少儿专属阅读空间。金陵图书馆在市文化和旅游局指导下拟定少儿阅览空间的建设和服务标准，开展针对全市少儿阅览空间管理员的业务培训，并全程参与该项目的检查验收工作。同时，金陵图书馆本馆的少儿空间建设也进一步提档升级，8月，该馆“童·阅空间”成功入选2021年度江苏省“最美公共文化空间”打造对象名单。（金陵图书馆）

【南京市江北新区举办第三届“阅揽江北”读书月】10月20日，南京市江北新区第三届“阅揽江北”读书月开幕式在新区桃湖公园举行。江北新区图书馆分馆——桃蹊·小石头书店揭牌仪式、“百年历史话江北”征文大赛和“我们的节日”朗读亭系列活动表彰仪式以及馆员诗朗诵表演等活动依次举行。此外，开幕式上还开展“飞花令”诗词大会总决赛。（南京市江北新区图书馆）

【南京市雨花台区图书馆举行2021年世界读书日活动启动暨新馆开馆仪式】4月20日，雨花台区图书馆举行2021年世界读书日活动启动暨新馆开馆仪式。南京市文化和旅游局、雨花台区人民政府等单位领导出席仪式。现场为雨花台区图书馆新馆揭牌，推介2021年世界读书日系列活动，并展示雨花台区图书馆发展历程。雨花台区图书馆新馆建筑面积达6000余平方米，设计藏书25万册，报纸杂志500种。（南京市雨花台区图书馆）

【无锡市图书馆举办庆祝中国共产党成立100周年系列活动】2021年，无锡市图书馆紧扣“阅百年历程　传精神力量”主题，举办“百年峥嵘史　砥砺中国行”党史专题系列讲座、庆祝中国共产党成立100周年特展、“经典不停步　永远跟党走”红色主题阅游等系列活动，充分展示中国共产党百年光辉历程和伟大成就，引导市民知史爱党、知史爱国。（无锡市图书馆）

【无锡市图书馆举办“世界读书日”系列阅读活动】4月，无锡市图书馆围绕“阅百年历程　传精神力量”主题，开展“4·23”世界读书日系列活动，集中推出“吉光片羽”锡图典籍文化推广、“百年荣光　初心永恒”读书征文、朗读比赛等近30项特色鲜明、形式多样的活动，吸引170余万人次参与。（无锡市图书馆）

【无锡市图书馆举办无锡市第十二届未成年人心理健康服务月系列活动】5月25日—6月25日，无锡市图书馆围绕“珍爱生命　润心成长”主题，举办无锡市第十二届未成年人心理健康服务月系列活动，开展“弘扬中华美德　传递心灵力量”无锡市家风家训主题作品征集、“传承润心合作，对话家长成长”训练营等活动120余场，累计服务6.9万余人次。（无锡市图书馆）

【“册府千华——苏州市藏国家珍贵古籍特展”举办】3月18日，由国家图书馆（国家古籍保护中心）、苏州市文化广电和旅游局主办，苏州图书馆（苏州市古籍保护中心）承办的“册府千华——苏州市藏国家珍贵古籍特展”在苏州第二图书馆开展。此次展览分“吴刻最善”“吴门缥缃”“吴韵流长”3部分，展出苏州市各古籍收藏单位入选《国家珍贵古籍名录》的150部珍贵善本，展示苏州刻书历史、古籍收藏以及古籍保护工作取得的成果。活动持续到4月23日，受到包括新华社、《人民日报》、中央人民广播电台、《新华每日电讯》在内的60余家媒体的深入报道。（苏州图书馆）

【下一代图书馆智慧服务平台研讨暨长三角智慧阅读圆桌会议举行】4月23日，由上海图书馆、苏州市文化广电和旅游局主办，苏州图书馆承办的下一代图书馆智慧服务平台研讨暨长三角智慧阅读圆桌会议在苏州第二图书馆举行。来自首都图书馆、南京图书馆、浙江图书馆、安徽省图书馆及北京大学图书馆、上海交通大学图书馆等全国近40家公共图书馆和高校图书馆的专家学者出席会议，围绕如何推动图书馆信息化系统的转型升级、加速国内智慧图书馆应用生态建设、促进未来图书馆事业和国家文化事业的高质量发展等问题展开深入探讨和研究。会上，上海图书馆、南京图书馆、浙江图书馆、安徽省图书馆还联合发布《长三角智慧阅读倡议书》，共同倡议大力推进长三角智慧阅读、提高长三角地区全民阅读水平、促进长三角地区公共图书馆高质量一体化发展。（苏州图书馆）

【苏州图书馆打造“珍享学苏州‘闲话’”线上教学栏目】5月14日，由苏州图书馆联合苏州评弹学校共同打造的“珍享学苏州‘闲话’”线上教学栏目通过苏州图书馆微信公众号正式上线，吸引众多吴语爱好者的关注和支持。通过打造情景式的苏州话课堂，打破时空限制，让读者足不出户，通过微信公众号学习苏州话，推动地方文化的传承与发展。每两周更新一期教学视频，线上共计推出教学视频19期，累计点击量逾20000人次；开展线上互动课堂53期，累计参与逾25000人次。项目入选2021年度江苏省社科联社科普及资助基地项目名单。（苏州图书馆）

【苏州图书馆创建“红色活力站”】2021年，苏州图书馆党委依托轨道交通枢纽节点优势和总分馆服务体系，深度挖掘馆藏红色资源，融合党建主题和图书馆特色，创新推出以“红色活力站”为品牌的开放、集约、共享的红色文化空间项目。项目首期以轨交分馆（广济南路、狮子山、红庄）为重点，串珠成链。“红色活力站”通过差异化定位和多样的红色文化服务，做到内容的独特性与持续性，受到文化和旅游部、江苏省文化和旅游厅的关注和报道。苏州图书馆同时与苏州市消防救援系统携手，分别在苏州市消防救援支队特勤大队二站、相城区消防救援大队黄桥中队、高新区消防救援大队狮山救援站成立“红色初心站”党史图书室，将党史学习教育融入消防工作，丰富消防队员的精神文化生活。（苏州图书馆）

【第十四届常熟市阅读节暨第十一届常熟市少儿阅读节启动】4月23日，第十四届常熟市阅读节暨第十一届常熟市少儿阅读节在常熟市大剧院正式启动，阅读节以“阅读，让常熟更美丽”为主题，围绕红色主线，举办各类阅读活动270多项，其中主体活动25项。开幕式当天，“朗读常熟　前进中国”市民经典诵读大赛决赛举办，大赛旨在以文字的力量和声音的魅力，让文化自信浸润民众的心灵，加快建设美丽常熟，全民共建幸福家园。此届阅读节重点开展“虞燕送理·红色读书台之声”——“照耀·指引”《共产党宣言》党史阅读推广会、常熟市全民阅读促进会第二次会员代表大会等活动。其中“虞燕送理·红色读书台之声”——“照耀·指引”《共产党宣言》党史阅读推广会项目入选2021年全国全民阅读典型案例。（常熟市图书馆）

【“海棠书香地图”发布仪式暨海棠之声·党史故事分享会举办】7月22日，常熟市“海棠书香地图”发布仪式暨海棠之声·党史故事分享会在常熟市新时代文明实践中心图书室举办。该活动打造“初心悦读·红色读书台”党员经典阅读活动品牌，依托市、镇、村三级图书网络，“红色读书台”建设融合“图书馆+”创新模式，在全市各乡镇图书分馆、街道城市书房、村（社区）图书室、24小时自助图书馆、特色书房等建设50多个“红色读书台”阅读空间。（常熟市图书馆）

【千册“红色经典”打造市民红色书房】4月30日，“奋斗百年路　启航新征程”党史学习教育主题图书专架揭牌仪式在南通市图书馆举行。南通市委党史工作办公室、市文化广电和旅游局领导为“红色主题”图书专架揭牌。“奋斗百年路　启航新征程”主题专架设在南通市图书馆三楼成人借阅区，集中展示该市百余部党史文献图书和红色经典书籍；“童心永向党　筑梦新辉煌”主题专架设在市图书馆一楼少儿阅览区，陈列适合儿童阅读的红色连环画、绘本、故事书千余本，旨在服务党史学习教育，为市民和青少年品读红色经典书籍、传承红色文化精神搭建优质的阅读平台。（南通市图书馆　张潇雨）

【南通市首届“静海读书月”启动】4月23日，以“荐读红色经典·共筑百年辉煌”为主题的“静海读书月”启动仪式在濠西书苑广场举行。启动仪式上，南通市图书馆分别为“上图杯”2021新征程上海阅读马拉松赛、世界读书日“好书推荐官”等活动的获奖读者颁奖，同时对2020年度优秀读者和优秀志愿者进行表彰。仪式结束后，静海讲坛第167期嘉宾讲座举办，大量市民驻足观看。首届“静海读书月”在全市开展党史学习教育大众课堂、红色文化主题展览、优秀图书荐读、四史知识线上竞答等活动20余场。（南通市图书馆　荣嘉）

【南通市公共图书馆联盟成立】12月8日，南通市公共图书馆联盟成立大会在南通市图书馆举办。南通市公共图书馆联盟是在南通市文化广电和旅游局的指导下，由南通市图书馆发起，联合全市各级公共图书馆组建的研究与服务共同体。该联盟本着统一规划、统一标准、逐步推行、协调管理、共建共享、共同发展的原则，从人才培养机制建设、阅读推广活动联动、文化资源精准传输、区域文献保障体系建设等方面推进全市公共图书馆业务工作和资源整合，让公共图书馆真正成为“城市文脉的阅读地标，知识博览的荣誉殿堂”。（南通市图书馆　张潇雨）

【海安市图书馆开展“2021‘百年·百场’公益讲座”】为献礼建党一百周年，积极响应海安市委、市政府“文化强市”战略部署，助力“书香海安”建设，3月，“2021‘百年·百场’公益讲座”启动仪式在海安市图书馆举行。截至12月，涉及爱国主义教育、红色精神传承、绘本故事讲述、家庭教育讲座以及科学、艺术、人文、地理、各学科学习指导的百场讲座先后走进图书馆、校园、社区及特色书房，用多样的课题、丰富的形式歌颂党的伟大事业，引领青少年儿童健康成长，共吸引20000余人次参加。（海安市图书馆　张袁媛）

【如皋市图书馆打造特色藏书结构】2021年，如皋市图书馆对古籍室及地方文献室进行重新构架，实现功能提档升级。一是让古籍“活”起来，成立课题组，加强古籍研究，整理出珍贵古籍目录、地方文献古籍目录等分类账册，并在《藏书报》《南通日报》上发表相关文章；与此同时，加快古籍数字化建设进程，建立馆藏善本数字资源库；将线上资源进行整合落地，着手古籍影印，充分发挥古籍的作用，提高古籍的利用率。二是对地方文献进行规范、充实。改变“有什么收什么”的状况，依照“科学、规范、连续、有重点”的原则，制定征集范围、分类标准、排架方式等相关业务制度，确保构建更饱满，体系更完整。推动地方文献建设从深度、广度上都有所拓展，设立地方志书、地方名人、地方文化特色等多个专架。2021年，该馆通过各种途径征集地方文献319种1163册。（如皋市图书馆　王小洁　贾恬恬）

【连云港市图书馆举办庆祝中国共产党成立100周年系列活动】6月27日，“致敬百年路　奋斗新征程”——庆祝中国共产党成立100周年系列活动开幕式在连云港市图书馆举行。此次系列活动至8月底结束，涉及展览展示、阅读推广、书法表演、专题讲座，主要包括“红心向党——庆祝中国共产党成立100周年非遗作品展”、“向中国共产党成立100周年献礼——教师主题书法作品展”、“品书阅读知奋进　培根铸魂启新程——迎‘七一’你读我买·阅读市集”、“不忘初心　牢记使命——百人翰墨同书《共产党宣言》”以及首届“连云港礼物”旅游文创商品大赛参赛商品展示等活动。（连云港市图书馆）

【“邮票上的党史——庆祝中国共产党建党100周年主题邮展”举办】4月20日，“邮票上的党史——庆祝中国共产党建党100周年主题邮展”在盐城市图书馆展出。此次展览由盐城市文化广电和旅游局、市哲学社会科学联合会、中国邮政集团有限公司盐城市分公司主办，市图书馆、市邮政分公司集邮与文化传媒部、《人民日报》数字盐城共同承办。展览以邮票为载体，挖掘邮票中的“红色基因”“革命精神”“中国梦想”，记录党和国家的发展历程和辉煌业绩。展览还包括《邮票上的党史》视频播放、精美邮册和党史学习教育书籍的实物展示。除此次展览以外，盐城市图书馆还持续举办展览“六进”活动，将邮票展览、党史宣讲、志愿服务融为一体，宣教进机关、进学校、进企业、进社区、进农村、进军营，组织干部群众观摩学习。（盐城市图书馆）

【扬州市图书馆参加建党100周年主题活动】扬州市图书馆和扬州市图书馆学会各成员馆参加“学党史　悟思想　跟党走”——庆祝建党100周年文艺演出活动，将党史故事以文艺形式生动形象地展示出来，以书香致敬党史百年路。各成员馆通过讲座、朗诵、展览、影片展播等多样的形式积极组织党史专题活动：扬州市图书馆《红船的方向》朗诵节目荣获江苏省公共图书馆系统红色经典诵读视频大赛二等奖；仪征市图书馆集体朗诵节目《可爱的中国》，先后在“学党史　爱家乡”全市朗诵大赛中荣获一等奖，在“巾帼心向党·经典咏相传”红色经典诵读大赛中获二等奖；宝应县图书馆打造“春天的邀请——百年党史励我心”书香朗读大赛和“红领巾读书征文和演讲比赛”系列活动，全县累计开展200多场朗诵活动，收到282个朗诵作品，421篇征文。（扬州市图书馆学会）

【扬州市图书馆加大城市书房建设】2021年，扬州市图书馆新建城市书房5家，分别为扬州国网24小时城市书房、维扬经济开发区城市书房、邗建城市书房、戏曲园城市书房、槐泗城市书房，其中邗建城市书房在4月23日世界读书日当天被央视《晚间新闻》栏目、央视新闻客户端直播聚焦报道。（扬州市图书馆学会）

浙江省

【概况】截至2021年底，浙江省共有县级及以上公共图书馆102个，其中省级图书馆1个、市级图书馆11个、县级图书馆90个。从业人员3902人，其中专业人员2182人，正高职称59人、副高职称275人、中级职称1069人。全省图书馆馆舍面积156.19万平方米，阅览座席9.79万个，其中少儿阅览室座席2.73万个、盲人阅览室座席1443个。全省公共图书馆藏书总量10619.24万册，新增藏量769.16万册，新增电子图书744.34万册。人均拥有公共图书馆藏书量1.62册。实际持证读者数793.08万人。2021年，全省县级以上公共图书馆外借文献7398.95万册，图书馆网站访问量21191.54万人次，全年总流通人次1.10亿人次。组织各种讲座6507场次，听众250.89万人次；展览4741次，观展读者912.74万人次；培训11311场次，68.19万人次。

持续推动公共文化服务体系建设。2021年，浙江图书馆持续推动全省公共图书馆服务大提升工作，召开全省服务大提升工作阶段性成果发布会、全省市级馆长联席会议暨服务大提升工作部署现场会及全省公共图书馆服务大提升工作协调推进会，开展工作部署、协调和推进；不断完善基层图书馆体系建设，2021年新建各类主题图书馆、城市书房等273个，超过60%村级基层综合文化中心、农村文化礼堂纳入图书馆业务管理；全面推进“满意图书馆”建设，全省96个县级以上公共图书馆达到“满意图书馆”服务标准；全省县级以上公共图书馆实现纸质文献通借通还。温州市图书馆进一步推进地区“馆校通”工程，新增10个校园分馆纳入通借通还体系。嘉兴图书馆对全市的乡镇（街道）分馆进行升级改造，实现乡镇（街道）城市书房全覆盖。宁波图书馆启动“红色主题馆”系列建设计划，在“张人亚党章学堂”等地方建立“红色主题馆”3个。

加快推进馆舍基础设施建设。浙江图书馆之江新馆土建工程顺利结顶。按全国重点文物保护单位修缮要求，完成嘉业藏书楼修缮工程并通过整体验收。4月，湖州市吴兴区图书馆开放运行，总建筑面积12000平方米；湖州市南浔区图书馆新馆主体建筑完工。7月，金华市图书馆通过新馆建设方案，确定新馆选址。9月，嘉兴市秀洲区图书馆和杭州建德市图书馆新馆正式开馆。

深入推动读者借阅服务升级。全省市级以上公共图书馆“一键借阅”入驻“浙里办”，实现长三角地区社保卡“一卡通”，实现身份证、市民卡、社保卡等多途径注册服务。浙江图书馆在全省的“信阅”线下书店服务点增至32个，涵盖舟山、金华、台州、衢州、丽水5个地区；以“信阅”服务为载体开通文化援疆服务，新疆阿克苏地区读者可享受免邮借阅信阅平台上百万册馆藏图书。台州市图书馆开发“户外不下车还书系统”，建成融合车辆感应、视觉AI识别、RFID等技术的自助还书平台，打造疫情之下“无接触”还书新模式。温州市图书馆全面升级“书香门递”服务，通过与新华书店合作提高新书比重、增加少儿图书分类、疫情防控期间提供“免单借阅”等服务，让读者足不出户即可阅读好书。

助力全民红色阅读。全省各级公共图书馆围绕建党100周年，立足公共文化服务阵地开展各项文化活动。浙江图书馆以“百年党史　百年经典”为主题，引领全省公共图书馆开展全民读书月活动近6000场；联动长三角地区180余家公共图书馆举办长三角阅读马拉松大赛，浙江赛区有69个图书馆2150名读者参加；加强“天籁浙江”“阅读锦鲤”“布可读书”“宋韵文化”“红色阅读”等新品牌推广力，多渠道开展文化活动。嘉兴市图书馆与上海图书馆牵头，联合首都图书馆、南昌市图书馆、遵义市图书馆等10多家党史重要节点城市公共图书馆，策划开展“重温革命之路　点亮阅读星火”建党百年红色阅读系列活动。丽水市图书馆服务品牌“我陪你读”——陪伴留守儿童阅读成长公益行活动入选浙江省未成年人思想道德建设十件实事。台州市图书馆全生命周期阅读服务体系成功入围首批浙江省公共文化服务现代化领航项目。

促进全省文献信息资源共建共享。浙江图书馆牵头全省各级公共图书馆共同建设“浙江省文献信息资源共建共享平台”，整合全省县级以上公共图书馆馆藏书目数据2730余万条，搭建浙江省历史文献数字资源总库和浙江省新编地方志两个模块，实现全省公共图书馆数字资源的整合与共享，除提供文献服务外，平台还设置数字展厅、阅读活动联合服务、文化活动在线直播等功能；完成2020年度馆藏数据10092条批量上传至国际联机计算机图书馆中心（OCLC）书目数据库WorldCat。台州市公共图书馆均完成新型基层公共电子阅览室建设，推广扫码读书、有声听书，打造终身学习新场景，推出“和合e书吧”“e书一键借阅”等数字化应用场景。

加强古籍保护与地方文献数字化工作，依托全省文献资源共建共享平台，开展地方文献和古籍数字化工作，对全省古籍修复、保护、数字化等工作提供技术和人才指导。（浙江省图书馆学会）

【浙江实现省域公共图书馆图书通借通还】 2月1日，浙江省公共图书馆服务大提升工作阶段性成果暨2021年春节期间活动发布新闻通气会在浙江图书馆召开，正式宣布省内102家县级以上公共图书馆均实现地区之间纸质图书通借通还服务。此举打破馆际界限，提高借阅效率，成为全省公共图书馆服务大提升工作中一项实在的便民举措。2021全年浙江省各地区区域内通还文献170万余册次，跨地区通还文献2.2万余册次。（浙江省图书馆学会）

【浙江省市级馆长联席会暨服务大提升工作部署现场会议召开】 3月1日，浙江省市级馆长联席会暨服务大提升工作部署现场会议在台州召开。浙江图书馆领导班子，全省各市级公共图书馆馆长、副馆长、业务骨干，服务大提升考评专家组成员等30余人参加会议。会上，浙江图书馆副馆长胡海荣反馈2020年全省公共图书馆服务大提升行动完成情况，说明2021年全省公共图书馆服务大提升工作的重点。与会人员就“满意图书馆”考评工作部署和细则、服务大提升工作心得体会与发展计划进行讨论。（浙江省图书馆学会）

【浙江省公共图书馆服务大提升工作协调推进会召开】 4月26日，2021年全省公共图书馆服务大提升工作协调推进会在杭州召开。浙江图书馆相关领导及11个地市图书馆业务副馆长及采编、技术相关负责人等30余人参加会议。会上浙江省图书馆采编部介绍了全省联合目录建设进度安排、著录规则及平台建设相关要求以及长三角一卡通建设进度安排和2021年服务大提升重点工作，各地市图书馆就2021年服务大提升重点工作、全省联合目录工作著录规则及平台建设、长三角一卡通工作做简要汇报，并结合自身实际情况提出意见和建议。（浙江省图书馆学会）

【浙江图书馆党史书房揭牌】6月29日，浙江图书馆党史书房揭牌仪式在杭州举行。党史书房共收集5000余册红色文献，重现中国共产党波澜壮阔的百年历程。仪式当天，由浙江省文化和旅游厅、中共浙江省委党史和文献研究室主办，浙江图书馆承办的“真理的力量——建党百年革命历史文献展”也同步开幕。展出的文献有共产主义理论著作、党的理论研究著作、党章、毛泽东及其他老一辈革命家著作、抗战纪实与解放区见闻、革命文艺作品、浙江革命文献、中国共产党机关刊物及其他进步刊物。党史书房作为浙江图书馆开展党建共建系列的固定阵地长期留存。（浙江省图书馆学会）

【“第二届中国—中东欧国家图书馆联盟馆长论坛”举行】10月13—14日，“第二届中国—中东欧国家图书馆联盟馆长论坛”在杭州举行。论坛还以线上视频会议形式在北马其顿举办，来自中国—中东欧国家图书馆联盟的59家成员馆以及应邀参会的浙江图书馆等国内10家非联盟馆出席会议。此次会议以“图书馆在充满挑战的时代不可或缺：图书馆设计的新方法”为主题，围绕“后疫情时代图书馆的整合，下一步是什么”等议题展开学术交流，杭州图书馆代表联盟秘书处对近年来联盟工作进行总结汇报。（浙江省图书馆学会）

【“浙江省文献信息资源共建共享平台”正式开通上线】10月14日，“浙江省文献信息资源共建共享平台”正式开通。该平台由浙江图书馆牵头，全省百家公共图书馆共同参与开发建设，整合全省公共图书馆的文献信息资源及数字资源。平台聚合全省县级以上公共图书馆书目数据共计1127万条，实现全省文献信息资源的联合目录一站式检索，帮助读者快速了解信息资源在全省公共图书馆的分布情况；可供全省读者使用的外购数据库30个，可供读者阅读的电子图书180万余种、电子期刊3亿余条、各类音视频137万个、学术资源11.7亿余条，实现全省公共图书馆数字资源的整合与共享；根据浙江的经济社会文化发展需要和浙江的地域特色，结合可获取资源情况，按照分类导航和地区导航挂接全省158个自建库资源；搭建浙江省历史文献数字资源总库和浙江省新编地方志两个模块，推进全省古籍资源和地方特色文献的数字化查询和利用。（浙江省图书馆学会）

【浙江省第十七届未成年人读书节举办】此届读书节自5月启动，以“品读红色经典　漫话红色精神”为主题，开展青少年漫画大赛。全省89家公共图书馆开设赛点，引导青少年读者阅读红色主题书籍及影像、走读红色革命基地（纪念馆、景区等），激发青少年以漫画的形式开展红色主题创作。主办方共收到参赛作品774件，小学组691件、中学组83件。经过初赛、复赛、决赛专家评审，最终评选出一、二、三等奖38名，优秀阅读家庭3组。入选决赛的优秀作品后续在全省各级公共图书馆开展巡展。在开展青少年漫画大赛的同时，各地公共图书馆围绕建党百年主题，充分挖掘红色馆藏资源，面向未成年人开展讲座、展览、走读、寻访、培训、竞赛、社会实践等线上线下融合活动5000余场，300余万人次参与。10月17日，浙江省第十七届未成年人读书节在宁波闭幕，闭幕活动上表彰青少年漫画大赛获奖者，围绕“家庭阅读推广”主题，举办主题报告、嘉宾对话、优秀案例分享等培训活动，邀请图书馆和学术界的专家学者共同探讨公共图书馆如何致力于家庭阅读推广。（浙江省图书馆学会）

【“宋版传续　文脉郁衍——首届‘悦读宋韵节’宋刻本展”举办】10月30日—11月1日，由中共浙江省委宣传部主办，浙江图书馆、浙江古籍出版社、《钱江晚报》承办的“宋版传续　文脉郁衍——首届‘悦读宋韵节’宋刻本展”在浙江图书馆展出。此次展览由浙江图书馆与国家图书馆、上海图书馆、南京图书馆及私人藏书家共同推出，共展出20册宋刻本，大多为宋代浙江人所刻的精品，比如诞生在西湖边的世綵堂本《昌黎先生集》，湖州府学刻的《论语集说》，绍兴府刻、宋元明递修本《论衡》等。展览从“文房长物——明影宋版”“清学绍宋——清影宋版”“旧学新椠——近影宋版”“以抄为读——影抄宋版”“新刊旧籍——影印宋版”5个板块，展示出宋版书对后世的影响。宋代是我国雕版印刷术发展的巅峰期，宋刻本存世不多，此次20册宋版书集中亮相，是4家图书馆首次联合举办宋本展。（浙江省图书馆学会）

【2021年“阅读启智　书香润心”馆长导读视频展示活动举行】由中国图书馆学会阅读推广委员会主办，宁波图书馆、四川师范大学图书馆承办的“阅读启智　书香润心”馆长导读视频展示活动，自7月下旬至11月下旬面向全国图书馆征集，共有87个高校图书馆、公共图书馆参与征集、展示。各位馆长以导读人的身份向社会公众推荐好书，提倡全社会走进图书馆，浸润书香文化。（浙江省图书馆学会）

【“东亚文都　对话千年”绍兴—敦煌文献交流展举办】4月21日，“东亚文都　对话千年”绍兴—敦煌文献交流展在绍兴图书馆开幕。此次展览分“纸质文献图书”“敦煌写经”“大美敦煌图片”“敦煌壁画邮票”“魅力敦煌展示”5个板块，展出馆藏文献、汉文写经、艺术图片等共计百余件展品。展览通过两地特色地方文献与精美风土图片，展示“东亚文化之都”的独特魅力，开启年度阅读盛典。同时推动敦煌、绍兴展开全方位交流对话。（浙江省图书馆学会）

【嘉兴市图书馆开展庆祝建党百年红色阅读“献礼七一”系列活动】4月23日，由上海图书馆、嘉兴市图书馆牵头的“重温革命之路　点亮阅读星火”图书馆建党百年红色阅读“献礼七一”系列活动在“4·23图书馆之夜”上正式启动。此次红色阅读系列活动联合首都图书馆、南昌市图书馆、遵义市图书馆、延安市图书馆等10多家党史重要节点城市公共图书馆，先后有60多家公共图书馆、学校图书馆参与，在全国范围形成红色阅读文化活动热潮。此外，随着党的十九届六中全会胜利召开，嘉兴市图书馆与全国80多家公共图书馆云端联动，通过直播的形式共同开展十九届六中全会精神专题系列讲座，为大众搭建起全会精神学习宣讲平台。（浙江省图书馆学会）

【嘉兴市秀洲区图书馆新馆开馆】9月29日，嘉兴市秀洲区图书馆正式开馆，总建筑面积1.2万平方米，阅览座席500余个。秀洲区图书馆采用第三方社会化运营模式，总藏书规模40万册，设有少儿阅览室、少儿活动室、亲子阅览室、直播空间、特殊人群（无障碍）阅览室、报刊阅览室、电子阅览室、视听体验室、创客空间、共享空间和地方文献阅览室等多样化开放式空间。馆内设有自助借还机、自助杀菌设备，引进大数据管理、人脸识别等新技术，打通区域限制，推出手机扫码借书、预约借书、24小时还书等人性化服务，图书全市通借通还。（浙江省图书馆学会）

【长三角示范区社保卡实现青浦、吴江、嘉善三地图书通借通还】6月1日，青浦、吴江、嘉善三地联合开展以社保卡为载体的长三角示范区居民服务推广工作，启动试点“同城待遇”体验。根据《长江三角洲区域一体化发展规划纲要》提出建设“城市阅读一卡通”的要求，嘉善县图书馆联合上海市青浦区图书馆、苏州市吴江区图书馆，以第三代社会保障卡（市民卡）为载体，率先实现三地“城市阅读一卡通”同城待遇，实现三地图书的通借通还。凡持有嘉善、青浦、吴江三地第三代社会保障卡的读者，均可享受免押金、免工本费开通读者证服务，权益与当地读者一致。（浙江省图书馆学会）

【《流动书巴服务规范》地方标准发布】12月31日，由温州市图书馆、温州市标准化科学研究院联合起草编制的《流动书巴服务规范》地方标准通过温州市市场监督管理局批准。该规范适用于温州地区公共图书馆提供的流动书巴服务，内容包括范围、规范性引用文件、术语和定义、服务内容、服务要求、服务管理等9方面，明确服务点布点、车辆配置、文献配置、人员配备等方面内容，重点对服务内容、服务要求、车辆管理、业务统计、安全管理等方面进行规定，并提出每年应开展读者需求和满意度调查，积极为特殊群体提供个性化服务、为偏远地区人群提供多样化阅读服务、结合节庆开展相

关主题阅读活动，全面提升流动书巴服务效能，惠及更多基层百姓。（浙江省图书馆学会）

【湖州市吴兴区图书馆新馆开馆】4月29日，湖州市吴兴区图书馆正式开放。总建筑面积12000平方米。设有青少年和低幼阅览室、特藏阅览室、视障阅览室及儿童剧场、多媒体互动室、期刊阅览室、多功能室、调节书库、机房、外借阅览区、研讨区、自修室、报告厅、会议室、活动室和业务办公室等各类功能区块。馆藏纸质图书50.9万余册，拥有各类阅览座席800个。可容纳近2000人同时在馆阅览，馆内实现无线网络全覆盖，以大数据技术及互联网架构为支撑，实现智慧化服务和管理。（浙江省图书馆学会）

【建德市图书馆新馆开馆】9月30日，建德市图书馆新馆正式开放。总建筑面积11568平方米，藏书总量50万册，阅览座席600个，总投资约1.2亿元，设有报告厅、亲子阅览区、多功能展厅、少儿文献借阅中心、藏书阁、读者沙龙、创客空间、文献借阅中心、报刊阅览区、视障阅览区、24小时自助图书馆、文旅体验台、数字媒体中心、自修区、专题文献借阅中心等各类功能区块。建德市图书馆新馆集藏、借、阅、休闲于一体，以“山水之舟，文旅驿站”为设计主题，利用相连群组和谐柔美的建筑特点，通过巧妙的空间设计，让休闲阅读、交流体验、旅游服务等功能融合在一起。（浙江省图书馆学会）

安徽省

【概况】截至2021年底，安徽省共有县级以上公共图书馆133个，其中省级图书馆1个、市级图书馆23个、县级图书馆109个，总建筑面积62.7万平方米，普通文献馆藏总量3770万册（不含电子图书），从业人员1617人，持证读者总量366.2万人。2021年，安徽省各级公共图书馆不断完善服务体系，提升服务效能，在做好疫情常态化防控工作的基础上，全年接待读者4113.6万人次，书刊外借2275.4万册次，网站访问量3939.2万人次。组织开展讲座、展览、培训和文化体验等各类活动19635场次。

用心用情解决广大读者在图书馆遇到的困难事、烦心事。安徽省图书馆联合省纪委监委第三纪检监察室、驻文化和旅游厅纪检监察组，送书进六安市苏埠镇苏南村八一希望学校。池州市各级公共图书馆依托志愿服务台设置党员先锋岗。六安市图书馆开展“乐享银年：活到老，学到老”信息素养培训，提升老年读者数字素养与技能。金寨县图书馆联合各村文明实践站，暑假期间组织小朋友开展“学党史、讲党史”主题活动，解决暑假“学生无处去，家长看护难”的问题。安庆市公共图书馆全年开展为视障读者赠送盲人智能听书机等“我为群众办实事”活动52场，服务群众1.5万人次。

组织策划主题活动，庆祝中国共产党成立100周年。安徽省公共图书馆联盟组织策划“颂伟业　读经典——庆祝中国共产党成立100周年”系列活动，回顾党的光辉历程，讴歌党的伟大成就，举办党史知识竞赛、红色经典诵读展演、馆藏珍贵红色文献展等大型活动，吸引约60万人次观众参与。开展党史主题全省巡讲、巡展78场，向公众宣传普及党史知识和红色文化，激发公众爱党爱国热情。通过设立红色经典图书专架，编制专题文献，开展“庆祝中国共产党成立100周年”专题图书导读。线上庆祝活动也丰富多彩，红色图书推荐、红色电影（音乐）赏析、党史知识竞赛、特色读者活动直播等深受读者欢迎。

完善服务体系建设，提高阵地服务效能。积极推进“公共图书馆＋乡镇分馆”。按照《安徽省公共文化服务保障条例》规定，县级公共图书馆为总馆，建立县乡两级公共图书馆总分馆体系，建设9362个分馆服务点，其中依托乡镇文化站设立图书分馆1505个。全省建成村级综合文化服务中心17649个，每个村级综合文化服务中心都配有图书阅览室。东至县图书馆、石台县图书馆、涡阳县图书馆、滁州市南谯区图书馆、濉溪县图书馆等一批新馆建设完成并投入使用。宿州市6家公共图书馆继续推进分馆、服务点建设，新增分馆1个、服务点23个，范围覆盖学校、社区、乡镇、街道、企业、机关单位等。太湖县图书馆、肥西县图书馆结合当地旅游资源，在景区建立主题分馆，促进文化和旅游融合发展。芜湖市图书馆、全椒县图书馆、淮南市田家庵区图书馆加强社会合作，建设完成“芜湖书房·悦享书吧”“襄水书坊”等城市书房。南陵县图书馆、包河区图书馆获评“2021年长三角市民终身学习体验基地”。滁州市图书馆、池州市图书馆、安庆市图书馆被命名为第四批“安徽省社会科学普及基地”。怀宁县图书馆入选“‘书香安徽’十佳阅读推广空间”名单。

落实中华古籍保护计划，注重地方文献收集整理利用。安徽省古籍保护中心积极履职尽责，督导70家单位全面完成古籍普查登记工作。正式出版《安徽中国徽州文化博物馆古籍普查登记目录》《安徽省皖北地区二十六家收藏单位古籍普查登记目录》《安庆市图书馆古籍普查登记目录》。筹备全省古籍保护管理工作研修班暨全省古籍普查总结表彰会。完成“馆藏桐城派珍贵古籍修复与研究”“寿县馆藏珍贵古籍修复项目”“宿州市埇桥区图书馆藏珍贵古籍修复项目”验收。“中国李白研究会办公室藏珍贵古籍修复项目”“寿县图书馆二期修复项目”进入收官阶段，合计修复古籍3042叶。安徽省图书馆获省文物局审批颁发“可移动文物修复资质”证书，并向文化和旅游部申报第二批国家级古籍修复中心。铜陵市图书馆建成馆藏特色古籍数据库，读者登录官网即可查看馆藏古籍全文资源。芜湖市图书馆投资54.3万元，继续对馆藏阿英捐赠古籍进行数字化加工，完成阿英藏书数字化加工4万筒子页。

建设地方特色馆藏体系，传承弘扬地方优秀文化。安庆市图书馆前往已故著名剧作家刘云程家中征集到《桐城古今》《安庆文史资料》等地方文献200余册。明光市图书馆利用《嘉山烽火》《中国共产党明光地方史》等馆藏地方文献，通过举办展览、分享会等形式，对公众开展爱国主义教育。池州市图书馆完成百余册馆藏地方文献的数字化。

申报立项全国智慧图书馆体系建设项目11个，组织完成15个项目省级验收；积极争取资金，加大电子图书、电子报纸、电子期刊、有声读物等数字资源采购；利用“两微一端”等互联网平台，精心组织开展展览、培训、讲座、知识竞答、好书推荐等活动，打造24小时不打烊的线上文化空间，让文化资源通过网络飞入千家万户。截至2021年底，全省公共图书馆数字资源存储量达到3500TB，全年提供线上服务8458万人次。

推动图书馆服务线上、线下融合发展。利用“互联网＋图书馆”“社保卡＋图书馆”等服务新形态，打通服务边界，构建起形式更为多样、内容更加丰富的立体式服务体系，满足读者多样化、个性化的阅读需求。截至2021年底，50多家成员馆引入信用服务机制，开展信用积分免押金办证、社保卡一卡通服务等不同模式的信用服务，2021年，办理信用借阅证14.8万张，读者利用信用借阅证借阅图书128.9万册次。安徽省图书馆、合肥市图书馆等10余家图书馆在信用办证的基础上，开通图书网借服务，实现读者网上下单，快递配送到家，足不出户即可借阅馆藏图书。

推动全民阅读，促进书香安徽建设。积极参与省委宣传部主办的“书香安徽　好书荐读”活动，全年组织开展阅读推广活动19635场，服务读者1000余万人次。发挥“江淮读书月”示范引领作用，结合学习宣传“四史”学习教育活动，以“阅百年风华　传红色初心”为主题，联动开展各类阅读推广活动3860多场次，吸引200多万人次读者参与。安徽省图书馆举办“安图文化小市集”夜场系列活动，丰富读者夜间文化生活。长丰县图书馆举办“‘在那桃花盛开的地方’长丰县首届桃花诗会”，引导广大读者发现诗词的美，弘扬优秀传统文化。濉溪县图书馆成立“蒲公英阅读营”，向社会播撒阅读的种子，招募300多位阅读推广志愿者，服务2.6万人次。蚌埠市图书馆推出“聆听蚌埠　走读珠城”活动，探寻当地文化地标，让读者在行走中实地阅读。马鞍山市雨山区图书馆利用抖音平台，举办“看半小时漫画，通五千年历史”主题直播活动，向读者推荐半小时漫画系列读物。

以文化滋润民心，助推乡村振兴。六安市图书馆、长丰县图书馆关注乡村留守儿童，采取建立映山红书屋、深入乡村学校开展“科普点亮美好乡镇”等措施，丰富农村留守儿童的精神文化生活。青阳县图书馆利用基层分馆和服务点阵地，举办“书香飘农村”农家书屋诵读活动。淮南市谢家集区图书馆开展“普通话颂国庆伟业　规范字写时代新篇”活动，切实提高村民文化素养，增强文化自信。枞阳县（黄镇）图书馆扶持的三公山乡村振兴阅读点“三公精舍”被中宣部、农业农村部、国家乡村振兴局联合授予2021年全国“乡村阅读榜样”荣誉称号。

深化交流合作，推进区域图书馆协同发展。进一步深化与长三角地区公共图书馆、中部六省（湘鄂赣皖晋豫）公共图书馆的交流，共同推动公共图书馆事业高质量发展。同时与企事业单位携手合作，实现互利共赢，提升安徽省公共图书馆社会影响力与辐射力。组织29个成员馆1600多名选手参加由上海图书馆、浙江图书馆、安徽省图书馆、南京图书馆和阅读马拉松组委会共同主办的“2021长三角阅读马拉松大赛”，安徽省在34个公共图书馆设置赛点，共1800人参与比赛，这也是大赛举办以来安徽省设置赛点最多的一次。淮北市图书馆和安庆市图书馆分获大赛团队第二名和第三名。与融创安徽公司签订战略合作协议，联合举办2021年“江淮读书月”启动仪式，共创阅读服务品牌。安徽省图书馆参与编写的《长三角公共图书馆智库服务联盟三省一市决策报告》被纳入《江苏省“两会”专题文献（2021）两会参阅》。协同上海浦东图书馆、温州市图书馆、金陵图书馆等共同主办“阅书香　绘梦想”首届长三角亲子绘本插画创作大赛。与中部六省（湘鄂赣皖晋豫）公共图书馆联盟成员馆联合举办“传承红色基因　再铸中部辉煌——中部六省（湘鄂赣皖晋豫）公共图书馆联盟庆祝建党100周年专题讲座巡讲”，累计举办讲座10场，现场听众2100余人次。合肥市图书馆、铜陵市图书馆、滁州市图书馆、六安市图书馆4家图书馆签约由上海浦东图书馆、苏州图书馆联合发起的“长三角公共图书馆发展论坛”，并加入“长三角阅读引领区融合发展协同体”成员单位。合肥市图书馆、黄山市图书馆受邀参加“第二届中国—中东欧国家图书馆联盟馆长论坛”，围绕“后疫情时期与阅读推广”“知识、全球化和发展”等议题展开深入的学术交流。

开展馆校共建活动，助力“双减”政策落实。淮南市少儿图书馆2021年建立淮南市特殊教育学校、淮南市第十九中学等5个阅读点，帮助孩子们养成良好的阅读习惯。舒城县图书馆“课后服务阅读空间”每天为学生提供课后服务。宿州市埇桥区图书馆与宿州市第七小学联合开设课后科普、阅读、艺术等系列特色课程。铜陵市图书馆全年共开展34次“语文课进图书馆”活动，将语文课搬进图书馆，以轻松活泼的方式让孩子学习课外阅读知识，提升孩子文学素养。

提高从业人员专业素养，加强人才队伍建设。2021年，安徽省公共图书馆联盟以服务读者需求为导向，组织开展全省公共图书馆从业人员业务技能培训。与南京大学合作举办“安徽省公共图书馆馆员多媒体服务素养与业务能力提升培训班”，与宿州市文化和旅游局联合主办“全省公共数字文化智能服务业务培训班”，组织成员馆参加“2021年智慧图书馆建设与管理——创新服务培训班”。举办“阅读推广之星”评选活动，宣传图书馆工作者的职业精神与道德风范，发挥榜样作用，激励全省公共图书馆从业人员爱馆、爱岗、爱读者，全心全意为人民服务。

加强行业地方标准制定，推动图书馆高质量发展。协助省文化和旅游厅起草《安徽省实施〈中华人民共和国公共图书馆法〉办法》，修订《全省县级以上公共文化场馆免费开放服务标准及细则》。参与起草《古籍数字化工作指南》《公共图书馆文献采集工作指南》《公共图书馆信息化终端管理服务规范》《图书馆馆藏资源开发与应用指南》《公共图书馆老年读者服务规范》《图书馆网上借阅工作指南》等6项标准。

2021年，安徽省公共图书馆联盟成员馆受到各方的肯定与表彰。黄山市图书馆与黄山地质公园合作的品牌活动——“黄山自然讲堂”，入选2021年联合国教科文组织官网发布的全球世界地质公园减缓和适应气候变化的十个良好范例和做法。安徽省图书馆获评“全国文化和旅游系统先进集体”。太湖县图书馆“送文化下乡志愿服务项目”入选“2021年全国文化科技卫生‘三下乡’活动示范项目名单”。广德市图书馆获评“安徽省巾帼文明岗”。合肥市图书馆等9家图书馆入选2020年“书香安徽”全民阅读系列推荐活动名单。池州市图书馆馆长鲁艳艳、舒城县图书馆馆长张兰英荣获“全国文化和旅游系统先进工作者”称号。（安徽省图书馆）

【安徽省公共图书馆联盟开展“四季少儿阅读”春夏活动】2021年春夏季，安徽省公共图书馆联盟、安徽省妇联家庭和儿童工作部、安徽团省委少年部、安徽省作家协会儿童文学委员会联合开展以“读亲切的书，做静心的人”为主题的“四季少儿阅读”春夏活动，培养少年儿童的阅读兴趣，推动亲子阅读。活动在安徽省多个地市公共图书馆同步开展，通过特色书单推荐、读书会、作家讲座等形式为孩子们介绍更多的优秀童书，主办方还与省内一些中小学联动，开展班级读书会，用阅读来丰富孩子们的课余文化生活。（安徽省图书馆学会）

【安徽省古籍保护中心赴3家古籍收藏单位开展古籍普查督导】3月，安徽省古籍保护中心组织古籍编目人员先后赴安徽医科大学图书馆、安徽工业大学图书馆、砀山县图书馆3家新发现古籍收藏单位，帮助分类整理馆藏线装书，在古籍普查平台上登记书目数据，指导古籍保护工作。此次古籍普查督导，旨在尽早完成新发现古籍收藏单位的古籍普查登记任务（安徽省古籍公藏单位数量新增至70家）。安徽医科大学图书馆以子部医家类为主，其中不乏珍贵善本。安徽工业大学图书馆有古籍10部269册，其中善本2部18册；善本中清嘉庆二十年（1815）江都汪喜孙问礼堂初刻初印本《述学》曾为高邮王念孙家旧藏，具有极高的版本与文献价值。砀山县图书馆线装旧书以清代书肆刻书为主，多科举制艺用书，大多分布于经部与集部，共有154部421册线装书，其中古籍有138部350册。3家单位的古籍普查数据将被收入《安徽省三十七家单位古籍普查登记目录》合册出版。（安徽省图书馆学会）

【安徽省图书馆“助困爱心一日捐”活动走进合肥特殊教育中心】4月20日，由安徽省图书馆和安徽商报社共同主办的“助困爱心一日捐”活动来到合肥特殊教育中心，为该中心的孩子们送去爱心读者们的关怀。该活动已在全省建立92个爱心快乐图书室，此次活动的809册绘本，417件文具和体育用品，均由合肥滨水花都幼儿园小朋友们爱心捐赠。（安徽省图书馆学会）

【“阅百年历程　传精神力量”优秀书刊漂流阅读活动举行】6月9日，由安徽省图书馆和安徽艺术学院共同主办的优秀书刊漂流阅读活动在安徽艺术学院举行。活动围绕“阅百年历程　传精神力量”主题，结合大学生的阅读需求、阅读兴趣，精心挑选800余册优秀图书投入漂流，帮助安徽艺术学院的学子们通过优秀书籍的阅读学习中国共产党的光辉历史，追寻革命先辈的光荣足迹，从百年党史中感悟初心使命，坚定理想信念，从经典好书中汲取智慧和力量，跑好实现“两个一百年”奋斗目标和中华民族伟大复兴中国梦的接力赛。在漂流启动仪式上，安徽艺术学院学生会主席向同学们宣读漂流活动的倡议书。出席活动的嘉宾现场为学生们放漂书籍，并题写寄语。同学们不仅选择自己喜爱的漂流书，还纷纷在签名墙上签下自己的姓名表达对此次活动的支持。（安徽省图书馆学会）

【“传承红色基因　再铸中部辉煌——中部六省（湘鄂赣皖晋豫）公共图书馆联盟庆祝建党100周年专题讲座巡讲”举办】2021年6—7月，安徽省图书馆作为中部六省（湘鄂赣皖晋豫）公共图书馆联盟（以下简称“联盟”）轮值馆，与其他五省联盟成员馆联合举办“传承红色基因　再铸中部辉煌——中部六省（湘鄂赣皖晋豫）公共图书馆联盟庆祝建党100周年专题讲座巡讲”。联盟邀请中南大学马克思主义学院院长王翔，中共湖北省委党史研究室主任何光耀，江西师范大学马克思主义学院院长韩桥生，中共郑州市委党校原副校长赵林，山西大学军事教研室特聘教授倪宁，河南省青年理论宣讲专家、中共郑州市委办公厅综合处处长刘跃亭，中共安徽省委讲师团青年宣讲名师吴晓云等7位专家，分别做题为“百年党史与湖南担当”“英雄土地　伟大人民”“学习党史、不忘初心、砥砺前行”“百年奋斗　伟大历程——从站起来、富起来到强起来的伟大飞跃”“枪杆子里出政权——从百年党史看中国的强军梦”“历史选择了毛泽东”“中国共产党的百年奋斗历程”的讲座。此次巡讲活动，联盟各成员馆协调合作，组建巡讲师资团队，促进了中部六省红色资源的跨区域交流。活动期间，累计举办讲座10场，其中湖南图书馆举办3场、湖北省图书馆举办1场、江西省图书馆举办1场、安徽省图书馆举办2场、河南省图书馆举办3场；现场听众累计2100余人次。（安徽省图书馆学会）

【安徽省公共图书馆联盟启动“江淮读书月”】9月27日，由中共安徽省委宣传部、安徽省文化和旅游厅指导、安徽省公共图书馆联盟主办、融创安徽公司协办的2021年“江淮读书月”启动仪式，在合肥融创乐园举行。此次活动全程网络直播，并在蚌埠、安庆、芜湖三地设置分会场。全省公共图书馆结合学习宣传“四史”活动，以“阅、演、展、讲、赛”和线上服务的“5+e”模式，开展“安徽省公共图书馆联盟 logo 设计大赛”“四季少儿阅读”等一系列阅读推广活动，推出“网借免邮”“夜读”等特色服务。同时引入社会力量，与融创安徽公司合作，共同开展公益讲座、图书漂流、公益捐赠等活动，实现双方品牌融合发展，提升品牌影响力与辐射力。（安徽省图书馆学会）

【安徽省图书馆开放夜间阅读空间】根据疫情防控相关要求，安徽省图书馆的阅览座席为保持安全距离，自修室、阅览室由一张桌子坐 4 位读者减少到 3 位读者，“一座难求”一度成为热门话题。为更好地服务读者，12 月 31 日晚，位于省图书馆西一楼大厅的夜间阅读空间正式对外开放，服务时间延长至晚间 10 点。阅读空间内摆放有书架、桌椅和自助图书借还机，读者可随时借阅书籍。该馆还开展下架中文书刊认领、读者俱乐部“我的 2021”跨年读书会等一系列特色活动以配合夜间阅读空间的开放。（安徽省图书馆学会）

【第四届家庭古诗词知识大赛决赛举办】11 月 6 日，由合肥市图书馆学会、合肥公共图书馆联盟、合肥市图书馆主办，合肥市少儿图书馆、巢湖市图书馆、长丰县图书馆、肥东县图书馆、肥西县图书馆、庐江县图书馆、瑶海图书城协办，安徽知本文化传播有限公司支持的“诗词联世界，风雅颂古今”第四届家庭古诗词知识大赛决赛在合肥市图书馆举办。此次大赛自 10 月启动，九大赛区共有 230 余组家庭参与，最终决出 12 组家庭进入决赛。决赛设置必答、抢答、飞花令、线索题等环节，全方位考验参赛家庭的诗词功底，考察选手多角度思考、临场应变和综合实力。（安徽省图书馆学会）

【合肥市少年儿童图书馆开展“绘本巴士公益之旅”系列活动】2019 年以来，合肥市少年儿童图书馆联合各地方图书馆，以“绘本巴士”承载起阅读推广服务的“最后一公里”，将有温度的阅读传播到各基层站点及学校，用文化温暖人心，让阅读惠及民众。2021 年，“绘本巴士”以“学雷锋志愿服务”为契机，为舒城县万佛湖中心学校师生宣讲雷锋精神、开展志愿服务，并捐赠图书、足球、篮球等文体用品；联合公益助学服务中心走进大别山，到六安市金安区孙岗镇许小河学校开展“重温党史　诵读经典”活动；携手省立儿童医院暖心出动，为院区的小朋友们送去书香与温暖；联合包河区图书馆、大圩镇文化站和金葡萄社区开展“绘本巴士公益之旅”；为霍山县单龙寺镇中心学校及扫帚河教学点的山区孩子开展精彩的阅读活动；与肥东县石塘镇人民政府联合举办“书香致远　少儿当先”阅读推广活动，并为参与活动的农村儿童捐赠书包，深化新时代农村留守儿童关爱保护和困境儿童保障工作；联合长丰县图书馆、造甲乡综合文化站开展“文化暖心　阅读推广到你身边”志愿服务，为孩子们送去精彩的绘本图书；与舒城县图书馆联合开展阅读推广活动，走进龙骨小学，让孩子们阅读到丰富多样的图书，播撒希望的种子。（安徽省图书馆学会）

【六安市裕安区金马社区荣获全国“书香社区”称号】10 月，中国图书馆学会公布 2021 年“书香社区”发现活动名单，六安市图书馆金马社区分馆所在的六安市裕安区金马社区被授予“书香社区”荣誉称号，同时也成为安徽省此次唯一入榜的社区。2019 年 6 月，六安市图书馆在金马社区、中央公园以及东苑社区等地建立 5 家分馆，以总分馆模式建立起城区 15 分钟阅读圈，满足更多读者的阅读需求，打通阅读“最后一公里”。金马社区分馆读者服务政策与总馆保持同步，免证阅览，凭证借阅，通借通还，借助线上免押金办证、手机扫码一键借阅等方便快捷的借阅方式，实现“推门即可看书，一键即可借阅”。（安徽省图书馆学会）

【“垂辉映千春”马鞍山李白文化建设成果展长三角区域巡展启动】11 月，“垂辉映千春”马鞍山李白文化建设成果展长三角区域巡展在马鞍山市图书馆正式启动。2021 年是诗仙李白诞辰 1320 周年，作为李白终老之地和中国李白研究会会址所在地，马鞍山是此次长三角区域李白重要游踪城市巡展的首发站。此次巡展主要以马鞍山李白文化建设所取得的辉煌成就为主线，以“机构设立”“学术交流”“研究成果”“太白仙踪”四大板块为架构，通过照片和实物等形式，让李白文化成为推进长三角更高质量一体化发展的文化纽带，成为滋润当代国人精神生活的一脉甘泉，让中华优秀传统文化“润物无声”地走近普通大众。此次成果展采取流动展出形式，在马鞍山结束首站展出后，相继在南京、扬州、杭州、湖州、台州和绍兴等长三角区域李白重要游踪城市进行巡展。(安徽省图书馆学会)

【蚌埠市图书馆开展馆校共建培训交流活动】12 月 8 日，蚌埠市图书馆、蚌埠市少年儿童图书馆走进蚌埠市第九中学，开展以“阅读在行动　书香满校园”为主题的图书编目、排架培训交流活动。活动中，蚌埠市图书馆工作人员依照《中国图书馆分类法》，针对文献分类的基本概念、图书的 22 个大类简介、文献分类规则以及文献分类的工作程序等内容，对学校师生进行现场培训和业务指导。此次活动以“一对一、一对多”的多元培训形式，深入推进馆校合作，让基层学校的读者群体受益于公共图书馆服务，同时也让老师与学生近距离感受到图书的魅力，激发学生们的阅读兴趣，提升阅读素养，更好地发挥公共图书馆在校园文化建设中的重要作用，使蚌埠市学校图书馆管理更加专业化、规范化、科学化。(安徽省图书馆学会)

【芜湖市图书馆打造“阅读者计划”】2021 年，由芜湖市图书馆与芜湖传媒中心·芜湖小记者中心联合打造的“阅读者计划”以“读书伴我成长”为主题，从“读”“赛”“比”“牵”4 方面着手，在全市 4 个区 20 所小学开展，以家庭网格化的形式吸引众多小学生和家庭参与其中。(安徽省图书馆学会)

【黄山市图书馆“家庭图书馆”项目正式运营】9 月 8 日，黄山市图书馆“家庭图书馆”项目正式投入运营。家庭图书馆承办人可享受 200 册图书、365 天还书期的借阅权限，并通过发布图书信息、帮助身边来馆不便的邻居借书、送书上门等方式，以书为媒、以书会友，邀请身边的邻居、亲朋好友一起加入阅读的队伍。试点四个月，黄山市图书馆文献借阅量增加 5 至 6 倍。两个家庭图书馆共计转借图书近 300 册次。(安徽省图书馆学会)

福建省

【概况】截至 2021 年底，福建省共有县级以上公共图书馆 96 个，三明市原梅列区图书馆、三元区图书馆合并为三元区图书馆。全省总藏书量 5251.24 万册，实际持证读者 236.20 万人，全年总流通人数 2294.92 万人次，书刊外借 3390.51 万册次。阅览室座席 46217 个，全年组织讲座 1852 次，展览 1036 个。

2021 年，全省公共图书馆庆祝建党 100 周年，深入开展党史学习教育，通过开展“线上课堂”党史专题宣讲、党史知识竞赛、红色主题讲座讲演、红色主题展览、红色主题影视作品观看、红色主题共读、红色经典诵读会等阅读活动，献礼建党百年华诞，传承红色力量。第三届福建省“读中华经典　颂时代华章”全省诵读比赛以“百年风华正青春”为主题举行，84 家单位、1531 组选手参赛，246 万人次参与。

全省公共图书馆基础设施建设持续完善。1 月 29 日，泉州市丰泽区图书馆试运行，该馆总建筑面积 12446.28 平方米，藏书容量约为 60 万册，设置亲子阅读区、视听体验区、丰泽文化展览馆等 16 个功能区域。4 月 27 日，武夷山市图书馆新馆一期对外开放服务，建筑面积 2100 平方米。公共文化新空间建设取得新进展，4 月 23 日，厦门市图书馆以“馆中馆”形式开设“清风书屋”廉政主题阅读空间，设有书架 85 米，藏书 3000 余册。具有鲜明红色文化特色的龙岩上杭红古田清新书苑和融合莆田古民居建筑特色与传统文化内涵的莆阳清新书苑授牌开放，开启福建文旅融合发展新探索。

全省公共图书馆举办国学课程、国学讲座、展览、手作体验等活动，传承弘扬中华优秀传统文化。福建省图书馆正谊书院通过开展“朱子文化”学习体验活动、举办福州传统春节年俗文化展、“庆元宵·手作花草宣纸宫灯”、“传统文化进万家·诗词迎新线上飞花令大赛”等线下、线上活动，有效拓展传统文化推广渠道。

全省公共图书馆积极适应疫情防控常态化要求，创新服务方式，拓展线上阅读服务，提升数字阅读服务能力。各图书馆借助图书馆官网、微信公众号、微信阅读小程序、掌上图书馆等平台，持续为读者提供数字读者证办理、线上咨询、数字资源访问及线上阅读推广活动等多样化的线上服务。全省图书馆网站访问量6901.66万页次，线上服务9076.33万人次。

此外，在《福建省文化和旅游厅关于推进公共文化服务单位错时延时开放工作的通知》的要求下，全省各级公共图书馆因地制宜错时、延时开放，保障基本服务、拓展服务阵地、强化数字服务，进一步提升图书馆服务成效。（福建省图书馆学会）

【“百年风华正青春——第三届福建省‘读中华经典　颂时代华章’诵读比赛”举办】4—6月，由福建省文化和旅游厅、福建省广播影视集团主办，福建省图书馆、福建省图书馆学会、福建省广播影视集团融媒体资讯中心承办的“百年风华正青春——第三届福建省‘读中华经典　颂时代华章’诵读比赛”举办。全省84家单位参与，共收到1531个参赛作品，评出一等奖2名、二等奖6名、三等奖13名、优秀奖10名。6月27日，颁奖典礼在福建省广播影视集团举办，现场为获奖选手及单位颁奖，同时邀请部分获奖选手和社会各界代表进行诵读表演。颁奖典礼通过海博TV、直播福建进行线上直播，在线收看观众人数达246万人次，较2021年增加约80万人次。（福建省图书馆学会　福建省图书馆）

【“读吧！福建”2021年世界读书日“阅百年历程，传精神力量”主题活动启动仪式举办】4月23日，由福建省文化和旅游厅、福建省文学艺术界联合会指导，福建省图书馆、福建省作家协会、福建省图书馆学会、福建省少年儿童图书馆主办，省市县各级图书馆及社会力量等多方联动的“读吧！福建”2021年世界读书日“阅百年历程，传精神力量”阅读推广系列活动启动仪式在福建省少儿图书馆举行。活动围绕建党100周年，突出红色主题，立足馆藏红色文献资源、开展红色文献征集，接收福建省新四军研究会等3家单位赠送的红色文献，让市民在红色经典阅读中汲取奋进力量。现场公布第四届福建文学好书评选结果，表彰第四届“正谊杯”诗文知识大赛获奖选手，同步举办“穿越高墙，阅见世界”短视频征集、青少儿类图书捐赠倡议以及“福建文化记忆”、“东南周末讲坛”、“清新书苑”阅读品牌推介等活动。（福建省图书馆）

【福建省图书馆数字文化服务走进第四届数字中国建设峰会】4月25日，主题为“激发数据要素新动能，开启数字中国新征程”的第四届数字中国建设峰会在福州市举办。福建省图书馆数字文化服务走进第四届数字中国建设峰会。在峰会现场，该馆的数字文化服务以“传承文明、服务社会”为主题，由6块LED瀑布流互动触摸大屏、智能型文化一点通、多媒体电子书互动体验等智能设备和充满浓郁书香气息的书架组成，面向读者提供在线信用办证、数字借阅、在线阅读、“你看书我买单”、馆藏数据库查询、场馆预约等服务，让读者感受数字技术给阅读带来的便利。展览期间，数字图书馆服务展区参观人数突破万人，数字资源点击量超3万次，通过展区“你看书我买单”线上服务借出新书500余本。（福建省图书馆）

【第五届海峡两岸书院论坛举行】10月28日，由福建省文化和旅游厅、福建省炎黄文化研究会主办，福建省闽台文化交流中心、福建省图书馆承办的第五届海峡两岸书院论坛在福州正谊书院举行。论坛采用互联网直播和现场活动相结合的方式（部分台湾专家学者以视频录制的形式参加），设置两岸名家主旨演讲、“海峡两岸书院联盟”会长任命及秘书处设立、朱子书院行迹展等环节。来自两岸书院的山长、专家学者，围绕“朱子文化的历史意义和当代价值”“朱子文化对闽台两地的重要影响”“当代书院传承与弘扬朱子文化的探索与实践”3个议题展开探讨。华东师范大学古籍所教授、中国历史文献研究会名誉会长朱杰人，台湾燕南书院院长杨树清，福州理工学院朱子文化研究所所长、研究员方彦寿等9位专家学者分别以“小学与化民成俗——当代书院的社会责任”“为有源头活水来：朱熹书院精神的文化传播”“朱子学由闽入台的传播路径”等为主题做演讲，吸引福建各地书院文化和朱子文化爱好者通过直播平台积极互动。（福建省图书馆）

【第六届海峡儿童阅读论坛举行】7月3日，第六届海峡儿童阅读论坛在福建省少年儿童图书馆开幕。论坛以朱子文化为桥梁，结合儿童文学出版，通过两岸朱子文化专家、儿童文学作家、评论家、出版人的研讨，促成以朱子文化为代表的中华优秀传统文化图书的出版。中国儿童文学研究会副会长、《儿童文学》原杂志原主编徐德霞等数十位海峡两岸儿童文学知名研究专家、出版人、作家、评论家、台籍在闽学者出席开幕式并参加论坛有关活动。中国出版协会原副主席、国际儿童读物联盟中国分会主席海飞，台东大学儿童文学研究所荣誉教授林文宝，台湾著名儿童文学作家林世仁和林玮通过视频连线参与论坛活动。福建省炎黄文化研究会常务副会长马照南，著名儿童文学评论家、中国儿童文学研究会副秘书长陈香和著名儿童文学作家、冰心奖评委会秘书长翌平分别做“朱子与儿童阅读”“面向少年儿童如何实现朱子文化的现代性转化”“朱子的诗歌美学对儿童文学创作的启迪”的分享。林文宝分析朱熹与儿童文学、儿童教育的关系。（福建省少年儿童图书馆）

【福州市图书馆举办庆祝建党100周年阅读推广活动】6月29日，由中共福州市委市直机关工作委员会、福州市文化和旅游局、福州市机关事务管理局主办，福州市图书馆承办的庆祝中国共产党成立100周年阅读推广活动在东部办公区茉莉花广场举行。活动以“阅光辉历程・赞百年荣光”为主题，使参与者重温红色经典，感受苦难中铸就辉煌、转折中开创新局、奋斗后赢得未来的百年历程。该活动是“永远跟党走”福州市文旅系统庆祝中国共产党成立100周年百项重要活动之一，也是党史学习教育“我为群众办实事”活动的内容之一。（福州市图书馆）

【福州市图书馆第五届书香文化周暨首场诗歌剧场活动启动】12月5日，第五届书香文化周暨首场诗歌剧场活动启动仪式在福州市图书馆举行。此届书香文化周以“当我们阅读时”为主题，集中举办活动28场，线上、线下共500名观众参与，推出全新阅读品牌“诗歌剧场”。首场“诗歌剧场”系列活动分为诗歌分享会、诗歌主题观影、诗歌朗诵剧场3个部分，邀请本地诗人、高校教师、学院诗社、作协成员、自媒体人、诗评人等不同专业人士共同参与，以沉浸式舞台、诗歌戏剧相互融合的形式，突破传统朗诵模式，打造立体多维的诗歌交流情境，令读者获得更好的参与感与体验感。（福州市图书馆）

【厦门市图书馆推出“留厦读书大礼包”线上活动】2月3日起，厦门市图书馆依托鲲鹏传书平台推出“留厦读书大礼包”线上活动，该馆持证读者可享有一个最高300元的线上新书礼包，活动平台共提供40余万种图书供读者荐购。鲲鹏传书是厦门市图书馆对接线上书店，实现读者线上选书、图书馆买单、物流配送上门、线下归还的新书荐购云服务。鲲鹏传书平台首日页面浏览量达5.6万次，读者选购图书合计3744册，图书金额计15万元。后续采取每日荐购限流方式，截至2月26日活动结束，共1500余人参与活动，荐购图书近1万册，累计金额35万元。（厦门市图书馆）

【厦门市图书馆举办“4・23”世界读书日活动】4月23日，厦门市图书馆举办“4・23”世界读书日活动启动仪式，厦门地区公共图书馆首个廉政专题馆——“清风书屋”开馆揭牌。“城市流动儿童阅读推广项目优秀志愿者”团队、2020—2021年度厦门优秀公益图书馆等在全民阅读推广活动中表现突出的团体和个人在启动仪式上受到表彰。由厦门市文化和旅游局、厦门轨道交通集团有限公司主办，厦门市图书馆等单位承办的“书香鹭岛地铁同行”暨“书香地铁　红色经典”地铁阅读专列系列活动同步启动，以厦门地铁1号线车厢为平台提供移动阅读服务，市民可通过扫码借书、看书、听书、扫码答题、诵读等多种方式，参与红色书籍线上阅读活动。厦门市图书馆还与厦门外图集团、厦门同益出入境边防检查站等单位联合开展“牢记一心为民　共读百年党史”学习教育主题活动，联合市区两级公共图书馆、民间公益图书馆、书店、社区、学校等23家单位共同举办“传诵经典　全城共读”系列活动，打造1座城市、23个共读点、100场读书活动的全市性共读活动，并同步推出“点亮阅读地图　赢取阅读基金”线上活动，运用新媒体向市民广泛推介全市23个共读点的地理位置及在2021年度“4・23”世界读书日期间开展的各类活动。截至4月25日，活动参与读者超过2.2万人次。（厦

门市图书馆）

【厦门市图书馆举办“我身边的党史故事”——《小城春秋》阅读分享会】6月25日，由厦门市文化和旅游局主办、厦门市图书馆承办的“我身边的党史故事——《小城春秋》阅读分享会”在厦门市图书馆集美新城馆区举行，厦门市文旅局系统党员代表200人参加活动。阅读分享会分为“致敬经典”“专家访谈”“阅读分享”“经典重现”“专题展览”5个部分，通过电影回放、专家解读、青年党员阅读分享以及小说经典片段诵读等形式，重温经典。厦门市图书馆同时在分享会现场举办2场展览，其中“高云览传略”专题展记录高云览的生平事迹，红色经典永流传——《小城春秋》专题展从史料研究的角度再现厦门破狱斗争历史事件的影响力以及高云览的创作经历等。展览展至12月31日。此外，还配套开展《小城春秋》书评/影评征集、阅读答题以及寻访红色旧址等系列活动。（厦门市图书馆）

【厦门市少年儿童图书馆举办“萤火虫爱心帮读”行动】“萤火虫爱心帮读”行动由厦门市少年儿童图书馆主办，市中小企业服务中心、二轻集体企业联社以及其下属企业共同参与。2021年全年共开展爱心帮读活动27场，共计73人次参加，参与志愿者共计146人。厦门市少年儿童图书馆志愿者负责协助接送盲人。现场开展少儿绘本阅读、拼图、贴画等手工活动。成人盲人同胞也在现场体验盲文图书，或使用厦门市少年儿童图书馆的助视器等设备进行阅读。（厦门市少年儿童图书馆）

【莆田市图书馆举办世界读书日“图书馆之夜”活动】4月23日，莆田市图书馆举办世界读书日“图书馆之夜”活动，邀请读者体验古代文人的风雅游戏和运动，重现古人丰富的社会生活，传承民风习俗及传统礼仪文化。活动在汉服走秀中拉开帷幕，同时举办“投壶”“占花名”“赌书泼茶”等游戏。活动吸引近300位读者参与，线上直播观看人数达2万多人次。（莆田市图书馆）

【泉州市图书馆培育“全感式阅读”空间】11月，泉州市图书馆建设完成公共文化新型空间——“全感式阅读”空间。空间为读者提供眼、耳、口、手等全感官阅读体验。体验区装置数字美术墙，配套8个高清LED屏，内置5000多幅世界名画供读者品鉴欣赏；体验区装置6台电钢琴，每台内置1000多个教学课程，读者通过电钢琴自带的液晶屏播放视频教程学习弹奏；装置24台无损音乐留声机，内置5000多首无损乐曲供欣赏；配备2座朗读亭，读者可以随心所欲地在朗读亭内高声朗诵，并录制音频分享到朋友圈；配备45座视听室，读者可观看高清影视节目、纪录片等。11月以来，举办文化沙龙2场，参加人数80人。体验区日接待读者量50人次。（泉州市图书馆）

【“走进泉州看宋元中国”全国文旅摄影大展举办】12月26日，“走进泉州看宋元中国”全国文旅摄影大展启动仪式在泉州市图书馆东海新馆举行。活动由中共泉州市委宣传部、福建省摄影家协会、中国摄影报社主办，泉州市图书馆承办。展出摄影作品130幅，展期40天，近4000人次参观展览。（泉州市图书馆）

【三明市图书馆举行党史书籍赠送仪式暨“三明党史·方志馆”揭牌仪式】5月19日，党史书籍赠送仪式暨“三明党史·方志馆”揭牌仪式在三明市图书馆举行。中共三明市委党史和地方志研究室赠送给三明市图书馆一批三明地方党史文献，共计83种120册。赠书仪式结束后，“三明党史·方志馆”揭牌仪式举行，“三明党史·方志馆”专门收藏有关三明地方党史文献、方志类图书。（三明市图书馆）

【三明市第十五届“书香三明”全民读书月启动仪式举办】10月30日，由三明市全民阅读工作组织委员会指导、市文化和旅游局主办，三元区文体和旅游局和市少儿图书馆承办的第十五届“书香三明”全民读书月启动仪式在腾飞广场举行。活动在课本剧表演《为中华崛起而读书》、古筝演奏《礼仪之邦》、经典诵读《英雄》中拉开序幕。三明市少儿图书馆为莘口中学分馆、三元区第二实验小学等5个图书流通点现场授牌。活动现场开展三明市少儿图书馆品牌阅读推广专题展览以及“你看书、我买单”等全

民阅读活动，吸引300多名在场市民以及适龄读者的关注。（三明市少儿图书馆）

【晋江市图书馆举办晋江市第十一届悦读节】2021年，晋江市图书馆根据疫情防控情况，以“线上＋线下”的灵活方式举办晋江市第十一届悦读节活动。悦读节围绕“基层阅读”“时政阅读”“传统文化阅读”三大阅读主题开展活动，主要有“悦读新春乐满城”系列、“爱阅读 爱晋江”4·23世界读书日系列、晋江市“百年党史百日学”党史学习暨知识竞赛、“悦读风尚我引领 移风易俗倡文明”晋江市志愿者服务走基层、“英你而FUN”嘉年华、“世遗泉州 寻宝晋江”线上游戏酷跑等阅读活动。全年共举办活动451场次，参与读者16.3万人次。（晋江市图书馆）

【晋江市图书馆开展晋江本土文化推广活动】晋江市图书馆以晋江市2021年文化旅游节、晋江3处遗产被列入世遗为契机，开展晋江旅游文化、非遗文化、闽南语文化等本土文化主题活动，参与者达4万余人次。5月19日起，开展“读享文化·悠游晋江”晋江文化旅游主题宣传活动。利用晋江市图书馆微信平台等渠道推送晋江代表性景点及自驾旅游路线；以互动有礼的方式，邀请市民打卡推介旅游景点，为晋江旅游代言；举办旅游专题图书推荐等活动。10月3—17日，开展“世遗泉州 寻宝晋江”线上游戏酷跑活动。通过小程序引导读者参与趣味线上互动项目。此外，还开展“窥道之径”2021晋江写生作品展系列宣传、闽南讲古成人培训班及进阶班等活动。（晋江市图书馆）

【武夷山市图书馆新馆开放】4月27日，武夷山市图书馆新馆一期对外开放，位于武夷山市区百花路318号市民广场4幢，与市民广场、文化馆、博物馆、电影院等相邻，建筑面积2100平方米。新馆以“倡导全民阅读，共建书香武夷”为服务理念，共有4层，设有报刊阅览、盲文阅览、图书借阅、电子图书借阅、少儿读物借阅、综合阅览、政府信息公开查阅、电子图书借阅等服务和功能区域，以少年儿童为主要读者服务对象。少儿读物借阅区图书分为社会科学、历史地理、自然科学、漫画4类，充分利用现代技术实现读者自助借还。新馆利用智能化管理、电子书阅读本、电子绘本机、自助借还机等现代技术实行智能化管理。（武夷山市图书馆）

江西省

【概况】截至2021年底，江西省共有公共图书馆113个，其中省级公共图书馆1个、市级公共图书馆11个、县级公共图书馆101个。公用房屋建筑面积达58.99万平方米，比2020年增加2.49万平方米。阅览室座席51269个，比2020年增加1766个。2021年全年获得财政拨款3.57亿元，其中新增藏量购置费6176.52万元。从业人员1680人，其中在编人员1416人。文献资源（不含电子文献）总藏量3418.53万册/件，数字资源总量达1787.41TB，其中自建数字资源总量364.11TB。2021年，纸质图书入藏221.48万册，电子文献入藏255.12万册。全年总流通达2220.03万人次，书刊文献外借773.04万册次，举办讲座2543场、培训活动1029场、展览1602场。

主题活动推动全民阅读。紧紧围绕“庆祝中国共产党成立100周年”主题，全省图书馆开展“学党史，念党恩”“红色经典阅读，点亮爱党红心”“忆峥嵘岁月，看今朝辉煌”等系列阅读活动。其中，江西省图书馆向社会推出党史学习教育服务菜单，为省委办公厅、省公安厅等246家单位共计10040人，开展298场党史学习教育，举办党史系列讲座和“庆祝中国共产党成立100周年——峥嵘百年·不忘初心大型图片展”，累计8万人次参与活动。

强化古籍保护与利用。依托中华古籍普查文化志愿服务行动，组织古籍普查文化志愿者赴临川区图书馆、庐山图书馆和修水县图书馆开展古籍普查帮扶工作，完成5059部44013册古籍、1176部5260册民国时期线装书的普查工作。完成《江西省图书馆馆藏古籍珍本丛书》第十一辑《江城名迹记》、第十二辑《吴草庐先生粹言》的影印出版和《江西省图书馆馆藏字画图集》、《江西省图书馆古籍普查登记目录》的编纂出版工作。

由江西省图书馆学会、江西省图书馆主办的学术性专业期刊《图书馆研究》出版发行6期，全年共计发文101篇，刊用率9.2%，全年邮发数量3330册，比2021年增长4%。（江西省图

书馆学会　谢佳新）

【2021年“学党史　读经典——4·23世界读书日暨‘书香赣鄱’全民阅读活动启动仪式”举办】4月23日，由江西省文化和旅游厅、江西省残疾人联合会主办，江西省图书馆承办的2021年“学党史　读经典——4·23世界读书日暨‘书香赣鄱’全民阅读活动启动仪式”在江西省图书馆举行。江西省委宣传部、省新闻出版局、江西省残疾人联合会、江西省文化和旅游厅相关领导出席活动。在启动仪式上，领导、嘉宾为江西省图书馆2020年度“十佳文化志愿者”和“十佳阅读之星”颁奖。在经典诵读展演中，来自南昌市启音学校、南昌市盲童学校的50余名学生分别表演《生如夏花》和《唱支山歌给党听》，江西艺术职业学院艺术总监、江西省戏剧家协会副主席、国家一级演员宋运城朗诵《谁是最可爱的人》，江西理工大学、东华理工大学、南昌凤凰城上海外国语学校的学生分别朗诵《风雅之声》《烈火青春》《七月的天空》。（江西省图书馆学会　谢佳新）

【江西省公共图书馆联盟成立】11月5日，江西省公共图书馆联盟成立会议以视频会议的形式在省图书馆举行。江西省文化和旅游厅公共服务处负责人、省图书馆班子成员及各设区市、省直管县（市）图书馆馆长参加会议。会议审议通过《江西省公共图书馆联盟章程》《江西省公共图书馆联盟机制工作方案》，并约定各成员馆将从开展阅读活动、组织公益讲座、促进学术研讨、强化人才教育培训、推进馆际文献流通和参考咨询业务等方面打通壁垒、加强合作。（江西省图书馆学会　谢佳新）

【江西省图书馆举办“庆祝中国共产党成立100周年——峥嵘百年·不忘初心”大型图片展】5月21日起，江西省图书馆在二层展厅展出“庆祝中国共产党成立100周年——峥嵘百年·不忘初心”大型图片展。此次展览用100多幅展板，图文并茂地展现中国共产党百年来走过的光辉历程，并通过展柜展出红色主题图书，带领读者深读、精读党史、新中国史，从细节中感受祖国翻天覆地的变化。同时利用人工智能及增强现实技术，帮助读者通过4G、5G网络，利用移动终端获得AR沉浸式互动体验，打造传统与现代相结合、线下与线上相联动的新型展览模式。截至2021年底，有来自89个单位的干部职工以及社会各界的观众共69000人次参观该展览。（江西省图书馆学会　谢佳新）

【江西省“爱·悦读”少儿童诗童谣原创大赛颁奖典礼举办】6月20日，江西省“爱·悦读”少儿童诗童谣原创大赛颁奖典礼在江西省图书馆举办。江西省图书馆、江西人民出版社、亲子杂志社等单位相关领导出席此次活动。来自全省各地的120余名获奖代表和家长参加颁奖仪式。该活动由江西省图书馆、江西亲子杂志社主办，博看网协办。赛事历时2个多月，共收到作品2400余篇，经专家评审和网络投票最终评选出100篇优秀获奖作品，受到读者积极关注。颁奖仪式后，期刊捐赠仪式举行。由江西亲子杂志社为省图书馆捐赠百余册优秀期刊，孩子们可以在江西省图书馆少年儿童区进行阅览。（江西省图书馆学会　谢佳新）

【2021年江西省古籍保护工作管理人员培训班举办】12月15—18日，由江西省图书馆、江西省古籍保护中心主办，新余市图书馆承办的2021年全省古籍保护工作管理人员培训班在新余举办。江西省图书馆馆长、江西省古籍保护中心主任陶涛，新余市文化广电新闻出版旅游（版权）局副局长何俊秋出席并致辞。来自全省41家古籍收藏单位的88名学员参加培训。此次培训邀请国家图书馆古籍馆副馆长陈红彦做“从《永乐大典》看中国古书之美”讲座，武汉大学教授刘家真做“古籍的虫霉防治”讲座。江西省古籍保护中心办公室主任程学军做2021年全省古籍保护工作报告。（江西省图书馆学会　谢佳新）

【南昌市启动2021年“4·23”世界读书日暨“庆祝建党100周年”全民阅读系列活动】4月23日开始，南昌市启动2021年“4·23”世界读书日暨“庆祝建党100周年”全民阅读系列活动，此届世界读书日系列活动由南昌市文化广电新闻出版旅游局、南昌市机关事务管理局主办，南昌市图书馆、南昌新四军军部旧址陈列馆承办，共举办20余场活动。包括在南昌市红谷滩熙梦里商业区举办“让书香飘满洪城”第二届全城共读活动，发放1000封《南昌市全民阅读倡议书》，并为参与者赠送精美图书和书签；在红谷大厦举办“新四军从这里走来”——党史学习教育展览；在南昌市图书馆举办“难忘英雄，牢记党史”主题画展、党史知识大比拼、“百年百部红旗谱”系列丛书展以及图书捐赠活动等。（江西省图书馆学会　谢佳新）

【抚州市图书馆梦湖分馆——梦湖书房正式免费对外开放】1月1日上午，抚州市图书馆梦湖分馆——梦湖书房正式免费对外开放。梦湖书房是由个人出资创建的公益性城市书房，现有藏书近万册，内容涵盖政治、经济、人文、地理、科技、儿童文学等，并设有本地才乡文化阅览区、传统文化阅览区、军史文化阅览区、青少年及儿童阅览区，读者可凭身份证、读书卡免费借阅书籍。（江西省图书馆学会　谢佳新）

【景德镇市图书馆开展“建成10个城市书房、打造城区15分钟阅读圈”工作】6月起，景德镇市图书馆在市文化广电新闻出版旅游局的指导下开展“建成10个城市书房、打造城区15分钟阅读圈”工作，通过与社区共建、与企业合作，利用本市社区、企业、医院、景点等相对完善的10个场所改建为城市书房。景德镇市图书馆统一制定城市书房的服务指南，以规范服务措施、提升城市书房服务质量。（江西省图书馆学会　谢佳新）

【九江市图书馆举办2021“世界读书日”全民阅读活动暨工人文化宫“寻书”城市书房揭牌仪式】4月23日，九江市图书馆2021“世界读书日”全民阅读活动暨工人文化宫“寻书”城市书房揭牌仪式在八里湖工人文化宫举行。中共九江市委宣传部、九江市总工会、九江市文化广电新闻出版旅游局等单位主要负责人出席活动，共同为“寻书”城市书房揭牌。九江市工人文化宫“寻书”城市书房由市总工会与市文化广电新闻出版旅游局合作共建而成，面积180平方米，藏书8000余册，馆内设有电子图书阅读机，并采用智能图书馆系统，实现与市图书馆通借通还。活动现场，主办方还为九江银行万达社区支行城市书房、兴业银行信华城市花园阅读驿站等7家市内已建成的城市书房和阅读驿站授牌。仪式结束后，九江市图书馆与九江市工人文化宫举行“全民阅读推广合作”签约仪式，双方计划在推广和拓展全民阅读方面加强合作。（江西省图书馆学会　谢佳新）

【宜春市举办“数据时代·数读宜春”系列阅读活动】7月23日，由宜春市大数据发展管理局和宜春市文化广电新闻出版旅游局主办，宜春市图书馆、同方知网承办的宜春智慧办公平台“数读赋智”板块正式上线，并开启“数据时代·数读宜春”系列活动。宜春智慧办公平台“数读赋智”板块为全市6万多名公职人员量身定制数字阅读知识库，分别在办公平台PC端部署“知网阅读”模块，在手机移动端新增“书香阅读”“数字阅读”两个功能模块。宜春智慧办公平台“数读赋智”板块的知识库内容同时与宜春市图书馆的公务服务平台进行对接融通，凡是进入市图书馆的全体读者，均可查看知网的文献资料与市图书馆的各类电子图书，体验电子阅读、线上阅读、掌上阅读的新潮，实现数字文化资源的共享共用。“我和书香有个约会——21天数读打卡”挑战活动同步正式启动。（江西省图书馆学会　谢佳新）

【“上饶社科大讲堂”首期讲座举行】6月21日，“上饶社科大讲堂”在上饶市图书馆正式启动并举行揭牌仪式和首场讲座。共有200余名社会各界人士聆听此次讲座。“上饶社科大讲堂”由上饶市社会科学联合会、上饶市图书馆联合主办，江西省社会科学院上饶分院承办，各社会群体协办，是促进新时代哲学社会科学繁荣发展，推动人文社会科学研究成果传播，提升公共文化服务水平的重要平台。首期讲座主题是“追忆革命先烈，传承红色基因——‘斧头将军’黄开湘”。讲座通过访谈教学的形式，由一级播音员江琛对黄开湘烈士的外孙邵爱福和从事赣东北革命斗争史及方志敏精神研究的诸葛方林进行现场采访。（江西省图书馆学会　谢佳新）

【吉安市开展“吉安市公共图书馆读者党史知识竞赛”】7月7日，吉安市图书馆在市博物馆报告厅开展“吉安市公共图书馆读者党史知识竞赛”。全市13个县（市、区）参赛队共39人参加此次比赛。此次党史知识竞赛题目涵盖党史、党的政治理论知识、中国现代史等。竞赛分为必答题、抢答题两个环节。最终永新县图书馆代表队获得一等奖，泰和县图书馆代表队、万安县图书馆代表队分获二、三等奖。（江西省图书馆学会　谢佳新）

山东省

【**概况**】截至2021年底，全省公共图书馆共有154个，其中省级图书馆1个、副省级图书馆1个、计划单列市图书馆1个、市级图书馆14个、县级图书馆137个。全省公共图书馆共有编制2984人，从业人数3109人，其中高级职称457人（正高级职称66人）、中级职称1134人，分别占从业人数的14.70%和36.47%。公共图书馆主馆建筑面积131万平方米。纸质图书总藏量7537万册/件，电子图书4747万册/件。阅览室座席70670个，少儿阅览室座席16516个。全省累计有效借书证595万个，比2020年增长21%。2021年，财政拨款总经费7.60亿元，其中购书经费1.08亿元。全年新增图书484万余册，新增电子图书936万册/件。总流通4062万人次。文献外借3244万册次，比2020年增长2%。

激发内生动力，推进高质量发展。由山东省文化和旅游厅主办、省图书馆承办的第八届公共图书馆业务竞赛举办，全省各级公共图书馆共同参加。各市文化和旅游局、图书馆通过线上、线下相结合的方式开展预赛选拔，采取集中培训、模拟比赛等形式，全省累计1300余名图书馆专业人员参与竞赛选拔活动，共有17支代表队、51名选手参加决赛。各图书馆以业务竞赛为契机，通过开展岗位培训、加强继续教育、深化交流合作等方式，进一步提高从业队伍素质，为全面推进该省公共图书馆事业高质量发展打下坚实的人才基础。

创新开展工作，提升活动实效。各地着力在完成规定动作基础上，创新自选动作，不断推陈出新，丰富服务内容、拓展服务群体，2021年共为读者举办活动28022次，服务666万人次。一是主题活动全面铺开。以“学党史，传承红色基因”为主题的“百馆千场红色经典阅读推广活动”自正式启动到2021年底，全省各地150多家公共图书馆联合分馆、流通点、城市书房等单位通过讲座、演讲、展览、读书会等形式举办“颂红色经典　庆百年华诞”“童心向党诵中华”“追梦少年说党史”“红色电影展播”“馆员荐读馆藏红色文献”“老兵永远跟党走”“党史故事宣讲”“党旗、党徽、党章专题展”等主题活动1.23万场，通过线下、线上的方式参与的读者达到240万人次。二是用心服务特殊群体。淄博市图书馆举办“十六届文津奖少儿推荐图书展”“迎中国共产党百岁华诞”红色少儿作品展等138场少儿阅读推广活动，服务少儿读者4万余人次。烟台图书馆以赋能儿童阅读推广事业为追求，立足图书馆的主阵地、聚焦优质数字资源，精心筹划阅读推广活动76场，参与读者达2万多人次。山东省图书馆建立“山东省光明之家盲人数字图书馆”网站平台，通过音频技术，把海量的文化资源转化成视障读者容易收听的音频资料，方便视障读者使用。淄博市图书馆组织各区县图书馆参加中国盲文图书馆举办的“2021年第3期公共图书馆视障文化服务业务线上培训班”。三是推动军民融合发展。东营市河口区图书馆在河口武警某部队设置“图书流通服务点”，并与部队签订图书流通服务合作协议。威海市图书馆与驻地部队取得联系，了解官兵阅读需求，并实地查看图书室建设情况，为官兵们送去图书1000册。八一建军节之际，日照市图书馆流动服务车开进军营送“书香”，向“最可爱的人”表达节日的祝贺。青岛市市南区设立青岛市首个海上舰艇图书馆流动分馆，并签订《警地文化共建协作协议》，深入推动“海疆书香”和“海疆卫士”文化工程。

织密阅读网络，引领文化新风尚。全省各级公共图书馆共建设分馆、书房等服务点近5000个，借阅图书4200余万册。一是城市书房建设。截至2021年元旦，济南、烟台、威海、日照等地启用城市书房总计约120家。济南市已经建成开放泉城书房30家，累计接待读者近240万人次。临沂市图书馆文化中心分馆引进人脸识别系统，可享受“刷脸”入馆、借阅图书。二是特色阅读空间。省文化和旅游厅组织开展2021年“创新阅读空间”评选展示活动，经大众投票、专家评审和公示，共评选出济南泉城书房·九如山分馆等30个2021年“创新阅读空间”等。

弘扬传统文化。淄博市图书馆稷下书院（尼

山书院）扎根本土，结合市民需求，创新开设齐风讲堂、齐风传统文化体验、智慧父母大讲堂、齐风读书会、青少年书法小课堂、瑜伽公开课、杨氏太极拳公开课、亲子小剧场等一系列公益文化活动。潍坊市图书馆尼山书院举办“斯文在兹·辛丑潍图雅集——百年风华”国学展演体验系列活动、“高山流水”古琴公益培训课等系列活动，大力推动优秀传统文化的弘扬与发展。（山东省图书馆学会）

【山东大学历史文化学院向山东省图书馆捐赠学术著作】1月13日，山东大学历史文化学院学术著作捐赠仪式在山东省图书馆举行。山东大学历史文化学院院长方辉，山东省图书馆党委书记、馆长刘显世及有关负责人出席仪式并座谈，双方就资源共建共享、学术交流合作等事宜进行探讨。山东省图书馆与山东大学历史文化学院在学术、人才及阅读推广等多领域交流密切、合作广泛，此次山东大学历史文化学院向山东省图书馆捐赠学术著作，在“齐鲁学人文库”设立相关专架，是落实双方全方位合作框架协议的重要内容。双方将以山东省图书馆为阵地，共同策划推出“中华文明探源工程”“夏商周断代工程”等“考古与文明”系列讲座，打造一个富有人文底蕴、公众喜闻乐见的阅读品牌。（山东省图书馆学会）

【山东省图书馆援助新疆图书馆“文润新疆，智拓视界”中华优秀传统文化共建共享项目启动】3月20日，山东省图书馆援助新疆图书馆“文润新疆，智拓视界”中华优秀传统文化共建共享项目启动仪式在新疆图书馆举行。新疆维吾尔自治区文化和旅游厅、山东省图书馆、新疆图书馆以及相关代表40余人参加此次活动。启动仪式上，山东省图书馆与新疆图书馆签订战略合作协议，交流探讨项目内容。5月16日，作为两馆共建共享项目的新疆图书馆昆仑尼山书院揭牌成立。此次共建共享项目是山东省图书馆与新疆图书馆合作项目启动的第一站。两馆将通过建立传统文化书院、创新推进“互联网+双师课堂”，形成“种子讲师”培训机制，有效推进“文化润疆”工程深入开展，为共建各民族共有精神家园做出贡献。（山东省图书馆学会）

【2021年山东省公共图书馆馆长联席会召开】3月26日，2021年山东省公共图书馆馆长联席会在青岛市图书馆召开，来自省图书馆及16市图书馆的馆长及专家共40余人参加会议。会议回顾2020年重点工作，对2021年及“十四五”期间工作进行部署，并就2021年工作思路、重点业务活动进行研讨。会议对2020年度绩效考核优秀的济南市图书馆、青岛市图书馆、淄博市图书馆、烟台图书馆、潍坊市图书馆、日照市图书馆、济宁市图书馆、临沂市图书馆、滨州市图书馆9个图书馆进行表扬。会议邀请部分专家对第八届全省公共图书馆业务竞赛筹备工作进行研讨。（山东省图书馆学会）

【山东省图书馆召开2021年分馆建设与服务座谈会】5月27日，山东省图书馆召开2021年分馆建设与服务座谈会。省纪委监委办公厅、省人大常委会办公厅、省政协、省委省直机关工委等14个分馆的代表参加座谈会。座谈会上山东省图书馆对2019—2020年度的分馆建设与服务工作进行总结。省人大常委会办公厅、省政协、省纪委监委办公厅、山东高速集团等4家示范分馆的代表进行交流发言。山东省图书馆多年来致力于开拓延伸服务，加强社会合作，推动“书香山东”建设，努力构建服务全社会的均等化图书馆网络体系。已累计在学校、部队、机关、监狱、企业等社会各界建立分馆流通站百余个，其中机关、国有企业分馆23个，总面积4000多平方米，藏书约16万册。2021年，省图书馆加强分馆管理，制定《山东省图书馆分馆服务效能评价》手册，对现有分馆进行服务效能调研评估，并评选出5家示范分馆。（山东省图书馆学会）

【《山东省公共图书馆全民阅读服务年报（2019—2020）》正式发布】5月30日，山东省图书馆正式发布《山东省公共图书馆全民阅读服务年报（2019—2020）》。山东省图书馆领导班子成员，济南、淄博等图书馆相关负责人，以及中国新闻社山东分社、《大众日报》、山东电视台、海报新闻、《齐鲁晚报》、《济南时报》、鲁网等驻济媒体代表参加。为全面反映山东省公共图书馆全民阅读推广的发展状况，提升图书馆全民阅读服务效能，山东省图书馆、山东省图书馆学会于2020年底至2021年初，开展全省县级以上公共图书馆全民阅读服务大调研，通过线上、线下问卷相结合的方式，对2019—2020年度全省县级以上公共图书馆进行全面调研，编纂完成《山东省公共图书馆全民阅读服务年报（2019—2020）》，共计13万余字。该年报由总报告和专项报告构成。总报告内容涉及全省公共图书馆阅读推广服务的基础服务保障、阅读服务效能、读者阅读行为及图书馆利用行为等；8个专项分报告涵盖服务设施、文献资源建设、借阅排行、阅读推广、传统文化阅读服务、数字资源阅读服务、新媒体服务及未成年人服务等。（山东省图书馆学会）

【2021年度山东省古籍保护工作会议暨古籍保护培训班举办】6月3—5日，由山东省图书馆、山东省古籍保护中心主办，烟台图书馆承办的“2021年度山东省古籍保护工作会议暨古籍保护培训班”“中华古籍保护计划山东省古籍普查十大新发现”发布活动在烟台图书馆举办。国家图书馆以及山东省图书馆、济南市图书馆等全省16市图书馆、市古籍保护中心领导，山东博物馆、孔子博物馆、山东大学图书馆、山东师范大学图书馆等14家国家重点古籍保护单位与山东省重点古籍保护单位代表40家单位的65名代表参加会议及培训。会上宣读《山东省文化和旅游厅关于表扬2019—2020年度山东省古籍保护工作先进单位和先进个人的通知》，公布“中华古籍保护计划山东省古籍普查十大新发现”名单。与会领导为获得“中华古籍保护计划山东省古籍普查十大新发现”的古籍收藏单位颁牌。来自山东省图书馆、烟台图书馆、潍坊市图书馆、孔子博物馆、省委党校图书和文化馆、省农业科学院图书馆等单位的代表做典型发言，与会代表互相交流工作经验。（山东省图书馆学会）

【“光锥之外”青年发展论坛暨真人图书馆活动举办】6月6日，由山东省图书馆、山东师范大学图书馆联合主办，Ithink真人图书馆、山东师范大学志愿者协会承办的“光锥之外”青年发展论坛暨真人图书馆活动在山东师范大学图书馆举办。5位来自北京、上海等一线城市的国内青年精英与山东师范大学等10余所驻济高校大学生被邀请到现场进行分享交流。论坛不仅吸引山东大学、山东财经大学等多所驻济高校的大学生，还有从烟台、济阳赶来的大学生近300人。此次“光锥之外”青年发展论坛暨真人图书馆活动是山东省图书馆真人图书馆活动进校园的首次试点，后续山东省图书馆将推出一系列主题新颖、形式多样的阅读推广活动。（山东省图书馆学会）

【山东省图书馆举行庆祝建党100周年主题阅读推广媒体采风活动】6月23日，山东省图书馆举行庆祝建党100周年主题阅读推广媒体采风活动，结合“红色文化主题月”，发布《山东省图书馆庆祝建党100周年主题阅读推广活动整体方案》。来自新华社山东分社、《光明日报》、中国新闻社山东分社、《大众日报》、海报新闻、鲁网、《山东商报》等12家驻济媒体代表，走进该馆艺术展厅和册府琳琅展厅，参观馆藏百种红色报刊专题展和馆藏革命文献展。山东省图书馆庆祝建党100周年主题阅读推广活动以“阅百年历程　传精神力量”为主题，开展红色经典阅读、主题展览、讲座等，包括山东省“百年百部”红色经典全民阅读之全省图书馆员馆藏红色文献短视频百期联讲巡礼、红色经典公开课、第四届全省少儿诗词诵读大赛、顾炎武公开课、2021年第三届山东少年马拉松阅读大赛、“新时代　新风采——庆祝建党百年全省图书馆事业建设与发展”视频展播等重点品牌活动在内的共计6大类、29项主题活动。其中，馆藏百种红色报刊专题展展出期刊75种、报纸25种；馆藏革命文献展展出图书70册，分为3大板块、7个专题。两个主题展览展出的文献涵盖中国共产党领导下的山东各个革命历史时期的政治、军事、经济、文化等多个领域，是对广大干部群众尤其是青少年进行革命传统教育的生动教材，是馆藏红色文献活化传承的重要方式。（山东省图书馆学会）

【山东省第八届公共图书馆业务竞赛举办】9月29日，由省文化和旅游厅主办、省图书馆承办，全省各级公共图书馆共同参加的山东省第八届公共图书馆业务竞赛颁奖典礼在省图书馆举行。此届业务竞赛聚焦“标准·智慧·效能”主题，采取线上与线下结合的形式，参与馆员人数超过1300人。决赛环节设置“图书馆业务知识与规范”“图书馆新技术新服务”“读者活动策划”等线下比赛项目，此届业务竞赛产生团体一、二、三等奖9名，个人单项奖24名。（山东省图书馆学会）

【山东省少年儿童图书馆“阳光阅读文化行”弱势群体精准帮教志愿服务项目获最佳志愿服务项目】在由山东省委宣传部等14个部门组织的山东省2020年度学雷锋志愿服务“四个100”先进典型活动中，山东省少年儿童图书馆“阳光阅读文化行”弱势群体精准帮教志愿服务项目获最佳志愿服务项目。“阳光阅读文化行”弱势群体精准帮教志愿服务项目由山东省少年儿童图书馆于2017年6月启动。已有山东省未成年犯管教所、济南特殊教育中心、济南安安特殊儿童康复中心等6家机构与该馆建立帮教服务关系，服务覆盖总人数达900余名，包括未成年犯、听障儿童、孤独症儿童、唐氏综合征儿童、农村留守儿童等5大群体。累计开展帮教活动600余次，受助群体参与万余人次。（山东省图书馆学会）

【济南市图书馆泉城书房首批公益众筹建设项目推介会举办】1月28日，济南市图书馆泉城书房首批公益众筹建设项目推介会在浙商银行济南分行举办。参与公益众筹书房项目的企业代表、市民代表和各级媒体参加会议，省市有关部门领导出席会议。作为“文化济南”城市形象的崭新名片，泉城书房创新建设模式，自2020年12月16日起向社会发起公益众筹建设项目，鼓励社会力量通过认筹书刊、提供场地、设计装修、运行设备和运行管理等形式参与书房建设。项目吸引诸多企业和市民读者积极参与，陆续完成4处200—500平方米的建设场地、1万余册图书以及数字资源阅读机、图书自助借还机、图书杀菌机等设备的认筹。众筹书房的建设还得到青少年朋友们的关心和支持，他们通过电话和到馆的方式表达了认筹图书的愿望。（济南市图书馆）

【新泰市创新实施城乡书房建设工程】新泰市文化和旅游局紧紧围绕满足广大人民群众美好文化生活的需求，聚焦农家书屋资源闲置、机制不活、效能发挥不够等突出问题，积极发动社会量参与，深入推进图书馆总分馆体系建设，创新实施城乡书房建设工程（城区为城市书房，乡镇、村为乡村书房），积极构建全域覆盖的15分钟公共阅读服务圈。截至2021年底，新泰市已建成城乡书房20个，其中城区7个、乡镇驻地5个、中心村（社区）8个，每个书房平均建设面积达150平方米，藏书1万余册。（新泰市图书馆）

【青岛市图书馆世界读书日期间推出系列阅读推广活动】第26个世界读书日来临之际，青岛市图书馆整合馆内外资源，启动“2021阅读推广人培养计划”，推出经典阅读、数字阅读、阅读理念分享等主题系列阅读推广活动20余场。项目按照“一十百千万”计划推进实施，即“一”个理念，崇尚阅读，传递阅读价值观念；“十”期年度推荐书单，为不同年龄、不同群体的读者开出十期推荐书单；组建起一支“百”名阅读推广人队伍；举办“千”场阅读推广活动；举办“万”名读者参与的阅读活动。该馆还通过线上和线下渠道，推出尼山书院知正国学堂线上讲座“道德经”、跟齐鲁风老师学儒学——尼山书院“讲座＋吟诵”、“善读者，言之有文，行之甚远——品读莫言”等活动，共同分享经典阅读心得；利用馆内外数字资源，联合抖音山东共同发起“春日读书会”活动，启动“春日读书会招募计划”，邀请喜爱阅读的市民拍摄阅读短视频进行分享；与知识视界合作推出“春光美如斯，正是读书时——2021年世界读书日·让阅读伴我行”活动等。在推广多元阅读的同时，还陆续举办青少年英文演讲比赛、图书交换大集、走近中华传统文化·体验古籍修复技艺拓印体验活动等。（青岛市图书馆）

【青岛市即墨区图书馆举办2021年“时尚青岛·悦享即墨”全民阅读活动】9月27日，2021年“时尚青岛·悦享即墨”全民阅读活动在即墨古城举办颁奖典礼。青岛市文化和旅游局、青岛市图书馆等单位有关领导出席颁奖典礼。与会领导为此届活动中评选出的“书香之星”、“书香家庭”、“最佳阅读推广人”、“最佳阅读推广基地”及“最佳组织奖”获奖单位颁发荣誉证书。此届全民阅读活动于5月8日启动，图书馆联合组委会各成员单位、阅读推广基地、读书会、图书馆分馆等，积极搭建各类读书平台，为读者奉上“书香大餐”：“你看书　我买单”惠民活动、“共读好书　共享书香”读书沙龙、传统文化公益课堂、线上“云”阅读、图书捐赠、名家讲座、优秀读物推荐等一系列丰富多彩的读书活动。聚焦中国共产党成立100周年重大历史节点，将阅读推广与党史学习教育结合起来，举办“百年百人荐百书”、红色经典童书导读进校园、“学党史、悟思想、担使命——忆峥嵘岁月·享美好生活”主题读书征文、“讴歌百年荣光　传承红色精神”庆祝中国共产党成立100周年诗词创作暨朗诵大赛以及“学党史党规　忆红色精神”、“百年荣光　薪火相传”线上知识竞答等多场红色主题活动。（青岛市即墨区图书馆）

【青岛市市南区设立市内首个海上舰艇图书馆流动分馆】11月17日，青岛市市南区图书馆联合中国海警局直属第六局双鹰舰开展“书香进警营”活动。在该舰设立青岛市第一个海上舰艇图书馆流动分馆“青岛市市南区图书馆海警双鹰舰流动分馆”，双方签订《警地文化共建协作协议》，深入推动“海疆书香”“海疆卫士”文化工程。市南区图书馆向双鹰舰配置图书近500册，涵盖政治类、文学类、历史类、传记类、艺术类、科学技术类等门类，图书馆同时承诺对停靠团岛码头的其他海警舰艇提供借阅服务。（青岛市市南区图书馆）

【首届烟台“冰心读书节”百名儿童阅读推广人领读行动启动】6月24日，由烟台市文化和旅游局主办，烟台图书馆、烟台市图书馆学会、烟台市全民阅读联盟承办的首届烟台“冰心读书节”百名儿童阅读推广人领读行动在烟台图书馆启动。首届烟台“冰心读书节”的主题是“阅读伴我成长”，重点突出儿童阅读。此次百名儿童阅读推广人领读行动作为首届烟台“冰心读书节”的重要内容，包括儿童阅读推广人培训和认证、“书香烟台”阅读推广项目签约、儿童阅读推广人“百千万”基层行等方面内容，领读行动为期两天，采取“线上＋线下”相结合的方式。儿童阅读推广人培训特别邀请国内阅读名家吴永贵、姬炤华，与大家分享“新时期红色文献阅读推广方法”和“儿童绘本的阅读和创作”。领读行动现场，“书香烟台”阅读推广项目签约仪式举办，依托签约阅读推广人，组织儿童阅读推广人“百千万”基层行，走进校园、社区、军营、企业、农村、戒毒所等基层场所，开展读书分享、故事会、书友会等1000场阅读推广活动，带动约10000人次参与全民阅读推广活动。（烟台图书馆）

【威海市图书馆举行全市城市书房业务培训会】9月27日，由威海市图书馆主办的全市城市书房业务培训会在市图书馆举行。来自全市的60余名图书馆业务骨干、城市书房负责人及工作人员参加培训。此次培训主要围绕城市书房制度化、规范化管理进行系统培训，重点对《威海市城市书房管理细则》进行解读，同时对城市书房日常运行中常见的问题进行详细解答。在培训最后的讨论环节，书房工作人员与培训老师就城市书房建设、管理过程中遇到的问题进行深入沟通交流。（威海市图书馆）

【淄博市图书馆首创推出“齐阅”图书漂流柜】12月，淄博市图书馆在全市首创推出“齐阅”图书漂流柜，通过好书交换的方式，实现知识共享，盘活社会闲置图书资源，打造更加开放、有趣、温暖的阅读环境，促进全民阅读，建设书香淄博。首批10组“齐阅”图书漂流柜陆续在城市社区、机关办公楼、公交站、市民中心、城市综合体等地投放。近年来，淄博文旅部门联合淄博市图书馆接连推出城市书房、阅读吧、图书流动服务车等符合市民需求的阅读设施以及网上的移动图书馆服务，在淄博各区县形成一张“读书网”，满足不同市民的阅读需求。（淄博市图书馆）

【潍坊市图书馆打造少儿文化活动“星舞台”】潍坊市图书馆从少年儿童的需求入手，全新打造少儿文化活动“星舞台”，全面展示少年儿童的自信风采，为小读者自我展示提供绝佳场地，为阅读推广注入生机与活力。“星舞台”创新服务理念，颠覆少儿图书馆的传统模式，不仅为小读者提供阅读、交流的空间，而且融阅览、展示、好书互换、阅读推广、诵读、演讲等功能于一体，可支持多种形式的文化娱乐活动，具有

开放式的特点，以引导孩子对图书馆的兴趣，激发他们的阅读欲望，成为小朋友释放天性的地方。（潍坊市图书馆）

【潍坊市公共图书馆高质量发展暨城乡书房建设推进工作会议召开】12月23日，潍坊市公共图书馆高质量发展暨城乡书房建设推进工作会议在寿光市召开。山东省图书馆、潍坊市图书馆及各县（市、区）文化和旅游局领导、业务科室负责人、图书馆馆长等50余人参加会议。此次会议围绕推动新时代公共图书馆事业高质量发展、“三个走在前”、“公共图书馆怎么办”开展讨论交流。寿光市、青州市、诸城市围绕城市书房建设、全民阅读、绩效考评等方面做典型经验介绍。同时，会议对绩效考评、古籍保护、朗诵大赛、业务竞赛等方面成绩突出的县（市、区）图书馆进行集中颁奖。参会人员实地观摩寿光市民阅读中心、屯西分馆、仓颉汉字艺术馆等阅读空间。（潍坊市图书馆）

【德州市图书馆举办“百城万人读中国”大型朗读活动】4月23日，由德州市图书馆主办的以“百城万人读中国”为主题的大型朗读活动在全市多地举行。德州市图书馆、德州学院、市武警中队和德城区邮政公司等6家企业、事业单位，学校，社会组织共计300余人参与此次大型朗读活动。（德州市图书馆）

【菏泽市图书馆与菏泽市教育局签订合作协议】4月15日，菏泽市图书馆与菏泽市教育局签订合作协议，双方本着互联、互助、互通、共知、共享原则，把菏泽市图书馆全民数字阅读平台、菏泽市数字图书馆等线上数字资源，通过菏泽市教育资源公共服务平台，免费提供给全市各级中小学师生，达到服务菏泽教育、教学、教研的效果。市教育局、市电化教育馆、市图书馆等单位有关人员参加合作签字仪式。市图书馆向市教育局赠送全文数据库阅读卡，市图书馆技术人员详细介绍市图书馆丰富的数字资源和特色资源，并对全文数据库阅读卡查询资源库文献资料的获取方式及检索流程进行演示。双方的合作更进一步提升市图书馆文献资源和图书利用率，促进菏泽市公共文化建设和教育教学教研等共同发展，为营造浓郁的书香校园氛围注入新的活力。（菏泽市图书馆）

河南省

【河南省文物局、河南省图书馆开展爱心捐赠暨数字资源服务系统进校园主题活动】3月30日，河南省文物局副局长郑小玲、河南省图书馆党委书记赵丽等一行到郭寨小学开展爱心捐赠暨数字资源服务系统进校园主题活动，向学校捐赠图书500册、口罩1000个，书包、文具、羽毛球拍、乒乓球拍、篮球等各30套。活动现场领导们还引导学生体验省图书馆数字资源服务系统，体验电子书借阅机、虚拟现实一体机、虚拟现实知识绘本等视频资源、电子书资源。（河南省图书馆学会　刘洋　杨荔雯　严真）

【河南省图书馆与睢县图书馆共建视障阅览室】7月，河南省图书馆与睢县图书馆共建视障阅览室暨“河南省图书馆数字资源服务进基层”活动在睢县图书馆举行。河南省图书馆为睢县图书馆提供30台智能听书机，并为读者带来各种数字资源体验以及数字阅读专题讲座。（河南省图书馆学会　刘洋　杨荔雯　严真）

【河南省少年儿童图书馆举办“童心向党书香传承——‘六一’主题活动”】5月30日起，河南省少儿图书馆联动全省18个地市160家图书馆以及相关部门，开展多元化、场景式的阅读活动。此次活动由河南省文化和旅游厅、河南省省直机关精神文明建设指导委员会办公室主办，河南省少年儿童图书馆承办，全省各级公共图书馆、教育部门等协办。活动内容包括“‘六一’好市集”“学党史红色研学活动”“图书馆一课——黄河文化讲座”“图书馆里的诗与远方”“童心向党书香传承展演”等。（河南省图书馆学会　刘洋　杨荔雯　严真）

【郑州图书馆举行丰富多彩的少儿活动欢庆六一】5月29日—6月1日，郑州图书馆围绕中国共产党成立100周年组织10余场内容丰富、形式新颖的线上、线下少儿系列活动。5月29日上午，郑州图书馆邀请河南籍著名儿童文学作家、中国作家协会会员肖定丽在一楼学术报告厅讲述“当童年遇到儿童文学”。5月29日下午举行启源故事会，邀请专业老师讲述苏姓故事以及新郑名人法家韩非子的事迹。5月29日还在城市书房钟书阁开展科技课堂·创意拼搭——升降国旗活动。5月30日上午，邀请影视编剧、作家刘晓利举行《探秘太昊陵》新书分享会，下午举行"童心向党·红色非遗"皮影戏和科技课堂·创意编程——党的历程。6月1日在少儿阅览室为孩子们准备VR体验活动。线上活动有"'豫'见红色人生　传承红色基因"线上知识竞答、"童心向党　经典传声"线上广播剧配音活动等。(河南省图书馆学会　刘洋　杨荔雯　严真)

【"太行丰碑"摄影作品展开幕式举行】7月13日，郑州图书馆联合安阳市图书馆、安阳师范学院举办的"太行丰碑"摄影作品展在郑州图书馆开幕。展览分为"英模竞彩""团结协作""无私奉献""群英璀璨"4个篇章。第一篇章"英模竞彩"记录红旗渠修渠过程中涌现出的劳动模范。第二篇章"团结协作"再现红旗渠建造者迎难而上、同心同德的修渠故事。第三篇章"无私奉献"展示当年修渠民工义无反顾踏上太行山的英雄壮举。第四篇章"群英璀璨"歌颂30万林县人民的奋斗历程。(河南省图书馆学会　刘洋　杨荔雯　严真)

【河南五地公共图书馆结成服务联盟】3月，洛阳市图书馆与焦作、平顶山、三门峡、济源等地市公共图书馆就加强馆际间公共文化服务交流、建立资源共享机制、推动洛阳都市圈公共阅读服务一体化发展进行具体协商，达成共识，共同签署《洛阳都市圈五地市公共图书馆服务联盟框架协议》，洛阳都市圈公共图书馆服务联盟正式成立。根据《洛阳都市圈五地市公共图书馆服务联盟框架协议》约定，五城市图书馆将依托"山水相连、文脉相承"这一优势，联合开展黄河文化、河洛文化等彰显地方特色文化的主题展览、名家讲坛、经典诵读等活动，加强黄河文化专题数据库建设合作，推动馆藏自建地方特色阅读资源共享，建立联合参考咨询工作机制，逐步实现馆藏图书书目数据共享和读者证互认服务功能，共享各馆优质阅读资源，进一步提升公共文化服务效能，更好地满足洛阳都市圈广大读者阅读需求。(河南省图书馆学会　刘洋　杨荔雯　严真)

【河南省首个"黄河文化特色资源数据库"在洛阳市图书馆建成上线】4月27日，洛阳都市圈五城市公共图书馆"黄河文化特色资源数据库"共建共享研讨会在洛阳市图书馆召开，标志着河南省首个以黄河文化特色资源为主题的数据库建设项目正式启动。5月，洛阳市图书馆联合三门峡、济源、焦作、平顶山四地市公共图书馆启动"黄河文化特色资源数据库"建设，并于12月3日在洛阳市图书馆建成上线。此举旨在通过共建共享，推动黄河文化遗产的系统保护，深入挖掘黄河文化蕴含的时代价值，讲好"黄河故事"。(河南省图书馆学会　刘洋　杨荔雯　严真)

【鹤壁市20座淇河书屋免费对外开放，24小时"不打烊"】截至4月18日，鹤壁市已有20座淇河书屋免费对外开放。淇河书屋是"24小时自助图书馆"，每座淇河书屋内的藏书不少于3000册，淇河书屋北大站、桃园站的图书藏书量已达到1.5万册，并设置幼儿区、少儿区、青少年区、成人区、电子阅览区、亲子互动区等阅览区，书籍涉及政治军事、文学、政史、科技、管理等各个方面，不同人群来到淇河书屋都可以找到适合自己的读物，尽享阅读的快乐。(河南省图书馆学会　刘洋　杨荔雯　严真)

【2021年河南省中华传统晒书活动暨第六届两宋图书展举办】10月19日，"诗书继世　察古知今——2021年河南省中华传统晒书活动"暨"天朝一水　宝卷集萃——第六届两宋图书展"在开封市图书馆举行。此次活动围绕"走进两宋都市生活"主题，结合古籍保护和两宋文化，分为"晒古书""晒文创""晒技艺"三大部分，再现两宋时期鲜活的政治、经济、历史与都市生活风貌，让书写在古籍里的文字活起来，传承和弘扬中华优秀传统文化。(河南省图书馆学会　刘洋　杨荔雯　严真)

【中部六省(湘鄂赣皖晋豫)公共图书馆联盟馆员业务能力提升线上培训举办】11月11—12日，中部六省(湘鄂赣皖晋豫)公共图书馆联盟馆员业务能力提升线上培训举办，安徽省图书馆副馆长王建涛、湖南图书馆技术部主任蔡璐、山西大学图书馆馆长肖珑、周口市图书馆馆长李佳、江西省图书馆信息咨询部主任陈红涛、武汉大学图书馆馆长王新才分别讲授“智慧服务环境下公共图书馆联盟建设”“特色数字资源建设”“专业图书馆员基本素养与职业能力提升”“如何做一名优秀的图书馆工作者”“无为？有为！——参考咨询在公共图书馆的应用”“图书馆事业发展的高度、宽度与厚度”等课程。全省共有来自50多家各类型图书馆的1000多名馆员参加线上培训。（河南省图书馆学会　刘洋　杨荔雯　严真）

湖北省

【概况】截至2021年底，湖北省共有公共图书馆117个，其中省级公共图书馆1个、市级公共图书馆16个、县级公共图书馆100个。全省公共图书馆馆舍建筑面积74.76万平方米，阅览座席5.08万个，供读者使用电子阅览室终端数4421台，共有流动图书车96辆，文献总藏量4603.79万册，其中图书3855.13万册、古籍95.11万册、报刊421.12万册、视听文献68.23万件/套、缩微制品37.42万件/套，电子文本、图片文献资源总量3.43TB。2021年，全省公共图书馆文献资源购置费7.68亿元，新增文献205.10万册，新增电子图书556.33万册，流通1996.10万人次，书刊文献外借1698.02万册次。其中流动服务书刊借阅90万人次，流动图书馆、流动服务车书刊借阅125.98万册次。为读者举办讲座、展览、培训班等各种活动5229场次，264.27万人次参与活动。其中组织各类讲座2070场，62.64万人次参与；举办展览1474个，188.40万人次参与；举办培训班1685个，13.23万人次参与。各图书馆网站年访问量5450.59万人次。志愿者服务队伍896个，共计14015人。文化创意产品种类91个。

积极组织大型活动，打造多元文化品牌。为迎接中国共产党成立100周年，全省各级公共图书馆联合举办“红色经典阅读，点亮爱党红心”全省联动阅读推广活动。湖北省图书馆举办第六届长江读书节，举办“六百”系列活动6000余场，近1000万人次参与活动。在全省范围内组织开展全省图书馆员风采大赛，展现该省图书馆人的靓丽风采。针对少儿特点，省图书馆举办“童之趣”少儿读书节活动66场，“成长导师”系列活动26场，线上、线下总参与读者近14万人次，举办全省“放飞梦想——湖北·拉脱维亚国际少儿画展”，举办第十八届“童之趣”杯征文大赛活动。

积极联络，协作协调，推动区域交流合作。2021年，总分馆制建设和城市书房建设不断深化，全省117个图书馆设立图书分馆1410个，覆盖86.7%乡镇，在商圈、社区、产业园和景区已建成城市书房105个，另有50余个城市书房正在建设中。积极与国家图书馆对接，承办“珠还合浦　历劫重光——《永乐大典》的回归和再造”湖北巡展。湖北省图书馆与湖南图书馆共同举办“书说百年路　启航新征程”红色故事讲书人大赛。长江讲坛紧紧围绕庆祝建党100周年主题，走进湖南、嘉兴、上海等长江沿线省市开展党史学习教育系列讲座共6场。（湖北省图书馆学会）

【湖北省图书馆主办第六届长江读书节】3月31日，第六届长江读书节启动仪式在湖北省图书馆举行。此届长江读书节由国家图书馆、湖北省委宣传部、湖北省文化和旅游厅共同指导，湖北省图书馆主办，主题为“百年辉煌　共读华章　开启书香荆楚新征程”，走进长江经济带沿岸城市，开展长江文化交流活动，联动上海图书馆、湖南图书馆、江西省图书馆、四川省图书馆共同开展“红色故事讲书人大赛”“党史系列讲座”“建党百年摄影展”等系列活动。长江读书节举办“六百”系列活动6000余场，近1000万人次参与活动，被国家新闻出版署评为2021年全民阅读优秀项目，被省委宣传部评为全民阅读一级资助项目。（湖北省图书馆学会）

【智慧图书馆建设馆长论坛举行】3月31日，智慧图书馆建设馆长论坛在湖北省图书馆举行。国家图书馆馆长饶权应邀做“创新驱动，智慧赋能——全力推进智慧图书馆体系建设”主旨报告。上海图书馆、湖南图书馆、四川省图书馆和江西省图书馆馆长在现场做分报告，湖北省图书馆馆长刘伟成主持此次馆长论坛。湖北地市州图书馆馆长、高校图书馆馆长等600余名湖北图书馆界代表参加论坛。该论坛是第六届长江读书节的重要活动环节之一。（湖北省图书馆学会）

【“书说百年路　启航新征程”红色故事讲

书人大赛举办】2021年，长江读书节第二届讲书人大赛由湖北省图书馆与湖南图书馆共同主办，以“书说百年路　启航新征程”为主题，向全国发出红色故事讲书人召集令，20余省市共计4447人报名，共收到3329部参赛视频。经过线上初赛、线上线下复赛、决赛，角逐出2021年度长江读书节十佳讲书人。大赛得到文旅中国、《湖北日报》、今日头条、凤凰网、腾讯、荆楚网等20多家主流媒体的关注和报道。（湖北省图书馆学会）

【湖北省图书馆开展长江讲坛党史主题系列讲座活动】为庆祝中国共产党成立100周年，依托长江讲坛品牌，2021年，湖北省图书馆特别策划“百年奋斗　接力辉煌”——党史主题系列讲座活动，在上海、嘉兴、长沙等地开展15场巡讲，搭建起一个“以史为题”的红色文化平台，回顾百年党史、讲述历史人物故事、赏析红色歌剧、展示经典画作。（湖北省图书馆学会）

【“放飞梦想——湖北·拉脱维亚国际少儿画展”举办】6月1—17日，由湖北省文化和旅游厅、拉脱维亚里加中国文化中心主办，湖北省图书馆承办的“放飞梦想——湖北·拉脱维亚国际少儿画展”在该馆举行，画展以“构建人类命运共同体”为主题，展出具有中国特色的国画、水墨画作品或剪纸、撕画、工笔、油彩等其他鲜明风格的绘画作品。此次展览在全省各市、州、直管市图书馆的积极组织和支持下，收到投稿作品2234幅，经资深专家评审，展出画作183幅。（湖北省图书馆学会）

【“珠还合浦　历劫重光——《永乐大典》的回归和再造”湖北巡展举办】12月9日，“珠还合浦　历劫重光——《永乐大典》的回归和再造”湖北巡展在湖北省图书馆开幕，3册《永乐大典》嘉靖副本首次出京，亮相湖北。展览分为“大典犹看永乐传”“合古今而集大成”“久阅沧桑惜弗全”“遂使已湮得再显”“珠还影归惠学林”5个单元，应用多种新媒体手段，创造虚实结合、层次分明的沉浸式体验。展览还设置“名家带你临大典”触屏游戏和“永乐版式”透明屏互动游戏。此外，展厅触摸屏提供《永乐大典》回归图表和《永乐大典》数据库供观众查阅，不仅能够查看《永乐大典》的高清彩色图像，还可应用图文对照、版式还原、全文数字检索等功能。展览现场还有古籍修复技艺展示，观众也可体验古籍抄写。此次展览遴选国家图书馆、湖北省图书馆、湖北省博物馆以及湖北各重点古籍保护单位馆藏54种文献文物参展，与3册嘉靖副本同时展出的还有明清刻本、钞本等多部珍贵古籍。（湖北省图书馆学会）

湖南省

【概况】截至2021年底，湖南省共有公共图书馆144个，分馆2362个。建筑面积70.6万平方米，阅览室座席5.31万个，流动图书车840辆。计算机7918台，其中供读者使用的电子阅览室终端数5383台。总馆藏量4828.08万册，有效借书证340.85万个。从业人员2167人，专业技术人员1562人，其中正高级职称16人、副高级职称162人、中级职称804人。2021年，全省公共图书馆购书专项经费453.41万元，文献总流通4547.20万人次，书刊文献外借1987.51万册次，其中流动服务书刊借阅85.73万人次、157.33万册次。组织各类讲座5424次，举办展览2514个，举办各类培训4342次，培训51.14万人次，开展基层培训辅导15.48万人次。图书馆网站访问量4205.34万次。志愿者服务队伍7.01万人。（湖南图书馆　刘海迪）

【湖南图书馆信息素养公益课举办读者活动】2021年，湖南图书馆信息素养公益课举办读者活动15期，累计培训读者近千人次。精选畅想之星电子书数据库、博看期刊数据库、大成故纸堆数据库等馆藏优质资源库举办培训讲座和体验活动，帮助读者充分利用图书馆数字资源；邀请北大青鸟培训学校的优质讲师围绕“抖音短视频制作”“H5页面制作与使用”“智能手机设置与常用app应用”等热点主题授课，帮助读者更好地融入智能时代；专业摄影师王彬带来的慕课线下交流活动“手机摄影——如何构成理想的画面”，与读者分享日常摄影小窍门；开展“党史名师面对面”系列讲座、“童心向党，礼赞盛世华诞”数字阅读活动，让红色基因、革命薪火代代相传。（湖南图书馆　张媛艳）

【国家级古籍修复技艺传习中心湖南传习

所举行拜师仪式】2月22日，国家级古籍修复技艺拜师仪式在湖南图书馆举行。国家级古籍修复技艺传习中心湖南传习所导师师玉祥再收2名新徒弟。湖南图书馆、湖南省古籍保护中心领导及特藏文献部全体员工出席拜师仪式。国家级古籍修复技艺传习中心湖南传习所成立于2016年6月，聘请古籍修复专家师玉祥为导师，自成立以来已举办培训班4期，收徒15人，指导湖南省博物馆、湖南省社会科学院图书馆、凤凰县图书馆等多家单位建立修复室并开展古籍修复工作。（湖南图书馆　刘雪平）

【湖南图书馆开展“父母课堂”系列活动】4月11日，湖南图书馆开展以“预防校园霸凌”为主题的“父母课堂”活动。长沙市政协委员陈述从霸凌应对方法与策略、青少年成长障碍问题等方面与现场百余名读者进行交流与讨论。全年“父母课堂”以线上+线下的形式同步进行，共举办14期，参与读者达4000人。（湖南图书馆　蔡家意）

【谭相求先生向湖南图书馆捐赠资料】6月5日，世界著名音乐家谭盾的父亲谭相求先生向湖南图书馆捐赠一批珍贵的老照片和资料。谭老先生是一位党龄超过70年的中共党员，经历过抗美援朝战争。他为馆员和读者讲述自己的革命事迹和谭盾的成长故事。之前谭家人已经向湖南图书馆“名人资料中心”捐赠过许多谭盾的早期音乐作品原版磁带、CD、VCD以及DVD等资料。（湖南图书馆　周克勤）

【湖南省·德岛县文化交流会在湖南图书馆举行】2021年是湖南省与日本德岛县缔结友好省县关系十周年。6月5日，由湖南省人民对外友好协会、德岛县商工劳动观光部主办，湖南图书馆、德岛县上海事务所、中村日语文化交流馆共同承办的湖南省·德岛县文化交流会在湖南图书馆举行。（湖南图书馆　张晓燕）

【湖南图书馆网借中心联动蚂蚁森林，线上借阅助力环保实践】6月，湖南图书馆网借中心联手蚂蚁森林开展“阅读守护地球”环保专题借阅活动。读者通过“网上书房”在线借阅图书即可获得蚂蚁森林能量，能量可以在线上种树并养大虚拟树。虚拟树长成后，支付宝蚂蚁森林和公益合作伙伴就会在地球上种下一棵真树，或守护相应面积的保护地。6月15日起，湖南图书馆在线下为参与活动的读者送上一份绿植作为借阅礼品。活动开始以来，已有500余位读者通过借阅获得蚂蚁森林能量。（湖南图书馆　陈亦阳）

【湖南省科学技术情报学会第八届信息资源共享与技术应用专业委员会成立大会召开】7月15日，湖南省科学技术情报学会第八届信息资源共享与技术应用专业委员会成立大会在湖南图书馆召开。湖南省科学技术情报学会秘书长贺和初宣布专业委员会正式成立，湖南图书馆副馆长、专业委员会副主任邹序明就专业委员会的工作职责、上阶段的工作情况进行总结，并提出下阶段工作的设想。参会的专业委员会委员和省科学技术情报学会成员就如何开展信息资源共建共享工作发表观点、提出思考与建议。（湖南图书馆　曹宇婷）

【湖南图书馆文化志愿者服务队开展“传递书香·文化暖心”系列文化活动】10月12—15日，湖南图书馆文化志愿者服务队联合综合阅读推广组先后赴湘西土家族苗族自治州花垣县十八洞村麻栗场镇中心小学、民乐镇初级中学、十八洞小学开展援建爱心书屋系列文化活动，并向3所学校捐赠社会各界募集的适合青少年阅读的经典图书2600册以及价值2万余元的文体学习用品。12月6日，该馆文化志愿者服务队联合新化县图书馆向新化县洋溪镇文印图书馆捐赠3700余册经典图书。（湖南图书馆　刘炼红）

【湖南省54家收藏单位完成古籍普查登记目录出版工作】12月29日，《湖南省九家收藏单位古籍普查登记目录（长沙市·株洲市·湘潭市）》由国家图书馆出版社正式出版发行。至此，湖南省已有54家收藏单位完成古籍普查登记目录出版工作，共7种10册，收录数据62906条，著录款目包括古籍普查登记编号、索书号、题名卷数、著者、版本、册数、存缺卷等，书后附有书名笔画索引。（湖南图书馆　李娇）

【“童心向党　童阅湖南”第40届湖南省少年儿童主题读书活动启动】4月，由湖南省文化和旅游厅、共青团湖南省委、湖南省妇女联合会、湖南省关心下一代工作委员会联合主办的“童心向党　童阅湖南”第40届湖南省少年儿童主题读书活动正式启动，湖南省少年儿童图书馆组织全省各级公共图书馆、少年儿童图书馆开展此届活动。活动历时7个月，吸引全省近百家图书馆联动开展，扩展到14个市（州）的社区、学校和家庭，并通过导读、研学、创作、展示等方式组织引导全省少年儿童熟读湖南党史故事，了解湖南伟人和革命英烈的生平事迹，挖掘湖南文化中的红色基因。此次活动收到来自14个市（州）81家图书馆精选出的420幅少年儿童主题手绘作品。（湖南省少年儿童图书馆　王星胜）

【湖南省少年儿童图书馆举办建馆40周年主题纪念活动】12月31日，湖南省少年儿童图书馆举办建馆40周年主题纪念活动。湖南省文化和旅游厅、湖南图书馆、省图书馆学会、省内各市（州）图书馆、省内各少儿图书馆馆长、省图书馆学会未成年人服务专业委员会成员馆等相关单位代表、读者代表和湖南省少年儿童图书馆全体干部职工、老同志代表等出席纪念活动。馆党总支书记、馆长金铁龙发表题为“文旅融合新时代　砥砺奋进谱新篇”的讲话，馆文化志愿者、学生代表依次登台发言；退休馆长讲述少儿馆老前辈们建馆创业史；馆领导为馆龄满30年且仍在岗的馆员颁发荣誉证书。（湖南省少年儿童图书馆　周丽丽）

【韶山毛泽东图书馆举办第三届毛泽东著作及版本研讨会】7月17日，第三届毛泽东著作及版本研讨会在韶山召开，会议由韶山毛泽东图书馆、湘潭大学毛泽东思想研究中心、毛泽东哲学思想研究会共同举办，研讨会以“建党时期毛泽东著作及版本研究”为主题，吸引来自全国各地30多家科研院所、高校的近百位专家学者参加。参会代表结合习近平总书记在党史学习教育动员大会上和庆祝中国共产党成立100周年大会上的重要讲话精神，围绕毛泽东党建思想、毛泽东著作版本体系建设、毛泽东著作在第三世界的传播及影响、马克思主义党建理论中国化、“以人民为中心”执政理念的传承与发展等方面，进行深入研讨和交流。（韶山毛泽东图书馆　蒋娟）

【韶山毛泽东图书馆开通毛泽东文献数字资源平台】7月30日，韶山毛泽东图书馆毛泽东文献数字资源平台（www.dlmzd.net）上线仪式在韶山举行。该项目包括馆藏1949年前毛泽东著作版本数字化加工、数字资源管理发布系统、3D图书原物呈现等内容。该平台收录毛泽东文献资源元数据39万余条，全文数据8万余条，期刊论文28万余篇、学位论文3万余篇、报纸文章4万余篇、研究图书1万多册。其中核心自建资源为馆藏1949年前毛泽东著作版本电子图书1800多本，20余万页，全部采用保存图书版本原貌的双层PDF格式，并对500种珍贵版本进行了360度高清全景展示数字加工。（韶山毛泽东图书馆　蒋娟）

【长株潭公共图书馆联盟成立】4月21日，在长沙市图书馆举行的“书香长沙·‘红’图大展庆百年”“4·23”世界读书日系列活动启动仪式上，长沙市图书馆馆长王自洋、株洲市图书馆馆长黄小平、湘潭市图书馆馆长沈艾飞签订《长株潭公共图书馆联盟协议》，长株潭公共图书馆联盟正式成立。12月26日，长株潭公共图书馆联盟中共党史人物馆藏文献联展开展。展览包括两部分：毛泽东著作展示、长株潭中共党史人物在当地的故事及相关文献展示，展出长株潭50位中共党史人物在当地的故事及相关文献。（长沙市图书馆　黄兵　王璐　宋海鸥　罗慧娴）

【2021年“书香长沙年味浓”系列活动举办】长沙市图书馆于春节期间组织开展2021年“书香长沙年味浓”系列活动，活动共分为线下“红色热土·湖湘文化进万家”系列活动，线上包括“云上好运·网络书香过大年”系列活动、“就地过年·书香长沙的十二道年味”系列活动3大部分，涵盖橘洲讲坛湖湘新春系列讲座、元宵诗会等各类活动50余种。市民还可在12家地铁自助图书馆借书，参加“云锦传福”活动，借书抽福卡，赢取精美图书。活动期间线下参与读者达9.2万人次，线上参与读者达45万人次。

（长沙市图书馆　王璐　宋海鸥）

【长沙市图书馆推出“红色剧本阅读解谜”体验项目】5月，长沙市图书馆创新推出“红色剧本阅读解谜”体验项目，让参与者通过扮演革命志士进行红色主题剧本故事的演绎和解谜。“红色剧本阅读解谜”根据红色主题选取长沙人文馆、新时代学习空间等特色阅览场馆开展活动，陆续接待中南大学、湖南大学、湖南省统计局、长沙政务中心、长沙市妇女联合会、南航湖南分公司、湖南移动网优中心等30多个企事业单位、高校来馆开展主题党日活动。（长沙市图书馆　罗倩倩）

【衡阳市图书馆举行“新时代书屋”授牌仪式】4月21日，衡阳市图书馆携手市委“两新”工委在衡阳市福建商会为金杯电缆、市保险行业协会、慧家社会工作服务中心等全市首批14家“新时代书屋”授牌。“新时代书屋”是一个集展示、学习、交流于一体的多功能阅读空间的公益性推广项目。市委“两新”工委负责遴选具备基本条件的“两新”党组织，市图书馆以馆外图书流通站的形式实施共建。（衡阳市图书馆　胡从启）

【株洲市图书馆牵头成立湘赣边图书馆联盟】6月25日，来自湖南的株洲、长沙、湘潭、岳阳、郴州以及江西的宜春、萍乡、吉安、赣州等湘赣2省9市图书馆负责人齐聚株洲，共同签署《湘赣边图书馆联盟合作协议》，发布《湘赣边图书馆联盟宣言》。湘赣边图书馆联盟是湘赣2省公共图书馆界为深化湘赣边区域合作，推进2省基础设施互联互通、公共服务共建共享的具体实践。该联盟将致力于实现湘赣2省9市公共图书馆业务协同、集群服务，推进区域间图书馆资源共享。（株洲市图书馆　张伟　刘锦）

【湘潭市图书馆、少年儿童图书馆开展“公共数字文化进乡村”志愿服务活动】4月26日—12月31日，湘潭市图书馆、少年儿童图书馆组织文化志愿者赴韶山市平里村、湘潭县清风村、雨湖区长安村等10个村（社区）开展“公共数字文化进乡村”志愿服务活动。活动以村（社区）为单位，根据当地村民的实际需求，开展点单式的免费数字文化体验服务。“公共数字文化进乡村”志愿服务活动共服务村民24892人次。此活动荣获湖南省“最佳文旅志愿服务项目”等荣誉。（湘潭市图书馆、少年儿童图书馆　周静）

【“颂歌向党　逐梦百年　欢度中秋”经典诵读比赛举办】9月19日，由邵阳市文化旅游广电体育局主办，邵阳市松坡图书馆承办的“颂歌向党　逐梦百年　欢度中秋”经典诵读比赛在该馆举行。比赛共有24位选手参赛，紧扣“庆祝中国共产党成立100周年”这一主题，以革命、改革、建设时期优秀党员、先烈先贤故事，身边的党员榜样、学习楷模故事等为演讲素材，向历史学习、向榜样学习。（邵阳市松坡图书馆　易琳）

【岳阳市图书馆开展“驾志愿之舟　享书香之乐”流动志愿服务】2021年，岳阳市图书馆开展“驾志愿之舟　享书香之乐”流动志愿服务，以“阅舟”志愿服务队为主力，联结社会爱心机构走入郭镇乡马安小学、新开乡中心小学、步仙镇东岳小学等边远乡村学校和张谷英镇天龙村、屈子祠镇范家园村、聂市镇官田村等村部，以爱心送书为基础，以流动服务车为媒介，开展形式多样的流动志愿服务10期，送去各类图书约6000册，将阅读推广与志愿服务紧密结合、相互促进，让知识流动阅读扎根。（岳阳市图书馆　常潇潇）

【2021“书香怀化”全民阅读活动启动】4月23日，由中共怀化市委宣传部、怀化市文化旅游广电体育局主办，怀化市图书馆承办的2021年“书香怀化”全民阅读活动正式启动。活动持续至12月，分为“阅读风采”“阅读推广”“图书惠民”“心愿书单”“书香满城”5个板块。以图书馆、学校、机关单位、社区、公园广场等场所为阵地，推出不同板块的主题活动，带动全民阅读。推出新农村建设的“送书下乡”、图书进校园之“图书交换”专场、“图说中国共产党百年历史”展览、“亲子绘本阅读”、“好书伴我成长”、“十佳读者”、“书友会”等活动，吸引大批市民参加。（怀化市图书馆　肖林霖）

广东省

【概况】截至 2021 年底，全省共有县级以上公共图书馆 150 个，其中县级图书馆 122 个。全省公共图书馆馆舍总面积（只计总馆）163.26 万平方米，可供读者使用的计算机总数达 11825 台。从业人员 5552 人，其中：高级职称 384 人，占比 6.92%；中级职称 1598 人，占比 28.78%。2021 年，全省公共图书馆购书经费 36984.6 万元，购书 1119.71 万册，纸质文献总藏量共计 11883.63 万册。总流通人次达到 5744.93 万，书刊文献外借册次 8530.29 万册，组织各类读者活动 58273 次，参加各类读者活动人次为 5485.03 万人次，其中组织各类讲座培训 16236 次，举办展览 3968 个，举办各类阅读推广活动 38069 次。广州市白云区图书馆新馆建成开放。

聚焦百年党史，传承红色记忆。全省各地图书馆开展庆祝建党 100 周年活动。广东省立中山图书馆开展广东省职工百场党史主题阅读活动、以“开国将军”为主题的“中山讲堂”、献礼建党 100 周年的诗文朗诵会以及“党史党建知识发现之旅”答题活动等。广州少年儿童图书馆通过开展系列红色研学活动，引领穗港澳三地青少年学习红色文化。深圳图书馆举办庆祝中国共产党成立 100 周年暨“四史”主题图书展。佛山市图书馆策划推出“5 个 100 庆祝建党 100 周年”系列阅读活动。

智慧图书馆领域开展探索。广东省立中山图书馆图书采分编智能作业系统——“采编图灵”正式投产使用，实现传统人工作业向自动化智能化操作的转型升级；组织召开《图书编目无纸化作业系统建设方案》专家论证会，论证“采编图灵”二期建设方案；研发推出图书智能借阅车。深圳市南山区图书馆打造无接触服务。

新媒体运营取得显著成效。数字阅读更便捷。广东省立中山图书馆抖音、广州图书馆微信公众号、深圳图书馆微博走在全国前列。深圳图书馆微博用户数突破 50 万人，深圳图书馆官微获评“2020 年度创新应用与传播优秀微博”“十大图书馆微博”。深圳图书馆古籍数字平台上线。

规范管理上台阶。《佛山市公共图书馆管理办法》颁布实施。广东省立中山图书馆制定“十四五”战略发展规划。广州、深圳、东莞、佛山等地也制定相关发展规划。

地方文献整理出硕果。广东省立中山图书馆主持整理的大型地方历史文献丛书《中国近代城市史料丛刊 · 广州卷》第一辑正式出版。东莞图书馆举行“东莞文献系列成果”发布会。

协作协调和资源共享深入开展。广东省立中山图书馆牵头召开 2021 年广东省公共图书馆联盟第一次馆长联席会议。4 月 23 日，广东省“粤读通”服务正式上线，并在 2021（第十六届）中国电子政务论坛暨首届数字政府建设峰会发布。全省联动，继续举办 21 天阅读挑战书活动。继续举办“100 年里的中国——2021 年粤港澳‘共读半小时’活动”、“2021 年世界阅读日粤港澳创作比赛”。广州市黄埔区打造全国首个智慧交通阅读驿站体系。（广东图书馆学会　何杰锋）

【“奋斗百年路　启航新征程”“风雅颂”第六届广东省朗诵大赛暨第六期广东省朗诵培训班启动】4 月 16 日，由广东省文化和旅游厅指导，广东省公共文化促进会、广东省文化馆、广东省立中山图书馆、东莞市文化广电旅游体育局、东莞市东城街道办事处等单位联合主办的“奋斗百年路　启航新征程”“风雅颂”第六届广东省朗诵大赛暨第六期广东省朗诵培训班在东莞东城正式启动。此次培训班为期 3 天，共有 90 多名来自全省各地市的朗诵爱好者参加。国家一级演员高侠、王虹、张琳、郭东文，广州交响乐团一级驻团作曲家蓝程宝等专家学者担任此次培训班的导师，对朗诵技巧、配乐选取、语言塑造、作品展示等专题进行系统授课。培训班结束后，“奋斗百年路　启航新征程”“风雅颂”第六届广东省朗诵大赛陆续在东莞东城、省直、河源、江门、潮州和新丰各分赛区举行。东莞赛区的比赛于 6 月 5 日在东莞东城举行，金奖选手代表东莞赛区进入全省总决赛，与来自其他五个分赛区的选手同场较量。11 月 28 日，“奋斗百年路　启航新征程”“风雅颂”第六届广东省朗诵大赛总决赛颁奖典礼在潮州市文化馆举行。（广东省立中山图书馆）

【广东省立中山图书馆研发的图书智能借阅车正式投入使用】4 月 23 日，广东省立中山图书馆研发的新型自助借阅设备——图书智能借阅车正式投入使用，该车被命名为“智能借阅·小书僮”，荣获新型实用、外观设计两项专利。利用5G移动网络、大数据、物联网等技术实现了移动书车的实时数据交互、精准化推荐及移动管理，读者通过个人智能手机终端与图书馆设备和管理系统进行人机交互。“智能借阅·小书僮”包含自助借还书、图书检索与导航、智能图书推荐、免费听书资源等多项功能，读者只需使用微信扫描书车上的二维码领用小车，即可体验超市购物式的新型借阅方式。（广东省立中山图书馆）

【广东省“粤读通”服务正式上线】4月23日，“粤读通”完成首期建设任务并在“粤省事”平台正式上线。“粤读通”依托广东数字政府的“粤省事”平台和广东省身份统一认证平台，联合省内各级图书馆逐步实现用户信息互联、互通、互认，有效促进馆际间公共文化资源的共享与利用，在全省范围内实现公共图书馆“一证通”，推动全省图书馆服务一体化建设，是广东省文化和旅游厅面向公众推出的首个针对个人应用服务的电子证照。在11月26—27日举办的2021（第十六届）中国电子政务论坛暨首届数字政府建设峰会上，“粤读通”成为重量级发布产品（成果）。（广东省立中山图书馆）

【广东省立中山图书馆举办“4·23”世界读书日系列活动】4月23—24日，广东省立中山图书馆以“奋斗百年路　启航新征程”为主题举办“4·23”世界读书日系列活动。此次读书日活动主要有三个特点：一是多会场并行，全面展现全民阅读工作成果。主会场上，推动全省服务一体化建设的“粤读通”正式上线，并发布《2020年广东公共图书馆事业发展报告》；为“2021年世界阅读日粤港澳创作比赛”广东赛区的获奖代表颁奖，并开展“100年里的中国——2021粤港澳‘共读半小时’活动”。四个分会场则主推专业服务、主题活动、特色展览和线上体验，多形式、深层次、宽领域地推动全民阅读。二是馆内、馆外发力，推动特色资源和服务走向基层。馆外，品牌项目“你悦读·我采购”走进广州地铁。“图书馆杯”全国阅读创意大赛作品展、“发现南岭之美”生态摄影作品展等精品展览全省巡展。馆内，“阅读无忧”系列活动继续推出多项惠民措施。开展党史学习教育相关活动。还有“书香古韵——中华古籍之魅力”活动，“书香暖山区”图书募集活动，“阅读零距离”活动等。三是线上、线下结合，切实增强广大人民群众的文化获得感。世界读书日期间，精心策划34场线上、线下主题活动和特色展览。（广东省立中山图书馆）

【广东省立中山图书馆召开《图书编目无纸化作业系统建设方案》专家论证会】7月6日，广东省立中山图书馆组织召开《图书编目无纸化作业系统建设方案》专家论证会，论证“采编图灵”二期建设方案。5位受邀专家和广东省立中山图书馆相关人员参加。图书编目无纸化作业系统是基于广东省立中山图书馆已投产的“采编图灵”一期设备，进行深度协作和嵌入的智能化作业延伸系统，总体分为图书验收系统和无纸化编目作业系统两大部分，能实现图书实物与电子订单比对验收、编目数据自动套录、编目信息自动采集等规范化智能作业。专家组认真审阅方案，进行充分论证，还讨论公共图书馆传统业务引进自动化技术和人工智能技术带来的行业革新，提出图书信息精准采集和数据共建共享的发展新思路。专家组认为，方案具备充分的实施条件和实践意义，为业界探索智慧图书馆建设提供创新思路。（广东省立中山图书馆）

【深圳图书馆百余场活动亮相第二十二届深圳读书月】11月1日，第二十二届深圳读书月正式启动。此届读书月以“打开一个新视界”为主题，举办100余场文化活动，其中重点项目共18项，主要包括六大方面的内容：一是增进交流互鉴，共建“人文湾区”。由深圳市文化广电旅游体育局、澳门特别行政区政府文化局主办，深圳图书馆、澳门中央图书馆承办的“深圳·澳门文化交融互鉴”系列活动举办，包括“从文献看澳门——澳门的铅活字印刷展”、“匠心——深澳传统手工艺展”、“澳门文献展”及“从议事亭藏书楼馆藏看澳门铅活字印刷”主题讲座。二是探寻城市记忆，共享文化盛宴。11月27日，第五届“阅在深秋”公共读书活动举行，以“打开新视界：面向未来的图书馆”为主题，从“智慧空间”“智慧服务”等视角，搭建智慧场景，呈现图书馆服务的创新形态，展现图书馆服务智慧生态。深圳图书馆还特别策划"'深圳记忆'文化之旅——红色平湖"活动。三是发布社科前沿成果，提升市民科学素养。由深圳市社会科学院、深圳图书馆主办的"深圳社会科学学术文献成果发布"活动于11月30日召开，主要围绕《深圳学派建设丛书》《深圳改革创新丛书》等研究成果，邀请作者代表，就其著作中的核心学术观点进行录制，并借助多渠道宣传推广，同时举办线上仪式、学术研讨会系列活动。11月18日，深圳图书馆开展"我有一个'搜'主意——现代信息素养提升行动"。11月14—21日，围绕"云上图书馆·阅见未来"主题，深圳图书馆开展以"一场科普展，一本码上阅读，一个拍照打卡点，一场创客实践，多次线上答题闯关"为内容的科普实践周系列活动。四是品读文化雅集，演绎千年传承。11月13日，"知美学堂"围绕"中国古代技术奇迹及其现代意义"这一主题，邀请读者欣赏与探讨古代中国的技术奇迹，促进传统美学文化的继承与传播。11月1—21日，举办"艾特奖历届全球最佳设计大奖作品展"。11月13日，举办"'阅读·深圳'经典诗文朗诵会——流淌的声音"。五是弘扬经典之声，唤醒历史旧忆。读书月期间，"人文讲坛·儒家/道家文化研习社"邀请专家为读者深入解读"《庄子·人间世》中的人间漫漫路"以及"《庄子·养生主》中的人生有涯而知无涯"，分享"孟子思想中的个人与社会"，探析"科学革命与现代世界"。11月，行走沙龙之"栋梁徽音：梁思成与林徽因的山西古建之路"系列分享将通过"育木为林""营造解码""晋汾考察""佛光栋梁"四个专题走近中国建筑。六是培育阅读种子，助力思辨成长。深圳图书馆少儿服务于11月底完成扩容升级并补充低幼儿童阅读服务。继续推进"青少年阅读基地"建设，在华强职业技术学校、中科先进院实验学校及大鹏中心小学举行揭牌仪式，共建"青少年阅读基地"。继续举办第七届"思维之星"深圳大学生思辨大赛。

截至2021年底，深圳捐赠换书中心共建成107间公益书屋。读书月期间，"公益书屋"阅读分享会前往汕头市潮南区陇田镇东华村东华小学进行阅读分享活动。（深圳图书馆）

【《佛山市公共图书馆管理办法》颁布实施】 4月22日，由佛山市文化广电旅游体育局主办、佛山市图书馆承办的《佛山市公共图书馆管理办法》颁布实施活动在佛山市图书馆举行，佛山市司法局、市文化广电旅游体育局相关人员，业界专家、法律人士以及图书馆从业人员出席活动。活动分为颁布实施仪式和圆桌论坛两部分。论坛邀请专家，学者和市、区图书馆馆长共同畅谈《佛山市公共图书馆管理办法》的立法精神、重要内容和实施路径。该办法于5月1日起施行，这是佛山文化领域第一部行政规章，也是《中华人民共和国公共图书馆法》实施后第一部市级层面的公共图书馆立法。（佛山市图书馆）

【佛山市图书馆主导研发的"易本书"家藏图书共享平台上线】 4月24日，由佛山市图书馆主导研发的"易本书"家藏图书共享平台上线仪式暨"智慧技术助推家藏图书社会共享"主题讲座在该馆举行，并开展"易本书吧"家藏书交换市集。"易本书"是一个基于区块链技术的家藏图书共享的P2P网络平台，在平台上，市民可以上传家中闲置的图书供人借阅，也可以借阅别人上传的藏书。2021年，佛山市图书馆将围绕家藏图书共享平台，着力打造20个特色主题"藏书家"，并定期开展换书市集活动，通过"易本书"家藏图书共享平台项目促进个人藏书的交换、共享，建设书香佛山。（佛山市图书馆）

【第三届城市图书馆学术论坛举行】 11月5日，由中国图书馆学会公共图书馆分会主办，广州图书馆、广州市白云区图书馆承办的"第三届城市图书馆学术论坛"在广州市白云区图书馆举行。来自全国省、区、市公共图书馆，高校图书馆代表和广州市图书馆学会会员150余人参加。此次论坛以"城市图书馆服务体系高质量发展"为主题，分为开幕活动、主旨演讲、案例分享及专题讨论4个环节，采取线下主会场、线上网络分会场直播相结合的形式。华东师范大学信息管理系教授金武刚做题为"城市图书馆服务体系高质量发展"的主旨演讲。东莞市图书馆馆长李东来做题为"功能层级结构视野下新时期公共图书馆服务体系的深化发展"的演讲。演讲嘉宾与现场嘉宾展开对话讨论。案例分享环节，广州市白云区图书馆、深圳市盐田区图书馆、北京市东城区第二图书馆、温州市图书馆及北海市图书馆分享服务体系建设宝贵经验。深圳图书馆馆长张岩等学界和业界专家围绕“理想的城市图书馆服务体系”以及“‘十四五’时期公共图书馆服务体系的建设路径”两个问题，就公共图书馆服务体系机制与功能的优化升级进行专题讨论。（广州市白云区图书馆）

广西壮族自治区

【广西壮族自治区图书馆概况】截至2021年底，广西壮族自治区图书馆实体文献总藏量474.8万册，电子文献总藏量1398万册；数字资源本地存储总量326.9TB，读者证101.4万个。全馆在职在编人员188人，其中，本科以上学历171人，中级以上职称144人。2021年，服务各类到馆读者278.1万人次，文献外借量104.7万册次；数字资源总访问量4233.6万次；文献下载1139.5万篇/册；为读者传递文献30.7万余篇/次；全年开展各类阅读推广活动290场，参与读者179.1万人次；微信公众号和订阅号用户数17.7万人。荣获全国巾帼建功先进集体、全区关心下一代工作集体、“八桂科普大行动”优秀组织单位等荣誉23个。（广西壮族自治区图书馆）

【广西壮族自治区图书馆举办春节文化系列服务活动】1月30日，广西壮族自治区图书馆“阿图邀你过大年”春节系列阅读推广活动正式开启。2月3日，举办“迎新春　送春联”活动，馆长秦小燕、党委书记赵晋凯在阅览大楼一楼大厅为到馆读者赠送春联和广西壮族自治区图书馆标志的小徽章，向读者表达新春祝福。2月9日起，推出金牛贺岁书展，向读者展示牛年文化及广西各地、各民族丰富多彩的贺岁迎春民俗活动，2月11—17日，共接待读者近2万人次，借还书刊1.35万余册次，新增借阅证1700余张；举办读者活动16场，参与读者达8万人次；数字资源总访问量近40万次，电子文献下载量达到15.8万篇/册。（广西壮族自治区图书馆）

【广西壮族自治区图书馆举办2021年广西公共图书馆参考咨询联盟工作总结表彰暨业务培训班】9月8—10日，2021年广西公共图书馆参考咨询联盟工作总结表彰暨业务培训班在广西壮族自治区图书馆举办，来自区内的20个联盟成员馆近50人参加培训，其中，10个成员馆和19名先进个人受到表彰。（广西壮族自治区图书馆）

【2021年广西公共数字文化建设培训班举办】10月11—14日，2021年广西公共数字文化建设培训班在梧州市举办。广西壮族自治区图书馆馆长秦小燕、副馆长甘新等出席开班仪式，全自治区县级以上公共图书馆负责人、业务骨干共156人参加培训。此次培训班围绕智慧图书馆建设展开，就云技术、大数据、人工智能等新技术手段展开探讨。（广西壮族自治区图书馆）

【广西壮族自治区图书馆举办2021年广西古籍修复培训班】10月26—28日，2021年广西古籍修复培训班在广西壮族自治区图书馆举办。来自全自治区公共图书馆、高校图书馆等30多个古籍收藏单位的70余名古籍保护业务骨干人员参训。通过培训，全区古籍工作者古籍普查、版本鉴定、古籍编目与修复等方面技能得到提升。（广西壮族自治区图书馆）

【“芸帙叶香——广西壮族自治区藏国家珍贵古籍展”举办】11月16日—12月19日，“芸帙叶香——广西壮族自治区藏国家珍贵古籍展”在广西壮族自治区图书馆地方民族文献中心展出。此次展览集中展示广西入选《国家珍贵古籍名录》的84部古籍（其中汉文古籍53部、少数民族文字古籍31部），受到社会各界关注。2021年，该馆继续强化古籍保护工作，全年完成古籍修复2149叶，著录馆藏民国时期图书数据1752条，组织开展全自治区第四批珍贵古籍名录申报工作，区内16家收藏单位共计238部古籍参与申报。（广西壮族自治区图书馆）

【广西壮族自治区图书馆开展“党旗高高飘扬·走读广西”庆祝中国共产党成立100周年系列活动】2021年，广西壮族自治区图书馆线上、线下同步开展“党旗高高飘扬·走读广西”庆祝中国共产党成立100周年系列活动104场次，参与读者超过69.4万人次。“走读广西”品牌活动以“党旗高高飘扬”为主题，重点开展百书推荐、百场展览、百场讲座、百场直播、百场走读等“五个一百”活动：一是线上、线下同步推荐百种红色主题文献；二是举办讲座、读书分享会17场次，参与读者达5.4万人次；三是举办主题展览17个，“百年峥嵘　红图巨变”——广西公共图书馆发展掠影暨最美阅读瞬间摄影作品展联动全区公共图书馆进行巡展，“走读广西·壮家衣衫之美”特展首次采用直播导览的方式带领读者“云逛展”，“党旗高高飘扬·走读广西：百枚邮票话党史”集邮文化展等展览广受读者好评；四是开展“走读广西”之“阅荔钦州”“阅满田东”“阅汇百色”“阅赏靖西”“阅拥绿城”“阅撒边关”“阅迎来宾”“阅享玉林”“阅兴马圣”“阅芳横州”等线下走读活动；五是通过网络同步直播重点活动25场。该馆荣获自治区文化和旅游厅授予的“党旗高高飘扬·走读广西”最佳组织奖、最佳创意推文、优秀创新案例奖3个奖项。（广西壮族自治区图书馆）

【广西壮族自治区图书馆深入践行“我为群众办实事”实践活动】2021年，广西壮族自治区图书馆积极践行“我为群众办实事”。一是分馆建设稳步推进，有效延伸服务触角。人民公园分馆于6月26日起开放，建成“悦”读驿站29个，配送图书8万多册。二是积极开展阅读推广活动，有效丰富各类读者群体阅读生活。结合传统节庆、法定假日以及“4·23”世界读书日等重要时间节点，策划推出“阿图邀你过大年”、壮族“三月三”、“走读广西·‘阅’弋书海”、“党旗高高飘扬·走读广西”等系列活动；面向少儿读者开展南宁市第十一届阅读表演秀，面向老年读者开展“夕阳红”阅动指尖讲座，面向视障读者开展“学党史　颂党恩”——视障读者“4·23”世界读书日分享会等主题活动。三是努力提升服务效能，开启免押金便民借书时代。8月10日起，广西壮族自治区图书馆发布新版借书证，同时推出免押金办理借书证以及持广西壮族自治区社会保障卡借阅书刊等多项“我为群众办实事”的暖心服务。（广西壮族自治区图书馆）

【广西桂林图书馆概况】2021年，广西桂林图书馆进一步加强区域图书馆服务体系建设，通过区域集群建设、总分馆建设、流动图书车等措施点面结合，统筹服务网络，完善服务结构。稳步推进广西区域图书馆集群建设，成员馆已经覆盖辅导区内6个市及相关县，实现图书馆业务系统的统一管理、区域资源共享等，并实现通借通还。当年合作新建馆外流通点14个，建立覆盖学校、军营、企业、监狱、社区、政府部门等的服务网点，定期提供书刊借阅服务，推送馆藏数字资源，并在此基础上探索建设不同类型的分馆，升级“资源＋服务”的建设模式，配置红色文献、经典名著、地方历史人文等资源，探索根据特定群体需求建设特色主题分馆。指导荔浦市图书馆成功建设自治区级文旅融合试点单位——荔江湾景区分馆并挂牌开放。加入国家图书馆文献共享借阅计划，将国家图书馆的部分馆藏复本文献投入辅导区内各级图书馆借阅流通体系，更好地满足各馆读者的阅读需求。流动图书车从城区开进贫困乡村，助力乡村文化振兴。

发挥业务辅导职能，提高基层服务水平。继续以“三区”人才支持计划为抓手，积极发挥业务引领和培训辅导职能，加强针对基层图书馆的业务辅导与培训，扎实做好桂林市图书馆学会工作。组织举办图书馆基础业务培训班、机读目录格式培训班、2021年广西古籍保护培训班，参加2021年广西公共图书馆业务技能大赛，全年培训学员320人。组织专家组先后赴灌阳、阳朔、金秀、全州、荔浦、龙胜等地开展业务辅导与调研工作，围绕新馆建设及文旅融合等图书馆重点工作组织专家召开研讨会，积极探索基层图书馆文旅融合可行性路径。接待基层图书馆、高校、机关单位到馆学习交流，就新馆建设、总分馆建设、地方文献资源建设、数字化建设等内容有针对性地提供经验介绍及业务指导。

公共数字文化地方资源建设工作稳步推进。完成2018—2020年中央补助地方数字文化建设资源建设项目验收工作，验收地方资源建设项目10个。参加的2020年公共数字文化3个建设项目［《广西地标》、《广西百工》（二）、听遍桂林：山水文学篇（三）］结项答辩并顺利通过桂林市文化和旅游厅验收。验收数字图书馆推广工程资源联合建设项目11个，完成区内专家验收并上报国家图书馆参加验收。积极推进地方特色数字资源项目建设，补充丰富桂林抗战文化专题资源库项目资源内容，增加文化活动、遗址遗迹、文化城名人、研究论文等数据内容。继续开展“走读广西”文旅融合公共数字资源服务平台建设工作。积极参与2021年度全国智慧图书馆体系建设，承接知识资源颗粒度建设和标签标引项目，延续申报基础数字资源项目，为公共图书馆管理和服务的智慧化建设做好准备。

2021年被广西壮族自治区教育厅评为“自治区级中小学生研学实践教育基地”；依托自治区级非物质文化遗产代表性项目（古籍修复技艺），获批2021年桂林市级非物质文化遗产代表性项目传承基地。（广西桂林图书馆　杨白柳）

【广西桂林图书馆千家洞文旅度假区服务点授牌仪式举行】3月20日，广西桂林图书馆千家洞文旅度假区服务点授牌仪式在灌阳县千家洞文旅度假区举行。该服务点是以红色文化为主题打造的特色文化主题空间，服务点的设立是结合建党百年，开展党史学习教育切实为群众办实事的有益实践，首批根据地方特色选配的书刊约500册。授牌仪式当天正值灌阳“二月八”农具节活动，该馆“汽车图书馆”开进度假区，开展图书借阅、农业知识问答、宣传资料发放等活动，为当地游客和村民提供多样的主题阅读服务。（广西桂林图书馆　杨白柳）

【广西桂林图书馆开展“阅读百年史　奋进新征程——4·23世界读书日”系列活动】4月24日，广西桂林图书馆品牌活动“谷雨诗会”举办“不忘初心　坚定信念——文献中的百年史”阅读分享会，当天结合文旅融合品牌“走读广西　桂林之旅”，开展桂林人文走读活动“历史的静脉——桂林文化城的另一种温故”。4月19、24日，广西桂林图书馆汽车图书馆相继开展“感党恩，跟党走”流动服务、“流动服务进广场”等活动，为广大市民、读者提供图书借阅、文创产品展示、广西红色历史动漫展播、逾期费免单、数字资源云服务手册发放、有奖问答等服务，首次推出微信免押金办证服务，吸引大批群众参与。（广西桂林图书馆　杨白柳）

【广西桂林图书馆、桂林市图书馆学会联合举办图书馆基础业务培训班】5月24—28日，广西桂林图书馆联合桂林市图书馆学会在广西桂林图书馆临桂总馆举办图书馆基础业务培训班。来自柳州、桂林、梧州、来宾、贺州、河池6个地市的公共图书馆和高校图书馆共计81人参加培训。此次培训由广西桂林图书馆副馆长谢秋发、桂林理工大学旅游与风景园林学院教授张兴旺等为学员授课。课程围绕图书馆业务工作及新进馆员需求。培训期间，主办方组织学员参观广西桂林图书馆临桂总馆。（广西桂林图书馆　杨白柳）

【广西首个“图书馆＋律师”联手公益法律服务项目启动】5月29日，由广西桂林图书馆、桂林市律师协会联合举办的“普法惠民　公益同行”公益法律服务签约仪式暨首场“法律专家面对面”公益活动在广西桂林图书馆临桂总馆举行。桂林市司法局、广西桂林图书馆等单位领导及桂林市律师协会的志愿者成员等约80人参加启动仪式。签约仪式上，广西桂林图书馆与桂林市律师协会正式签署《“普法惠民　伴您同行”公益法律服务项目战略合作协议》，标志着广西首个“图书馆＋律师”联手公益法律服务项目正式启动。（广西桂林图书馆　杨白柳）

【2021年广西古籍保护业务培训班举办】7月14日，由国家古籍保护中心指导，广西古籍保护中心、国家级古籍修复技艺传习中心桂林传习所主办的2021年广西古籍保护业务培训班在广西桂林图书馆举办。来自全自治区公共图书馆、高校图书馆、桂海碑林博物馆等单位的负责人、业务骨干及桂林传习所传拓班学员等近180人参加此次培训。培训班上，国家古籍保护中心办公室主任苏品红解读“中华古籍保护计划”的制订实行及“十三五”“十四五”时期的古籍保护工作，国家图书馆研究馆员周崇润、天津图书馆研究馆员万群、故宫博物院研究馆员翁连溪分别进行专题授课。培训班还组织学员到雁山园进行现场学习。（广西桂林图书馆　杨白柳）

【2021年桂林市“悦动·科学”青少年科普知识宣传创作大赛结束】8月27日，由桂林市教育局、桂林市科学技术局、广西桂林图书馆、桂林市科学技术情报研究所共同举办的2021年桂林市“悦动·科学”青少年科普知识宣传创

作大赛各项活动结束。大赛共收到来自全市范围的青少年科普知识宣传创作作品563部，其中小视频53部、电脑幻灯片163部、手绘宣传海报347幅。30部小视频、91部电脑幻灯片、172幅手绘宣传海报作品分获一、二、三等奖。（广西桂林图书馆　杨白柳）

【广西桂林图书馆“行致书房”入选广西图书馆学会2021年特色阅读空间优秀案例】12月15日，广西桂林图书馆申报的“行致书房”案例入选广西图书馆学会2021年特色阅读空间优秀案例。行致书房于5月15日正式开放，位于桂林市国际会展中心旁，桂林市七星区鑫海国际酒店大堂内，总面积约50平方米，是结合地方人文历史，以“馆企合作”的服务新模式打造的地方文化特色主题阅读空间。（广西桂林图书馆　杨白柳）

【“党旗高高飘扬·走读广西” 庆祝中国共产党成立100周年系列活动之“走读湘江战役之旅”举办】12月22—24日，由广西壮族自治区文化和旅游厅创新打造的公共服务活动品牌“党旗高高飘扬·走读广西”庆祝中国共产党成立100周年系列活动最后一站“走读湘江战役之旅”在广西桂林图书馆举办。活动围绕“信仰的力量——‘走读广西’图书馆之夜”、“党旗高高飘扬——广西人游广西·走读湘江战役之旅”、阅读分享会等主题开展，回顾“走读广西”系列活动的新成果，展望建设壮美广西的美好未来。在整个活动期间，广西桂林图书馆充分挖掘和利用馆藏资源与本土红色文化旅游资源，线上、线下同步举办“中国共产党历史文献展”“红色书柜”“红色影片展播”“线下听书”“红色歌曲赏析”“研学体验”“学党史影评”“红色故事绘”等活动。在广西壮族自治区文化和旅游厅“走读广西”品牌建设优秀奖项评选中，该馆荣获2021年“党旗高高飘扬·走读广西”最佳走读路线、优秀组织奖以及优秀创意推文3个奖项。（广西桂林图书馆　杨白柳）

【南宁市图书馆牵头举办“党旗高高飘扬——广西人游广西·走读南国抗战之旅”活动】6月18—20日，由广西壮族自治区文化和旅游厅主办，自治区图书馆、中共南宁市委宣传部、南宁市文化广电和旅游局、来宾市文化广电和旅游局、崇左市文化和旅游局承办，南宁市图书馆、南宁市少年儿童图书馆、来宾市图书馆、崇左市图书馆共同举办的“党旗高高飘扬——广西人游广西·走读南国抗战之旅”活动在南宁、来宾和崇左三市联合开展。活动首次将三个城市的图书馆红色文献资源与红色旅游资源相融合，将“走读广西”和“广西人游广西”两大文旅IP相融合。活动被评为广西壮族自治区文化和旅游厅“党旗高高飘扬·走读广西”优秀创新案例奖。（南宁市图书馆　梁丽宁　杨粒彬）

【南宁市图书馆“书香启萌”志愿服务项目获评2021年南宁市新时代文明实践志愿服务优秀项目】8月，南宁市图书馆“书香启萌”志愿服务项目获评2021年南宁市新时代文明实践志愿服务优秀项目。项目于2019年开始运行，旨在促进社会各界志愿者共同关爱儿童、青少年成长：一是以图书馆为主阵地，广泛开展“给你一把金钥匙　带你走进图书馆”学雷锋志愿服务活动，已开展活动100余场，惠及6000余人次；二是组织专业志愿者走进校园、社区、乡村，面向儿童、青少年群体开展丰富多样的少儿科普、绘本故事、手工课堂等活动，年均举办20场次，惠及4000人次。（南宁市图书馆　梁丽宁　杨粒彬）

【南宁市图书馆开展2021年外来务工人员阅读推广活动】11月18、23、25日，南宁市图书馆以“服务全民阅读·共创美好生活”为主题，以推进全民阅读为重要任务，先后走进南宁市海飞学校、中建五局华南公司泰康之家桂园项目和中建七局广西分公司南宁西园二期项目部，开展2021年外来务工人员阅读推广主题活动，包括汽车图书馆阅读服务、党史知识、建筑知识和垃圾分类知识有奖竞答活动、公益讲座、“中国共产党历史上的第一”专题展览、图书漂流进工地等系列文化活动。12月4日，该馆开展“永远跟党走　书香颂百年”2021年南宁市图书馆外来务工人员文化艺术节——首届“图书馆奇妙夜”活动，共吸引32个南宁市外来务工人员家庭参与。（南宁市图书馆　梁丽宁　杨

粒彬）

【柳州市图书馆开展“游柳州　读历史”研学之旅、“走读广西　听见柳州”活动】5月11日—8月4日，“游柳州　读历史”研学志愿服务活动举行。全年开展活动4次，吸引170人次参与，线上推文浏览2000人次。获柳州市新播报栏目、“在柳州”app报道。12月获广西壮族自治区文化和旅游厅颁发的“党旗高高飘扬·走读广西”优秀走读路线奖。

“走读广西　听见柳州”是柳州市图书馆自主建设的地方特色有声故事平台，该项目荣获广西壮族自治区文化和旅游厅颁发的“党旗高高飘扬·走读广西”最佳创新案例。（柳州市图书馆）

【柳州市图书馆开展“童心向党”庆祝中国共产党成立100周年系列活动】2021年，柳州市图书馆打造“童心向党”庆祝中国共产党成立100周年系列活动，系列活动包含“童心向党·童言童语话党史”红色故事讲述活动、“童心向党·连环画里绘党史”、“童心向党·父爱引领”亲子共读分享会、“童心向党·幸福成长”红色经典回顾活动4个子项目。“童心向党·父爱引领”亲子共读分享会被列为2021年柳州市社会科学普及活动周主题活动，获得《图书馆报》、柳州市广播电视台《柳州新闻》栏目、《柳州晚报》、“柳州一号”、“文明柳州”、搜狐网、柳州市社会科学界联合会官网等多家媒体报道，社会效益显著。（柳州市图书馆）

【梧州市图书馆开展“疯狂科学探索营”少年儿童科普培训活动】5月15日，“疯狂科学探索营”少年儿童科普培训活动第一期在梧州市图书馆开展，全年共举办4期。活动通过“神奇的土豆”“魔幻水精灵”“烟雾火山”“火焰掌”等简单有趣的实验展示，带领孩子们亲自动手实践，丰富他们的科学文化知识，使他们萌发爱上科学、探索科学世界的兴趣。（梧州市图书馆　罗叶）

【北海市少年儿童图书馆开展阅读拓展活动】2021年，北海市少年儿童图书馆组织开展全市乃至全国性大型阅读拓展活动18场次，“学习强国”、《光明日报》等30多家主流媒体对此进行了报道。该馆还获得全国少年儿童阅读年最优展示平台奖，阅读推广部获得“北海市青年文明号集体”称号；在乡镇设立21个图书流通点，流通图书115次，促进城乡孩子阅读均衡化；持续开展健康向上的文化活动120场次，思想道德教育实践宣传活动24场次，社会主义核心价值观教育47场次，弘扬中华优秀传统文化活动66场次，获北海市红领巾校外素质教育基地（第一批）；自主研制“海丝智慧棋”，传承“海丝”精神，开展推广活动12场次，助力申遗；主编并出版本土科普绘本《谢谢你！红树林》，编撰《我们一家带你游北海》立体绘本系列，推出《走读广西书在旅途》主题推文，点击率达2万次，制作《广西非物质文化遗产》专题片——北海篇并通过国家验收，开展推广活动14场次；营造有利于未成年人健康成长的社会文化环境，开展平安北海建设等系列活动38场次。12月，北海市少年儿童图书馆被中共北海市委员会、北海市人民政府授予2020年度北海市精神文明建设贡献奖先进集体（未成年人思想道德建设）。（北海市少年儿童图书馆　秦琳）

【贵港市图书馆获评2021广西优秀社科普及基地】9月26日，广西壮族自治区社会科学界联合会发布《关于公告2021广西优秀社科普及基地（网络）评选结果的通知》，贵港市图书馆在全区43个参选基地中脱颖而出，成为13个2021广西优秀社科普及基地之一。

近年来，贵港市图书馆在做好免费开放的同时，打造“荷你悦读”“荷田故事汇”“荷城学堂”“荷城讲坛”“科普小课堂”“走读广西·畅游贵港”等读者活动品牌，年均举办品牌系列活动300余场次；区内首创“馆店融合”新模式，创新打造“荷城书苑”阅读新空间，广泛建立“图书馆+”模式分馆及流通点30余个，打造10分钟阅读圈。以全国科普日、科普宣传周为契机，开展特色科普活动，2021年共开展各类科普讲座及读者活动487场、开展科普活动周特色活动11场，是贵港市重要的科普基地，广受师生、市民喜爱。（贵港市图书馆）

**【玉林市图书馆开展“走读广西”系列研

学和走读活动】10月，举办两场“党旗高高飘扬·走读广西”之“阅享玉林 红色研学活动”，组织读者代表、志愿者代表等共计120人分别走读大容山读书驿站，木棉村，沙田柚王国，李明瑞、俞作豫纪念馆等地，并在旅游景点和乡村振兴示范点设立阅读驿站。年内与玉林市各单位、公益机构合作开展“党旗高高飘扬·走读广西”之“读经典名著·传红色精神”读书分享活动20多场次；播放“玉林市百年辉煌 百部红色经典影视展播”影片56场，接待单位集体观影32场；向市民推荐党史学习教育纸质图书5000多册、电子图书2000多册、视频5000集、专题数据300个，举办线上党史知识阅读活动15场，共服务读者约10万人次。（玉林市图书馆 李彬莉 庞晓春）

海南省

【海南省图书馆概况】2021年，海南省图书馆接待读者140.70万人次，书刊外借95.4万册次，办理读者卡17606个。网站总浏览量60.73万次，数字资源访问量27万人次。开展线上线下讲座、展览、培训、阅读推广等活动454场。媒体报道560篇/次。全年采购图书入藏65211册，接收呈缴文献1221册/件，社会捐赠文献5051册。订购中文期刊1945种，境外期刊28种，中文报纸237种，境外报纸8种。截至2021年底，纸质文献总馆藏量202.48万册/件，数据库20个，数字资源总量70TB。

馆舍扩建。坐落于主馆舍两侧的图书馆二期工程项目，是海南省“一轴十点”重点项目之一，10月21日主体工程竣工验收，建筑面积3.33万平方米。

合作共建。与社会各界合作，在学校、景点、社区等新建“椰苗阅读”馆校合作服务基地、“书香海岛”全民阅读点、分馆等8个。

读者活动。举办“马克思主义传播在中国——文献中的百年党建”展览、“没有共产党，就没有新中国——连环画世界里的中国共产党”红色连环画展、《共产党宣言》英文版读书分享会、“唱支山歌给党听”中国音乐作品赏析音乐会、“锦绣中华·壮丽河山”庆祝建党100周年钢琴音乐会、“丹心向阳开 永远跟党走——献礼建党一百周年红色经典朗诵音乐会”、“建功自贸港·双百庆华诞”主题朗诵、“星火相传 砥砺前行——党的故事我来讲”主题演讲比赛、“国兴筑梦”海南少儿礼仪大赛、六一儿童节英语绘本阅读分享会、“银龄E时代”老年人智能手机公益课堂等系列文化活动。

古籍保护与宣传。撰写《海南古籍保护中心古籍普查报告（2011年—2020年）》，并报国家古籍保护中心；修复、扫描《柯氏族谱》《鼠疫良方汇编》等古籍774叶，扫描《合注伤寒论》等古籍782叶；举办“珠还合浦 历劫重光——《永乐大典》的回归和再造”线上展览。

法人治理。召开海南省图书馆第一届理事会第六次会议，审议并通过《海南省图书馆理事会理事长、副理事长、监事选举办法（修改稿）》和《海南省图书馆章程（修改稿）》，选举产生新一届理事会。

常态化疫情防控。加强读者入馆管控，实行预约限流，扫码进出馆；每日对图书和场馆进行消毒；按时完成员工每月核酸检测；开展疫情防控应急演练。

制度建设。制定和完善《海南省图书馆馆校（园）合作建设和管理办法》《海南省图书馆关键岗位人员交流轮岗制度》《海南省图书馆采购项目管理办法》《海南省图书馆请假制度》等16个制度，印发《海南省图书馆制度汇编》。

2021年，该馆被评为“2020年度海南省旅游和文化广电体育厅先进基层党组织”“2020—2021年度海南省直机关先进基层党组织”“海南省直机关标准化党支部示范点”。（海南省图书馆 文一叶）

【2021年海南省公共数字文化工程培训班暨数字化建设服务推广活动举办】3月23日，由海南省旅游和文化广电体育厅指导，海南省图书馆主办的2021年海南省公共数字文化工程培训班暨数字化建设服务推广活动在澄迈县开班。全省各市县文化主管单位负责人、基层图书馆技术骨干及边疆万里数字文化长廊示范点、优秀站点和乡镇综合文化站站长等99人参加培训。文化和旅游部全国公共文化发展中心于洋、程志峰，国家图书馆李丹、李志尧，海南大学图书馆原馆长安邦建，分别做“公共文化云建设、服务与推广”“国家公共文化云基层直录播工作及‘乡村网红’培育计划”“公共图书馆的智慧化转型与创新”“智慧图书馆服务体系中的数字

资源建设”“文献编目工作”专题培训。培训班还安排学员到海口市美兰区图书馆、海口热带农业科技博览园进行实地学习交流。（海南省图书馆　文一叶）

【海南省图书馆举办多场活动庆祝中国共产党成立 100 周年】5 月 29 日，“星火相传　砥砺前行——党的故事我来讲”主题演讲比赛在海南省图书馆举行。50 余名中小学生参加比赛。活动评选出小学组和中学组一等奖各 3 名、二等奖各 5 名、三等奖各 10 名、优胜奖若干名。此次活动由海南省图书馆、童学惠教育、海口广播电视台联合举办。6 月 20 日，由中共海南省委直属机关工作委员会主办、海南省直属机关工会联合会和海南省图书馆承办、海南省文学艺术界联合会协办的“永远跟党走”书法摄影绘画展在省图书馆开展，展出 100 幅书法摄影绘画作品，展期 6 天，1000 多名读者观展。6 月 26 日，海南省图书馆举办“庆祝建党 100 周年·献礼祖国红歌音乐会”。7 月 1 日，“庆祝中国共产党成立 100 周年——红色经典美术作品展”在海南省图书馆举办，展出 47 名艺术家的 40 多件画作和 30 多件雕塑作品，展期 15 天，其间举办“信仰与担当——延安精神永放光芒党史讲座”。7 月 4 日，由海南省图书馆主办、海南省曲艺家协会和海南省颂读学会承办的“建功自贸港·双百庆华诞”主题朗诵活动在省图书馆举行。7 月 11 日下午，海南省图书馆举办《共产党宣言》英文版读书分享会。（海南省图书馆　文一叶）

【旅琼文艺家大讲坛第 16 讲开讲】10 月 31 日，旅琼文艺家大讲坛第 16 讲在海南省图书馆开讲。活动由海南省旅琼文艺家协会副主席兼秘书长马良主持。省文学艺术界联合会、省作家协会、省戏剧家协会、旅琼文艺家协会、省文艺评论家协会、海南省京剧促进会、书香传媒等单位的领导、专家学者、艺术家、学生和社会各界人士近百人聆听讲座。旅琼文艺家协会理事、京剧麒派艺术再传弟子丁志鹏以“如何欣赏国粹京剧艺术”为题，讲述京剧的历史地位和独特魅力，示范京剧的“四功五法”，与京剧促进会名角表演《娄山关》《白毛女》等片段。（海南省图书馆　文一叶）

【三亚市图书馆概况】截至 2021 年底，三亚市图书馆馆藏总量 122 万册 / 件。2021 年接待读者 42.14 万人次。书刊文献外借 76.58 万册次，书刊外借 7.26 万人次。新增读者证 4854 个，有效读者证 4.55 万个。发放“悦读存折”150 余本。共有数据库 22 个，新增数字资源 29.73TB，总量达 74TB。网站点击量 310.80 万次，数字资源访问 1645.41 万次。新增分馆 7 个、流动图书站 8 个。举办讲座、展览、培训 314 场次，参加读者 3.49 万人次。

创新服务方式。开通社保卡图书借阅服务功能。海南省参保人员持本人社保卡到总服务台激活后，即可在市图书馆总馆实现图书借还功能。举办“献礼建党百年”、“我与海南自由贸易港”、2021 三亚市“鹿图”文创设计大赛、“童眼看世界　共建自贸港”2021 三亚市少年儿童摄影主题活动、“童声诵党史　精神代代传”红色经典诵读比赛、“我心向党”线上知识竞答、“书香润童年　阅读伴成长”少儿成长悦读会等线上线下宣传推广活动 134 场次，12.29 万人次参与。

推进三亚市公共数字文化工程建设。举办 2021 年三亚市基层公共数字文化工程暨基层综合性文化服务中心管理员培训班，三亚市支中心、区、社区（村）基层综合性文化服务中心的管理员 157 人参加培训。

扎实做好常态化疫情防控工作。一是对每日入馆人数进行总量控制，实行预约到馆制。二是在原有防控措施的基础上，新增查验“个人活动轨迹（疫情防控行程卡）”等入馆流程，加大馆内检查工作力度，将日常清洁消毒工作落实到细节。三是针对 60 岁以上及没有智能手机的老年读者增设绿色通道，通过现场填写《健康承诺书》入馆。四是通过宣传专栏、LED 显示屏、微信公众号等宣传疫情防控知识。

2021 年，荣获“全国文化和旅游系统先进集体”、第二届“图书馆杯”主题图像创意设计征集活动“星级组织单位”、“海南省科普教育基地（2021—2025 年）”等称号；“悦读童年·少儿成长悦读会”项目被评为全国“终身学习品牌项目”，项目自 2016 年开展以来，以家庭亲子阅读、进校园、进福利院等多种形式开展阅读活动 134 次，惠及 4017 人次。（三亚市图书馆）

【定安县图书馆概况】截至2021年底，定安县图书馆总馆面积1194平方米，定城分馆面积500平方米，设图书外借室、报刊阅览室、电子阅览室、少儿阅览室、地方文献室。馆藏图书总量11.9万册，杂志合订本约5000册，电子图书21万种，持证读者2536个。2021年，接待读者5.6万人次，图书外借2.5万册次。新建乡镇分馆1个，共有3个乡镇分馆。新增流动图书服务点1个，共有8个流动图书服务点。

读者活动。举办“辛丑话牛”2021年迎新春文化特展、“不忘初心，牢记使命”中共党史主题教育图片展览、建党100周年红色文化进校园诗歌朗读比赛活动、“悦读童年”儿童早期阅读公益推广活动、六一儿童节诗歌朗诵比赛、“画在我心中”少儿美术绘画活动、少儿硬笔书法绘画培训班、少年儿童暑假系列活动等31场，参与读者2000多人次。

疫情防控。一是把好入门关口。在入口处设立疫情防控专岗，测量入馆读者体温，检查读者健康码及口罩佩戴情况。二是做好总量控制。向入馆读者发放相应号牌，达到20人后，采取出一进一的方式，严格控制馆内读者人数。三是严格借阅管理。要求读者在借阅期间保持一米间隔，借阅后立即离馆，不在馆内逗留。对拒不服从管理的读者，严禁入馆借阅并上报县委指挥部。四是加强培训。举办2期消防安全知识培训、1期健康知识和疫情防控讲座。

7月，县文化馆、县图书馆、县博物馆整合为县文化发展中心，是县旅游和文化广电体育局下属的副科级公益一类事业单位。内设办公室、公共文化室、图书室、文物室、信息规划室、非遗民俗室6个机构。加挂“定安县图书馆”“定安县博物馆”“定安县文化馆”牌子。原有在编人员划转到县文化发展中心。中心领导编制3名，其中主任1名、副主任2名；人员编制24名，其中管理岗位3个、专业技术人员岗位21个。（定安县图书馆）

重庆市

【概况】截至2021年底，重庆市有县级以上公共图书馆共43个，馆舍面积（实际使用面积）合计40万平方米，阅览座席33944个，从业人员1046人；总藏量达2340.69万册/件，实际持证读者数293.42万人。当年新增藏量（含纸质、试听、缩微文献）183.23万册/件，新增电子图书277.15万册；年新增藏量购置费为3133.60万元，年新增数字资源购置费716.30万元；年流通人次1455.23万人次，书刊文献外借1142.81万册次。

重庆市公共图书馆通借通还工作继续深入开展。主城九区公共图书馆与重庆图书馆实现互联互通，一卡通云服务平台升级，一卡通文献供应量达到457.22万册，有效持证读者突破73.17万人，外借242.88万册次，外借64.95万人次。重庆市公共图书馆讲座展览联盟巡讲、巡展活动成功举办。全市43个公共图书馆加入该联盟，开展巡讲39场、巡展90场。抓住总分馆建设契机，以区县图书馆为总馆，乡镇（街道）综合文化服务中心为分馆，村（社区）农家书屋为服务点，扩大阅读阵地覆盖面，建成图书馆分馆1455个，其中社会合建分馆481个，乡镇（街道）覆盖率达到95%。

文化助力乡村振兴。启动“巴渝阅读行”——乡村振兴活动。活动走进巫山县、巫溪县的4所乡村小学，为孩子们捐赠1800册图书，并通过绘本阅读课、VR探秘、美育课以及插画展等新颖的阅读方式，丰富学生们的课余文化生活，激发他们的阅读激情。联合开展“蒲公英梦想书屋——重庆市公共数字文化工程乡村留守儿童关爱行动”，走进重庆市渝东北三峡库区腹地万州区赶场中心小学、垫江县第九中学，开启川渝同行、乡村振兴新征程。重庆图书馆在活动中赠送少儿书籍500册以及该馆193TB数字资源的使用权，川渝两地45个公共图书馆共计捐赠价值7万元的图书和文体用品。

全民阅读持续发力。开展“信仰的力量——庆祝中国共产党成立100周年川渝阅读之星诵读大赛”。3月起，川渝两地陆续开展个人赛和组合赛前期选拔，共吸引近9万人报名参加。重庆赛区覆盖全市38个区县及市级各机关、单位，共收集作品21825件。大赛线上、线下共吸引100万余人次观看赛事。开展“文载百年路 书写新征程——庆祝中国共产党成立100周年川渝红色文献特展”，梳理、展出38个版本《中国共产党章程》等珍贵红色文献，第一次展出重庆图书馆珍藏的布币、银币等珍贵红色文物。全年开展读者活动7740场，400万人次参与。

深化川渝合作共进。联合实施川渝阅读“一卡通”项目。6月，该项目在重庆图书馆启动，打通成渝两地三馆社保卡图书借阅服务。同月，由重庆图书馆、四川省图书馆、成都图书馆三馆联合主办的“成渝地·巴蜀情”成渝地区公共图书馆联盟第二次会议在四川省图书馆举办，来自川渝两地公共图书馆的馆长及相关业务负责人，共计80余人参加会议。（重庆市图书馆学会）

【重庆图书馆概况】2021年，重庆图书馆共接待读者210万余人次；新办理读者证4.6万个，累计办证52万个；文献外借共计41.6万人次、114万册次；共举办讲座展览、读书活动、亲子沙龙等各类全民阅读推广活动上千场，820余万人次参与。

重庆图书馆紧紧围绕“庆祝中国共产党成立100周年”主题开展系列献礼活动。一是首次由川渝两地联合主办，成渝两地三馆联合承办“信仰的力量——庆祝中国共产党成立100周年川渝阅读之星诵读大赛”。重庆赛区覆盖全市38个区县及市级各机关、单位，在市民中广泛传播，大赛共吸引近9万人报名参加，共收集作品2万余件，线上、线下100万余人次观看赛事。二是筹办“文载百年路　书写新征程——庆祝中国共产党成立100周年川渝红色文献特展”，展览共分5个单元，梳理、展出38个版本《中国共产党章程》等珍贵红色文献，第一次展出重庆图书馆珍藏的布币、银币等珍贵红色文物。三是在“习近平的书柜”基础上，专门打造“学习党史、庆党百年”图书文献专区，建设党史集中式学习平台，摆放904种1152册党建、党史类纸质图书，建设13个板块的数字阅读平台，涵盖300种期刊、5000册图书、5000小时听书，利用移动互联网提供零距离数字阅读服务。

在保护传承的基础上，充分挖掘馆藏文献资源。古籍、民国时期文献方面，完成《巴渝文库》2020年项目《逢庐文丛》（第一、二辑）、《陪都十年建设计划草案》、《九年来之重庆市政》、《重庆近现代期刊提要》4种文献的出版；持续开展《抗战时期英国驻华大使馆档案文献汇编》（400册）文件整理及翻译补充校对；完成重庆巴渝中医药民间博物馆近5万册古籍整理编目；启动重庆三峡医学高等专科学校、重庆市中药研究院共计4种6册古籍修复工作；通过重庆红岩革命历史博物馆民国时期文献第一批7套9册/件验收，第二批20套22册/件待验收。地方文献方面，印发《重庆图书馆地方文献馆藏地图目录》，完成《1949年以来中国家谱总目》数据上传635条，发布《重庆图书馆馆藏地方文献目录》电子初版。

延伸供给触角，扩大文化服务网。先后打造“四个首家”：首家大型商业综合体中的公共阅读空间——重庆图书馆金沙天街阅读中心、首个书店阅读空间——“瞰澜·樊登书店阅读空间”、首个就业创业平台中的阅读成长空间——重庆图书馆大创慧谷分馆暨大创书院阅读成长空间、首个长江游轮上的图书馆——“长江水上图书馆”。全年共计新增7个分馆、2个阅读空间、1个流通点。截至2021年底，重庆图书馆已建成1个总馆、1个24小时城市书房、14个分馆、10个流动服务点、53个固定服务点、4个阅读空间、11个24小时智能借阅柜的总分馆服务体系，进一步实现公共图书馆跨进新行业、走进新领域的“图书馆+”服务新业态。（重庆图书馆）

【重庆图书馆举办“4·23”世界读书日系列活动】4月23日，重庆图书馆举办2021“书香重庆·阅读嘉年华”活动，活动现场颁发“全民阅读推广示范单位”“书香校园”“书香社区（乡村）”“书香之乡（镇、街道）”“全民阅读‘点灯人’”“精品书评”等6个奖项，并发布“书香重庆年度好书”。举办文化集市活动，邀请市内代表性实体书店、文创企业等，进行图书、文创产品、非遗产品、数字阅读产品展示展销和阅读活动推广。利用馆藏文献资源，在“习近平的书柜”基础上，开设“学习党史、庆党百年”图书文献专区专架。推出的“联合国文献展示专架”，作为重庆图书馆与四川外国语大学国际关系学院共同进行的实践课题“重庆图书馆馆藏联合国文献整理及揭示”的成果之一，为广大读者提供了解联合国与所属机构的窗口与平台。（重庆图书馆）

【重庆图书馆开展2021年古籍普查文化志愿服务行动】8月，重庆图书馆（重庆市古籍保护中心）联合中国古籍保护协会，开展为期3周的 2021 年古籍普查文化志愿服务行动。经过前期调研、志愿者招募、遴选以及专业培训等环节后，志愿者服务工作有序实施。根据工作内容，志愿者分为 3 个小组，分别进行古籍著录、数据审校、书影扫描等工作，并定期轮换。重庆图书馆专业老师同步对志愿者进行指导，答疑解惑，并及时检查质量。志愿者们协作互助，累计著录登记 900 余部古籍，审校数据 3200 余条，扫描书影 1700 余拍。（重庆图书馆）

【“‘春雨工程’重图阅读行——走进昌都文化援藏活动”举办】9 月 22—26 日，重庆图书馆“春雨工程”重图阅读行走进昌都市芒康县盐井中学、达孔顶小学、嘎托镇小学 3 所学校进行文化援藏活动，向 3 所学校共计捐赠图书 2200 册，捐赠的图书包括文史类、故事类、综合类等孩子们喜欢的图书种类，并为孩子们讲授绘本阅读、3D 阅读、插画美育等课程。重庆图书馆馆长任竞等一行与昌都市文化局（文物局）党组书记、副局长向吉廷在昌都市图书馆举行工作座谈会。（重庆图书馆）

【“重庆·武陵山”公共图书馆联盟工作研讨会举办】9 月 23—24 日“重庆·武陵山”公共图书馆联盟工作研讨会暨重庆市“少年儿童爱心接力服务”第三小组、第四小组传递活动在酉阳举行。“重庆·武陵山”公共图书馆联盟成员馆，重庆市“少年儿童爱心接力服务”第三、四小组成员馆以及江北区图书馆、九龙坡区图书馆等 12 个图书馆的馆长及业务骨干参与此次会议。此次研讨会共计传递图书 1200 余册，同时举办《美丽的太空家园》中国航天展、《酉阳非遗》等展览。重庆市“少年儿童爱心接力服务”第三、四小组全体成员还走进叠石花谷助推文旅融合，为叠石花谷图书室送去少儿文学、科普等类别图书共计 600 余册。（重庆市图书馆学会）

【2021 年巴南区公共文化服务业务培训会举办】12 月 9 日，由重庆市巴南区文化和旅游发展委员会主办、重庆市巴南区图书馆和重庆市巴南区文化馆承办的 2021 年巴南区公共文化服务业务培训会在重庆市文化艺术职业学院学术报告厅开班。巴南区 23 个镇街服务中心主任及专干，巴南区图书馆高校联盟分馆馆长及专干等 80 人参加培训。此次培训邀请重庆市文化和旅游发展委员会公服处处长文科、重庆图书馆副馆长张波等公共文化领域的资深专家授课。（重庆市图书馆学会）

【万州区图书馆赴四川省广安市开展地方文献交流活动】12 月 8 日，万州区图书馆携手垫江县、梁平区、忠县、石柱县四区县图书馆，前往“伟人故里”四川省广安市开展地方文献交流活动。此次交流活动由万州区图书馆馆长马小蓉带队，万州区图书馆先后与华蓥市图书馆、邓小平图书馆、邻水县图书馆签订川渝图书馆联盟战略合作协议、互赠地方文献并进行交流座谈。（重庆市图书馆学会）

【第七届“碚城（双城）同读一本书”活动落幕】12 月 11 日，第七届“碚城（双城）同读一本书”演讲擂台赛暨系列活动颁奖仪式在北碚图书馆举行。北碚区委、重庆图书馆、重庆市少年儿童图书馆等有关单位领导和绵阳、北碚两地选手代表等 80 余人参加此次活动。通过腾讯新闻同步直播观看的在线观众达 75.51 万余人次，点赞量达 136.80 万余人次。活动期间，绵碚两地以建党 100 周年为主线，结合党史学习教育，立足红色文献和地方文献，以“信仰的力量”为主题，开展党史知识竞赛、读书沙龙、文化讲座、图文展览、演讲比赛、影像征集等系列活动，策划开展各类阅读推广活动近 200 场次，收到各类投稿 252 篇。（重庆市图书馆学会）

【2021 年川渝、渝东北地区公共图书馆联盟馆际阅读活动暨文献保护经验交流会召开】3 月 24 日，2021 年川渝、渝东北地区公共图书馆联盟馆际阅读活动暨文献保护经验交流会在垫江图书馆召开，重庆图书馆、重庆市少年儿童图书馆及垫江、万州、巫溪、忠县等地的文化和旅游发展委员会领导出席，渝东北及四川广安、达州地区部分公共图书馆参会。会上，渝东北地区图书馆联盟与达州市（县）、广安市（县）公共图书馆签订馆际合作框架协议，并互赠地方文献。邓小平图书馆副馆长张来荣向与会同行介绍该馆在收藏有关邓小平和广安市地方资料等特色文献、建设“邓小平文献资料库”、接受利用邓

小平家属捐赠图书等方面的成功做法，为各馆提供经验示范。（重庆市图书馆学会）

四川省

【概况】截至2021年底，四川省县级以上公共图书馆有207个（含少儿图书馆2个），其中省级图书馆1个、市级图书馆22个、县级图书馆184个。各级图书馆建成分馆1667个，共有流动图书车154辆。全省公共图书馆以职能履行和功能发挥为重点，在全民阅读推广、文献资源建设以及人才队伍建设等方面都取得长足进步。

不断完善基础设施建设，夯实服务基础。全省实际使用公用房屋建筑面积82.6万平方米，比2020年增长15.6%。全省公共图书馆阅览室共有座席6.8万个，比2020年增长7.9%，其中少儿阅览室1.6万个、盲人阅览室0.2万个。计算机终端10902台，供读者使用的终端7601台。

大力开展文献信息资源建设，多措并举优化馆藏资源体系。全省藏量达4612.6万册/件，其中图书3839.9万册、古籍144.4万册、报刊440.4万件、视听文献68.3万件/套、缩微制品6.5万件/套，开架书刊2472.2册，少儿文献506.6万册。

阵地服务与延伸服务并举，扩大流通阅览覆盖面，提升服务效能。全省公共图书馆总流通2145.6万人次，书刊文献外借826.3万人次；书刊文献外借量达1618.2万册次。同时，全省公共图书馆还展开延伸服务，流动服务借阅53.6万人次、88.7万册次。大幅提高线上服务水平，全省公共图书馆网站年访问量达2545.8万次。

树立服务品牌，丰富阅读推广活动，吸引读者参与。全省公共图书馆在常态化疫情防控的前提下，全年举办读者活动5699次，比2020年增长24.6%；服务读者262万人次，比2020年增长22.5%。同时，组织文化志愿服务，增强读者体验，截至2021年底，全省共有文化志愿者17006人，比上年增长23.0%。

优化人才队伍结构，凝聚创业动力。全省公共图书馆人员整体规模和队伍结构均保持相对稳定，部分地区从业人员数量略有减少。全省公共图书馆在编人员2450人，比2020年增长3.6%，其中专业技术人员1441人，占比58.8%；在专业技术人员中，中级职称631人、高级职称167人，在在编人员中分别占比25.8%、6.8%。全省开展基层培训辅导88312人次。

确保财政拨款经费，为图书馆事业提供支撑。全省公共图书馆全年收入合计6.37亿元，其中财政拨款6.32亿元，与2020年基本持平；专项购书经费6744万元，比2020年增长19.7%。（四川省图书馆　朱欢）

【四川省图书馆2021年“4·23”世界读书日系列活动启动】4月21日，四川省图书馆联合全省公共图书馆启动2021年“4·23”世界读书日系列活动。启动仪式在四川省图书馆举行，著名作家、四川省作家协会主席阿来，四川省文化和旅游厅副厅长赵红川，四川省人力资源和社会保障厅副厅长王勇，四川省图书馆馆长王龙等机关单位领导出席启动仪式。仪式由四川省图书馆党委书记何光伦主持。启动仪式上，王龙发布《四川省图书馆暨全省公共图书馆2020年阅读报告》，展示2020年全省公共图书馆行业阅读服务、阅读群体、阅读趋势、服务效能等数据。赵红川和王勇共同启动社保卡与公共图书馆阅读服务有机融合工作。四川省图书馆和四川传媒学院现场签署《馆校战略合作框架协议》，就全民阅读推广、文旅创新技术产学研合作、古籍保护、文化志愿者交流等方面达成合作意向。阿来将其20余部作品及多年收藏的1354册珍贵文献捐赠给四川省图书馆。仪式现场同时公布“我心中的一本好书”阅读分享活动获奖名单，颁发“书香四川·全民阅读”优秀读者证书、“四川省图书馆阅读推广大使”聘书。（四川省图书馆）

【“信仰的力量”——庆祝中国共产党成立100周年川渝“阅读之星”诵读活动集中展演举行】6月15日，“信仰的力量”——庆祝中国共产党成立100周年川渝“阅读之星”诵读活动集中展演在四川传媒学院举行。此次活动由重庆市委宣传部、四川省文化和旅游厅、重庆市文化和旅游发展委员会主办，四川省图书馆、重庆图书馆、成都图书馆承办。文化和旅游部公共服务司等相关单位领导出席活动。重庆市、四川省、成都市宣传部门、文旅部门相关负责人，四川

省、重庆市各级图书馆馆长，四川传媒学院师生代表等参加活动。（四川省图书馆）

【四川省图书馆第二届理事会换届选举暨第二届理事会一次会议召开】9月22日，四川省图书馆第二届理事会换届选举暨第二届理事会一次会议召开。会议由四川省文化和旅游厅副厅长、省图书馆第二届理事会理事长赵红川主持。会上，四川省图书馆第一届理事会理事、秘书长、四川省图书馆副馆长吴红颖向理事会做《四川省图书馆第二届理事会换届选举筹备工作报告》。四川省文化和旅游厅人事处处长陈彦华宣读《四川省文化和旅游厅关于四川省图书馆第二届理事会候选人理事长和执行理事候选人名单的批复》，来自四川省文化和旅游厅、四川省图书馆代表和社会各界、专家学者共15人组成新一届四川省图书馆理事会，赵红川向新任理事颁发聘书。四川省图书馆第二届理事会执行理事、四川省图书馆党委书记、馆长王龙向理事会做《四川省图书馆第一届理事会工作报告》。与会理事就《四川省图书馆“十四五规划”（征求意见稿）》《四川省公共图书馆高质量发展规划纲要（征求意见稿）》进行讨论，对“十四五”期间省图书馆及全省公共图书馆事业高质量发展提出诸多建设性的意见和建议。赵红川做总结讲话。（四川省图书馆）

【“妙手书医·古籍修复技艺展”举办】10月15—18日，2021天府书展之“妙手书医·古籍修复技艺展”在成都世纪城新会展中心举办。此次展览由四川省图书馆（四川省古籍保护中心）、四川西部文献修复中心、四川新华文化传播有限责任公司联合主办，设置古籍修复技艺演示、石碑传拓体验、雕版印刷体验、古法造纸体验四大特色内容，12位修复师为读者展示、宣传技艺，带领读者制作雕版印刷品500余份、古法造纸200余页、石刻拓片百余张。作为2021天府书展的配套活动，此次展览共吸引上万人次观众参观，近千人次参与活动体验，10余家主流媒体公众号刊发专题报道，被网友评为“书展必打卡站点之一”，并获天府书展“最佳文化交流活动”奖。（四川省图书馆）

【四川省图书馆与中国东方航空公司四川分公司联合打造“悦读新空间”】10月31日，四川省图书馆与中国东方航空公司（以下简称“东航”）四川分公司合作打造的“飞阅神州·东航悦读新空间”揭牌仪式在成都天府国际机场东航贵宾室举行。四川省文化和旅游厅副厅长赵红川与东航四川分公司总经理刘成共同为新空间揭牌。新空间在四川省图书馆指导下，由东航统一设计、布置打造，四川省图书馆为其精心挑选、统筹配置红色文化、古籍善本、人文历史、时政旅游等各类图书3200余册。旅客可通过自助借还设备借阅书籍，既可选择在贵宾室归还书籍，也可以将书籍带上飞机，归还到四川省图书馆及其任何一个分馆。两家单位合作独创的“航站楼里的图书馆”新模式，是“行万里路”与“读万卷书”的强强联合，在探索推广全民阅读新模式上迈出重要一步。（四川省图书馆）

【四川省科学图书馆揭牌】11月25日，四川省科学图书馆在成都市天府新区科学城正式揭牌。该馆在四川省人大教育科学文化卫生委员会的协调下，在四川省文化和旅游厅、中国科学院成都分院的指导支持下，由四川省图书馆、四川省中心图书馆委员会办公室和中国科学院成都文献情报中心三方合作共建，立足于合作各方的资源优势，通过文献、人才、管理、运营、服务等方面的全方位合作共享，打造全省科普阅读推广和公民科学素养培育中心，服务全川、辐射西部的创新科技文献保障和智库支持中心，为社会公众提供科普阅读推广和公民科学素养培育服务，为四川省委、省政府的科技决策提供战略信息支撑，为把四川建设成为创新驱动发展先行省提供智力支持。（四川省图书馆）

【四川省古籍修复中心四川西部文献修复分中心正式授牌】12月3日，四川省古籍保护中心授予四川西部文献修复中心“四川省古籍修复中心四川西部文献修复分中心”。四川省文化和旅游厅副厅长赵红川，四川省图书馆馆长、省古籍保护中心主任王龙，成都市龙泉驿区区长周健、副区长王旭涛，四川西部文献修复中心党支部书记彭德泉等领导和四川西部文献修复中心全体员工出席授牌仪式。四川西部文献修复中心是四川本土第一家民营古籍修复机构。（四川省图书馆）

【眉山市图书馆开展新春文化活动】2021年春节期间，眉山市图书馆围绕春节文化、年俗风情，举办集知识性、趣味性、娱乐性、实践性于一体的线上、线下公益文化活动26场，服务读者4.9万人次。线上活动包括“名家谈传统文化”3期直播课，“纸短情长见字如见面——过年画家书”“我爱你中国——中国最美年画”“牛文化主题展”线上展览，“微信抢书”“春节传统文化知识闯关”“川渝知识竞赛”“互动留言赢绘本”线上有奖互动等。线下活动包括“小小图书管理员”第12期实践活动、“网络书香·阅见美好”照片征集活动、“我与东坡话对联”节日主题文化讲座、“年画话新年巧手迎新春”活动、“庆元宵赏花灯”活动、“闹元宵”少儿猜灯谜活动、“压岁钱的管理”心理健康讲座等。（眉山市图书馆）

【邓小平图书馆开展“同城共读·万卷共知”世界读书日系列活动】2021年“4·23”世界读书日期间，邓小平图书馆以“同城共读·万卷共知”为主题，以各阅览室为主阵地，以图书分馆和图书服务点为辅助补充，线上、线下相互结合，多点齐发开展系列全民阅读活动。通过举办“回顾百年史·奋进新时代”庆祝建党100周年“阅读之星”诵读大赛、“喜迎建党百年，阅读书香巴蜀”线上党史知识竞赛以及党史图书展等经典阅读活动，传播红色文化，传承革命传统；开展“小丽妈妈讲故事”进学校，图书进景区、进社区等活动，突破阅读场地限制，让更多读者享受到阅读资源，得到文化实惠；邀请广安当地知名音乐人、电视台主持人、摄影专家等作为文化志愿者来馆举办公益讲座，帮助读者提升文化素养和文化品位。各项活动参与者达5000余人次。（邓小平图书馆　林厚梅）

贵州省

【概况】截至2021年底，贵州省共有公共图书馆99个（含少儿图书馆4个），其中省级图书馆1个、市级图书馆10个、县级图书馆88个。全省公共图书馆建筑面积38.77万平方米。文献总藏量1824.56万册。从业在编人员1238人，其中专业技术人员918人（含中级职称345人、高级职称130人）。全省志愿者队伍62个，志愿者6589人。2021年全年读者流通1390.29万人次，书刊文献外借495.75万人次、752.88万册次，线上服务1512.39万人次。举办各类讲座1451场次，参加者21.68万人次；举办各类展览31个，参观者136.52万人次。（贵州省图书馆学会）

【贵州省图书馆开启两会云服务】1月24—30日，贵州省图书馆面对疫情防控新要求，调整服务方式，开启两会云服务新模式。根据国家发展战略、贵州“十四五”发展趋势和社会热点问题等，编印《关注“十四五”》《区块链》《后疫情经济》《氢能产业》《生态文明建设》《乡村振兴》《新型城镇化》等20个方面的专题资料，并提前到代表委员驻地布置。两会期间，通过邮箱、QQ、电话、网站等多种服务渠道，第一时间响应代表委员有关文献信息需求和咨询请求，及时提供各类专题资料；同时将贵州数字图书馆大屏搬到驻地现场，支持代表委员一键获取海量数字文献信息资源。（贵州省图书馆学会　舒珍）

【贵州省图书馆开展“戏曲动漫进校园”活动】5月11日，由文化和旅游部全国公共文化发展中心，贵州省文化和旅游厅、教育厅，贵州省图书馆等共同主办的“戏曲动漫进校园”活动在贵阳市第七中学举行。同学们现场观看黔剧戏曲动画《珍珠塔》，戏曲老师通过讲解和表演“生、旦、净、丑、手、眼、身、法、步”戏曲知识，讲授戏曲行当、脸谱、语言形式以及艺术内涵，让同学们亲身体验戏曲的魅力。此次活动为期两个月，在全省75所中小学开展。（贵州省图书馆学会　舒珍）

【贵州省图书馆开展“云读山水·我们的节日——中秋节公共文化服务进景区暨全民阅读进景区活动”】9月14—20日中秋节前，贵州省图书馆以进景区、忆名篇、情景再现、说风俗的形式，分别在5个景区拍摄视频，宣传贵州山水之灵和文化之美。贵阳市青岩古镇的《变与不变》、贵阳市天河潭景区的《浪漫与务实》、贵阳市阳明祠的《王阳明》、黎平县肇兴侗寨的《人好月婵娟》、江口县云舍村的《轱辘律中秋明月寄相思》5个视频点击量达51.90万次。9月21日中秋节当晚，贵州省图书馆在贵阳市阳明祠开展全民阅读进景区活动，节目包括古筝演奏《渔舟唱晚》、钢琴演奏《彩云追月》、古诗朗诵《望月怀古》《把酒问月》《水调歌头·明月几时有》《满江红·中秋寄远》等，并通过贵州多彩文化云直播。（贵州省图书馆学会　舒珍）

【2021年全省布客书屋文化志愿服务专业培训暨工作交流会举行】11月23日，由贵州省文化和旅游厅主办，贵州省图书馆、贵州文艺人才交流培训中心承办的2021年全省布客书屋文化志愿服务专业培训暨工作交流会在贵阳举行。根据《贵州省“十四五”文化和旅游发展规划》要求，贵州省图书馆充分发挥省级馆的业务引领职能，为帮助各布客书屋文化志愿者提升专业知识与专业技能，首次面向全省公共图书馆开展少儿阅读推广服务培训。全省各布客书屋的文化志愿者及各级公共图书馆馆员共130名参加此次为期3天的培训。此次培训特邀深圳少年儿童图书馆馆长宋卫、湖南省少年儿童图书馆副馆长薛天、中国图书馆学会阅读推广委员会残疾人阅读专业委员会副主任束漫、渊冲文化创始人李昊等专家学者授课。（贵州省图书馆学会　舒珍）

【“阅读红色经典·百年薪火相传”长征之路图书馆联盟红色经典阅读推广交流会举行】6月18日，由上海图书馆指导、中共遵义市委宣传部等单位主办、遵义市图书馆等单位承办、贵州省图书馆学会等多家单位协办的“阅读红色经典·百年薪火相传”长征之路图书馆联盟红色经典阅读推广交流会在遵义市图书馆举行。来自上海图书馆以及赣州市图书馆、桂林图书馆、遵义市图书馆、延安市图书馆等红军长征沿线重要节点城市图书馆代表以及全国各地公共图书馆和高校图书馆代表参加会议。贵州省图书馆馆长彭银宣布长征之路图书馆联盟成立。6位红色文化研究专家做主题交流发言。（贵州省图书馆学会　周雄）

【安顺市图书馆举办2021年“悦在市图·快乐暑假”系列公益活动】7月26日—8月6日，安顺市图书馆举办2021年“悦在市图·快乐暑假”系列公益活动，包括亲子绘本阅读、英语沙龙、硬笔书法、朗读亭体验等8个项目共34场次活动。“悦在市图·快乐暑假”是该馆重点打造的未成年人阅读品牌活动，通过策划组织一系列集知识性、趣味性、娱乐性于一体的少儿公益文化活动，锻炼小读者的综合素质、学习能力，同时也吸引更多小朋友和家长走进图书馆，增强对阅读的重视，共建全民阅读书香社会。（贵州省图书馆学会　周雄）

【毕节市图书馆城市主题书房正式开放】6月29日，毕节市图书馆打造的第一个市级管理的城市主题书房正式开放。开放时间为每天7:00至22:00，无人值守、低成本运营。该城市主题书房位于毕节市图书馆一楼，建筑面积400余平方米，上架图书1.5万册，书房设有综合借阅区、电子阅览区、少儿阅读区、文旅展示区等10个区域，配置自助办证机、自助借还机等电子设备，是毕节市规模最大的城市书房。（贵州省图书馆学会　周雄）

【2021年黔南州图书馆员业务能力提升线上培训班举办】6—8月，由黔南州文化广电和旅游局主办，黔南州图书馆、黔南州图书馆学会承办的2021年黔南州图书馆员业务能力提升线上培训班通过黔南州图书馆微信公众号线上开班。此次培训内容包括《中华人民共和国公共图书馆法》、《中华人民共和国公共文化服务保障法》、图书馆员基础知识、中国古籍知识等，来自全州公共图书馆、高校图书馆、中学图书馆的160余人参加培训。（黔南州图书馆　张立琼）

【贵阳市观山湖区图书馆正式开放】2月9日，贵阳市观山湖区图书馆举行开馆仪式。该馆馆舍建筑面积为5000平方米，内设成人阅览区、地方文献阅览室、视障人士阅览室、儿童阅览室等15个功能区域，阅览座席265个，读者服务窗口3个，采用“政府主导+社会化运营模式”进行管理，于9月30日正式面向社会免费开放，每周开放58小时，每周错时、延时开放总时长为13小时，自习室每周另外延时开放20小时，节假日均照常开放，全年无休。（贵州省图书馆学会　周雄）

【**印江土家族苗族自治县图书馆新馆正式开放**】4月23日，印江土家族苗族自治县图书馆全面完成新馆搬迁，正式面向社会免费开放。新馆坐落于印江县城书法广场旁，馆舍建筑面积4049.4平方米，馆藏文献49万余册，其中纸质文献9万余册、电子文献40万册。新馆内设3大功能区域（动区、静区、办公区）和22个功能室，可供读者使用阅览座席共计400余个，供读者使用数字终端50余个，同时引进自助服务系统、智能服务系统和VR体验服务系统。（贵州省图书馆学会　周雄）

【**铜仁市碧江区图书馆分馆"许韵兰公共阅读空间"正式开放**】7月6日，铜仁市碧江区图书馆分馆"许韵兰公共阅读空间"举行开馆仪式并正式对公众免费开放，贵州省文史馆、贵州省图书馆分别向其捐赠地方文献300余册。"许韵兰公共阅读空间"是碧江区沿江步道公共文化服务区重要项目，建筑面积489平方米，设阅读席位86个，馆藏图书16000册，读者还可以通过手机终端借阅电子资源17万册。内设公共阅读区、电子阅读区、女性阅读空间、服务管理行政区等，集公共文化、科技普及、数字体验全智能化管理于一体，设有智能识别、自助办证、自助借还等智慧化软硬件服务设施。（贵州省图书馆学会　周雄）

云南省

【**云南省图书馆随同省文旅厅看望慰问"时代楷模"张桂梅并向华坪县女子中学捐赠书刊**】1月19日，云南省文化和旅游厅党组成员、副厅长王江红带队赴华坪县女子中学看望、慰问"时代楷模"张桂梅，云南省图书馆党总支副书记、副馆长鲁颖率采编部、典藏借阅部工作人员一行4人随行。鲁颖代表云南省图书馆向华坪县女子中学和华坪县儿童福利院捐赠适合中学生及小朋友阅读的图书期刊400余册。1月20日，鲁颖一行到华坪县图书馆调研，希望今后华坪县图书馆与省图书馆多开展交流与合作，共同提升全省公共图书馆的服务水平。（云南省图书馆学会办公室）

【**云南省图书馆文化助盲志愿服务项目再获殊荣**】1月28日，云南省图书馆文化助盲志愿服务项目荣膺"第五届中国青年志愿服务项目大赛"金奖。此次大赛由共青团中央、中央文明办、民政部等联合主办，经过组织申报、省部级推报、全国赛初评、全国赛终评、社会公示等环节，共在全国范围内评出金奖150个、银奖350个、铜奖500个。云南省图书馆文化助盲志愿服务项目由文化和旅游部推荐申报参加全国大赛，最终斩获金奖。（云南省图书馆学会办公室）

【**中国古籍保护协会少数民族古籍保护专业委员会召开线上工作会议**】2月1日，中国古籍保护协会少数民族古籍保护专业委员会工作会议以线上会议的方式召开。中国古籍保护协会副秘书长王红蕾及少数民族古籍保护专业委员会成员参会。王红蕾宣读分支机构换届批复和第二届少数民族古籍保护专业委员会成员名单。全国古籍保护工作专家委员会副主任、中国社会科学院学部委员史金波当选主任委员，云南省图书馆馆长马云川、中国民族图书馆馆长吴贵飙当选副主任委员，云南省图书馆历史文献部主任计思诚当选秘书长，来自全国各省少数民族古籍保护领域的18位专家当选为委员。（云南省图书馆学会办公室）

【**云南省图书馆到陆良县图书馆开展文旅融合试点单位建设调研**】3月4日，云南省图书馆馆长马云川率队对陆良县图书馆文旅融合试点单位建设工作开展调研。陆良县图书馆于2020年6月被列为国家级文化和旅游公共服务机构融合试点单位。马云川表示云南省图书馆将积极利用本馆资源优势助力陆良县图书馆开展文旅融合试点单位建设，突出其亮点与特色，整合资源，建成云南省图书馆数字阅读分馆，助推其数字化、智能化服务平台建设。（云南省图书馆学会办公室）

【**云南省县级图书馆总分馆制建设总结培训会举行**】4月25—28日，云南省图书馆在保山施甸县召开云南省县级图书馆总分馆制建设总结培训会。云南省文化和旅游厅、云南省图书馆等有关单位领导，全省16个州市图书馆馆长、129个县级图书馆馆长等150余人参加培训会。云南省图书馆馆长马云川对全省县级图书馆总分馆验收工作总体情况进行总结，就做好全省公共图书馆改革创新工作进行部署，提出具体指导意见。云南省文化和旅游厅公共服务处、云南省图书馆对在县级图书馆总分馆制建设工作中表现突出、被评为优秀的42个县级图书馆以及被评为组织实施县级总分馆建设先进单位的6个州（市）图书馆进行表彰。施甸县、安宁市、洱源县、泸西县、双柏县5个县级图书馆馆长就县级总分馆建设中的成功经验和做法进行交流发言。会议期间，主办方还组织学员们前往施甸县图书馆总馆及由望乡图书分馆和善洲林场廉政书屋进行现场学习。（云南省图书馆学会办公室）

【云南省图书馆深入怒江傈僳族自治州相关市（县）开展“全民阅读进乡村示范点”建设调研】4月27—30日，在云南省文化和旅游厅的指导下，由云南省图书馆党总支书记、馆长马云川带队，省图书馆、怒江州文化和旅游局、怒江州图书馆、泸水市图书馆、兰坪县图书馆、福贡县图书馆、贡山县图书馆相关人员为成员的工作组一行，前往怒江州泸水市上江镇和谐社区、福贡县上帕镇泽福社区、贡山县独龙江乡开展建设“全民阅读进乡村示范点”实地调研，深入了解场地设置、人员配备、服务需求和日常管理等基本情况，为下一步建设示范点做摸底调研。（云南省图书馆学会办公室）

【云南省图书馆与云南省贸促会联合开展党史学习教育主题活动并共建全民阅读示范点】7月9日，在庆祝中国共产党成立100周年之际，云南省图书馆联合中国国际贸易促进委员会云南省分会（以下简称“云南省贸促会”），共同举行主题为“学党史、读好书、共分享”的党史学习教育读书分享会暨“云南省图书馆全民阅读示范点”授牌仪式。云南省文化和旅游厅一级巡视员马迎春，云南省贸促会党组书记、会长刘琪琳，云南省图书馆党总支书记、馆长马云川等与云南省贸促会全体干部、省图书馆相关部门负责人出席。马迎春讲授“为什么要阅读”课程并分享《苦难辉煌》一书的阅读心得；云南省图书馆牛波分享《“书”说百年路·启航新征程》阅读心得，并把《领航——从一大到十九大》《文献中的党史》两本红色文献推介给大家；云南省贸促会8位党员分享《论持久战》《毛主席语录》《红星照耀中国》等文献阅读体会。会后，马迎春向云南省贸促会授予“云南省图书馆全民阅读示范点”牌匾。（云南省图书馆学会办公室）

【2021年“中华古籍普查文化志愿服务行动·云南行”启动】7月12日，由中国古籍保护协会主办、云南省古籍保护中心（云南省图书馆）承办的2021年“中华古籍普查文化志愿服务行动·云南行”启动仪式在云南省图书馆举行。来自云南大学历史与档案学院图书情报学、档案学等专业和云南民族大学民族文化学院中国古典文学专业的研究生志愿者，云南大学历史与档案学院、云南民族大学民族文化学院相关领导，云南省古籍保护中心（云南省图书馆）领导及相关工作人员共60余人参加启动仪式。云南省图书馆历史文献部主任、省古籍保护中心副主任计思诚主持仪式。启动仪式结束后，计思诚为志愿者做题为“古籍保护与古籍普查”的学术讲座。培训结束后，志愿者分组到西双版纳傣族自治州图书馆、双柏县图书馆、凤庆县图书馆、陆良县图书馆、易门县图书馆、云南省图书馆6家单位开展汉文古籍、彝文古籍及傣文古籍普查文化志愿服务活动。当天，2021年“中华古籍普查文化志愿服务行动·云南行”西双版纳州图书馆站点启动仪式同步举行，来自全州各行业及州图书馆的文化志愿者共30余人参加。启动仪式上同时展出西双版纳州古籍保护中心征集的部分傣文古籍，并举办“贝叶文献刻写培训”。云南省古籍保护中心委托西双版纳州图书馆遴选25名傣文专家、学者、社会各界古籍保护爱好者作为志愿者参加全州古籍普查志愿服务工作。（云南省图书馆学会办公室）

【“《奋进新时代》云之南美丽乡村建设成果摄影图片展”举办】6月25日—7月24日，由云南省图书馆、云南省摄影家协会、云南省公共图书馆展览联盟委员会共同主办的“《奋进新时代》云之南美丽乡村建设成果摄影图片展”在云南省图书馆展出。主办方此前面向社会征集到4000多幅作品，专家小组评选出167幅精品图片展出，这些图片集中展示云南各族人民群众在党的领导下团结一心、共同奋斗所取得的美丽乡村建设成果，吸引1.5万人次观展。展览在云南省图书馆结束后，还以云南省公共图书馆展览联盟为载体，在全省16个州、市公共图书馆陆续进行巡展。此次展览的所有资源同时通过展览联盟平台对全省129个县级公共图书馆发布。（云南省图书馆学会办公室）

西藏自治区

【西藏自治区图书馆概况】2021年，西藏自治区图书馆多措并举，全面提升图书馆公共文化服务水平。坚持每周开放6天，周末及法定节假日期间正常开放，周开放时间50余小时，全年接待读者16.07万人次，办理读书证2019个，借阅图书18221册次。2021年度购书经费320万元，采购图书5206种15930册、报刊1152种。接收韬奋基金会捐赠价值60万元的图书6000余种、中国艺术研究院捐赠图书10万册、西藏自治区非遗保护中心捐赠非遗保护成果图书145册和其他各类团体或个人赠书864册。完成汉文图书编目18236册，藏文图书编目4141册。

开展《藏族手工技艺大全》之石刻木雕文化专题片、《我是十八军》口述史（下）、《门巴族文化》专题片等15个资源建设项目的报审工作。

全年组织开展各类阅读品牌活动80余次。其中：举办多场“西图讲坛”公益讲座，内容范围涵盖政治、经济、文化、宗教等各个方面，极大地丰富了读者的业余文化生活；举办多期“阿佳讲故事”少儿阅读活动，从小培养孩子们爱读书、读好书的习惯；开展“西图之旅”，引领中、小学生走进图书馆参加阅读活动，以此了解图书馆、利用图书馆；举办“流动图书车军营”活动，通过“点单式”服务为部队官兵送去所需图书；联合书店、读书会等社会力量共同开展“阅读引领未来”读书联盟活动，为读者分享与交流阅读感悟提供平台；开展“文化年货进家门”、“文化年货进高墙”、“书香辞岁　抗疫迎春——新春送书”、“喜迎牛年　恭贺新春”2020年度读者座谈会、“迎新春、猜谜语、送对联”全民阅读推广、“欢乐春节”进村送资源等迎新春系列活动；举办“人生与阅读”主题讲座、“阅读引领未来”主题朗诵比赛、首届“夕阳红·西藏老年阅读”活动、“阅读马拉松——拉萨站”等“4·23”世界读书日系列活动；举办“数字文化进校园”阅读推广、“迎六一·我们共读一本书”读书分享会、“一扇窗·看世界”暑期夏令营、第十一期“小小图书管理员”、首期推广老年人使用智能手机培训班、“数字资源助力乡村振兴”阅读推广等读者活动。全年举办各类文化、展览活动10余次。其中：以庆祝中国共产党成立100周年和西藏和平解放70年为契机，举办“庆祝建党100周年　西藏和平解放70周年——全区书法作品展”、“峥嵘岁月　永恒记忆——四路进藏将士口述史”主题展览、“党旗下——庆祝中国共产党百年华诞暨西藏和平解放70周年主题党日少儿音乐诗歌朗诵会”、“西藏自治区文化厅系统庆祝建党100周年暨西藏和平解放70周年党史知识竞赛”选拔赛、第四届“西图·卓梦杯”党的百年正青春英语演讲大赛、何军洁党史书篆艺术作品展览等；在图书文献开架阅览室设立“学史明理　学史增信　学史崇德　学史力行”党建理论文献专架，为读者提供党建理论文献资源。加强对外交流，先后接待肯尼亚驻华大使和乌拉圭驻华大使参观考察团。

开展西藏公共文化云平台、西藏自治区图书馆网络安全维护与认证、公共数字文化服务推广、自治区图书馆RFID智能馆藏安全管理和城市书屋建设等项目建设，西藏公共文化云平台、自治区图书馆RFID智能馆藏安全管理和城市书屋建设（第一标段：智能馆藏安全管理）两个项目通过初期验收。完善新媒体服务策略，及时调整与优化西藏数字文化网、西藏自治区图书馆微信公众平台藏汉双语服务形式与服务内容，提升全区数字服务工作水平。西藏数字文化网藏汉双语版总访问量达764万余人次；西藏自治区图书馆微信公众平台发布消息556条，微信用户总数达23720人；西藏自治区图书馆藏汉双语朗读平台访问量7581人次；西藏自治区图书馆官网藏汉双语小程序访问量6731人次；UILAS书目查询系统访问量28969人次。举办第六期西藏公共数字文化系列培训班，培训全自治区各地（市）文化局、图书馆、乡镇文化站业务骨干92人。

完成全国古籍重点保护单位布达拉宫古籍普查786函、罗布林卡古籍普查513函；赴山南市加查县、措美县、错那市、隆子县、扎囊县和林芝市朗县、那曲市，查漏补缺古籍64函。前往入选第六批《国家珍贵古籍名录》的古籍收藏单位——扎囊县阿扎乡日追、措美县日麦拉康、朗县巴尔曲德寺和金东乡人民政府等，对古籍保存现状等方面开展实地调研；赴林芝、山南、日喀则等3市8县15个藏纸作坊开展“西藏手工藏纸现状调查”调研工作，实地了解记录手工藏纸制作的历史沿革和不同地方的浇造流程。西藏自治区古籍修复中心首次对入选《国家珍贵古籍名录》的那曲市巴青县布拉寺藏《苯教甘珠儿》开展古籍修复工作，目前已修复258叶，完成其他普通古籍修复946叶。托裱拉萨市文物单位嘎琼拉康石碑拓片7张，修复扎囊县阿扎寺昂普日绰佛教杂嘎哩小型画像4幅。世界读书日期间，制作“带你走近藏文古籍”系列短视频，发布200余函馆藏古籍数字化成果，被新华社分别以中、英、法、日等国文字全球报道，充分宣传了西藏自治区文化保护利用成果，让书写在古籍里的文字活起来。（西藏自治区图书馆　次旦普赤　朗杰卓玛）

【西藏自治区图书馆组织开展入选第六批《国家珍贵古籍名录》古籍收藏单位实地调研工作】1月7—11日，西藏自治区图书馆馆长（区古籍保护中心主任）次旦普赤带领调研组，赴山南市、林芝市开展入选第六批《国家珍贵古籍名录》古籍收藏单位实地调研工作。调研组围绕入选《国家珍贵古籍名录》的珍贵古籍存藏状况和保护管理工作，对珍贵古籍的数字化和修复意向进行前期沟通；对部分古籍收藏单位近期出土的古籍文献进行抢救性整理保护指导和古籍版本、年代断定，为下一步开展古籍普查修复保护工作打下基础。（西藏自治区图书馆　次旦普赤　朗杰卓玛）

【西藏自治区图书馆举办“文化年货进家门”公共数字文化服务推广系列活动】2021年春节期间，西藏自治区图书馆举办“文化年货进家门”公共数字文化服务推广系列活动，在拉萨万达广场央喜书吧、日喀则皓寺分馆、那曲乃母寺进行西藏自治区图书馆各类藏汉双语平台使用推广，组织书法比赛、藏汉双语朗读比赛等，提供藏汉双语绘本、图书以及文创书签、数字资源宝U盘等阅读推广产品，进一步满足广大群众的节日文化需求。同时面向基层阅读推广人员举办第二期基层阅读推广培训与公共数字文化服务培训班，近50人参加培训，内容包括家庭阅读教育、图书馆数字资源使用等，为基层阅读推广人员开展阅读推广活动开拓思路。（西藏自治区图书馆　次旦普赤　朗杰卓玛）

【西藏自治区图书馆监狱分馆组织开展“文化年货进高墙”公共数字文化服务推广系列活动】1月27—28日，西藏自治区图书馆监狱分馆在区监狱开展以“文化年货进高墙”为主题的公共数字文化服务推广系列活动，向民警赠送文创书签、数字资源宝U盘等文化年货礼品，引导广大民警关注阅读推广微信公众平台，利用数字化资源和网络优势力量，拓展学习方式和内容。组织服刑人员观看自治区图书馆录制的“我的文化年”视频资源，并以组为单位举办讨论会，让服刑人员深刻理解“阅读是社会文明程度的重要标志”的含义，引导他们以知识为明灯照亮改造之路。此前，自治区图书馆曾先后两次为监狱分馆赠书1720册，此次监狱分馆以这些捐赠图书为载体，开展“收监一小时、知识传播者”乐央乐阅活动，组织服刑人员选择任意一本或多本书阅读并撰写读后感，让其共享书本带来的乐趣和营养，让阅读从现在开始，让服刑从阅读开始。（西藏自治区图书馆　次旦普赤　朗杰卓玛）

【西藏自治区图书馆举办世界读书日系列活动】“4·23”世界读书日期间，西藏自治区图书馆在山南市贡嘎县雅曲乡森布日高海拔地区农牧民宜居搬迁安置点，邀请基层阅读推广人旦增曲扎现场做题为“人生与阅读”的主题讲座，为当地农牧民组织阅读比赛并赠送各类实用书籍及《格萨尔》音频资源；在拉萨市第四高级中学举办“阅读引领未来”主题朗诵比赛；在拉萨市赛康便民警务站开展流动图书车进市区暨爱心图书捐赠活动，向该警务站赠送图书400余册；在拉萨万达广场央喜书吧举办以“共庆百年华诞　共创书香西藏”为主题的“阅读马拉松——拉萨站”活动，现场检验读者的阅读质量和阅读速度；接待中国人民解放军某部队90余名官兵来馆参观，为其办理借阅证并借阅图书；联合拉萨樊登读书服务中心共同举办“阅读引领未来”读书联盟主题党日活动，为到场读者带来300余册党史、伟人传记图书，提供现场借阅、咨询

等服务；在拉萨监狱举行分馆授牌仪式，向拉萨监狱分馆捐赠图书1500册。（西藏自治区图书馆　次旦普赤　朗杰卓玛）

【西藏自治区图书馆举办“永远跟党走”——首届“夕阳红·西藏老年阅读”活动】4月24日，为庆祝中国共产党成立100周年、西藏和平解放70周年，铸牢中华民族共同体意识，由西藏自治区党委宣传部和自治区文化厅主办的“永远跟党走”——首届“夕阳红·西藏老年阅读”活动在西藏自治区图书馆举办。自治区文化厅二级巡视员吉吉、老干部局二级巡视员闫建利、党委宣传部出版处阿楠，自治区图书馆党委书记肖华、馆长次旦普赤等领导出席此次活动。阿楠和肖华分别致辞。肖华向被设为自治区图书馆阅读推广服务点的拉萨市萌升学校授牌。次旦普赤宣读《2021年“书香西藏”全民阅读倡议书》。（西藏自治区图书馆　次旦普赤　朗杰卓玛）

【西藏自治区图书馆举办庆祝中国共产党成立100周年暨西藏和平解放70周年系列主题展览】4月30日—5月5日，西藏自治区图书馆举办“庆祝建党100周年　西藏和平解放70周年——全区书法作品展”。此次展览共征集书法作品百余幅，经自治区图书馆组织区书法家协会专家评审，选出入展优秀作品75幅，其中汉文书法作品9幅、藏文书法作品66幅。

5月23日，“峥嵘岁月　永恒记忆——四路进藏将士口述史”主题展览在自治区图书馆主楼大厅开幕。展览以当年解放军四路进藏为背景，以自治区图书馆近年来挖掘和整理的红色资源为主要素材来源，围绕缅怀革命先烈英勇事迹、永远铭记历史、珍惜当下美好生活、感恩歌颂党等主题，通过展示70位将士口述进藏亲历中的典型故事，展现当年四路将士在进军西藏途中发扬艰苦奋斗精神、战胜严酷的气候和自然环境、恪守政策纪律、执行党的方针政策、解放西藏、建设西藏，受到西藏各族人民热烈欢迎的历史。

10月23日，自治区图书馆举办何军洁党史书篆艺术作品展。展览展出何军洁耗时7年创作的1700多幅书法和人物肖像篆刻作品，分为党史篇、新中国篇、改革开放篇、新西藏篇和优秀传统文化篇等五个篇章，描绘中国共产党的100年光辉历程。（西藏自治区图书馆　次旦普赤　朗杰卓玛）

【西藏自治区图书馆举办“党旗下——庆祝中国共产党百年华诞暨西藏和平解放70周年主题党日少儿音乐诗歌朗诵会”】5月30日，由西藏自治区文化厅主办，西藏自治区图书馆、中国银行西藏自治区分行、拉萨子衍艺术培训学校联合举办的“党旗下——庆祝中国共产党百年华诞暨西藏和平解放70周年主题党日少儿音乐诗歌朗诵会”在西藏拉萨饭店举行。参加此次活动的60余名小演员经自治区图书馆招募、专业艺术老师面试选拔。历时两个月的筹备与排练，《少年中国说》《学习雷锋好榜样》《党旗颂》《爱我中华》《沁园春·长沙》《我和我的祖国》《七月的天空》《百年华诞颂》《我爱你，中国》等诗歌朗诵节目在此次朗诵会上精彩亮相。（西藏自治区图书馆　次旦普赤　朗杰卓玛）

【西藏自治区图书馆驻拉孜县查卧村工作队开展“我为群众办实事，爱心捐赠暖人心”活动】6月2日，西藏自治区图书馆驻拉孜县查卧村工作队开展“我为群众办实事，爱心捐赠暖人心”活动，联系社会爱心公益组织“西藏罗布爱心慈善公益平台”，向查卧村40余户家庭捐赠530余件全新衣物和50个书包。驻村工作队围绕《西藏自治区“村（居）干部文化素质提升工程”汉语课本》内容，全年组织举办11次国家通用语言文字专门培训，不断提升村干部、党员和群众使用国家通用语言文字水平。驻村工作队还为当地儿童开展“阿佳讲故事——查卧村暑假站”“阿佳讲故事——查卧村寒假站”活动，培养小朋友们的阅读兴趣。（西藏自治区图书馆　次旦普赤　朗杰卓玛）

【西藏自治区古籍保护中心赴那曲市开展古籍查漏补缺和鉴定工作】6月23日，西藏自治区古籍保护中心工作人员应邀赴那曲市协助开展古籍查漏补缺和鉴定工作。此次工作主要对那曲市班戈县沙漠寺及比如县吾金私人收藏的古籍进行鉴定和补录，共完成121函（247册）写、刻本藏文古籍的题名、责任者等15项基本信息的著录和鉴定，其中不乏12—13世纪的珍贵写本和雕刻精美、品相完好的刻本古籍，内容涉及人物自传、藏医药、佛教修持仪轨等。经鉴定有部分藏医药学和人物传记的古籍具有重要研究价值，符合读者阅览需求，符合那曲市文化和旅游局下一步古籍复制、影印和数字化再利用的标准要求。

西藏自治区古籍保护中心自2012年开始对那曲市古籍开展普查登记，至2021年已完成11个县103家收藏单位和私人收藏的2000余函近万册的古籍普查建档工作，整理出版《西藏那曲地区藏文古籍目录》和《西藏那曲地区珍贵古籍图录》藏汉双语对照版普查成果书籍。此次普查补录的古籍数据也同时被纳入那曲市古籍普查数据中，为开展好全自治区古籍普查保护工作奠定良好基础。（西藏自治区图书馆　次旦普赤　朗杰卓玛）

【西藏自治区图书馆开展“阿佳讲故事”暨“春雨工程”志愿服务走进校园活动】7月5日，西藏自治区图书馆期刊阅览党支部在林芝市百巴镇嘎吉村幼儿园开展“阿佳讲故事”暨“春雨工程”志愿服务走进校园活动，43名小朋友参加此次活动。故事姐姐分别讲述绘本故事《扎西找牦牛》《驴小弟变石头》，表演情景剧故事《不是我干的》。最后，小朋友们在故事姐姐的讲解下学习制作手工党旗，上了一堂生动的爱党爱国教育课。（西藏自治区图书馆　次旦普赤　朗杰卓玛）

【乌拉圭驻华大使馆和央视财经频道主持人孟湛东向西藏自治区图书馆捐赠图书】10月27日，乌拉圭驻华大使馆和中国广播电视总台央视财经频道主持人、西藏广播电视台援藏主播孟湛东向西藏自治区图书馆捐赠图书仪式在馆内举行。捐赠仪式上，外交部礼宾司副司长、西藏自治区外事办公室副主任孙晓波受乌拉圭大使馆的委托，向西藏自治区图书馆捐赠《火的记忆》等10册图书。随后，孟湛东向西藏自治区图书馆捐赠他编著的《新西藏　新青年》一书，书中介绍了10位来自不同领域的在藏优秀青年故事。（西藏自治区图书馆　次旦普赤　朗杰卓玛）

【第四期“农民工文化知识提升”公益培训班举办】11月5日，西藏自治区图书馆联合艾巴仓民族文化传播有限公司在山南市举办的第四期“农民工文化知识提升”公益培训班正式结业。此次培训班历时6个月，40多名学员参加，聘请专业水平较高、师德素养良好的老师担任培训教师，以教为主，培优补差，通过培训，使学员在学习文化知识的同时，充分认识到不断学习才能更好进步。（西藏自治区图书馆　次旦普赤　朗杰卓玛）

【西藏自治区图书馆在日多乡小学设立少儿阅读服务点】11月16日，根据《文化和旅游部　发展改革委　财政部关于推动公共文化服务高质量发展的意见》中“鼓励各地根据实际，推动公共文化服务与教育融合发展，面向中小学生设立课外教育基地”的精神，西藏自治区图书馆联合拉萨市广播电视局驻墨竹工卡县日多乡怎村工作队在日多乡中心小学设立首个西藏自治区图书馆少儿阅读服务点并举行挂牌仪式。西藏自治区图书馆在仪式上与日多乡小学签订《西藏自治区图书馆阅览部与日多乡小学合作共建协议》，并为首个服务点——日多乡中心小学提供流动图书749册，此批图书部分由北京蔚蓝公益基金会捐赠。以后西藏自治区图书馆将以每个服务点1000册图书的标准不断更新。（西藏自治区图书馆　次旦普赤　朗杰卓玛）

【西藏自治区图书馆举办首期推广老年人使用智能手机培训班】11月15—17日，由西藏自治区图书馆主办、拉萨市萌升学校教育有限公司承办的首期推广老年人使用智能手机培训班在拉萨萌升学校举办。此次培训对象为拉萨市老年人，培训人数为30人。培训内容包括讲解电信诈骗常用手段、防范手段，正确下载手机软件，查看新闻；健康码、行程码操作，网上查看疫情防控知识；网上预订酒店、查看房型，网上购票、退票、查看发车时间；Wi-Fi查找、连接，手机流量购买、查询；网上缴纳电费、燃气费、宽带费，微信红包领取、转账、余额查询等。（西藏自治区图书馆　次旦普赤　朗杰卓玛）

【“2018年西藏自治区图书馆基层图书馆工程互联互通项目”完成终期验收】11月30日，“2018年西藏自治区图书馆基层图书馆工程互联互通项目”终期验收会议在西藏自治区图书馆举行。项目验收专家组由西藏大学信息科学技术学院副教授嘎玛扎西、区文化厅信息化工作领导小组办公室副主任陈天赐和区图书馆副馆长边巴次仁组成。与会专家听取项目概况和建设情况汇报，通过查看项目资料、现场提问等方式，对项目进行全方位的细致审查，最终专家组一致同意该项目验收通过。该项目通过专线建设，将西藏的县级图书馆接入国家数字图书馆网络体系，保证县级图书馆与西藏自治区图书馆、国家图书馆数字图书馆推广工程专网的互联互通，实现读者在本地县级图书馆就可以获取丰富多彩的数字资源。（西藏自治区图书馆　次旦普赤　朗杰卓玛）

陕西省

【**概况**】截至2021年底，陕西省共有公共图书馆117个（含少儿图书馆7个），从业人员共计2101人，其中高级职称111人、中级职称615人。全省公共图书馆总藏量2295万册，其中：图书1959.5万册、古籍55.8万册（含善本6.12万册）、报刊187.0万册、视听文献25.1万册。2021年，全省到馆读者1126.5万人次，书刊文献外借380.2万人次、750.7万册次，线上服务读者2261.8万人次。组织各类讲座1861次，参加36.7万人次；举办展览2512个，参展147.2万人次；举办培训班1344个，培训44.1万人次。开展基层培训辅导2.66万人次。共有分馆1055个，流动图书车99辆，全年流动服务书刊借阅28.6万人次、36.7万册次。全省各级财政拨付公共图书馆经费共计44009.9万元，其中专项购书经费共计3772.7万元。2021年，陕西公共图书馆服务联盟（以下简称“联盟”）开展如下工作：

阅读推广方面。全年完成“春节文化惠民活动”、“科技之春”宣传月、“4·23”世界读书日、“第九届陕西省阅读文化节”四大项全省性主题阅读推广活动。各联盟委员馆共举办活动3239场次，参与活动110万余人次；各联盟成员馆共举办活动10231场次，参与活动188万余人次。

数字资源服务方面。策划推出党史文献推广活动。开展“红色经典阅读，点亮爱党红心”阅读活动，全省19个图书馆共计548位读者参加；举办“我心中的图书馆”暨“花儿向阳开”少儿绘画比赛，共征集到参赛作品3624幅，在线观众达18348人次。此外，陕西省图书馆与西安市鄠邑区图书馆联合举办“牛年画牛”户县农民画展览；陕西省图书馆与延安市图书馆联合拍摄《陕图公开课》，策划“红色延安”文献讲读公开课等项目。

联合参考咨询方面。拟定《陕西公共图书馆服务联盟联合参考咨询与文献传递协议》，协调邀请宝鸡市图书馆、商洛市图书馆、旬邑县图书馆等50家市县（区）级公共图书馆加入全国图书馆参考咨询联盟。全年共完成文献传递数据57080条，用户满意率达99%以上，在全国图书馆参考咨询联盟原文传递数据排名由全国第40余名升至第15名，被全国图书馆参考咨询联盟管理中心评为“2021年度全国图书馆参考咨询联盟先进单位”。

人才培养方面。全年举办基层业务培训班2期、“三区”人才支持计划文化工作者专项培养培训班7期，总培训时长达200课时，有502家单位、955人参与。其中，“三区”人才支持计划文化工作者专项培养培训班在以往培训人员范围的基础上，向下延伸到各街道、社区文化站和各村综合文化服务中心、农家书屋等基层单位。培训单位数量较2020年增长36%，培训人数增长75%。

联合编目及流通方面。联盟联合编目中心全年解答联盟成员馆各类业务问题共计600余条。全省累计开通流通成员馆95家，联盟成员馆共办证59700张，其中：采用陕西省图书馆管理系统的联盟成员馆办证7773张，采用其他管理系统的联盟成员馆办证51927张。

网络技术支持方面。全年维护联盟成员馆数据报表约2000次，远程解决系统问题42次，设置成员馆参数115个，建立分馆用户5个；配合基层更换系统数据，导出汉中、渭南、榆林、延安、咸阳等31个图书馆全部读者数据、书目数据。联盟成员馆网站修改维护81项，数据分析170项。

组织建设方面。2021年新建成的西安市新城区图书馆、碑林区图书馆、改造搬迁后的雁塔区图书馆以及延安市宝塔区图书馆正式加入联盟。截至2021年底，全省已累计建成各级图书馆分馆1036个、城市书房等新型公共文化空间

444 个。

业务协作方面。全年组织协调专家赴基层指导共计 10 余次，主要针对联盟成员馆馆舍改造提升或新馆建设进行论证，指导基层图书馆总分馆建设。组织完成 2021 年联盟专项调查问卷“公共图书馆安全应急管理调查问卷”的设计、下发和收集整理工作。此外，陕西省图书馆分别向榆林市图书馆，清涧县、靖边县、扶风县、米脂县图书馆赠送 2020 年下架期刊约 12000 册，向延川县、丹凤县图书馆赠送 2020 年下架少儿期刊共约 2500 册。（陕西省图书馆　方明媚）

【《陕西省公共图书馆条例（初拟稿）》专家研讨会召开】1 月 26 日，《陕西省公共图书馆条例（初拟稿）》专家研讨会在陕西省图书馆召开。陕西省图书馆党委书记周云岳主持会议，副馆长陆路对该条例起草情况做说明，省文化和旅游厅公共服务处处长谭佳峰、副处长孙辉和来自省内高校、公共图书馆的 7 位专家参加研讨会。专家们在讨论中提出，在宏观层面要增加前瞻性条款，要与经济社会及国家文化政策保持弹性配套，突出陕西地方特色，注重文旅融合、人才培养、数字化建设等方面内容，微观层面要捋顺逻辑，继续调整《陕西省公共图书馆条例（初拟稿）》框架内容、进一步细化具体条款，做好与国家相关法律规定的衔接，系统借鉴已有地方图书馆立法的经验和规范表述等。（陕西省图书馆　方明媚）

【陕西省公共文化服务体系建设高质量发展专题培训班暨 2021 年陕西公共图书馆联盟工作会议举行】4 月 13 日，陕西省公共文化服务体系建设高质量发展专题培训班暨 2021 年陕西公共图书馆联盟工作会议在延安举行。全省各地级市及杨凌示范区、西咸新区、韩城市的文化和旅游局分管负责人、公共服务科（处）长，文化馆、公共图书馆馆长等 200 余人参加培训。陕西省图书馆馆长周云岳代表陕西公共图书馆服务联盟做“十三五”时期陕西公共图书馆服务联盟工作报告，全面回顾总结“十三五”期间陕西公共图书馆服务联盟主要工作成就，并对“十四五”时期重点工作进行安排部署。陕西省文化和旅游厅公共服务处负责人强调，各地要按照文化和旅游部等三部委《关于推动公共文化服务高质量发展的意见》要求与文化和旅游部统一部署，根据 2021 年全省公共文化重点工作安排，结合地方实际，创造性地开展好各项工作。（陕西省图书馆　方明媚）

【苏陕公共图书馆协作交流座谈会召开】4 月 16 日，苏陕公共图书馆协作交流座谈会在延安召开。北京大学教授李国新、南京图书馆馆长陈军、陕西省图书馆馆长周云岳等领导，陕西省公共文化服务体系专家委员会相关专家，延安市文化和旅游局负责人，陕西省各设区市公共图书馆馆长，苏陕公共图书馆挂职培训各小组组长等 40 余人参加此次会议。会上，参加苏陕公共图书馆挂职培训工作的 6 个小组组长汇报交流在江苏挂职培训情况；南京图书馆与陕西省图书馆代表两省公共图书馆签署《苏陕公共图书馆“十四五”协作交流框架协议》，金陵图书馆与延安市图书馆签署交流共建协议；与会领导和专家分别就总结苏陕公共图书馆馆员挂职培训、进一步推进苏陕公共图书馆协作交流工作进行座谈。（陕西省图书馆　方明媚）

【陕西省公共图书馆全民阅读活动启动仪式举行】4 月 23 日，以“阅百年历程　传精神力量”为主题的陕西省公共图书馆全民阅读活动启动仪式在商洛市丹凤县竹林关镇举行，在全省开启为期一个月的“4 · 23”世界读书日暨全民阅读活动。此次启动活动由陕西省文化和旅游厅指导，陕西省图书馆、陕西省图书馆学会、陕西公共图书馆服务联盟、商洛公共图书馆服务联盟主办，中共丹凤县委宣传部、丹凤县文化和旅游局、丹凤县竹林关镇党委政府承办，丹凤县图书馆陕西省朗诵协会协办。在活动现场，陕西省图书馆、商洛公共图书馆服务联盟各成员馆流动图书车为社会公众提供图书借阅，办理数字资源证，举办“两法一条例”展板宣传、摄影作品展、“纪念建党 100 周年”红色文献主题展等服务活动。自 4 月 23 日起，陕西省各级公共图书馆通过“演、颂、展、讲、读、荐 + 系列阅读推广活动”的模式，全面立体地开展全民阅读活动，在全省形成“读红色经典，传红色基因，扬红色精神”的氛围。（陕西省图书馆学会　霍彩玲　霍晓焰）

【陕西省图书馆加入丝绸之路国际图书馆联盟】9月2日，首届丝绸之路国际图书馆联盟大会在浙江杭州以视频会议形式举行。作为新加入该联盟的图书馆和"一带一路"节点图书馆的代表，陕西省图书馆馆长周云岳在交流发言中，从陕西位于古丝绸之路起点的文明与进步讲起，以陕西省作为"一带一路"核心区，致力于打造内陆改革开放新高地为引领，详细介绍陕西省图书馆近年来举办的系列"一带一路"主题讲座、公益课堂、读书会、图书展等活动，分享该馆在"一带一路"文献资源建设、专题数据库建设等方面所取得的成绩，希望借助该联盟平台，积极推进与各成员机构在馆员互动、业务交流、数据库资源建设等方面的合作与发展，共同促进国际文化交流合作。（陕西省图书馆　方明媚）

【陕西省图书馆城市书房"三立堂"面向社会免费开放】9月28日，陕西省图书馆城市书房"三立堂"落成开放仪式在省图书馆举行，省文化和旅游厅二级巡视员朱耀勋致辞，并与厅公共服务处处长谭佳峰一同为"三立堂"揭牌。省图书馆馆长周云岳致辞。"三立堂"位于省图书馆（长安路馆区）一楼南侧，面积300平方米，设阅览座席70个，提供文艺、史地、科技等热门图书7300册，报纸、期刊30种。读者持身份证或读者证刷卡入内，办证、查询、借还图书、电子阅读全程自助，并实现与总馆图书通借通还。（陕西省图书馆　方明媚）

【"第七届丝绸之路国际艺术节——丝绸之路国际艺术作品展"开展】12月1日，"第七届丝绸之路国际艺术节——丝绸之路国际艺术作品展"在陕西省图书馆开幕。此次展览以"承古传新　艺汇长安"为主题，展出来自不同国家和地区的非物质文化遗产作品及当代绘画、雕塑等作品，不同艺术形式齐聚一堂，既凸显出各个艺术门类的独特表现力，也体现出艺术作为"世界语言"的属性。（陕西省图书馆　方明媚）

【陕西省图书馆"文化助残"服务喜获殊荣】2021年，在文化和旅游部组织开展的2021年文化和旅游领域学雷锋志愿服务先进典型评选活动中，陕西省图书馆"文化助残"视障文化观影服务项目荣获全国"最佳志愿服务项目"；在中国盲文图书馆、中国盲人协会等主办的首届文化助盲志愿服务项目专项赛中，"悦读筑梦"视障儿童文化服务项目、"光影之趣"残疾人文化观影系列项目分获二等奖、三等奖，该馆同时荣获大赛"最佳组织奖"。（陕西省图书馆　方明媚）

【陕西省图书馆"红色延安"文献讲读公开课系列上线展播】2021年，陕西省图书馆开展"红色延安"文献讲读公开课项目建设工作。项目邀请延安市图书馆馆长薛景春从"毛泽东延安时期经典著作选读"、西北大学教授杨玉麟从"陕甘宁边区的图书馆事业"、延安革命纪念馆馆长茆梅芳从"毛泽东与《沁园春·雪》"、延安职业技术学院副教授文世龙从"陕北红歌咏党史"、西北大学教授胡宗锋从"外国记者看延安"等五个方面进行授课。课程在陕西省图书馆微信公众号、官方网站和B站等平台发布。（陕西省图书馆　方明媚）

甘肃省

【甘肃省文博系统古籍普查推进会暨工作培训班举行】5月25日，甘肃省文博系统古籍普查推进会暨工作培训班在兰州举行。此次会议由甘肃省文物局、甘肃省图书馆联合举办，来自全省39家博物馆等古籍收藏单位的67名工作人员参加会议。甘肃省图书馆馆长肖学智参加会议并讲话，介绍"中华古籍保护计划"的六项任务以及近年来全省古籍保护工作取得的成就，回顾图书馆系统的普查工作，明确文博系统古籍普查在全省古籍普查工作中的重要性及此次会议的目的，并对培训内容进行解读。甘肃省博物馆、武威市博物馆的代表分别在大会上做古籍普查工作经验分享。甘肃省图书馆副馆长李芬林主持会议。会议还安排了工作研讨、"全国古籍普查平台"著录培训学习和上机实践。（甘肃省图书馆学会）

【甘肃省两个项目入选第四批国家公共文化服务体系示范项目】2021年，文化和旅游部、财政部公布第四批国家公共文化服务体系示范区（项目）名单，甘肃省武威市"一站式"阅读服务和甘南藏族自治州"民族特色数字图书馆"建设被命名为国家公共文化服务体系示范项目。

自2013年以来，甘肃省共有3个城市、7个项目分别被列为国家公共文化服务体系示范区、示范项目。其中，甘肃省金昌市、张掖市、白银市分别被确定为第一批、第二批、第三批国家公共文化服务体系示范区，兰州市群众自发文艺团队建设机制、酒泉市“漂流图书”和定西市“百姓舞台”、陇南市康县“乡村舞台”和平凉市泾川县“城乡文化社团”分别被确定为第一批、第二批、第三批国家公共文化服务体系示范项目。（甘肃省图书馆学会）

【甘肃省10部古籍入选第六批《国家珍贵古籍名录》】12月8日，2021年全国古籍保护工作座谈会在湖北武汉召开，会上公布《文化和旅游部关于公布第六批国家珍贵古籍名录和第六批全国古籍重点保护单位名单的通知》，现场颁发入选证书和入选单位铜牌，甘肃省10部古籍和3家古籍收藏单位入选。10部古籍包括3部汉文古籍和7部藏文古籍，分属西北民族大学图书馆（汉文1部、藏文7部）、敦煌研究院（汉文1部）和甘肃中医药大学图书馆（汉文1部），至此，全省共有306部古籍入选《国家珍贵古籍名录》。3家古籍重点保护单位是西北师范大学图书馆、西北民族大学图书馆和张掖市甘州区博物馆，加上此前入选的甘肃省图书馆、兰州大学图书馆、拉卜楞寺藏经楼和天水市图书馆，全省已有7家全国古籍重点保护单位。（甘肃省图书馆学会）

【甘肃省图书馆3件修复作品荣获全国古籍修复技艺竞赛优秀奖】4月16日，由国家图书馆（国家古籍保护中心）举办的全国古籍修复技艺竞赛颁奖仪式暨古籍修复工作研讨会在国家图书馆举行，甘肃省图书馆选送的《铁舟画轴》、《火焰山》与《绎史》3件作品荣获优秀奖。（甘肃省图书馆学会）

【甘肃省图书馆第一届陇韵书香节举办】4月23日，甘肃省图书馆第一届陇韵书香节正式启幕。在为期6个月的书香节期间，甘肃省图书馆结合庆祝中国共产党成立100周年和党史学习教育，持续开展专家讲座、文化展览、经典诵读、知识竞赛等主题活动，推出甘肃省第一届“书香家庭”评选、全省红色经典诵读比赛、红色书屋进社区（学校）、阅读进地铁、爱心书籍捐赠、青少年红色读物展、陇右寻珍·西北地方文化推广等38项社会活动，引导社会各方力量参与全民阅读，积极创建和谐文化，大力培育文明风尚，助力“书香陇原”和文化强省建设。（甘肃省图书馆学会）

【“2021年中华古籍普查文化志愿服务行动·甘肃行”举行】7月中旬—8月中旬，由中华古籍保护协会组织发起，甘肃省古籍保护中心策划参与的“2021年中华古籍普查文化志愿服务行动·甘肃行”活动举行。在为期一个月的时间里，来自上海、云南、北京、四川、青海、天津、吉林、甘肃等地的30名志愿者及甘肃省古籍保护中心的专业技术人员，分别在兰州市图书馆、陇东学院图书馆、礼县博物馆、西和县博物馆、崇信县博物馆、张家川自治县博物馆、天水市博物馆和平凉市博物馆等8家文博单位开展古籍普查工作，共整理普查古籍3249部23600册。这是甘肃省古籍保护中心首次同时对省内文博、高校、公共三大系统开展古籍普查工作。（甘肃省图书馆学会）

【甘肃省图书馆首个陇右书苑正式揭牌】12月10日，甘肃省图书馆首个陇右书苑揭牌仪式在位于兰州市安宁区的“万科城·山望”举行。馆长肖学智、副馆长许新龙，兰州万科企业有限公司总经理李康等参加揭牌仪式并参观书苑。该书苑建筑面积约800平方米，藏书达3.8万余册，是省图书馆在全省范围内建成的首个陇右书苑，也是省图书馆与房地产企业合作开展的首个阅读推广创新项目。许新龙和李康共同为陇右书苑揭牌。（甘肃省图书馆学会）

【“深圳—敦煌”两地图书馆城际文化交流暨“大美敦煌”文化主题展举行】4月23日，由深圳图书馆、敦煌市图书馆共同主办的“深圳—敦煌”两地图书馆城际文化交流暨“大美敦煌”文化主题展在深圳图书馆正式启动。敦煌市图书馆馆长李凤玲应邀参加启动仪式，并与深圳图书馆签订馆际战略合作协议。“大美敦煌”文化主题展展期一个月，精选敦煌石窟艺术、敦煌壁画临摹及两关遗址、鸣沙山月牙泉等共计70余幅极具敦煌文化特色的摄影作品，吸引众多

读者驻足欣赏。（甘肃省图书馆学会）

【嘉峪关市图书馆武警支队分馆揭牌】4月23日，在嘉峪关市庆祝中国共产党成立100周年主题读书节启动仪式上，嘉峪关市文化和旅游局领导与武警嘉峪关支队领导共同签订文化共建协议，并为嘉峪关市图书馆武警支队分馆和武警嘉峪关支队数字服务驿站授牌。该分馆引入数字化阅读、自动化借还、智能化管理等创新技术，集纸质阅读、数字阅读、朗读体验、研讨交流、作品展示、休闲互动等6大功能于一体，打造成智能化、数字化、共享化、实用化的军地两用图书馆，为官兵提供全媒体式、交互式、沉浸式阅读空间，实现数字化线上互动学习，丰富官兵阅读体验。（甘肃省图书馆学会）

【嘉峪关市图书馆荣获全国文化和旅游系统先进集体称号】2021年11月，《人力资源社会保障部　文化和旅游部关于表彰全国文化和旅游系统先进集体、先进工作者和劳动模范的决定》发布，嘉峪关市图书馆被评为全国文化和旅游系统先进集体。近年来，该馆以习近平新时代中国特色社会主义思想为指导，深入学习贯彻党的十九大和十九届四中、五中、六中全会精神以及习近平总书记视察甘肃重要讲话和指示精神，始终坚持“一切为了读者”的服务宗旨，以文旅融合发展新需求为出发点，不断加强图书馆公共文化服务体系建设，创新服务方式，拓展服务职能，大力推进和发展数字图书馆，各项工作取得良好成效，年均图书借阅达10万册次，接待读者达13万人次。（甘肃省图书馆学会）

【第十七届兰州读书节“金城讲堂”红色主题巡讲活动举办】5月24日—6月7日，由兰州市委宣传部、市文明办、市文化和旅游局主办，兰州市图书馆承办的第十七届兰州读书节“金城讲堂”红色主题巡讲活动分别在兰州石化职业技术学院、安宁区长风小学等地举办，2000余名学生、教师、武警官兵等聆听讲座。活动组委会特邀兰州八路军办事处纪念馆馆长袁志学，兰州大学马克思主义学院客座教授、兰州战役纪念馆原馆长瓮志义，榆中县委党史办公室主任周学海，分别做题为“学习党的历史，牢记党的宗旨——中国共产党在甘肃兰州的革命斗争历史介绍”“一战定四省的兰州战役”“牢记初心使命，为党奉献一生——张一悟在甘肃革命事业中的重要贡献”的红色主题巡讲。（甘肃省图书馆学会）

【中国流动科技馆“跨界流动·助力基层”合水站巡展启动】8月2日，中国流动科技馆“跨界流动·助力基层”合水站巡展启动仪式在合水县图书馆举行，县文化和旅游局、县科学技术协会、县图书馆等单位的领导、工作人员以及社会公众等40余人参加启动仪式。此次巡展的50件展品涵盖数学、物理、生物、地理、信息技术等学科，包含人类自然科学各个阶段和各个方面的成就，大部分展品可以互动操作，让参观者在轻松愉悦的氛围中理解科学、感悟科学，提高自身科学素质。（甘肃省图书馆学会）

青海省

【青海省图书馆少儿馆荣获“全国巾帼文明岗”称号】3月7日，中华全国妇女联合会对全国城乡妇女岗位建功先进集体和个人进行评选表彰，经青海省妇女联合会推荐，青海省图书馆少儿馆荣获“全国巾帼文明岗”称号。（青海省图书馆　马晓茹）

【青海省图书馆收藏中国现存最古老撒拉族手抄本《古兰经》影印版】3月19日，青海省民族宗教事务委员会、少数民族古籍保护中心向青海省图书馆捐赠中国现存最古老撒拉族手抄本《古兰经》影印版。（青海省图书馆　马晓茹）

【青海图书馆联盟成立】10月20日，青海图书馆联盟成立大会在西宁召开。青海省文化和旅游厅党组成员、副厅长扎西，国家图书馆副馆长张军、东莞图书馆馆长李东来、青海省文化和旅游厅公共服务处处长刘玉昆等相关领导出席会议并讲话，青海省图书馆党委书记、馆长杜凯致欢迎辞。全省45家各级各类联盟成员单位负责人及代表参加启动仪式。东莞图书馆、苏州图书馆等单位向青海图书馆联盟发来贺信。（青海省图书馆　马晓茹）

【西宁市图书馆新馆开放运行】9月28日，

西宁市图书馆新馆正式对市民开放。新馆馆舍面积1.9万平方米，整体建筑共5层，阅览座席约1400个，总设计藏书量80万册，共设立28个服务功能区。馆舍整体设计融入“城市客厅”理念，针对不同群体阅读需求，精心打造“书海沁心”休闲沙龙区、“悦享夕阳”老年阅读区、“追光·征程”自习室、少儿阅览区、“河湟典韵”地方文献阅览区、文旅阅读专区和“文旅河湟”数字展厅等不同主题风格的阅读空间。自开放运行以来，新馆共接待服务读者71574人次，纸质文献借阅3060册次，办理读者借阅证1841人次。同时，延伸服务阵地，提升免费开放服务效能，为市民提供多样化的公共文化服务，麒麟湾公共文化服务点、24小时街区自助图书馆、阳光书吧等延伸服务站点均面向市民读者免费开放，全年文献流通16.97万册次。（西宁市图书馆　靳常生）

【海东市图书馆加强盲人阅览室建设】5月，海东市图书馆盲人阅览室正式开放，盲人阅览室占地30平方米，藏书800余册，内设有智能阅读器、便携式助视器、阅读阔视器等供全盲和低视力残疾人使用。截至2021年底，已开展视障读者服务培训班3期。（海东市图书馆　吕娜）

【“海南州5G数字图书馆”建设项目开工】7月29日，为进一步推进海南藏族自治州现代公共文化体系建设，提升公共文化服务的数字化、信息化水平，结合当前大力推行的大数据产业、数字文化发展之需要，按照州委、州政府的要求，由州发展和改革委员会统筹规划立项的“海南州5G数字图书馆”建设项目开工。该项目总投资8000余万元，全部由地方财政自筹解决，规划总建筑面积9790.14平方米，建设内容为原主楼两侧各地上3层的数字馆、少儿馆和前广场地下停车场（含1个防护单元人防工程）3个单体工程及内部信息化建设和相应的辅助设施等，是“十四五”期间州重点文化建设工程。（海南藏族自治州图书馆）

【黄南藏族自治州图书馆开展“我为群众办实事·送书下乡”文化服务活动】7月16—21日，黄南藏族自治州图书馆工作人员赴同仁市加吾乡、双朋西乡、保安镇、曲库乎乡等12个乡镇和行政村开展“我为群众办实事·送书下乡”文化服务活动。工作人员将各类书籍、期刊共500余册送到农牧民手里，以满足农牧民日益增长的精神文化需求和提升相关技能水平的需求。（黄南藏族自治州图书馆　李小梅）

【同仁市图书馆开展全民阅读“十进”活动】2021年，同仁市图书馆开展“让流动图书进农村、进社区、进校园、进机关、进寺院、进部队、进家庭、进企业、进工地、进敬老院”活动，分别在同仁市逸夫中学开展“光辉百年　书香传承”红色图书进校园主题活动，在隆务水岸建筑工地开展五一劳动节及全民阅读推广送温暖活动，深入霍日加社区开展“阅读庆中秋、书香庆国庆”阅读进家庭送书上门服务活动等。（同仁市图书馆　李玉红　任青吉）

【海晏县图书馆深入开展总分馆制建设】2021年，海晏县图书馆打造甘子河乡24小时自助微型分馆（海晏城市书房），用自助微型分馆建设延伸公共图书馆的便民服务空间，将总分馆制建设引向深入，填补海晏县智能化、全天候、无障碍、零门槛公共文化基础设施的空白，为海晏基层农牧区群众带来高科技阅读新体验。自助微型分馆内配套放置电子图书借阅机1台，借阅机内置3000册独家授权的精品正版图书，每月更新150册。（海晏县图书馆）

【民和回族土族自治县图书馆开展农家书屋及寺院书屋提质增效监督检查和培训工作】9月2日—10月29日，根据海东市委宣传部《关于做好农（牧）家书屋的通知》要求，民和回族土族自治县图书馆成立专项检查工作小组，通过查阅资料、实际检查、面对面指导、现场整改等方法，对全县22个乡镇文化站、312个村级农家书屋及44个寺院书屋的管理运行情况进行全面监督排查指导，重点对书屋图书管理登记、分类上架、借阅记录、阅读活动等进行检查和现场指导。（民和回族土族自治县图书馆）

宁夏回族自治区

【概况】截至2021年底，宁夏回族自治区公共图书馆馆舍建筑面积共16.86万平方米，阅览座席1.32万个。共有从业人员575人，其中专业技术人员335人（含中级职称164人、副高级职称57人、正高级职称12人）。志愿者服务队伍21个，共计1647人。文献总藏量777.20万册/件，其中包括图书654.34万册、古籍4.28万册、报刊62.29万件等；电子图书共计430万册。2021年当年财政拨款总经费12365万元，购书专项经费816.60万元。新增文献39.16万册。累计发放有效借书证34.26万个。全年接待读者421.37万人次，书刊文献外借300.61万册次。计算机共计1824台，其中供读者使用的电子阅览室终端1267台。各图书馆通过官方网站、微博、微信等方式向读者提供服务，全年网站访问量总计435.28万次。全年为读者举办讲座、展览、培训班等各种活动866场，参与读者达35.65万人次。其中：讲座244场，参与6.66万人次；展览238场，参与15.26万人次；读者培训196次，参与5.60万人次；全民阅读推广活动188场，参与8.13万人次。

加强人才队伍建设。宁夏回族自治区图书馆（以下简称“宁夏图书馆”）按照自治区宣传部、文化和旅游厅要求，高质量完成全自治区阅读推广人才培训班，培训学员108人；同时积极参加中国图书馆学会举办的各类培训17场，共计1000余人参加培训。银川市图书馆共有3人成为银川市学术技术带头人储备工程培养人。石嘴山市图书馆首次自主公开招聘事业单位工作人员1名。吴忠市图书馆举办“三区”人才线上培训班，邀请专家对“三区”图书馆专业技术人员、图书管理员等进行培训，参与学习881人次。海原县图书馆举办海原县基层文化人才培训班和海原县文化大院业务骨干能力提升培训班，基层服务队伍不断壮大。

基础设施建设持续发力，3个图书馆完成新馆建设，4个图书馆完成馆舍改造工程。宁夏图书馆完成中厅玻璃顶棚的维修更换，建设读者自带食品就餐区，更换充装灭火器310具；银川市图书馆新馆主体结构施工完成，给排水、采暖通风、电气及室外工程等陆续完工，预计2022年6月交付使用；银川市金凤区图书馆对新建的8个金凤悦书房硬件基础设施进行进一步提质升级，截至2021年底，已建成金凤悦书房16个，总面积1949平方米；石嘴山市图书馆情报资料室改造项目及城市书房（洗煤厂分馆）项目顺利完成；平罗县图书馆在13个乡镇、13个重点社区和3个移民村搭建乡镇社区数字图书馆听书馆平台；石嘴山市惠农区图书馆依托商场和社区新增2个城市书咖；青铜峡市图书馆裕民分馆于5月向读者开放，面积1260平方米；盐池县图书馆新馆落成，面积4500平方米；固原市原州区图书馆新馆正在建设中，面积4517平方米；泾源县图书馆新增珍贵文献室、地方文献室；西吉县图书馆新馆投入使用。

积极推进数字资源建设。宁夏图书馆建设完成“公共数字文化资源——2020年特色文化系列纪录片加工转化项目”；完成“听遍中国——塞上江南特色音频资源库”的区内验收以及“宁夏全域旅游文化推广微视频”“精准扶贫——塞上江南多媒体资源库（二期）”“听遍中国——塞上江南特色音频资源库”的终验资料整理，待国家发展中心最终验收；申报《诗词中的宁夏》《诗词中的宁夏·二》微纪录片和知识资源细颗粒度建设项目。永宁县图书馆制定《永宁县图书馆数字化建设方案》，永宁县数字化图书馆项目建设有序推进，预计2022年7月建设完成并投入使用。隆德县图书馆申请隆德县电视图书馆（数字农家书屋）业务购买资金15.46万元，便于公众随时利用电视机、手机、平板获取电视图书馆服务。中卫市图书馆策划中卫市智慧图书馆及图书馆红色体验区和文化建设军民融合项目，争取到项目资金242万元。

深入推进总分馆制建设。宁夏图书馆加强社区服务网点图书调配和调换工作，全年共调配调换图书31次、37000册次；新建6个服务网点，配备图书12120册。银川市图书馆新建阅读岛10个，全年流动书刊借阅127.8万册次，实现全市图书通借通还。银川市金凤区图书馆覆盖6个街道办事处的街道分馆已建设完成并投入使用，合计藏书13803册；辐射社区图书流通点40个，合计藏书29977册。银川市西夏区图书馆新建城市书房3个；新建幼儿馆外馆阅读联盟2个，配送适合学龄前儿童阅读的优秀绘本1000余册；新建景区分馆2个。灵武市图书馆新建分馆书香苑1个，实现“一卡通用，通借通还”。贺兰县图书馆已建立以总馆为龙头，以4个社区为分馆、16个城市阅读岛及64个农家书屋为流通点的总分馆服务体系，全年为城市阅读岛配送图书8500册。永宁县图书馆新建分馆2个，藏书近4000册，正在逐步推进全县公共图书馆总分馆制建设。石嘴山市图书馆在洗煤工业遗址公园厂分馆设置4个阅览区域，藏书3000余册；为9个图书流通点开展“书香飘基层”图书流动配送活动10场，与石嘴山市消防救援支队共建“书香消防　流动书屋”1个。石嘴山市大武口区图书馆新建城市书房10个，配备图书近2500册、报纸1000余份、杂志500多本。石嘴山市惠农区图书馆新建城市书咖2个，配备图书1650册、期刊479册。青铜峡市图书馆新建分馆1个。盐池县图书馆已建成分馆11个，配备图书共计14986册。吴忠市红寺堡区图书馆建成分馆5个，共配备电脑40台，与宁夏图书馆共享免费数字文献资源5.93TB。泾源县图书馆已建成分馆8个，全县乡镇实现分馆建设全覆盖；建成村综合文化服务中心（文化室）96个，搭建起总分馆建设基本运行框架，全县总馆、分馆实现图书统一采编、资源统一调配。隆德县图书馆新建分馆1个，累计建成分馆3个。西吉县图书馆新建乡镇分馆4个。固原市原州区图书馆已建成分馆6个。中宁县图书馆新建乡镇分馆5个，并安装一组有声听书墙。海原县图书馆新建分馆2个，实现全县乡镇分馆全覆盖。

多措并举做好新冠疫情防控和读者服务工作。10月，在自治区文化和旅游厅的号召下，各级公共图书馆领导班子带头、广大干部职工闻令而动，除集中隔离或特殊情况者，均积极为社区疫情防控贡献力量，为打赢疫情防控歼灭战、阻击战贡献图书馆人应有的作为。宁夏图书馆全年共接待读者74.1万人次，文献流通35.6万册次；微信公众号发布推文665篇，阅读量33.4万人次；数字资源访问量417.7万人次。银川市图书馆新增读者证11333张，“你买书·我买单”活动借出书籍467册。银川市西夏区图书馆让读者根据自己的需求来“点菜”，由图书馆提供“菜单”并负责“上菜”，并将图书发放到22个馆外公共借阅点进行图书配备征集。贺兰县图书馆在暑假期间，分两期面向全县大、中、小学生招募19名志愿者成为“小馆员”，这些志愿者经培训后被安排在假期最为繁忙的少儿阅览室、成人阅览室开展志愿服务。永宁县图书馆在寒暑假开展“我是图书小馆员”志愿服务活动，将少年儿童“请进来”，带领读者“走出去”，拓宽读者服务的深度与广度。吴忠市图书馆在疫情防控期间，在该馆微信公众号开设微网站栏目，上线党建书屋、建党100周年、少儿绘本、防疫专题等资源，全年发布推文101篇。吴忠市利通区图书馆在“小小图书管理员志愿者”活动中招募9名中小学志愿者参与图书管理。吴忠市红寺堡区图书馆为红寺堡一中4000余名师生提供零门槛、全面免费开放服务。青铜峡市图书馆全年为基层农家书屋开展业务指导58次，荣获第九届全国服务农民、服务基层文化建设先进集体。隆德县图书馆全年为读者开展“送书上门”志愿服务30人次、400册次。中卫市图书馆共接待企事业单位和社会团体来馆开展“主题党日活动”5次、520余人次。

加强特殊群体服务。银川市图书馆全年举办少儿亲子活动65场、“共享阳光　爱心助盲”活动11场、“关爱老年人”重阳节特别活动6场。银川市金凤区图书馆及各金凤悦书房建设时全部设置缘石坡道，并为残障人士、进城务工人员、农村留守儿童等特殊群体开展有针对性的阅读服务。灵武市图书馆开展亲子阅读活动27场、非遗剪纸培训10场，联合灵武市残疾人联合会开展残疾人文化进家庭“五个一”活动2场。永宁县图书馆为少年儿童开展各类活动29场；组织残疾人开展“阅经典　咏诗文　贺百年辉煌”红色经典诵读比赛；走进敬老院开展“我们的节日——爱暖重阳节·敬老新风尚”关爱活动，组织志愿者到孤寡老人、空巢老人家中开展送图书、慰问、打扫、谈心等志愿服务。平罗县图书馆与辖区内幼儿园、小学开展亲子阅读活动6场；向平罗县残疾人联合会提供支持资金6万元，增加盲文图书100册、音像资料100盘。吴忠市图书馆为少年儿童开展各类活动16场，参与读者760人次；探索举办“吴忠讲堂”3期，参与读者170名。青铜峡市图书馆为1所学校、2个敬老院播放《建党伟业》《血战湘江》等17部新老电影20场，为32户弱势群体读者送书刊118次520余册、报纸158份。泾源县图书馆投入8万元采购盲文图书350册，填补残障阅览区藏书空缺；新增低幼区图书绘本800册，为低龄儿童开展活动5次。隆德县图书馆为未成年人（留守儿童）、老年人、残疾人开展各类阅读活动35场。海原县图书馆新建县儿童福利院流动图书室1个，配送少儿读物1028册/件以及少儿书柜、阅览桌椅等。

文化扶贫工作有序开展。贺兰县图书馆发挥文化在“扶志”“扶智”中的作用，依托欣荣村分馆开展群众阅读活动和“四点半红领巾小课堂”，并聘用2名大学生志愿者长期为留守儿童进行课业辅导。石嘴山市图书馆3次为脱贫户捐赠图书，并送去教育扶贫资金2900元。吴忠市图书馆组织全体干部职工赴同心县河西镇同富村开展扶贫一对一帮扶工作4次。青铜峡市图书馆为4个移民村分编配送图书340册。泾源县图书馆成立文化“三下乡”暨送书下乡工作领导小组，全年开展“送书下乡”活动20余场，送出各类图书、期刊13500多册；通过扫码关注的方式，为农村群众推荐来自“泾源县图书馆”微信公众号的数字图书，用户在关注公众号后即可免费获得20余万册电子图书资源。海原县图书馆13名干部职工对口帮扶72户，其中2名党员干部作为驻村第一书记帮扶开展扶贫工作，指导153个村级文化服务中心（农家书屋）开展日常免费开放图书阅读服务，助力全县乡村振兴战略实施。

全民阅读活动精彩纷呈，阅读推广服务品牌建设工作持续推进。宁夏图书馆全年举办线下展览18场、线上展览37场，举办塞上讲坛、朔方人文科学大讲堂、书香微讲堂等讲座16场，举办“为爱朗读”等各类阅读推广活动58场以及2021年“塞上书香节”暨“4·23”世界读书日系列活动，人民网、《新消息报》、《银川日报》、《银川晚报》、宁夏新闻网、今日头条、宁夏自媒体联盟等30多家媒体予以报道宣传。银川市图书馆围绕“书香银川·银川书香”总主题，开展各类主题活动18场、“银川读书日”系列活动12场、“我们的节日”系列活动49场。银川市金凤区图书馆在各金凤悦书房开展“悦读月分享”优秀读者评比活动及其他阅读推广活动，每个月进行一次阅读分享。银川市西夏区图书馆开展“悦读贺春”春节主题活动、“我眼中的图书馆”摄影大赛、“感党恩，铸国魂”诗歌献给党大型朗诵会等全民阅读活动30多场。永宁县图书馆利用“和美永宁”“永宁县文化旅游广电局”“永宁县图书馆”等微信公众平台定期向读者推荐好书，全年开展各类线上阅读活动106场、线下阅读活动110场。石嘴山市图书馆举办展览5场、各类阅读活动15场，与石嘴山综合广播联合推出《书香石嘴山》“FM95.4图书馆荐书”活动10期。吴忠市图书馆以“我们的节日”为主题，开展各类阅读活动34场，其中承办“铭记光荣历史　传承红色基因”——2021年吴忠市“我们的节日”清明诗会，举办吴忠市“红色精神代代传”青少年硬笔书法比赛。吴忠市利通区图书馆举办“汉字听写大赛”，弘扬中华汉字文化。青铜峡市图书馆开展“巧手涂沙画、亲子同欢乐”亲子阅读及亲子共读绘本故事主题活动，与广武中心小学合作开展“党在我心中”读书征文活动及“我和祖国共成长”绘画/手抄报征集活动。隆德县图书馆持续开展“我的隆德·我的书屋·我的梦”暨“我是小小领读员”新时代文明实践系列活动，结合建党100周年主题开展红色诗文朗诵、传统文化体验活动等25场，举行“百年华诞　书香隆德”线上朗诵系列活动9期。西吉县图书馆开展“‘丁香杯’我心中的妈妈”“七彩家风代代传”等全民阅读活动40余场。中卫市图书馆利用中卫市数字图书馆开展“纸短情长见字如面——过年话家书”“我爱你，中国——最美中国年画展”等数字阅读推广活动83次，举办“书香中卫大讲堂”9期、“书香中卫·朗读有你”3期以及其他阅读分享活动4次；该馆申报的“新时代文明实践中心——新墩花园社区”入选中国图书馆学会评选的2021年全国“书香社区”发现活动名单，这也是宁夏全自治区唯一入选的社区。中宁县图书馆利用微信公众号推出“党史上的今天”特色推文197期，推送线上展览29场、线上主题讲座15期、线上阅读活动13场、“绘声绘色·童沐书香——晓素姐姐讲故事”14期。海原县图书馆在“4·23”世界读书日期间与各分馆开展少儿朗诵、征文比赛等阅读活动40余场，开展送图书进景区、进校园、进社区、进乡村等图书阅读“七进”活动26场，与多个小学合作开展少儿阅读演讲比赛7场。

古籍保护工作有序开展。宁夏图书馆承办国家古籍保护中心主办的第四期《中华古籍总目·分省卷》编纂研修班，完成对宁夏地区7125条古籍数据的分类、《册府千华——宁夏回族自治区珍贵古籍特展图录》的编纂及《宁夏回族自治区图书馆藏民国期刊创刊号图录》的最终审校核对工作。西吉县图书馆设立典藏室，截至2021年底有古籍320册；针对现有古籍老化、破损问题，按照古籍特藏书库基本要求争取上级部门的资金补助，切实改善古籍管理和保护的设施条件。（宁夏图书馆学会　刘丹）

【宁夏回族自治区图书馆参与制作的《宁夏明长城》纪录片入选2020年度第四季度优秀国产纪录片】2月，在国家广播电视总局发布的60部2020年第四季度优秀国产纪录片名单中，由文化和旅游部全国公共文化发展中心、全国文化信息资源共享工程宁夏分中心、宁夏图书馆等单位联合制作的纪录片《宁夏明长城》入选。纪录片《宁夏明长城》是宁夏图书馆2018年向文化和旅游部全国公共文化发展中心申报的《宁夏长城》系列纪录片项目成果，该纪录片于2020年11月在宁夏电视台卫视频道播出。（宁夏图书馆学会）

【宁夏回族自治区图书馆开展2021年“塞上书香节”暨“4·23”世界读书日系列活动】4月23日，2021年“塞上书香节”暨“4·23”世界读书日系列活动以“赓续红色百年·馥郁书香塞上”为主题，在宁夏图书馆南广场启动。启动仪式上，主办方邀请区内知名作家、阅读推广人诵读红色经典篇目并分享创作和阅读心得，宣读《“永远跟党走·好书伴一生”全民阅读倡议书》等活动。此次系列活动持续至6月1日，包括红色文化图书展、“童心永向党”悦读分享会、“传承黄河文化·讲好黄河故事”朔方人文科学大讲堂、“书香宁夏”微讲堂、优秀图书和文创产品展示展售、传统文化手作体验、数字化设备体验、“行走的图书”图书漂流等8项活动，由宁夏回族自治区党委宣传部、自治区文化和旅游厅等主办，宁夏广播电视台、宁夏图书馆等承办。（宁夏图书馆学会）

【“朔方人文科学大讲堂：塞上江南的前世今生——黄河文化在塞上”开讲】4月23日，由宁夏回族自治区党委宣传部主办，宁夏社会科学界联合会、宁夏图书馆承办的“朔方人文科学大讲堂：塞上江南的前世今生——黄河文化在塞上”主题讲座在该馆一楼报告厅开讲，现场参与读者300多人。此次讲座主讲嘉宾为自治区纪委监委驻自治区党委宣传部纪检监察组组长王振升。讲座分为远古的宁夏、引黄灌溉工程、灌溉技术及管理制度、历史故事、天下黄河富宁夏、风流当代、黄河流域生态保护和高质量发展先行区等几个部分，围绕宁夏引黄古灌区开发，系统介绍世界灌溉遗产——宁夏引黄古灌区的历史文化及宁夏黄河流域独特的自然和人文风光。（宁夏图书馆学会）

【宁夏回族自治区图书馆“书香宁夏　为爱朗读”走进西吉开展捐书普法进校园联合主题党日活动】5月27日，由宁夏图书馆和宁夏广播电视台交通广播共同举办的“书香宁夏　为爱朗读”品牌阅读推广活动来到西吉县偏城乡北庄小学，开展“庆祝建党100周年·我为群众办实事”之捐书普法进校园联合主题党日活动。此次活动由宁夏图书馆党支部、宁夏广播电视台交通广播党支部、辅德律师事务所党支部、宁夏回族自治区红十字会党支部共同开展，为北庄小学捐赠价值13000元的少儿读物用于建设“快乐图书室”，以及价值2000元的医用口罩、价值4000元的体育用品。此次活动还为学校师生讲解《中华人民共和国未成年人保护法》，为当地村民普及《中华人民共和国民法典》，传授急救知识，开设“为爱朗读”声音课堂。200人次参与活动。（宁夏图书馆学会）

【宁夏回族自治区图书馆举办庆祝中国共产党成立100周年系列活动】2021年，宁夏图书馆紧扣“永远跟党走”主题，将阅读推广活动与党史学习教育充分结合，采用线上线下、全区联动、分散同期办展的形式，全方位呈现宁夏红色革命文化的丰富内涵，陆续举办“寻访红色足迹——共产党人的革命之路”“中国共产党党史上的第一——庆祝中国共产党成立100周年特展”“宁夏党史教育专题展”等展览，同步开展朔方人文科学大讲堂、数字阅读体验等阅读推广活动，积极发挥文化阵地作用，引导广大读者在阅读中感悟中国共产党的光辉历程和时代变迁，在阅读中传承红色基因，坚定永远跟党走的信心。（宁夏图书馆学会）

【第四期《中华古籍总目·分省卷》编纂研修班举办】7月26日—8月2日，由国家古籍保护中心主办、宁夏回族自治区古籍保护中心承办的第四期《中华古籍总目·分省卷》编纂研修班在宁夏图书馆开班。宁夏图书馆馆长韩彬、副馆长吕毅、副馆长陶爱兰，国家古籍保护中心研究馆员庄秀芬，湖南图书馆研究馆员寻霖出席开班仪式。此期研修班为期8天，采取理论与实践相结合的教学模式，课程安排包括《中华古籍总目·湖南卷》编纂工作谈、《中华古籍总目·分省卷》分类课程与实践、《中华古籍总目·分省卷》款目组织等，来自全国23个省（自治区、直辖市）32家古籍收藏单位的55位古籍编目人员参加培训。（宁夏图书馆学会）

【"童阅汇"青少年阅读推广计划走进宁夏特殊教育学校】9月29日，由宁夏图书馆、宁夏广播电视台黄河云融媒体中心、宁夏广播电视台电视节目中心少儿频道联合举办的"童阅汇"青少年阅读推广计划走进宁夏特殊教育学校，开展以"迎双节　关注特需儿童　友谊与爱同行"为主题的推广普通话与传承中华经典文化特别活动。来自银川市二十一小学和银川市兴庆区回民第二小学（观湖校区）的学生与宁夏特殊教育学校学生一起进行朗诵与阅读的交流，并互赠图书。活动采用线上直播的方式，最高在线观看人数近5万人次。（宁夏图书馆学会）

【银川市图书馆参与"爱心接力　循环使用"辅助器具免费借用公益项目】7月9日，银川市图书馆接收到来自宁夏残疾人康复中心配送的轮椅、助视器、拐杖等辅助器具，并将辅助器具配发到该馆残障读者服务部、期刊部等需求部室，以方便特殊人群使用。"爱心接力　循环使用"辅助器具免费借用公益项目是为有需求的残疾人、老年人、体弱者、孕妇、突发外伤者等人群提供临时性、短期、无偿的辅助器具服务，以此实现辅助器具资源利用最大化。（宁夏图书馆学会）

【银川市图书馆举行"红色经典　献礼百年"阅读活动暨银川市图书馆第十九届"暑期荣誉小馆员"开班仪式】7月13日，"红色经典　献礼百年"阅读活动暨银川市图书馆第十九届"暑期荣誉小馆员"开班仪式在该馆举行。此届活动从7月13日至8月10日分4期进行，每期招收6名10岁至15岁的在校中、小学生成为"暑期荣誉小馆员"，分别到该馆少儿部、外借部、流通部、采编部进行图书馆实践工作。（宁夏图书馆学会）

【石嘴山市首家共享书屋与城市书房建成开馆】3月15日，石嘴山市首家共享书屋在龙泉村文化广场落户，所在社区的居民、学校学生在此可以自由捐赠、自由取阅、自由归还、自由阅读书籍，最终实现图书共享。12月17日，市委宣传部、市文化旅游广电局等部门共同举办石嘴山市城市书房（洗煤厂分馆）开馆揭牌仪式暨著名画家周一新图书捐赠活动。宁夏书画院院长、中国美术家协会会员周一新向石嘴山市捐赠珍贵文献资源2000余册，黄河出版传媒集团同时捐赠价值2万元的图书。（宁夏图书馆学会）

【吴忠市图书馆承办2021年吴忠市"我们的节日"清明诗会】4月2日，由吴忠市文明办、市文化旅游体育广电局、市新闻传媒中心主办，吴忠市图书馆等承办的"铭记光荣历史　传承红色基因"——2021年吴忠市"我们的节日"清明诗会在吴忠市文化馆举行。此次活动在吴忠市设立主会场，在青铜峡市、盐池县、同心县、利通区分设4个分会场，并通过"看吴忠"app、"微吴忠"微信公众平台进行现场直播，点击观看人数达3万余人次。（宁夏图书馆学会）

【"幸福灵武"新时代文明实践专线发车仪式举行】12月3日，灵武市基层宣讲创新工作的"幸福灵武"新时代文明实践专线发车仪式在灵武市图书馆举行，该馆志愿者参加活动。"幸福灵武"新时代文明实践专线将扩展到全市所有公交线路，广泛动员基层群众参与文明实践活动，真正打通宣传群众、教育群众、关心群众、服务群众"最后一公里"，不断推动党的创新理论"飞入寻常百姓家"。（宁夏图书馆学会）

【永宁县图书馆举办"深情告白我的党"青少年绘画大赛】7月31日，由永宁县文化旅游广电局主办、永宁县图书馆承办的"深情告白我的党”青少年绘画大赛在该馆举办。此次大赛分为水粉画、水墨画、水彩画、亲子创意手工画4种类别，有200名青少年报名参加。大赛共评选出获奖选手31名，获奖选手获颁荣誉证书与奖品。（宁夏图书馆学会）

新疆维吾尔自治区

【概况】截至2021年底，新疆维吾尔自治区有各级公共图书馆109个，总建筑面积39.45万平方米，其中书库建筑面积10.08万平方米、阅览室建筑面积14.39万平方米。有分馆及流通站2189个。从业人员950人，其中高级职称128人、中级职称340人、初级职称272人。入藏文献资源总量1178.62万册，其中汉文文献1094.6万册、少数民族文字文献84.02万册。电子资源容量908.14TB。持证读者65.95万人。2021年纸本资源购置费1556.38万元，电子资源购置及更新费463.44万元。全年借还文献297.02万册次，流通457.07万人次。举办展览3575场次，受众257.82万人次；举办讲座1741场次，受众24.53万人次；开展线上阅读推广活动2706场次，受众239.54万人次；举办培训272场次，受众3.6万人次；开展其他各类活动3940场次，受众247.88万人次。

自治区各图书馆深挖馆藏文献，整合数字资源，建立“红色基因库”。新疆图书馆“红书房”“总书记书柜”、巴音郭楞蒙古自治州图书馆“红色书屋”及党史文献展馆、克拉玛依市图书馆“城市书房”、巩留县图书馆“石榴籽书屋”等，为党员干部搭建学习平台，让本地红色文化资源得到充分利用。同时，整合推出多种红色数字资源，其中新疆图书馆推出红色文献专架和“红色电子书瀑布流”，利用“云”模式打造党史学习教育电子书墙，实现数字资源“码”上看、“码”上听、“码”上学；阿克苏地区图书馆开通线上党建云平台，实现党史、党建数字资源整合。全自治区图书馆党史学习教育数字资源累计访问2000余万次。

扎实推进全民阅读工作深入开展。新疆图书馆以“4·23”世界读书日全民阅读活动为切入点，精选文献实物、图片和音视频资料，举办“阅百年历程　传精神力量”党史学习教育主题展览，并向全自治区党政机关、企事业单位、社会团体提供“看展览、听讲座、读经典、唱红歌、谈感悟”全流程、“订单式”党员教育服务，全年接待观展团体1000余家，入馆观展读者逾150万人次，成为年度自治区党史学习教育最红打卡地，被自治区直属机关工作委员会挂牌“自治区直属机关党员教育基地”。自治区各图书馆围绕“阅百年历程　传精神力量”活动主题，打造出不同地域的党史学习教育名片。新疆图书馆线下举办“昆仑讲坛”之“四史”讲座、“尚书品读”、“百年芳华　阅享未来”主题朗诵会，线上推出党史知识竞赛、红色故事听书馆等系列活动；和田地区图书馆推出“听声和田·朗读者”系列活动，用最美的声音歌颂党的百年华诞；吐鲁番市图书馆开展“建党100年，经典阅读推广”全民阅读主题活动；伊犁哈萨克自治州图书馆举办“国学讲堂”系列活动，弘扬中华优秀传统文化，讲述红色故事；塔城地区图书馆“巴克图讲坛”、巴音郭楞蒙古自治州图书馆“楼兰大讲堂”、吐鲁番市图书馆“丝路明珠”讲座，打造面向基层的红色文化宣讲平台。自治区各图书馆开展各类党史学习教育1.32万余场次，服务各族群众1000余万人次，《人民日报》、“学习强国”平台及地方媒体等报道300余次。

强化自治区联动效应，加大资源共享力度。新疆图书馆带动自治区108个公共图书馆、35个高校图书馆“一盘棋”、高标准开展党史学习教育。各馆通过展板、易拉宝展架、移动展览、海报形式送“阅百年历程　传精神力量”党史学习教育主题展览进机关、进学校、进社区、进景区、进军营、进机场车站、进农家大院，累计接待观展团体3723家，接待读者200万人次。新疆图书馆先后推出党史学习教育“码”上学数字资源7期，同时向自治区基层发放附有此次活动二维码的纸本海报120万份。

助力社保卡赋能。4月23日，自治区文化和旅游厅、新疆图书馆联合自治区人力资源和社会保障厅赋能社保卡图书借阅功能，开通社保卡读者证服务并推进覆盖自治区公共图书馆，有效降低公共文化服务门槛。阿克苏地区图书馆、昌吉回族自治州图书馆率先在本地域推出该项服务，其他地州陆续推进。

传承发展中华优秀传统文化。各地公共图书馆通过“七进”走基层开展“春节年俗展”“端午华彩　古籍流韵”“月满中秋　情系阅读”等相关活动，切实提高传统节日文化的

"浸润度"和"滋养度"，全年累计举办线上、线下中华优秀传统文化主题活动1500余场次，服务读者217万人次。昆仑尼山书院在新疆图书馆、伊犁哈萨克自治州图书馆、博尔塔拉蒙古自治州图书馆等地陆续挂牌成立，共举办民俗体验、国学课堂、红色故事会等活动30余场次，受众1700余人次。新疆图书馆与自治区文博院、自治区文物考古研究所共同推出线上"昆仑讲坛"之"考古中国""探秘新疆"系列文物讲座；承办"雨润天山"第十批援疆庆祝建党100周年主题书法展并推出"云观展"模式，增强各族群众对中华文化的认同，线上、线下观展2.5万人次。

全面推进总分馆制建设。截至2021年底，全自治区已建成基层图书馆分馆808个，其中依托文化和旅游系统所属公共文化设施建成分馆718个，依托其他公共文化设施建成分馆90个。克拉玛依、昌吉、巴音郭楞、吐鲁番等地图书馆总分馆制建设成效明显，基本实现地域资源共享、通借通还。

重点文化工程有序推进。启动《中华古籍总目·新疆卷》编撰工作，已完成新疆图书馆目录核对1342种；完成新疆入选《国家珍贵古籍名录》数字化ACCESS数据库文献整理登记表及书目数据表的名录号校正；新疆图书馆选送的《南雷文约》《元诗选》两部作品获得国家图书馆（国家古籍保护中心）举办的全国古籍修复技艺竞赛优秀奖。完成2015—2020年度数字图书馆推广工程资源建设38个项目结项。开展地方特色资源验收工作，推进少数民族语言译制资源项目。

决策信息服务领域逐步拓展。新疆图书馆先后为自治区纪委办公厅等单位检索专题文献350余篇；结合新疆工作总目标，依托馆藏信息资源，编制自治区两会专题资料汇编并开展信息咨询服务，提供《疫情防控和经济社会发展》等8个主题文献800份，为参会代表提供文献参考。（新疆图书馆学会　赵燕）

【**新疆图书馆概况**】2021年，新疆图书馆不断创新服务形式，拓展服务内容，提升服务效能，全年接待读者157万人次、图书借还37万册次，数字资源点击量2000万余次。全年入藏中文图书3555种1.1万册，订购期刊2113种、报纸341种，文献整理60万册。新建人民剧场分馆、红山书房、新疆生产建设兵团政法干警培训中心分馆等分馆12个，流通图书2万余册次，协助分馆开展阅读推广活动30余场。线上阅读推广服务不断深化，读者人数成倍增长。其中移动数字图书馆app读者登录32.8万人次，电子资源总点击量1727.87万次；微信、微博新媒体平台用户数总计13.8万人，微信用户突破10万人，发布微信推文1000余篇，总阅读量达百万人次。全年举办线上、线下阅读推广活动161场次，参与读者达270万人次。

打造党史学习教育新高地。新疆图书馆探索党员教育和图书馆业务融合新模式，开展昆仑讲坛"四史"专题讲座，书香佳苑——红色故事会，建立红色文献主题书房——"红书房"，推出"阅百年历程　传精神力量"党史学习教育主题展览之5个分展览，分别为"光辉历程红色文献展""中共一大到十九大专题展""马克思主义在中国""中国精神""中国英雄"，截至12月底，共接待观展单位团体1000余家，人数突破150万人次。设立线上党史学习教育初心馆，通过新媒体平台推送"有声党建""一起学党史""党在新疆100年"等专题内容，举办线上党史展览、红色诵读、听书打卡、知识竞赛等主题活动，搭建党建云平台，汇集300余种党刊、3000余册党史文献和音视频资源。全年线上党史学习教育数字资源点击量495万次，线上活动参与读者达470万人次。同时推出党史学习教育主题"云展览"，运用三维动态视景和实体行为的系统仿真，沉浸式体现馆内党史学习教育主题展览内容。举办"童心向党·礼赞百年"红色教育系列主题活动，征集乌鲁木齐市中小学生红色故事投稿1000余件，通过新疆广播电视台《小鬼当家》节目和微信公众号展播。同时，将入党誓词作为雕版印刷体验内容，采用演示与体验相结合的方式，开展"重温入党誓词"雕版印刷体验活动。

着力提升服务效能，提升读者借阅体验。结合读者对馆藏文献的借阅需求，提高文献资源利用率，将读者证借阅册次增加为10册，借期延长至60天。正式开通电子社保卡作为读者证的服务模式，提高有效读者覆盖面，提升市民借阅便捷度。

传承中华传统文化，倡导全民阅读。围绕

春节、端午、中秋等传统节日，策划举办“赏春意　品书香　暖万家”——新疆图书馆阅读春晚、“粽香传文化　彩绳系浓情”——端午民俗体验活动等，将传统节日文化与阅读活动有机融合，有效诠释中华节日的人文内涵。组织策划“少儿诗词脱口秀”“悦读欢乐豆·绘本时光”等针对青少年群体的主题活动，引导小读者崇尚、热爱传统文化。

构建传统文化宣传新阵地。设立“古籍微书院”“我们的节日”“讲好新疆故事”栏目，宣传推广古籍版本与装帧知识，介绍传统节日背后蕴含的人文价值和精神内涵。结合馆藏地方文献和西域文化，推送新疆主题故事，共发布原创推文30余篇。联合自治区文博院、自治区文物考古研究所共同推出线上“昆仑讲坛”之“考古中国”“探秘新疆”等系列文物讲座，现已推送石城子遗址、克亚克库都克烽燧遗址介绍，阅览达2000人次。同时主动走进机关、军营、校园、社区推动中华优秀传统文化传承，在乌鲁木齐市第64小学、新疆图书馆分馆馨语书房、新疆生产建设兵团政法干警培训中心等地开展“端午华彩　古籍流韵——传统文化进校园活动”和“万水千山‘粽’是情·诗词朗诵品粽香活动”。

援疆文化温暖人心。5月，国家图书馆向新疆图书馆及全自治区图书馆赠送国图公开课、图书荐读等数字文化资源，进一步丰富文化润疆内容，搭建文化共建平台。山东省图书馆援建的中华优秀传统文化共建共享项目——昆仑尼山书院正式揭牌落地，促进中华优秀传统文化在新疆的传承与发扬，全年共举办传统节日和节气文化体验活动、国学普及、亲子阅读等活动10余场。联合自治区党委组织部、新疆生产建设兵团组织部策划展出“雨润天山”第十批援疆庆祝建党100周年主题书法展。同时，联合国家图书馆开展“春雨工程·网络书香”数字阅读推广活动，向察布查尔锡伯自治县图书馆捐赠1.5万册图书和《中华传统文化百部经典》，并依托“网络书香·阅见美好”微信小程序，遴选各类主旋律阅读资源，在察布查尔县图书馆举办精品资源展，同时为各乡镇文化中心配发数字阅读海报。

2021年，文化和旅游部部长胡和平、党史学习教育中央第十指导组成员及自治区领导先后到馆调研，视察、指导党史学习教育主题展览、公共文化服务效能、智慧图书馆建设等工作，并给予充分肯定。新疆图书馆获得“自治区民族团结进步示范单位”“自治区直属机关党员教育基地”等多项荣誉，新疆图书馆少儿部获得“馆藏万卷润童心　书香满堂致良知”锦旗。（新疆图书馆　苑金海）

【新疆图书馆举办“书香天山·全民阅读”社保卡读者证启动仪式】4月23日，“书香天山·全民阅读”社保卡读者证启动仪式在新疆图书馆举行。自治区人力资源和社会保障厅信息中心主任朱文杰、副主任谷小勇，新疆图书馆馆长历力和读者代表100余人参加仪式。此次活动联合自治区人力资源和社会保障厅，以社保卡作为读者证，读者扫码免押金就可实现图书借阅，2100万名新疆社保卡有效持卡人都将成为新疆图书馆的读者。社保卡读者证开通是图书馆智慧借阅服务模式的实践，全自治区各级公共图书馆将陆续启用社保卡（含电子社保卡）作为读者证，以实现图书借阅、图书查询以及访问馆藏数字资源等功能。（新疆图书馆学会　赵燕）

【新疆图书馆开展“昆仑讲坛”系列活动】4月23日，新疆图书馆“昆仑讲坛”迎来新馆开馆后第一讲，特邀新疆师范大学教授、博士生导师孙秀玲以“学好百年党史　汲取奋进力量”为题做讲座，来自新疆艺术剧院歌剧团、兵团文化中心、新疆图书馆100余名干部和读者朋友们共话党史学习。截至12月底，新疆图书馆结合“四史”学习，共推出“学党史　悟思想　办实事　开新局”“中国共产党为什么能？——学习历史，凝聚共识：中国共产党永远立于不败之地的教育实践密码”等讲座5场次，红色故事会2场次，各族群众800余人次参与活动。（新疆图书馆学会　赵燕）

【昆仑尼山书院揭牌落地新疆图书馆】5月14日，山东省援建昆仑尼山书院揭牌落地新疆图书馆。昆仑尼山书院遵循生活化、通俗化、地方化和科学化的理念，立足地方特色，贴近百姓生活，通过经典诵读、国学讲座、礼仪教育和道德实践活动让读者在学习知识、启迪思维、开拓视野中提升人文素养。此次揭牌活动是山东省图书馆援建新疆图书馆“文润新疆，智拓视界”中华优秀传统文化共建共享项目的重要部分，书院的成立是弘扬中华优秀传统文化，实施“文化润疆”工程的重要举措，年内还分别在伊犁哈萨克自治州图书馆、博尔塔拉蒙古自治州图书馆相继揭牌落地。（新疆图书馆学会 赵燕）

【“百年正青春”——新疆图书馆党史学习教育宣讲进校园】6 月 18 日，“百年正青春——经典诵读音乐会”在新疆师范大学举办，此次活动由新疆图书馆、新疆师范大学、新疆广播电视台联合主办。新疆图书馆馆长历力以“以史润心，厚植爱党之情”为主题进行宣讲，介绍新疆图书馆党史主题展览情况，同时为同学们介绍该馆推出的“奋斗百年路 启航新征程”——党史教育“码上学、码上听、码上看”党史学习电子书墙。此次活动以新疆图书馆党史学习教育宣讲进校园为主题，充分展示该馆优质的红色资源，及时将党的“好声音”传达给每位正值青春年华的大学生们，激发他们对党史学习的浓郁兴趣，营造良好的校园学习氛围。（新疆图书馆学会 赵燕）

【新疆图书馆承办“春雨工程·网络书香”数字阅读推广活动】7 月 14 日，“春雨工程·网络书香”数字阅读推广活动在伊犁哈萨克自治州察布查尔锡伯自治县举办。此次活动由国家图书馆主办、新疆图书馆承办，国家图书馆向察布查尔锡伯自治县图书馆捐赠图书 15000 册，并向新疆图书馆、察布查尔锡伯自治县图书馆各捐赠一套《中华传统文化百部经典》。活动同时遴选各类主题阅读资源，举办精品资源展，为各乡镇文化中心配发数字阅读海报，由志愿者引导观众现场扫码阅读。此次活动还邀请北京师范大学教授、国家文化和旅游公共服务专家委员会秘书长杨乘虎做文旅融合专题讲座，为当地乡村文化振兴带来新思路、提出专业指导意见。（新疆图书馆学会 赵燕）

【新疆图书馆举办“你好新疆 你好 2022 书韵迎新享悦读跨年盛典”活动】12 月 31 日，“你好新疆 你好 2022 书韵迎新享悦读跨年盛典”融媒体直播活动在新疆图书馆举行。此次活动由自治区文化和旅游厅、新疆广播电视台主办，新疆图书馆、新疆广播电视台城市服务节目中心承办，央视频、丝路视听、石榴云联办，自治区文化和旅游厅、新疆广播电视台等单位领导及媒体代表和社会各界读者代表近 200 人参加启动仪式。直播活动分为 12 个主题板块，融合朗诵、荐读、儿童剧等多种形式，以自治区各地州文化为主线进行串联，为广大读者提供丰盛的文化盛宴。直播时间从 10:00 持续到 22:00，共计 12 小时，参与现场活动 2000 人次，线上观看点击 416 万人次。当天，2022 年全自治区阅读推广活动正式启动，新疆图书馆分别联合国家图书馆和山东省图书馆推出的“甲骨文记忆展”和“年画·年忆展”正式开展，惠及全自治区的文化和旅游智慧平台“文旅游·阅共体”正式上线。（新疆图书馆学会 赵燕）

【乌鲁木齐市图书馆概况】截至 2021 年底，乌鲁木齐市有公共图书馆 9 个，其中地级市图书馆 1 个、县级图书馆 8 个；总建筑面积 2.35 万平方米，其中书库面积 2727 平方米、阅览室面积 9638 平方米，阅览座席 1490 个；馆藏汉文文献图书总量 71.35 万册、少数民族文字文献图书总量 2.91 万册（其中维吾尔文 2.25 万册、哈萨克文 0.65 万册）；持证读者 5.59 万人；从业人员 49 人，其中高级职称 7 人、中级职称 17 人、初级职称 11 人。2021 年，乌鲁木齐市图书馆年度经费总投入 1003.76 万元，年度资源购置费 156.21 万元（其中电子资源购置费 28.75 万元、纸本资源购置费 127.46 万元）；借还文献 18.21 万册次，流通 13.05 万人次；举办各类读者活动 145 场，受众 3.27 万人次；举办展览 28 场，受众 0.61 万人次；举办讲座 18 场，受众 0.09 万人次；举办培训 29 次，受众 0.08 万人次；线上服务阅读推广活动 48 场，受众 1.70 万人次。

乌鲁木齐市图书馆作为总馆，现已初步搭建集群管理平台。米东区图书馆、经开区图书馆、高新区图书馆、沙依巴克区图书馆、达坂城区图书馆等 5 个区县图书馆加入市图书馆集群管理平台，且米东区图书馆与乌鲁木齐市图书馆集群管理平台对接并完成“一卡通”图书的通借通还测试。已加盟图书馆可以在统一的书目数据库中实时查询所有联盟图书馆馆藏，在新购置图书之初通过在数据库中进行查重检索，可有效避免图书大量重复购置。出台《乌鲁木齐市公共图书馆总分馆服务管理办法（草拟稿）》《乌鲁木齐市公共图书馆借阅卡编码设置表》《乌鲁木齐市公共图书馆文献条码使用规范》等服务标准和业务规范，并发放给已加盟区县图书馆，确保读者证号唯一、馆藏编码唯一、流通制度统一，为在全市公共图书馆实行“一卡通”借阅服务奠定制度基础。（乌鲁木齐市图书馆　宋福燕）

【乌鲁木齐市图书馆开展红色经典图书推介活动】7月，乌鲁木齐市图书馆推出“党史学习教育书单”，开展“品红色经典，阅读精彩人生”微视频荐红书活动。活动以微视频形式推荐红色经典书籍，累计推出短视频9期，712人次观看；推出“建党百年　峥嵘岁月”21天听书打卡活动，每天播出1个30分钟时长的讲座，重温红色经典，50余名读者参与。（乌鲁木齐市图书馆　宋福燕）

【昌吉市举办首批“泉州援疆·百姓书屋”开放仪式】1月8日，首批“泉州援疆·百姓书屋”开放仪式在昌吉市北京南路昌建社区阅读点举办，昌吉回族自治州、昌吉市文化体育广播电视和旅游局相关负责人30余人为百姓书屋揭牌。“泉州援疆·百姓书屋”是由福建省援疆泉州市分指挥部投入300万元，联合昌吉市文化体育广播电视和旅游局打造的“文化润疆”项目，于2020年9月开始实施，首批在延安路、宁边路、建国路、南公园路4条城市主干道建成4座书屋，每座书屋面积为60—80平方米，藏书合计达26000册。书屋采用“24小时微型智能图书一体柜”进行管理，内设自助借还系统，全天候向读者免费开放，支持自助借阅、通借通还。同时，百姓书屋还作为昌吉市图书馆分馆，组织市民及学生开展读书会、朗诵会等活动。（昌吉市图书馆　梁新梅）

【阿勒泰市图书馆举办首届“21天阅读打卡挑战赛”】1月11—31日，“21天阅读打卡挑战赛”在阿勒泰市图书馆举办。活动采用线下打卡形式，以“21天共读养成习惯”为宗旨，通过连续21天打卡，鼓励中小学生每天坚持阅读1小时，体会阅读的快乐。活动前期该馆通过微信公众号、读者服务群、朋友圈等形式进行广泛宣传，自报名之日起就引起众多学生及家长关注。活动共收到参赛人员提交的读书笔记近300篇、心得体会40篇、手抄报30份，经综合评选，最终评出一、二、三等奖及优秀奖，分别赠送50—100元购书卡，优秀奖赠送图书1本。（阿勒泰市图书馆　孔令花）

【布尔津县图书馆持续开展乡镇总分馆建设系统培训】2—4月，布尔津县图书馆先后对县域各乡镇相关工作人员开展总分馆建设系统培训，全面推进总分馆制建设。通过人力资源整合，强化基层队伍建设，实现资源合理配置、城乡资源有效整合、资源共建共享、管理统筹规范、服务便捷高效，该馆的7个分馆、75个服务点全部完成图书系统网站开通、挂牌工作。截至4月底，完成各乡镇分馆、服务点集中业务培训10场次、分散培训23场次、视频培训560场次，完成率达100%；各分馆、服务点图书录入系统达99%，录入图书18万册。（布尔津县图书馆　曲慧婷）

【阿勒泰地区图书馆举办“阅百年历程　传精神力量”全民阅读活动启动仪式暨“党史学习”教育主题系列展】4月19日，“阅百年历程　传精神力量”全民阅读活动启动仪式在阿勒泰地区图书馆举行。活动当天阿勒泰地区图书馆分时段开展“党史学习”教育主题展、“中国精神”主题展、“党的百年光辉历程”图片展、“党的一大到十九大”图片展、红色图书展等全民阅读推广系列活动，通过新闻媒体、该馆微信公众号等形式加大宣传推广力度，营造浓厚的全民阅读氛围，庆祝建党100周年。该系列活动贯穿全年持续进行，累计开展36场次，参与党员、群众2705人次。（阿勒泰地区图书馆　葛丽）

【博尔塔拉蒙古自治州图书馆开展“5·19”中国旅游日全民阅读系列活动】5月19日，“5·19”中国旅游日全民阅读系列活动启动仪式在赛里木湖景区主会场举行，同时在博乐市、阿拉山口市、精河县、温泉县设分会场。活动中，博尔塔拉蒙古自治州图书馆在博乐市开屏湖广场推出本土旅游文化知识有奖问答、移动图书馆推广、公众号关注有礼、新疆“四史”图片展、党史专题展等阅读推广系列活动，新增该馆微信公众号用户200余人，发放小奖品100余份。此次活动是打造图书馆文旅融合的新举措，旨在改变传统“阵地式”服务方式，主动以市场需求为目标，不断向馆外延伸和拓展服务空间，让广大游客在游览景区时，同步获得免费阅读资源，进一步提高图书馆资源利用率。（博尔塔拉蒙古自治州图书馆　段凤霞）

【哈密市举办首届“阅红色经典”马拉松挑战赛】6月20日，首届“阅红色经典”马拉松挑战赛在哈密市图书馆、伊州区图书馆、巴里坤县图书馆、伊吾县图书馆同步开赛，200余名读者参加。活动由中共哈密市委宣传部、哈密市文化体育广播电视和旅游局主办，采取共读《百年大党　风华正茂》党史学生教育读本并测试阅读质量的形式开展，要求参赛者在4小时内完成书籍阅读，并考察相应阅读效果。经过4小时阅读与答题，最终所有选手陆续完成比赛，选手们纷纷来到完赛展板前签名领取完赛奖章。此次活动旨在不断深化“文化润疆”工程和“阅红色经典　传精神力量”全民阅读活动主题，建设“书香哈密”，让更多读者享受阅读带来的乐趣，收获书籍给予的力量，以良好精神面貌向建党百年献礼。（哈密市图书馆　赵维芯）

【和田地区图书馆举办“致敬百年·京和书香”读书交流会】6月28日，首都图书馆与和田地区图书馆联合举办“致敬百年·京和书香”——《红岩》线上读书交流会。北京市援疆和田指挥部、和田地区文化体育广播电视和旅游局等有关单位领导及65名小学生参加活动。活动首次以线上直播、线下互动的形式开展，特邀首都图书馆志愿者周燕为大家导读《红岩》，弘扬和传承爱国主义革命精神，激发小读者的爱国热情。（和田地区图书馆　肖利）

【阿克苏地区76个城市书房建成】9月22—26日，由中共阿克苏地区委员会宣传部牵头，阿克苏地区文化润疆工作领导小组办公室文化润疆专班、地区文化和旅游局、地区图书馆相关人员组成检查验收组，对阿克苏地区76个城市书房建设项目进行检查验收。阿克苏地区城市书房建设项目以读者需求为中心，以政府购买服务为抓手，以推动“文化润疆”工程为落脚点，打造15分钟阅读圈，延伸图书馆服务半径，丰富群众的阅读体验，推动文化服务体系建设。（阿克苏地区图书馆　蔡军深）

【克拉玛依市图书馆推出“经典阅读推广”活动品牌】2021年，克拉玛依市图书馆全新打造“经典阅读推广”活动品牌，由文化志愿者作为主讲人，通过国学课堂、读书会等活动形式，向社区居民、企业员工、学校学生传扬中华传统文化经典，以传统文化经典培育文化自信，将文化服务送到基层；同时尝试利用网络课堂形式，共享其他图书馆云端资源，邀请外地专家加入，使得文化服务内容多元化、服务形式多样化。其间，成立市图书馆经典文化讲师团队，聘请专家为文化顾问，开展以文化志愿者培训和经典文化交流为主要内容的“经典沙龙”活动，为志愿者讲师开展文化培训，为图书馆培育自己的经典文化讲师团队奠定基础。全年共开展“经典阅读推广”活动26场次，其中进社区12场次、进企业10场次、进学校4场次，累计参与800人次，另举办经典沙龙13场次，文化志愿者队伍也从成立初期的10余人发展到30余人。（克拉玛依市图书馆　王梦莹）

高校图书馆

综述

一、2021年高校图书馆基本统计数据

截至2021年底，共有1400所高校图书馆在“教育部高校图书馆事实数据库”①中提交2021年基本业务统计数据。为便于分析，笔者论述分项情况时，仅依照各项的有效数据进行分析，所以下文中各单项高校图书馆的数量与提交数据的高校图书馆总量不完全一致。

（一）总经费和文献资源购置费统计分析

有1322所高校图书馆提交有效的2021年总经费数据，总经费为77.42亿元。平均值②为585.7万元（2020年是605.4万元），比2020年减少19.7万元；中位值③为303.1万元（2020年为301.1万元），与2020年相比略有增长；众值④为30万元；标准差⑤为846.7万元（2020年是896.5万元）；极差⑥区间变窄，为8459.7万元（2020年是11838.1万元）。这些数据表明我国高校图书馆2021年的总经费较2020年有所减少。表1是2016—2021年高校图书馆年度总经费区间分布状况。

表1　2016—2021年高校图书馆年度总经费分布

总经费/万元	2016年/%	2017年/%	2018年/%	2019年/%	2020年/%	2021年/%
<10	1.4	0.9	1.5	1.6	2.4	1.7
10—49.9	6.4	5.9	5.3	6.8	6.4	5.8
50—99.9	11.0	11.2	10.9	10.4	9.4	10.0
100—149.9	9.2	8.6	9.8	10.4	8.8	8.6
150—199.9	9.1	7.6	8.1	7.7	8.1	9.8
200—499.9	26.3	27.9	28.7	29.6	31.0	30.7
500—999.9	20.0	20.5	17.1	17.6	16.3	17.9
1000—1999.9	10.3	10.7	12.1	10.5	11.4	9.6
2000及以上	6.3	6.7	6.5	5.4	6.2	5.9

有1325所高校图书馆提交有效的2021年文献资源购置费，总和为69亿元。平均值为520.8万元（2020年为529.5万元），较2020年略有下降，见图1（图中数值四舍五入取整，下同）；中位值为260.5万元；众值为50万元（2020年是100万元），较2020年减少50万元；标准差为766.5万元（2020年是791.3万元）。这些数据表明2021年馆际文献资源购置费的差距有所缩小。

① 文中统计数据均来自“教育部高校图书馆事实数据库”，http：//libdata.scal.edu.cn/Index.action。
② 平均值指的是各高校图书馆填报的该项数据之和除以填报该项数据高校图书馆总数量所得到的值。
③ 中位值指的是将有效数据从高到低排序，排在最中间的高校图书馆所填报的值。
④ 众值指的是各高校图书馆填报的有效数据中，出现频次最高的值。
⑤ 标准差指的是各高校图书馆实际填报数据值偏离该数据平均值距离的总平均数，它描述各高校图书馆填报此项数据集合的离散程度。
⑥ 极差是指在各高校图书馆填报的有效数据中，最大值与最小值之差，也是描述数据离散度。

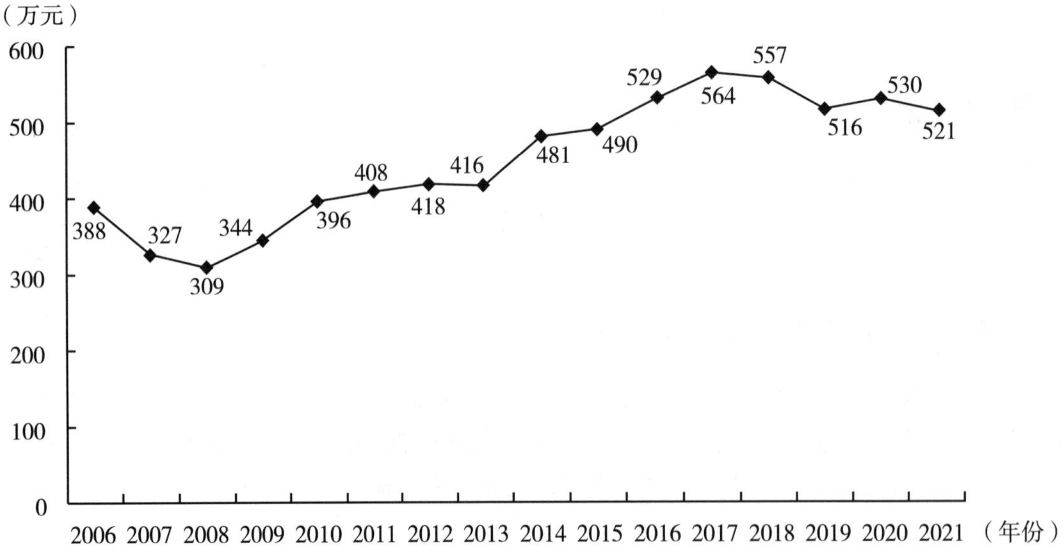

图 1　2006—2021 年高校图书馆馆均文献资源购置费

1. 纸质文献资源购置费

有 1320 所高校图书馆提交有效的 2021 年纸质文献资源购置费，总和为 27.43 亿元，较 2020 年的 25.33 亿元增加 2.10 亿元，2021 年纸质文献资源购置费总和增加与提交纸质文献资源购置费的高校图书馆总量增加有关。纸质文献资源购置费的平均值为 207.80 万元（2020 年是 206.90 万元），与 2020 年相比略有增长。纸质文献资源购置费各年度平均值的分布状况见图 2，自 2017 年以来呈逐步减少趋势，但近两年保持稳定。纸质文献资源购置费的中位值为 138.90 万元（2020 年是 140.30 万元）。

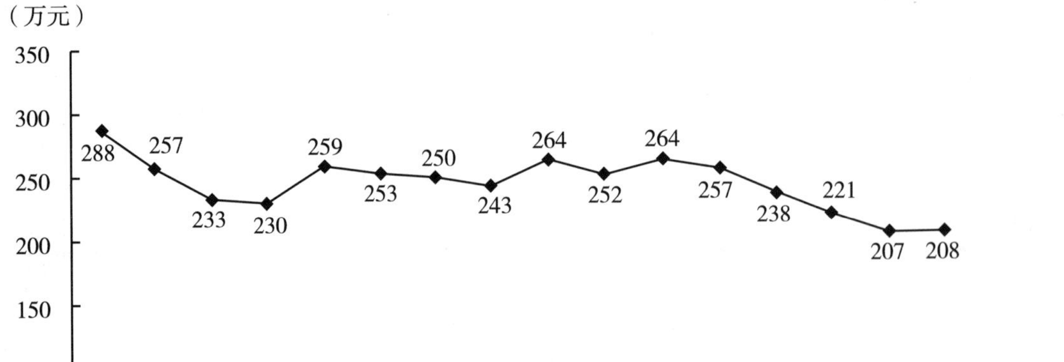

图 2　2006—2021 年高校图书馆馆均纸质文献资源购置费

2. 电子资源购置费

有 1237 所高校图书馆提交有效的 2021 年电子资源购置费，总和为 41.68 亿元（2020 年是 39.21 亿元）。平均值为 337 万元（2020 年是 343.6 万元），占馆均文献资源购置费的 64.70%（2020 年是 56.80%），较 2020 年增长 7.9 个百分点，增幅较大。在文献资源购置费中，电子资源购置费所占比例已超六成，且均值与所占比例自 2006 年以来基本呈上升趋势，仅在 2019 年有所回落。2006 年以来电子资源购置费的平均值见图 3。中位值为 101.30 万元（2020 年是 105.38 万元），较 2020 年减少约 4.08 万元。标准差为 563 万元，最小值仅为 3000 元，最大值达到 4775.40 万元。这些数据表明高校图书馆电子资源购置费的离散程度大，馆际差别明显，而且差距正在逐年增大。

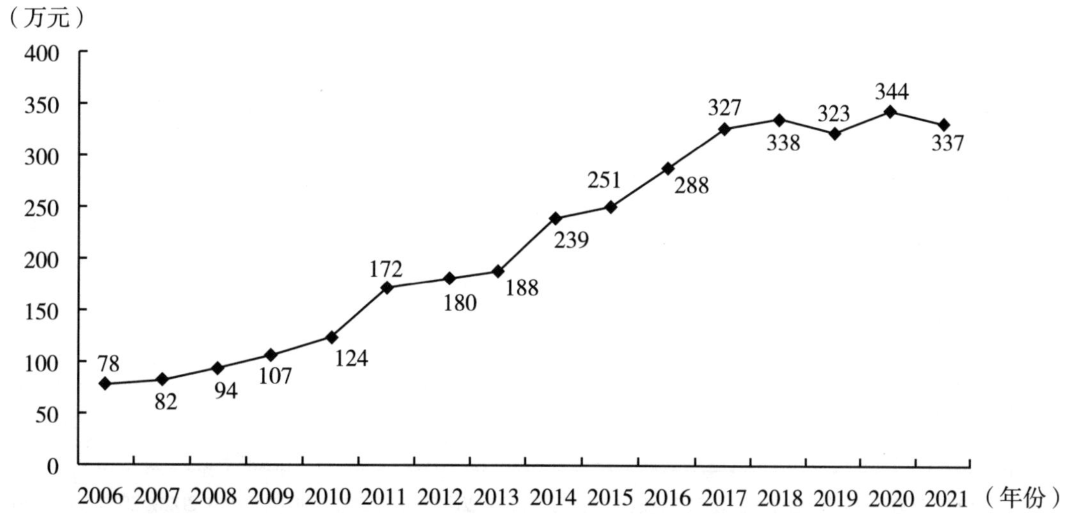

图 3　2006—2021 年高校图书馆馆均电子资源购置费

（二）馆舍面积统计分析

1. 馆舍总面积

有 1255 所高校图书馆提交 2021 年馆舍建筑规划面积的有效数据，总面积为 3198.40 万平方米（2020 年是 2841.70 万平方米）。平均值为 2.55 万平方米，与 2020 年持平。标准差为 1.89 万平方米，略高于 2020 年的 1.83 万平方米，表明高校图书馆馆舍面积继续增长，但差异继续加大。中位值为 2.2 万平方米，众值是 2 万平方米。在高校图书馆馆舍面积的变动趋势上，总体上处于平稳缓慢增长状态。2006 年以来高校图书馆建筑面积的平均值见图 4。

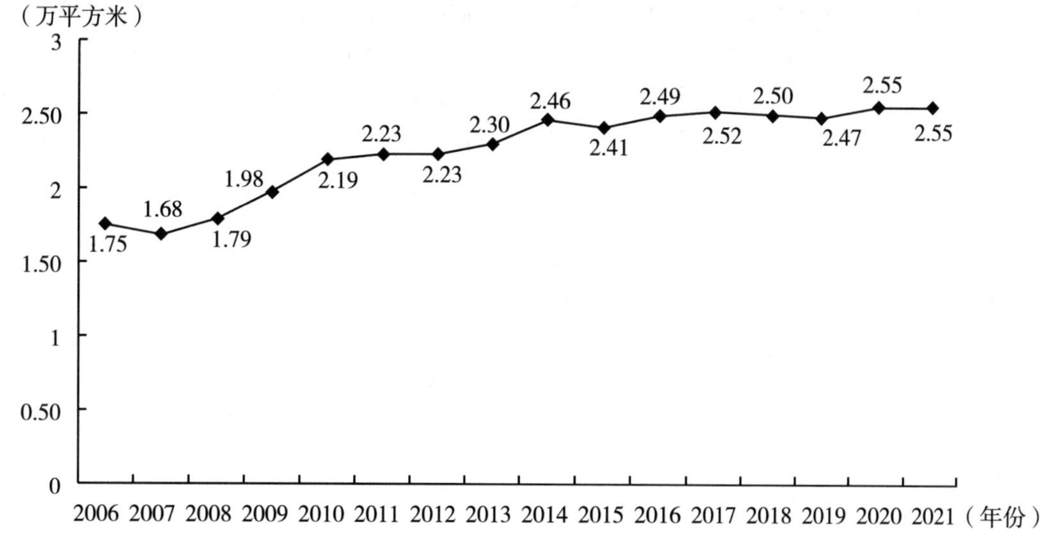

图 4　2006—2021 年高校图书馆馆均建筑面积

2. 在建馆舍建筑面积

有 214 所高校图书馆提交 2021 年度在建馆舍建筑面积的有效数据，总和为 446.20 万平方米（2020 年是 452.70 万平方米），平均值是 2.09 万平方米（2020 年是 2.38 万平方米），标准差是 1.57 万平方米，众值是 2 万平方米，中位值为 2 万平方米，可见越来越多的高校图书馆倾向于建设面积为 2 万平方米的新馆舍。各高校图书馆在建馆舍建筑面积的差异极大，排名第一的图书馆在建馆舍建筑面积是排名最末的图书馆的 435.90 倍。2006 年以来，高校图书馆在建馆舍建筑面积的平均值呈波浪形变化，基本稳定在 2.10—2.50 万平方米之间，分布状况见图 5。

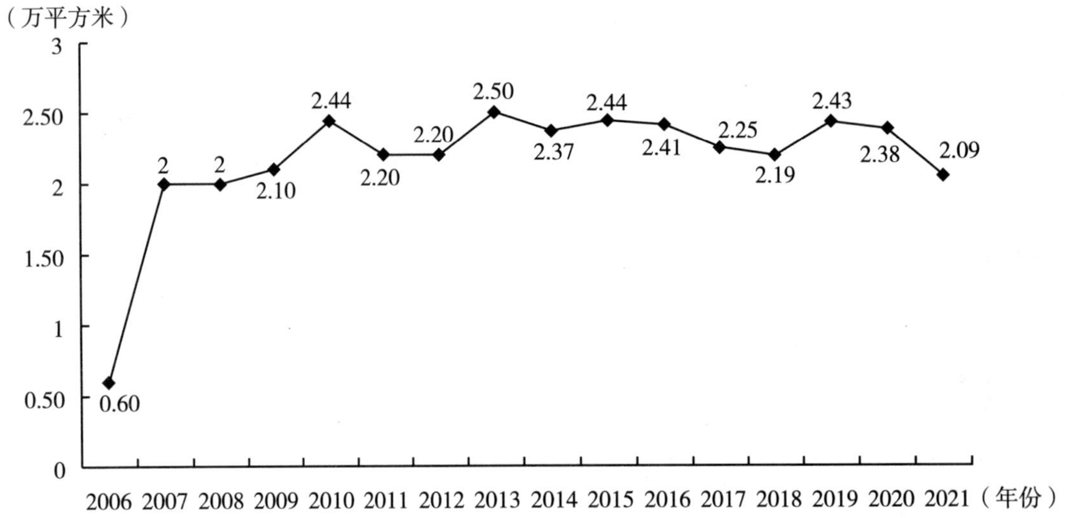

图 5　2006—2021 年高校图书馆馆均在建馆舍建筑面积

（三）人力资源统计分析

高校图书馆的人力资源包括在编馆员、合同制职工、临时聘用人员、勤工助学人员等。2021 年度的数据再次验证了前几年分析数据所得出的结论：高校图书馆的文献资源入藏总量与馆舍面积持续增长，但在编馆员的馆均人数却持续减少，图书馆需要聘用更多合同制职工、临时聘用人员、勤工助学人员，需要购置更多的智能化自助设施来弥补人员不足。

1. 在编工作人员状况

（1）在编工作人员的宏观数据

有 1373 所高校图书馆提交 2021 年度在编工作人员的有效数据。总人数为 39696 人，平均值为 29 人（2020 年是 32 人），中位值为 20 人（2020 年是 22 人），众值为 11 人，标准差为 28 人。这些数据表明高校图书馆在编工作人员的数量差异较大，在编人员的馆均人数较 2020 年减少 3 人，呈现出持续降低趋势。2010 年以来在编工作人员均值变化趋势见图 6。

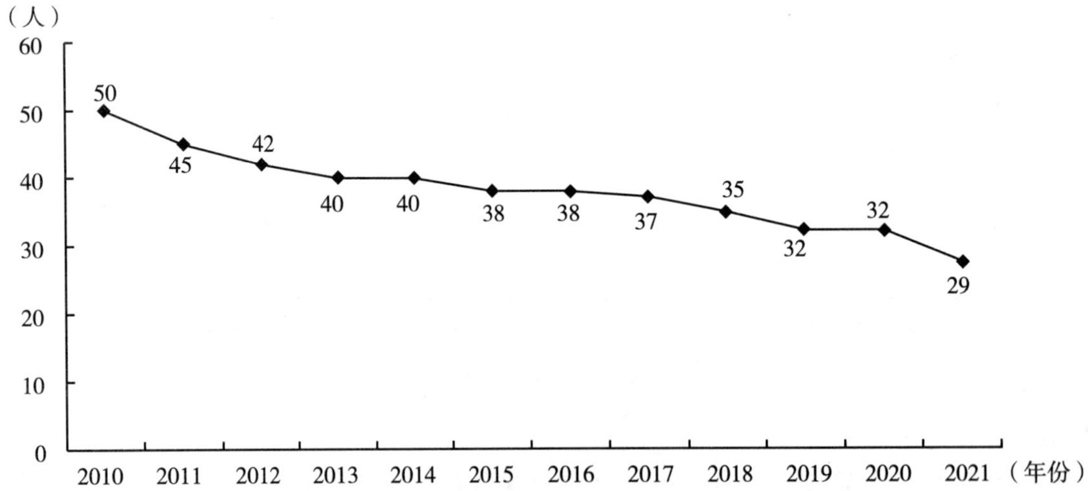

图 6　2010—2021 年高校图书馆馆均在编工作人员数量

（2）在编工作人员受教育状况

有 1335 所高校图书馆提交在编博士学位工作人员数据，其中有 875 所（2020 年为 810 所）高校图书馆没有博士学位工作人员，有 460 所（2020 年为 428 所）高校图书馆拥有博士学位工作人员，占提交数据图书馆总量的 34.50%，表明我国高校图书馆博士学位在编工作人员总量覆盖率依然较低。在编博士学位工作人员总人数为 1532 人（2020 年是 1383 人），平均值为 1.15 人（2020 年是 1.12 人），中位值和众值均为 0 人，标准差是 2.76 人。未拥有博士学位工作人员的图书馆占 65.50%（2020 年是

65.40%)，仅拥有1名博士的占14.20%（2020年是14.3%），拥有2名博士的占7%（2020年是6.5%），拥有3—4名博士的占6%（2020年是7%），拥有5名及以上博士的占7.30%（2020年是6.70%）。

有1341所高校图书馆提交在编硕士学位工作人员数据，其中，未聘用硕士学位工作人员的有126所。在编硕士学位工作人员总计13695人（2020年是13062人），平均每馆聘用硕士学位工作人员10.2人（2020年是10.5人），中位值是5人（2020年是6人），众值为1人，标准差是13.5人。未聘用硕士学位工作人员的图书馆占9.4%（2020年是9%），聘有1—2名硕士的占20.4%（2020年是19.3%），聘有3—5名硕士的占20.4%（2020年是19.9%），聘有6—10名硕士的占17.7%（2020年是17.7%），聘有11—16名硕士的占12.4%（2020年是14.2%），聘有17名及以上硕士的占19.7%（2020年是19.9%）。

有1332所高校图书馆提交在编本科学历工作人员数据，本科学历工作人员共有19490人（2020年为19833人），是硕士学位工作人员总人数的1.42倍（2020年为1.52倍），平均每馆聘有本科学历工作人员14.6人（2020年为16.1人）。本科学历工作人员依然是高校图书馆开展服务的主力军，但比例正在缩减。提交数据的图书馆中，未聘用本科学历工作人员的有15所（2020年为11所），占1.1%（2020年占0.9%），这类情况一般发生于在编工作人员数量少的图书馆；聘有1—10名的占47.6%（2020年占42.5%），聘有11—20名的占27.8%（2020年占29.1%），聘有21—30名的占13.2%（2020年占14.6%），聘有31—50名的占7.9%（2020年占10.4%），聘用50名以上本科的占2.4%（2020年占2.5%）。

有1333所高校图书馆提交在编大专学历工作人员数据，总人数为3823人（2020年是4319人）。其中，未聘用大专学历工作人员的图书馆有367所（2020年为284所），占27.5%（2020年占23%），聘用1—2名的占34.8%（2020年占33.8%），聘用3—7名的占27.6%（2020年占29.7%），聘用8—15名的占8.6%（2020年占11.1%），聘用大专学历工作人员15名以上的占1.5%（2019年是2.4%）。

有1331所高校图书馆提交学历为大专以下的在编工作人员数据，总人数是1331人（2020年是1343人）。其中，未聘用大专以下学历在编工作人员的有862所（2020年为745所），占64.8%（2020年占60.5%），聘用1—5名的占32.1%（2020年为35.1%），呈减少态势。

高校图书馆的人力资源结构正向高学历、多学科与专业化发展，这些特性在入选“双一流”建设高校的图书馆中表现得较为明显，借助T值检验[①]便能发现，“双一流”建设高校图书馆的在编工作人员，其学历学位层级明显高于其他高校图书馆。从工作人员学历学位的提升速率看，发达城市的重点高校图书馆，其工作人员的学历学位提升速率最快，而欠发达城市的非重点高校图书馆，其工作人员的学历学位提升速率较为缓慢。

2. 无编制工作人员状况

合同制职工。有1369所高校图书馆提交合同制职工数据，总人数为8923人（2020年是8575人），平均值为6.5人（2020年是6.9人），中位值为3人（2020年为3人），众值为0人，标准差为10.1人。从上述数据可知，高校图书馆对合同制职工的使用规模还比较小。

临时工。有1369所高校图书馆提交临时工数据，总人数为4897人（2020年是5213人），平均值为3.6人（2020年为4.2人），中位值和众值均为0人，高校图书馆各年所聘临时工的平均值低于合同制职工，总体上呈减少态势。

勤工助学学生。有1371所高校图书馆提交勤工助学学生数据，总人数为33510人（2020年是31032人），平均值为24.4人（2020年为25人），中位值是10人（2020年为10人），众值是0人，标准差是48.5人。各高校图书馆勤工助学学生人数相差较大，这主要与图书馆的人力资源政策、资金充裕度、疫情防控政策等有关，“双一流”高校图书馆吸纳勤工助学学生的人数最多，而普通高校和高职高专院校图书馆提供的勤工助学岗位少。

① T值检验指的是对不同类型高校图书馆某项数据的平均值差别的显著程度进行比较。如果两类高校图书馆填报数据的总方差相等，则说明两者的平均值区别不显著；如果两类高校图书馆填报数据的总方差不等，则说明两者的平均值有显著差别。

（四）资源利用统计

有1220所高校图书馆提交有效的2021年度纸质书刊外借量数据，纸质书刊外借总量约为6586.60万册（2020年是4645.50万册），平均值为5.40万册（2020年为4.07万册），中位值是2.67万册（2020年是2万册），众值为0.30万册，标准差为8.10万册。平均值和中位值均有较大幅度提升。

（五）馆藏文献资源统计

有1290所高校图书馆提交2021年度馆藏纸质图书累积量数据，纸质图书累积总量约为16.97亿册，平均值为131.50万册，中位值为109.10万册，众值为49万册，标准差为97.60万册。纸质图书累积量最小值为1.50万册，最大值为795万册，后者约为前者的530倍。

有1251所高校图书馆提交2021年度馆藏中文古籍累积量数据，中文古籍累积总量约为1503.80万册，馆均值约为1.20万册，中位值和众值均为0，标准差为6.09万册。

有1399所高校图书馆提交2021年度非书资料累积量数据，非书资料累积总量约为857.80万件，馆均值为6131.50件，中位值为0，众值为0，标准差为55328件。

二、2021年高校图书馆工作

高校图书馆的宏观协调和指导工作主要由教育部高等学校图书情报工作指导委员会（以下简称“教育部高校图工委”）和中国图书馆学会高校图书馆分会（以下简称“高校分会”）负责。教育部高校图工委和高校分会分别在教育部和中国图书馆学会的领导下，紧密依靠委员和会员，充分发挥交流信息、推广经验、激发创新、指导发展的桥梁和纽带作用，努力为事业的发展集思广益、探索方向、出谋划策、交流信息、凝聚力量、协同推进。两大资源共享联盟——中国高等教育文献保障系统（CALIS）和中国高校人文社会科学文献中心（CASHL）继续承担高校图书馆资源共建共享的大本营的作用，克服各种困难，努力为全国高校提供文献保障。

（一）教育部高校图工委的工作进展

1. 继续推进捐建“边防书屋”活动

5月20—22日，来自北京大学、清华大学、上海交通大学、复旦大学、武汉大学、南京大学、东南大学以及南方医科大学等8所教育部高校图工委委员所在图书馆（同时是“边防书屋”参建成员）的代表一行9人，来到中国人民解放军某部驻黄海滩涂某训练场，举行“边防书屋”揭牌仪式。教育部高校图工委主任委员、北京大学图书馆馆长陈建龙，部队政委孙晓捷出席仪式并分别致辞。南京大学图书馆馆长程章灿、武汉大学图书馆馆长王新才和北京大学图书馆研究馆员王波分别以“向毛主席学习读书”“且看红星耀中国——《西行漫记》推荐”“从一部红色经典谈到北大与中国共产党的创建”为题做阅读推荐与分享，两名部队官兵代表分享各自的读书体会，现场官兵就阅读中的一些思考与困惑与参建成员交流。之后参建成员在孙晓捷的陪同下来到书屋，与负责人就日常管理进行沟通。

捐建“边防书屋”活动是为了充分发挥高校图书馆传播先进文化、服务特殊群体的社会职能，丰富边防军营的文化生活，努力为有灵魂、有本事、有血性、有品德的“四有”军人知识素养的提升贡献一份力量。2019—2021年，教育部高校图工委已先后为中国人民解放军驻福建、海南、江苏、西藏、新疆、黑龙江的边防部队援建首期“边防书屋”6个。“边防书屋”捐建系列活动，加深军地双方的理解与沟通，让参建成员对戍边军人为了守家卫国所做出的巨大努力与牺牲有更深刻的认识与了解，纷纷表示要以军人为榜样，在各自岗位上守好职、尽好责，为高校图书馆事业的发展贡献力量。

2. 调研高校图书馆古籍保护与利用工作

应教育部高等教育司要求，经征询13位专家意见，以教育部高校图工委秘书处名义提交调查报告《高校图书馆古籍保护与活用工作的现状、亮点、问题与建议》，为教育部宏观谋划高校图书馆的古籍保护与利用、扩大高校古籍整理研究会的职能提供决策依据。

3. 举办“继承与创新：大学图书馆现代化新征程”学术研讨会

12月24日，为庆祝教育部高校图工委成立40周年，在教育部高等教育司指导下，由北京大学主办，教育部高校图工委和北京大学图书馆承办的“继承与创新：大学图书馆现代化新征程”学术研讨会在北京大学英杰交流中心举行（参见“纪事”之“‘继承与创新：大学图书馆现代化新征程’学术研讨会举行”）。

4. 举办以“革命文献与红色文化”为主题的教育部高校图工委第四次工作会议

12 月 25 日，教育部高校图工委举办以“革命文献与红色文化”为主题的第四次工作会议。会议以线上、线下相结合的方式召开。教育部高等教育司一级巡视员宋毅、教育部高校图工委委员和各省（区、市）高校图工委的主任委员、秘书长在线参加会议。宋毅代表高等教育司发表讲话，从提升高等教育质量出发，对高校图工委工作提出要求，部署了任务。教育部高校图工委秘书长陈凌做工作报告，回顾高校图工委 2021 年的各项工作。围绕“革命文献与红色文化”主题，会议安排 6 个专题报告，发言人分别结合实际案例，分享高校图书馆在收藏、整理、挖掘、服务、推广革命文献方面的经验与思考。与会者还就如何领会和落实教育部领导讲话，创造性地建设、保护和开发利用革命文献与红色文献以及年度工作总结、下一步工作计划等问题展开热烈讨论。教育部高校图工委主任委员陈建龙在会议总结中指出，站在党成立 100 周年、教育部高校图工委成立 40 周年的新起点上，高校图工委要全面总结奋斗历程、历史性成就和宝贵经验，从高等教育事业发展的战略高度理解大学图书馆的发展，加强更全服务，促进更深融合，追求更美精神、更大格局，保证更优结构、更高质量，体现更多价值、更强力量，不断开拓高校图书情报事业的新天地。

5. 各工作组举办系列活动，从不同角度推进工作

4 月 23 日，正值第 26 个“世界读书日”，由教育部高校图工委主办、西藏农牧学院图书馆和四川大学图书馆承办的 2018—2022 年教育部高校图工委本科教育支持组 2021 年度工作会议暨高校图书馆服务创新西部行活动在西藏农牧学院举行。除本科教育支持组的委员外，来自国内部分高校的图书馆馆长和专家共 20 余人参加活动。活动主题是提高高校图书馆服务人才培养质量，推进高校图书馆服务创新，把高校图书馆服务创新西部行活动打造成品牌活动和特色活动，进一步深入贯彻落实中央第七次西藏工作座谈会精神，进一步认真学习和践行“老西藏精神”，进一步助力社会主义现代化新西藏建设。活动的一项重要内容是举行与西藏农牧学院图书馆的合作共建框架协议签约仪式。协议本着“合作共享、互利互惠、共同发展、强化辐射”的原则，拟开展包括共建“尼洋河畔书屋”、管理业务交流、资源共知共建共享、馆员培训和学术交流等项目。参与合作共建的高校图书馆有北京大学图书馆、四川大学图书馆等 16 所高校图书馆。

6 月 18 日，中西部部省合建高校图书馆协作联席会成立暨第一次工作会议在山西大学召开。河北大学、山西大学、内蒙古大学、南昌大学、郑州大学、广西大学、海南大学、贵州大学、云南大学、西藏大学、青海大学、宁夏大学、新疆大学、石河子大学等 14 所部省合建高校的图书馆馆长及代表出席会议，并签署《中西部部省合建高校图书馆合作备忘录》，与会代表讨论通过《中西部部省合建高校图书馆协作联席会工作办法》等，商定“中西部部省合建高校图书馆协作联席会”每两年为一个主席轮值周期，首任轮值主席为山西大学图书馆馆长肖珑，秘书处常设在山西大学图书馆。

（二）中国高等教育文献保障系统（CALIS）的工作进展

2021 年，中国高等教育文献保障系统（CALIS）继续坚持“普遍服务”的原则，在教育部高等教育司的领导下，在管理中心统一部署管理，各全国中心、地区中心、省级中心以及教育部高校图工委、各省级高校图工委的大力支持下，按规定执行 2021 年度运维预算经费，全力保障与高校图书馆基础业务密切相关、服务面最广的联机合作编目、文献传递与馆际互借、统一认证、资源发现（e 读与外文期刊网）、应用软件云服务（SaaS）等主要服务与运维工作，各项服务运行平稳，成员馆数量稳步增加。CALIS 联合目录数据库书目数据全年增加 28.05 万条，总量达到 813.18 万条；提供联机下载数据服务计 928.59 万次，月均下载量近 93 万次[①]；CALIS 资源发现系统 e 读的元数据总量达到 3.31 亿条，馆际互借与文献传递服务收到文献请求 63301 件，满足 51063 件，满足率为 80.67%。全年共举办各类线上、线下业务培训与研讨会 15 场，培训馆员 8105 人次。全年共有 113 名编目员通过 CALIS 中外文三级编目员资格认证，累计 406 家成员单位的 1603 人获此资格证书。在年度经费依旧紧张的情况下，

① 按 1 年 10 个工作月计算。

CALIS 全力保障现有运维服务“稳定运行、稳步提升”，支持高校图书馆开展在线业务和读者服务，配合完成教育部专项评估，编制完成 CALIS“十四五”发展规划。

1. 守正创新，持续发挥 CALIS 基础支撑作用，提供高质量服务

后疫情时代，用户线上服务的需求日益增长，CALIS 多项服务量显著增加，充分发挥资源获取保障作用。2021 年，馆际互借与文献传递服务量增长 55.28%，联合目录书目数据量增长 3.60%，下载量增长 19%。e 读使用量是 2020 年的 2.1 倍，e 读和外文期刊网（CCC）资源调度服务是 2020 年的 2.34 倍。

除完成 2020—2021 年度运维服务平台升级开发任务之外，为进一步推动新一代图书馆服务平台（CLSP）的生态建设和发展，CALIS 对平台集成标准规范进行整理、调研、修订和增补工作，规范第三方开发的图书馆应用在 CLSP 应用市场的入驻并实现与 CLSP 平台的应用集成。

2. 加强引领，规划未来，编制完成 CALIS“十四五”发展规划

为深化建设高等教育公共服务平台保障和服务体系，进一步提升 CALIS 对高等教育高质量发展的支撑和服务能力，依据教育部“十四五”发展规划建设目标，CALIS 管理中心经过调研与研讨，编制完成 CALIS“十四五”发展规划，规划明确 CALIS 在“十四五”期间的建设目标与任务。

在 11 月召开的 2021 年 CALIS 中心负责人联席会议上，教育部高等教育司领导、CALIS 管理中心与各中心负责人共同探讨 CALIS“十四五”发展规划和可持续发展方案。教育部高等教育司课程教材与实验处副处长刘永强参会并致辞，指出 CALIS 应探索智能化、精准化创新教学科研服务，扛起全国高校信息化的大旗；主动融入国家重大战略，提升在国家信息保障中的作用；深入调研，找痛点，克难点，在保障公益性提前下，以贡献换服务，以创新谋发展；加强宣传，提高 CALIS 美誉度和知晓度，利用新型信息技术，建立可依靠、可信赖的全国文献信息骨干保障体系；争取纳入教育信息化“十四五”规划和 2035 远景目标。

3. 通过教育部专项绩效评估，项目成效获得认可

2021 年上半年，教育部财务司对高等教育文献保障系统专项进行绩效评估，认为项目实施符合国家教育事业需要，促进高校图书馆发展水平，产出和效果较为突出，同时建议 CALIS 研究非营利性收费方案，建立合理的成本分担机制，加强项目过程管理、完善制度，确保项目运转安全、可持续发展。

4. 举办品牌型学术会议，开展广泛、深入的学术交流，加强机构间协同发展

2021 年，CALIS 共举办 15 场线上与线下的培训及业务研讨会。其中，继续举办中文图书编目、外文书刊 RDA 编目、引进数据库培训周等大型品牌会议及业务培训，组织数字化转型中的图书馆变革与发展研讨会暨 2021 年度 CALIS 年会、第一届 DRAA 集团采购谈判工作研讨会，并与其他相关机构联合举办 2021 数字信息资源建设学术研讨会暨第七届科技文献资源建设研讨会、第二届 NSTL 科技文献信息开放服务云论坛暨开放学术交流研讨会等多个大中型学术研讨会。此外，举办“万方杯”2021 年全国高职院校信息素养大赛，全国共计 28 个省（区、市）组织高职院校参加此次活动，竞赛平台注册院校共计 741 所，注册人数合计 158 万余人。

同时 CALIS 继续与国内外图书馆、信息服务机构开展多层次、多方位的协同合作，并于 2021 年 5 月与中国工程科技知识中心签署战略合作协议，为高校师生提供特色资源服务。

（三）中国高校人文社会科学文献中心（CASHL）的工作进展

2021 年，CASHL 项目继续发挥体系优势和基础保障作用，显示出项目的战略价值。

经费方面，受疫情影响，年度总预算额度在原预算额度基础上继续调减，可使用额度为 3420 万元。

资源建设方面，印本期刊采购，2020 年底共发订外文人文社科期刊 1434 种，因载体变化、停刊、撤订、非卖品等原因，2021 年实际执行采购 1414 种；实行对 10 馆 36 个外文电子资源库的订购补贴；外文印本图书发订 29372 笔，其中自主采购 12982 笔、学科协调采购 16390 笔（包括回溯补藏 2013 年之前的图书 5645 种和非西文小语种中国周边国家文献 1105 种）。

文献服务方面，为满足全国高校师生对人文社科外文文献的需求，降低教学科研所需文献获取成

本，继续开展周年庆、畅读、教师节及畅读+、“战疫不停学不停研，CASHL 文献全面免费”等特别优惠活动，实行 CASHL 馆藏期刊文献 100% 补贴、CASHL 代查代检 100% 补贴、图书借阅和部分章节复制 100% 补贴。持续对 35 家文献服务馆的基础书目数据进行收割，截至 2021 年 12 月，可服务资源总量在查重合并后为印本图书约 345 万种、电子图书约 177 万种、印本期刊约 6.2 万种、电子期刊约 20.7 万种；服务覆盖面进一步扩大，新增 CASHL 成员馆 3 家，总量达 888 家；CASHL 文献服务馆与 2020 年持平，总数为 35 家；CASHL 发现系统和调度系统，对 17 家中心馆全面实行 E-First 电子资源优先智能调度，CASHL 经费所补贴电子资源（含往年订购）2021 年下载量 700 万余篇次（其中电子期刊 660 万余篇次，电子图书 40 万余篇次）；共处理期刊文章文献传递服务 22442 笔，印本图书馆际互借 15828 笔，平均完成时间 1.88 天，满足率 86.94%。新媒体工作中，CASHL 微信公众号新增关注 1478 人，全年发布推文 132 篇，阅读 29298 次、分享 1953 次；CASHL 微博保持运营状态，新增粉丝 269 人，发布博文 22 篇。

体系建设方面，通过教育部财务司绩效评估，新成立 CASHL 数据工作组，完成新媒体工作组换届，完成 CASHL“十四五”规划的讨论与制定，在教育部社会科学司的指导下完成《教育部外国图书期刊专项资金管理办法》修订与报批工作，配合教育部社会科学司完成教育部部本级外国图书期刊专项经费（2129 万元）调剂使用。同时做好常规运行和管理工作，包括：编辑出版《CASHL 通讯》2 期；举办 CASHL 中心馆馆长联席会议、CASHL 数据工作组成立会议等与业务工作相关的在线会议和活动；对 11 个 2020 年的前瞻性研究课题进行结项，同时，新设立 12 个重点围绕与“CASHL 文专项目”“CASHL 外国期刊项目”建设成果、效益、贡献及未来发展等相关的研究课题；举办 5 期“开世览文名师讲堂”；与中山大学图书馆等联合举办第六届中美高校图书馆合作发展论坛。（教育部高等学校图书情报工作指导委员会秘书处　王波　吴汉华　邵燕　冯英　朱本军）

年度工作

普通高校图书馆

北京市

【概况】2021 年是中国共产党百年华诞。北京地区各高校图书馆深入挖掘校史、党史，积极策划，推出党史学习教育图书角、走学党史、建设校史党史资源特色库、举办庆祝中国共产党成立 100 周年主题展览、建设红色文献平台等多种多样的阅读推广活动和资源建设项目，传承红色基因，弘扬中华优秀传统文化、革命文化、社会主义先进文化，努力成为前沿文献中心，既为高等教育服务，更为国家战略服务。

2021 年是“十四五”开局之年。“智慧图书馆”概念的提出为数字图书馆建设提供新的发展方向，大数据、人工智能、云计算等技术的快速发展也为数字图书馆建设提供更多的技术支持。北京地区高校图书馆围绕服务、资源、文化、智库等要素，以数据为驱动，加快建成信息通信领域的知识服务中心，为信息通信领域的产业发展提供优质服务，构建良好的数字生态。

为进一步推进馆际互借服务，扩大资源共享范围，更好地实现高校图书馆的文献信息教育功能，北京地区高校图书馆文献资源保障体系（以下简称“BALIS”）馆际互借服务自 2021 年 4 月 19 日起正式恢复。在新冠疫情防控常态化下，各成员馆在签署承诺书的基础上，自愿开通服务，在保证安全的基础上逐步恢复服务。截至 2021 年底，已有 81 家成员馆签署承诺书并恢复服务。BALIS 馆际互借物流服务商从 EMS 更换为京东快递。BALIS 馆际互借中心积极办理开通京东快递所需各项手续，协助各成员馆顺利切换到新物流服务商。此外，BALIS 联合信息咨询中心成立中国知识产权远程教育北京高校平台，并设立第一批高校分站。（首都图书馆　张小野）

【第十届图书馆资源建设学术交流论坛召开】4 月 1 日，论坛在北京召开。论坛由社会科学文献出版社、BALIS 资源协调中心主办，来自全国各图书馆馆长、业务骨干 100 余人参加。此次论坛由首都师范大学图书馆副馆长、BALIS 资源协调管理中心主任熊丽主持，与会者共同交流疫情防控常态化时期图书馆资源建设服务工作的现状及趋势，探索出版社、馆配商、图书馆三方融合发展的新路径。（中国人民大学图书馆　储继华）

【2021 年春季北京高校图工委暨 BALIS 管理委员会工作会议召开】5 月 11 日，会议在中国人民大学图书馆召开，北京市教育委员会高等教育处领导、北京地区高校图书馆工作委员会（以下简称“北京高校图工委”）委员、BALIS 各中心主任共 20 余人出席。北京高校图工委副主任兼秘书长、BALIS 管理委员会常务副主任刘后滨主持会议。北京市教育委员会高等教育处二级调研员荣燕宁宣读新一届北京高校图工委和 BALIS 管理委员会换届名单。北京高校图工委上一届秘书长刘春鸿通报图工委、BALIS 管理委员会换届工作交接事宜。北京高校图工委、BALIS 管理委员会新一届成员逐一进行自我介绍。BALIS 各分中心主任分别介绍各中心工作开展情况、存在问题及未来工作的设想与计划。（中国人民大学图书馆　储继华）

【北京高校图书馆 ICT 交流论坛举行】6 月 25 日，论坛在北京华为研究所举行。此次论坛由 BALIS 技术支持中心主办，华为技术有限公司、超星集团有限公司、中国远程教育杂志社协办。来自清华大学、中国人民大学、中国政法大学、中国传媒大学、中国矿业大学、北京外国语大学、北京师范大学、对外经济贸易大学、中国石油大学、北京化工大学、华北电力大学、首都师范大学、北京第二外国语学院等高校图书馆的相关负责人，以及华为、超星等企业的代表参加论坛。与会嘉宾围绕“十四五”时期高校图书馆信息化工作的现状、定位、发展目标、主体功能与价值、技术发展趋势和如何破解痛点等话

题，进行深入的交流研讨。（中国人民大学图书馆　储继华）

【“初心薪火相传　使命永担在肩——北京大学庆祝中国共产党成立100周年主题展览”举办】5月4日，展览在北京大学图书馆开展。展览由北京大学党委宣传部承办，北京大学图书馆、校史馆、档案馆等参与协办，以图文展示为主要形式，在兼顾历史叙事主线的同时，首次独家展示1921年李大钊在《新潮》杂志发表的《团体的训练和革新的事业》一文的影印件、1977年北京大学提出试行党委领导下的校长负责制的报告影印件（部分）等内容。展览引入8K视频、画屏等多媒体技术，增添主题观影售票机、新青年立体相框等互动活动，还通过扫码延伸阅读、VR虚拟展厅等方式将展览引入线上。（北京大学图书馆）

【“纪念庄守经先生诞辰九十周年追思会”举行】5月6日，由北京大学图书馆、教育部高等学校图书情报工作指导委员会（以下简称“教育部高校图工委”）共同组织的“纪念庄守经先生诞辰九十周年追思会”在北京大学图书馆举行。来自教育部高校图工委、北京大学图书馆、北京大学信息管理系等单位的40余名代表出席会议，大家围绕庄守经的生平事迹、业界贡献、学术成就和道德情操等进行追忆和缅怀。教育部高校图工委主任委员、北京大学图书馆馆长陈建龙以“庄守经先生的图书馆现代化思想”为主题发言。（北京大学图书馆）

【北京大学图书馆举办首届创新案例评选活动】6月18日，首届“北京大学图书馆创新案例评选”终评活动举行。经过前期图书馆总馆各中心、院（系、所、中心）分馆、医学图书馆的申报和综合初评，9个案例团队晋级终评，分别从实施背景、实施过程、创新要点、成效反馈、经验启示、未来展望等角度对案例进行展示，反映图书馆员对文献保障和信息服务的创新探索与深层思考。开展创新案例评选，旨在通过创新案例的典型示范和辐射推广作用，激发馆员积极性和创新潜能，提高北京大学图书馆的整体创新能力，营造一个开拓进取、团结协作的良好氛围，持续推进图书馆现代化建设。（北京大学图书馆）

【第一届DRAA集团采购谈判工作研讨会召开】9月28—29日，由高校图书馆数字资源采购联盟（DRAA）主办、中国高等教育文献保障系统（CALIS）管理中心和北京大学图书馆共同承办的第一届DRAA集团采购谈判工作研讨会在北京大学图书馆召开。此次研讨会是DRAA首次组织围绕法律和商务谈判的主题开展研讨，旨在增强DRAA谈判从业人员的法律意识，提升其谈判技巧，规范引进资源的集团采购行为。来自全国高校的DRAA理事馆、牵头馆、谈判组、成员馆的相关负责人，DRAA集团采购工作相关人员，以及代理商等共计62人参加会议。DRAA联盟的宗旨是团结合作开展引进数字资源的采购工作，谋求最优价格和最佳服务。联盟理事长单位设在北京大学图书馆。（北京大学图书馆）

【“书翰留余韵，纸间现风云——泰康人寿捐赠司徒雷登文献展”举办】10月12—22日，展览在北京大学图书馆举办。展览由北京大学与泰康保险集团股份有限公司联合主办，展出的60余件珍贵手稿文献，均选自该公司向北京大学教育基金会捐赠的“司徒雷登日记等手稿文献”。这批捐赠的手稿文献共计248件/套，时间从1928年至2009年，跨越半个多世纪，包括司徒雷登在华期间和返回美国后的部分日记、手稿、信件，以及司徒雷登故去后其家族同傅泾波家族的往来通信，对近现代中美关系史等领域的研究具有参考价值。（北京大学图书馆）

【北京大学图书馆举办“承学脉而开风气　致广大而尽精微——百年前北京大学学术系列展·1921”】11月29日—12月31日，展览在北京大学图书馆开展。展览分为“著名学者”“学术社团”“学术演讲”“国际学术交流”“学术支撑”“学术出版”6大主题。北京大学图书馆依靠馆藏丰富的近现代文献资源，借助民国图书报刊数据库的便捷检索，充分发掘图书报刊和名人日记等相关史料，逐年对百年前的北大学术进行细致深入的梳理，并将展板文字图片与图书、报刊、书影等展品呼应结合，多维度立体展现百年前北大的学术风貌。（北京大学图书馆）

【清华大学校史党史资源特色库上线】4月22日，清华大学校史党史资源特色库正式上线。该数据库由清华大学校史馆与图书馆联合发布，首批收录的图书共计110本，包括：清华大学校史研究室编研出版的校史、党史图书，以及部分由其他单位出版的具有代表性的清华校史、党史、文化传统等相关图书。该数据库作为校史党史学习教育的重要资源面向全校师生开放，为广大师生提供多种形式的内容检索和在线阅读服务。（清华大学图书馆）

【清华大学图书馆音乐讲堂启用仪式暨石叔诚音乐讲座"黄河"举行】4月22日，清华大学图书馆音乐讲堂启用。音乐讲堂位于清华大学图书馆西馆（逸夫馆）三层音乐馆内。音乐馆的施坦威钢琴捐赠者（1998届校友部分代表）、合作单位代表、音乐馆建设团队、校内师生和部分馆员参加此次活动。音乐讲堂的第一场音乐讲座"黄河"，由钢琴家、指挥家石叔诚主讲。音乐讲堂正式开放后，通过安排音乐讲座、音乐演奏等活动，引导读者感受音乐的魅力，传播高雅音乐，搭建阅读与音乐的桥梁，培养现代大学生的音乐素养和阅读兴趣。（清华大学图书馆）

【中国人民大学图书馆举行"用笔和口战斗的'红色教授'——何干之著作手稿展"】6月29日，展览开幕式在中国人民大学图书馆举行。中国人民大学党委书记靳诺、党委副书记齐鹏飞出席活动，历史学院院长黄兴涛、何干之教授家属等出席活动。中国人民大学图书馆馆长刘后滨主持开幕式。展览精选何干之代表性的学术著作、珍贵的手稿、书信和照片等，集中展现何干之的革命历程和学术思想。（中国人民大学图书馆）

【中国人民大学红色文献平台上线】12月，中国人民大学红色文献平台（以下简称"平台"）上线试运行。平台已上传红色文献书目数据1.2万余种，电子全文近12万页，相关研究400余种，并持续增加。中国人民大学图书馆除在平台收录本馆馆藏红色文献之外，还与上海图书馆等机构协作，拓展平台红色文献收录范围，并实现统一检索，支持多种检索方式检索。平台收录中国人民大学图书馆馆藏1100余册红色文献电子全文，并链接至大学数字图书馆国际合作计划（CADAL）和上海图书馆革命（红色）文献知识服务平台，提供全平台文献的数字阅读服务，读者无需下载插件，即可阅读高清PDF全文。同时以收集到的红色文献文本为基础，对党建、教育主题的红色文献分类编纂提要，并在平台上予以揭示。该平台还对相关研究（图书、课题、论文等）进行汇聚，用户可直接获取红色文献相关研究最新进展，拓展研究范畴。（中国人民大学图书馆）

【冯其庸家属向中国人民大学图书馆捐赠冯其庸藏书】12月，国学研究专家、红学家冯其庸之女冯幽若作为家属代表向中国人民大学图书馆捐赠冯其庸藏书，首批捐赠共计约1.5万册图书，涵盖文学、历史、戏曲、书画、摄影等方面，其中以西域历史文化和红楼梦研究方面图书尤其珍贵，包括《红楼梦学刊》创刊以来的所有期刊。冯其庸藏书中不乏名家签名题赠的图书，还有大量其本人批注圈画及附有往来信件的图书。这批图书原收藏于冯其庸的通州"瓜饭楼"家中，全部由冯幽若加盖"瓜饭楼藏书"章。（中国人民大学图书馆）

【北京师范大学学术成果库正式发布】4月21日，北京师范大学学术成果库正式发布。该数据库汇聚该校1950年以来的期刊论文、会议论文、图书著作等学术成果总计近33万条，已为39个学部院系和2000多名教师分别建立机构与个人学术成果主页。该数据库为促进学校学术成果传播与利用、提升学校知识创新能力、跨域进行科研合作提供更多机会和可能。（北京师范大学图书馆）

【北京师范大学图书馆举办馆藏基础教育教材展】4月21—24日，"立人重教，化育英材——北京师范大学图书馆藏基础教育教材展"在馆内举办。此次展览展出馆藏晚清至21世纪代表性的中小学教材，包括：历史上北京师范大学名师编纂的教材，如傅兰雅编纂的《格致须知》丛书、《电学须知》（光绪原刻本）；翻译的国外教科书，如译自日本教材的《中等教育克依其氏最新平三角法教科书》（光绪二十二年出版）；清末国人自编教科书，如南洋公学编纂

《新订蒙学课本》(光绪二十八至二十九年排印本);民国时期第一套教科书“中华教科书”系列;20世纪40年代解放区编纂的稀见教科书以及中华人民共和国成立后各时期中小学教科书等珍贵资料。(北京师范大学图书馆)

【北京师范大学图书馆举办馆藏革命历史文献珍本展】6月15—25日,“稽览文献、重温党史——北京师范大学图书馆藏革命历史文献珍本展”在图书馆举办。此次展览分为“思想的光芒——马克思主义传播与毛泽东思想的形成”“苦难与辉煌——中国共产党的奋斗历程”和“打铁还需自身硬——中国共产党的组织、纪律、作风建设”3个单元,选取馆藏1949年以前的革命历史文献中有代表性的藏品40件,分别从思想和信仰、奋斗和发展、组织和纪律3个方面展现中国共产党的百年发展历程。(北京师范大学图书馆)

【北京市文物局图书资料中心向北京师范大学图书馆捐赠图书】10月14日,北京市文物局图书资料中心向北京师范大学图书馆捐赠一批图书,包括《明清珍墨精拓》《营造法式合校本》《日下旧闻》《北京市文物局图书资料中心古籍善本录》《北京市文物局图书资料中心古籍普查登记目录》《明宫冠服仪仗图》《汉石门颂(徐复仲本)》《南柯庭集》《精艺覃思》等线装影印古籍和平装图书。这批捐赠图书代表该中心近年来的古籍影印整理成果,体现其在古籍编目、普查清查、拓片修复保护等多方面的工作成果,此次捐赠在丰富北京师范大学图书馆馆藏的同时,也促进古籍整理工作的双向交流。(北京师范大学图书馆)

【2021年度北京地区高校数字图书馆年会召开】12月3日,2021年度北京地区高校数字图书馆年会暨“数据驱动 智慧赋能:图书馆服务新生态”学术研讨会在北京邮电大学沙河校区图书馆召开。会议由北京邮电大学图书馆、北京高等教育学会图书馆工作研究分会(中国人民大学图书馆)与BALIS技术支持中心联合主办,以线上线下结合的方式进行。北京邮电大学、BALIS管理委员会等单位领导出席线下会议,来自北京大学图书馆、清华大学图书馆、中国科学院文献情报研究中心、中国人民大学图书馆等单位的专家在会上做主旨报告,1176名业界相关人员参加线上会议。(北京邮电大学图书馆)

【北京化工大学党史学习教育图书角揭牌启用】4月15日,北京化工大学党史学习教育图书角揭牌启用仪式在东校区逸夫图书馆举行。北京化工大学副校长任新钢、图书馆直属党支部书记张晓丰、校党委宣传部常务副部长邹立娜、马克思主义基本原理教研室支部书记毕文锐等领导、教师及学生代表参加仪式。党史学习教育图书角由图书馆、党委宣传部、马克思主义学院共同策划启用,精选馆藏党史党建类精品图书1000余种进行集中展出、借阅,为全校深入开展党史学习教育提供更为丰富的学习资源、更为便利的学习借阅条件。(北京化工大学图书馆)

【首都医科大学召开系统文献资源建设研讨会】4月13日,研讨会在首都医科大学图书馆召开。首都医科大学副校长吉训明、图书馆馆长黄芳等领导以及来自宣武医院、北京友谊医院等30家首都医科大学附属医院、临床医学院的图书馆馆长和相关工作人员参加会议。此次会议加强各图书馆之间的联系与沟通,对进一步加强学校图书馆与医院图书馆文献资源共建共享体系的建设起到推动作用。(首都医科大学图书馆)

【北京联合大学图书馆与北京服装学院图书馆联合举办“走学党史在京华”活动】4月16日,活动启动仪式在北京服装学院图书馆多媒体厅举行。北京联合大学图书馆副馆长赵庆龄、北京服装学院图书馆副馆长于洪玮参加仪式并讲话。此次活动由北京联合大学图书馆与北京服装学院图书馆联合主办,旨在引领广大学子知史爱党、知史爱国,把知行合一、常学常新的精神融入党史学习教育。两校图书馆组织两校大学生读书协会在4月和5月开展党史学习教育交流研讨、讲党史故事、参观红色文化展和两校图书馆、走学北京红色遗址等主题实践活动。(北京联合大学图书馆 刘婧)

【北京联合大学举办“记忆 · 传承：西南联大主题馆藏书展”】10 月，在北京联合大学人文馆元堃书院举办。此次展览以西南联大相关人物的事迹与作品为主，展出书籍 800 余册，其中包括有关西南联大史料价值的书籍，如《西南联大校史》《南渡北归》等；人物传记，如《蒋梦麟传》《朱自清传》《钱穆传》等；自述性历史题材文献，如《冯友兰自述》《吴宓日记》等；以及西南联大部分学者、专家、作家的著作、作品，如《中国哲学简史》《梁思成林徽因影像与手稿珍集》《汪曾祺散文》等。为配合此次展览，主办方还制作宣传展墙，对战火中的西南联大、西南联大精神、从西南联大走出的杰出人物，以及北京联合大学首任校长谭元堃与西南联大等进行介绍。（北京联合大学图书馆　路连英）

【北京建筑大学图书馆开展“行走阅读”讲座暨沉浸式体验活动】5 月 14 日，主题为“中法人文交流基地——贝家花园”的“行走阅读”讲座暨沉浸式体验活动在贝家花园举办。活动由北京建筑大学图书馆联合北京史地民俗学会共同举办，以亲身体验的新方式，让师生走进贝家花园并了解其背后的红色故事。“行走阅读”是北京建筑大学图书馆推广创新读书活动的一种方式，以期吸引全校师生爱上阅读，享受阅读，充实自我，在阅读中提升幸福感，形成爱读书、读好书、善读书的校园书香氛围。（北京建筑大学图书馆　毛发虎）

【中央美术学院图书馆举办明刊《十竹斋书画谱》入藏仪式暨版画入藏特展】5 月 14 日，明刊《十竹斋书画谱》入藏仪式在中央美术学院图书馆举行。此次入藏的《十竹斋书画谱》是中央美院副教授张战地 2019 年从海外购回，原藏家为美国学者。代藏暨文物托管的行为在中央美术学院图书馆的历史上尚属首次，在现场观众的见证下，张战地与图书馆典藏部主任杨笑颜签署该馆历史上第一份代藏协议。5 月 15 日至 6 月 10 日，“五色纷披　妙出梨枣——明刊《十竹斋书画谱》版画入藏特展”在该馆展出。执行策展人江超结合展厅作品，以沉浸式的方式，为现场听众做题为“《十竹斋书画谱》原刻版本系统的发现及断代问题”的学术分享。（中央美术学院图书馆）

天津市

【概况】截至 2021 年底，天津市共有各类型高等学校 59 所，其中本科院校 19 所、高职高专院校 25 所、独立院校 11 所、军事院校 4 所。

天津高等教育文献信息中心（TALIS）共订购 22 个数据库，其中中文库 17 个、外文库 5 个。2021 年，为支持“双一流”学科建设发展，TALIS 新增 Science（科学周刊）数据库和森途就业库（服务范围为天津工业大学）；另外，根据经费状况及使用情况，停订剑桥期刊库、ERS 电子资源分析平台、新东方掌上学习平台。

做好天津市高等教育公共数字资源 2021 年使用权运维项目的申报立项、审计招标、合同签订、履约监督、款项结算等工作，完成天津市高等教育公共数字资源在新冠疫情防控期间使用权运维项目的建设工作，为天津高校 40 万师生提供服务，有力地支撑和推动了天津高校教学和科研的建设工作，全年为天津高校节省资金约 1100 万元。面对个别成员馆退出 Springer 或 SCI 数据库的联合采购团、数据库全球定价上涨等诸多不利因素，TALIS 积极协调沟通，平衡资金分摊比例，组织谈判专家与 Springer Nature 集团、科睿唯安公司进行多轮谈判，最终顺利签署《2022 年天津集团 Springer 电子期刊数据库采购方案》《SCI 天津高校联采协议》。

部署自有安全评估系统，实现网络及信息系统安全漏洞扫描服务，通过杀毒软件、WEB 扫描、数据库扫描及基线扫描全面加强信息系统安全。采用“专业远程安全评估系统 + 漏洞扫描”加强中心业务系统安全管理，同时利用专业安全厂商不间断信息系统安全监测服务，全面提高系统运行安全保障。通过不断提升网络安全管理手段，2021 年实现全年零安全漏洞事件，保证业务系统安全运行。

全方位维护 Symphony 系统日常的稳定运行，通过系统备份、定期的维护等手段及时排除各种故障，保持 2021 年全年 17 所高校图书采编、流通等业务正常运行。全年编审书目超 15 万条。针对联合系统特点对系统各项参数进行合理的规划及调整，配合各馆需求添加、修改、删除系统参数，同时配合各馆批量修改馆藏库位、提取各馆 MARC 数据，以及完成部分成员馆个性化设定、查询等需求，为各馆提供图书借阅排名和读者借阅排名统计。维护 CALIS 文献传递的 Symphony 接口正常运行，提升系统安全管理。（天津市高等学校图书情报工作委员会）

【“辉煌百年　共忆荣光”党史主题线上知识竞赛举办】4 月，天津市高等学校图书情报工作委员会（以下简称“天津市高校图工委”）、同方知网（北京）技术有限公司天津分公司面向全市广大读者，联合举办“辉煌百年　共忆荣光”党史主题线上知识竞赛。此次比赛旨在回顾党的光辉历程，继承和发扬党的传统，做到知史爱党、知史爱国。天津高校共有 1223 名读者参与知识竞赛，最终评出一等奖 10 名、二等奖 30 名、三等奖 60 名、纪念奖 100 名，天津财经大学、天津医科高等专科学校、北京科技大学天津学院荣获最佳组织奖。（天津市高等学校图书情报工作委员会）

【“2021 书香天津 · 大学生校园悦读之星”总决赛举办】6 月 20 日，在天津市委宣传部、天津教委指导下，由天津市全民阅读活动办公室、天津市高校图工委主办的“2021 书香天津 · 大学生校园悦读之星”总决赛在天津医科大学举行，来自全市本科高校、军事院校、独立院校和高职高专共 53 所学校的选手参赛，参与院校数量创历届之最。此次活动以“初心如磐向未来”为主题，53 名选手紧扣活动主题，分享心得体会。最终评选出一等奖 10 名、二等奖 20 名、三等奖 23 名，优秀组织奖 20 个、优秀团队 2 个。（天津市高等学校图书情报工作委员会）

【南开大学图书馆加强“丽泽”阅读文化品牌建设】2021 年，南开大学图书馆面向社会开展“丽泽”阅读文化品牌徽标（LOGO）征集评选活动。全年举办“丽泽讲堂”“真人图书馆”“师生共读”“丽泽悦享”主题定制活动及各类主题展览等阅读文化推广活动 192 场。其中，全新推出的“丽泽悦享”主题定制活动，可根据学校各学院、部门、组织的不同需求，量身打造阅读文化活动。（南开大学图书馆）

【天津大学图书馆多渠道拓展电子资源访问方式】2021 年，天津大学图书馆针对读者居家办公、学习期间对电子资源访问需求激增的问题，多渠道拓展电子资源的访问方式，推出“芸台购”读者荐购平台，实现读者下单、图书馆付款、图书直邮到家的一站式采购模式；为更好地服务在线教学科研工作，积极调研、精准服务，共为 25 个学院（部、直属单位）的近 200 位教师提供电子教参资源，文献满足率达 96%；全面升级论文提交管理系统，实现“零接触、无纸化”提交论文；上线智能客服系统——“咨询小图”，开通每周 7 天 ×24 小时线上智能咨询服务，以“在线馆员 + 机器人客服”的形式全天候实时解答读者咨询。（天津大学图书馆）

【天津外国语大学图书馆推进特藏资源推广与保护工作】2021 年，天津外国语大学图书馆通过校史馆常规展览、特藏专题展、邀请专家到馆研讨交流、馆外调研与合作、志愿服务与特藏资源推广相结合等方式，多途径、多举措提升馆藏特藏资源宣传推广效果，提高校内外师生读者对该馆古籍特藏资源的认知度。强化保障形成合力，推动特藏数字化项目有序运行，提升特藏数字化工作效能。（天津外国语大学图书馆）

【天津理工大学图书馆推出“检索报告无纸化”服务】7 月 1 日，天津理工大学图书馆正式推出“检索报告无纸化”服务，让“数据多跑路，群众少跑腿”，为广大师生读者带来更大的便捷。此项服务可省去读者到图书馆领取纸质报告的环节，为读者节省宝贵的时间；同时，在服务中创新性地运用 PDF 数字签名技术和数字追溯码技术，以确保检索证明的真实性和可追溯性。（天津理工大学图书馆）

【天津科技大学图书馆学生实践队组建成立】2021 年，天津科技大学图书馆基于弘文学生协作会组建成立学生实践队，并利用暑期走进滨海新区、东丽区、西青区多个乡镇街道、城市书房开展“三下乡”暑期社会实践活动，宣讲习近平新时代中国特色社会主义思想，分享读书感悟，推荐党史书籍，讲好党史故事，赓续红色基因，厚植爱国情怀。将书香传递到乡村基层，使当地读者在共享阅读、浸润书香中坚定信念，感悟初心使命。（天津科技大学图书馆）

【天津商业大学图书馆举办“天商共读”徽

标LOGO+吉祥物形象设计大赛】2021年，天津商业大学图书馆联合艺术学院举办"天商共读"徽标LOGO+吉祥物形象设计大赛，共征集徽标作品88部，吉祥物作品18部，经过大众评审和专家评审，评选出最佳创作奖2名。（天津商业大学图书馆）

【天津工业大学知识产权信息服务中心成立】10月22日，经天津工业大学党委常委会研究决定，成立天津工业大学知识产权信息服务中心，该中心设在天津工业大学图书馆。11月11日，第四届高校知识产权信息服务中心联盟年会暨高校知识产权信息服务研讨会在线召开。会上，经联盟理事单位投票表决，同意天津工业大学加入高校知识产权信息服务中心联盟。（天津工业大学图书馆）

【中国民航大学图书馆建设党史学习教育基地"党史书苑"】在庆祝建党百年和建校70周年之际，中国民航大学图书馆联合马克思主义学院、宣传部和国资处建设党史学习教育基地"党史书苑"，通过线上线下纸电融合的模式，打造沉浸式、体验式、多元化党史学习教育空间，为全校党员干部及广大师生深入学习党史提供资源、场所、服务。2021年全年共接待民航局领导，校内外各级党组织、群团组织和各单位的参观以及开展党史学习教育主题活动40余场。"新华社"app上发表了题为《中国民航大学"党史书苑"吸引师生打卡点赞》的报道，浏览量达112.2万余人次。（中国民航大学图书馆）

河北省

【河北省高校图书馆举办各种读书月活动】4月，河北省各高校图书馆以中国共产党成立100周年为契机开展读书月系列活动。河北大学图书馆为庆祝党的百年华诞及校庆、馆庆，以"庆百载峥嵘岁月，阅千卷墨字华章"为主题，举办读书分享、知识竞赛、专家讲座、阅读推广等系列活动。河北北方学院图书馆读书月以"树理想信念，读红色经典，迎建党百年"为主题，推出"百年党史关键词""大腕分享会""图书构建会""朗读者""红色观影行动""阅读马拉松"6个专题。唐山师范学院第十四届世界读书日暨建党百年系列活动主题为"百年荣光·浸润书香·续梦启航"，通过阅读、朗读、静读等形式引导读者了解百年党史，培育爱国情怀。承德医学院图书馆推出"书海寻宝""大片来了""红色图书角"等专题，让读者共同沐浴在红色经典中，接受红色洗礼。（河北省高等学校图书情报工作委员会）

【"中科杯"河北省高校"重温百年党史　传承红色基因"活动举办】10月20日—11月16日，由河北省高等学校图书情报工作委员会（以下简称"河北省高校图工委"）主办的"中科杯"河北省高校"重温百年党史　传承红色基因"党史学习教育主题活动在全省范围内开展。此次活动得到省内60余所高校图书馆的支持，吸引47000余名师生踊跃参与。大赛分为教工组、学生组，活动最后评出特等奖、一等奖、二等奖和三等奖若干名。（河北省高等学校图书情报工作委员会）

【"万方杯"2021年全国高职院校信息素养大赛河北赛区举办】12月12日，"万方杯"2021年全国高职院校信息素养大赛决赛落下帷幕，此次大赛分为校赛、省赛、国赛入围赛、国赛决赛4个阶段。河北省共有16所高职院校近万名师生参加初赛海选，1698名学生、9名教师进入全省复赛。其中，有5所院校荣获最佳组织奖，5人荣获大赛先进工作者，64名学生分获特等奖、一、二、三等奖，9部教师微课作品获奖，并择优推荐24名学生晋级国赛入围赛选拔环节。（河北省高等学校图书情报工作委员会）

【第五届"知网杯"河北省高校图书馆服务创新案例大赛举办】12月17日，由河北省高校图工委主办，河北大学图书馆承办的第五届"知网杯"河北省高校图书馆服务创新案例大赛决赛在线上举办。此次活动共收到52个参赛案例，按照综合类、阅读推广类、资源建设与知识服务类分组评比。各参赛选手从党史学习教育、阅读推广、信息素养教育、数字资源的管理与服务、馆藏特色资源建设、传统文化推广等多个方面，展示图书馆在结合当前时代背景和现实情况的基础上有关本馆创新服务的新举措和新成果。大赛评出特等奖3名，一等奖7名，二等奖

8名，三等奖12名。（河北省高等学校图书情报工作委员会）

【河北省高等学校图书情报工作委员会开展各类先进评选工作】10月18日，根据“冀高图委字〔2021〕1号”“〔2021〕2号”文件精神，河北省高校图工委评选出2020年度全省高校图书馆先进个人133名和先进集体13个，分别授予“河北省高等学校图书资料先进工作者”和“河北省高等学校图书资料先进集体”光荣称号，同时颁发荣誉证书。11月1日，根据《关于评选华北地区高校图书馆先进集体和先进个人的通知》的精神，华北地区高等学校图书馆协作委员会对各馆上报资料进行审核，评选出2016—2020年度华北地区高校图书馆248名先进个人和67个先进集体，分别授予“华北地区高等学校图书资料先进工作者”和“华北地区高等学校图书资料先进集体”光荣称号，同时颁发荣誉证书。12月4日，根据教育部高校图工委《关于评选“高校图书馆榜样馆员”的通知》要求，河北省高校图工委评选出河北省高校图书馆榜样馆员5人，其中本科院校图书馆4人，高职高专院校图书馆1人。（河北省高等学校图书情报工作委员会）

山西省

【山西高校图书馆6名馆员荣获全国高校图书馆榜样馆长、榜样馆员】12月24日，教育部高校图工委在北京大学召开的“继承与创新：大学图书馆现代化新征程”学术研讨会上，表彰高校图书馆事业突出贡献者、高校图书馆榜样馆长、高校图书馆榜样馆员。山西省高校6名图书馆人获得表彰。其中，山西大学图书馆原馆长李嘉琳获评“高校图书馆榜样馆长”；山西大学图书馆肖珑、赵冬梅，太原理工大学图书馆安蓓，山西工程技术学院图书馆张亚姝，山西林业职业技术学院图书馆智顺获评“高校图书馆榜样馆员”荣誉称号。（山西大学图书馆　赵冬梅）

【中西部部省合建高校图书馆协作联席会成立暨第一次工作会议召开】6月18日，会议在山西大学召开。来自河北大学、山西大学、内蒙古大学等14所中西部部省合建高校的图书馆馆长及代表出席会议。14所图书馆签署《中西部部省合建高校图书馆合作备忘录》，并召开第一次工作会议，确定务实做事的基调，讨论通过工作目标、基本原则和《中西部部省合建高校图书馆协作联席会工作办法》，商定“中西部部省合建高校图书馆协作联席会”每两年为一个主席轮值周期，首任轮值主席为山西大学图书馆馆长，秘书处常设在山西大学图书馆。（山西大学图书馆　赵冬梅）

【2021年山西省高校图书馆年会暨山西高校图工委第七期“晋图讲坛”举办】7月9日，会议在山西财经大学举办。此次会议由山西省高等学校图书情报工作委员会（以下简称“山西高校图工委”）主办，以“高校图书馆数字化转型发展”为主题，旨在推动转型，共谋发展。来自全省45所高校图书馆的馆长及业务骨干160余人参加会议，黄晨、夏翠娟等业界专家在会上做学术专题报告。会上宣布新出台的《山西高校图工委表彰办法》，正式发布《2020年山西高校图书馆发展报告》。（山西大学图书馆　赵冬梅；山西财经大学图书馆　王玉宝）

【面向智慧时代的图书馆空间服务创新学术研讨会召开】7月22—23日，由中国图书馆学会学术研究委员会主办，山西大学图书馆及图书情报工作杂志社承办的研讨会在山西大学举行。来自全国各地的图书馆工作者及相关专家、学者以及相关技术人员共计217人参加此次大会。研讨会以“面向智慧时代的图书馆空间服务创新”为主题，总结和分享国内外各级各类图书馆在空间服务方面所做的成功探索，提出面向智慧图书馆的未来发展方向。此次会议兼具理论探讨、案例分析和参观学习等多种形式，为图书馆界学者们提供学习和交流的机会。（山西大学图书馆　赵冬梅）

【山西大学获批高校国家知识产权信息服务中心】10月，国家知识产权局办公室和教育部办公厅公布第三批高校国家知识产权信息服务中心名单，共有20所高校入选，山西大学知识产权信息服务中心位列其中。该中心于2020年1月成立，设立在山西大学图书馆。（山西大学图书馆　赵冬梅）

【山西财经大学图书馆新馆正式启用】4月8日，值山西财经大学70周年校庆之际，山西财经大学图书馆在坞城校区举行新馆开馆仪式。新馆建筑面积33919.03平方米（山西财经大学所有校区图书馆建筑面积合计为38462.03平方米），分东西2栋建筑，地上5层地下1层，呈“S”“C”形构图。开架阅览区全部图书纳入RFID智能图书管理系统管理，闭架借阅区全部图书纳入智能电动密集书库控制系统管理，陆续建设起用多元化新型研学空间和服务。（山西财经大学图书馆　王玉宝）

【山西中医药大学“智慧图书馆服务平台”正式上线】2021年，山西中医药大学率先在省内建设完成图书馆新一代门户——“智慧图书馆服务平台”并正式上线。该平台利用图书馆智能管理系统，进行全新的界面和架构设计，有效打通各类资源及系统间的障碍，实现电子资源的精细化管理和各类数据及应用的集中管理。智慧图书馆关联用户行为数据，可同步查看读者的借阅、访问、入馆行为等详细数据，提供图书馆各类读者行为日志数据的管理、统计与分析。（山西中医药大学图书馆　武晋媛）

内蒙古自治区

【第二届“桃李杯”内蒙古高校信息素养大赛举办】4月25日—5月25日，由内蒙古自治区高等学校图书馆工作委员会主办，内蒙古大学图书馆、北京搜知数据科技有限公司（EPS数据）联合承办的以“新时代·新素养·新梦想”为主题的第二届“桃李杯”内蒙古高校信息素养大赛举办。大赛秘书处设在内蒙古大学图书馆。参赛对象面向内蒙古地区普通高等院校在校学生。全区29所高校图书馆组织10000余名学生报名参赛，其中3075人进入决赛。最后，31人荣获比赛大奖，51人荣获优秀奖；10所高校图书馆荣获优秀组织奖，11名教师荣获优秀指导教师奖。

6月24日，2021年内蒙古自治区高校图书馆信息素养教育研讨会暨第二届“桃李杯”内蒙古高校信息素养大赛颁奖典礼在内蒙古大学举行。自治区教育厅领导、各高校图书馆馆长、从事信息素养教育的图书馆馆员、此次大赛获奖代表等参加此次研讨会。（内蒙古自治区图书馆学会　云志芳）

【内蒙古大学图书馆深入开展阅读推广等文化育人活动】2021年，内蒙古大学图书馆紧扣建党100周年主线，开展全覆盖、全媒体、全方位的宣传教育，全力营造良好舆论氛围。配合图书与信息技术部党总支举办庆祝中国共产党成立100周年系列活动，开展音乐党课、红色专题讲座，并持续推送“红色故事绘——党史上的今天”“党史故事100讲”“听总书记讲故事”“党史学习教育”等一系列专栏文章。借助网络新媒体，拓展文化教育载体，打造“桃李湖畔·书香内大”官方网站及微信平台、读者沟通联络微信群等，做好党史教育、“第十五届读书节”系列阅读推广活动、名师讲堂、入馆教育等线上、线下各类活动的策划和宣传，提高图书馆资源利用率，提升师生信息素养。在“心怀国之大者，传诵百年荣光”读书演讲诵读活动中该馆荣获优秀组织奖；该馆“让历史照亮未来”案例在“全区第三届阅读推广优秀案例经验交流会”案例征集活动中获二等奖；内蒙古大学图书馆读者协会获得内蒙古高校阅读推广优秀学生社团一等奖。（内蒙古自治区图书馆学会　云志芳）

【内蒙古医科大学图书馆筹建“红色文献阅览室”，开展“诵经典　学党史　感悟初心使命”读书月活动】4月16日，内蒙古医科大学图书馆“红色文献阅览室”建成开放。阅览室设置4个展区，分别为专题展架展区、专题书架展区、专题期刊展区及专题报纸展区，共展出红色文献1000余册。另外还设置电子文献展区，《大党魅力》《没有共产党就没有新中国》等电子书籍通过手机扫描可即时阅读，还为广大师生提供了红色电影等免费电子资源。

4月23日—5月31日，该馆结合党史学习教育，开展“诵经典　学党史　感悟初心使命”读书月活动，内容包括“图书馆资源+党史学习教育”融合模式宣讲、“诵经典·守初心”诵读大赛、“学百年党史·担时代重任”30天阅读打卡、“学习党史精神·书写时代担当”党史摘抄硬笔手书作品征集、“重温党史·迎百年华诞”党史知识问答、“诵经典　学党史”阅读之星评选、“看红色经典　忆峥嵘岁月——影评活动”等。（内蒙古自治区图书馆学会　云志芳）

【内蒙古医科大学图书馆成为第四批技术与创新支持中心（TISC）正式运行单位】11月29日，经过一年时间的筹建和遴选，内蒙古医科大学图书馆通过考核，获得国家知识产权局与世界知识产权组织共同授权，成为第四批技术与创新支持中心（TISC）正式运行单位。12月，内蒙古自治区教育厅批准该馆成为内蒙古自治区高校知识产权信息服务中心培育建设单位。（内蒙古自治区图书馆学会　云志芳）

【内蒙古科技大学知识产权信息服务中心成为首批国家知识产权信息公共服务网点】10月8日，国家知识产权局公布首批国家知识产权信息公共服务网点，内蒙古科技大学知识产权信息服务中心位列其中，成为自治区首家备案为国家知识产权信息公共服务网点的高校机构。此外，根据《自治区教育厅、知识产权局关于开展自治区高校知识产权信息服务中心遴选工作的通知》要求，按照有关项目管理办法，经过学校推荐、专家评审，该中心还被遴选为自治区高校知识产权信息服务中心立项建设单位。（内蒙古自治区图书馆学会　云志芳）

【内蒙古民族大学图书馆策划推出“秒读驿站”阅读推广服务】10月15日，内蒙古民族大学图书馆策划推出“秒读驿站”阅读推广服务：在该馆社科中文图书借阅区设置“2020年度图书借阅排行榜”“红色经典文献”“新生阅读起跑线推荐图书”“名师荐书”4个专题图书荐读席位，以及航空、文摘、新闻、旅行4个专题期刊荐读席位，共推荐图书50余册、精品期刊66册。12月8日，“秒读驿站”举办首期有声分享活动——乐读会，4名馆员和10余名学生参加线上乐读分享。（内蒙古自治区图书馆学会　云志芳）

【内蒙古民族大学图书馆“国学经典品读”荣获全区阅读推广优秀案例一等奖】11月18日，“全区第三届阅读推广优秀案例经验交流会”案例征集活动评选结果揭晓，内蒙古民族大学图书馆“国学经典品读”荣获一等奖。“国学经典品读”是该馆“诺沐共读”系列活动之一，以“品读经典”为主题，以《中华传统文化百部经典》为选读书目，通过读原文、诵原文、写原文、谈感悟等方式，引导学生进行经典细读深读，加深对中华优秀传统文化的认同。该案例为学生们提供了结伴阅读经典、了解中华传统文化的平台，线上线下结合的灵活阅读形式受到学生的欢迎。该案例还入选由中国图书馆学会阅读推广委员会评选的“2021年全国高校图书馆阅读推广案例征集展示活动”展示名单。（内蒙古自治区图书馆学会　云志芳）

【锡林郭勒职业学院图书馆创建“蒙古族历史文献数字化博物馆”】1—12月，内蒙古自治区东北亚语言资源中心与锡林郭勒职业学院图书馆协作，充分发挥各自学科与资源优势，积极开展大数据资源数字化共享共建，将锡林郭勒职业学院图书馆“蒙古族历史文献馆”的11000余册古籍文献、珍贵文献及手稿手迹，用于“蒙古族历史文献数字化博物馆”虚拟博物馆的建立，实现“互联网+”语言文字数字化信息服务，为今后继续拓宽数字化服务方式，建立古籍文献、珍贵文献的开发与利用平台开启全新篇章。（内蒙古自治区图书馆学会　云志芳）

【锡林郭勒职业学院图书馆创建“马汝珩清史书库”】6月，马汝珩先生的家人将其生前的著作和藏书全部无偿捐献给锡林郭勒职业学院图书馆并创建“马汝珩清史书库”。马汝珩先生（1927—2013）原籍辽宁省沈阳市，原中国人民大学清史研究所教授，在国内清史、边疆民族史研究领域久负盛名。该书库建成以来，众多学院内外学者前来研究学习。（内蒙古自治区图书馆学会　云志芳）

辽宁省

【辽宁师范大学图书馆概况】2021年，辽宁师范大学图书馆积极应对疫情挑战，研讨并制订复工开馆方案，保证各项服务顺利开展。疫情常态化防控期间，坚持日报告、零报告，及时完成馆员信息采集、新冠疫苗接种、组织核酸检测等工作；学校疫情防控封闭管理期间，认真组织留校值班工作，保障读者在图书馆内正常学习。

探索创新“纸电同步”资源建设模式并取得初步成效，截至2021年底，共采购“纸电同步”图书2222种，满足新形势下不同读者对文献资源的多元化需求。全年纸质文献资源采购项目全部通过政府招标方式进行，采购中文纸质图书 12486 册，采选符合各学院专业需求的科研、教学用书合计 1979 册。接受各种赠书并入馆藏 394 册，其中日本科学协会赠送日文图书 143 册。全年共加工、验收纸质图书 1.22 万册。完成图书馆 2021 年数据库单一来源采购项目，该馆共有数据库 36 个，电子图书 77.47 万册。

进一步加强线上服务力度，开通试用数据库 64 个，其中延期试用数据库 25 个，新增试用数据库 39 个；在网站发布宣传稿 60 篇，在微信平台发布宣传稿 89 篇；举办数据库推广活动 17 次，开设“数字资源检索与利用”公共选修课，选课学生 400 余人，开展数据库线上培训 19 次，录制微课 2 次，等等，多途径提升读者使用数字资源的能力。利用“腾讯会议”平台完成 2021 年新生入馆教育，有 5719 人次参与；制作“图书馆新生攻略”推文、动画微课、自助借还机使用操作小视频等；拟定“信息素养与实践应用”“美学素养——字体与版式设计”教学大纲，与政府管理学院联合主办辽宁师范大学 2021“中科杯”大学生信息素养大赛（线上），共有 479 名在校生参与。

聚焦建党百年、建校 70 周年，结合阅读推广示范基地工作，邀请著名学者、业内专家到校开展学术活动，营造校园浓厚学术氛围，助力图书馆人才队伍建设。年内分别邀请辽宁师范大学原校长、现国家清史编纂委员会副主任朱诚如教授做“康乾盛世与国家统一”学术报告，邀请中央党校党史部社会主义新时期教研室原主任、博士生导师陈述教授做“中国共产党的百年奋斗历程和经验”党史学习教育专题报告，邀请辽宁省图书馆馆长杜希林做“责任与担当：谈古籍保护与传承优秀传统文化”学术报告，邀请辽宁大学图书馆馆长刘盛强、沈阳师范大学图书馆党总支书记王宇到馆指导工作和学术交流，邀请本校教授王卫平、郑艳等做学术报告。与政府管理学院联合主办“礼赞 70 华诞，赓续文化基因——‘十四五’时期图情档学科建设与实践创新学术研讨会”。结合校庆开展捐书活动，接受《荆楚文库》编纂出版委员会编辑部赠送的《荆楚文库》200 册，以及校办、校友处组织捐赠的“中华古籍再造善本（电子图书）”等文献与电子资源。

进一步深化“阅读推广 +”品牌建设。开展“恰同学少年，扬帆筑梦共翩跹”庆祝中国共产党建党 100 周年，喜迎辽宁师范大学 70 华诞 2021 读书季系列活动。突出红色经典阅读，突出母校情怀，不断完善和践行“阅读推广 +”理念，从文、史、哲三个方面诠释中华优秀传统文化，打造从幼儿园的学前小朋友一直到老年读者的真正意义上的全民阅读。通过线上线下结合的方式，围绕新生季、考研季和其他常态化阅读推广时段，先后开展“4·23”世界读书日特别活动、“朝花夕拾”——我与先贤的茶话会有声阅读系列活动、“一书，一校，一城”迎新季活动、“阅读足迹，品书大连”、“志·道读书分享沙龙”、“思·享者真人图书馆”、“助力双一流建设，推广有声绘本”等系列阅读推广活动。

深化特色资源建设，积极申报第五批辽宁省重点古籍保护单位。共整理 16 部馆藏古籍，申报第五批《辽宁省珍贵古籍名录》。

2021 年，该馆报送的“‘阅读推广 +’模式下的 Open-Reading 经典视听阅读图书馆案例”入选中国图书馆学会举办的第十四届图书馆管理与创新服务论坛大会交流案例和 2021 公私藏书与经典阅读（沧州）会议大会交流案例；“‘闪闪党歌唱我心，爱国主义歌曲党史学习教育创新实践活动”案例在 2021 出版发行界图书馆界阅读推广论坛上获评十佳案例；“21 世纪第一个 20 年对阅读推广的反思”在图情档 39 青年学者沙龙 2021 年青年学者论坛上入选大会分享案例。（辽宁师范大学图书馆　吕元月）

【“礼赞 70 华诞，赓续文化基因——‘十四五’时期图情档学科建设与实践创新学术研讨会”举办】9 月 23 日，会议由辽宁师范大学政府管理学院、辽宁师范大学图书馆联合主办，并在线上同步进行。此次学术研讨会是会议主办方辽宁师范大学建校 70 周年系列活动之一，会议围绕“十四五”时期图书情报档案学科建设与实践创新，邀请北京大学信息管理系教授张久珍、中国科学院大学图书情报与档案管理系教授初景利、大连理工大学图书馆研究馆员王红等专家做学术报告。（辽宁师范大学图书馆　吕元月）

【辽宁中医药大学图书馆概况】2021 年，辽宁中医药大学图书馆本溪分馆开放，形成一校三区（沈阳、大连、本溪）的统一管理模式。馆舍面积共计 2.4 万平方米，文献总藏量 102.6 万册，其中普通纸质图书刊 92.8 万册、古籍图书 1.8 万册、合订本报刊 8 万册，另有电子图书 44 万册。全年文献购置费 520 万元，新增普通纸质图书 3.3 万册、电子图书 2 万册。因新冠疫情影响开馆时间，接待入馆读者 60 万人次，借阅图书 2.1 万册次。该馆可提供服务的文献数据库和服务平台系统超过 70 个，2021 年度新增“海外中医古籍库”“千年医典”“新时代中国特色社会主义思想政治课程数据”等数字资源。提供各类查新 15 项；论文查收查引 120 项；引文分析报告 12 个；免费传递外文文献 1100 余篇。图书馆微信公众平台发布推文 160 条。为全校师生举办资源利用及文献分析、科研选题、论文写作等各类线上、线下培训讲座 16 场；组织“研究生科研素养提升”在线直播公益讲座；完成 2020 级学生 2000 余人次入馆教育培训。

图书馆开启部分空间升级改造，包括厚朴雅苑、远志静轩、经典书房、橘井泉香中医书店等多处主题空间建设和大连分馆的整体改造，这些升级改造基于中华传统文化、中医药文化和校本文化，构建图书馆叙事空间，讲述文化故事，倡导环境育人。

以“4·23”世界读书日为契机，图书馆启动“我心向党正青春，同学少年好读书”主题系列读书活动 20 余项。活动包括：校长推荐图书《中国能力》，由各学院的领读者与全校师生共读；教职工读书会举办“我心向党”分享阅读活动；学生“one 纸咖社团”正式成立；经典阅读走进现代生活选修课满额开课。年内还举办首场真人图书馆活动。

组织校内师生参加辽宁省图书馆学会与辽宁省高等学校图书情报工作委员会举办的“历百年风霜　诵时代芳华”红色经典朗读活动，获团体优秀奖；与学校工会、团委、大学生创新创业中心及学校教职工读书协会、书画摄影协会、花艺协会等多个社团联合举办各类活动 30 余场。

2021 年，完成图书馆“十四五”规划的制定工作。图书馆以智慧图书馆建设为总体发展目标，坚持“以文育人”“以文化人”的理念，致力营建阅读的静谧空间，构筑师生的精神家园，在人才培养和文化传承中发挥重要作用。（辽宁中医药大学图书馆）

【大连理工大学图书馆概况】2021 年，大连理工大学图书馆围绕学校“立德树人”根本任务和“三全育人”综合改革试点工作，扎实有序推进各项工作。开展庆祝建党百年系列特色活动，推出党史学习教育文献资源系列服务平台，举办“翰墨展百年辉煌　奋进书时代华章——庆祝中国共产党成立 100 周年党史文献资料展”，联合建筑与艺术学院教授王琪举办油画作品汇报展，联合校内多个党支部共同开展“献礼建党百年　红色经典诵读”主题党日暨共建活动等。

推进大学图书馆系统建设。统筹两地、三校区、五馆文献资源一体化建设，实现五馆间的通借通还，年度借阅 / 委托率 48.03%，借阅 / 委托满足率 90.21%。构建科学系统的文献资源保障体系，全年入藏纸质图书近 6 万册，订购纸质报刊 1764 份；推进国学文献和专题文献建设，入藏国学图书 382 册，补充党史专题文献 569 册。全年续订数据库 130 个，新订 1 个，试用 11 个。推进密集书库文献清点回溯项目，期刊编目 4210 种，合订本加工 16.03 万册，清点 21.40 万册；图书回溯编目 5.65 万册，清点图书 1.92 万册。

提升服务保障水平。全年读者借还书 30 余万册，完成自助借还书机、存包柜、研修间、电子阅览室优化升级；完成教材教参资源平台项目建设前期准备工作；优化入馆预约系统，全年预约读者总计达 172 万人次。

开展阅读推广与文化建设工作。在三校区五馆推进读书会、“大工教师阅读书单”、“遇见·书”系列资源推荐、传统文化活动等固有品牌建设；与大连市公共文化服务中心等联合开展阅读挑战赛、科普文化讲座等系列活动；结合建党百年特殊时间节点，推出专题文献展、党史文献资料展、线上专题网页、学习教育资源专区和电子百书、百刊特色专栏。盘锦校区图书馆设立“图书馆毕业日”，为毕业生开通特殊通道，举办“阅读与成长”“孔子与《论语》”讲座和“中国画学生作品展”。开发区校区图书馆建立一站式服务区和书画体验区，创办馆刊《莲·理》。

推进咨询服务及信息素养教育。全年完成科技查新 107 项、检索证明 4916 人次，服务其他高校等用户 2409 人次。针对本校期刊发文引文完成多个分析报告，完成 WOS 平台数据统计分析以及多个专利分析报告，服务学校科技创新与成果转移转化。服务科研团队案例荣获2021年全国知识产权信息服务优秀案例。《信息检索》课程开设实现三校区专业硕士和盘锦校区本科生全覆盖，全年授课340学时，2500人次；完成主校区本科生《科技文献检索与利用》选修课。通过大连理工大学图书馆微信公众号组织完成16期“图直播课堂”在线培训，14期“信息素养·网络课堂”直播，38期“电子资源推介”专辑推送，18期“假期充‘电’宝”系列推送，组织20场线上活动。（大连理工大学图书馆）

【辽宁冶金职业技术学院图书馆概况】辽宁冶金职业技术学院图书馆始建于1950年，坐落于辽宁省本溪市平山区环山路60号，馆藏图书30万册。该馆开放服务窗口包括专业图书阅览服务、文学图书阅览服务、杂志阅览服务、图书外借服务及信息资讯服务等。现有工作人员7人。

2021年，该馆加强制度建设，落实岗位职责。对原来的岗位职责、管理制度进一步梳理，使各岗位职责更明确，考核指标更准确。

深入教学一线，开展信息采集。开学初，该馆工作人员积极深入学校各系、部进行图书需求调研，了解系、部新增专业、重点专业、特色专业及专业发展方向，适时掌握各学科的购书需求，面向师生开展新书推荐和订阅需求调研工作。通过调研，共收集信息100余条，为图书订购提供依据。

方便职工群众，开展一站式服务。每周除按规定时间向全体师生开放外，根据师生要求及各教学时段的具体情况延长开馆时间。积极开展“送书上门”“图书漂流”活动，受到全体教师的欢迎和好评。

传承红色基因，赓续红色血脉。加强对全体师生爱国主义教育，联合本溪市北方图书城开展“党史知识进校园”文化集市活动，活动当天共展销党史类等书籍500多种，共采集师生购书信息100余条。

助力疫情防控，创新阅读方式。为在疫情防控期间避免人员聚集、方便师生阅读，图书馆积极与相关平台联系，免费为全体师生开通读秀中文检索平台。（辽宁冶金职业技术学院图书馆）

吉林省

【东北师范大学国家知识产权信息服务中心举办“知识产权信息与维权服务”专题培训班】4月23日，东北师范大学国家知识产权信息服务中心（依托于东北师范大学图书馆）联合吉林省知识产权保护中心等单位共同举办“知识产权信息与维权服务”专题培训班。来自吉林省内的企事业单位、高校、科研院所的100余位代表参加此次培训。与会代表就“中国（吉林）知识产权保护中心工作介绍”“面向企业开展精准知识产权信息服务”“企业知识产权维权援助服务”等内容进行交流。（东北师范大学图书馆）

【东北师范大学图书馆积极学习空间及智慧研学空间投入使用】6月，东北师范大学图书馆积极学习空间及智慧研学空间正式面向读者开放使用，共包含10个独立空间以及1个公共区域。在公共或私人的学习环境中，读者可以利用互动、协作、社交学习的空间进行小组式学习。（东北师范大学图书馆）

【东北师范大学图书馆“微服务门户”上线】12月28日，作为智慧图书馆一期建设成果，东北师范大学图书馆经过充分准备，在学校信息化办公室、北京世纪超星有限责任公司的积极配合下，完成图书馆官方网站切换。新版“微服务门户”正式成为图书馆主门户网站，为师生提供服务。（东北师范大学图书馆）

【吉林农业大学图书馆完成《中国农业百科全书·吉林卷》部分初稿撰写工作】1月，《中国农业百科全书·吉林卷》分编十四：农业机构、人物、书刊部分的撰写工作正式启动。截至2021年10月31日，吉林农业大学图书馆编纂小组完成24万字的初稿撰写工作，其中：农业机构部分包括吉林省农业行政机构、农业推广机构、农业学术团队、农业科研机构、农业教育机构、林业机构等10部分，收录相关机构名录200余个；人物部分包括历史人物、厅级领导、劳动模范、科教精英4部分，共收录100余人；书刊部分包括农业类图书185种（不包括农业科普图书及培训教材），农业类期刊30余种。（吉林农业大学图书馆　张宏亮）

【吉林农业大学图书馆举办2021年阅读推广系列活动颁奖典礼】12月2日，吉林农业大学图书馆举办2021年阅读推广系列活动颁奖典礼。该馆全年阅读推广系列活动包含6种类型26项内容，其中包括荐阅11项45期，微信阅读量13687人次；主题电影展映30次，2000余名学生观看；阅读分享会4小时12人参加分享；巡展5项，405人微信浏览；书刊选购3项，1315人参与，推荐订购3633种图书，78种期刊；有奖活动5项，1874人参与，6人获一等奖，17人获二等奖，24人获三等奖，66人获纪念奖。（吉林农业大学图书馆　张宏亮）

【北华大学图书馆承办首届北华读书节】4月23日，北华大学首届读书节系列活动启动仪式在东校区图书馆举行。首届读书节以“百年初心谱华章、万卷翰墨履书香”为主题。启动仪式上，北华大学图书馆先后与马克思主义学院、经济管理学院就志愿服务，与吉林市博物馆就联合共建等合作事宜签约；向2020年“阅读推广活动优秀奖”、北华大学“十大借阅之星”和第二届“图书馆杯”主题图像创意设计征集活动、第三届“冰雪奇缘”摄影大赛、2021年北华人书单及“好书推荐”活动中的获奖者颁奖。此届读书节推出10项主题活动。（北华大学图书馆）

【《北华大学图书馆馆史》发布】4月23日，《北华大学图书馆馆史》正式发布，全书分为创立与变迁、融合与发展、特色专题以及附录四个部分。本书的编撰得益于在图书馆工作过的退休老馆员的大力支持，提供了许多宝贵资料与图片，填补了诸多相关内容的空白，全面、多角度地展示了北华大学图书馆的发展历程。（北华大学图书馆）

【白城医学高等专科学校图书馆参加吉林省高职院校信息素养大赛】11月2日，白城医学高等专科学校图书馆组织师生参加由吉林省高等学校图书情报工作委员会高职高专院校分委员会主办的吉林省高职院校信息素养大赛，取得优异的成绩，学生组获得二等奖1名、三等奖4名，该馆荣获2021年吉林省高职院校信息素养大赛最佳组织奖。（白城医学高等专科学校图书馆　耿恺悌）

黑龙江省

【概况】截至2021年底，黑龙江省共有高校图书馆81所，其中本科院校图书馆39所（含民办12所），高职高专图书馆42所（含民办6所）。高校图书馆均保持每周90小时以上对校园读者开放，并开展丰富多彩、形式多样的阅读推广线上活动。秉承国家精神，借鉴其他省、市经验，完善自身的运行机制、合作模式和服务方式。发挥组织机构和学术团体的双重功能，促进和完善黑龙江省高等学校图书情报工作委员会（以下简称“黑龙江省高校图工委”）和CALIS黑龙江省中心职能融合共建。黑龙江省高校图工委联合省内各个高校图书馆，共同推进黑龙江省高校图书馆事业繁荣发展。（黑龙江省图书馆学会秘书处）

【黑龙江省高等学校图书情报工作委员会第九届五次副主任扩大会议召开】4月14日，黑龙江省高校图工委第九届五次副主任扩大会议召开，来自黑龙江大学、东北农业大学、哈尔滨商业大学等高校图书馆31名代表参会。会议介绍根据国家精神开展的2020年度业务与学术工作、信息资源共建共享和融合发展情况、围绕庆祝建党100周年的多形式各层次主题活动、参加全国及地区性学术会议等全省高校图书馆各项业务工作与交流活动。启动“建立哈尔滨地区高校图书馆图书仓储库”和“黑龙江省俄文文献资源融合共建共享体系”2个新项目，进一步推进区域化特色资源共建共享工作。（黑龙江省图书馆学会秘书处）

【“中科杯·重温百年党史　传承红色基因”党史知识竞赛举办】4月23日，黑龙江省高校图工委面向黑龙江省高校全体师生举办“中科杯·重温百年党史　传承红色基因”党史知识竞赛，比赛历时一个半月，采用线上线下相结合的形式分别进行初赛和决赛，省内50余所高校图书馆，8800余名师生参加。6月25日进行现场决赛，哈尔滨师范大学获得教工组特等奖，哈尔滨工业大学获得学生组特等奖。（黑龙江省图书馆学会秘书处）

【"百年辉煌"庆祝中国共产党成立100周年朗读大赛举办】4月23日，黑龙江省高校图工委举办黑龙江省高校图书馆"百年辉煌"庆祝中国共产党成立100周年朗读大赛。此次活动历时4个月，共收集到24所高校图书馆的186名朗读者提交的参赛作品。综合专家评审打分、作品点赞得分及各图书馆参与情况，评出馆员组一等奖2名、二等奖6名、三等奖9名、优秀奖12名；馆长组一等奖2名、二等奖4名、三等奖6名、优秀奖10名；哈尔滨工业大学图书馆获得特殊贡献奖，黑龙江大学图书馆等15所院校图书馆获得最佳组织奖。7月5日举办现场颁奖朗诵会。（黑龙江省图书馆学会秘书处）

【齐齐哈尔地区高校图书馆CADAL资源宣传推广交流会举办】6月29日，黑龙江省高等学校图书情报工作委员会在齐齐哈尔大学举办该交流会。齐齐哈尔市各高校图书馆馆长及相关人员参会。会议介绍了CADAL为扩大资源的利用而推出的系列服务内容：系统对接服务、资源优化利用方式、创新平台利用等。此次会议促进了齐齐哈尔地区高校与CADAL的对接，签约后，能增加各校资源量，提高资源利用率，促进齐齐哈尔地区高校图书馆联合互助，推动全省高校图书馆融合共建。（黑龙江省图书馆学会秘书处）

【哈尔滨师范大学图书馆古籍明末抄本《古今经传序略》入选第六批《国家珍贵古籍名录》】2021年，文化和旅游部公布第六批《国家珍贵古籍名录》，哈尔滨师范大学图书馆古籍明末抄本《古今经传序略》入选。《古今经传序略》不分卷，正编补编合计八册。开本16.9厘米×13厘米，板框15.4厘米×10.7厘米，半叶十四行，行三十二至三十四字不等，四周单边，白口无栏。《古今经传序略》由张隽辑录，董说抄写。张隽，明遗民，字非仲，号西庐，吴江人，少有学行，于经史百家，无不得其旨趣，著有《西庐诗草》《西庐文集》《象历》等。董说，晚明复社名士，中年出家为临济宗高僧，一生著述繁富有百余种，其所著《西游补》为《西游记》之续书。（黑龙江省图书馆学会秘书处）

上海市

【概况】截至2021年底，上海市共有普通高等学校64所（本科院校32所、高职高专及民办本科32所）。高校图书馆的文献资源累积量稳步增加，其中电子资源购置经费比例普遍较高，纸质资源的购置经费有所减少；综合性高校更加重视外文资源的采购，普通本科院校的中文资源采购经费占比相对较多。组织开展上海地区数字资源单一来源采购论证，为上海各高校图书馆数字资源建设提供专业保障；组织进行数据库联合采购谈判，最终14个数据库联采成功，为各馆节省了资源建设经费。

2021年，上海市高等学校图书情报工作委员会按照新的发展形势和发展要求改组成立7个专项工作组，组织协调各专项工作组大力推进地区联合协同数字资源建设、人才队伍能力提升、创新型信息素养教育推广、阅读推广与文化交流、研究支持经验分享等主流业务工作，落实开展教育部高校图工委"高校图书馆榜样馆员"推荐评审等。举办"2021年上海地区高校图书馆馆员能力培训""融合课程思政理念的高校信息素养教学研讨会""多元融合　文化育人——上海高校图书馆阅读推广服务研讨会"和"聚焦研究支持服务，推动'四新'高质量发展"等学术活动。编制发布《2020年上海市高校图书馆年度报告》，并首次在报告中增加上海高校图书馆创新发展与抗疫先进案例总结。（上海市图书馆学会秘书处）

【复旦大学图书馆举行王大隆先生诞辰120周年纪念展暨学术座谈会】11月8日，"蛾术箧存"王大隆先生诞辰120周年纪念展开幕式在复旦大学文科图书馆展厅举行。王大隆，字欣夫，是中国古典文献学专家。复旦大学图书馆、复旦大学中华古籍保护研究院、复旦大学中文系、复旦大学中国古代文学研究中心联合邀请上海图书馆、上海世纪出版集团、华东师范大学图书馆及部分藏书爱好者，合作举办此次展览。此次展览的展品包括复旦大学图书馆馆藏王欣夫题跋真迹《韩诗遗说补一卷又补一卷》、上海图书馆藏《虞山先哲小纪》稿本、上海图书公司藏南明永历刻本《凌忠清公文集》、华东师大图书馆藏《杨徵君文集》（王欣夫跋）等。王欣夫

学术座谈会也于当天在文科图书馆举行。（上海市图书馆学会秘书处）

【上海交通大学图书馆开展阅读推广系列活动】2021年，上海交通大学图书馆积极创新阅读推广服务模式，分别从“读、看、讲、行、赛”等不同维度开展线上线下活动共计112场，关注度10万余人次。“3·21”世界诗歌日活动邀请中外师生开展多语共吟中国诗活动，“4·23”世界读书日当天发布交大读者手绘阅读报告并邀请教书育人一等奖获奖名师领读荐书，“5·25”大学生心理健康日开展“交圕随访”和“舒缓共读”活动，毕业季推出漫画版印迹纪念册，暑期携手江川学区开展“交圕·行阅：从交大红楼到北大红楼”行走式阅读研学活动，迎新季举办第四届“我是领读者”阅读演讲大赛等。各类阅读活动形成丰硕的成果，形成8万字研学活动文字资料汇编，征集到各类短视频荐书音视频作品百余件，其中视频作品《抗战中的小老师》获评第四届图书馆新媒体创新服务案例（高校图书馆组）一等奖。（上海市图书馆学会秘书处）

【上海交通大学包玉刚图书馆正式恢复开放】4月8日，上海交通大学包玉刚图书馆正式恢复开放。修缮一新的包玉刚图书馆每层主题不同，增设学术展区、舒缓区和培养创新思维的新技术体验区，助力文理交叉人才培养；提供“1+3+1”学术报告会场解决方案，为开展学术交流、大小型会议、教学实践提供优质服务，满足师生多元化服务需求。包玉刚图书馆荣获2021年上海百佳公共文化空间奖。（上海市图书馆学会秘书处）

【上海交通大学举办李政道先生95华诞系列活动】2021年，为庆祝李政道先生95华诞，由上海交通大学李政道图书馆携手40余家高校、科研机构和社会组织，以“以天之语、解物之道”为主题，开展近40项庆祝活动。4月，《科艺·李政道》正式出版，荟萃2014年以来的科艺主题画9件和优秀作品68件；11月20日，举办李政道学术思想及中国科教育人实践研讨会，11位院士、20余位科艺两界专家以及海内外CUSPEA学者等线上线下齐聚研讨。交大学子还通过手绘漫画、动画视频及沙画展演等多种形式共贺李政道先生95华诞。李政道图书馆精心改造空间，李政道藏书房、科普区、诺贝尔角、科艺画架区等全新开放，形成科学精神传播矩阵。（上海市图书馆学会秘书处）

【同济大学图书馆举办“百年峥嵘筑梦行”系列活动】2021年，同济大学图书馆以建党百年为契机，以传统文化为内涵，举办“百年峥嵘筑梦行”系列活动。从4月开始，举办系列展览、讲座、革命诗词吟诵及红色经典诗词鉴赏等活动。6月—10月，举办“恰同学少年——革命诗词书法篆刻师生作品展”，展出在校师生、校友及馆藏手稿等书法作品47幅和122枚印章形式的篆刻作品。结合“百年峥嵘筑梦行”主题，举办“革命诗词金句印章篆刻创作”“毛泽东诗词诵读与线装书体验”“东方红——庆祝建党百年手绘瓷盘”“红梅赞——庆祝建党百年手绘瓷盘”“红岩——庆祝建党百年石头画手绘”等系列活动。为进一步提升活动影响力，同时在微信公众号上连续推出45期“百年峥嵘筑梦行｜红色经典诗词鉴赏”线上专栏。6月，“红映同济——庆祝中国共产党百年华诞琥珀雕刻艺术作品展”在嘉定校区文榷堂揭幕。（上海市图书馆学会秘书处）

【华东师范大学图书馆举办作家与批评家文献展】10月11日，由华东师范大学图书馆、中文系联合主办，华东师范大学国际汉语文化学院协办的“斜雁书远天”——华东师范大学作家与批评家文献展开幕式暨“文学写作与大学文化”研讨会在华东师范大学闵行校区图书馆举行。展览得到全球华东师大校友的支持，共募集到校友们捐献或借展的文献、手稿、照片、获奖证书与重要书系等珍贵文献资料380份。展览以时间为轴，全面展示华东师范大学70年的文学之旅。展览在华东师大闵行校区图书馆展出，展出书稿、手札、手迹、书信、书法等展品，还特别展出王晓玉、孙颙、赵丽宏、李洱、格非、王小鹰、陈丹燕追忆自己在华东师大校园生活的最新访谈视频。（上海市图书馆学会秘书处）

【华东师范大学图书馆名师数据库上线】2021年，在华东师范大学迎来建校70周年之际，华东师范大学图书馆历经3年建成该校特色资源数据库“华东师范大学名师库”，率先展示华东师范大学 24 位“上海社科大师”的学术生平、影像手迹等资料，以此继承先辈光荣传统，弘扬师大优秀学脉。数据库内收有大量珍贵的一手资料。在多位大师家属、弟子、师友、同学以及学校其他单位支持下，图书馆对大量珍贵原始档案进行数字化加工，其中不乏文物级资料，包括影像、手稿、笔记、信札、聘书、各类证件等，极具史料价值。（上海市图书馆学会秘书处）

【上海理工大学图书馆开展系列学科化服务】2021 年，上海理工大学图书馆开展竞赛科研辅助专题活动，服务 251 人次；积极投入学生创新创业具体指导工作，获得上海市教委举办的“第三届‘慧源共享’全国高校开放数据创新研究大赛”二等奖及优胜奖数项；图书馆申报的“科技文献检索和科技论文写作”课程获学校推荐申报上海市课程思政示范项目；面向学科服务的图书馆网站改造今年获评校“十佳网站”之首；与复旦大学合作，将 CADAL 系统嵌入该校图书馆的 OPAC 系统，为广大师生远程教学与科研提供保障。（上海市图书馆学会秘书处）

【上海海事大学马克思主义专题图书馆建成开馆】7 月 1 日，上海海事大学马克思主义专题图书馆正式建成开馆。校领导、相关部门和学院负责人以及马克思主义学院师生代表参加开馆仪式。马克思主义专题图书馆建筑面积 500 余平方米，以馆藏党史文献资料为依托，拥有约 1 万册图书资料的藏书空间，书籍涵盖马克思主义理论、马克思主义中国化、思想政治教育、海洋强国建设 4 个方面。馆内设有 100 余个座席，还配备研讨空间。整个专题图书馆集藏书、阅览、研讨和展示 4 大功能于一体，是全校师生的红色教育学习阵地。（上海市图书馆学会秘书处）

【东华大学图书馆改造开辟特色阅览空间——“青衿书苑”】11 月 9 日，东华大学图书馆特色阅览空间——“青衿书苑”正式对读者开放。书苑集文化、创意、休闲、阅读于一体，除绿树藤草之外，桌椅、庭柱也按照“青衿”创意采用蓝、白色调，为师生提供更多优美舒适的阅览空间。“青衿书苑”的开放不但解决了该校人文学院搬迁至延安路校区后，阅览座席紧缺的问题，也能更好发挥图书馆作为校园文化和社会文化建设重要阵地的作用。（上海市图书馆学会秘书处）

【上海外国语大学图书馆举办“数字人文与跨学科研究”学术研讨会】6 月 5 日，上海外国语大学举办“数字人文与跨学科研究”学术研讨会。此次会议由上海外国语大学图书馆、新闻传播学院及中国国际舆情研究中心联合举办，国内图书情报、新闻传播和人文社科等领域 30 位数字人文专家，以及上海外国语大学多位专家学者共同与会，围绕图书馆如何助力新文科建设，开展数字人文与跨学科支撑展开了研讨。“多语数字学术中心”的启动仪式、“上海外国语大学图书馆与上海图书馆历史人文大数据中心的合作框架签字”仪式以及“国际舆情与全球传播案例管理平台”展示活动在研讨会开幕式上举行。与会专家学者们围绕数字人文与跨学科研究开展专题研讨。（上海市图书馆学会秘书处）

【上海外国语大学图书馆举办“红色文献整理与研究”学术研讨会】7 月 8—9 日，“继承百年传统，赓续红色血脉——红色文献整理与研究”学术研讨会在上海外国语大学举行。来自全国各地的红色文献研究专家学者及全国各类图书馆、档案馆、纪念馆及党校、党史机构、文献学界、历史学界等相关领域的专业人员出席，共同探讨红色文献的收藏与整理、研究和传承。此次研讨会由图书馆杂志社、国家图书馆出版社和上海外国语大学共同主办，上海外国语大学党委宣传部、上海外国语大学图书馆共同承办，广州大典研究中心协办。开幕式上，国家图书馆出版社发布“中国历史文献总库・红色文献数据库”，该数据库基于国家图书馆馆藏，广泛整合海内外收藏的 1949 年前的红色书报刊文献而开发，为各界开展红色文献研究提供资源支持。此次研讨会部分优秀论文由《图书馆杂志》于建党百年之际以专刊形式呈现，品牌栏目“特别策划—专家笔谈”中，邀请国内图书馆、档案馆、纪念馆及党校、党史机构、文献学界、历史学界等相关领域领导和知名专家学者，结合相关研究成果与工作实践，对红色文献普查与收藏、保存与保护、传播推广、史料整理、开发利用、文

旅融合等内容展开讨论。（上海外国语大学图书馆）

【上海出版印刷高等专科学校图书馆举办第六届读书月活动】4月20日，由上海出版印刷高等专科学校图书馆主办的学校“墨香版专·品书香参古今爱上图书馆”第六届读书月活动正式拉开帷幕。为营造建党百年华诞氛围，此届读书月在以往阅读推广活动的基础上，融入学“四史”的元素，开展题为“阅百年党史，启版专新程”的系列专题党史学习教育活动。活动除举办主题书展、知识竞赛、诗文朗诵等外，创新利用新媒体技术助力学思践悟“四史”精髓，不仅借由网络平台持续发布“在近代文献中寻找马克思主义”系列推文，还借助AR技术，让展厅的展板与手机小程序相连，带领观众回顾百年来中国共产党走过的光辉历程，参观达千余人次。（上海市图书馆学会秘书处）

【上海立信会计金融学院图书馆加大举办阅读推广活动力度】2021年，上海立信会计金融学院图书馆举办多种形式的阅读推广活动，先后组织各类阅读活动近20场次，读者900余人次参与活动。阅读、推广活动包括举办第十五届、十六届假期阅读挑战赛、“与经典同行”十天共读活动、“我为新生荐本书”活动、“读‘史’悟‘道’:《习近平讲故事》导读”活动、党史知识竞赛及系列活动、“木兰有约”馆藏好书读书分享会、“我和图书馆的故事”摄影比赛等活动。先后承办“百年留声，致敬经典”红色经典诵读大赛校内选拔赛、松江大学城高校联合阅读马拉松活动，推选学生参与全程阅读；推出红色经典馆藏书目2期83本，联合学校教务处、人文艺术学院开展红色经典书目阅读大赛；围绕“上海书展·阅读的力量2021”开展乡土中国主题书展及相关阅读活动。（上海市图书馆学会秘书处）

江苏省

【“江苏省独立民办图书馆‘阅读推广人’能力提升训练营”举办】4月20日，由江苏省高等学校图书情报工作委员会（以下简称“江苏省高校图工委”）独立学院图书馆工作协作小组主办，南京大学金陵学院图书馆承办的“江苏省独立民办图书馆‘阅读推广人’能力提升训练营”在金陵学院举办。来自江苏省14所独立（民办）学院图书馆的52人参加活动。南京大学金陵学院图书馆常务副馆长任亚肃为与会馆员颁发江苏省高校图工委培训证书。（江苏省图书馆学会　李浩　董莹）

【“十四五”规划背景下高校图书馆发展与服务创新学术研讨会召开】4月28日，由江苏省高等学校文献信息保障系统（JALIS）管理中心与美国ProQuest公司共同主办的“‘十四五’规划背景下高校图书馆发展与服务创新学术研讨会”暨2021年ProQuest数字资源与图书馆技术交流讨论会在南京召开。来自南京大学、东南大学、南京师范大学等近50所JALIS成员馆及清华大学图书馆等高校图书馆的120多名馆长与相关负责人出席会议。（江苏省图书馆学会　李浩　董莹）

【第一届“奥凯杯”在宁高校大学生知识产权知识技能大赛在东南大学举办】5月23日，江苏省高校图书情报工作委员会与东南大学图书馆主办，东南大学高校国家知识产权信息服务中心承办的第一届“奥凯杯”在宁高校大学生知识产权知识技能大赛团队决赛举办。此次知识产权知识技能大赛历时近1个月，包括知识产权基础知识个人初赛和知识产权基础技能团队决赛2个赛程，超过2000名本专科生和研究生报名，覆盖南京市的30余所本专院校。此次大赛旨在动员在宁高校大学生通过积极参与知识竞赛以学习知识产权基础知识，结合技能培训掌握专利数据库使用方法以及定题检索的基础技能，形成理论与实践、个人与团队合作相结合的比赛模式。（江苏省图书馆学会　李浩　董莹）

【江苏省高校“橙艺杯”庆建党百年抒爱国情怀美育作品成果征集活动结束】6月，由江苏省高校图工委读者服务与阅读推广专业委员会主办，南京艺术学院图书馆承办的江苏省高校“橙艺杯”庆建党百年抒爱国情怀美育作品成果征集活动结束。活动期间，各高校图书馆通过官方网站、微信公众号、读者群等多种途径积极宣传推介，共征集到来自72所高校3065名读者的3158件参赛作品。江苏省高等学校图书情报工作委员会读者服务与阅读推广专业委员会在组织专家以线上方式进行入围作品评审的基础上，又组织专家线下对入围作品进行终评，共选出“最具匠心奖”10 名、“橙艺创意奖”20 名、“最佳人气奖”20 名、“优秀组织奖”18 名。（江苏省图书馆学会　李浩　董莹）

【《2020 年江苏省高等学校图书馆发展报告》出版发行】11 月，由江苏省高等学校图书情报工作指导委员会、江苏省高等学校文献保障系统（JALIS）管理中心支持与资助，南京师范大学图书馆主持编写的《2020 年江苏省高等学校图书馆发展报告》，由南京师范大学出版社出版发行。报告基于“江苏省高校图书馆事业发展统计与决策服务系统”平台填报数据编写而成，内容包括概况、馆舍设施、经费保障、资源建设、读者服务、人力资源、学术研究 7 部分，并附录江苏省高校图书情报工作委员会年度大事记和各填报馆基本数据信息。报告注重数据的纵向比较和横向分析，以翔实的数据和事实资料，勾画近 4 年来江苏省高校图书馆事业的发展现状和发展特点。（江苏省图书馆学会　李浩　董莹）

【第十五届江苏省独立、民办学院图书馆馆长联席会召开】11 月 29 日，由江苏省高校图书情报工作委员会独立学院图书馆工作协作小组主办，南京大学金陵学院图书馆协办的第十五届江苏省独立、民办学院图书馆馆长联席会在该馆举行。全省共有 20 个成员馆 26 位代表采用线下和线上相结合的方式参加会议。此次会议以“独立学院转设下的图书馆事业发展和民办学院资源建设的发展”为主题，南京大学金陵学院图书馆常务副馆长任亚肃做江苏省独立学院协作组 2021 年工作报告，东南大学成贤学院图书馆代表就独立、民办院校图书馆资源建设及转设情况做汇报。交流环节，与会馆长就图书馆发挥现有信息资源优势服务广大师生、图书馆空间改造以及在“后疫情时代”如何更好地发挥图书馆的作用、在转设大背景下馆员如何调整心态做好图书馆的各项工作等话题进行交流探讨。（江苏省图书馆学会　李浩　董莹）

【江苏科技大学第二届“凝望·锚泊”读书节暨移动图书馆启动仪式举行】4 月 22 日，江苏科技大学苏州理工学院第二届“凝望·锚泊”读书节暨移动图书馆启动仪式举行。此届读书节将党史学习教育与阅读推广相结合，以“阅读人文经典＋红色经典”为主题，通过开展诵、读、抄、听、观、写、展等形式丰富的系列阅读活动，弘扬优秀的传统文化，引领现代、时尚、优雅的校园文化，把图书馆打造成阅读资源与文化传播中心，建设书香校园。（江苏科技大学苏州理工学院图书馆　张鑫）

【沙洲职业工学院图书馆开展“你选书，我买单”图书荐购活动】6 月 10—17 日，沙洲职业工学院图书馆面向广大师生开展“你选书，我买单”图书荐购活动，师生们通过现场直接选购、填写荐购书单、网页在线荐购等多种方式，向图书馆推荐专业书籍、教材教参等图书共 900 余种 3000 余册，6 月 21 日上架并开始对外借阅。“你选书，我买单”活动的开展提升了广大师生在图书馆资源建设中的主体地位，进一步增强图书采购的专业性、针对性和多样性，充分体现图书馆“读者第一、服务育人”的宗旨和“以需定购”的原则，从而更好地为教学科研和专业发展服务。（沙洲职业工学院图书馆　闵国锋）

【南通大学图书馆“传习书屋”揭牌】6 月 18 日，南通大学图书馆举办“传习书屋”揭牌仪式暨“奋斗百年路　启航新征程”红色书展开幕式。“传习书屋”位于图书馆一楼，为全校师生提供借阅红色书籍、研讨红色经典、举办专题阅读分享会和党员活动的场所。展览精心挑选并展出大量红色经典书籍。这次活动被中央纪委国家监委网、交汇点、搜狐网等多家主流媒体报道。（南通大学图书馆　曹涛）

【南京中医药大学翰林学院图书馆举办第十届读书节开幕式】4 月 27 日，南京中医药大学翰林学院图书馆举办“阅红色经典，品峥嵘百年”第十届读书节。南京中医药大学泰州校区管委会、翰林学院等单位有关领导以及图书馆全体老师出席开幕式。图书馆馆长任君红、副馆长高恬分别作图书馆 2020 年度阅读报告与读书节系列活动的分享。活动中，还向积极参与阅读活动的师生颁发第十届书香翰林“悦读达人”“入馆达人”“书香班级”“2020 年度优秀读者”“大学生读者协会社团骨干”及“优秀志愿者”等奖项。（泰州市图书馆　章素梅）

浙江省

【概况】2021 年，浙江省高校图书馆事业持续平稳发展。馆舍面积持续增加，有 8 所高校图书馆正在建设新馆。根据 75 所高校图书馆填报的数据统计，全年总经费达 5.16 亿元，其中纸质文献购置费约 2.01 亿元，电子资源购置费约 2.49 亿元，相比 2020 年，年总经费、纸质文献年购置费、电子资源年购置费均实现稳步增长。

人才队伍素质进一步获得结构性提升，高学历人数持续增长。75 所高校图书馆共有正式在编工作人员 1978 人，馆均 26.37 人，比上一年略减。在编职工中，本科及以上学历者占 96.16%，比上一年度有所增长。其中，博士 57 人，硕士 825 人，第二学士学位 5 人，本科 1015 人，大专及以下 76 人；正高级职称 66 人，副高级职称 401 人，中级职称 1139 人，初级职称 275 人。

文献资源建设稳步发展。各高校图书馆根据学校发展与学科建设新要求，在电子资源量快速增长的同时，纸质文献资源量也同步增长。全年新增中文纸质图书约 353.83 万册，外文纸质图书 10.8 万册，中文纸质图书、外文纸质图书的馆均册数均比上一年度有所增长；中文电子图书 6132.05 万册，外文电子图书 104.09 万册，截至 2021 年底，75 所高校图书馆文献资源总量约 4.35 亿册。

服务工作正常有序开展，全省有 17 所高校图书馆每周开放时间大于 100 小时，大部分高校图书馆保持每周 90 小时对外开放，少部分高校图书馆实行部分阅览室全天开放制度；网络数字化资源 7×24 小时对读者开放。在为学校“双一流”建设和“双高”建设服务方面，部分本科院校图书馆开展学科评估、情报分析、专利成果咨询等服务工作，取得很好的成效。文化建设方面，各馆依托浙江省高等学校图书情报工作委员会（以下简称“浙江省高校图工委”）打造的“中华文明高校行”品牌活动，继续开展形式多样的主题展进高校系列活动。为庆祝中国共产党成立 100 周年，开展“红船从‘浙’里起航——中国共产党在浙江（1921—1949）”高校巡展活动。不少高校图书馆还利用自身资源优势积极为地方经济建设和社会发展服务。

积极发挥组织、协调和指导作用。2021 年召开全省高职高专院校馆长工作会议；举办相关业务工作与学术研讨活动；开展对外交流研讨活动；针对全省高校师生举办阅读赛事活动；组织开展科研立项申报与评审以及优秀成果的评选工作；出版刊物《浙江高校图书情报工作》2 期。（浙江省高等学校图书情报工作委员会　郑江平）

【2021 年浙江省高校经典阅读积分挑战赛举办】4 月 8—28 日，浙江省高校图工委读者服务专业委员会面向全省高校学生举办 2021 年浙江省高校经典阅读积分挑战赛，全省共 97 所高校的 21380 名学生参与。此次比赛参与面广，满分参赛人数多，参赛质量高，经专家评审及建议，共评出 10 家优秀组织奖单位；以现场抽奖方式产生特等奖 2 名、一等奖 10 名、二等奖 30 名、三等奖 60 名共 102 位获奖者，其他合格满分参赛者颁发优胜奖。（浙江省高等学校图书情报工作委员会　郑江平）

【独立学院转设背景下图书馆业务工作研讨会召开】4 月 19 日，由浙江省高校图工委主办、浙江工商大学杭州商学院图书馆承办的独立学院转设背景下图书馆业务工作研讨会在杭州市桐庐县召开。与会代表听取中国索引学会副理事长叶艳鸣做的“独立自主面向未来——独立院校的智慧图书馆创新发展思路”的学术报告。在业务研讨环节，与会代表围绕独立学院转设过程中图书馆面临的困境、挑战和机遇以及各自图书馆的特色、亮点作发言与分享。（浙江省高等学校图书情报工作委员会　郑江平）

【首届“为你读一本好书”短视频大赛举办】4 月—5 月，浙江省高校图工委联合电子工业出版社、浙江传媒学院举办首届“为你读一本好书”短视频大赛活动。大赛共收到省内外 115 所院校共计 720 余件作品，经专家评审以及校内公示等程序，共有 122 名学生获得奖项，其中一等奖 3 名，二等奖 6 名，三等奖 17 名，优秀奖 37 名，入围奖 59 名；大赛还评选出优秀指导教师24名；浙江传媒学院图书馆、浙江传媒学院新闻与传播学院、浙大宁波理工学院图书馆等5家单位获得大赛颁发的最佳组织奖。（浙江省高等学校图书情报工作委员会　郑江平）

【浙江省高校图工委常务委员会会议召开】4月26—27日，浙江省高校图工委2020—2025年常务委员会第一次会议在温州召开。会上评选出2019—2020年度浙江省高校图书馆先进集体27所、优秀馆长30名和先进个人99名。会议审议通过《关于省高校图工委2020年工作总结》《关于省高校图工委2020年财务收支情况》的报告。与会代表对浙江省高校图工委2021年的工作计划、工作思路和工作内容展开讨论，提出建设性的意见和建议，明确浙江省高校图工委2021年全年的工作任务。会上还讨论通过增设"党建工作研究专业委员会"的建议，以党建工作研究引领图书馆业务发展等事项。（浙江省高等学校图书情报工作委员会　郑江平）

【2021年浙皖两省高校图书馆合作与发展交流研讨会召开】5月13—14日，2021年浙皖两省高校图书馆合作与发展交流研讨会在绍兴召开，会议由两省高等学校图书情报工作委员会主办，绍兴文理学院图书馆承办，来自19所高校图书馆的40位代表参加会议。此次会议主题是"携手并进　合作发展　共赢未来"，与会代表围绕资源建设、服务推广、技术创新、空间改造、制度优化等方面，交流工作，沟通思想，相互借鉴，共同推进高校图书馆事业高质量发展。（浙江省高等学校图书情报工作委员会　郑江平）

【2021年浙江省高职高专院校图书馆馆长会议在温州召开】5月25—26日，2021年浙江省高职高专院校图书馆馆长工作会议在温州召开。会议由浙江省高校图工委高职高专院校图书馆分委员会主办，温州科技职业学院图书馆承办，来自全省50所高职高专院校的图书馆代表及分委会委员等参加会议。会议以信息素养教育为主题。高职高专院校图书馆分委会主任胡朝德做全国信息素养大赛浙江赛区动员报告。温州科技职业学院图书馆馆长金瑜雪做"需求导向把脉搏　不拘一格为读者"的经验分享报告。浙江金融职业学院王金森、义乌工商职业技术学院朱小香等7位代表分别就近年的信息素养大赛相关情况、参赛经验及信息素养课程教学等方面进行分享和交流。（浙江省高等学校图书情报工作委员会　郑江平）

【"红船从'浙'里起航——中国共产党在浙江（1921—1949）"大型巡展高校行启动】5月31日，为庆祝中国共产党成立100周年，由浙江省高校图工委联合浙江省博物馆（浙江革命历史纪念馆）、浙江日报报业集团共同推出"红船从'浙'里起航——中国共产党在浙江（1921—1949）"大型巡展高校行活动，启动仪式在浙江大学图书馆紫金港校区基础分馆举行。来自浙江大学、浙江省教育厅、浙江省博物馆、浙江日报等单位的相关领导出席活动仪式，并共同开启帷幕。此次展览作为"中华文明高校行"主题活动之一，其后相继在浙江工业大学、浙江传媒学院等12所高校进行巡展。（浙江省高等学校图书情报工作委员会　郑江平）

【浙江省高校图书馆读者服务研讨会召开】6月3—4日，由浙江省高校图工委主办、宁波财经学院图书馆承办的"浙江省高校图书馆读者服务研讨会"在宁波财经学院召开，研讨会的主题为"读者服务创新与特色服务"。来自浙江省各高校的150余位代表参加了会议。会议邀请教育部高校图工委秘书处副秘书长王波、中国索引学会副理事长叶艳鸣做主题报告，以全球图书馆服务发展和新时代、新技术发展的视野，为高校图书馆推动读者服务提供了深化服务创新的思路、愿景和路径；7位图书馆的代表从"文化+""技术+""活动+""党建+"等角度进行交流。（浙江省高等学校图书情报工作委员会　郑江平）

【高职院校图书馆空间建设与智慧图书馆建设研讨会举行】7月19—22日，由中国图书馆学会高职院校图书馆分会主办，浙江建设职业技术学院承办，浙江金融职业学院、浙江商业职业技术学院协办的"高职院校图书馆空间建设与智慧图书馆建设研讨会"在浙江杭州举行，来自22个省101所高职院校图书馆的专家、学者、馆长等120余位代表出席了此次会议。会议最终达成《生态图书馆杭州共识（2021）》。会上，井冈山大学图书馆馆长王喜和、清华大学建筑设计研究院健康人居实验室主任王宁、超星集团副总经理叶艳鸣做主题报告。会议征集到46份图书馆空间改造与建设案例，评出一等奖8个、二等奖10个、三等奖12个、优胜奖16个，并分3期在电子公益期刊《图书馆空间改造与建设》上展示。会上各获奖单位进行经验分享。（浙江省高等学校图书情报工作委员会　郑江平）

【2021年全国高职院校信息素养大赛浙江省选拔赛举办】10月22—24日，由浙江省高校图工委高职高专院校图书馆分委员会指导，2021年全国高职院校信息素养大赛浙江省选拔赛组委会主办，浙江金融职业学院图书馆、浙江机电职业技术学院图书馆承办的“万方杯”2021年全国高职院校信息素养大赛浙江省选拔赛举办，全省35所高职高专院校的14371名学生参加，决出前100名，分获一、二、三等奖。根据《“万方杯”2021年全国高职院校信息素养大赛工作手册》的规定，50名选手入围全国赛。（浙江省高等学校图书情报工作委员会　郑江平）

【高校图书馆“榜样馆员”推荐评选工作开展】11月23日—12月5日，浙江省高校图工委组织开展高校图书馆“榜样馆员”推荐评选工作。根据教育部高校图工委《关于评选“高校图书馆榜样馆员”的通知》的要求，在全省各高校图书馆推荐基础上，经浙江省高校图工委组织专家进行评议，共评选出9名高校图书馆榜样馆员，其中本科院校图书馆员7名、高职高专院校图书馆员2名，上报教育部高校图工委进行表彰。（浙江省高等学校图书情报工作委员会　郑江平）

安徽省

【概况】2021年，安徽高校图书馆积极组织力量，推动落实“双树双建”“创新发展——高校在行动”等主题实践活动，引领学校党外知识分子围绕“树牢理想信念、树立良好社会形象，建功立业争创一流业绩、建言献策服务发展大局”总目标，重点开展“五个一”主题教育活动。凝心聚力、发挥优势，展示风采。

发挥安徽省高等学校图书情报工作委员会（以下简称“安徽省高校图工委”）对全省高校图书馆的指导、协调功能。3月12日，安徽省高校图工委在翡翠湖迎宾馆举行安徽省高校图书馆第三届超星杯微阅读创作大赛启动仪式暨新一代图书馆服务平台研讨会。4月9日，在人天书店集团合肥分公司举办全省“馆・社・店”纸电资源一体化建设研讨会。5月13—14日，与浙江省高校图工委在绍兴市联合举办2021年浙皖两省高校图书馆合作与发展交流研讨会。7月12日，在安徽大学龙河校区召开安徽省高校图书馆安全管理工作会议，14人与会。7月16日，在安徽梅山饭店组织召开新发展阶段高校图书馆信息安全管理工作会议，74人与会。

安徽省高校图工委继续寻找创新服务生长点，开展系列工作。举办第七届“书香江淮——品读经典　对话信仰　弘扬社会主义核心价值观”互联网阅读活动，活动中共收到作品8435篇，包括征文、摄影作品及朗诵等。以“文化探索之旅”为主题，举办第五届“e博在线杯”之“诵读经典・飞扬青春”校园读书创作活动和“新青年　新创作”征文两个活动，全省66所高校的12054名师生参加，比上届多2186人，活动浏览量近30万次，点赞量近5万次。其中“诵读经典・飞扬青春”校园读书创作活动决赛在合肥以线下+线上的方式进行。举办“万方杯”2021年全国高职院校信息素养大赛安徽地区比赛，全省22所高职高专院校的25033名学生以及从事信息素养教育教学的10名教师参赛，共有208名学生、10名教师进入全省决赛。举办2021“讯飞杯”全国高校英语口语大赛安徽地区总决赛暨学术交流会。安徽地区60多所高校的近5000名大学生进行了历时一个月的线上初赛，最终本科组15名学生分获特等奖、一等奖、二等奖，610名学生获三等奖；高职高专组7名学生分获特等奖、一等奖、二等奖，208名学生获三等奖。荣获安徽赛区决赛特等奖的3名选手晋级全国总决赛。举办主题为“品读红色经典　书写红色篇章　追寻红色足迹”的第三届“超星杯”微阅读创作大赛，参与学生达2.5万人，发布话题约10万个，平台点击量约470万次，阅读累计时长约3.6万小时，收到来自全省75所院校的227篇有效投稿，经审校、专家组盲审、终审，共评出一等奖3名、二等奖10名、三等奖20名、优秀奖154名、最佳指导老师奖35名、最佳组织奖15名。举办主题为“数据支撑服务育人，智慧引领转型发展”的第四届安徽省高校图书馆服务创新案例大赛，全省31所高校共计报送案例38个。

安徽省高校图工委致力于打造适应图书馆建设需要的馆员队伍。组织举办2021年图书资料专业技术人员暑期线上高级研讨班，开设的专业课程有北京大学王子舟“图书馆学论文选题与综述方法”、四川大学李桂华“新时期阅读推广设计与运营”等，参加学习的学员达336人。根据《关于做好2014、2016、2018年度安徽省高校图工委研究基金项目结题工作的通知》精神，组织专家对按期提交的课题进行结项评审，其中15项课题获准结项。继续贯彻执行有效的激励机制，对各高校图书馆2020年度管理和服务水平进行全面考核，评选出20个先进集体；对全省高校图书馆长及馆员的业务水平、工作态度开展评优创先工作，评出20位优秀馆长、40位先进工作者和21位青年优秀人才，对全省广大高校图书馆员的辛勤工作给予认可和鼓励。根据教育部高校图工委《关于评选“高校图书馆榜样馆员”的通知》精神，完成安徽省“高校图书馆榜样馆员”推荐工作，中国科学技术大学宁劲等6人荣获教育部高校图工委评选的“榜样馆员”荣誉称号。

秉承开放、共享、融合的理念，办好《大学图书情报学刊》。2021年，《大学图书情报学刊》坚决贯彻落实国家新闻出版署关于《报纸期刊质量管理规定》，提高责任意识和质量意识，推动《大学图书情报学刊》加快向高质量高水平发展阶段迈进。全年接收来稿近1200篇，录用率近12%，发文150篇，其中安徽省内作者发文33篇，占比22%。（安徽省高等学校图书情报工作委员会）

【安徽省高校第七届“书香江淮——品读经典　对话信仰　弘扬社会主义核心价值观”互联网阅读活动线上举行】11月12日，以“品读经典　对话信仰　弘扬社会主义核心价值观”为主题的第七届“书香江淮”互联网读书征文颁奖典礼暨朗诵决赛在线上举行。全省107所高校参加此届活动，共征集作品8435部，其中征文7934篇、摄影256幅、朗诵245首。“书香江淮”互联网阅读活动是“书香安徽”十佳全民阅读推广品牌活动之一。（安徽省图书馆学会）

【中国科学技术大学图书馆举办第六届校园学生书画大赛总结颁奖暨展览开幕式】12月15日，中国科学技术大学学生社团管理指导委员会、校团委、校学工部（处）、图书馆、图书网络档案联合团总支主办，校学生双馨书画协会、校芳草青协图书馆志愿服务分队联合承办的“校园学生书画大赛”总结颁奖暨展览开幕式在学校东区新图书馆举行，获奖作品在东区新图书馆二楼进行展览，并通过安徽省数字图书馆线上虚拟展厅，实现无时间、空间限制的线上展示。此次大赛以“弘扬社会主义核心价值观”为主题，共收到各类书画作品121幅。（安徽省图书馆学会）

【第四届安徽省高校图书馆服务创新大赛举办】12月16—17日，第四届安徽省高校图书馆服务创新大赛在阜阳师范大学举办。大赛由安徽省高校图工委主办，阜阳师范大学图书馆承办，中国科学技术大学图书馆、合肥工业大学图书馆、安徽大学图书馆、安徽师范大学图书馆协办，以“数据支撑服务育人，智慧引领转型发展”为主题，宗旨是通过分享优秀案例、交流和推广服务创新理念与经验，鼓励馆员不断创新，提升省内各高校图书馆的服务创新能力与水平。大赛于11月4日启动，来自全省31所高校的38个案例进行激烈角逐。安徽省高校图工委组织专家从创新性、专业性、可实施性、意义价值等方面对案例进行线上和现场评审，最终评选出特等奖5名、一等奖7名、二等奖21名、三等奖及优秀奖若干名。（安徽省图书馆学会）

福建省

【概况】截至2021年底，福建省共有各类高等学校图书馆89个，其中普通本科高校图书馆39个（含独立学院5个）、专科院校图书馆50个、成人教育院校图书馆2个；在编工作人员1200余人；馆舍总面积近190万平方米，阅览座位10万余个；计算机总量近1万台、各种类型服务器 700 余台，存储总量 4042TB，网络交换机端口总数 3 万余个；纸质文献总量近 8000 万册；自建特色专题文献数据库 150 余个。各类高校图书馆全年馆均每周开馆时间 90 小时，其中普通本科高校图书馆超过 100 小时；年度文献资源购置费 2.7 亿元；全年书刊流通近 300 万册次，电子资源下载 1.2 亿篇次。

福建省高校数字图书馆（FULink）建设持续推进。2021 年 FULink 累计文献提供 239.09 万次。其中 PC 端文献提供系统文献申请量 17.04 万次，文献提供量 17.05 万次；移动 FULink 服务的读者登录次数 309.29 万次，总点击量 1.02 亿次，文献传递量 143.91 万次，图书下载量 36211 次。随书光盘服务中图书访问量 329.22 万次，光盘访问量 158.49 万次，光盘下载量 78.14 万次。“FULink 学科服务平台”为 3 万余名师生提供个性化学科服务。FULink 组织学科馆员为教育厅、各高校提供决策支持的学科服务，开展成员馆高校发文分析和专利分析工作，全年提交分析报告 40 多份。（福建省高校数字图书馆秘书处）

【福建省高校数字图书馆（FULink）举办“第五届福建省大学生书评大赛”】4 月初至 6 月 25 日，福建省高校数字图书馆举办以“庆祝中国共产党成立 100 周年，阅读红色经典，传承红色基因”为主题的书评大赛，引导广大青年学生深入了解和学习中国共产党百年伟大历程、辉煌成就和宝贵经验，坚定信念。大赛共 8041 人参赛，收到 4454 篇书评，评出一等奖 7 篇、二等奖 21 篇、三等奖 35 篇以及优秀奖 69 篇。（福建省高校数字图书馆秘书处）

【福建省高校数字图书馆（FULink）举办十周年庆典】11 月 9 日，福建省高校数字图书馆（FULink）工作会议暨十周年庆典在福州大学图书馆举行。福州大学党委书记陈国龙、FULink 专家代表方宝川等 140 多人参加会议。开幕式上，对获得“先进集体”“先进工作者”“开拓创新奖”“优秀论文个人奖”“优秀论文组织奖”“第五届书评大赛优秀组织奖”“第二届影评大赛优秀组织奖”的单位及个人进行表彰。举办“面向高质量发展的高校信息素养教育创新”“国际视野下高校图书馆服务转型”“让阅读像呼吸一样自由”3 场主题讲座以及学科服务组工作会议、信息技术组工作会议、新媒体组工作会议、特藏数据库共建共享畅想、智慧空间与设施建设研讨会 5 个专题研讨会。（福建省高校数字图书馆秘书处）

【福建师范大学图书馆 24 小时书房项目荣获 2020 第十届中国国际设计空间设计大赛银奖】3 月，在第十届中国国际设计大赛（中国建筑装饰奖）评审中，福建师范大学图书馆“24 小时书房项目”荣获银奖。福建师范大学旗山校区图书馆的 24 小时书房于 2019 年初启用，采用原木色与绿色相间的空间色彩设计，是一个集阅读体验、精品图书展示于一体的立体式体验空间。书房内设有休闲阅览区、电子阅览区、阳光书房、睡眠舱、自助借还区、图书展示区、写作研讨区和各类精品书专柜等。书房配备先进智能化设备，可实现 24 小时自助借阅、自动温度感应、照明空调自动调节等功能，门禁系统能实现动态限流，还可通过视频监控对现场进行无人管理。（福建师范大学图书馆）

【厦门大学图书馆获赠《遵义丛书》】1 月，厦门大学图书馆获赠贵州省遵义市编纂出版的《遵义丛书》。该丛书被誉为遵义的“四库全书”，由遵义市政协组织编纂，历时四年，集遵义历代著述之大成，收录各类古籍 404 种，涵盖政治、经济、文化、军事、医药等领域。该丛书共 210 册 1680 卷，约 14 万页，另加《提要 · 图录》1 册，在存史、资政、研究、传承、教化等方面具有重大意义，是贵州省首部正式出版的地方文献集成。（厦门大学图书馆）

【厦门大学获批成为世界知识产权组织在华技术与创新支持中心（TISC）】10 月，根据《国家知识产权局关于同意第四批技术与创新支持中心（TISC）正式运行的通知》（国知办函服字〔2021〕167 号），厦门大学等学位顺利通过世界知识产权组织（WIPO）和国家知识产权局的评估，获批成立技术与创新支持中心，并正式运行。厦门大学是福建省内技术与创新支持中心（TISC）授牌机构中唯一高校。厦门大学技术与创新支持中心（TISC）以知识产权信息为基础、以综合咨询服务为方向，不断探索推进跨区域

协作，探索面向经济发达地区知识产权服务的区域协作模式，促进知识产权领域信息、人才资源的流动。（厦门大学图书馆）

江西省

【概况】据教育部高校图书馆事实数据库的数据统计，江西省52所高校图书馆填报年度经费情况，2021年全年总经费1.65亿元，纸质资源购置费8764.75万元；50所高校图书馆填报电子资源购置费有效数据，共计6740.63万元。

人力资源建设方面进一步提升。共53所高校图书馆填报在编职工有效数据，共1166人。其中博士10人、硕士293人、第二学士学位10人、本科648人、大专157人。正高级职称23人，副高级职称225人，中级职称538人，初级职称208人。

文献资源建设持续发展。47所高校图书馆填报购置中文纸质图书册数有效数据，共248.3万册；6所高校图书馆填报购置外文纸质图书册数有效数据，共1583册；40所高校图书馆填报购置中文电子图书册数有效数据，共5511.5万册；11所高校图书馆填报购置外文电子图书册数有效数据，共116.8万册；57所高校图书馆填报文献资源购置有效数据，共6380.5万册。

读者服务工作正常有序开展。根据54所高校图书馆填报的周开馆小时数有效数据统计，大部分高校图书馆保持90小时以上开馆时间。

面对疫情，江西省高等学校图书情报工作委员会（以下简称“江西省高校图工委”）在2021年稳步推进各项工作，积极协助江西省教育厅、教育部图工委、中国图书馆学会、江西省图书馆学会做好各项工作，推进江西省高校图书馆事业发展。主办“万方杯”2021中南七省（区）高校“学术搜索挑战赛”江西省（区）赛；组织江西省高职高专院校参与“‘万方杯’2021年CALIS全国高职高专院校信息素养大赛”。开展第三届江西省高校图书馆超星杯“红色品读”作品征集活动；举办首届江西高校“知网研学”杯积分挑战赛。协助教育部图工委组织全省高校图书馆填写《高校图书馆事实数据库》，为撰写《高校图书馆发展蓝皮书2019》提供数据，并在此基础上编写《2019年江西省高校图书馆发展报告》。

江西省高校数字图书馆平台全年共收到各高校师生读者文献请求量154260篇/册，其中，中外文期刊84585篇，中外文学位论文24904篇，读者的请求满足率达100%。（江西省高等学校图书情报工作委员会　罗颖）

【“万方杯”2021中南七省（区）高校“学术搜索挑战赛”江西省（区）赛举办】5月—10月，江西省高校图工委联合广东、湖北、湖南、广西、河南、海南等六省区的高校图工委共同举办“中南七省学术搜索挑战赛”，其中江西省区“挑战赛”的初赛、选拔赛和决赛由江西省高校图工委主办，江西农业大学图书馆承办。经选拔，有12支队伍进入全省团体决赛，南昌大学、江西中医药大学、江西理工大学、江西卫生健康职业学院4所高校进入团体复赛，江西中医药大学以江西省第一名的身份代表江西省高校进入“万方杯”2021中南七省（区）高校“学术搜索挑战赛”决赛，并在决赛中取得二等奖的好成绩。此外，江西财经大学和江西师范大学获得2021中南七省（区）高校“学术搜索挑战赛”优秀指导案例奖二等奖。（江西省图书馆学会　谢佳新）

【2021年江西省高校图书馆馆长年会召开】12月30日，2021年江西省高校图书馆馆长年会在萍乡召开。此次年会由江西省高校图工委主办，南昌大学图书馆承办，萍乡学院图书馆协办。年会主题是“智慧与服务——‘十四五’高校图书馆转型服务与高质量发展”。来自全省69所高校图书馆的80余位代表参加会议。会议议程主要有开幕式、专家学术报告和经验交流3个环节。湖南省高等学校图书情报工作委员会副主任兼秘书长郑章飞作“大学图书馆的转型与发展——兼谈湖南大学图书馆的实践”学术报告。深圳职业技术学院图书馆副馆长敖龙做“高校图书馆合作、创新与未来——深职院智慧图书馆建设的实践与思考”学术报告。（江西省图书馆学会　谢佳新）

【江西师范大学图书馆举办“书信传情·见字如晤”第三届书信手写朗读大赛】4月25日，江西师范大学图书馆携手公费师范生院，在先骕楼实验剧场举办“书信传情·见字如晤”第三届书信手写朗读大赛。此次朗读大赛邀请到5

位来自江西省图书馆、江西师范大学等单位的知名专家及老师担任评委，全校400余名学生观看大赛。12位从初期选拔中脱颖而出的选手依据大赛的3个主题“书家国情怀”“忆革命先烈”“彰青年之志”分为3组，依次上台朗读自己的书信作品。比赛评选出3位表现出色的选手为“红色传情—朗读者”。（江西省图书馆学会　谢佳新）

【中国财经教育资源共享联盟业务研讨会召开】5月22—23日，中国财经教育资源共享联盟业务研讨会在江西财经大学召开。全国31所以财经类为主的高校图书馆代表、联盟平台运维企业代表共60人参会。大会开幕式上，联盟秘书长、上海财经大学图书馆常务副馆长陈骁做“联盟业务模块回顾与未来设想”的报告。联盟资源建设组组长、江西财经大学图书馆贺三宝馆长做“夯实基础，拓展特色：联盟资源建设组工作设想”报告。联盟创新服务组组长、山西财经大学图书馆馆长王玉宝做“创新机制，提升价值：联盟创新服务组工作设想”报告；联盟技术支撑组组长、贵州财经大学图书馆馆长杨帆做“技术赋能，管理增效：联盟技术支撑组工作设想”的报告。（江西省图书馆学会　谢佳新）

【江西农业大学“营造书香校园，献礼建党百年”第十二届读书月举办】5月28日，江西农业大学“营造书香校园，献礼建党百年”第十二届读书月闭幕式在图书馆举办。图书馆副馆长吴青林对此次读书月活动进行回顾和总结。此次读书月活动共20项，包括江西农业大学的“百日学党史　一生跟党走”视频打卡活动、“中科杯·重温百年党史　传承红色基因”党史学习教育主题活动、“青春心向党·梅岭诗韵”朗诵大赛等。闭幕式还为第三届江西省高校图书馆超星杯“红色品读”作品征集活动暨江西农业大学选拔赛，首届江西高校“知网研学”杯积分挑战赛，“忆峥嵘岁月，看今朝辉煌”——庆祝建党100周年线上音视频、书画作品征集活动等的获奖人员举行颁奖仪式。（江西省图书馆学会　谢佳新）

山东省

【新时代图书馆特色资源建设与服务创新研讨会举行】5月12—14日，由山东省高等学校图书情报工作委员会（以下简称“山东省高校图工委”）、山东省高校图工委馆员队伍建设专业委员会主办，济宁学院图书馆承办的“新时代图书馆特色资源建设与服务创新研讨会”在济宁学院召开。来自山东、北京、上海、河北等60余所高校图书馆170余名代表参加会议。会议邀请江苏大学科技信息研究所教授卢章平、上海财经大学图书馆馆长朱为群、江苏海洋大学图书馆参考咨询部主任王启云分别做主旨报告。中国音乐学院图书馆、中国海洋大学图书馆以及济宁学院图书馆的代表进行案例分享。（山东省图书馆学会高校图书馆委员会）

【“齐鲁学子心向党　青春建功新时代”全省高校学生主题演讲比赛决赛举行】6月11日，由山东省高校图工委主办，读者服务及阅读推广专业委员会、山东师范大学图书馆、青岛大学图书馆承办的“齐鲁学子心向党　青春建功新时代”全省高校学生主题演讲比赛决赛在山东师范大学长清湖校区图书馆举行。经过初赛选拔，来自全省35所高校的35位青年学子，围绕主题现场演讲。来自省内有关高校图书馆的200多位师生在现场，以及5万余名省内外高校师生及网友通过网络，收看比赛视频直播。（山东省图书馆学会高校图书馆委员会）

【2021年度山东省高职高专图书馆工作会议举行】6月16—18日，2021年度山东省高职高专图书馆工作会议在烟台举办，主题为“新时代　新使命　新征程——高职图书馆助力学校高质量发展”。此次会议由山东省高等学校图书情报工作委员会、山东省高等学校图书情报工作委员会高职高专分委会主办，山东商务职业学院承办，来自全省50所高职高专院校的82位图书馆馆长和同人参加会议。来自日照职业技术学院图书馆、山东城市建设职业学院图书馆、山东商务职业学院图书馆、山东商业职业技术学院图书馆、淄博职业学院图书馆的与会代表进行案例分享，参会人员还进行了分组讨论。（山东省图书馆学会高校图书馆委员会）

【2021年度山东省高校图书馆文化建设与发展研讨会举行】6月23—25日，由山东省高

等学校图书情报工作委员会、山东省高校图工委文化建设专业委员会主办，曲阜师范大学图书馆承办的山东省高校图书馆文化建设与发展研讨会在日照举行。来自山东省内外高校图书馆界专家学者、图书馆馆长等160多人参加会议。会议邀请省内外文化建设相关专家做专业报告，还对在文化建设创新案例大赛中获奖的图书馆进行表彰，获奖图书馆的代表在会议上进行案例的展示以及经验分享。（山东省图书馆学会高校图书馆委员会）

【"海疆书香"文化工程活动开展】7月27日，山东省高校图工委与中国海警局直属第六局开展"海疆书香"文化工程活动，为海警舰员搭建文化交流平台，丰富舰员文化生活。此次活动山东省高校图工委向中国海警局直属第六局捐赠纸质图书1104册，价值4万余元。来自山东大学、山东师范大学、中国海洋大学、中国石油大学（华东）、青岛大学、滨州职业学院、青岛酒店管理职业技术学院等高校图书馆及海警局直属第六局的代表参加此次活动。（山东省图书馆学会高校图书馆委员会）

【2021年山东省高职高专院校信息素养大赛举办】9月16—18日，由山东省高等学校图书情报工作委员会、山东省高校图工委高职高专分委会主办，淄博职业学院承办的2021年山东省高职高专院校信息素养大赛动员暨培训会在淄博职业学院召开。来自全省36所高职高专院校近90名图书馆馆长和信息素养骨干教师参加会议。10月31日，大赛结束。此次大赛设置学生个人赛和教师微课赛2个项目，全省竞赛平台注册院校共计44所，参赛人数达9217人。经过校赛选拔，137名选手参加省赛。62名学生代表山东省参加全国高职院校信息素养大赛复赛。12月12日，"万方杯"2021年全国高职院校信息素养大赛落幕，山东省4名选手获得大赛学生个人特等奖，3名学生获得大赛一等奖，25名学生分获大赛二、三等奖。（山东省图书馆学会高校图书馆委员会）

【山东省图书情报硕士（MLIS）专业学位研究生教育与学术研讨会举办】10月24—25日，由山东省高等学校图书情报工作委员会、山东省高校图工委学术研究与交流专业委员会主办，山东理工大学图书馆（信息管理研究院）承办的"山东省图书情报硕士（MLIS）专业学位研究生教育与学术研讨会"在山东理工大学举办，省内外近20所高校的图情界专家学者、业务骨干及师生参加此次会议。会议邀请武汉大学研究生院院长陈传夫作线上主旨报告，邀请南京大学信息管理学院教授苏新宁、中国知网CKO肖洪、中国人民大学信息资源管理学院教授周晓英等专家，就数字化转型图书情报发展创新、大数据与人文社会科学研究、图书情报专业人才培养模式探索、科技情报机构服务资源高端平台建设、情报学理论等主题，探讨图书情报专业建设的相关问题。（山东省图书馆学会高校图书馆委员会）

【2021年度山东省高校图书馆馆长工作会议举行】12月16—17日，2021年度山东省高校图书馆馆长工作会议在青岛举行，大会主题为"未来已来，何以竞胜"。此次会议由山东省高校图工委主办，山东大学图书馆承办，全省80余名高校图书馆馆长和业务骨干现场参会，6000余人次线上参会。山东大学图书馆馆长赵兴胜代表山东省高校图工委作"砥砺前行开新局，奋楫扬帆再出发，努力开创山东省高校图书馆高质量发展新局面"的工作报告，重庆大学图书馆馆长杨新涯、清华大学图书馆副馆长邵敏受邀做线上业务报告，山东大学、中国海洋大学、山东师范大学等14所省内高校图书馆馆长和业务骨干分别围绕"文献技术""知识服务""创新与发展"等业务方向做专题报告和案例分享。在闭幕式上，大会对在"全国高校开放数据创新研究大赛（山东赛区）"等6项活动和赛事中的获奖集体及个人进行了表彰。大会决定，2022年全省图书馆馆长工作会议由烟台大学图书馆承办。（山东省图书馆学会高校图书馆委员会）

【山东大学特藏数字化平台发布】4月13日，山东大学特藏数字化平台发布，截至12月，已发布高清书影42000余张，完成校史文献和山东地方文献数字化专题整理。该平台集特藏文献数字资源管理、阅读推广、教研服务功能为一体，为学校人文社科、古典学术学科建设提供

有力的学术支撑，是优秀传统文化传承创新的图书馆育人平台。（山东省图书馆学会高校图书馆委员会）

【山东大学图书馆成功申报全国高校知识产权信息服务联盟】11月11日，设在山东大学图书馆的知识产权信息服务中心通过“高校知识产权信息服务中心联盟”申请答辩，正式加入该联盟。山东大学知识产权信息服务中心将认真贯彻落实《知识产权强国建设纲要（2021—2035）》，以高校知识产权信息服务联盟为平台，不断扩大中心服务社会影响力，努力提升知识产权社会化协同服务水平，积极助力学校与地方企业高价值专利转移转化。（山东省图书馆学会高校图书馆委员会）

【山东大学图书馆完成第一期馆员能力提升项目】2021年，山东大学图书馆持续实施馆员能力提升方案，举办专家讲座、学术沙龙、暑期研修等36场次，委派数十人次参加培训、研讨交流和图情专业进修班，复合型专业馆员团队服务学校教学科研能力明显提升。

在馆员能力提升项目开展期间，山东大学图书馆面向1.5万名学生开展信息素养教育，组织综合培训37场次；开设《信息检索与利用》通识核心课，覆盖1765名本科与研究生课程教学，完成5999名师生参与的创新和学术信息能力成长微学堂，本科与研究生新生入馆教育全覆盖，完成《发现图书之美》劳动教育、《学术能力成长》科研素养等暑期精品项目，获得山东省高校“信息素养课程思政”微课教学比赛特等奖和一等奖。（山东省图书馆学会高校图书馆委员会）

【山东政法学院图书馆举办书画展、红藏珍品展，弘扬红色文化传承传统文化】6月7日，山东政法学院图书馆承办“在正道上行——山东民进庆祝中国共产党成立100周年”书画展，展出100余位山东书画家的精品力作。6月28日，该馆承办“红色传承永驻心中，听红色藏品讲党史”庆祝中国共产党成立100周年全国红色收藏珍品展，展出300余件/套红色藏品，既有建党、中华人民共和国成立初期的党章、党刊等珍贵史料，也有国家级工艺美术大师在20世纪50到60年代创作的精品力作，其中不乏国家一二级文物，很多藏品都是第一次面向大众展出。（山东省图书馆学会高校图书馆委员会）

【2021年全国法律图书馆协作会议暨“立格联盟”高校图书馆会议举办】10月16—18日，2021年全国法律图书馆协作会议暨“立格联盟”高校图书馆会议在山东政法学院图书馆召开。会议围绕“法治资源共享，信息服务创新”主题，深入探讨法律图书馆在法治资源共建共享方面的路径与策略。（山东省图书馆学会高校图书馆委员会）

【聊城大学图书馆举行“红色文献库”揭牌仪式】5月20日，聊城大学图书馆“红色文献库”揭牌仪式在聊城大学东校区逸夫图书馆举行。该馆以馆藏图书资源为基础，整理出反映马克思主义在中国传播、中国共产党创立与发展的四个阶段的经典原著、大型画册、学术名著、文学名著等文献资料近万册，建成“红色主题”藏阅一体的书库，用于读者的党史学习教育、“红色经典”阅读交流活动等。“红色文献库”全年接待校内外参观40余场次，校内20多个党总支、6000余名师生来馆开展学习教育活动，宣传教育覆盖近3万人，得到“学习强国”等主流媒体关注。（山东省图书馆学会高校图书馆委员会）

【2021烟威地区高校图书馆协作会召开】5月27—28日，由烟台大学图书馆主办的2021年烟威地区高校图书馆协作会召开。会议审议通过《烟台威海地区高校图书馆协作委员会章程》和此次会议的日程，并确定下一届烟台威海地区高校图书馆协作会承办单位。会议期间，山东师范大学、烟台大学、哈尔滨工业大学（威海）、山东工商学院、鲁东大学等高校图书馆代表就高校图书馆事业高质量发展等主题作了汇报交流。（山东省图书馆学会高校图书馆委员会）

【《孝经文献全编》新书发布会举行】5月13日，《孝经文献全编》新书发布会在济宁学院举行。来自山东省高校图工委、济宁市图书馆学会、国家图书馆、孔子研究院、曾子研究院巴蜀书社以及省内外60余所高校图书馆的代表共计170余人出席新书发布会。《孝经文献全编》共

66册，全书共收入200余种海内外《孝经》类代表性传世文献和出土资料，全面系统地展示历代《孝经》的不同版本及相关研究著作。（山东省图书馆学会高校图书馆委员会）

河南省

【河南省图书馆学会暨河南省高校图工委2021年阅读推广工作会议召开】6月28日，由河南省图书馆学会、河南省高等学校图书情报工作委员会（以下简称“河南省高校图工委”）主办，河南省图书馆学会阅读推广专业委员会、河南省高校图工委阅读推广专业委员会、超星集团河南分公司承办的“河南省图书馆学会暨河南省高校图工委2021年阅读推广工作会议”在郑州召开。河南省高校图工委主任崔慕岳，河南省图书馆学会阅读推广专业委员会、河南省高校图工委阅读推广专业委员会成员共40余人参加会议。会上，崔慕岳为委员会代表颁发聘书，河南省图书馆学会阅读推广专业委员会副主任胡国平、河南省高校图工委阅读推广专业委员会副主任荆立夏分别宣讲河南省图书馆学会阅读推广专业工作委员会2021年工作计划和河南省高校图工委阅读推广专业委员会2021年工作计划，河南省图书馆学会阅读推广专业委员会副主任谢琳惠、河南省高校图工委阅读推广专业委员会主任岳修志和超星集团副总经理颜务林分别做“红色经典阅读推广的思考”“阅读推广活动评价与场景构建”和“全方位阅读推广——实践与思考”的报告，河南省高校图工委阅读推广专业委员会对2021年“读红色经典做信仰传人”阅读推广系列活动进行评奖。（河南省图书馆学会 刘洋 杨荔雯 严真）

【郑州大学图书馆为泌阳县闫洼村捐赠期刊数百册】1月4日，郑州大学图书馆为驻马店市泌阳县双庙街乡闫洼村捐赠期刊数百册，图书馆党委书记张海涛、馆长姚武、副书记陶思源、副馆长薛晓军及读者服务二部的部分同志参加捐赠仪式。（河南省图书馆学会 刘洋 杨荔雯 严真）

【郑州大学图书馆工会荣获“全国模范职工小家”荣誉称号】在中华全国总工会表彰1000个全国模范职工之家、1000个全国模范职工小家、800个全国优秀工会工作者的评选中，郑州大学图书馆工会作为全国8个教科文卫体工会之一，被授予“全国模范职工小家”荣誉称号。“全国模范职工小家”是全国工会系统对基层工会组织表彰的最高荣誉。3月22日，郑州大学校党委副书记、工会主席谷振清及工会相关人员到图书馆进行调研及颁奖。（河南省图书馆学会 刘洋 杨荔雯 严真）

【“阅百年历程、传精神力量、展馆员风采”主题晚会举办】5月21日晚，由河南省高校图工委主办、河南财经政法大学承办的“阅百年历程、传精神力量、展馆员风采”主题晚会在河南财经政法大学图书馆举办。晚会由郑州大学图书馆王海鹏、周青，河南财经政法大学图书馆李予红、河南中医药大学图书馆付光宇主持。河南省教育厅、河南财经政法大学、河南省高校图工委的相关领导与专家以及河南省高校2021图书工作会议的参会代表近200人观看演出。（河南省图书馆学会 刘洋 杨荔雯 严真）

【河南省高等学校图书馆2021年工作会议举行】5月22—23日，由河南省高校图工委主办、河南财经政法大学承办的全省高校图书馆2021年工作会议在河南财经政法大学郑东校区召开。河南省文化和旅游厅、河南省教育厅、河南省高校图工委等单位的相关领导出席会议。全省各高校图书馆的馆长、业务骨干等参加。（河南省图书馆学会 刘洋 杨荔雯 严真）

【第二届河南省高校大学生“青春心向党·诵赞新时代”主题朗读大赛表彰大会举行】6月25日，由河南省高校图工委主办、黄河科技学院承办的第二届河南省高校大学生“青春心向党诵赞新时代”主题朗读大赛颁奖仪式及优秀作品展演活动在该校黄河众创空间举行。黄河科技学院、河南省高校图工委等单位的相关领导出席。全省100所高校师生代表200多人参会，全省高校师生35986人次通过云直播观看此次活动。（河南省图书馆学会 刘洋 杨荔雯 严真）

**【2021年河南省高职高专院校信息素养大

赛举办】10月30日，2021年河南省高职院校信息素养大赛组委会在郑州召开教师组微课赛评审会，省赛组委会主任崔波等12名专家参会。组委会从全省23所高职院校报送的94件参赛作品中，评出一等奖3名、二等奖5名、三等奖10名。10月31日，河南省高职院校信息素养大赛学生组竞赛举行，各参赛学校组织本校选手在各校的分赛场完成客观题和主观题两场竞赛，评出学生组一等奖5名、二等奖15名、三等奖50名。此次大赛由河南省高校图工委高职高专分委会主办，河南经贸职业学院承办，北京万方数据股份有限公司、北京智信数图科技有限公司协办。（河南省图书馆学会　刘洋　杨荔雯　严真）

湖南省

【湖南省职业教育与成人教育学会高职图书馆工作委员会组织开展“学党史、悟思想、办实事、开新局”为主题的阅读推广系列学习和竞赛活动】3—12月，湖南省职业教育与成人教育学会（以下简称“湖南省职成学会”）高职图书馆工作委员会分别在全省高职高专院校组织开展“超星杯”视频打卡及阅读推广活动，全省58所学校43673师生参加；组织开展“起点杯”党史网络知识竞赛活动，全省42所院校的22474位师生参加；组织开展“维普杯”学习“党史”主题文献综述大赛活动，全省51所学校参加。（湖南省职业教育与成人教育学会高职图书馆工作委员会　唐晓应）

【湖南省职业教育与成人教育学会高职图书馆工作委员会协助承办‘万方杯’2021年全国高职高专院校信息素养大赛】11月20日、12月4日和12月12日，2021年全国高职院校信息素养大赛入围赛、复赛、决赛接连举办，通过网络平台进行。作为此次大赛的承办单位，湖南省职成学会高职图书馆工作委员会协助长沙商贸旅游职业技术学校，在全国组委会的指导下，负责整个赛事的筹划、场地分布、网络监控、团队组建等工作，完成全国28个省（自治区、直辖市），426个赛场、509所院校、906人参加的入围赛，68个赛场、100人竞技的复赛，2个赛场、30人比拼的决赛。在疫情防控常态化形势下，大赛应用新的形式，呈现“云上办赛、线下竞技、远程监控”的办赛新模式。（湖南省职成学会高职图书馆工作委员会　唐晓应）

【湖南省职业教育与成人教育学会高职图书馆工作委员会召开2021年学术年会】12月24日，湖南省职成学会高职图书馆工作委员会以“坚持党的领导　坚守文化传承”为主题的2021年学术年会通过线上直播平台，在长沙商贸旅游职业技术学院召开。来自全省各高职高专院校图书馆300余人通过线上参加学习。湖南图书馆研究馆员沈小丁做“文脉：湖南百年图书馆”的学术报告。会上，还进行“基于微服务架构的新一代图书馆系统的创新开发与实践”的交流。并对湖南省高职院校信息素养大赛进行总结，会上还对湖南省职业教育与成人教育学会高职图书馆工作委员会2022年整体工作规划进行部署。（湖南省职业教育与成人教育学会高职图书馆工作委员会　唐晓应）

【长沙理工大学图书馆“云影文化传播中心”揭牌仪式暨首场“云影悦读讲坛”开讲】5月18日，“云影文化传播中心”揭牌仪式暨首场“云影悦读讲坛”在长沙理工大学图书馆云塘馆开讲。长沙理工大学校长曹一家、副校长刘建民与首场讲座专家湖南大学建筑学院教授柳肃，以及图书馆领导共同为“云影文化传播中心”揭牌，柳肃以“从故宫建筑看中国历史上的几个特殊时期”为题做“云影悦读讲坛”首场讲座。（长沙理工大学　周思妤）

【湖南交通职业技术学院举行朱璎捐赠图书仪式】1月6日，湖南交通职业技术学院举行朱璎捐赠图书仪式，年近九旬的离休教师朱璎出席捐赠仪式。朱璎老师从事教育事业10余年，热爱学生，热爱教育事业，为交通运输事业发展培养优秀人才。2020年朱璎老师将10万元转账至湖南省新华书店有限责任公司专用账户，由湖南交通职业技术学院图书馆按照其要求及学科专业建设和教学科研需要，为学校选购了一批经典藏书和专业图书。学校图书馆对这批图书进行整理、编目、入库，并建立专门的捐赠书库。（湖南交通职业技术学院　李闯）

广东省

【第六届中美高校图书馆合作发展论坛召

开】7月16—17日，第六届中美高校图书馆合作发展论坛在中山大学召开。此次论坛主题为“后疫情时代高校图书馆文献与服务新方向”，由中国高校人文社会科学文献中心与中山大学图书馆联合主办，以线上会议的形式举行，约330位专家学者参加此次论坛。中国高校人文社会科学文献中心管理中心主任、北京大学图书馆馆长陈建龙，美国斯坦福大学东亚图书馆馆长杨继东分别做题为“后疫情时代中国高校图书馆的资源建设与服务”和“北美的学术图书馆与中国研究——历史回顾与前景展望”的主旨报告。芝加哥大学东亚图书馆中国研究馆员吴嘉勋、中山大学图书馆副馆长王蕾、多伦多大学郑裕彤东亚图书馆馆长金河那、武汉大学图书馆馆长王新才、加州大学洛杉矶分校东亚图书馆馆长陈肃、复旦大学图书馆副馆长王乐、香港大学图书馆执行馆长及冯平山图书馆馆长胡美华、布朗大学东亚图书馆馆长王立、南加州大学东亚图书馆中国研究馆员李唐、哥伦比亚大学东亚图书馆中国研究馆员王成志等25位专家围绕高校图书馆公共卫生治理与服务体系探索、学术图书馆服务转型、疫情特色资源建设、学术图书馆数字资源建设、后疫情时代的信息素养教育等议题先后做主题发言。自由交谈环节，与会代表就国际馆际互借服务、中文电子书库、数字化合作项目有关议题、开放获取资源/开放教育资源、智慧图书馆、特色资源建设与服务等研究热点展开讨论。（中山大学图书馆）

【中山大学图书馆加入“澳门特别行政区与内地学术图书馆葡语资源联盟”】9月，中山大学正式签署由澳门大学倡议发起、21所高校参与的《澳门特别行政区与内地学术图书馆葡语资源联盟合作协议书》，加入“澳门特别行政区与内地学术图书馆葡语资源联盟”。9月13日，澳门大学线上举办合作协议签署活动，与包括中山大学图书馆在内的共21所高校图书馆（内地17所，澳门4所）签署合作协议。来自全国各地的50余位代表出席线上签字仪式。联盟的合作领域包括：促进各联盟成员的图书馆资源和信息的共享，以便在教育、学习和学术研究等方面提供支持和合作；创建馆际互借及文献传递服务机制；建立目录及图书文献交换机制；提高各成员馆的学术水平及服务素质，以及提升图书馆从业人员的专业能力；促进联合举办活动，培训活动和图书馆专业人员交流；加强各成员馆的交流活动。此次活动还举办了“大学图书馆服务创新线上联展”开幕式。活动中，澳门大学图书馆介绍联盟网站、成员馆的葡语资源联合目录，以及供葡语教师参考使用的教学资源等。（中山大学图书馆）

【2021年粤港澳高校图书馆联盟青年学者论坛举办】11月22—23日，2021年粤港澳高校图书馆联盟青年学者论坛在广州中山大学举办。此次论坛以线上、线下相结合的形式举办，聚焦粤港澳高校图书馆的服务创新和合作展望，围绕新技术、新素养、新教育、新计划展开研讨，来自联盟成员馆的代表逾150人参加。开幕式上，联盟理事长（执行）李露丝和副理事长程焕文对粤港澳高校图书馆联盟自成立以来开展的各项工作和活动进行全面回顾。主题报告环节，来自香港科技大学、澳门科技大学、广东外语外贸大学、香港大学、中山大学、澳门大学等11所高校图书馆的14位青年学者做学术报告。自由讨论环节，三地专家学者各抒己见，共商未来合作事宜。联盟副理事长吴建中做论坛总结发言。（中山大学图书馆）

【广东省职业院校图书馆情报工作指导委员会成立暨全体委员工作会议召开】5月21日，广东省职业院校图书馆情报工作指导委员会成立暨全体委员工作会议在深圳职业技术学院留仙洞校区图书馆举行。来自全省35所职业院校的代表共50余人与会。4位专家做专题报告。中国科学技术信息研究所资源中心主任曾建勋讲述国家科技情报事业的“十四五”发展策略，CALIS管理中心事业发展中心主任许长城提出教育现代化背景下的职业院校图书馆建设策略，广东省职业院校图书馆情报工作指导委员会主任委员、深圳职业技术学院图书馆馆长刘兰平提出高职院校图书馆 “一个中心、两个驱动、三个途径、四项制度、五项任务”的总体工作思路和八项工作任务，深圳职业技术学院图书馆汪勇介绍深圳职业技术学院智慧图书馆项目一期的建设情况。当天下午举行的第一次全体委员工作会议审议通过《广东省职业院校图书馆情报工作委员会章程》。顺德职业技术学院张彦静、广东科学技术职业学院王先清、深圳职业技术学院杨光武、广东财贸职业学院全君君分别对2021年承担的工作任务安排进行简要汇报。（深圳职业技术学院图书馆）

【2021年广东省高职高专和民办院校图书馆“提质培优”馆长研修班举办】11月26日，由广东省高等学校图书情报工作指导委员会（以下简称“广东省高校图工委”）高职高专分委会和教育培训委员会联合主办的2021年广东省高职高专和民办院校图书馆“提质培优”馆长研修班在广州从化举办。来自全省30多所高职高专和民办高校图书馆的馆长、副馆长等40多人参加，100多名同行同步参加线上直播活动。中山大学信息管理学院教授程焕文以“资源为王”为题作专题报告。广东省立中山图书馆首席研究馆员刘洪辉认为高校图书馆应从“阅读（推广）”寻求突破，通过阅读推广活动，让读者爱上读书，终身阅读。中山大学教授陈定权则从技术的角度深入浅出地分析图书馆管理系统的历史变迁，分析图书馆服务平台现状，并提出对策。华南师范大学教授奉国和分析数字技术如何助推智慧图书馆的发展，并畅想以新一代智慧服务平台为基础的图书馆未来工作场景。顺德职业技术学院图书馆馆长张彦静以该馆为例分享双高背景下高职图书馆发展的思考及探索。最后，与会馆长进行座谈交流，就共同关心的发展问题进行研讨。（广州城市职业学院图书馆）

广西壮族自治区

【广西壮族自治区高等学校图书情报工作指导委员会举办系列文化活动】4月起，广西壮族自治区高等学校图书情报工作指导委员会（以下简称“广西高校图工委”）通过线上和线下相结合的方式先后组织第三届广西高校图书馆“学问杯”影评大赛、2021年广西高校图书馆中科杯“重温百年党史　传承红色基因”党史知识竞赛、第三届广西高校图书馆“颂党恩　兴中华　筑梦想”朗诵大赛、“万方杯”2021年中南七省/区高校“学术搜索挑战赛”、“万方杯”2021年全国高职院校信息素养大赛（暨第三届全国高职高专信息素养大赛）广西赛区比赛等系列活动，从多方面综合提升在校大学生的综合文化素养。（广西大学图书馆　覃衍海）

【广西本科高校图书馆服务本科教学研讨会召开】6月21日，广西本科高校图书馆服务本科教学研讨会在桂林旅游学院图书馆召开，来自全区各大高校图书馆的40位代表参加此次会议。会议邀请四川大学图书馆馆长党跃武做题为“本科人才培养与知识服务创新”的主旨报告，会上就全区高校图书馆服务本科教学为主题进行深刻探讨，交流服务教学的经验，总结服务教学的方式。（广西大学图书馆　覃衍海）

【广西高校图工委组织开展“国家科技图书文献中心广西地区高校科技文献资源培训会”】5月21日，广西高校图工委组织全区130名高校馆员在广西大学图书馆参加国家科技图书文献中心广西地区高校科技文献资源培训会，以加强在疫情防控背景下广西地区高校科技文献保障能力，充分发挥科技文献的作用，助力广西地区高校人才培养的建设。（广西大学图书馆　覃衍海）

【广西高校图工委、广西高教学会图专委组织召开2021年广西高校图书馆工作与学术年会】11月26日，2021年广西高校图书馆工作与学术年会在百色学院图书馆召开，来自全区各大高校图书馆的120位代表参加此次会议。会议邀请上海图书馆副馆长刘炜做题为“坚守与超越：迎接即将到来的智慧图书馆时代”的主题报告，从智慧图书馆的理念、第三代图书馆发展趋势、如何建设智慧图书馆等方面进行阐述。（广西大学图书馆　覃衍海）

【广西农业职业技术大学图书馆概况】2021年，广西农业职业技术大学以加强图书馆内涵建设，提升服务质量为理念，打造农职“悦”读空间，并依托“悦”读空间，举办精彩纷呈的“悦”读文化活动，构建立体化阅读推广长效机制，如开展“诵读红色经典　传承红色基因”活动、举办“阅百年历程　传百年精神”读书月活动等，为师生提供多元化、个性化、创新型的学习交流场所。该馆全年接待到馆读者20.18万人，借还图书11440次，知网下载量13.74万次；荣获2021年广西高校图书馆中科杯“重温百年党史　传承红色基因”党史知识竞赛“优秀组织奖”、“颂党恩、兴中华、筑梦想”第三届广西高校图书馆朗诵大赛“优秀组织奖”、第三届广西高校图书馆“学问杯”影评大赛优秀组织奖；指导学生获第三届广西高校图书馆“学问杯”影评大赛获高职高专院校组“二等奖”、广西高校图书馆“中科杯”党史知识竞赛获高职高专组“三等奖”。（广西农业职业技术大学　陈玉芳）

海南省

【海南热带海洋学院图书信息中心概况】2021年，海南热带海洋学院图书信息中心接待读者85.65万人次，借出图书19613册次，传递文献6000余篇，网站访问量18.88万人次。新增纸质图书3.23万册，续订数字资源31个，新增数字资源1个。采用线上线下相结合的方式开展新生入馆培训。举办第二届海南省高校大学生信息素养大赛——海南热带海洋学院分赛，吸引600余人参加比赛。举办2021年“4·23”阅读嘉年华系列活动、“让读书照亮人生”、“考研启蒙大讲堂”、“了解学术规范，提升科研质量”、“党史图书展”、畅想之星第五季“阅读达人”、“知识成就梦想，拼搏铸就未来”拼图挑战赛、“党建引领，求是增知”研学平台阅读写作打卡等活动。接待各种会议140余场、3.92万余人次。参与国家社科基金重大项目“中国东南海洋史研究”，承担其子课题“中国东南海洋史临高文献整理与研究”，搜集撰写资料30多万字。参与三亚吉阳区、海棠区等社区的基层文化管理人员的培训指导工作。荣获海南省教育厅“第二届海南省高校大学生信息素养大赛”优秀组织奖。（海南热带海洋学院图书信息中心）

【海口经济学院图书馆概况】截至2021年底，海口经济学院图书馆馆藏总量164.3万余册。2021年图书外借、到馆人次、网站点击量较2020年都有增长。全年完成论文检测1127人次、咨询解答45095次、海南省教育科研数字图书馆文献申请9885条。编制《阅读报告》四期。举办“庆祝中国共产党成立100周年”图片展、“永远跟党走”朗读大赛等各类线上线下读者活动47场，7000余人次参加。“永远跟党走”朗读大赛投票环节页面访问量达5万余人次。设立“红色经典图书专区”，开辟“党史学习教育专题数字资源”专栏。开展大学生信息素养能力教育工作，357个班级学生参加培训。举办第二届海南省高校大学生信息素养大赛——海口经济学院分赛，吸引1700余人参加比赛。开展“优秀读者”评选活动4次评选，评出“优秀读者”100名。举办“优秀读者”座谈会3次，初步完成“优秀读者”队伍的建设。荣获海南省教育厅“第二届海南省高校大学生信息素养大赛”优秀组织奖。（海口经济学院图书馆）

重庆市

【概况】2021年，重庆市高校图书馆界举办了一系列重要会议，重庆市高校图书情报工作委员会（以下简称“重庆市高校图工委”）新媒体专业委员会成立大会、重庆市高校图工委2021年馆长会暨2020年先进表彰会、“国防知识产权全过程管理与服务”专题培训会、重庆大学图书馆第九届开放学术论坛等行业内重要会议陆续召开。此外，重庆市方志馆重庆大学分馆（川渝共建）开馆。全市高校图书馆在科学研究、阅读推广、对外交流及学科服务方面均有长足发展。（重庆市图书馆学会）

【重庆市高校图工委新媒体专业委员会成立大会召开】4月8日，重庆市高校图工委新媒体专业委员会成立大会在重庆工商大学南岸校区新图书馆举行。重庆市高校图工委秘书长、重庆大学图书馆馆长杨新涯在会上发言。会议审议《重庆市高等学校图书情报工作委员会新媒体专业委员会章程》，并全票通过。重庆市高校图工委副秘书长曹京宣布新媒体专业委员会主任、副主任名单。会议围绕在新媒体环境下，高校图书馆如何加强阅读推广及读者服务工作的创新与实践探索，有效整合各平台资源，深化各高校图书馆之间互动合作等问题进行讨论和交流。（重庆市图书馆学会）

【重庆市高校图工委2021年馆长会暨2020年先进表彰会召开】4月27日，重庆市高校图工委2021年馆长会暨2020年先进表彰会在重庆大学召开。重庆市教委高教处、重庆大学、重庆市高校图工委等单位领导以及来自重庆市52所高校图书馆的80余位馆长及馆级领导参加此次会议。重庆市高校图工委秘书长、重庆大学图书馆馆长杨新涯从数字文献资源联合建设、重庆市高校数字图书馆平台共建共享、图书情报学术研究、对外交流等方面全面总结重庆市高校图工委 2019—2020 年的工作，布置高校图工委 2021 年工作重点。会议向获得“2020 年重庆市高等学校图书馆先进集体和先进工作者”的单位和个人颁奖，部分先进集体代表就阅读推广、信息服务及信息素养教育、服务创新等工作进行案例分享及经验交流。（重庆市图书馆学会）

【重庆大学图书馆召开第九届开放学术论坛】4 月 28 日，重庆大学图书馆在 A 区理工馆组织召开第九届开放学术论坛。会议邀请中山大学图书馆副馆长王蕾一行 7 人到访并进行学术交流。会议由重庆大学图书馆党总支书记王雨主持并致辞，重庆大学图书馆馆长杨新涯、党总支副书记李炜出席会议并就图书情报领域的研究热点与焦点做学术分享。论坛指出当前高校图书馆要以信息化发展为主要突破点，重点对信息化建设未来 5 年发展趋势进行解读，通过重大图书馆“数字记忆”项目、全流程电子资源管理等案例分析，帮助大家更加深刻地理解高校图书馆信息化建设需要把握的问题。李炜以大学图书馆数字特藏建设的实践引入，介绍重庆大学图书馆如何重塑数字特藏建设的生态与体系，展示重庆大学图书馆在新时期学术图书馆建设中的使命与担当。（重庆市图书馆学会）

【“国防知识产权全过程管理与服务”专题培训会议召开】7 月 13 日，由中国工程物理研究院专利中心与重庆大学知识产权信息服务中心联合举办的“国防知识产权全过程管理与服务”专题培训会议在重庆大学 A 区图书馆逸夫楼举行。会议以“强化国防知识产权保护意识，助推川渝国防科技高质量发展”为主题，重庆市知识产权局公共服务处、重庆大学图书馆、中国工程物理研究院科技信息中心信息资源室等单位的领导以及来自重庆市各大军工企业、高校科研院所及企事业单位知识产权信息服务、知识产权保护和运营人员近 70 人参加此次会议。（重庆市图书馆学会）

【重庆市方志馆重庆大学分馆（川渝共建）开馆】12 月 22 日，重庆市方志馆重庆大学分馆（川渝共建）暨重庆大学图书馆方志馆（以下简称“方志馆”）开馆仪式在重庆大学虎溪校区图书馆举行。重庆市地方志办公室、四川省地方志办公室、重庆大学图书馆等有关领导出席仪式并讲话，重庆大学师生代表及图书馆相关工作人员 50 余人参加仪式。四川省地方志办和重庆市地方志办分别向重庆大学方志馆赠送《四川省志·青城山志》和《重庆地情概览》（英文版）等图书。现场还举办了方志馆的揭牌仪式。（重庆市图书馆学会）

四川省

【概况】截至 2021 年底，四川省共有普通高等学校 134 所，其中本科院校 53 所（含社会力量办学 18 所），高职（专科）院校 81 所（含社会力量办学 34 所）。2021 年，全省 84 所主要高校图书馆馆舍面积 192.8 万平方米（其中在建面积 29.86 万平方米），读者座位 23.18 万个；文献资源购置费 4.34 亿元，其中电子资源购置费 2.21 亿元；文献累积总量 4.28 亿册；正式职工 1952 人，其中博士 60 人、硕士 603 人，本科以上学历占比约 80%，中高级职称占比 68%。2021 年，购置中文纸质图书 370.51 万册、外文纸质图书 1.76 万册、中文纸质报刊 7.34 万份、外文纸质报刊 2331 份、中文电子图书 9251.61 万册、外文电子图书 483.1 万册、中文电子报刊 342.13 万份、外文电子报刊 40.7 万份；全年外借纸本书刊 378.26 万册次，电子资源下载 2.2 亿篇次。

四川省普通高等学校图书情报工作指导委员会（以下简称“四川省高校图工委”）坚持以习近平新时代中国特色社会主义思想为指引，认真学习贯彻党的十九届五中、六中全会精神，站在“十四五”开局谋篇新的历史起点上，充分发挥研究、咨询、评估、培训、指导、引领等作用，按照加强“协作、协同、协调”的工作原则，按照“线上线下结合打造高校图书馆好活动品牌”“省内省外结合探索高校图书馆新方式途径”“校内校外结合形成高校图书馆大发展格局”的工作思路，持续开展四川省高校文献资源共建共享、校园文化建设和专业人才队伍建设等工作，全力推动全省高等教育高质量内涵式发展。省内各高校图书馆也相继开展了各自的“十四五”规划编制工作。

经全省各高校及相关单位推荐并广泛征求

意见，2021年1月，四川省教育厅下发《四川省教育厅关于成立2021—2025年四川省普通本科高等学校教学指导委员会的通知（川教函〔2021〕20号）》，正式成立2021—2025年四川省普通本科高等学校教学指导委员会，同时“四川省高等学校图书情报工作委员会”正式更名为“四川省普通高等学校图书情报工作指导委员会”。新一届四川省高校图工委由四川大学教授党跃武担任主任委员，电子科技大学教授杜丽、西南交通大学教授张祖涛、四川农业大学教授付体华、成都中医药大学教授赵琼、四川师范大学教授曹成建担任副主任委员；为推进成渝地区双城经济圈建设，特聘重庆大学研究馆员杨新涯担任副主任委员；四川大学研究馆员姜晓任秘书长；聘任省内14所高校图书馆的15位专家为委员，并特聘四川省图书馆研究馆员何光伦和中国科学院成都文献情报中心研究员张志强2位行业专家担任委员。委员任期自2021年2月1日至2025年12月31日。

四川省高校图工委组织全省高校图书馆举办以“百年扬帆共读史，砥砺奋进上新程”为主题的第四届“悦读新时代：四川高校阅读文化节”。100余所高校图书馆围绕庆祝中国共产党成立100周年，回顾百年奋斗历程和建党后取得的伟大成就，深入贯彻习近平新时代中国特色社会主义思想，开展了642项主题鲜明、形式多元的阅读文化活动，共有30余万名师生参与活动。在获奖方面，四川师范大学图书馆获评中国图书馆学会颁发的“全民阅读示范基地”，四川大学图书馆“‘红动校园——红色文化教育’系列特色阅读空间”入选中国图书馆学会2021年特色阅读空间风采展示活动之“特色主题空间”名单；成都医学院图书馆等3所图书馆获评四川省“全民阅读示范基地”，四川传媒学院图书馆“书香校园‘种子计划’项目”和四川旅游学院图书馆“‘旅·读’特色阅读系列活动”获评四川省“2020年阅读推广示范项目”。

四川省高校图工委协助教育部高校图工委开展各项工作。5月，启动全国高校图书馆服务“四新”建设优秀案例征集研讨活动，共征集到全国57所高校图书馆的72个案例，遴选12个优秀案例进行交流展示。12月，组织全省高校图书馆在线收看“继承与创新：大学图书馆现代化新征程”学术研讨会和教育部高校图工委40年成果展，12位被评为“高校图书馆榜样馆员”的四川省高校图书馆馆员在会上受到教育部高校图工委表彰。

四川省高校图工委持续推进全省高校图书馆专业队伍建设，提升馆员业务素养及科研能力，全年举办“2021年‘双一流大学’图书馆建设川大论坛”等相关会议及交流培训会。组织完成《四川图书馆学报》（高校专辑）征稿、专家评审、作者返修及与编辑部协调等工作，全年共收稿59篇，发表21篇。

为贯彻落实《教育信息化2.0行动计划》等文件精神，促进高校学生信息素养能力提升，10—12月，四川省高校图工委与重庆市高校图工委联合举办首届川渝高校信息素养大赛——2021年川渝高校信息素养大赛，大赛分为学校选拔赛、省赛和川渝联赛3个赛段，川渝两地共72所本科高校的13120名学生参赛。9—11月，四川省高校图工委与四川省图书馆学会高等学校系统委员会（以下简称“四川省学会高校委员会”）联合举办“万方杯”2021年全国高职院校信息素养大赛四川赛区选拔赛，来自省内23所高职院校的6024名学生参赛，此次大赛达到以赛促建、以赛促教、以赛促学的良好效果，顺利选拔出代表四川省参加全国大赛的优秀选手。

2021年6月，组织省内高校开展第三批高校国家知识产权信息服务中心申报工作。继电子科技大学图书馆、四川大学图书馆分别入选第一批、第二批高校国家知识产权信息服务中心名单之后，西南交通大学图书馆、成都理工大学图书馆成为第三批国家知识产权局、教育部联合命名的高校国家知识产权信息服务中心。（四川省普通高等学校图书情报工作指导委员会　孙诗）

【庆祝建党100周年系列活动开展】4月15日—5月31日，四川省高校图工委、四川省图书馆学会高校图书馆委员会联合举办四川省高校“品红色经典，抒爱国情怀”演讲比赛。比赛收到省内39所高校的101件作品，评选出一等奖8名、二等奖14名、三等奖44名、优秀奖25名，最佳组织奖22个，优秀指导老师22名。

4月15日—6月18日，四川省高校图工委、四川省图书馆学会高校图书馆委员会联合举办“万方杯”四川省高校大学生红色文化经典诵读大赛举行。此次大赛以“铸魂百年辉煌 传承红色华章”为主题，收到省内64所高校的164个作品，评选出一等奖8名、二等奖12名，三等奖105名、优秀奖39名，最佳组织奖20个，优秀指导老师20名。

4月20日—5月20日，四川省高校图工委、四川省图书馆学会高校图书馆委员会联合举办四川省高校“中科杯”“重温百年党史 传承红色基因”党史知识竞赛。全省60余所高校图书馆8000余人参加此次活动。竞赛评选出学生组特等奖1名、一等奖2名、二等奖5名、三等奖20名、优秀奖50名，教工组特等奖1名、一等奖2名、二等奖5名、三等奖7名，最佳组织奖10个、优秀组织奖10个。

4月23日—5月13日，四川省高校图工委、四川省图书馆学会高校图书馆委员会联合举办四川省高校“名师党史讲坛”21天打卡活动。全省92所高校图书馆约2.6万人参加此次活动。活动评选出特等奖1名、一等奖5名、二等奖10名、三等奖20名、优秀奖50名，最佳组织奖10个、优秀组织奖10个。（四川省普通高等学校图书情报工作指导委员会）

【2021年“双一流”大学图书馆建设川大论坛举办】10月26日，由四川省高校图工委、四川省图书馆学会高校图书馆委员会、四川省“双一流”大学图书馆建设联盟、四川省文献影像技术协会联合主办，四川大学图书馆、四川大学公共管理学院承办的2021年“双一流”大学图书馆建设川大论坛在四川大学举办。论坛特邀请上海图书馆副馆长、上海科学技术情报研究所副所长刘炜以“坚守与超越：迎接即将到来的智慧图书馆时代”为题做专题报告。成都地区18所高校图书馆的领导、相关人员和四川大学公共管理学院师生等共80余人参加现场会议，来自全国高校图书馆的专家、同人近千人参加线上论坛。（四川省普通高等学校图书情报工作指导委员会）

贵州省

【概况】截至2021年底，贵州省高等学校图书馆工作指导委员会（以下简称“贵州省高校图工委”）成员单位共23个，其中普通本科高校图书馆20所，高职高专图书馆3所。全省普通高校图书馆馆舍总面积75.67万平方米，馆藏纸质文献总量3032.6万册。当年新增中文纸质文献139.45万册，新增外文纸质文献0.63万册。年度文献资源购置费超过1亿元，其中纸质资源购置费4892.45万元，电子资源购置费5155.75万元。现有在编人员648人。贵州商学院图书馆新馆1—3层正式开馆运行。

贵州省高校图工委各成员单位年内获得各级各类表彰多个。贵州民族大学图书馆荣获“全国巾帼文明岗”称号。凯里学院图书馆“党建引领助推‘好书伴我行’阅读推广的黄金十年”案例荣获“全省高校党建工作创新优秀案例”。贵州民族大学图书馆“未成年人阅读推广研习营”系列活动入选中国图书馆学会“2020年阅读推广示范项目”名单。贵州师范大学图书馆张伟云获教育部高校图工委“高校图书馆榜样馆长”荣誉称号；凯里学院图书馆陈洪波、贵州民族大学图书馆龚剑、贵州大学图书馆蔡梅获“高校图书馆榜样馆员”荣誉称号。（贵州省高等学校图书馆工作指导委员会秘书处）

【贵州民族大学古籍保护研究院成立大会暨古籍保护与中华优秀传统文化传承发展研讨会召开】6月17日，贵州民族大学古籍保护研究院成立大会暨古籍保护与中华优秀传统文化传承发展研讨会在贵州民族大学思雅图书馆召开。来自复旦大学、天津师范大学、南开大学、中国民族图书馆、云南省图书馆，以及全省其他高校图书馆、科研院所等单位的领导专家60余人参加会议。贵州省人大常委会原副主任顾久，校党委副书记、校长王林，贵州省民族宗教事务委员会副主任黄荣，贵州省图书馆副馆长韩洪，天津师范大学图书馆党委书记接励等出席大会并致辞。贵州民族大学副校长黄其松主持成立大会。中国科学院院士、复旦大学中华古籍保护研究院院长、复旦大学原校长杨玉良教授受聘为“贵州民族大学古籍保护研究院”名誉院长。（贵州民族大学图书馆）

【贵州省高校图书馆馆长高级研修班举办】7月8日，贵州省高校图书馆高质量发展与“十四五”规划管理馆长高级研修班在贵州民族大学花溪校区举办。研修班主要围绕“十四五”规划、知识服务、阅读推广、学术图书馆、智慧图书馆等主题展开。研修班邀请重庆大学图书馆馆长杨新涯、上海交通大学图书馆副馆长潘卫、四川省普通高等学校图书情报工作指导委员会秘书长姜晓、云南省高等学校图书情报工作指导委员会办公室主任张琼、贵州省高等学校图书馆工作指导委员会副主任卢云辉作专题报告。同时，本着资源共享、协同发展的理念，此次培训班特别邀请省内8个职业院校图书馆及贵阳人文科技学院图书馆参加。（贵州民族大学图书馆）

【2021年贵州省高校图书馆年会举行】12月7日，2021年贵州省高校图书馆年会在贵州大学图书馆（西区）报告厅举行。开幕式上，贵州大学党委常委、副校长陈祥盛，贵州省高校图工委副主任张伟云，贵州理工学院党委副书记、贵州省高校图工委委员吴次南分别致辞。贵州省高校图工委秘书长龚剑做2021年工作报告。年会邀请湖北省高校图工委副主任、秘书长、武汉大学图书馆馆长王新才，广东省高校图工委秘书长、中山大学图书馆常务副馆长林明做线上主旨报告。会上，贵州大学图书馆副馆长何隽、贵州财经大学图书馆馆长杨帆、贵州师范大学图书馆副馆长芦晓、贵州医科大学图书馆副馆长杨丽、遵义师范学院图书馆副馆长唐晔、铜仁学院图书馆副馆长江腾立足地方与学校特色，分享各馆关于空间再造、信息化建设、信息素养教育、知识服务、学科服务、助力乡村振兴等方面的工作理念、经验与思考。贵州省高校图工委对获得2021年贵州省高校图书馆阅读推广工作“优秀组织”“优秀项目”“优秀团队”“优秀个人”及教育部高校图工委“高校图书馆榜样馆员”、贵州省高校图工委“高校图书馆榜样馆员”等奖项的单位及个人进行表彰并颁奖。（贵州省高等学校图书馆工作指导委员会秘书处）

【校地共建图书馆，高校图书馆开展社会服务】5月28日，贵州财经大学图书馆与大方县政协合作，帮助大方县扶贫搬迁小镇“奢香古镇”建立的乡村图书室“九驿书院”揭牌并正式运营；11月，“九驿书院”入选中国图书馆学会2021年特色阅读空间风采展示活动之“文旅融合空间”名单。6月18日，兴义民族师范学院图书馆在黔西南州强制戒毒所开设分馆。9月29日，凯里学院与黔东南苗族侗族自治州新华书店有限公司共建的新华文渊超市（5517号店）在该校图书馆正式开业运营，此次与实体书店的合作将进一步提升学校图书馆服务读者的能力。2021年，遵义师范学院图书馆向乡村振兴建设对口帮扶点桐梓县楚米镇三台村和希望小学捐赠图书1130册。（贵州财经大学图书馆　兴义民族师范学院图书馆　凯里学院图书馆　遵义师范学院图书馆）

云南省

【“云南高校图书馆2021年馆长工作会暨图书馆联盟理事会论坛”举办】4月9日，由云南省高等学校图书情报工作指导委员会（以下简称“云南省高校图工委”）、云南高校图书馆联盟主办，云南师范大学图书馆承办的“云南高校图书馆2021年馆长工作会暨图书馆联盟理事会论坛”在昆明举办。云南省高校图工委主任委员兼秘书长、图书馆联盟理事长、云南师范大学图书馆馆长殷国聪在会上做“云南省高校图指委暨图书馆联盟工作报告”，通报2020年云南省高校图工委经费收支情况。云南省图书馆馆长马云川，云南省高校图工委副主任委员、图书馆联盟副理事长、云南财经大学图书馆馆长赵越，昆明市图书馆副馆长刘志芳在会上分别做题为“守正创新着力服务奋进发展——图书馆你可以这么办”“智慧图书馆创新服务暨数字阅读推广”“昆明市公共图书馆创新服务实践”的专题学术报告。（云南省图书馆学会办公室）

【“2021年云南省‘社馆汇’工作会暨疫情防控常态化背景下的文献资源建设与服务研讨会”举办】6月17日，“2021年云南省‘社馆汇’工作会暨疫情防控常态化背景下的文献资源建设与服务研讨会”在昆明举办。来自全省高校图书馆的馆长、副馆长和相关馆员共计80余人出席会议。云南省高校图工委主任委员兼秘书长、云南师范大学图书馆馆长殷国聪出席会议并致辞。北京大学信息管理系教授刘兹恒、四川大学图书馆馆长党跃武等围绕“疫情防控常态化背景下的文献资源建设与服务”为此次研讨会作专题报告。（云南省图书馆学会办公室）

陕西省

【概况】截至2021年底，陕西省共有各类高等教育学校111所，其中普通高等学校97所，包括普通本科院校57所、高职（专科）院校40所。以下信息来自76所普通高等学校图书馆的统计数据。

76所普通高等学校图书馆的馆舍面积合计186.55万平方米。6所图书馆在建馆舍设计建筑面积20.18万平方米。读者座位合计198274个。

在编职工合计2210人。在编职工中，本科及以上学历者占83.57%，比上年增加1.75%。其中：博士73人，占3.3%；硕士及第二学士学位715人，占32.35%；本科1059人，占47.92%。在编职工中，中级及以上职称者占74.62%，与上年基本持平。其中：正高级职称104人，占4.71%；副高级职称449人，占20.32%；中级职称1096人，占49.59%。

年度经费合计36182.02万元。文献资源购置费合计31604.91万元，其中：纸质资源购置费12389.44万元，占39.20%；电子资源购置费19164.00万元，占60.64%。

当年购置中文纸质图书合计323.06万册；27所图书馆当年购置外文纸质图书合计1.68万册。截至2021年底，中文纸质图书累计9460.05万册，外文纸质图书累计338.36万册。

办证读者合计145.71万人。全年外借书刊合计443.71万册次。主要阅览室每周开放时间合计6858小时（其中最长周开放时间为112小时）。截至2021年底，陕西省普通本科高等学校图书情报工作委员会（以下简称“陕西省高校图工委”）累计向全省各类图书馆发放馆际互借通用借书证1598个。

完成《陕西省普通高等学校2020年度图书馆基本情况统计汇总》；编纂《2020年陕西高校图书馆发展报告》，从发展概况、基本统计数据分析、科研与成果、管理和服务工作亮点、图工委年度工作计划实施等方面，全面反映陕西高校图书馆的发展状况。（陕西省普通本科高等学校图书情报工作委员会　张惠君　安嘉璐）

【“唱支山歌给党听——陕西高校图书馆红歌云展播”活动举办】3月25日，陕西省高校图工委面向全省普通高校图书馆举办“唱支山歌给党听——陕西高校图书馆红歌云展播”活动，共征集到30个单位提交的64件作品。经过大众投票、评委提名等环节，最终评选出最佳组织奖、最佳作品奖、最具创意奖、最美声音奖、最具人气奖以及优秀作品奖等奖项。（陕西省普通本科高等学校图书情报工作委员会　张惠君　安嘉璐）

【2021年读者服务案例展示评比活动开展】9月29日，陕西省高校图工委启动2021年读者服务案例展示评比活动。截至10月底，共征集到28所图书馆提交的118个案例。根据故事的完整性、案例的难度和解决方案的可借鉴性等原则进行初评，共有52个案例入围。为配合疫情防控工作，此次将以往线下举办的案例展示评比大会改为服务案例视频评比。12月10日，陕西省高校图工委服务创新工作组在上述评选原则基础上，参考讲解与演示效果，对入围案例进行终评，共评选出优秀案例25个。（陕西省普通本科高等学校图书情报工作委员会　张惠君　安嘉璐）

【陕西省本科高校图书馆新入职人员培训会举办】10月15日，陕西省本科高校图书馆新入职人员培训会在西安理工大学举办，近100位新入职人员参加。培训会由西安理工大学图书馆馆长杨杰主持。西安交通大学图书馆研究馆员强自力、西安工程大学图书馆研究馆员尹方屏分别做题为“图书馆基础知识概论”“因为有你更精彩”的专题报告；西安理工大学图书馆贾二鹏做朋辈交流分享。会后，陕西省高校图工委馆员队伍建设工作组召开研讨会，就高校图书馆人才队伍建设面临的问题及应对措施进行交流研讨，并对后期开展相关工作提出设想。（陕西省普通本科高等学校图书情报工作委员会　张惠君　安嘉璐）

【2021年陕西高校图书馆信息技术应用学术年会召开】11月30日，由西安欧亚学院图文信息中心承办的2021年陕西高校图书馆信息技术应用学术年会在线上召开，来自省内各高校图书馆的200余人参加。围绕“数字化转型驱动图书馆管理服务创新”这一主题，西安欧亚学院图文信息中心罗征、西安电子科技大学图书馆黄小强、西北农林科技大学图书馆王立宏、陕西师范大学图书馆滕金国、西安交通大学图书馆

李娟、陕西师范大学图书馆袁申分别做主题报告。（陕西省普通本科高等学校图书情报工作委员会　张惠君　安嘉璐）

【陕西省高校图工委成立40周年纪念暨2021年度工作会议召开】12月30日，陕西省高校图工委成立40周年纪念暨2021年度工作会议在线上召开，来自省内50余所高校图书馆的400多人参加会议。陕西省教育厅高等教育处领导马飞跃出席会议并致辞。西北工业大学图书馆馆长李勇做“2021年度陕西高校图工委工作报告”；陕西省高校图工委秘书长张惠君做题为“陕西高校图工委40年发展回顾”的报告。会上，西安理工大学图书馆馆长杨杰宣读《陕西省普通本科高等学校图书情报工作委员会关于表彰成员馆杰出贡献奖、突出贡献奖、奋进耕耘奖等的决定》，陕西师范大学图书馆馆长沙武田宣读《陕西省普通本科高等学校图书情报工作委员会关于表彰高校图书馆榜样馆员和学术标兵的决定》，7个单位荣获“2012—2021杰出贡献奖”，9个单位荣获“2012—2021突出贡献奖”，27个单位荣获“2012—2021奋进耕耘奖”；3个单位荣获“资源共享杰出贡献奖”，8个单位荣获“资源共享突出贡献奖”；34人荣获陕西省普通本科高等学校“高校图书馆榜样馆员”称号，9人荣获“高校图书馆学术标兵”称号。（陕西省普通本科高等学校图书情报工作委员会　张惠君　安嘉璐）

【陕西省高校图工委知识产权信息服务联盟成立】12月30日，在陕西省高校图工委成立40周年纪念暨2021年度工作会议上，举行陕西省高校图工委知识产权信息服务联盟成立仪式。西北农林科技大学图书馆馆长赵善廷在会上宣布联盟理事长、副理事长和理事单位名单，广东省知识产权保护中心特聘专家张柏秋教授做“高价值专利助力科技创新”的报告。陕西省高校图工委于11月22日发出成立“陕西高校图工委知识产权信息服务联盟”的倡议书，经各单位自愿申请，最终省内20所普通本科高校图书馆自愿申请成为联盟首批理事单位，通过制定《陕西高校图工委知识产权信息服务联盟章程》，明确联盟的工作任务、组织机构及职责等事项。（陕西省普通本科高等学校图书情报工作委员会　张惠君　安嘉璐）

甘肃省

【2021年甘肃省高校图工委委员馆馆长工作会议举行】3月27日，2021年甘肃省高等学校图书情报工作委员会（以下简称“甘肃省高校图工委”）委员馆馆长工作会议在兰州大学图书馆举行，对甘肃省高校图书馆2021年工作进行规划，以进一步明确新时代大学图书馆建设的新要求、新挑战、新使命。来自省内37所高校图书馆的负责人等共计40余人参加会议。甘肃省高校图工委主任委员、兰州大学副校长沙勇忠出席会议并致辞。甘肃省高校图工委秘书长、兰州大学图书馆馆长田中禾，副秘书长、兰州大学图书馆副馆长王勇分别做《甘肃省高校图工委2020年工作总结》和《甘肃省高校图工委2020年财务工作总结》；兰州大学图书馆副馆长宋戈做《甘肃省3C中心工作汇报》；兰州石化职业技术学院图书馆馆长马克联做《甘肃省高校图工委高职高专工作组工作汇报》；西北师范大学图书馆常务副馆长李志刚代表甘肃省高校图工委发布《甘肃省高校图工委2021年工作计划》。（甘肃省图书馆学会）

【“3C”馆员走入甘肃中医药大学图书馆】3月26日，兰州大学图书馆特藏服务部主任张继忠等一行3人应邀前往甘肃中医药大学图书馆开展CALIS/CASHL/CADAL（“3C”）服务活动，甘肃中医药大学图书馆副馆长柳春及相关部门负责人在该馆IC学创智慧空间接待来访并举行合作洽谈。双方就加入“3C”的细节与“3C”宣传推广及学科服务等展开讨论。兰州大学图书馆作为“3C”甘肃服务中心，肩负区域高校图书馆资源共建、服务共享的职责。此次与甘肃中医药大学图书馆交流，对于推进该馆学科服务、资源建设业务深化，提升协同创新能力具有积极作用。（甘肃省图书馆学会）

【西北师范大学第20届大学生读书节开幕式暨读者俱乐部10周年社庆活动举行】4月23日，西北师范大学第20届大学生读书节开幕式暨读者俱乐部10周年社庆活动在逸夫图书馆学术报告厅举行。此届读书节主题为“追忆百年峥嵘路　不负韶华好读书”。西北师范大学图书馆常务副馆长李志刚为大家推荐《新青年》《习近平与大学生朋友们》等图书，引导大学生重温党的光辉历史，开展革命传统和爱国主义教育，做好红色革命文化传承，推进校园精神文明建设。（甘肃省图书馆学会）

青海省

【青海大学大学生信息素养教育实现新突破】2021年，青海大学依托省内首家高校知识产权服务中心，率先开设“知识产权素养与经典案例分析”课程，成为全省高校知识产权教育“第一课”，填补了青海省大学生综合素养教育的一项空白。此外，青海大学文献检索与利用教研室在全校信息素养教育课程改革、教材建设、科学研究等方面开拓创新，全年共计为5000余名本科生开展信息素养教育，课程覆盖人数和受益人数再创新高。（青海大学图书馆）

【青海大学昆仑学院图书馆组织开展多项文化活动】2021年，青海大学昆仑学院图书馆组织开展多项文化活动，强化图书馆文化育人功能。举办“百年荣光　薪火相传”党史知识线上有奖答题、“雅颂中华　经典百读”古诗文诵读大赛、“以青春之名　赞百年建党”三行情书征文比赛、“百年征程　喜迎国庆”主题迎新灯谜展等。此外，组织学院师生参加青海省图书馆举办的“奋进百年路　启航新征程”红色经典诵读活动；组织学院教师参加青海大学组织的“诵读中国”经典诵读大赛并荣获二等奖。（青海大学昆仑学院图书馆）

【“CADAL数字资源在青海高校共知与宣传服务推广”项目总结暨馆员培训工作会议召开】7月13日，“CADAL数字资源在青海高校共知与宣传服务推广”项目总结暨馆员培训工作会议在青海师范大学图书馆召开。会议邀请青海省图书馆、西宁市图书馆、青海省委党校图书馆、青海开放大学图书馆以及全省11所高校图书馆的代表50余人参加会议，共同学习和探讨CADAL数字资源在青海高校的宣传推广与利用。（青海师范大学图书馆）

【青海师范大学图书馆建成“两弹一星”精神图书资料室】2021年，青海师范大学图书馆借力学校“两弹一星”研究院平台，完成“两弹一星”精神图书资料室建设。该图书资料室的建设丰富了图书馆特色资源，为宣传“两弹一星”精神以及为“两弹一星”精神研究院开展研究提供智力支持，配合学校重点学科建设对特色资源的需求。（青海师范大学图书馆）

【青海民族大学图书馆开展庆祝建党100周年相关工作】2021年，青海民族大学图书馆通过整合党史相关电子图书和“马克思主义学科专题数据库”“党政学习资源库”“习近平系列重要讲话数据库”等党建专题数据资源，建成“党建资源平台”，并通过该馆官方网站、微信公众号等，推送给全校师生参考借阅，为全校师生开展党史学习教育提供保障。同时以时间为线索，从馆藏各语种的图书、期刊、报纸中筛选出400多种党史相关文献，举办“红色印记——庆祝中国共产党成立100周年主题文献展”，将纸质文献和电子文献充分结合，开设4个党史电子资源展示区，通过线上线下相互辅助的方式，帮助读者更深层次地学习和研究党史，年内共接待校内外参观者5000余人次。（青海民族大学图书馆）

【青海警官职业学院图书馆营造校园“红色”文化氛围】2021年，青海警官职业学院图书馆以开展建党百年党史学习教育为契机，通过制定并创建“凝聚党心促发展、书香校园育学子”党建品牌，持续推进“红色”校园文化建设工作。通过在线上建设党史学习教育专题平台，在图书馆内新设党史图书阅览专区，多种方式向师生推送红色书籍，搭建党史教育资源服务平台。（青海警官职业学院图书馆）

宁夏回族自治区

【概况】2021年，宁夏地区高校图书馆事业稳步发展。根据教育部高校图书馆事实数据库中2021年度填报的数据统计，省内9所高校图书共有馆舍面积17.26万平方米，阅览座席1.67万个，文献总藏量1509.04万册，从业人员255人，其中专业技术人员208人，包括中级职称95人、副高级职称85人、正高级职称19人。

为美化阅读环境、改善阅读体验，全区部分高校图书馆实施基础设施提升项目。宁夏医科大学图书馆对雁湖校区逸夫馆进行改造，完成知行楼人文馆的建设工作，并对校内 3 个分馆馆藏进行重新布局、搬迁和调整，搬运和安装书架 5534 层，打包、搬迁、上架、整架图书 50 余万册。宁夏警官职业学院图书馆购置朗读亭 2 台，新设党建留声墙、朗读小舞台。宁夏师范学院图书馆完成“2021 年文苑校区图书阅览室建设项目”。银川科技学院图书馆对大厅、书库进行软装装饰，设置走廊文化墙，新建电子阅览室 1 间。

宁夏各高校图书馆根据学校发展与学科建设要求，通过多种渠道完成 2021 年图书和数字资源的采购任务。宁夏大学图书馆通过发布线上书会链接，邀请学院老师参与线上书会并通过微信群“文献资源建设学院联系群”征集推荐书目。北方民族大学图书馆云计算综合物联网管理平台建设升级项目于 7 月开始施工，10 月通过项目验收；完成特色数据库信息实时更新工作，深入开展对学校重点学科、优势学科的文献采集，重点加强对民族学博士学位建设的文献保障。宁夏师范学院图书馆对历年购买的电子图书进行整理，实现 109 万册电子图书全部本地镜像。宁夏医科大学图书馆多方筹措，丰富馆藏红色资源，订购党史相关纸本图书，开通试用党史相关数据库。宁夏工商职业技术学院图书馆利用国内知名厂商平台，开展线上书单采集，并在全校师生中征集荐购书目。宁夏职业技术学院图书馆挖掘运用红色文献资源，充实“红色经典书屋”文献资料，使图书馆成为全校师生“读原著、学原文、悟原理”的教育阵地。

充分发挥文献信息服务职能，深化读者服务。宁夏大学图书馆完善学术不端检测办法和学术不端检测委托单，共检测文献 1167 篇，通过微信、邮箱、电话等方式及时回复相关咨询。北方民族大学图书馆完成 2021 届本科生 4934 人、研究生 396 人的毕业论文（设计）相似性检测，为教师学术检测论文 769 篇，累计完成论文查收查引报告 997 项；为学校提供“金平果”中国大学民族类院校竞争力排行榜、北方民族大学 ESI 高被引论文通告分析报告；推出“每周悦读”3 期、“每月荐读”6 期、“馆藏巡礼”1 期；针对考研学生设立专门的考研教室和复试考场，为大四学生参加线上复试提供便利条件。宁夏师范学院图书馆拓展师生网上入馆预约座位功能；在常态化疫情防控期间，图书馆采取措施保障全校师生通过该馆微信平台、门户网站、智慧图书馆移动端 3 个网络平台阅读馆藏电子资源。宁夏医科大学图书馆确保 3 个实体图书馆每天 15 小时开放，数字资源每天 24 小时开放；全年完成查新 660 份、查收查引 16 篇、文献检索服务 1 项、文献传递 159334 篇次，文献传递保障率 80.72%。宁夏工商职业技术学院图书馆按照“校园封闭、服务不停”的原则，保障图书馆安全有序运行，将闭馆时间由 20:30 延长至 21:30，疫情防控期间借阅量同比增长 4 倍。宁夏职业技术学院图书馆启动网上资源采选模式，邀请广大师生参与线上采选，搭建、开通电子资源远程访问系统，有效解决师生校外访问图书馆数字资源的难题。银川科技学院图书馆开展新生“如何利用图书馆”入学教育专题讲座 7 场，编辑发布《新生入馆教育》。宁夏警官职业学院图书馆根据新冠疫情常态化防控要求及时调整开馆时间，流通一部、二部周开馆时间 49 小时，阅览室周开馆时间 78 小时；教材室全年为全院四系一部 107 个区队征订与发放教材 157 种近 4 万册。

服务全民阅读。北方民族大学图书馆履行服务社会、服务地方的职能，自 2015 年 4 月与银川市西夏区第九小学合作成立“图书流动站”以来，多次为该校学生配备儿童读物，并于 2021 年 5 月对部分破损、残缺图书进行修补。

丰富阅读推广形式，加大阅读推广力度。全区高校图书馆全年开展形式多样、内容丰富的阅读推广活动。宁夏大学图书馆微信平台全年共发布推文 222 篇，阅读总量 12.57 万人次，微信关注人数增至 32677 人；全年举办读书沙龙、“习近平新时代中国特色社会主义思想”学习心得征文等各类型阅读推广活动共计 19 场。北方民族大学图书馆“4·23”世界读书日系列活动内容包括图书超期免罚、“中国共产党党史”知识竞赛、第十六届文津图书奖获奖图书展等。宁夏医科大学图书馆微信公众号全年发送推文 114 篇，阅读总量 1.91 万人次；“知行读书会”社团现有成员 215 名。宁夏工商职业技术学院图书馆通过学校官方微信公众号和校园午间新闻扩大各类资源及活动成果宣传范围，先后组织开展“工商领读人”第二季“阅百年历程　传精神力量”经典诵读、“工商朗读者”第 6—8 期诵读比赛等各类型阅读推广活动十余场，促进师生“学党史、感党恩，讴歌党的光荣历史”，同时将“12·4”学生宪法诵读活动嵌入读者活动；依托“书香使者”读书社团，完成纳新和各类阅读分享及共读打卡活动。宁夏警官职业学院图书馆以“百年恰是风华正茂”为主题，从3月起，开展为期10个月的红色经典诵读暨第七届读书文化月阅读推广活动，“警院晨读”制作20期“建党100周年”主题诵读活动视频，此外，推出多场其他各类型阅读推广活动，影响力辐射宁夏全区高校以及宁夏政法系统。宁夏职业技术学院图书馆结合世界读书日、新生入馆培训等活动，利用图书馆微信公众号和网站，宣传推广图书馆服务信息、数据库试用、培训讲座通知、近期活动、图书推荐等内容；全年举办“礼赞建党百年　书香浸润初心”师生共诵暨主题党日活动、“21天共读经典　知网邀您共沐书香”高校读书月等阅读推广活动5场。

古籍管理与建设取得新突破。宁夏大学图书馆收藏的《河东先生文集》（2册）入选第六批《国家珍贵古籍名录》，《宁夏大学图书馆馆藏古籍书目》由国家图书馆出版社正式出版。宁夏医科大学图书馆争取到国家中医药管理局项目经费，对该馆古籍室进行空间改造，加装恒温恒湿设备，改善古籍馆藏的基本设施条件，提升中医药古籍保护利用条件与能力；在原有“书同文中医中药古籍大系”数据库中新增续编、三编数据库，为学校中医古典医籍精华的梳理和挖掘以及中医药古籍数字图书馆建设奠定良好的工作基础。（宁夏图书馆学会　刘丹）

【北方民族大学图书馆开展“5·18宁夏地方志宣传日”活动】5月18日，银川市地方志研究室到北方民族大学图书馆开展“5·18宁夏地方志宣传日”活动，并向该馆捐赠《银川市志（1979—2005）》《银川年鉴（2020）》等50余册银川市地方志鉴文献，方便在校大学生查阅地方志文献，达到读志、用志的良好宣传效果，也为双方今后的沟通交流搭建平台。（宁夏图书馆学会）

【宁夏医科大学图书馆开展“学党史、办实事”岗位练兵活动】6月10日，宁夏医科大学图书馆党总支、分工会开展“学党史、办实事”岗位练兵活动。在馆领导的带领下，图书馆员工以3—4人为一小组，根据《中国图书馆分类法》和功能区域的规划，对各库室的书籍按照分类号重新进行上架、排序、顺架调整，搬运到指定的位置。（宁夏图书馆学会）

【宁夏财经职业技术学院图书馆开办“好书品读”栏目】2021年，宁夏财经职业技术学院图书馆发挥微型电视演播室的作用，开办《好书品读》电视栏目，邀请学院教学名师、骨干教师、青年教师及学生读者分享阅读感悟并录制短片25部，同时利用移动图书馆、微信、网站、电子屏等平台进行播放宣传，用身边的人和事教育影响身边的人，引导学生多读书、读好书，实现图书馆文化育人、文化思政的功能，同时进一步提高馆内纸质资源的利用率，为师生营造良好阅读氛围。（宁夏图书馆学会）

新疆维吾尔自治区

【概况】2021年，新疆高校图书馆事业继续稳定推进。馆舍面积持续扩大，4所高校图书馆新馆正式投入使用。根据14所高校图书馆填报的数据统计，全年总经费约5013.16万元，其中纸质文献购置费约1939.34万元，电子资源购置费约2955.91万元，总经费、纸质文献购置费和电子资源购置费均比2020年略有上升。

读者服务工作正常有序开展，大部分高校图书馆保持每周96小时对外开放，网络数字化资源7×24小时对外开放。多所高校图书馆开展学科评估、情报分析、专利咨询等工作，为“双一流”学科建设服务，取得良好成效。石河子大学新增图书情报专业硕士学位授权点，填补疆内空白。新疆大学古籍文献馆正式开馆，对贯彻落实“文化润疆”工程、更好地利用和保护古籍文献资源具有重要意义。

石河子大学图书馆新疆兵团服务站获得国家科技图书文献中心2020年度优秀服务一等奖；新疆高校首批知识产权远程教育平台新疆大学分站正式揭牌成立。新疆大学图书馆、石河子大学图书馆、克拉玛依职业技术学院和新疆财经大学图书馆4所高校的馆务工作者获得教育部高校图工委“高校图书馆榜样馆员”荣誉称号。

新疆高等学校图书情报工作委员会（以下

简称“新疆高校图工委”）于4月23日召开新疆高校图工委第三次工作会议，会上成立第六届新疆高校图工委；契合全自治区高校图书馆现实需求，举办选题新颖、形式多样的学术研讨活动，如“大学图书馆现代化新征程”学术研讨会；为馆员业务能力提升及图书馆事业稳步发展搭建平台，组织科研项目申报工作，评定新疆高校图工委立项课题46项；培养选树新时代高校优秀馆员先进榜样，表彰“优秀馆务工作者”4人，“优秀馆员”35人；组织新疆高校图书馆参与2021年新疆图书馆学会学术年会征文，征集论文53篇，获奖32篇。（新疆大学图书馆　姜宏）

【新疆大学古籍文献馆正式开馆】6月25日，新疆大学在图书馆举办古籍文献馆开馆仪式暨学术研讨会。自治区党委宣传部、新疆社会科学院、新疆大学及自治区党委教育工作委员会、自治区教育厅、自治区文化和旅游厅、新疆师范大学等单位领导，新疆大学各职能部门负责人约60人参加开馆仪式，并一同参观馆藏明清时期刻印珍善本古籍展。此次展览还汇集新疆大学图书馆馆藏的珍贵红色文献。截至2021年底，新疆大学图书馆共收藏各类汉文古籍文献和民国时期线装书约10万册，明清汉文古籍善本约500种近万册，入选《国家珍贵古籍名录》的古籍16部。古籍中镇馆之宝《刘锦棠疏稿》更是为海内外孤本，尤为珍贵，具有极高的研究价值和收藏价值。（新疆大学图书馆　艾丽娜）

【新疆师范大学图书馆概况】截至2021年底，新疆师范大学图书馆总面积5.8万平方米，正式在编馆员66人，其中研究馆员与副研究馆员16人、馆员46人、助理馆员2人。现有图书纸质资源总量172万余册，电子文献资源72TB，阅览座位约2600个。现有持证读者1.17万人。2021年接待到馆读者58万余人次，图书借还总量14万余册，每月定期更新新书200余册。

2021年，针对新馆搬迁、文献清查、三校区资源调配等原因导致的馆藏资源布局分散等问题，图书馆对馆内资源进行重新布局调整，其中温泉图书馆新增1个1800平方米考研自习室，昆仑图书馆新增3个自习室，文光图书馆新增2个自习室，三校区共增设860余个座位，温泉校区图书馆开放18个研修间及60个专用存包柜供考研学生租用。

利用图书馆场地空间优势，进一步提升图书馆文化环境建设。一是与“学习强国”新疆学习平台共建新疆高校首家“学习强国”线下体验空间，为全校党员学习、支部活动提供“红色”空间，依托图书馆学习氛围及文献资源将爱国主义根植于入馆读者心中；二是利用中央支持地方高校专项资金，投入40多万元对温泉校区图书馆主入口楼梯、2号和3号教学楼转角空间进行文化环境建设，使图书馆更具书香气质，文化环境建设初见成效；三是先后与学校美育中心、校团委、美术学院、教育科学学院、中国语言文学学院、外国语学院、人类文化研究所等单位联合，在三校区图书馆举办2期党史学习教育系列书画展、百本书读书笔记展、“毕业生记忆博物馆”展、“南疆百年变迁”影像展、红色书籍阅读交流会等系列活动，实现图书馆文化育人的职能。

5月，图书馆新成立新媒体部，专业负责图书馆宣传推广工作。一是强化对图书馆微信公众号的运营管理，对图书馆、读者须知、读者行为规范、活动组织、考研课程等内容进行广泛宣传，全年共发布公众号推文153篇，现有公众号的关注读者为10828人，新增关注读者3632人；二是积极组织各类线下活动，提升图书馆人气。如举办“建党百年，峥嵘岁月”讲座打卡、红色文献诵读、2020年度图书馆外借书籍排行榜评选、“我和我的老师”有奖征文等活动；三是成立图书馆学生组织管理机构——图书馆读者管理委员会，制定《图书馆读者管理委员会章程》《图书馆读者管理委员会纳新方案》《图书馆读者管理委员会评优方案》等规章，为下一步读者参与图书馆管理与建设奠定组织基础。（新疆师范大学图书馆　刘江宁）

【新疆医科大学图书馆概况】6月8日，位于雪莲山校区的新疆医科大学图书馆主体正式启用，同时新医路校区图书馆功能继续保留，新老两校区图书馆总建筑面积达5.9万平方米。截至2021年底，全馆工作人员共49人，其中副高级职称9人、中级职称23人、初级职称5人。馆藏纸质文献总量174.86万册，其中汉文图书131.18万册，少数民族文字图书6.39万册（含维吾尔文5.51万册、哈萨克文0.86万册、其他文种0.02万册）、外文图书5.52万册；电子资源方面，中外文数据库40个（中文数据库21个、外文数据库19个）、中外文电子图书72.90万余册、中外文电子期刊65.27万余册。2021年经费总投入656.44万元，资源购置费619.04万元，其中电子资源购置费318.17万元、纸质图书购置费281.50万元、纸质报刊购置费19.37万元。全年累计接待到馆读者144.65万人次，最高达1.56万人次/天；门户网站访问量83.56万人次，微信用户0.62万人。举办讲座30余场次，受众近0.3万人次。积极开展学科服务，提供各类情报支撑，累计完成论文认定、科技查新、收录引用等各类报告1.1万多篇。同时，完成护理学等5个专业学科的导航专栏建设，助力学科评估；打造阅读推广服务新矩阵，主动送书刊上门，组织开展13期名师荐读、8大专题图书推荐，与学校团委联合举办“影响我最深的一本书”“习近平用典书法作品征集”“党史故事我来讲”等多项活动，全校师生万余人次参与。（新疆医科大学图书馆　杨荣成）

【新疆医科大学图书馆开展“一厅二展三进”特色活动】3月起，新疆医科大学图书馆以党史学习教育为契机，开展“一厅二展三进”特色活动。“一厅”是在二楼开辟“党史学习教育专题展厅”，精心挑选、采购千余册图书进行展阅，并开设党史学习教育专题网站，丰富党史学习载体，为广大师生读者提供立体灵动、沉浸式体验的多功能红色教育新空间新阵地。“二展”是在二楼开设古旧文献展和建院初期教职工著作（包括讲义、教案、手稿等）展，使师生读者们在文献中感受学校历史发展的缩影与时代的印记。“三进”是指进图书馆读一本红色经典党史类图书，激励阅读热情；进图书馆看一场爱国电影，厚植爱国情怀；进图书馆过一次主题党日，沐浴书香、重温誓言，在增强凝聚力的同时牢记初心使命，在图书馆感受文化教育新阵地。活动累计开展82场次、接待校内外各类人士1.2万人次。（新疆医科大学图书馆　杨荣成）

【新疆医科大学图书馆特色馆藏新医文库正式开放】11月17日，新疆医科大学图书馆新医文库正式开放，实行预约制，至年底已接待各职能处室、学院、附院的师生5000余人次参观阅览。新医文库收集建校以来教职工、校友、援疆专家著作，汇集建校初期兄弟院校支援及编写教材、油印讲义等，同时也收藏一批古旧线装文献，其中教职工著作、兄弟院校自编教材等5大类近1.2万册文献资料已完成上架工作。（新疆医科大学图书馆　杨荣成）

【喀什大学新泉校区图书馆正式开馆】4月2日，喀什大学新泉校区图书馆正式开馆，来自全校16个学院共200名教师和学生代表参加开馆仪式。新泉校区图书馆面积37000平方米，馆内配备自助借还机、自助打印机、馆员工作站、盘点机、超星阅读本自助借还机、歌德电子借阅机、智能机器人等现代化设备，专门开辟多媒体报告厅、电子阅览室、研讨间、研修间、休闲餐吧等空间，为新泉校区18000余名教职工和学生读者提供便捷、舒适的服务。（喀什大学图书馆）

【石河子大学新增图书情报专业硕士学位授权点】10月，石河子大学图书情报专业硕士学位授权点正式获批，填补自治区内图书情报专业学科建设方面的空白，标志着自治区内图书情报专业学科建设迈向一个新的高度。此次新增的图书情报专业硕士学位授权点含信息资源建设与服务、信息资源与知识产权服务研究2个专业方向，旨在结合兵团区域创新发展需要及原校办学定位，培养立足兵团、面向中西部地区，适应社会信息化及区域经济建设需要的高层次、应用型专门人才。（石河子大学图书馆　李萍）

【昌吉学院图书馆主办“读经典·闻书香·润人生”阅读积分挑战赛】11月1—30日，昌吉学院图书馆与超星集团新疆分公司、昌吉学院团委、昌吉学院学生会联合举办“读经典·闻书香·润人生”阅读积分挑战赛，参赛对象为全校师生。参赛者登录超星移动图书馆平台注册报名，以阅读100部经典图书为主要内容，通过视频观看时长、阅读观看时长、知识测评、讨论、知识挑战等进行评比，经过一个月比赛，评出一等奖5名、二等奖10名、三等奖15名、鼓励奖200名。（昌吉学院　孙德存）

党校图书馆

【概况】2021年是中国共产党成立100周年，是“十四五”规划开局之年，也是在新起点上推进党校图书馆事业高质量发展的重要一年。全国党校（行政学院）系统图书馆以习近平新时代中国特色社会主义思想为指导，深入学习贯彻党的十九大和十九届二中、三中、四中、五中、六中全会精神，将党史学习教育贯穿全年工作各方面全过程，立足主业主责，聚焦创新发展，统筹兼顾疫情防控，稳中求进推动工作。

开展党史学习教育。全国党校（行政学院）系统图书馆深入贯彻习近平总书记在党史学习教育动员大会上的重要讲话精神和《中共中央关于在全党开展党史学习教育的通知》，按照党史学习教育工作方案和庆祝中国共产党成立100周年工作方案要求，制定学习教育方案，开展既符合职能定位，又体现图书馆特色的学习教育。中央党校（国家行政学院）图书和文化馆紧紧围绕六项重点内容和八本学习材料，将集中学习与自主学习相结合，推动理论学习走深走实；制定领导班子“我为群众办实事”项目清单，涵盖全力推进中共党史文献中心建设、关心干部政治上的成长进步、加强年轻干部专业能力培养、关注全馆人员身心健康、积极推动消防安全隐患整改等五个方面，各项工作进展良好，在职工中产生较好影响。各地党校（行政学院）图书馆均组织开展党史学习教育，引导图书馆员工学史明理、学史增信、学史崇德、学史力行。

2021年，按照《全国党校系统图书馆数字资源建设规划（2016—2020年）》（中校发〔2016〕38号）和《全国党校系统图书馆“四大专题数据库”建设实施方案》（校图字〔2016〕29号）等文件精神要求，中央党校（国家行政学院）图书和文化馆组织对全国党校（行政学院）系统40家单位提交的74个子库数据库、54个子课题进行结项验收。经过严格的材料初审和专家评审，72个子库通过验收，2个子库通过验收但需完善；40个子课题通过验收，9个子课题通过验收但需完善，5个子课题不通过验收。中央党校（国家行政学院）图书和文化馆向通过结项的单位发出结项通知，鼓励和倡议各子库、子课题项目共享建设成果，实现更大社会效益。

2021年，全国党校（行政学院）系统图书馆围绕“庆祝中国共产党成立100周年”主题，不断挖掘红色资源，积极开展文化活动。中央党校（国家行政学院）图书和文化馆组织文化展演活动17场，其中文艺演出全部为曾荣获国家级奖项或由国家级院团主演的经典剧目，同时兼顾剧种类型多样性需求，力求推出思想精深、艺术精湛、制作精良的优秀作品；文化展览以宣传推介党史文献资源，展示校（院）风采为主，同时争取到中国历史研究院的支持，在中共党史文献中心揭牌时举办海外中共珍稀文献展。北京市委党校（北京行政学院）图书馆举办“马克思主义传播在中国——文献中的百年党建”暨馆藏红色文献展，多角度、全方位地展现马克思主义在中国的传播历程，该馆建设的“李大钊与中国共产党的思想传统”等4个专题数据库完成结项并投入使用。天津市委党校（天津行政学院）图书和文化馆举办“品阅红色经典、传承红色基因、共庆百年华诞”党校系统第七届读书节，线上推出党史党建专题数据库和建党100周年红色图片展，线下举办红色经典著作展。上海市委党校（上海行政学院）图书馆经数年打造的文化品牌“海尚讲堂”全年举办“中国共产党的创建与初心的建立”等5期讲座。江苏省委党校（江苏行政学院）图书馆举办“庆祝建党100周年暨‘4·23’世界读书日”主题活动，内容包括“品红色经典，传红色基因”朗诵比赛、馆藏“四史”文献展等。浙江省委党校（浙江行政学院）图书馆举办红色典藏展、“红色家书”诵读分享会。安徽省委党校（安徽行政学院）图书和文化馆组织黄梅戏《红梅赞》，话剧《我的父亲李夏》《共产党宣言》等文艺演出。福建省委党校（福建行政学院）图书馆挖掘整理《闽东报》《厦门日报》《福建日报》上关于习近平总书记在福建工作的相关报道，形成报道专辑。山东省委党校（山东行政学院）图书和文化馆与沂蒙干部学院图书信息部共同制定方案，联合开发弘扬沂蒙精神文献。广东省委党校（广东行政学院）图书馆举办“百年颂歌诗歌展播”，向教职工征集原创献礼建党百年诗歌，表达广大党员群众对党的热爱与忠诚。湖北、陕西等地党校（行政学院）图书馆也积极探索传承红色文化基因，弘扬优秀传统文化，营造有特色的党校书香文化氛围新模式。

进行馆舍升级，打造特色阅读空间。近年来，各地党校（行政学院）系统图书馆大力争取经费支持，不断进行馆舍升级和阅览空间改造，为学员提供温馨、舒适的阅览空间。中央党校（国家行政学院）建成中共党史文献中心，甘肃省委党校（甘肃行政学院）、青海省委党校（青海省行政学院）、青岛市委党校（青岛行政学院）三校新图书馆建成并投入使用，北京市委党校（北京行政学院）图书馆扩大馆舍面积，山东省委党校（山东行政学院）图书和文化馆打造三大特色阅读功能区，杭州市委党校（杭州行政学院）图书馆打造“全开放式图书馆”，宁波市委党校（宁波行政学院）初心书店入选中国图书馆学会2021年特色阅读空间风采展示活动之“文旅融合空间”名单，青岛市委党校（青岛行政学院）图书与文化馆牵头建设党性教育主题馆，铁道党校图书馆启动党史党建主题教室建设。

创新服务手段，提升服务效能。全国党校（行政学院）系统图书馆不断调整纸质文献与数字资源的配置结构，增加专业知识服务供给，通过上门服务、远程服务等形式，弥补疫情给读者服务带来的影响。北京市委党校（北京行政学院）组织编写《北京市情研究文辑》（第三辑），编写出版《北京市情数据手册2021》，承办第二届北京市情论坛（2021），为市情研究提供参考。江苏省委党校（江苏行政学院）图书馆与江苏省方志馆签订合作共建协议，进一步升级省情信息服务，为省情研究创空间、搭平台、集成果。福建省委党校（福建行政学院）图书馆建立“全省校院系统图书馆资源服务”“全省党校系统图书馆馆长”2个微信群，与市（县）党校共享特色资源、共同提升服务水平；该馆还加入福建省高校数字图书馆联盟（FULink），争取实现与平台内各高校图书馆的优质资源互通共享。广东省委党校（广东行政学院）图书馆制订出台《图书馆科研管理与促进办法》和《2021年课题指南》，举办7期学科馆员业务技能提升培训班，激励馆员开展科研工作，提高科研水平，推动图书馆从传统型向研究型和知识服务型转型。

积极开展各项交流活动。中央党校（国家行政学院）图书和文化馆馆长于军参加全国智慧图书馆建设联席会议第一次会议，并就党校（行政学院）系统的智慧图书馆建设提出思考与建议。山东省委党校（山东行政学院）图书和文化馆制定山东省党校（山东行政学院）系统整体化资源共建共享规划。江苏省委党校（江苏行政学院）图书馆开展“学党史、办实事，为市县党校送文化——中共党史人物肖像暨文献展”活动，并先后赴南京、南通、镇江、无锡等市委党校（行政学院）以及南京秦淮区委党校巡展。浙江省委党校（浙江行政学院）图书馆组织全省县级党校开展数字资源联合采购，重点解决县级党校资源配置不足的问题。宁波市委党校（宁波行政学院）承办2021年华东地区党校（行政学院）信息化和图书馆工作高质量发展专题研讨班，旨在推进党校（行政学院）信息化和图书馆工作再上新台阶。［中共中央党校（国家行政学院）图书和文化馆　栗璐燕］

【中央党校（国家行政学院）中共党史文献中心建成并启用】3月1日，中央党校（国家行政学院）校（院）各委员会在开展党史学习教育的工作方案中首次提出建立中共党史文献中心（以下简称“文献中心”）。3月2日，分管日常工作的副校（院）长李书磊在开展党史学习教育动员会上，对文献中心的建设目标、功能定位、资源建设等提出明确要求。按照校（院）各委员会的决策部署，相关部门协同配合，有序推进文献中心建设工作。6月30日，校（院）举办中共党史文献中心揭牌暨海外中共珍稀文献展开展仪式。12月31日，文献中心正式启用。文献中心的内容建设和运营维护由校（院）图书和文化馆负责。［中共中央党校（国家行政学院）图书和文化馆　栗璐燕］

【北京市委党校（北京行政学院）图书馆举办“马克思主义传播在中国——文献中的百年党建”暨馆藏红色文献展】4月底—11月初，北京市委党校（北京行政学院）联合上海图书馆、中国近现代新闻出版博物馆共同举办“马克思主义传播在中国——文献中的百年党建”暨馆藏红色文献展。展览按照时间脉络分为六大部分，即“西学东渐——近代中国马克思主义的最初译介”“必由之路——十月革命促进了马克思主义在中国的传播”“万象更新——建党后马克思主义著作的翻译、出版和传播”“劈波斩浪——白色恐怖下传播真理的壮丽诗篇”“源头活水——延安时期开始了马克思主义中国化的新时代”和“理论飞跃——新中国经典著作编译工作的整体推进”，多角度、全方位地展现马克思主义在中国的传播历程。展览设在北京市委党校（北京行政学院）图书馆二层，为配合展览，该馆还展示了馆藏珍贵红色文献 180 余本。展览被纳入 2021 年主体班教学计划，作为学员党性教育的重要课堂。展览吸引京内外 40 余个团体、6000 余人次参观。《光明日报》（2021 年 12 月 6 日 02 版）专门报道了此次展览，“北京机关党建”公众号也对展览进行宣传报道。［中共北京市委党校（北京行政学院）图书馆　李益］

【“北京市委党校为全市党员干部荐书”入选中国图书馆学会“2020 年阅读推广示范项目”】2021 年，北京市委党校（北京行政学院）图书馆申报的“北京市委党校为全市党员干部荐书”入选中国图书馆学会“2020 年阅读推广示范项目”，成为唯一入选的党校图书馆项目。自 2018 年起，北京市委党校（北京行政学院）图书馆以世界读书日为契机，每年以北京市委党校（北京行政学院）名义向全市党员干部推荐 10 本书，并联合《北京日报》“识政”微信公众号向社会发布。截至 2021 年底，累计发布书单 4 期。书单被推选到“学习强国”app，总阅读量达 200 万人次。《北京晚报》官方网站、文旅北京、搜狐网等媒体对书单进行了转载发布。［中共北京市委党校（北京行政学院）图书馆　李益］

【上海市委党校（上海行政学院）图书馆承办“上海与中国共产党创建”特色资源库上线暨红色资源开发利用研讨会】4 月 23 日，“上海与中国共产党创建”特色资源库上线暨红色资源开发利用研讨会在上海市委党校（上海行政学院）召开。研讨会由上海市委党校（上海行政学院）、上海市中共党史学会主办，校（院）图书馆、红色经典大众化与推广研究中心承办。与会专家分别以“传承创新——用好红色资源”“新平台，新作为——谈市委党校图书馆的特色资源库”“口述史的挖掘整理与红色资源的利用开放”“红色资源的开发和利用”“如何让红色资源深入人心”“上海社会科学院图书馆的红色资源现状与开发利用”“开发数字化红色资源进行四史教育”和“利用乡村红色资源发展特色文化产业”为题进行研讨。［中共上海市委党校（上海行政学院）图书馆　李敏］

【江苏省委党校（江苏行政学院）图书馆举办“学党史、办实事，为市县党校送文化——中共党史人物肖像暨文献展”及巡展活动】3 月，“学党史、办实事，为市县党校送文化——中共党史人物肖像暨文献展”在江苏省委党校（江苏行政学院）图书馆开展。展览依托图书馆小文工作室和特色数据库，展出 69 位中共党史人物的肖像素描以及与这些人物相关的重要文献史料共计 138 件，用艺术的方式把党校的红色基因与图书馆的文化宣传服务使命紧密结合，为建党百年献礼。自 5 月起，该展先后赴南京、南通、镇江、无锡等市委党校（行政学院）和南京市秦淮区委党校巡展，并建立红色资源全省党校（行政学院）系统联动机制，以合作理念实现红色文化资源共享和党校（行政学院）系统良性互动。9 月，该项活动获批江苏省哲学社会科学界联合会 2021 年度“主题宣传教育活动”项目资助。［中共江苏省委党校（江苏行政学院）图书馆　兰芷仪］

【2021 年华东地区党校（行政学院）信息化和图书馆工作高质量发展专题研讨班举办】10 月 27—29 日，此次研讨班在宁波市委党校（宁波行政学院）举办，来自华东地区省级、副省级党校（行政学院）以及浙江省设区市市委党校（行政学院）的分管信息化和图书馆工作的校院领导、相关负责人共 80 余人参加培训。浙江省委党校（浙江行政学院）校（院）各委员会委员、教育长骆梅英以“紧跟数字化改革步伐，全面驶入‘数智党校’新赛道”为题做交流报告。华东师范大学信息化治理委员会秘书长沈富可，浙江大学宁波理工学院图书与信息技术中心主任、馆长赵继海分别做“高校教育信息化规划定位思考”和“图书馆服务的创新发展”演讲，介绍信息化和图书馆行业的发展趋势，提出信息化和图书馆工作的创新理念。来自上海、江苏、浙江、安徽、福建、山东、江西以及宁波 8 家党校（行政学院）的代表分别介绍本校信息化和图书馆的建设情况及先进做法，探讨发展思路与举措。［中共宁波市委党校（宁波行政学院）图书

馆　田欣雨］

【福建省委党校（福建行政学院）图书馆出版《闽西革命史珍稀史料集》】2021年，福建省委党校（福建行政学院）图书馆与该校（院）中央苏区史研究中心合作，从一批尚未公开发表的馆藏苏维埃运动时期闽西中央苏区文献史料中，特选出具有代表性的100多份历史文献，编撰出版《闽西革命史珍稀史料集》，助力校（院）党史学科建设与“中央苏区”学术品牌打造。［中共福建省委党校（福建行政学院）图书馆　魏秀玲］

【山东省委党校（山东行政学院）图书和文化馆开发红色文献】4月，山东省委党校（山东行政学院）图书和文化馆按照“开发红色文献，弘扬沂蒙精神”的工作思路，与沂蒙干部学院图书信息部联合，共同推进馆藏红色文献深度开发，内容包括出版《中共山东省委党校（山东行政学院）图书和文化馆馆藏红色文献精品图录》、编印《沂蒙精神革命文献丛书》、制作100种高仿本等三个方面。其中《中共山东省委党校（山东行政学院）图书和文化馆馆藏红色文献精品图录》于11月由山东人民出版社正式出版。该书精选馆藏中最具代表性的红色文献220种，以图文并茂的形式，展现中国共产党在革命战争年代开展干部教育、党的建设、群众宣传、军队管理等方面的工作。

10月，《山东红色文献丛编（初编）》由山东人民出版社正式出版。该书精选8种山东地区20世纪40年代出版的稀见红色文献，编为《学习资料篇》《英模人物篇》《历史事件篇》3篇。其中：《学习资料篇》3种，主要是山东地区的干部学习材料，包括党员学习教材《党员课本》，干部教育材料《论领导方法》《怎样组织贫苦农民》；《英模人物篇》3种，包括介绍早期牺牲的重要领导干部的《中国共产党烈士传》，讲述荣军模范、战斗英雄事迹的《荣军模范事迹选》和《我们的连长何万祥》；《历史事件篇》2种，为华东支前总结委员会编印的《济南、淮海、渡江京沪三大战役支援工作总结（草稿）》及其附件《人民的力量》。［中共山东省委党校（山东行政学院）图书和文化馆　徐晓方］

【河南省委党校（河南行政学院）图书馆完成“焦裕禄精神数据库”“红旗渠精神数据库”结项】12月，河南省委党校（河南行政学院）图书馆参与申报的全国党校系统图书馆“四大专题数据库”建设项目之“焦裕禄精神数据库”“红旗渠精神数据库”建设项目顺利结项。2个数据库于2017年9月获准立项并启动，采取三级栏目层次的方式，资源总量28.69GB，数据总量5.79万条，可全文在线浏览，全文资源占比98.14%，可提供TPI6.5数据库平台服务、基础资源填充和技术服务，于2019年6月在河南省委党校（河南行政学院）校内局域网试运行，2020年8月正式上线，截至2021年8月，数据库登录2.85万次，检索725次，下载2.66万次。2个数据库建设研究报告均荣获第十三届“河南省图书情报学术成果奖”二等奖。［中共河南省委党校（河南行政学院）图书馆　张义祥］

专业图书馆

年度工作

科研院所图书馆

国家科技图书文献中心

【概况】2021年，国家科技图书文献中心（National Science and Technology Library，NSTL，以下简称“中心”）积极应对科技文献安全保障风险，在巩固印本资源战略保存的基础上，持续加强数字资源保障。中心不断调整优化印本文献资源结构，新增文献重点增补科研一线急需的国防科技、武器装备、航空航天、智能制造、人工智能、油气勘探、输送等领域的俄罗斯、日本、德国文献，适量增加面向产业创新的产业报告、市场报告及年鉴、工具类等三次文献资源的订购。全年发订外文印本科技文献25744种，其中外文期刊16745种、会议录等文献8999种。中心继续扩增回溯期刊引进数量，以“国家许可”方式，订购Springer、Wiley、OUP、AIP、IOP 5个回溯数据库新增回溯期刊，新增订购New England Journal of Medicine（NEJM）回溯期刊库，扩充回溯期刊214种，回溯期刊总量达到3289种。继续订购全国开通现刊数据库36个、事实型数据库3个，涵盖期刊519种。支持成员单位订购国外全文型、文摘型、事实型、数值型数据库145个。中心继续开展开放获取资源和元数据采集，推进全国外文科技文献资源馆藏数据库建设，稳步推进国家数字文献资源长期保存体系建设，积极推进开放科学和开放获取。

全力做好文献信息服务工作，不断加强普惠性文献服务，全年网络版数据库全文下载量达到9574万篇。以全文传递、代查代借、馆内复制等方式提供全文服务161万篇，所有全文传递都在24小时内完成。系统新增注册用户3.7万个，累计用户总量达到71.4万个；全国开通现刊及回溯数据库新增机构用户65家，累计达到1112家。继续完善全国服务体系建设。加强行业服务站建设，新增地学、林草、生态环境3家行业服务站，增强NSTL面向行业的科技文献资源保障和服务能力。持续助力新冠肺炎疫情科技攻关，通过“新型肺炎应急文献信息专栏”向全国科技人员提供免费文献，深入推进“致敬最美逆行者活动”，为科研攻关团队提供文献支撑。开展多种形式的宣传推广活动。不断完善疫情防控常态化形势下“线上+线下”相结合的宣传推广模式，全年共开展宣传培训229场，受众超6万人次。深入推进西部地区科技信息援助，继续做好援疆援藏服务，扩展服务覆盖面。推动重点领域信息门户创新发展，对标16个重点领域门户，优化监测目标源，精选信息源与目录，信息门户点击量超过1600万次。不断拓展面向企业科技创新的一体化服务，新增3个产业专题数据库和情报服务平台，维护和优化22个产业专题数据库，总计提供科技文献数据40万条。大力提升战略情报研究和决策支撑服务能力，启动“国家重大科技战略问题情报研究”服务专项，面向政府部门和国家重大需求，围绕科技安全、信息产业安全、制造业安全、碳中和、能源安全、粮食与食品安全、生命健康安全等领域，开展战略情报研究，支撑政府部门管理决策，为香山科学会议持续开展国际前沿主题情报服务，依托国家重大战略信息服务平台发挥NSTL情报信息支撑作用。

进一步加强多渠道集成融合数据库建设，持续推进数据加工转型，稳定多来源数据应用，全年加工外文文摘数据372万条、外文引文数据6328万条。数字业务流程再造初见成效，完成大数据管理和计算平台、NSTL母体元数据集成管理系统、多来源文摘数据融合系统、新一代引文加工系统的开发建设，系统存贮元数据2.5亿多条。多来源文摘数据融合系统建设及大数据管理和计算平台优化成效显著，建立了计算密集型、人工弱干预的多源期刊文摘数据匹配融合系统，完成业务流程再造中的重要环节大数据管理与计算平台的建设，实现与大数据管理和计算平台的对接。不断完善 NSTL 网络系统和发现系统功能，扎实做好网络系统运维，NSTL 网络服务系统全年稳定运行率达 99.99%。服务系统全年新增数据 5877 万条，二次文献数据累计达 2.67 亿条；全年点击量 3.77 亿次，文献检索量 4289 万次，二次文献浏览量 5030 万次。不断完善 NSTL 资源发现系统。拓展发现系统功能，实现中文文献自动标引，开发基于全文文献数据以图表搜索文献的深度服务。（国家科技图书文献中心　周杰　崔晓彦）

【2021 数字信息资源建设学术研讨会暨第七届科技文献资源建设研讨会举办】 10 月 17—19 日，会议在贵州省遵义市召开。此次会议由国家科技图书文献中心（NSTL）和高等教育文献保障系统管理中心（CALIS）共同主办，中国农业科学院农业信息研究所承办，贵州省科学技术情报研究所协办。会议以“十四五”期间国家科技文献资源建设保障、发展战略、发展目标与服务规划为主题，联合国内主要的资源建设保障主体共同探讨和交流，采用线上与线下互动模式直播，来自 NSTL 成员单位、高等院校、科技情报机构的专家、图书馆员和相关研究人员 900 余人参会。大会特邀图书情报界 7 位专家学者做大会主题报告。（国家科技图书文献中心　周杰　崔晓彦）

【国家科技图书文献中心联合多家机构共同支持 SCOAP3 开放获取图书计划】 11 月 26 日，国家科技图书文献中心（NSTL）联合国内多家科研机构、专业图书馆、高校图书馆以及国际学术出版社召开 SCOAP3（Sponsoring Consortium for Open Access Publishing in Particle Physics，高能物理开放出版资助联盟）开放获取图书计划实施工作交流研讨会，标志着继高能物理（HEP）期刊论文成功实现开放获取之后，NSTL 与国内多家机构联合支持 SCOAP3 开放获取图书计划，支持我国及全球学者对 102 种高能物理（HEP）领域经典图书的免费获取和使用。国家科技图书文献中心主任彭以祺，副主任吴波尔、郭志伟，中国科学院文献情报中心主任刘细文，中国科学院近代物理研究所副所长孙志宇、四川大学图书馆馆长党跃武以及其他 13 个机构的 26 名代表参加会议。会上，相关专家分别从参与 SCOAP3 开放获取图书计划实施的角度，分享有关背景情况、实践经验和体会，提出未来建议。（国家科技图书文献中心　周杰　崔晓彦）

中国科学院文献情报中心

【概况】 截至 2021 年底，中国科学院文献情报中心（以下简称“文献中心”）共有在职职工 316 人。其中科技人员 50 人、科技支撑人员 233 人，包括正高级专业技术人员 39 人、副高级专业技术人员 83 人。获批 2022 年国际人才计划项目杰出学者 1 人。设有图书馆学、情报学 2 个专业一级学科博士研究生培养点，图书馆学、情报学 2 个专业一级学科硕士研究生培养点，在学研究生 191 人（其中硕士生 100 人、博士生 91 人）；设有图书情报与档案管理一级学科博士后流动站，在站博士后 9 人。全院相关研究所可共享的电子全文资源包括外文期刊约 2.6 万种、中文图书 35.6 万余套、中文期刊 1.8 万余种、中文学位论文约 529.6 万篇。

坚持使命定位，完成“十四五”发展规划编制工作。文献中心明确将支撑院党组决策作为核心定位，提出“一条主线、两个驱动、三个面向、四个统筹、五个转变”的发展思路，确定决策支撑、学科咨询、知识服务、高端交流“四位一体”的主攻方向，创建数据驱动文献情报工作新模式。

聚智聚力，战略情报服务成效显著。文献中心围绕国家和中国科学院党组的战略决策需求，为新型举国体制、全国重点实验室重组、基础研究工作、领域 / 研究所规划、双碳、黑土粮仓、新冠病毒溯源、香山科学会议、先导专项、科技扶贫自评、科研诚信建设等重大任务提供情报支撑；推出《情报参考》《双碳情报动态》，瞄准决策关注点提供针对性强、时效性高的情报解决方案和前沿领域动态。

主动嵌入，深层次参与中国科学院各研究所重大科技创新任务，重塑学科服务内涵与模式。文献中心与 14 个研究所签署战略合作协议，提供“全领域”态势分析，推进“全链条”知识产权服务，打造“全院行”服务品牌，开展

"全覆盖"信息素养培训。开展春季到所服务活动，到22个研究所走访；提升区域科技创新服务能力，完善全国科学院联盟文献情报服务网络，有效支撑中国科学院重点创新单元科研创新活动，彰显为高水平科技自立自强提供硬核支撑的服务创新行动力。

推进数字化转型，建设数据驱动的新一代知识服务系统，赢得发展和竞争主动权。文献中心推出数据战略，构建智能计算大数据集群和计算能力，研发中国科学院机构画像知识系统，建设中国科学院人才大数据平台；发挥在国家科技图书文献中心（NSTL）中的引领作用，实现超过1.1亿篇期刊论文的长期保存；强化科技信息安全自主可控，继续推进开放获取国际话语权与开放学术交流体系建设；优化干细胞知识发现平台，该平台获2021年中国科学技术情报学会"第三届优秀情报工程项目奖"。

优化资源，整合学术交流平台，稳步推进中国科学院国家科研论文和科技信息高端交流平台建设。文献中心实现商业文献资源稳定保障，文献资源使用量较2020年增长8%；加强全院特色馆藏的保护与开发，实现中国科学引文数据库与科学出版社数字出版平台的关联；持续建设科技论文预发布领域平台、中国机构知识库系统、科研诚信管理与数据服务系统，发布国际期刊分区表，完成主办期刊数据标准建设和实践，提升主办期刊学术质量，服务高质量转型发展国家战略。

积极开展国内外学术交流与合作。文献中心全年举办第十七届数字资源长期保存国际学术会议（iPRES2021）、第四届科学计量与科技评价天府论坛、第九届中国机构知识库学术研讨会、第十届中国开放获取推介周等学术活动；继续做好"科学人讲坛""科学与中国"等品牌活动以及常设展、巡展的服务保障，汇聚传播创新文化和创新思想，助推科研迸发强劲活力。

文献中心同时是中国科学院档案馆、中国科学院现代化研究中心、全国科学技术名词审定委员会事务中心、知识产权运营管理中心的挂靠单位；挂靠社团包括中国图书馆学会专业图书馆分会和中国科学院自然科学期刊编辑研究会。文献中心以会员身份加入的国际组织包括国际图联（IFLA）、国际电子资源联盟（EIFL）、开放获取知识库联盟（COAR）、国际科技信息委员会（ICSTI）。（中国科学院文献情报中心　汪维　梁娜）

【中国科学院文献情报中心"知汇知源"精品图书展示中心揭牌】4月25日，"知汇知源"精品图书展示中心在文献中心揭牌。该中心围绕科技阅读组织开展各种读者活动，同时以文献中心为基地，联动中国科学院大学和各研究所进行图书巡展，并开通线上选书平台，扩大书展的服务能力和影响力。该图书展示中心的成立，为中国科学院科研人员、在校学生及社会读者提供更快捷的精品图书阅读途径，为全院各研究所图书馆提供更直观的选书渠道，增强文献服务能力，促进科技图书阅读。（中国科学院文献情报中心　汪维　梁娜）

【"筚路蓝缕，风华正茂——庆祝中国共产党一百周年馆藏革命历史文献展"举办】5月25日，展览在文献中心开幕。此次展览精选95种馆藏革命历史文献，以中国共产党发展历程的时间脉络为主线，从文献的视角展现中国共产党艰难而辉煌的成长历程。为不断巩固拓展党史学习教育成果，文献中心特别推出VR云展馆，使用3D实景复刻技术，按照1∶1比例，将展览搬到线上，实现从有形到无形、从线下到云上的全方位展示。自开展以来，共接待来自40余家机构、96个团组的1600余名观众参观。（中国科学院文献情报中心　汪维　梁娜）

【第十届中国开放获取推介周举办】11月18—19日，文献中心举办第十届中国开放获取推介周，聚焦"开放科学的意义和影响"这一主题，采用线上和线下相结合的方式开展，共有170余个单位的300余位代表参会。文献中心、国家空间科学中心和联合国教科文组织驻华代表处等单位代表做大会报告；近30位来自中国科学院相关研究所、国家级科技信息研究机构、国家级科学数据中心、国内重点高校图书馆、地方科研院所、国内外出版机构的专家学者做在线报告。会议被新华社等多家国内主流媒体报道，浏览量超100万次。（中国科学院文献情报中心　汪维　梁娜）

【第一届科技文献、科学数据和科学出版对

话合作论坛举办】12月29日，文献中心组织举办第一届科技文献、科学数据和科学出版对话合作论坛。论坛邀请30余位长期从事科技文献、科学数据、科学出版领域工作的专家学者，深入交流研讨各自在“数据资源”“平台系统”“关键技术”“服务能力”等方面的特色和优势，展望未来合作愿景。（中国科学院文献情报中心　汪维　梁娜）

【中国科学院成都文献情报中心概况】截至2021年底，中国科学院成都文献情报中心（以下简称“成都中心”）在职职工99人，其中高级职称45人；在读中国科学院大学图书馆学和情报学硕士、博士研究生39人，博士生导师6人、硕士生导师12人。已开通使用数字文献数据库108个，包括中外文全文电子期刊3.2万余种、外文学位论文41.5万篇、中文学位论文215万篇以及大量网络版工具书、专利文献等，并通过网络共享NSTL的科技文献资源；印本文献总量为220万册/件，较完整地收藏了国际著名的会议文献SPIE、IEEE、LNCS等。全年承担国家级项目1项，省部级项目21项。对上专报采纳71条，其中中办、国办采纳8条，省部级领导批示2条。发表核心期刊论文76篇，大会主题报告11个，出版专著7部，获得软件著作权3项。参加线上国际学术会议8人次。全年编辑出版《网信战略前沿》《战略生物资源发展观察》《知识产权动态》等8种科技决策咨询快报。中心基本完成向成都兴隆湖科学城新园区搬迁的工作。

成都中心深度参与国家和中国科学院宏观战略规划，开展国家生物经济“十四五”规划国际竞争发展态势研究和指标测算、参与国家“十四五”生物技术创新发展规划情报支撑工作，参与筹建中央网信办指导下的网信智库咨询研究中心，参与编制“中国科学院‘十四五’网信发展规划”，公开发布《2021中国生物资源研究创新发展报告》《2021中国科学院生物资源研究报告》。快速响应中国科学院党组情报需求，为碳中和重大咨询项目等提供重要情报支撑。参与编制生物、信息领域国家重点实验室布局方向指南，积极支撑研究所国家重点实验室重组。承担中国科学院STS计划知识产权支撑与服务项目，为院机关知识产权与科技成果转化工作提供决策支撑与管理保障，国内影响继续扩大。持续打造高质量学术会议品牌，在线举办2021第四届科学计量与科技评价天府论坛，600余名相关领域专家学者参会，被人民网、川观新闻、新浪网、腾讯网等多家媒体报道。

成都中心围绕研究所“十四五”重大战略决策，完善决策服务机制，构建“战略情报”与“学科情报”协同合作的服务机制，有力地支撑研究所科研创新。围绕重点科学家和重点学术会议，聚焦生物多样性、光电信息等领域，撰写相关主题态势分析与技术洞察报告，相关成果发表在中国科学院院刊上。围绕重大创新研发平台，承担研究院所委托的重要任务，开展相关领域技术专利导航分析与专利布局战略研究，为科研创新提供专利组合挖掘与布局设计。

成都中心服务区域科技创新规划，发挥咨询优势，全面参与“四川省‘十四五’科技创新发展规划”编制工作。服务区域科技创新战略，持续推进中心承建的四川省现代产业与创新发展研究智库工作，承担四川省决策咨询委员会、四川省委新型智库办等的区域发展战略研究任务，有效支撑四川省、成都市的重大区域创新决策。

以“中国科学院知识产权网”“干细胞知识发现平台”“中国科技网”等重大平台为抓手，推进数据支撑工作，开展业务布局和发展建构。“中国科学院知识产权网”平台全年访问超过900万人次，页面访问量1.7亿次，访问量比2020年增长80%；牵头承担“中国科学院知识产权网”与“中国科学院产业化信息网”的融合任务。“干细胞知识发现平台”受到国内外20余家科研机构的关注，获中国科学技术情报学会“第三届优秀情报工程项目奖”。“中国科技网”在兴隆湖科学城新园区开通运行，保障科研人员科技创新工作“不掉线”，在中国科学院成都分院向新园区搬迁过渡期间全面加强在线资源服务保障工作。

成都中心全年全文传递工作量较2020年增长65%。NSTL成都服务站获评2020年度优秀服务奖，至此已连续三年获奖。11月25日，成都中心与四川省图书馆等单位合作共建的四川省科学图书馆在兴隆湖科学城新园区正式揭牌，中心与区域内科技文化机构的业务协同配合进一步加强，有望进一步推动科技知识资源共建共享，支撑成渝科技创新发展决策，服务科学知识传播交流，提高公民科学素养。学术刊物《天然产物研究与开发》在中国知网 2020 复合影响因子持续提升，下载 28.7 万次，并入选《世界期刊影响力指数（WJCI）报告（2020 科技版）》，被西部科技期刊联盟评为“十佳精品中文期刊”；《世界科技研究与发展》影响因子也有提高。2021 年，成都中心相继获得中国科学院抗疫科普活动突出贡献奖、中国科学院讲解大赛优秀奖及优秀组织奖，制作的科普视频在中国科学院第六届科普微视频创意大赛获得优秀奖。成都中心通过成都市科普基地综合评估。（中国科学院成都文献情报中心　唐璐）

【中国科学院所属上海地区科研院所图书馆概况】截至 2021 年底，中国科学院在上海地区所属共有 10 个研究所图书馆及 1 个高校图书馆（上海科技大学图书馆）。作为覆盖全国的分布式数字图书馆体系组成部分，可访问的数字文献资源包括中外文数据库 100 多个，中文电子图书 18 万种、电子期刊 11000 种、中文博硕士论文 150 万篇；外文电子图书 39000 种、电子期刊 15180 种、外文博硕士论文 34 万篇，初步形成满足科研一线需求的数字资源保障体系。2021 年，各馆结合疫情防控要求，保持远程网络访问电子资源与园区 IP 访问电子资源相结合的方式，充分保障科研人员及研究生远程使用电子资源的需求。中国科学院上海生命科学信息中心 / 上海生命科学图书馆持续更新新冠疫情专题文献库，为科研工作提供持续服务。

在资源保障体系变革和发展方面，各馆在购置经费总额保持基本不变的情况下，持续保持以数字资源保障为主、纸本资源保障为零星补充的方式开展资源建设。其中，上海生命科学图书馆、中国科学院上海有机化学研究所图书馆、中国科学院上海药物研究所图书馆、中国科学院上海高等研究院图书馆以及上海科技大学图书馆等数字资源建设经费占总资源建设经费比例均超过 90%。在情报智库能力建设方面，中国科学院上海光学精密机械研究所图书馆、中国科学院上海药物研究所图书馆、上海生命科学图书馆等为研究所“十四五”规划制定、国家重点实验室重组等重要工作提供有力的情报支撑。在中国科学院院所协同项目申报中，“上海中心科研机构创新能力评估与支撑服务”“数字化科研信息素养培训与服务”等 2 项入选中国科学院文献情报能力建设专项子项课题，上海生命科学图书馆获科技部基础资源调查专项课题“生物学领域（Ⅰ）汉语主题词表”编制任务。（上海市图书馆学会秘书处）

【中国科学院新疆分院文献信息中心概况】2021 年，中国科学院新疆分院文献信息中心（以下简称“新疆中心”）投入文献资源建设经费共计 141 万元，用于购置各类型书刊、网络及镜像数据库等文献信息资源。新疆中心围绕新疆分院“十四五”规划、发展战略及相关国际要点问题开展情报研究，为决策提供依据。根据第三次新疆科考工作，通过新疆专项——新疆生态环境资源历史资料数字化项目，收集新疆相关机构科考历史信息资料和数据，完成前两次综合科考成果梳理和部分数字化工作，初步构建新疆生态环境历史资料数据库，并进行数据碎片化处理，以便共享和深入分析。成功申报第三次新疆综合科学考察项目 13 科考数据平台与标准体系建设子课题专题“科考历史数据库、社会经济数据库”项目。有序实施新疆中心承担的新疆维吾尔自治区科技厅软科学项目“新疆十三五科技产出统计”、国家重点研发项目“咸海地区水土植被资源情况调研及中亚盐生植物数据库建设”、国家社会科学基金西部项目“塔里木河流域生态环境领域科技产出现状及管理策略研究”等项目。完成中亚生态环境中心“中亚科技文献信息收集与分析”项目情报调研任务，编译《中亚及俄罗斯科技信息监测快报》12 期。科技查新及代理成果申报在数量、质量等方面均有所提高，全年完成科技查新、收录及引用项目 900 余项，服务辐射 17 个省、直辖市。

紧密结合新疆分院、新疆当地科研及决策需求完成一批情报调研，包括：《新疆生态与地理研究所 2019—2020 年 SCI、EI、ISTP、CSCD 论文及专利产出统计分析》《中亚生态监测标准调研》《咸海治理及对策建议》《乌兹别克斯坦及南咸海生态环境调研》等。与此同时，新疆中心工作人员深入各科研单元，加强与管理部门及研究团队合作，通过文献信息服务联络群全天候在线满足科研人员与研究生各类文献信息需求。全年在专业刊物上发表学术论文6篇，其中CSCD第一作者论文1篇，参加线上+线下各类学术交流、培训达80余人次。

新疆中心协助新疆分院综合办、科研外事处、人事处以及研究生处，承担新疆分院60周年庆祝活动中有关历史资料搜集、科技论文分类等；通过《科研组织知识产权管理规范》贯标工作的年度评审；完成研究所岗位竞聘论文审核、优秀研究生申报论文审定等工作；协助新疆分院外事处及科研团队与中亚等国合作方联系，并承担文字及会议口语翻译等工作。

新疆中心全年更新国务院发展研究中心信息网资源系统（镜像）资源0.88TB；完成中心网络防火墙系统、行为管理系统、无线网络系统、“数字图书馆”软件（TPI）、门户系统的维护、服务器维护与维修等。通过完善中亚文献信息平台功能，加大品牌产品《中亚科技信息监测快报》宣传力度，通过微信公众号、今日头条等对外发布，单条信息最高阅读超过3.2万人次，打造中亚科技信息传播高地成效显著。

根据科研团队、新入职员工及研究生等群体需求，新疆中心组织开展用户信息素养培训。为中国科学院新疆生态与地理研究所研究生提供开题文献服务，中期进行信息检索和工具使用培训；举办数据库资源“线上+线下”培训周，累计参与300余人次；对研究所新录取研究生进行信息素养培训等。（中国科学院新疆分院文献信息中心　张小云）

【广东省科技图书馆（广东省科学院信息研究所）概况】截至2021年底，广东省科技图书馆（广东省科学院信息研究所）（以下简称“粤科图”）有在职人员78人。其中：博士研究生学历6人、硕士研究生学历32人、本科学历34人；正高级专业技术人员5人、副高级21人、中级24人。

截至2021年底，馆藏纸质资源总量147.41万余册，其中图书66.63万册、期刊80.78万册。开通使用数据库182个，自建数字资源108.17万条。部署并推广“粤慧科研”知识服务平台，全年服务网络用户283.41万人次，提供数字资源全文服务144.09万篇，传递文献1.12万篇。

举办“共读半小时”等阅读推广活动，承建广东省科学院党史书屋，开展送书到所服务，推进全民阅读，2021年接待到馆读者19.92万人次，书刊流通31.67万册次。参与建设广东省科学院科普小镇，推动“科普四进”活动，参加科普讲解大赛、科技活动周和全国科普日等大型活动，组织10余个系列品牌科普活动，2021年举办各类科普活动182场，受众5.45万人次。获评2021—2025年“全国科普教育基地”、2021年中华全国总工会“职工书屋”及“广东省少先队校外实践教育营地（基地）”，通过广东省科协“科普中国E站”项目绩效评估，再获2021年广州市科学技术普及基地认定并获年度评估第12名。粤科图开展的“科学妈妈科学爸爸”科普阅读推广活动实践而设计的电子海报作品，在2021年国际图联世界图书馆和信息大会（虚拟会议）展出。

2021年入选首批国家知识产权信息公共服务网点名单，累计获得3项国家级知识产权服务资质；参与“广东省重点专项指南”审核评议；编发《全球知识产权跟踪》快报6期，总计25.54万字；编制《广东省科学院专利分析报告2020》；联合广东省重点领域龙头企业开展高价值专利培育服务；2021年为288家企事业单位提供学科化信息服务1463项，承担横向委托技术情报、科技评估、知识产权等服务项目24项。

面向广东省委省政府、各地市县政府、广东省科学院，提供战略情报服务，产出一批高质量的决策咨询成果：参与完成的《加快省实验室建设，助力提升我省科技创新水平》报告获广东省政府领导肯定；完成的《财政培育支持广东省科技领域相关产业集群的政策建议》《粤港澳大湾区科技合作调研报告》获相关职能部门采纳；完成广东省科学院、广东各地市、大型国企委托的“十四五”规划方案10余项；深度参与广东省战略性产业集群主导咨询支撑机构建设，为区域产业集群培育和高质量发展提供决策咨询与动态监测服务；为多家大型企业提供动态监测和专题信息服务。馆员黄怡淳申报的“多链交互的新时期产业技术情报服务方法体系研究”获得2021年国家社科基金青年项目立项，这是粤科图首次承担国家级基金项目。[广东省科技图书馆（广东省科学院信息研究所）　韦艳芳]

【广东省科技图书馆承办“粤慧科研”知识服务平台上线推介暨学术交流会】5月20日，广东省科学院、文献中心在粤科图联合举办“粤慧科研”知识服务平台上线推介暨学术交流会。广东省科学院副院长李定强、文献中心副主任张智雄出席启动仪式并参加双方深化合作座谈会。来自广东省科学院所属研究机构、会议承办单位粤科图的相关科研人员近百人参会。张智雄应邀做题为“面向‘十四五’：对中国科学院文献情报系统数据平台工作的思考”的学术报告。文献中心信息系统部主任钱力，粤科图副研究馆员易晓阳、信息情报部主任刘漪分别对平台的科技信息资源与知识服务功能进行推介。“粤慧科研”知识服务平台由文献中心与粤科图联合研制并面向广东省科学院部署，可实现学术资源一站式发现、科技文献移动获取、知识检索、智能推送、学术名片、数据共享及学术交流等多种功能。[广东省科技图书馆（广东省科学院信息研究所） 韦艳芳 范爽]

【广东省科技图书馆入选首批国家知识产权信息公共服务网点名单】10月26日，国家知识产权局正式公布2021年度国家知识产权信息公共服务网点名单，广东省科技图书馆（广东省科学院信息研究所）成为全省入选该名单的5家单位之一。粤科图作为省科学院所属、华南地区最大的科技文献与战略情报研究服务机构，是广东省专利信息协会副会长单位，近年来在知识产权相关研究与服务方面取得积极成效。围绕广东省以及省科学院重点学科领域知识产权评议、高价值专利布局、关键核心技术自主知识产权创造和储备、20个战略性产业集群发展专利导航、人才与机构评估等知识产权创造、保护和运用，全链条开展系列研究与服务工作。粤科图此次入选首批国家知识产权信息公共服务网点名单，是继2016年、2017年分别获得国家知识产权局专利信息传播利用（广东）基地、全国专利文献服务网点之后取得的又一国家级知识产权服务资质。[广东省科技图书馆（广东省科学院信息研究所） 张丽佳]

中国社会科学院图书馆

【概况】2021年，中国社会科学院图书馆以习近平新时代中国特色社会主义思想为指导，深入贯彻落实习近平总书记“5·17”重要讲话精神和三次致中国社会科学院贺信精神，深入贯彻落实院党组部署，深入开展党史学习教育，持续加强党的建设，持续加强管理，认真做好疫情常态化防控，紧紧围绕“高质量发展、高水平服务”，全力推进各项工作。

2021年，图书馆举办国家哲学社会科学文献中心建设成果发布会、习近平新时代中国特色社会主义思想文库数据库上线仪式、党史学习教育文献阅览室揭牌仪式等重要活动。

4月23日，中国社会科学院党史学习教育文献阅览室揭牌仪式在图书馆举行。该阅览室收集了党的重要历史文献和其他参考文献330多种600余册/件，其中最早的文献为1919年出版的《新青年》。

5月17日，在习近平总书记“5·17”重要讲话发表五周年之际，中国社会科学院国家哲学社会科学文献中心建设成果发布会在北京举行。会上发布《国家哲学社会科学文献中心建设成果报告（2016—2021年）》《国家哲学社会科学文献中心学术期刊数据库用户关注度报告（2020年）》。会上还向最佳机构用户代表、最受欢迎期刊代表颁发证书。人民网、中央电视台等近50家媒体对此次发布会进行报道。

11月3日，中国社会科学院习近平新时代中国特色社会主义思想文库数据库上线仪式在北京举行。2021年，该文库作为习近平新时代中国特色社会主义思想宣传阐释、成果转化的代表性成果，入选中央和国家机关工委在国家博物馆举办的“让党中央放心、让人民群众满意——新时代中央和国家机关党的建设成就巡礼展”；“国家哲学社会科学文献中心”入选中宣部在中国共产党历史展览馆举办的“播思想火种　铸文化伟业——庆祝中国共产党成立100周年出版专题展”。

2021年，社科院图书馆获得多项荣誉：“国家哲学社会科学文献中心”获评“中国社会科学院创新工程重大科研成果”；图书馆文献中心建设部获评中国科协“全民科学素质工作先进集体”；《文献与数据学报》获得中国期刊协会2021年北京国际图书博览会“中国期刊设计艺术周最美期刊”；图书馆获得《中国老年报》举办的迎接中国共产党百年华诞知识竞赛“优秀组织单位”。

按计划实施2021年度人才引进工作，补充多类型的专业人才9人。加强各类岗位和人员的管理，实现人岗相适、人尽其才。科学设置年度创新项目，制订创新岗位竞聘实施方案，组织完成竞聘上岗的相关工作。加强和规范外聘人员管理，完善并实施奖励制度，规范津补贴发放。为配合实施“学科支持计划”，进一步完善和调整内部机构设置，将16个内部机构调整为15个，整合同类业务。

不断优化文献展示布局，提升宣传效果，提高服务水平。2021年，累计接待学习交流170多批、2000多人次。持续建设文库数据库。图书馆坚持“设计高水平、审核严要求”，优化调整数据库页面设计、完善系统功能，开展系统功能测试和数据审验工作。11月数据库上线开通。

国家哲学社会科学文献中心2021年共签约中文期刊51种，其中14种为核心期刊；累计更新上线中文期刊数据50多万篇；累计更新上线外文OA期刊数据110多万篇。升级改造项目顺利推进。2021年访问量近1.25亿次，检索量超过2300万次，阅读量超过1065万次，下载量超过930万次。截至2021年底，该中心累计上线数据超过2200万条，访问量超过9亿次，用户遍布世界190多个国家和地区。

3月，图书馆深入9家单位进行调研。在调研基础上，图书馆启动实施“学科支持计划”，根据不同学科实施“菜单式”服务；成立学术服务中心；设置学科馆员，进行各学部专门对接和服务。为学科建设提供更为优质的文献信息资源服务和信息化服务。

在各研究单位推荐下，经社科院院领导审批，建立全院选书专家团队，由来自社科院6大学部、40个研究院所的100名专家学者构成。按照“专家推荐、馆里审批、采购入库”的要求，制定、完善《书报刊推选管理规定》，并召开全院选书专家团队座谈会。

2021年，社科院图书馆共采购中文图书7626册，进口图书2585册。全年上架期刊2071种18410期、报纸64种13860期。接收博、硕士论文15766册。接收院内外专家学者赠书1669册。全年编目图书19986册，完成406482册学位论文、31205册地方志的回溯编目及排架工作。同时，向四川省绵阳市图书馆、四川两弹一星干部学院和江西省泰和县有关单位等共捐赠图书6500余册。持续推进书刊交流交换工作，向40家交换机构邮寄期刊1625册；配合国务院新闻办公室，完成“中国之窗”3家境外机构的年度赠书工作。

截至2021年底，阅览室文献总量达700余册/件，为全院开展党史学习教育提供坚实的文献保障，全面展示社科院党史学习教育的历程和重要成果。

2021年，共引进中外文数据库128个，其中可长期使用的数据库62个。截至2021年底，累计整合国际组织等开放资源平台104个，全馆开放的数据库近300个，包含中外文电子图书、期刊、古籍、学位论文、会议论文、数值数据以及参考资料、研究报告、报纸资讯、文摘索引等全类型，基本囊括国内外重要的学术出版物和专题信息资源，为社科院“三大体系”建设、高端智库建设提供有力的文献保障。2021年文献全文下载量超过1164万篇次。持续开展资源宣传及服务。在图书馆微信公众平台、网站发布推介文章共30篇；提供咨询服务并组织培训，全年解答咨询约800人次，开展到所培训6次、在线培训6次，并编制常用数据库、常见问题使用指南；提供专题资源服务，开展“天闻”系统点对点服务和电子阅览服务；编制并更新《数字资源使用手册》及《数字资源使用统计报告》，进一步完善数字资源服务。

2021年办理读者卡、博士后出站、离院退卡审核等业务673人次；完成文献传递59篇，馆际互借图书177册；编制及发布《院馆新书目录+电子书》12期；接待读者近2万人次。

履行社科院古籍清理核实领导小组办公室职责，持续推进全院古籍清理核实工作，督促各单位完善古籍管理规定和各单位古籍追还工作，出版古籍清理核实成果目录。进一步做好馆藏古籍整理，完成顾颉刚文库的古籍整理；统一选取6000余种古籍和民国时期线装书的分类号、著者号，换新8400余函古籍的索书号；按四部分类法，排架整理古籍，核验图书账目，完成经部5333册古籍的盖章工作，共计行章10666枚。修复普通中外文图书383册，其中精修110册、简修261册、急修12册，制作完备的修复档案并形成修复报告。

推进古籍数字化加工工作，梳理完善古籍数字化加工相关制度和规范，扫描加工 709 种 5556 册近 44 万拍图像数据；开放数字化古籍上线服务，促进古籍资源的开放共享。

成立专门的信息参考部。2021 年向院领导、院职能部门和所局级领导报送《信息参考》52 期（累计 240 期），梳理专题 90 余个，总计 39.3 万字。

图书馆主办刊物《文献与数据学报》，全年编辑出版 4 期。围绕庆祝中国共产党成立 100 周年，加强选题策划，组稿刊发系列文章。

编纂出版《建设中国特色哲学社会科学专业图书馆——中国社会科学院图书馆“十三五”建设实践》。

加强学术社团建设，健全学会规章制度，制定中国社会科学情报学会会议管理规定、分支机构管理办法、分支机构活动管理办法；设计学会 LOGO；编辑完成学会《通讯录》和《学会工作通讯》。以“庆祝中国共产党成立 100 周年，中国社会科学情报事业回顾与展望”为主题开展征文活动，召开中国社会科学情报学会 2021 年度学术年会。（中国社会科学院图书馆）

【四川省社会科学院文献信息中心概况】 2021 年，四川省社会科学院文献信息中心全年接待读者 20000 余人次，借还书 1600 余册。优化图书资源建设，向重点学科、优长学科倾斜，验收入库新书 2300 余册、新刊 10000 余册，接受赠书 684 册；续购数据库 10 大类、14 小类。坚持周一至周日每天开馆 13.5 小时，保证了科研和教学的需要。完善特色资源的建设和管理，加强对汶川地震资料中心、袁珂神话研究室、林凌图书资料室的日常管理。根据院内学科建设和教学科研需要，在多方征求意见的基础上完成 2022 年 100 余种报纸、800 余种中文期刊、10 余种港台外文期刊的订购工作。加强电子资源建设、用户培训及数据库建设。利用电子阅览室、远程访问系统为全院读者服务。根据科研和教学需要，逐步探索以课题服务、定题服务和个性化服务等为重点的信息咨询服务，进一步关注个性化信息推送系统和网络数据库整合检索系统等咨询服务的相关信息。加强社会科学信息服务，全年共编辑《参阅资料》36 期、《社会科学研究参考资料》12 期、《廉政建设研究》24 期。

提高网络服务质量和服务水平，保障网络信息安全。强化图书自动化管理，做好图书馆管理系统的日常维护、核心数据的安全管理和备份工作，保证馆内自动化系统的正常运行。进一步完善局域网建设，注重局域网安全建设。完成网络故障维护、网络系统设备策略实时更新等局域网管理工作，累计拦截外网攻击 20000 余次。配合完成推进政务信息系统整合、信息系统等级保护测评等工作；完成研究生学院局域网络接入认证更新工作；组织开展网络意识形态及网络安全培训会、网络安全宣传周活动；完成全院网络带宽提速改造工作的前期调研和设计规划工作；完成图书馆借阅系统和院网站等信息系统国产化替代的技术适配工作，为院内其他信息系统提供技术经验借鉴。配合完成第四届全国哲学社会科学道德和学风建设论坛视频会议四川社会科学院线下分会场的技术支持工作；协助开展研究生学院新区图书馆及信息网络建设工作。落实网络意识形态工作责任制，加强和规范院网站和政务新媒体等网络平台的使用工作。完成“四川省社会科学院”“四川社会科学在线”站点前后台程序、栏目设置及服务器、数据库等软硬件日常维护、监管和数据备份；2021 年组织协调发布信息 9167 条，翻译稿件 60 余篇；结合重要会议宣传学习、院重大科研活动等，制作并持续更新“党史学习教育”“四川省社会科学院脱贫攻坚工作”等 7 个专题。

加强与社科院系统、党校系统、高校系统等图书馆的学术交流与协作，以强化员工专业素养为方向，组织开展学习考察、学术交流和课题研究活动。2021 年组织员工前往四川省委党校图书馆、井研县图书馆、南溪区图书馆等单位进行学习、考察；参加业务培训 12 人次。4 人次在第二届全国“图书馆杯”全民英语口语风采展示活动、川渝地区“图书馆杯”全民英语口语大赛等活动中获得各级奖项。员工主持及参与课题项目 9 项，公开发表业务相关论文 11 篇。（四川省社会科学院文献信息中心　杨雨霖）

中国医学科学院医学信息研究所（中国医学科学院图书馆）

【概况】 2021 年，中国医学科学院医学信息研究所（中国医学科学院图书馆）坚持以习近平新时代中国特色社会主义思想为指导，以建党百年为契机，深入学习贯彻党的十九届六中全会精神，坚持疫情防控，推进业务发展，各项工作取得新成效。订购外文印本期刊 3452 种（含独家刊 2289 种），外文印本非刊文献 336 套，外文印本图书 418 种；中文印本期刊 982 种，中文印本图书 722 种。订购数据库 90 个，开通数据库试用 11 个。持续规范资源采购到货管理，完成 2022 年外文印本资源公开招标、合同签署及发订工作。接待到馆读者 1.9 万人次。完成原文传递服务 24.6 万篇，委托检索 185 项，定题跟踪服务 5 项，相关服务咨询 2000 余人次。完成成果评奖及课题申报等委托科技查新 285 项，委托文献收录与引用检索证明 876 项，专题文献检索等信息咨询服务 30 项。针对传染病防控需求，完成重点领域与学科监测简报 / 动态信息简报服务 172 期。新增跟踪监测网络科技信息 64159 条，编译高质量科技资源 665 条，组织推荐重要科技信息 1019 条，加工动态简报 14 期，发布态势报告 12 份。持续发布《新冠病毒肺炎防控科技文献监测快报》12 期，总点击量超 22 万次。提供深度数据分析支撑服务，编制《类器官领域潜在突破性研究文献知识发现报告》，完成《生命健康安全领域科技动态监测快报》12 期，完成《NSTL 科技洞察》深度分析 8 篇、战略规划 6 篇，撰写《基因技术发展战略情报研究报告》1 份，并形成咨询建议 1 份。按照院校核心基地与“双一流”建设、科技管理与发展规划的信息服务需求，完成《院校学科分析快报》6 期，协助院校开展知识产权信息服务基地项目申报。面向医学科技创新与管理重点领域，中国工程院重大研究咨询、院校科技管理需求，提供脑机接口和核酸疫苗领域的医药卫生颠覆性技术研究报告，开展生物安全主要风险与我国生物安全治理能力建设、国内外老年康养事业发展现状调研、国家医学卫生健康与人口科学数据信息化发展模式研究等多项研究。持续开展援疆援藏工作，援助建设西藏人民医院信息中心，与新疆医科大学图书馆进行深度交流合作。加工各类文献文摘数据 64 万条，引文数据 1570 万条。加速特藏资源数字化，优化馆藏空间布局，持续推进北区新馆建设，致力于建设智慧型国家医学图书馆。

医学信息研究与情报调研、卫生政策研究与决策咨询工作取得新进展。承担国家人口健康科学数据中心技术工作，研发的人口健康科学数据仓储（PHDA）获亚洲首家人口健康领域 Core Trust Seal 全球核心可信存储库国际认证，支持领域内 1300 多项国家预算科技项目数据注册汇交。组织制订《中国医学重要成就暨 2020 年度中国医学进展遴选方案》，开展遴选研究工作，发布《中国 21 世纪重要医学成就》《中国 2020 年度重要医学进展》。撰写重大传染病防治、新药防治重大专项实施效果研究报告。出版《中国医学科技发展报告（2020）》，系统总结我国医学科技投入产出等。推进重大疾病、药品及医疗器械、公共卫生政策等情报研究。开展重大传染病防控进展、慢病管理模式研究，推动药械“卡脖子”关键技术研究，承担“乳腺三维超声容积成像应用模式与标准研究”“北京市传染病疫情防控体系能力建设及跟踪评价研究”等。

科研教育、国家合作、编辑出版工作不断发展。2021 年，共获得国家卫生健康委员会、科技部、世界卫生组织等各级各类科研项目和课题 101 项，其中国家自然科学基金项目 1 项、国家社会科学基金项目 2 项、国家重点研发计划任务 1 项、教育部人文社科项目 1 项、首都医学发展科研基金 1 项；以第一作者 / 通讯作者发表期刊论文 192 篇，其中 SCI/SSCI 收录期刊论文 17 篇；主编专著 8 部；专利授权 3 项；形成研究 / 咨询报告 361 份。硕士研究生毕业 20 名，录取 24 名，在读研究生 66 名。主持开设卫生管理学、医学信息学、医学信息检索等 15 门课程。（中国医学科学院医学信息研究所 / 图书馆）

【首届中国医学信息学学科发展大会召开】 11 月 27—28 日，大会在北京召开。大会以“深度交叉融合，信息赋能健康”为主题，紧扣健康中国、数字中国发展战略，聚焦医学信息学学科发展，明晰学科方向，推动体系建设，促进医学卫生健康与信息科学技术深度交融。大会特邀王辰、刘德培、陈润生 3 位院士做主旨报告，来自国内外的 17 位专家围绕学科建设、创新研究、行业应用、理论方法等方面进行交流分享，回应行业发展关切，引领学科创新趋势。在此次大会上成立了全国医学信息学学科发展联盟，与会领导和嘉宾共同为联盟揭牌。该联盟由中国医学科学院北京协和医学院发起，首批联盟成员为来自全国高校、科研院所及医疗卫生机构等22家医学信息学学科建设相关单位。中国医学科学院医学信息研究所还在会上发布中文临床医学术语系统（V1.0），启动医院数据中心管理标准建设研究工作。（中国医学科学院医学信息研究所／图书馆）

中国中医科学院中医药信息研究所（中国中医科学院图书馆）

【概况】2021年，中国中医科学院中医药信息研究所（中国中医科学院图书馆）启动国家中医药古籍和传统知识数字图书馆规划制定，加强中医药智慧数字图书馆建设。完成中医药古籍数字化扫描100种，民国时期中医药文献数字化129种394册30964页，现代中医药文献数字化扫描302种826册401253页，民国时期电子版文献图像信息处理56种197册19156页，中医药文献文本化加工160种308册46314页。“国医典藏”新增本馆中医药古籍图片100种，“民国医粹”新增图书129种，“古今医案云平台”新增医案4.19万则，“中医药知识服务平台”采集数据12.91万条（含文献题录及全文12万条），“中国中医药数据库检索系统”新增中医药期刊文献库题录6.13万条，推进“海外中医古籍数字资源数据库”“民国中医药文献数字资源服务平台—图片库V2.0”“民国中医药文献数字资源服务平台—文本库”等数字资源平台建设。构建基于规则引擎的合理用药系统；“中医辅助决策系统”改版后，中医疾病预测准确率提升至73%，证候推荐准确率达80%。

2021年新增民国时期图书96种203册、中文图书2611种7037册、外文图书54种136册，电子资源续购并新增1种、试用资源37种。编辑《中医药国际参考》12期。提供读者到馆服务1479人次，电子资源检索4350.26万次（同比增长32.56%）、下载286.49万篇／册（同比增长134.16%）；文献服务微信群响应读者文献需求9.14万次，传递期刊文献3.97万篇、图书5.10万册、专利标准等729份。微信公众号“中国中医科学院信息所”发布推送47篇、微视频11个，微信公众号“中国中医科学院图书馆”发布有关图书馆资源情况介绍38期；便民服务app“方剂识别助手”提供免费下载使用，2021年新增用户2441人，累计用户8776人。

拓展中医药学术评价和情报分析服务。上线“中医药科技评价知识服务平台”；“中医药专利智库”全年新增数据约9万条。完成2020年全国中医药优秀博士学位论文评选——代表性成果定量评价、21个学科2021年度中医三级医院学术影响力评价与排名，发布《2021年度中医医院学科（专科）学术影响力评价研究报告》。

推进中医药学术语系统建设和信息标准研制。《中国中医药学主题词表》新版加工系统上线，研发中药不良反应文献管理系统V1.0，更新中医临床术语系统。作为ISO/TC249 JWG1国内技术依托单位，组织召开2次ISO标准国际会议，推进牵头承担的4项国际标准研制。

全国中医行业古籍保护中心持续开展馆藏中医古籍清库工作，已进行到善本“亥”类、普本“未”类，核实书目并登记电子数据2389条，修正数据347条，版本升降62种，新增数据20种；推进行业内中医古籍共建共享工作，与中医行业13家古籍收藏单位签订共建共享协议。国家级古籍修复中心修复破损古籍4种4函19册1178叶。国家人口健康科学数据中心（中医药）继续更新免费在线服务资源元数据59个，截至2021年底，累计用户达20.98万人。2021年访问量156.05万次、服务用户11.19万人次。中国工程科技知识中心中医学分中心上线“中医学专业知识服务系统”并接入中国工程科技知识中心，为中国工程院院士提供12期主动推送服务，为中国工程院提供4个重大项目的信息支持服务，完成2份深度报告；新增中医药数据6.97万条，截至2021年底总量累计达77.09万条。国家中医药管理局中国中医药科技文献检索中心组织继续教育项目培训1次，完成检索中心20个分中心的自评工作，《中医药科技查新技术规范》获得中华中医药学会团体标准立项；完成查新286项（含加急250项），引文报告77项，检索证明51项。

《中医药信息学》教材分别中标中国中医科学院研究生教材孵化项目和科学出版社“十四五”普通高等教育中医药系列规划教材项目。2021年新增博士生导师2人、硕士生导师8

人，研究生导师累计 31 人；新招录硕士研究生 8 人、博士研究生 4 人，研究生累计 51 人。中国中医科学院中医药信息研究所博士后科研工作站在站博士后 5 人。获批 2021 年度国家级继续教育项目 4 项、院级继续教育项目 1 项。

按期完成《中国中医药信息杂志》《国际中医中药杂志》《中国中医药图书情报杂志》所属 3 本杂志组稿及出版工作。《中国中医药信息杂志》的中国科技期刊引证报告核心影响因子较 2020 年提高 0.259，在中国科技核心期刊 29 种中医类期刊的排名由第 8 位提升至第 6 位，稿件刊用率 5.0%，基金论文比 92.0%；《国际中医中药杂志》的中国科技期刊引证报告核心影响因子较 2020 年提高 0.172，稿件刊用率 10.2%，基金论文比 73.6%；《中国中医药图书情报杂志》稿件刊用率 19.7%，基金论文比 73.8%。[中国中医科学院中医药信息所（中国中医科学院图书馆） 潘艳丽 李海燕]

【继续推进《中华医藏》编纂项目】中国中医科学院中医药信息所（中国中医科学院图书馆）作为《中华医藏》编纂项目管理办公室单位，受国家中医药管理局科技司委托，根据 2021 年度批复预算金额制定年度工作计划，与《中华医藏》二、三编单位签订任务书；制定《中华医药古籍总目》《经典医籍影校对照整理丛书》专项实施方案并完成遴选、经费拨付；制定《中华医藏》各类目承担单位古籍底本提交及提要审核流程，协调《中华医藏》出版相关事宜，推进出版工作；召开第三次《中华医藏》项目古籍资源保护与利用培训会。[中国中医科学院中医药信息所（中国中医科学院图书馆） 潘艳丽 李海燕]

【开展国家科技图书文献中心中医药服务站相关工作】4 月 12 日，国家科技图书文献中心中医药服务站揭牌仪式在中国中医科学院中医药信息所举行，中国工程院院士、中国中医科学院院长黄璐琦和国家科技图书文献中心主任彭以祺共同为服务站揭牌。截至 2021 年底，该服务站共有注册用户 5026 人，文献检索 16439 次，文献传递 5033 篇 23104 页。[中国中医科学院中医药信息所（中国中医科学院图书馆） 潘艳丽 李海燕]

【开展中国中医科学院科技创新工程重点攻关课题招标立项工作】2021 年，中国中医科学院中医药信息所设立中国中医科学院科技创新工程管理办公室，组织完成两个方向的科技创新工程重点攻关课题招标立项工作。7 月，“中医药信息学”科技创新工程重点攻关课题招标立项 13 项，总经费 900 万元；12 月，“中医药图书情报学”科技创新工程重点攻关课题招标立项 13 项，总经费 400 万元。[中国中医科学院中医药信息所（中国中医科学院图书馆） 潘艳丽 李海燕]

中国农业科学院农业信息研究所（国家农业图书馆）

【概况】2021 年，中国农业科学院农业信息研究所（国家农业图书馆）（以下简称“信息所”“图书馆”）扎实推进农业科技信息保障，基础性、公益性支撑服务和各类创新性工作。积极开展科技文献信息资源建设、网络服务系统建设与运维、文献信息咨询服务等公益性、战略性支撑保障工作，取得丰硕科研成果。

1. 资源建设。印本文献资源建设方面，在加强印本文献资源保障的基础上，重点围绕农业经济、农业机械化及畜牧兽医等学科方向开展新增资源遴选推荐，以满足科研人员不断变化的文献资源需求。2021 年建设印本文献资源 5463 种，其中外文期刊 2017 种（其中 1200 种为国内独有）、外文图书 1138 种、中文图书 1453 种、中文学位论文 855 种。借助国家农业图书馆微信公众号和智慧农科平台，通过“精品评介”“新书速递”“特色推荐”等栏目，每月定期开展印本资源推送服务，旨在从学科专家、学科馆员的视角向读者宣传、推广馆藏资源，全年共推送 26 期（篇），4500 人次关注；邀请多学科专家开展国外新书评介工作，形成 CAB、Wiley、Springer 等出版机构发行的 160 册新书书评，共计 10 万余字。为改善中国农业科学院（以下简称“农科院”）部分研究所文献资源保障水平较低的现状，首次探索设置“学科采访馆员”，以资源保障较为薄弱的农业机械领域为试点，专门设置“农机学科采访馆员”，深入南京农业机械化研究所，调研科研人员需求，推介文献资源，制定相关资源建设方案，为该领域资源精准化建设奠定基础。

电子文献资源建设方面，在农科院和国家科技图书文献中心（NSTL）的统一部署与大力支持下，国家农业图书馆电子文献资源建设工作成效显著，带动科技文献利用逐年增加，科技文献保障水平稳定在90%以上，共建服务满意度达到100%。加强与数据库商的谈判力度，争取到部分数据库维持经费“0”涨幅，在公开招标的基础上，截至2021年底，共订购电子文献数据库83个（其中新增3个），涵盖中文全文期刊10000余种、外文全文期刊11700余种，其中Web of Science核心合集数据库开通范围从原有的2个引文数据库拓展至6个引文数据库及2个化学信息事实型数据库。电子资源保障水平稳中有升，2021年全文数据库下载量达到738万篇，外文全文保障率平均达到91%；发布《中国农业科学院外文文献需求与保障分析报告（2020）》；《关于我院电子文献资源建设工作的报告》获院领导肯定性批示。电子资源共建方面，共有36家农科院院属机构参与共建数据库31个，院属机构共建达702所次，较2020年增长3%。牵头开展全国农业科研系统（非高校）国外电子资源集团采购工作，共有24家省级农科院78馆次参加7个全文数据库和3个文摘型数据库的集团采购。外文文献数字化加工方面，完成19.59万条文摘数据及687万条引文数据的加工。承担NSTL外文数据质检与监控预警专项。

开展特色资源建设。（1）在开放资源建设方面，全年采集加工开放资源元数据和全文数据近16.5万篇（其中OA期刊论文10.3万篇、OA会议论文6.0万篇）。自2016年以来累计建设各类开放资源近317万篇。（2）在农科院科研信息化基础数据资源建设方面，向科研人事财务一体化系统（ARP）提交当年新增各类科研产出数据约1.3万条，加工作者机构数据5.49万条；2021年度数据采集、加工、入库周期大幅缩短，基本达到每周一次的更新入库频率。（3）在术语资源建设方面，持续开展农业术语资源的收集、编制、维护工作。承担NSTL“农业领域术语资源采集及核心术语筛选”子任务，采集加工农业术语约39万条，筛选核心术语14.4万条；承担NSTL“农业同义词表构建”子任务，审核术语1.1万条；对AGROVOC词表中文版和《农业科学叙词表》进行内容维护，审核规范中文概念2.4万条。（4）在综合科技资源建设方面，截至2021年底，农业科技大数据仓储资源类型达24类，总量超过10亿条。其中，文献资源类数据重点完成论文数据更新、专利数据以及各类奖项的新增，更新总量707万余条；工具事实类资源重点进行领域专家数据新增和更新、国内外科研项目新增、科研机构新增等总量约2万条；特色资源类数据重点进行科学数据、统计数据新增以及行业报告的采集、加工、分类标引和入库等，总量约1447万条；其他资源重点对网络动态进行监测入库，还包括政策法规数据的新增，更新总量超过58万条。

2. 系统平台建设。针对大数据环境下农业科技知识服务供需脱节的问题，持续开展多层次知识服务平台的建设与运营服务，主要服务平台有中国农业科技文献与信息服务平台（NAIS平台）、农业专业知识服务系统、国家农业科技创新联盟农业科技信息资源共建共享平台（以下简称“农科联盟平台”）等，实现差异化、精准化、深入性的知识服务。（1）农业专业知识服务系统，持续推动“农知搜索＋知识应用＋农业专题＋情报服务＋数据服务＋农知播＋开放平台”七位一体的服务模式，面向全领域农业用户提供多层次农业专业知识服务，新增知识应用2个（全球农业经济地图、动植物病虫害智能诊断），院士专题2个（乡村振兴专题、种质资源保护与创制专题），热点和应急专题2个（防汛抗灾、“三秋”抢收抢种）。2021年在线用户访问量达197.3万人次，同比增长11.6%；资源下载5.16万条，同比增长15.3%；文献传递6813篇；新增注册用户5076个，累计注册用户49381个。通过微信、微博和快手平台开展农业知识系统资源、功能、服务的宣传推广，关注用户总量超4.5万人。农业专业知识服务系统入选国家新闻出版署出版融合发展工程2021年度数字出版精品遴选推荐计划及2021年度中国农业科学院十大科研信息化应用典型案例，并在2021年中国工程院工程知识中心分中心评价中连续三年获总分第一的优秀成绩，同时获得优秀集体奖、优秀知识应用奖两个单项奖以及2020年度中国工程科技知识中心主动推送服务一等奖。中国工程科技农业知识中心湖南分中心、山东分中心揭牌。农业大数据与知识服务系列产品亮相辽宁省现代农业科技成果对接会。（2）农科联盟平台，2021年新增中文期刊资源1000种，联合辽宁省农业科学院上线农业科普视频类特色资源近百条，同时联合天津市农业科学院新增种质资源保护与创制共建专题。截至2021年底，平台文献资源仓储各类资源总量为5863.5万篇，其中外文期刊1730.8万篇、中文期刊3668.1万篇、会议论文233.4万篇、OA期刊224.9万篇。（3）农业对外合作公共信息服务平台，持续开展特色化信息资源建设工作，2021年，共采集文献资源10.78万篇，数值资源1260万项（涵盖240多个国家，700种农产品，近2年海外农业统计数据），资讯类资源3600余条，用户访问量20万人次，较2020年增长400%。该平台入选2021年度中国农业科学院农业科研信息化典型案例。（4）农业科研系统机构知识库联盟，截至2021年底已有成员单位35家，辐射全国800多家农业研究所；机构知识库试用单位14家，正式用户10家。联盟新版以及微信小程序上线运行。2021年新增专家学者681人，新增中文期刊、英文期刊、会议论文、获奖成果以及专利总计5.7万余篇，已累计收录农业领域专家学者6272人、各类资源62.5万余篇。新增机构用户4家，其中安徽省农业科学院机构知识库已正式上线，西藏农牧科学院机构知识库已初步完成数据抽取工作。（5）中国农业期刊集成服务平台，新增收录期刊4种，更新期刊557种6861期16.3万篇论文的元数据；完成平台签约入驻期刊57种566期2.3万篇论文PDF全文的加工以及呈现，包括在线阅读和全文下载等功能。截至2021年底，平台已完成全国范围内农业及相关领域期刊（634种23.5万期）444.4万篇论文的元数据采集，以及2.3万篇论文的全文展示；完成水稻、小麦、苹果、马铃薯4种农产品的虚拟研究合辑，论文总量达25万余篇。2021年底，该平台正式上线发布。（6）国家农业科学数据中心农业科技基础分中心，2021年，完成20余个科技计划项目的数据汇交工作，新增及更新农业科研项目数据500条、农业科技成果数据300条、农业科技机构数据50条、农业科技人才数据100条、农业科技论文数据20万条，并进一步完善各类资源的元数据标准规范，继续优化基础分中心数据接口。

3. 文献信息服务。到馆服务方面，在做好疫情防控的基础上，实行“三码”（行程码、健康码、预约码）验证预约进馆服务。2021年预约进馆读者1.03万人次，借还图书0.52万册，办卡174张，图书新书上架2.12万册，完成实时与非实时参考咨询350余项。向贵州省台江县中等职业学校捐赠图书0.13万册。先后接待13批次、336人到馆参观访问，其中接待农业农村部等组织机构10批次人员参观访问古籍书库，并做好讲解服务，开展图书馆开放日视频讲解1次，讲授研究生院检索课程并到馆实习1次。完成科技查新报告607份，检索报告1616份。

原文传递服务方面，截至2021年底，农科联盟平台累计注册用户数3.17万人，累计访问量155.40万人次，访客数24.30万人；文献申请量41.17万篇，完成传递量40.83万篇，申请满足率99.2%。其中，2021年，新增机构用户1个，新发展注册用户849人，访问量22.87万人次，访客数4.34万人；文献申请量7.12万篇，完成传递量7.07万篇，申请满足率99.3%。编辑服务日报248期，服务周报50期。通过NSTL文献服务系统完成原文传递2.01万篇17.13万页，含代查代借343篇0.23万页。

学科知识服务方面，签订个性化、学科化、知识化技术服务合同18份，完成《全自动机器人创新技术分析报告》《国家学生饮用奶与营养改善计划年度报告（2020—2021学年）》等各类咨询和调研报告36份；参与“NSTL科技洞察”项目，作为编委参与完成选题会商、稿件审核修改等工作，供稿9篇；完成《农业科技洞察》4期，发布各类文章45篇，其中原创性文章14篇。《农作物育种态势研究丛书》《后疫情时代全球粮食安全保障措施及策略建议》获省部级领导肯定性批示；3份报告获省部级领导圈阅批示。

主动推送服务方面，面向15名农业领域院士以及5个国家重大专项课题组等用户开展主动推送、代查代借、数据支撑等服务，累计推送信息5462条、发布快报707期，编制2021年农业信息专题月刊12册、院士专题年刊17册、学科态势分析报告8份，院士服务、农业专刊等情报服务受到用户和上级部门肯定；编制《全国农科院系统科研产出统计分析报告（2011—2020年）》，对全国33家农业科研机构近十年科技产出情况进行客观统计分析；完成 NSTL“转基因生物新品种培育重点领域信息门户”和“农业立体污染防治重点领域信息门户”门户信息监测、采集与编译服务，完成《全球生物防治研究发展态势报告》等 3 份态势分析报告，开展形式多样的宣传推广活动并积极发展不同领域门户用户。

西部援助服务方面，继续承担 NSTL 面向西部地区的科技信息援助服务项目，并牵头组织中国科学院文献情报中心、中国医学科学院医学信息研究所、中国标准化研究院、中国计量科学研究院、中国科学院兰州文献情报中心等多家单位共同推进相关服务工作。2021 年，科技信息援助服务区域由新疆、西藏两区扩展到新疆、西藏、青海等西部地区，新建“青海旱作农业”“青海三江源科技信息监测”“亚欧农牧信息”3 个专题数据库；完成西部地区科技信息服务平台改版升级，汇聚各家资源，融合展示特色资源与服务，截至 2021 年底，完成资源更新 525.8 万条。2021 年，编制《马铃薯专题动态简报》6 期，并推出相关资料可即查即得网络版。农科联盟平台助力提升西部地区科技信息援助服务质量，与 NSTL 文献传递系统形成互补，2021 年新增用户 97 人，访问量 2.56 万次，文献申请量 1.13 万篇，完成传递量 1.12 万篇，申请满足率 99.58%。

乡村振兴服务方面，开展以农业知识服务产品助力乡村振兴的“田间课堂”活动，以科普讲座的形式参与全国乡村振兴高素质农民暨基层科技志愿者研修班；由中国农业科学院农业信息研究所数字图书馆部牵头举办的“乡村振兴知识服务分队助力国家蔬菜种质资源科普开放日活动”被评为 2021 年全国科普日优秀活动；以“知识服务助力乡村振兴”为主题，承办中国工程科技知识服务协同发展论坛乡村振兴分论坛，与会代表就现代信息技术在农业农村科技创新领域的应用创新开展学术交流。全媒体运营服务方面，“农知播”为农业农村部计财司向全国 300 多个县和地区开展线上业务培训提供高质量支撑服务，单日观看人数突破 13 万人次；农业对外合作公共信息服务平台为在第六届中国国际食品及配料博览会上举办的“全球农食产业国内支持政策研讨会”与“RCEP 与农业贸易高质量发展研讨会”提供线上直播服务；服务农业专业领域国际交流会议，为第十五届国际乳铁蛋白会议录播提供全面技术支持与服务。国家农业图书馆与信息所其他部门合作完成的短视频《古籍小课堂》荣获农科院“年度科普作品”网络科普作品奖。

4. 宣传推广与培训。2021 年，面向农业科研人员、农科联盟平台新用户、农科院研究生院硕博士新生等用户群体累计开展宣传推广活动 10 余场次。组织“全国图书情报青年学术论坛暨全国农业科研系统第十二届电子资源培训会”，开设研究生电子资源培训专场，推出国家农业图书馆在线直播培训周，编制《2021 年电子文献资源指南》并发放 3500 册。举办 2 期 NSTL 文献资源建设岗位培训会和 1 期 NSTL 数据库建设业务培训会。首次面向西藏阿里地区农业科研人员举办 NSTL 资源与服务及农科联盟平台线上培训会，参加培训人员近 30 人。举办 2020“农知杯”农林渔科技资源开放应用创新大赛。通过“国家农业图书馆”“农业知库”“农科发现”“农业咨询服务”等微信公众号开展各类宣传推广活动。

5. 科研工作与学术交流。2021 年，由信息所研究员赵瑞雪牵头申报的科技创新 2030—“新一代人工智能”重大项目“农业智能知识服务平台研发与应用示范”获批立项并正式启动实施。承担 NSTL“下一代开放知识服务平台关键技术优化集成与系统研发”“多来源文摘数据融合研究与系统建设”等专项项目，以及中国工程院“中国工程科技知识中心农业专业知识服务系统”、国家社科基金“融合多种知识组织体系的认知搜索模式研究”、国家新闻出版署“出版融合发展工程 2021 年度数字出版精品遴选推荐计划”、农科院科技创新工程等 40 余项项目，从理论方法、关键技术等方面展开系统深入的研究与实践。通过资源建设技术与模式创新，突破多源异构海量农业科技知识资源汇聚治理、知识组织与智能计算和知识服务等多项关键技术，创建“多场景精准知识服务模型”，建成大规模、本地化、综合性的农业科技大数据知识库，研制出“普惠型 + 精细化 + 个性化”服务于一体的农业科技知识服务系统。获批牵头建设国家新闻出版署出版业科技与标准重点实验室“农业融合出版知识挖掘与知识服务重点实验室”；积极推进海外农业研究中心高通量计算与知识服务平台仪器设备购置项目。2021年共发表论文33篇，出版著作9部，获得授权发明专利2项，取得软件著作权14项，“农业科技资源共建共享平台服务”获批北京市新技术新产品（服务）。

中国农业科学院图书馆作为国际图书馆协会联合会（IFLA）、国际科技信息委员会（ICSTI）、中国图书馆学会、中国科学技术情报学会等国内外重要组织的机构会员，积极开展业务及学术交流；全年接待中国化工信息中心、冶金工业信息标准研究院、中国科学院文献情报中心、国家统计局等国内同行的来访调研与业务交流；多位专家受邀在2021年全国图书馆“十四五”规划与构想学术交流会、2021图情档学科建设与实践创新高端学术论坛暨青年学者论坛、2021知识管理与知识服务学术研讨会、第三届“数据分析与知识发现”学术研讨会、2021中国开放获取推介周、2021数字信息资源建设学术研讨会、IFLA科技图书馆分会（STL）视频会议等学术会议上做主旨报告或专题学术报告。与联合国粮农组织（FAO）在农业领域叙词表维护应用方面持续开展合作，2次受邀参加FAO举办的相关国际会议。（中国农业科学院农业信息研究所）

【2021年（首届）农业科研系统机构知识库联盟建设研讨会召开】6月10日，由中国农业科学院农业信息研究所等主办，湖南省农业科学院农业信息与工程研究所承办的2021年（首届）农业科研系统机构知识库联盟建设研讨会在湖南长沙召开，国家科技图书文献中心（NSTL）副主任郭志伟、信息所副所长赵瑞雪、湖南省农业科学院副院长童雄才出席研讨会并致辞。研讨会围绕农业科研系统机构知识库建设及未来发展趋势这一主题开展学术研讨和工作交流。同日，中国工程科技农业知识中心湖南分中心揭牌仪式在湖南省农业科学院举行。（中国农业科学院农业信息研究所）

【全国图书情报青年学术论坛暨全国农业科研系统第十二届电子资源培训会举办】7月26—28日，由信息所、《农业图书情报学报》编辑部共同主办的全国图书情报青年学术论坛暨全国农业科研系统第十二届电子资源培训会在陕西西安举办，来自全国各地的39位图情领域青年学者及100余位代表参加会议。会议围绕“数智时代——图情发展之趋势与构想”主题，组织10场专家特约学术报告、6场青年学者快闪报告及16场电子资源培训报告。与会者通过分享前沿学术观点和产学研的实践经验，多角度探讨领域发展趋势，共话图情事业蓝图。（中国农业科学院农业信息研究所）

【国家新闻出版署出版业科技与标准重点实验室“农业融合出版知识挖掘与知识服务重点实验室”揭牌仪式暨“中国农业期刊集成服务平台”上线发布会举行】12月31日，此次活动在北京举行，会议分别由信息所所长周清波和副所长赵瑞雪主持，来自中宣部出版局、国家科技图书文献中心、中国期刊协会等单位的有关领导出席会议并讲话。2021年2月，由信息所大数据与知识服务创新团队申报的国家新闻出版署出版业科技与标准重点实验室“农业融合出版知识挖掘与知识服务重点实验室”获批建设。这是信息所牵头获批的首个新闻出版业国家部委级重点实验室，实验室主任由信息所副所长、研究员赵瑞雪担任。实验室将在解决我国农业融合出版领域知识挖掘与知识服务方面存在的瓶颈问题、推动我国农业融合出版知识服务转型升级等方面充分发挥作用。“中国农业期刊集成服务平台”作为重点实验室建设项目之一，将为推动我国农业科研论文和科技信息高端交流、创新农业期刊知识服务模式提供重要平台。（中国农业科学院农业信息研究所）

中国林业科学研究院图书馆

【概况】2021年，中国林业科学研究院图书馆（以下简称“图书馆”）以服务全院重点科研工作为中心，充分发挥图书馆服务职能，努力为林草高质量发展提供科技信息支撑。受新冠疫情的影响，图书馆阶段性地关闭到馆服务，主要通过网络提供线上信息服务，以网上预约方式为读者提供图书借还服务，建立文献传递微信群，及时了解和满足科研人员的信息需求。承担中国工程院大数据项目——林业专业知识服务系统建设任务，新建“碳中和”专题知识应用、林草标准信息服务平台和林草统计数据发现平台。林业专业知识服务系统（林业分中心）在中国工程院办公厅发布的中国工程科技知识中心 2021 年度分中心评价结果中排名第二。

开展文献研究，提升科研服务能力。2021 年，顺利完成院基金项目“林业学科发展态势评估研究”。

服务林业院士，参与科研活动。承担服务中国工程院院士的信息主动推送项目，继续全年不间断、定期为 4 位林业学科的中国工程院院士及 2 个由院士牵头的林业重大咨询项目提供信息推送服务。推送服务得到中国林业科学研究院院士及其团队的认可，又参与了该院士团队的后续科研项目——木本饲料研究，为项目提供文献支撑与服务。

构建林草领域知识图谱应用系统。2021 年，中国林业科学研究院林业科技信息研究所林草大数据与知识服务团队深入开展林草领域语义知识组织研究，构建了林草领域知识图谱应用系统，系统覆盖从数据采集到数据清洗、知识提取、知识表示、本体建模、图谱自动构建及动态更新、可视化关联分析、智能问答、语义检索、智能知识推荐等知识图谱技术链，实现林草领域知识资源协同建设与知识共享。截至 2021 年底，林草领域知识图谱应用系统已收录林草领域实体数据 5.38 万个、关系数据 16.29 万个；该系统还与林业专业知识服务系统、林业搜索系统实现有机融合，为用户提供知识关联、智能搜索、知识挖掘与可视化分析等功能服务。（中国林业科学研究院图书馆　孙小满）

【提供多维度林业知识服务】2021 年，中国林业科学研究院图书馆承担的中国工程院大数据项目——林业专业知识服务系统建设任务，新建林草统计数据发现平台，全面整合林草领域的各类统计数据，实现林草领域统计数据、科学数据和文献数据的一站式检索；新增“林业知识服务”微信小程序。根据国家林业和草原局与中国林业科学研究院的实际应用需求，新建“碳中和”专题知识应用和林草标准信息服务平台，为院士和广大科技工作者提供全面、便捷、智能的多维度林业知识服务。“‘林业知识服务’微信小程序 V1.0”和“林业数据库规范化加工处理系统 V1.0”2 项获得软件著作权登记。（中国林业科学研究院图书馆　孙小满）

中国科学技术信息研究所（信息资源中心国家工程技术图书馆）

【概况】2021 年，中国科学技术信息研究所（信息资源中心国家工程技术图书馆）采购国外工程技术领域科技期刊 4389 种；采集外文会议录等文献 2954 册；采集外文学位论文 6.2 万份，馆藏总量 92.5 万份；采集中文会议文献 2246 册，馆藏总量超过 6.5 万册；采集中文学位论文 56.2 万册，馆藏总量 542 万册；订购和开通国内外文献数据库 40 多种。截至 2021 年底，馆藏印本资源共计 660 万余册。不断丰富科技档案馆藏，扩展科技档案来源渠道，优化科技档案管理与服务模式，促进科技档案资源积累与建设，2021 年，收集科技计划项目档案 10218 多盒，88859 份文件，馆藏科技档案累计 10 万个项目（课题），15 万余盒；建设馆藏文献文摘数据库和引文数据库，新增馆藏文献文摘数据 1801 万条，累计达到 1.76 亿条；新增中外文期刊引文数据 3115 万条，累计达到 3.59 亿条；提供全文传递服务 263 万份，同比增长 239%；完成文献代查代借 4629 篇。继续开展收录引证服务，完成服务 2045 项。加强公益性基础文献服务和知识化服务，联合高校、科研院所等单位开展多种形式的宣传推广活动，组织召开天津地区、辽宁地区、北京地区、广西地区高校图书馆资源及服务需求调研会，探索创新文献服务模式，探讨高校文献资源保障新方式。与北京地区高校图书馆文献资源保障体系（BALIS）、广西大学图书馆联合召开文献信息服务交流会暨 2021 年 BALIS 科技文献信息素养培训会、广西地区高校科技文献资源培训会等宣传培训活动。大力开展面向重大战略、重大需求的专题信息服务，加强重点领域信息门户建设和服务，积极拓展深化面向企业的创新服务。加强学术研究和学科建设，组织召开 2021 年全国开放科学学术交流会、2021 年全国图书馆“十四五”规划与构想学术交流会、2021 年全国数字资源保障体系重构学术研讨会、2021 年全国数字人文与数字资源组织学术研讨会、第十二届全国知识组织与知识链接学术交流会等学术会议。开展《汉语主题词表·生物医学农业卷》编研工作，开发网络协同编制平台，完善相关标准规范，完成专业概念的筛选与融合，该卷已初具规模。坚持高质量办好《数字图书馆论坛》，规范审稿流程，严把质量关，全年出版12期，刊登稿件105篇；丰富微信公众号栏目和功能，与纸质媒体、邮件推送等传播渠道相结合，提升期刊关注度。[中国科学技术信息研究所（国家工程技术图书馆）]

【国家科技期刊开放平台建设】该平台是在科技部科技创新战略委托项目《科技精品期刊发展战略研究》指导下由中国科学技术信息研究所自主建设的期刊开放平台。2021年，图书馆进一步加强平台建设，新增开放获取中文期刊134种，累计加入平台的开放获取期刊达到1328种。加强平台宣传推广，积极拓展平台，不断完善平台功能，实现期刊论文引文全融合，统计分析多角度展示，面向科技人员提供即时的一站式获取服务。[中国科学技术信息研究所（国家工程技术图书馆）]

【国家工程技术数字图书馆网站建设】该网站（http：//www.istic.ac.cn）是中国科学技术信息研究所适应网络化、数字化时代发展需求，面向全国开展科技文献信息支撑和保障服务的主要窗口。2021年，图书馆不断优化网站系统功能，加快数字业务与服务系统建设。新增个人用户21万个。截至2021年底，系统访问量达到437万人次，页面点击量达到3.53亿次。[中国科学技术信息研究所（国家工程技术图书馆）]

【《汉语主题词表》编制工作】2021年，图书馆继续开展《汉语主题词表》（生物、医学、农业卷）编研工作，系统完整地采集、整理了生物、医学、农业领域术语资源，完成基础词库构建工作。开发网络协同编制平台开发，为主题词表编制提供统一的工作平台。完善相关标准规范，保证主题词表编研工作的规范性和一致性。完成专业概念的筛选与融合，《汉语主题词表》（生物、医学、农业卷）已初具规模。开展基于科技文本大数据的STKOS术语知识库构建，推进术语知识获取方法和术语知识库建设，探索多种技术路线基于文献元数据获取专业术语及其语义关系，研究基于依存句法分析获取名词短语并进行专业性识别的方法，进行术语及其语义关系采集，形成术语知识库。[中国科学技术信息研究所（国家工程技术图书馆）]

中国地质图书馆（中国地质调查局地学文献中心）

【概况】截至2021年底，中国地质图书馆（中国地质调查局地学文献中心）（以下简称“地质图书馆”）有馆藏文献量86.11万册/卷。2021年，入藏中外文图书5064种6517册、期刊1121种7553册，采集中外文商业文献数据库11个；加工书目和全文引文数据25万余条，知识加工与数据提取更新72万余条。与中国科学技术信息研究所、国家科技图书文献中心（NSTL）和北京地区高校图书馆文献资源保障体系管理中心建立共建共享文献机制，持续扩充馆藏文献资源。地学文献共享服务和远程服务覆盖中国地质调查局全局及行业内各单位，2021年文献下载量420万篇，并为院士团队及地调局2000余位专家提供文献推送服务。

持续开展馆藏图书数字化，更新地学文献数据，在地质云发布各类专题信息产品119个；不断完善地学文献资源管理平台，实现文献资源服务全量数据的实时跟踪；持续开展门户网站、微信公众号和地质云文献中心节点的服务系统优化、在线服务支持和网络安全保障，微信公众号关注人数较去年增长9.4%。持续开展中国工程院地质分中心服务系统建设，初步实现文献和数据的空间导航浏览、空间分布地图查看等功能，该系统收录各类地学数据资源770余万条、30余个资源库，包括行业报告、情报产品、名师讲堂视频等，为用户提供全面的资源服务。

聚焦国家需求和地调局重点工作，开展系统性、前瞻性和及时性专题情报跟踪与分析研究，2021年，完成《国际地学动态》143期、《地调舆情》84期、专题研究报告12份，为中国地质调查局决策部署提供有力服务支撑；完成《地热发电和区域供热市场报告》等7份研究报告，支撑青海共和盆地干热岩勘查试采科技攻坚战试验性发电的部署实施。参与“一带一路”周边国家地质调查工作，与多个国家不断深化合作。开发“干热岩”“二氧化碳铺集与封存”等专题专利数据库，推出“国外非常规能源”“国外自然资源管理”等专题；创办《国外地质调查管理》的子刊《地质碳封存零讯》，采集、提供国内外相关政策规划、重大工程、科技创新等前沿资讯。

制订完成《中国地质调查局“十四五”科学普及工作方案》等，策划“世界地球日”“全国活动科技周”等重大科普活动，开展中国地质调查局相关人员科普工作能力培训，为全局科普工作决策提供有力支撑。创作“实践碳中和·地调在努力”和“能源宝藏干热岩”等示范性科普作品，广泛传播地质调查成果；举办“李四光地质科普讲坛”4期；组织开展研学教育和科普进社区活动，与北京科学中心、中国科技馆分别举办“地球方圆”“科创百年——建党100周年科技成就科普展”。在地质调查科普网站和微信公众号上发布科普信息1046条，浏览量120余万次，比2020年增长346%；科普网站新增用户7.8万人，覆盖全国各省和全球40个国家；与中国科学技术出版社建立资源共享合作机制，推动科普网站与科普中国平台深度融合。地质图书馆获得“中国地质学会地学科普研学基地”称号。

出版内刊《中国地质文化》6期，围绕弘扬优秀地质文化、传播正能量，助力新时代地质工作转型发展；开展新时代地质文化交流研讨，编纂《地质文化赋新能　精神家园绽异彩——新时代地质文化研讨交流文集》，全面展示中国地质调查局系统新时代地质文化建设成效；支撑中国地质调查局廉政文化建设，编辑《中国地质调查局纪检工作通报》4期，更新廉政教育基地展示内容，改版廉政网站栏目和内容，2021年共发送廉政节日提醒短信7次，专题网站信息1087条，有效地发挥了廉政教育平台作用。开展中国地质学会地质文化专业委员会筹备等工作。

2021年出版《中国地质调查》6期，聚焦自然资源、生态地质、全球气候变化和碳中和等热点领域，系统宣传中国地质调查原创性成果，被美国《化学文摘》、俄罗斯《文摘杂志》数据库收录，同时被中国科学评价研究中心认定为“RCCSE中国准核心学术期刊”，纳入“地质学领域高质量科技期刊目录”，成为“中国科技核心期刊”。出版《自然资源科普与文化》4期，被纳入“地质学领域高质量科技期刊目录”。

开展地调成果管理制度研究，完成《地质调查成果登记指南》等成果，为中国地质调查局成果精细化管理提供支撑；开展地质调查成果统计与评价，形成局属单位年度科技论文、专利、期刊等系列分析报告，以及地质调查项目资助论文等统计报告，为中国地质调查局科技成果评价与管理提供信息支撑。加强与行业单位合作，积极拓展业务领域，与自然资源部第四海洋研究所合作开展国内外海洋领域重点实验室科技创新能力评价，完成其委托的《国内外海洋科学重点实验室创新能力调研报告》；与中国地质学会合作开发地质学会科技奖励评审系统，提升地质图书馆服务行业、服务社会的能力。

率先向中国地质调查局党组提出建设局全球碳中和地学研究中心方案，和中国地质科学院地质研究所一起被明确为地质调查支撑国家“双碳”目标的牵头单位，共同梳理已有工作基础、谋划“十四五”地质调查项目部署以及“双碳”工作10年总体设计，有力推动构建地质调查支撑服务国家碳达峰碳中和的四体系一机制；成立国家科技图书文献中心（NSTL）地学服务站，地学文献服务首次纳入国家科技文献保障服务体系，地质图书馆的科技文献信息资源建设迈入了新的阶段；社会化服务水平再上新台阶，支撑全国政协人口资源环境委员会开展为期百日的碳达峰碳中和主题读书交流活动，全国政协人口资源环境委员会2次致函表示感谢；与中国矿业报社合作开设《地质工作与碳中和专栏》，组织局属单位发表文章16篇，其中2篇被“学习强国”app转载；地质图书馆的“知识服务助力碳达峰与碳中和”作为优秀案例，受邀在中国工程院主办的全国性论坛上做介绍。

坚持党管人才，全方位培养、引进、用好人才。制定年度培训计划，举办、参加培训18次，年度培训人数420人次；开展两批处级领导干部的选任工作；向自然资源部、地调局推荐和选送各类人才6名，积极宣传人才和团队事迹，营造干事创业浓厚氛围；注重培养锻炼年轻干部，选派5名处级干部到中共中央组织部、局机关和部直属事业单位挂职锻炼。（中国地质图书馆　张亚）

中国计量科学研究院文献馆

【概况】截至2021年底，中国计量科学研究院文献馆拥有计量科技图书、期刊、会议录、科研成果等50余万册，以及1972年以来我国公开发行的所有计量检定规程、技术规范等国家计量技术法规。中国计量科学研究院文献馆围绕国家科技文献战略保障的长期性、基础性、公益性、安全性定位，围绕国家《计量发展规划（2021—2035年）》等，在夯实传统纸质文献基础上，持续加大数字资源建设，采用先进科学技术方法，进一步提升数据深度加工能力。依托NSTL网络服务平台，坚持以人为本、服务至上，继续实现7天不间断、24小时原文传递服务，为全国科研人员提供普惠、公益的计量科技文献信息服务，逐步建立计量科技文献的普惠化服务体系，特别针对新疆、西藏等西部地区计量单位开通文献直通车服务，得到当地一线科研人员的认可。同时，为计量科学创新提供知识服务，在新冠病毒检测攻关、北斗系统基准钟建设、“国际单位制（SI）”变革等国家重大计量科学研究中发挥了重要的文献支持作用。2021年为读者提供国内外文献30余万篇次，网站访问量50余万人次。

面对信息环境的变化和读者需求的变化，中国计量科学研究院文献馆在新常态下稳步推进服务模式有效转型，在计量科技信息、计量经济效益等方面开展多项国家层面的调研分析研究工作，搭建知识服务技术平台，为科技研究、政策制定等提供大数据分析信息，如为计量科研创新提供有力的支撑保证。同时，主动应对文献信息安全风险，将国家计量科技文献资源基础设施的效用发挥到最大。（中国计量科学研究院文献馆　李晓萌）

【推进国际计量情报分析研究】2021年，中国计量科学研究院文献馆基于海量计量科技文献，聚焦先进国家计量机构，梳理各国总体计量科研表现力和技术创新能力情况，开展基于文献的计量科技创新技术热点深度对标分析，从多个维度揭示中国计量科学研究院在先进国家计量科技竞争格局中的优势和面临的挑战，探寻全球计量机构的重点研究方向和技术热点。先后发布《国际计量机构科研产出与影响力对标分析》《全球计量研究前沿热点分析报告》《中美计量科技发展趋势研究》等系列研究报告，从不同角度揭示中国在国际单位制量子化新时代所处的地位及面临的风险挑战，持续为规划未来计量科学战略发展及国家层面质量保证政策的制定提供精准情报信息服务，高质高效支撑计量科研管理决策。（中国计量科学研究院文献馆　李晓萌）

【开展“基于多源数据抽取的‘卡脖子’文献资源保障研究”】2021年，中国计量科学研究院文献馆承担“基于多源数据抽取的‘卡脖子’文献资源保障研究”项目，针对美国出口管制相关政策文件，包括商业管制清单、出口管理条例、实体清单及其出口管制相关的联邦公报等文件，提出一种基于多源数据融合、深入文本语义内容的美国出口管制信息的多维分析框架，构建细粒度美国出口管制信息分析模式，建立一种动态跟踪美国出口管制政策，确定受控类型，探析技术领域受限原因的自动识别分析工具。在此基础上，利用文献计量学方法梳理被卡和可能被卡的国外科技文献信息资源，持续跟踪调查受限科技文献资源及其被卡原因和范围。该研究成果报科技部等部委，得到有关领导的高度肯定和重视。（中国计量科学研究院文献馆　李晓萌）

中国标准化研究院国家标准馆

【概况】2021年，中国标准化研究院国家标准馆（以下简称“国家标准馆”）在资源建设方面坚持数量与质量兼顾。在年度财政经费持续削减30%的情况下，及时调整采集品种，通过价格谈判、公开招标、继续优化采购订单等方式，保证了核心资源的持续更新维护。2021年，订购标准全文数据库80个，采集标准及期刊等文献1.6万册，加工标准题录7.9万条，整合多源异构数据8.6万条，题录数据总量达到270万条；科技文献编目124条，NSTL西文期刊文摘数据加工4285条、引文数据加工4.4万条；采集OA期刊96种1524期2.8万篇。进一步完善国家标准文献信息资源保障体系，资源保障能力稳步提升。

建立多层次的服务体系，面向社会各界提供标准信息咨询、在线智能问答、标准数据库检索查询、强制性国家标准在线阅览、标准发布信息和标准制修订信息推送、专家在线咨询等基础服务。优化读者到馆咨询、借阅、电子阅览、参观学习等服务效率；充分利用新媒体，如标准馆微信公众号、门户网站等，开展标准化知识、标准信息服务，扩大国家标准馆的社会影响力，树立品牌。获批国家知识产权局第四批技术与创新支持中心（TISC），开展标准与知识产权的融合服务。2021年，完成科技期刊文献服务818篇，比2020年增长20%。国家标准文献平台系统新增注册用户7748个，比2020年增长5.6%，累计注册用户31.4万个；平台网站访问量121.3万次。

继续完善标准知识服务产品矩阵，在PC端、移动端等开展软件研发，形成快速部署、功能完善的软件产品。推动标准大数据深度加工的知识服务进程，基于机器学习的自动分类、词表与语法规则范式的特征抽取、正则表达式的段落拆分、机器学习的标准指标识别技术，将标准结构化、自动翻译、自动分类等成果应用于门户网站，丰富基础词表，实现针对国内外标准的技术指标、起草人、起草单位等的精准搜索命中，为广大企业研究标准、使用标准提供技术支持，推动信息服务向知识服务新业态转型，助力经济社会高质量发展。

推动“十三五”国家重点研发计划NQI重点专项“中国标准走出去适用性技术研究”（二期）项目开展，对照项目任务书完成规定的全部考核指标，在领域上拓宽了中国标准境外应用的范围和广度。积极开展国际标准涉及专利问题研究，针对国际标准必要专利总体情况、国别情况、时序发展趋势情况、领域情况开展分析研究，并提出国际标准与必要专利深度融合的措施建议，形成《关于国际标准必要专利趋势分析及对策建议的研究报告》，为政府决策提供参考。以“将领域优势做强做大做出品牌”为宗旨，发挥多年积累的资源优势和科研优势，开展标准信息深层次开发利用，积极推进标准指标比对、标准体系研究、标准国际化等研究成果的推广应用，取得初步成效。开展并完成多项科研项目，如山西市场监督管理局委托的山西省高质量转型发展标准化专项项目“山西省大宗贸易产品国内外标准比对分析及政策研究”、国家电网有限公司委托的“综合能源服务国际标准化路径研究”、国家石油天然气管网集团有限公司委托的“油气管网生产运行专业标准体系研究”等。

开展国际标准化合作、非洲标准化合作研究、中国标准“走出去”、区域标准化研究中心管理以及标准信息交换等工作。承担标准创新管理专项“中国标准国际化案例梳理与‘一带一路’共建国家题录加工和翻译”研究工作，以“一带一路”共建国家标准信息平台为着力点，支撑国家标准委员会的工作需求，持续更新“一带一路”国家标准题录信息，新增10个“一带一路”国家和地区的标准题录；做好“一带一路”共建国家标准信息平台的运维工作，包括门户网站、微信公众号、微信小程序的开发和运行。开展东盟、中亚等“一带一路”重点国家的标准制定情况以及国际标准采标情况分析，同时梳理跨境物流、家电等11个领域的中国标准国际化典型案例，分析中国标准国际化成功经验等，形成《面向“一带一路”重点贸易区域的中国标准国际化案例梳理报告》。开展区域标准化研究中心的支撑工作，定期收集各区域标准化研究中心的信息动态，按照不同类别和维度对相关内容进行提炼汇编，完成《区域标准化信息汇编》3期。

持续加强标准信息推送及宣传工作，针对疫情防控、人员流动受限的情况，积极探索网络宣传方式，在国家市场监督管理总局科技周、世界标准日等活动中，通过科普视频、科普文章、视频会议、视频讲座、远程互动等形式开展线上科普宣传。结合庆祝中国共产党成立100周年，组织撰写“建党百年话标准”系列文章。2021年，在中国标准化研究院网站、“一带一路”共建国家标准信息平台、标准馆门户网站上推送动态新闻60余篇；在标准馆微信公众号上定期推送相关的标准咨询信息、标准大数据研究成果等45篇，阅读量3451次，新增关注用户446人，接待到馆读者257人次，开展各类参观、宣传活动60余场。（中国标准化研究院国家标准馆　汪滨　张明）

【国家重点研发项目“中国标准走出去适用性技术研究（二期）”完成课题绩效评价工作】9月15日，中国标准化研究院承担的“十三五”国家重点研发计划“国家质量基础的共性技术研究与应用”重点专项“中国标准走出去适用性技术研究（二期）”项目（编号：2017YFF0209500）完成课题绩效评价。

该项目下设六个课题，中国标准化研究院承担了其中课题一、课题四和课题六的研究工作。项目聚焦中国标准在境外的转化和应用，致力于通过中国标准走出去，带动成套产品、成套重大装备和成套技术走出去。其中，课题一“农业及矿产领域标准走出去适用性研究研究”推动农业和矿产领域18项中国标准在蒙古、柬埔寨和哈萨克斯坦转化应用；课题四“服务业重点标准走出去适用性技术研究”推动跨境物流领域10项中国标准被转化为中亚区域经济合作承运人和货运代理人联合会（CAREC）标准，并制定1项语言学习服务ISO国际标准（ISO 29991）；课题六“标准走出去支撑服务平台建设”开发并建成“标准走出去支撑服务平台”，展示中国标准走出去的成果，支撑标准走出去工作。

截至2021年底，该项目共完成中国标准在国外的转化应用98项、标准比对170项，制定国际标准3项、发表学术论文36篇，超额完成任务书规定的研究内容，达到考核指标的要求。专家组一致同意全部课题通过绩效评价。（中国标准化研究院国家标准馆　汪滨　张明）

【国家标准馆举办第52届“世界标准日”标准化知识主题讲座活动】10月11日，国家标准馆围绕“标准促进可持续发展，共建更加美好的世界”主题，举办第52届“世界标准日”标准化知识主题讲座活动，活动由国家标准馆馆长汪滨主持。来自相关领域、各单位共计80余人在线参加此次活动。4位主讲人分别介绍中国共产党领导下的中国标准化发展历程、国家标准馆的馆藏资源以及相关服务项目和成效、标准知识服务和标准大数据及标准竞争情报的实践模式以及中国标准国际化应用案例，让更多公众深入了解中国标准化事业发展的相关内容。（中国标准化研究院国家标准馆　汪滨　张明）

【中国标准化研究院世界知识产权组织技术与创新支持中心（TISC）正式获批运行】10月21日，国家知识产权局发布《国家知识产权局关于同意第四批技术与创新支持中心（TISC）正式运行的通知》（国知发服函字〔2021〕167号），中国标准化研究院等TISC筹建机构顺利通过世界知识产权组织（WIPO）和国家知识产权局的评估，作为第四批技术与创新支持中心正式运行。技术与创新支持中心（TISC）是世界知识产权组织（WIPO）发展议程框架下的项目，旨在帮助发展中国家的知识产权和创新用户提升技术信息检索能力，更快地掌握行业动态和新技术信息，帮助其增强创新能力。在一年多的筹建期间，国家标准馆加强TISC办公场地的建设，开展ISO标准必要专利研究和相关数据库及检索平台研发，培训TISC服务人员，最终完成筹建工作。（中国标准化研究院国家标准馆　汪滨　张明）

民族文化宫图书馆（中国民族图书馆）

【概况】2021年，民族文化宫图书馆（中国民族图书馆）坚持发挥公益性少数民族专业图书馆功能特色的发展路径，在做好疫情防控工作的同时，顺利有序推进各项工作。截至2021年底，共有在编人员27人，包括汉族、蒙古族、藏族、维吾尔族、朝鲜族、哈萨克族、回族、水族、土家族、达斡尔族等10个民族，其中少数民族馆员人数占62.9%；研究馆员6人，副研究馆员11人，馆员7人，助理馆员3人。工作中坚持以“读者至上，服务为本”的理念，想读者所想，谋读者所求，做到“走出图书馆”，走进读者身边，提供专业化、人性化、多样化的服务。

2021年，共接待读者4267人次，借还图书1735册次。采购图书458种836册，接受赠书156种865册，订购期刊670种5414册、报纸110种8509份。编目图书991条，入库图书1067册。在古籍整理与征集方面，完成旧平装数据296条，452函452册，上传书影1433张；审校数据321条，321函321册，上传书影87张；完成藏文古籍普查数据1189条，53905叶，上传书影3892张；著录水文古籍目录5547条，审核修改16715条；整理“中国民族图书馆藏碑帖清单”195种；征集文献32种487册。

充分发挥图书馆宣传教育平台作用，参与“党的光辉照边疆　各族儿女心向党——全国兴边富民成就展”相关工作，并配合举办“沐浴党的春风　共享发展成果——兴边富民专题文献展”。组织筹办“百年风华　光辉历程——庆祝中国共产党成立100周年文献展”。积极联系社区、学校联合举办“中华民族英雄史诗文献展”“古籍、古迹中的各民族交流交往交融展”等文献特展。

2021年，中国民族图书馆立足新形势、新要求，进一步加强“铸牢中华民族共同体意识”研究阐释工作。完成“历史上各民族经济交往典型事例研究”等2个科研项目，出版学术著作2部，在《中国藏学》等国内知名刊物上发表学术论文22篇。获批国家新闻出版署“十四五”时期国家重点图书出版项目“全国水文古籍普查登记目录”，国家民族事务委员会项目“国家民委铸牢中华民族共同体意识古籍整理出版书系——多文种合璧民族古籍总目提要”“察合台文契约文书所见中华民族交往交流交融史料整理研究”，北京市民族事务委员会项目“以民族古籍诠释铸牢中华民族共同体意识”等4个重要项目。

2021年，中国民族图书馆持续加强对地方文化体系建设的扶持力度，开展文化扶贫和捐赠图书活动。分别向江西省乐安县图书馆捐赠价值3.2万元的图书、期刊500册，向内蒙古自治区阿鲁科尔沁旗图书馆捐赠价值2.6万元的图书379册，向贵州省黔南布依族苗族自治州都匀市图书馆捐赠价值2.6万元的图书400册。

中国民族图书馆以“全面建成小康社会与民族地区图书馆事业发展”为主题，组织编撰《民族图书馆学研究（十）》。为确保论文质量，对入选的124篇论文进行严格的审阅筛选。论文集于2021年11月出版发行。（民族文化宫图书馆）

中国艺术研究院艺术与文献馆

【概况】中国艺术研究院艺术与文献馆原为中国艺术研究院图书馆，系2002年12月由恭王府迁入现址时，将中国艺术研究院资料馆与院内戏曲、音乐、美术等研究所资料室合并组建而成。该馆以学术资源采集收藏中心、数字资源建设中心、研究展示交流中心为主要发展目标，切实履行艺术类学术资料的保管与保护、艺术类学术资料的采集与收藏、艺术类学术资源的服务、馆藏品的研究与展示“四项职能”，更好地为艺研院艺术科研、艺术教育、艺术创作、非遗保护、文化艺术智库“五位一体”的建设目标服务。

该馆藏品丰富，品类繁多，尤以收藏艺术类书刊、特种文献、艺术实物、音像档案著称，馆藏古籍中不乏孤本、珍本。2008年，该馆入选国务院公布的第一批“全国古籍重点保护单位”。馆藏大量珍贵书画作品、金石拓片、名家手稿等。非书资料是馆藏特色，包括音像档案、艺术实物、艺术图片等。艺术实物有清代昇平署戏衣等戏曲类实物和以传世古琴、少数民族乐器为主的音乐类实物等。在所藏大量珍贵音像档案中，“中国传统音乐录音档案”于1997年入选联合国教科文组织首批“世界的记忆”，并被列入《世界记忆名录》。2003年，《民间音乐家阿炳六首乐曲原始录音》《冼星海〈黄河大合唱〉手稿》入选第二批《中国档案文献遗产名录》。

2021年是中国艺术研究院建院70周年，该馆立足自身定位，围绕“院庆展览”“丛刊出版”和“藏品搬迁”等重点工作，统筹推进各项业务工作。

继续开展馆藏古籍、碑帖、手稿、戏单等整理编目，完成馆藏光盘、盒带及老设备等整理装箱；完成手稿、戏单、印谱等数字化扫描。继续加强藏品保护，定制纸本类藏品无酸纸包装盒套，定制乐器保存箱，修复民国时期破损平装书，批量采购防虫剂、调湿剂等。有序完成文献类藏品、木质藏品修复工作。

高质高效推进“世界的记忆——中国传统音乐录音档案”发布工作。“馆藏中国传统音乐录音档案研究、保护与传播”于2020年12月立项后，分别于2021年4月、6月通过数据库网站、app原型设计方案，12月数据库网站正式通过验收，将于2022年上线试运行。微信公众号全年编发文章数量、新增关注人数、累计关注人数等均较2020年有大幅提高；配合中国艺术研究院70周年院庆展览，策划推出馆藏推介系列；配合建党百年，策划推出“展艺文珍品，贺百年华章”专题；编发“中国艺术研究院期刊目录汇编”“中国艺术研究院学者发表学术论文汇编”两个专题，集中展现艺研院科研实力，助力科研人员学术信息情报需求。该馆门户网站全年访问量较2020年翻一番；持续新开试用数据库，研发完成“中国艺术研究院成果库”“中国艺术研究院创作库”，继续审核发布自建数据库图片和音乐资源。

持续为科研项目、学术活动等提供图书、图片、音视频等资源，支持“中华瑰宝”展，遴选提取实物藏品，配合筹备传拓技艺宣传片。配合腾讯古琴艺术数字文创项目，为“数字古琴”小程序提供馆藏琴曲及古琴、琴谱图片等，全程参与古琴三维数据采集，参与活动设计、展板审校、现场主持等。继续为各类活动采集图片素材，采集视频资料并编辑制作。继续提供日常阅览服务，完成图书报刊上架、办理读者卡等。

2021年，入藏朱炳仁装置艺术作品、工笔画院壁画临摹作品，填补馆藏类型的空白；入藏“众志成城、抗击疫情”主题创作作品、“丝路怀古——中国艺术研究院工笔画院历年壁画临摹项目成果展”捐赠作品、“文心造器——吴笠谷制砚艺术展”展出作品等，以展览带动收藏，推动收藏工作机制多元化。成立中国艺术研究院艺术与文献馆学术委员会，对与馆藏品收藏、处置、保护、研究、出版及展览等相关的重大事项进行评议和指导。

策划筹办“韬藏而日章——中国艺术研究院艺术与文献馆传统艺术收藏展”，精选432件馆藏珍品进行展示，同期推出线上展览，并策划出版《韬藏而日章——中国艺术研究院艺术与文献馆传统艺术收藏展图录》。编辑出版《中国艺术研究院艺术与文献馆藏珍品图录丛刊》第二至第五卷、《山高水长——杨荫浏先生诞辰120周年纪念图录》；完成《中国传统音乐考察报告》（10卷）全书内容及音频二校。“中国艺术研究院图书馆馆藏音响档案珍粹”出版项目成果之一《丝桐神品——古琴（1950—1970）》（30CD）荣获第五届中国出版政府奖。馆藏美术作品参展“伟大征程　时代画卷——庆祝中国共产党成立100周年美术作品展”；配合中央广播电视总台拍摄录制献礼建党百年《红色印记——百件革命文物的声音档案》系列节目；馆藏高清图片入选全国政协文化文史和学习委员会编撰的《大运河画传》等。

抓紧搬迁准备工作，分步骤实施藏品搬迁。细化藏品搬迁方案，分3批次完成藏品搬迁。通过测算库房面积，合理规划布局，在完善库房设施的基础上实施藏品装箱打包。第一阶段搬迁工作基本完成，馆藏较为珍贵的实物藏品搬至新库房。（中国艺术研究院艺术与文献馆　裴潇）

【《丝桐神品——古琴（1950—1970）》（30CD）荣获第五届中国出版政府奖】7月19日，国家新闻出版署发布《关于表彰第五届中国出版政府奖获奖出版物、出版单位和出版人物的决定》。中国艺术研究院艺术与文献馆编辑整理的《丝桐神品——古琴（1950—1970）》（30CD）荣获第五届中国出版政府奖之音像制品、电子出版物和网络出版物奖。《丝桐神品——古琴（1950—1970）》（30CD）是“中国艺术研究院图书馆馆藏音响档案珍粹”出版项目成果之一，光盘收录艺术与文献馆藏录制于1950至1970年间的274首古琴录音，涉及72位琴家，同时还出版与录音资料相关的文稿近6万字。全套出版物为一函，分10册，每册含3张CD，是近年来体量较大的单种乐器音像出版物。274首琴曲选自艺术与文献馆藏2000余首古琴录音，堪称历史“绝响”。其中所附中国艺术研究院琴家查阜西执笔的《1956年古琴采访工作报告》，是对新中国成立以来采访地域最广、采访人数最多、搜集资料最丰富的古琴采访活动的学术记录与总结，是琴学研究的重要历史文献。（中国艺术研究院艺术与文献馆　裴潇）

【向西藏自治区图书馆、新疆阿拉尔市文化（图书）馆捐赠图书】2021年，中国艺术研究院艺术与文献馆向西藏自治区图书馆、新疆阿拉尔市文化（图书）馆捐赠专业图书合计21余万册。9月16日，馆长赵海明一行代表中国艺术研究院向西藏自治区图书馆捐赠图书10余万册，并与西藏自治区图书馆各部门同志进行座谈。西藏自治区文化厅党组成员、副厅长（挂职）阎平，西藏自治区文化厅公共服务处副处长罗旦，西藏自治区图书馆党委书记、副馆长肖华等领导出席捐赠仪式。10月12日，副院长兼研究生院院长李树峰一行代表中国艺术研究院出席向新疆阿拉尔市文化（图书）馆图书捐赠仪式，向该馆捐赠图书11.1万册。新疆生产建设兵团文化体育广电和旅游局党组成员、副局长（挂职）张金宁，第一师阿拉尔市党委书记、政委、阿拉尔市人大常委党组书记、主任卢跃东等领导出席捐赠仪式。捐赠仪式后，李树峰一行与卢跃东等一同调研阿拉尔市文化（图书）馆，双方还围绕文化交流、文化润疆、艺术科研、艺术创作、艺术教育等进行深入座谈。（中国艺术研究院艺术与文献馆　裴潇）

【举办《中国艺术研究院艺术与文献馆藏珍

品图录丛刊》系列出版物首发式暨“韬藏而日章”——传统艺术收藏展开幕式】12 月 10 日，由中国艺术研究院艺术与文献馆、文化艺术出版社有限公司共同举办的《中国艺术研究院艺术与文献馆藏珍品图录丛刊》系列出版物首发式暨“韬藏而日章”——传统艺术收藏展开幕式在中国艺术研究院举行。《中国艺术研究院艺术与文献馆藏珍品图录丛刊》涵盖特藏实物、古籍文献、历史图片 3 种馆藏品载体，涉及传统音乐、传统戏曲、电影电视 3 个艺术门类，从多个角度展现中国艺术研究院丰厚的资源积淀和学术收藏。该丛刊首卷《智化寺京音乐》于 2020 年出版，获得学界一致好评。“韬藏而日章——中国艺术研究院艺术与文献馆传统艺术收藏展”是艺术与文献馆为庆祝艺研院建院 70 周年而策划筹办，精选 432 件馆藏珍品，分传统戏曲、传统乐器、金石书画、古籍文献 4 个单元进行展示。这是艺研院举办的首个从收藏角度策划的综合性藏品展览，所展均为院藏珍品甚至存世孤品。同期推出线上展览，并策划出版《韬藏而日章——中国艺术研究院艺术与文献馆传统艺术收藏展图录》。（中国艺术研究院艺术与文献馆　裴潇）

医学图书馆

【山西省汾阳医院图书馆搜集、整理、展示院史资料】2021 年，山西省汾阳医院图书馆开展了大量院史资料搜集、整理和展示工作。第一，在经过 7 个月的史料收集与考证后，将两位汾阳医院（山西省汾阳医院前身）附设护士学校毕业学生——郭庆兰（印度援华大夫柯棣华的夫人）和孟毅（开国少将游胜华的夫人，曾是白求恩大夫的手术护士）在抗日战争时期与国际主义战士柯棣华、白求恩一起工作的资料进行整理，并在医院院史馆新增专门展室展出，供医院职工、实习生、规培学员、同行及社会各界人士参观学习。第二，对医院 2020 年度抗击新冠疫情工作中的图片、影像、新闻报道等资料进行整理，精选 40 余幅照片在院史馆开设专门展室展出。第三，将二十世纪二三十年代中国共产党地下党组织在汾阳医院活动的文字、图片资料进行搜集整理，选出部分有代表性的人物、事件在院史馆展出。第四，搜集到汾阳医院美籍院长万德生在 1928 年撰写的由山西临县防疫会印制的《防疫须知》和中华医学会创始人伍连德著于 1911 年并由上海华美书局代印的《鼠疫及消毒法》，两部文献均存放在院史馆展柜中展出。（汾阳医院图书馆　张建功）

【吉林大学第一医院图书馆入选首批国家知识产权信息公共服务网点名单】10 月，国家知识产权局正式公布 2021 年度国家知识产权信息公共服务网点名单，吉林大学第一医院图书馆达到相关要求并入选此名单。该馆作为面向医药领域科研人员与高新医药企业的国家和吉林省知识产权信息公共服务网点，主要开展知识产权公益讲座服务、完成专利信息的检索与咨询服务、加强专利导航和专利预警服务等。（吉林大学第一医院图书馆　伦志军）

【上海交通大学医学院图书馆举办第二届循证医学与临床研究方法学培训班】10 月 30 日，上海交通大学医学院图书馆采用网络会议的形式举办第二届循证医学与临床研究方法学培训班，来自医学院本部、瑞金医院、仁济医院、新华医院、儿童医学中心、第九人民医院等附属医院的 100 余名学员参加此次线上培训。培训由上海交通大学医学院图书馆馆长仇晓春主持，来自国内外的 7 位专家分别从临床研究设计、数据管理、统计分析、系统评价、临床决策等方面为学生做报告。（上海医学图书馆学会）

【山东省第二人民医院图书馆开展“数字资源送临床”培训活动】4 月 7—8 日，山东省第二人民医院图书馆开展“数字资源送临床”培训活动。该馆利用馆藏数字资源，通过入科室进行讲解、操作演示、互动交流的方式，向临床一线员工清晰直观地展示了资源平台的使用功能，有利于员工借助数字资源平台提升医教研综合水平和专业素养。培训活动共安排 22 场，现场开通个人账号 536 个。（山东省第二人民医院　焦倩　徐磊）

【山东大学齐鲁医院图书馆举办“学党史　办实事　科技强基之医学信息素养教育系列讲座”】自 8 月起，山东大学齐鲁医院图书馆举办“学党史　办实事　科技强基之医学信息素养教育系列讲座”。此次活动历时3个月，采用线上、线下相结合的方式，共举办24场（其中9场线下），600余人次参加。特邀医学科技论文写作方面的专家、医学期刊中心资深编辑和图书馆业务骨干、数据库专业讲师担任主讲，内容涵盖数据库使用、医学论文写作投稿、科研诚信等主题。（山东大学齐鲁医院图书馆　庞兴梅　李倩）

【山东大学齐鲁医院图书馆荣获“中国医院协会医院情报图书专业委员会2021学术年会”医院图书馆服务最佳创新模式奖】9月，山东大学齐鲁医院图书馆馆长庞兴梅、馆员李倩提交的《更新服务理念，扩展服务内容——以广智院新馆建设为契机》荣获“中国医院协会医院情报图书专业委员会2021学术年会”的医院图书馆服务最佳创新模式奖。该案例通过PPT与视频结合的方式，展示山东大学齐鲁医院图书馆全面升级后的服务方式和内容：从被动等待变为主动推送，从读者走进图书馆变为图书馆走近读者，从以资源为核心变为以服务为核心，服务从简单粗放型变为深入精准型，从信息服务升级为知识服务，从普遍服务变为个性化服务，图书馆从信息中介变为读者的科研伙伴。2021年，该馆依托新媒体平台不断探索创新主动化服务的形式与内容。图书馆运营3个读者交流微信群，服务对象1353人，每天14小时在线答疑，同时向读者推送各类资源的使用方法和医学信息领域的专业文章、讲座信息等。利用“齐鲁医图”“齐鲁医学情报”2个微信公众号，为近4000位用户提供医学情报，全年推送文章54篇，内容涵盖院内发表的高影响因子论文，外文医学图书、中文社科图书推荐，资源开通、试用及停用通知，专业讲座及各类活动通知等。（山东大学齐鲁医院图书馆　庞兴梅　李倩）

【山东省烟台毓璜顶医院图书馆举办庆祝建党100周年红色文化阅读推广系列活动】2021年，山东省烟台毓璜顶医院图书馆与院党办、工会等联合策划、举办了庆祝建党100周年红色文化阅读推广系列活动，包括“建党百年·峥嵘岁月”线上打卡学党史，“毓医之声”经典人文图书、诗歌朗诵作品征集及展播，“你陪伴，我成长”红色故事快乐阅读和红色专题电子书扫码荐读等4个活动，约2800名职工参与活动。（烟台毓璜顶医院图书馆　王丽丽）

【重庆医科大学附属第一医院图书馆开展“农家书屋专业帮扶活动”】1月，重庆医科大学附属第一医院图书馆到重庆市黔江区金溪镇长春村开展“农家书屋专业帮扶活动”。活动内容包括捐赠图书遴选采购、慰问品组织采购、讲座、益智互动活动、绘本讲解、农家书屋规范管理、医疗健康知识传递等，有100多人参加活动。（重庆医科大学附属第一医院图书馆）

【军事科学院图书馆举办“过节不出门　图书掌上读”活动】2月，军事科学院图书馆举办“过节不出门　图书掌上读”活动，充分利用馆藏图书多、整合能力强等优势，在线上架精选图书，优化阅读体验；同时兼顾假期中、小学生阅读需求，增设青少年主题书柜，促使军娃们养成随时随地阅读的好习惯。用户只需关注图书馆“掌上军图”微信公众号或者下载“掌上军图”app，即可阅读主题书柜、线上书城以及热门图书栏目中的上万册图书。（军事科学院图书馆　张明华）

【军事科学院图书馆举办“书香润红山　深情忆红船”庆祝建党100周年文献展暨“4·23”世界读书日主题系列活动】4月，在第26个世界读书日即将来临之际，军事科学院图书馆举办“书香润红山　深情忆红船”庆祝建党100周年文献展暨“4·23”世界读书日主题系列活动。此次文献展分为十大板块，自4月20日起在该馆厢红旗馆区一层展出。该馆同时为读者准备了丰富多彩的现场互动活动，包括：“你选书·我买单”，前300名读者只需扫码或现场选书，即可获得赠书；“最美声音召集令”，召集官兵朗读经典，共迎建党百年；“最强大脑·速读速写PK赛”，邀请读者现场挑选一本书，完成3分钟阅读后，对所看内容进行速写等活动。（军事科学院图书馆　张明华）

香港特别行政区

公共图书馆

【概况】截至2021年底，香港公共图书馆系统内共有82个图书馆，包括70个固定图书馆及12个流动图书馆（车）。按图书馆的规模和服务性质，分为中央图书馆、主要图书馆、分区图书馆、小型图书馆和流动图书馆，并以此为基础构建了五层架构的香港公共图书馆体系。全港的公共图书馆藏有各类文献及多媒体资源共计1525万项，登记读者人数近477万人，外借次数超过2920万项。2021—2022年度香港特别行政区政府公共图书馆的修订财政拨款为14亿100万港元，较2020—2021年度的修订预算减少5550万港元。（香港公共图书馆　李景贤）

【推广活动与提倡阅读和文学艺术的工作】香港康乐及文化事务署（以下简称“康文署”）在2021年继续推广阅读风气和鼓励市民使用图书馆馆藏。在“康文署寓乐频道”新增“互动+01”和“101入门教室”网上平台，制作互动故事和教学影片，包括“互动故事房”“作家与你在线说故事”“故事·起动”“走读香港历史建筑系列”及“与文字约会”，推广电子阅读和网上活动，以鼓励市民在图书馆以外的地方阅读。一年一度的全港活动“4·23世界阅读日创作比赛”在网上展出得奖作品，同时制作宣传短片，邀请本地作家及图书馆馆长拆解“喜阅”的密码，并推介“馆长选书”中的好书。康文署把“夏日阅缤纷”多项活动和香港中央图书馆多个专题讲座录制成影片上传网站，让市民可在家中享受阅读的乐趣。“香港图书馆节2021”于10月至11月举行，提供各种现场互动活动和多项网上节目，与读者一起探索以不同形式阅读的可能性。

为推广文学艺术，康文署继续举办“全港诗词创作比赛”和“第十六届香港中文文学双年奖”。“第十三届香港文学节”分2个阶段举办，共7个系列的活动于2021年初在线上举行。康文署制作“赏读文学”教学影片，上传至“康文署寓乐频道”的“101入门教室”网上平台，让更多观众可在网上收看。（香港公共图书馆　李景贤）

【香港公共图书馆开展阅读推广活动】2021年，香港公共图书馆继续与区议会合作，举办各项活动，向区内居民推广阅读文化，并推行多项计划，优化图书馆设施和阅读环境。2021年多项计划举行的活动因疫情而取消或延期。图书馆开放后，香港公共图书馆运用区议会的财政资助，举办逾100项定期推广活动，以鼓励市民阅读，活动包括“深水埗阅读推广——亲亲大自然　探索香港生态”、“一‘喜’STEM@屯门”、葵青区的“乐在其中”系列、九龙城区的“长者健康宝藏”讲座系列、西贡区的“阅读及流行文化”讲座系列，以及元朗区的“阅读元朗”系列。

为提高公众对本地历史及文化的兴趣，香港公共图书馆还举办多项推广活动，包括“昔日东区”专题讲座、“似曾相识·南区今昔”专题讲座和工作坊系列，以及“湾仔填海发展与建筑变迁”专题讲座。（香港公共图书馆　李景贤）

【扩展公共图书馆服务网络】香港公共图书馆与非营利地区组织携手合作，推行“便利图书站——小区图书馆伙伴计划”，提供以小区为服务范围的图书馆服务。香港公共图书馆为有关组织提供集体借阅服务，并就这些组织为其服务对象设立小区图书馆的事宜提供专业意见。2021年，共有超过200个小区图书馆（便利图书站）开展服务。（香港公共图书馆　李景贤）

【提升参考和信息服务】香港为市民提供参考和信息服务的图书馆，包括香港中央图书馆和其他6个主要图书馆（大会堂公共图书馆、九龙公共图书馆、屏山天水围公共图书馆、沙田公共图书馆、荃湾公共图书馆和屯门公共图书馆）。香港中央图书馆的参考图书馆设有6个专科参考部门，并提供各类电子资源，以满足用户对参考、自修及终身学习的需要。此外，参考图书馆不断丰富馆藏参考数据，通过定期的文献征集活动征集文献资料；该馆收藏了9个国际组织的特藏。

香港中央图书馆的艺术资源中心、香港文学数据室和地图图书馆，以及大会堂公共图书馆的工商业图书馆、创造力及创新资源中心和基本法图书馆，均为市民提供专科参考服务。九龙公共图书馆的教育资源中心提供教育专科资源和服务；沙田公共图书馆设有“运动与健体”特藏并负责相关网站建设；屯门公共图书馆设有“食物与营养”特藏；荃湾公共图书馆的“现代生活”特藏则提供环保、健康和时尚生活信息。香港公共图书馆与教育局、学术界人士和相关非政府机构合作，通过工作坊、图书馆参观活动和专题讲座向市民推广多元化的参考数据及专题资源。香港中央图书馆还设有转介服务，可让已登记的用户阅览香港大学图书馆的馆藏。

截至2021年底，香港公共图书馆共有79个电子数据库和超过37万册电子书。登记读者可经互联网使用电子书馆藏和34个电子数据库，其余45个电子数据库可于图书馆的开放时间内在指定图书馆使用。（香港公共图书馆　李景贤）

【信息科技新措施和数码图书馆服务】香港公共图书馆负责运营新世代综合图书馆系统。该系统支持图书馆各项运作，全天24小时提供网上服务，可供检索目录、预约和续借图书馆数据，以及缴付罚款和费用。

“多媒体信息系统”是香港公共图书馆的数字图书馆系统，为用户提供24小时一站式检索服务，检索超过600万页数字化资料，包括香港旧报纸、照片、表演艺术的场刊和海报、地图和手稿，以及约1万小时的数字化视听数据。使用者可经由互联网或使用香港中央图书馆和其余69个固定图书馆的1400多个工作站，浏览多媒体信息系统。

“香港记忆”网站为读者整合不同来源的本地历史和文化遗产资料，包括文献、照片、海报、录音、电影及录像，再编制成38项特藏、20项虚拟展览和100多个口述历史档案，供公众浏览。香港公共图书馆相关网站或网上服务的2021年检索浏览次数超过1690万次。（香港公共图书馆　李景贤）

【香港公共图书馆书刊注册组】书刊注册组为本地印制的书刊提供注册服务，并监督国际标准书号系统的使用。该组每季度在《政府宪报》刊登《香港印刷书刊目录》，市民也可上网浏览有关信息。2020—2021年度，该组共处理15737册图书和6254份期刊的登记数据，以及1098个国际标准书号的出版社识别代号。（香港公共图书馆　李景贤）

学术图书馆

【概况】在经历了艰难的2020年之后，2021年的学术图书馆经历相对积极的环境，许多学术机构逐步恢复正常的校园活动，学术图书馆为读者恢复越来越多的服务。

一些学术机构只允许接种了COVID-19疫苗人士进入他们的校园，而另一些机构则允许没有接种疫苗的师生访客进入。在这种情况下，个人对不同学术图书馆的访问在很大程度上取决于使用者自己的医疗考虑。为了保证图书馆内教职员工和学生的安全，学术图书馆一般会采取一定的防护措施，例如：要求所有用户进入图书馆时测量体温，所有用户在图书馆内必须戴口罩，在公共区域和工作人员区域保持社交距离，通过移除和隔开椅子来减少座位容量，在家具、柜台、键盘等处喷洒消毒剂，经常对公共区域的设施进行消毒和清洁，在服务柜台、员工办公室提供洗手液。各高校图书馆在关闭期间也采取了不同的特殊措施，例如：延长到期日、无限次续订、免除逾期罚款等。

尽管存在上述困难，学术图书馆仍努力在困难的情况下保持协作精神，举办多场利用最新技术的分享研讨会。由香港科技大学图书馆主办的JULAC图书馆论坛于1月21日——22日通过Zoom举办，主题为“开放获取和开放学术”。另外，应香港图书馆协会的邀请，浸会大学图书馆、香港中文大学图书馆、岭南大学图书馆、香港大学图书馆、演艺学院图书馆及职业训练局图书馆的专业馆员以“数字学术研究（Digital Scholarships）/数字人文（Digital Humanities）”为主题，于“What’s Trending in the field”在线举办分享会。（香港大学图书馆　鲍国葆）

学校图书馆

【第九届世界华语学校图书馆论坛举行】世界华语学校图书馆联盟是2010年12月由江苏省图书馆学会中小学专业委员会、台湾学校图书馆馆员学会、香港学校图书馆主任协会、澳门图书馆暨信息管理协会、马来西亚多元文教交流会等中小学图书馆学术团体发起组成的一个跨地区、跨国界的民间团体联盟。第九届世界华语学校图书馆论坛于7月27—28日在香港以在线形式举行。论坛的主题是“数码时代图书馆动态及知识交流”。（香港图书馆协会　谭黎绮珊）

专业图书馆

【概况】2021年，新冠疫情下香港专业图书馆推出新措施，在严峻时期暂时关闭，并在缓和后重新开放。7月，香港图书馆教育与职业论坛在中央图书馆举行。专业图书馆联络主任分享M+研究中心的情况，并介绍中心所在的西九文化区新视觉文化博物馆M+。与会人员还了解图书馆、档案馆、博物馆的特点及其重叠的理论、功能和运作。（香港图书馆协会　文佩珊）

图书馆协会

【概况】受疫情影响，2021年香港图书馆协会取消每年一度本地及海外的图书馆交流团。

截至2021年10月31日，香港图书馆协会会员总数为386人，大约70%的会员为学生和专业会员。学术图书馆在会员图书馆类型中依然占最大比例。

2021年该会采用新的会员卡设计。随着电子支付的兴起，该会于2021年引入PayMe和微信支付2种新的支付方式，会员缴付会费及其他费用更为便捷。该会分别于3月、4月、7月及10月举办4场网上研讨会，主题是“What's Trending in the Field”，共有150人次出席。除本地的图书馆员线上出席外，还邀请到来自瑞典及瑞士的演讲者与会员分享。

5月，该会跟香港歌德学院合办网上研讨会，邀请德国Dr.Klaus Ulrich Werner分享新一代图书馆空间的概念。7月，与香港中央图书馆线下合办年度香港图书馆教育及职业讲座，会员通过讲座可了解香港大学及港大专业进修学院的图书馆课程，本地大学、公共、学校及特别图书馆的日常运作及就业机会。

香港图书馆协会会对未来作计划，进一步加强本地图书馆及图书馆员间联系，例如计划到明爱专上学院图书馆及香港高等教育科技学院图书馆作虚拟访问。（香港图书馆协会　朱振宏）

【香港图书馆教育职业论坛2021举行】7月31日，香港图书馆协会与香港公共图书馆合办的一年一度主要活动2021香港图书馆教育职业论坛在香港中央图书馆演讲厅以线下和线上相结合的形式举行。此论坛旨在推广香港图书馆专业发展，让有意投身图书馆和信息行业的从业者、学生和公众有机会了解最新的发展。2021年邀请的演讲嘉宾包括香港大学专业进修学院高级课程主任林世明、香港大学教育学院讲师Peter Warning、香港演艺学院图书馆长关丽嫦、香港公共图书馆图书馆高级馆长（屯门区）林芳、香港教师图书馆协会会长黄毅娟及M+图书馆馆长文佩珊。（香港图书馆协会　陈敏仪）

【香港图书馆协会奖项】香港图书馆协会为会员设立“香港图书馆协会双年奖”及“海伦·林顿助学金”（Helen Linton Bursary），以表彰会员在业内的贡献。2021年度“海伦·林顿助学金”评审团由协会副主席周伟明、协会学校图书馆联络主任谭黎绮珊及学术图书馆联络主任鲍国葆组成。经评审团认真审核申请人的资料，一致决定2021年度此奖项从缺。（香港图书馆协会　陈敏仪）

（特别鸣谢香港图书馆协会秘书胡咏欣把香港部分英文原稿翻译成中文）

澳门特别行政区

【概况】2021年，为克服新冠疫情带来的影响，澳门图书馆界不断创新并提升信息服务能力，保障本地市民及学生适时且便利地获取图书资源；开展阅读推广活动，支持各阶段的正规教育，并参与新技能及终身教育，从多方面提升市民素质。此外，澳门各区及新城区的图书馆阅读资源和设施规划越来越受到本地市民、社会团体的关注与重视。澳门图书馆界与大湾区及内地其他图书馆已建立了很好的多元合作关系。

截至2021年12月，澳门共有各类型图书馆323个，其中公共图书馆及阅书报室96个，高校与专科学校图书馆39个，学校图书馆107个，专门图书馆81个。纸质藏书450多万册，图书馆面积250838平方米，阅览座位约1万个。

公共图书馆主要由澳门特别行政区政府文化局、教育及青年发展局、市政署，及其他（包括其他政府部门、教会、私人机构与社会团体）所开办。96个图书馆依其主管部门包括：政府开办48个，社会团体开办29个，教会开办17个，私人机构开办1个。其中，小部分图书馆主要面向母体机构服务，附设公众服务。澳门的公共图书馆以社区图书馆及阅览室、公园图书馆为主，部分图书馆馆舍设计相当有特色，讲求空间及阅读气氛的营造，总藏书量约250万册。2021年，文化局辖下多个文化场所包括图书馆在8月4—18日、9月25日—10月20日期间曾经因疫情暂时关闭，闭馆期间公共图书馆原还书期限相应延长。

高校与专科学校图书馆39个，由政府及私人图书馆所组成，部分可以颁授学位的机构未成立图书馆，亦有部分是澳门大学的学院及书院图书馆。截至2021年底，高校图书馆藏书约150万册，纸本期刊合计13000多种。从业人员有130人，超过半数具有图书馆专业学位，在各类型图书馆中专业人员占比最高。

截至2021年底，学校图书馆（指非高等教育阶段的正规学校）107个，总面积8361.27平方米，阅览座位约2500个，可供上网电脑约350台；馆藏图书50多万册，期刊1600多种，报纸130多种，视听资料8000多种。平均每馆面积约78.04平方米，其中面积最大的为澳门培正中学图书馆。共有全职学校的图书馆员及阅读推广人员80多人，兼职人员40多人。妇联学校（新校部）图书馆、培正中学图书馆、圣德兰学校、广大中学中学部、鲍思高粤华小学图书馆及化地玛圣母女子学校小学部图书馆均为对社区开放的学校图书馆。

专门图书馆81个，主要为政府机关图书馆、医学图书馆、法律图书馆、经济图书馆、博物馆图书馆、工程图书馆、治安部门图书馆、宗教图书馆、私人会所及专业社团图书馆等。

2021年度新成立、计划兴建、搬迁、修缮或停运的公共图书馆有：（1）3月8日，文化局公布了澳门中央图书馆新馆设计方案的评选结果，由荷兰团队Mecanoo所设计的方案入选，造价约5亿澳门元，争取最快于2024年底落成后对外开放。新馆将面向全龄化、多元化及生活化的方向，集多元与包容特色，成为城市知识中心，可供阅读、交流、学习、休闲、发挥创意，并构建与信息科技结合的智能型图书馆。文化局共收到4个团队提供的设计方案，共同点是保留原爱都酒店壁画、呼应原旧立面的“格子”风格元素等；设计方案评选期间，收到市民对新馆建设提出的共135份、751条意见，当中近5成意见关注功能空间及配套设施、室内设计及装潢。（2）2月1日，澳门佑汉看台街313号翡翠广场3楼的成人教育中心停止运作，该中心为区内市民阅读和兴趣班学习场所。原址改由德育中心使用，图书则转移到石排湾职业技术中心。（3）12月，文化局公共图书馆管理厅为整合及善用公共资源，经过综合考虑场馆条件及使用情况，决定辖下氹仔黄营均图书馆于2022年1月1日起停止服务，有关场馆将归还予市政署作其他用途。

学校图书馆方面，6月18日，重建的劳校中学附属小学南教学大楼揭幕，新大楼高6层，大楼内设图书馆；11月9日，澳门中华总商会在附设青洲小学举行“更名为青洲中学暨新校舍落成、崔德祺先生纪念礼堂、许世元先生图书馆”启用仪式，在校内增设1个图书馆，命名为“许世元先生图书馆”。兴建中的有慈幼中学图书馆及教业中学国际部图书馆。

高校及专科学校图书馆方面，澳门镜湖护理学院进驻离岛医疗综合体护理学院大楼，2021年度加紧教学设施设备的建设，其中包括图书馆。（澳门图书馆暨资讯管理协会　潘雅茵　王国强）

【图书馆利用情况】截至2021年底，主要图书馆为76个。馆藏书籍2320502册，较2020年增加66790册（2.88%）。期刊11638份，较2020年减少1664份（–14.30%）。多媒体资料（含电子书刊）3209552套，较2020年增加299669套（9.34%），其中：电子图书2732962册，较2020年增加354969册（12.99%）；电子期刊366419种，较2020年减少54033种（–14.75%）。图书资源总计5541692册/种/套，较2020年增加364795册/种/套。图书馆总面积81673平方米，较2020年减少503平方米（–0.62%）。阅览座位9593个，较2020年减少287个（–2.99%）。提供可上网的电脑855台，较2020年减少37台（–4.33%）。工作人员316人，较2020年减少20人（–6.33%）。

2021年，向公众开放的图书馆及阅书报室共接待读者4219467人次，较2020年增加794495人次（18.83%）。借书699683册次，较2020年增加190388册次（27.21%）。电脑使用227436人次，较2020年增加36198人次（15.92%）。图书馆购书经费为85488000澳门元，较2020年减少6958000澳门元（–8.14%）。（澳门图书馆暨资讯管理协会　潘雅茵　王国强）

表1　2019—2021年澳门图书馆主要统计指标

项目	2020	2021	2021年较2020年变化
图书馆及阅书报室/间	77	76	–1.32%
总面积/平方米	82176	81673	–0.62%
工作人员/人	336	316	–6.33%
座位数目/个	9880	9593	–2.99%
购书总支出/千澳门元	92446	85488	–8.14%
馆藏书籍/册	2253712	2320502	2.88%
期刊/份	13302	11638	–14.30%
多媒体资料/套	2909883	3209552	9.34%
电子书籍/册	2377993	2732962	12.99%
电子期刊/种	420452	366419	–14.75%
提供予公众上网的电脑设备/台	892	855	–4.33%
接待读者/人次	3424972	4219467	18.83%
借书/册次	509295	699683	27.21%
电脑使用/人次	191238	227436	15.92%

【图书馆技术服务概况】澳门各类型图书馆使用的图书馆自动化系统主要有 SLS、LIB MASTER、VLIB、Ex libris Aleph/Alma、HyLib、CEO、Koha、Sirsi Symphony、Destiny Library Manager、宏达信息系统以及自行开发等，其中使用 SLS 系统的图书馆最多；使用的图书分类法主要有《中国图书分类法》《中国图书馆分类法》《杜威十进分类法》《美国国会图书馆分类法》《国际十进分类法》及《三民主义分类法》，其中使用《中国图书分类法》的图书馆最多。（澳门图书馆暨资讯管理协会　潘雅茵　王国强）

【电子化服务及馆藏发展】2021 年，为配合特区政府电子政务工作，提供更多便民措施，文化局辖下公共图书馆推出自助取预约书服务，借此方便市民使用图书馆资源及服务。已分别在澳门中央图书馆、氹仔图书馆、石排湾图书馆、下环图书馆及黑沙环公园黄营均图书馆设置自助取预约书柜。文化局还与印务局合作推出自助售书服务，在下环图书馆、凼仔图书馆及石排湾图书馆设置 3 台由印务局开发的自助售卖机，方便市民购买文化局及印务局出版的书刊及印刷品。文化局辖下公共图书馆的读者证可以通过“一户通”账户进行绑定，使用“一户通”账户出示的读者证，其使用范围及功能等同于实体读者证及“我家图书馆”流动应用程序的电子读者证。除教育及青年发展局外，教育界使用“一户通”之“电子卡包”的还有澳门大学、澳门理工学院和澳门旅游学院 3 所大专院校的图书馆。文化局公共图书馆管理厅持续优化图书馆的无障碍环境和设备，在所有公共图书馆设置座枱式感应线圈系统（Induction Loop Kit System），为听力障碍人士提供更友善、更便利地使用图书馆资源的条件，借此推动阅读风气。

2021 年，澳门公共图书馆购置数据库 25 个，并自建有“澳门出版物数据库”“中葡关系四百五十年数据库”等 5 个特藏及 3 个数字化馆藏数据库。由教育及青年发展局支持的澳门高校图书馆联盟购置全文数据库 11 个，新购科研及专利数据库 3 个，联盟成员亦利用这些科研及专利数据库撰写了有关的分析报告。截至 2021 年底，9 所高校图书馆在其官网发布的数据库共计约 1000 个（参见表 2），以澳门大学图书馆、澳门科技大学图书馆、澳门理工学院图书馆及澳门城市大学图书馆资源最多。（澳门图书馆暨资讯管理协会　潘雅茵　王国强）

表 2　2021 年澳门高校图书馆电子馆藏统计表

院校	馆购数据库
澳门大学	260 个（含约 40 个自建库及网上免费资源）
澳门科技大学	279 个（含 7 个自建库及 76 个网上免费资源）
澳门理工学院	约 100 个
澳门旅游学院	84 个（含 10 多个网上免费资源）
圣若瑟大学	约 50 个
澳门镜湖护理学院	约 60 个
澳门城市大学	约 100 个
澳门管理专业学院	14 个
澳门保安部队高等学校	14 个

【捐赠活动】2021 年开展的捐赠活动有：5 月，澳门甘肃联谊会到访澳门培正中学并向其图书馆赠送《华夏文明之源 · 历史文化丛书》《天马长歌》《凉州文化概览》等图书，以增进陇澳两地交流，促进澳门学生了解甘肃、西部、丝路故事；5 月 28 日，为庆祝六一国际儿童节，外交部驻澳特派员公署特派员夫人李萍率领外国驻澳门总领事馆夫人一行到访妇联学校，在

澳门妇女联合总会会长、妇联学校校董会主席贺定一，澳门妇女联合总会理事长林婉妹等负责人接待下，到访嘉宾参观校舍设施并向该校赠送儿童书籍；7月12日，浙江大学代表团到访澳门大学并向该校捐赠《宋画全集》；7月16日，“中国共产党的一百年——庆祝中国共产党成立一百周年大型主题图片展”在澳门结束展览后，主办单位将248幅展板赠予澳门大学伍宜孙图书馆永久收藏；10月21日，在中医针灸国际合作及产业发展论坛上，举行“‘一带一路’中医药针灸风采行澳门站——‘中医药文化知识进校园’赠书仪式”，由世界针灸学会联合会牵头，陕西中医药大学、澳门国际中医药科技协会、澳门蔡氏教育文化基金会合计向澳门约200所中小学捐赠图书《中医药文化》1000册，用于各学校的中医药知识教学和图书馆收藏传阅；11月14日澳门秋季书香文化节期间，北京崇学文化发展有限公司委托澳门出版协会理事长陈雨润、澳门图书馆暨资讯管理协会（以下简称“澳门图协”）理事长王国强，向澳门十多所中小学的阅读推广代表赠送习近平著作《论坚持推动构建人类命运共同体》；11月24日，“从文献看澳门——澳门的铅活字印刷展暨深圳图书馆馆藏澳门文献展”在深圳开幕，澳门文化局公共图书馆管理厅厅长吕志鹏代表澳门公共图书馆向深圳图书馆赠送《碰撞与交流：澳门中央图书馆外文古籍提要》、《翁方纲纂四库提要稿》（排印本）、《翁方纲纂四库提要稿》（标点影印本）等文献；深圳图书馆馆长张岩回赠《深圳图书馆馆藏古籍图录》《深圳文献·深圳人著作目录（文学卷）》《深圳图书馆馆藏古籍精萃（肆）苏文忠公策论选》等文献；11月25日，在“澳门钱币展2021”开幕式上，国际著名收藏家霍华德·包克向澳门科技大学图书馆捐献其收藏的41枚新中国成立前红色政权在各解放区发行的纸钞，即“红区货币”；12月10日，澳门科技大学图书馆吴利勋藏品室揭牌仪式举行，澳门收藏家吴利勋向该校捐赠明清地契300多件，以明清地契、文房四宝和中华茶艺为主题的吴利勋藏品室将为历史文化研究提供诸多新的素材。此外，在2020—2021年间，澳门阅读写作促进会“阅读·关怀计划”赞助人林广彪、程月宝夫妇共向贵州、江西两地的贫困山区学生赠送图书5500册。（澳门图书馆暨资讯管理协会　潘雅茵　王国强）

【社会义务】2021年，受新冠疫情影响，为配合澳门特区政府的防疫工作，原定11月6—7日在南湾湖水上活动中心举行的第52届明爱慈善园游会“化整为零”，改由参与的学校、社会团体和企业按其意愿，另择日期自行举行“小型园游会”以作支持。“小型园游会”的善款悉数转给澳门明爱用作支持弱势群体和照顾有需要人士的福祉。（澳门图书馆暨资讯管理协会　潘雅茵　王国强）

【阅读推广活动】由于疫情原因，2021年的阅读活动在形式及数量上比疫情前有所减少。内容主要包括书展、阅读比赛、讲座、利用教育、故事会、义工服务及参观交流等。

春季书香文化节。4月2—11日，由澳门出版协会和澳门理工学院主办，澳门体育局和澳门图协协办，星光书店承办的2021年春季书香文化节在塔石体育馆举行。在此次文化节上举办的新书发布分享会等活动场次增加近1倍，且增设儿童区并特设中国共产党建党100周年专区。

澳门图书馆周。4月12日—5月16日，澳门文化局、教育及青年发展局，澳门大学图书馆和澳门图协联合举办2021年“澳门图书馆周”系列活动。启动仪式于4月23日在南湾旧法院大楼举行，随即开展“4·23全城共读”暨粤港澳“共读半小时”阅读活动，领读人之一、文化局局长穆欣欣现场带领参加者共读，分享与交流阅读心得；与此同时，澳门多个场馆及“共读点”的读者在同一时空共读，全城弥漫浓浓书香，其中有50个单位、约1.5万人参与“共读半小时”阅读活动。图书馆周期间还举办“好书交换”“期刊热卖”“期刊漂流”等多项活动。

书市嘉年华。7月9—18日，由澳门阅读写作促进会和澳门理工学院主办的第二十四届澳门书市嘉年华在澳门理工学院体育馆举行。此次活动以“后疫情时代——阅读与反思”为主题，展出出版物、图书等3万余种。

秋季书香文化节。11月6—14日，由澳门出版协会主办，澳门体育局和澳门图协协办的2021年秋季书香文化节在塔石体育馆举行。文化节期间，举办数十场澳门本地新书发布会、签书会及讲座等活动。

此外，澳门图书馆界全年还举办第五届学校阅读推手奖励计划、第十届全澳图书馆义工及工读生常识问答比赛等公开比赛活动6次；举办儿童故事阅读模式与互动技巧、读书会的组织与运作探讨、“对谈澳门儿童文学出版——以文化公所为例”等面向公众的普及课程及讲座60多次；举办故事天地、图书馆周等读书会、故事会及其他阅读推广活动100多场；举办“牛年看牛”主题馆藏书展、“海上丝路·双城忆——清代广州十三行之广州与澳门印迹”图片展等公开展览20多个。（澳门图书馆暨资讯管理协会　潘雅茵　王国强）

【专业人才培养及学术活动】在图书馆专业人才培养方面，2021年在读本科课程的有辅仁大学3人、淡江大学1人及广州中山大学2人、南京大学1人、武汉大学2人，共9人；本科毕业的有武汉大学及台湾大学各1人，共2人；在读研究生课程有台湾大学1人、政治大学1人、淡江大学1人及武汉大学（澳门班）30多人。此外，澳门图协与澳门大学持续进修中心合办“图书馆专业技术文凭/系列证书课程”（共5单科）。

在学术活动方面，举办的研讨会包括：4月，澳门图协召开2021年学校图书馆工作人员会议，澳门浸信中学老师黄燕梅在会上分享澳门图书馆少儿阅读推广及其提升科学素养的策略研究，濠江中学附属小学老师卢彦安分享澳门小学生阅读环境对阅读的影响与对策，澳门图协理事长王国强报告最新的学校图书馆发展概况及简介本年度阅读推广培训计划等；4月20日，广东省人民政府参事室（文史研究馆）、广东省粤港澳合作促进会、澳门城市大学澳门世界记忆学术中心、澳门文献信息学会、广州十三行博物馆在澳门联合举办“海上丝路·双城忆——清代广州十三行之广州与澳门印迹”图片展览暨学术研讨会，此次活动旨在推动海上丝绸之路申报联合国教科文组织（UNESCO）世界遗产，同时开展联合国教科文组织世界记忆项目（MOW）的文献遗产保护与利用计划，助力粤港澳大湾区文化交流，传播岭南文化；7月27—28日，世界华语学校图书馆第九届论坛在香港举办，澳门图协组织本地17所学校的阅读推广人在线参会，澳门图协理事长王国强在会上主讲“疫情以后澳门学校图书馆发展及阅读推广综述”；11月22—23日，澳门高校图书馆联盟9名代表赴中山大学参加2021年粤港澳高校图书馆联盟青年学者论坛，此次论坛聚焦粤港澳高校图书馆的服务创新与合作展望，围绕新技术、新素养、新教育、新计划展开研讨，以线上、线下相结合的形式举办，来自粤港澳三地成员馆的150余名专家学者参加论坛。

2021年出版的书刊有澳门图书馆暨信息管理协会编撰的《澳门图书馆调查与研究（五）》《澳门图书馆调查与研究（六）》，澳门大学图书馆编撰的《澳门大学成立四十周年文献展》。（澳门图书馆暨资讯管理协会　潘雅茵　王国强）

【区域合作与交流】2021年开展的区域合作与交流有：7月7日，澳门科技大学图书馆馆长赵洗尘一行到访澳门日报社，与社长陆波交流文献研究、史料发表等事宜；7月14—20日，澳门文化局与澳门基金会在第三十一届香港书展会场设立“澳门馆”，展出超过1000种澳门出版物；7月29日，澳门高校图书馆联盟成员拜访教育及青年发展局，就联盟未来发展进行座谈交流；8月，联合国教科文组织世界记忆项目国际咨询委员会之教育与研究分委会公布，目前已在全球设立7个“世界记忆学术中心”，为开拓各中心间的国际交流联系，促进全球文献遗产的保护与文化合作，将成立一个跨国工作组，邀请澳门文献信息学会杨开荆成为该跨国工作组的总协调员；9月13日，在澳门大学成立40周年之际，该校分别倡议与葡语系国家及内地高校成立“中国澳门特别行政区与葡语国家学术图书馆联盟”和“澳门特别行政区与内地学术图书馆葡语资源联盟”，创建馆际互借及文献传递服务机制，并建立联合目录；10月，在澳门特别行政区政府与上海复旦大学签署战略合作框架协议的基础上，澳门大学与复旦大学签署战略合作框架协议，正式将两校合作交流水平提升至战略合作关系，共同推动粤港澳大湾区的高等教育和科研发展，致力于打造更好服务中国、走向世界的一流大学，两校将聚焦于学术及科研合作、优秀人才培养及图书馆的专业合作；11月，为进一步加强沪澳学术交流，深化沪澳学术合作关系，促进沪澳人才国际化研究，国际（澳门）学术研究院与上海应用技术大学在线举行合作协议签约仪式。（澳门图书馆暨资讯管理协会　潘雅茵　王国强）

（特别鸣谢澳门教育及青年发展局、澳门文化局明爱图书馆、澳门科技大学图书馆、澳门城市大学图书馆、澳门理工大学图书馆、澳门旅游学院图书馆、澳门镜湖护理学院图书馆、圣若瑟大学图书馆、澳门大学图书馆，澳门各学校及专门图书馆等单位提供资料）

台湾省

公共图书馆

【**概况**】截至2021年底，台湾地区共有公共图书馆546个（不包括台湾汉学研究中心、台湾公共资讯图书馆、台湾图书馆），其中总馆198个，分馆289个，区馆59个，流动图书车58辆，服务人口2337.53万人。拥有正式在编工作人员1237人、无编制人员2000人、志愿者11791人。馆舍建筑总面积达107.47万平方米，拥有阅览席位94937个，提供计算机终端6146台、平板电脑3203台。馆藏总量达6099.95万册/件，其中书刊文献5631.42万册/件、非书资料203.84万件、数字资源264.69万种，人均藏书量2.61册/件（全年接待到馆读者5859万人次，人均到馆2.5次、办理读者卡87万张）。2021年，书刊外借7125.25万册次，人均借阅书刊3.05册；电子书借阅总量818.83万册次，人均借阅电子书0.35册；举办各类文化活动96733场次，活动参与总人次3125.61万人，其中举办老年人阅读推广活动5093场次、少年儿童阅读推广活动21534场。2021年购书经费总额为7.41亿新台币，其中书刊文献购置费6.08亿新台币、数字资源购置费7302.37万新台币、视听文献购置费5406.26万新台币，人均购书经费31.69元新台币。（国家图书馆　苏丽璇　王薇　张若冰）

【**台湾地区《图书馆设立及营运标准》修订颁布**】4月8日，修订后的台湾地区《图书馆设立及营运标准》正式颁布实施。此次修订主要涉及第四条、第五条和第六条，对图书馆专业人员范畴进行明确定义，将“图书馆资讯管理职系”修改为“图书史料档案职系”，调整了大专院校图书馆文献购置经费比例。（国家图书馆　苏丽璇　王薇　张若冰）

【**台湾地区举办第一届“图书馆事业贡献奖”**】3月，台湾地区第一届图书馆事业贡献奖评奖活动正式启动。11月9日，台湾教育主管部门发布评选结果，香光尼众佛学院图书馆、高雄市立图书馆总馆、台湾公共资讯图书馆、台湾成功大学图书馆、新北市立北大高级中学图书馆、台北市立图书馆西湖分馆获评“标杆图书馆奖”，台湾成功大学等五名图书馆从业人员获评“杰出图书馆馆员奖”，新北市立图书馆馆长等四人获评“杰出图书馆主管奖”。（国家图书馆　苏丽璇　王薇　张若冰）

台湾汉学研究中心

【**台湾汉学研究中心发布2021—2030年策略计划**】1月12日，台湾汉学研究中心发布2021—2030年策略计划，围绕知识、文化、学习、体验、创新、合作6大价值，提出“国家文献·典藏加值”“数字包容·学术领航”“创新服务·以客为尊”“智慧台湾·汉动天下”“专家服务·引领发展”“卓越国图·活力前行”6大愿景，部署12项策略目标和61项行动方案。（国家图书馆　苏丽璇　王薇　张若冰）

【**台湾汉学研究中心重新启动“南部分馆暨联合典藏中心”项目建设**】4月30日，台湾汉学研究中心面向社会开展“南部分馆暨联合典藏中心”工程招投标工作，重新启动项目建设。项目选址在台南市，占地5.71公顷，投资总额43亿新台币，其中工程费24.99亿新台币。建筑地下一层、地上五层，总面积5.1万平方米，包括南部分馆和联合典藏中心两个部分，预计2024年底前建成开馆。其中，南部分馆设有图书资讯专业发展中心、图书馆服务创新培育中心、图书文献保存及修复实验中心、台湾儿童及青少年文学史料中心、图书博物馆等，联合典藏中心设有联合典藏馆、自动典藏库、特藏文献库、台湾数字资源保存中心、台湾出版产业博物馆。该项目于2017年2月开始筹建，旨在丰富台南地区图书文献资源、有效满足当地民众文化信息需求，同时切实解决图书馆现有库房空间不足的问题。2018年11月开工奠基，原计划

2021年底前建成启用，但因土地问题而未能如期开工建设。（国家图书馆　苏丽璇　王薇　张若冰）

【台湾汉学研究中心举办“读力成长—7大主题轻松选好书”巡回展】4月7日至6月22日，台湾汉学研究中心联合11家公共图书馆为0—3岁、3—6岁儿童选出七大主题童书，并举办“读力成长——7大主题轻松选好书”线上巡回展，帮助家长根据孩子不同年龄段选择对应的书籍，参展读者可以选择最喜爱的布展图书馆，并参与抽奖。（国家图书馆　苏丽璇　王薇　张若冰）

【台湾汉学研究中心举办成立40周年系列活动】9月，台湾汉学研究中心举办成立四十周年庆祝大会暨“深耕茁壮——台湾汉学四十回顾与展望”学术论坛活动，包括主题展览、庆祝大会、学术论坛等，并编辑学术专书，同时邀请文、史、哲领域学者，共同探讨汉学界成果，并对汉学发展进行展望。（国家图书馆　苏丽璇　王薇　张若冰）

【2021年台湾阅读节举办】12月4日，台湾汉学研究中心主办台湾阅读节，联合台湾地区150家公共图书馆、文化社教馆所、政府机关、驻台办事处、学校社团、出版社、书店及民间团体等，推出250多场阅读活动，其中“世界交享阅”以世界文化为主题设置创意互动闯关游戏，邀请民众亲子共同参与“走读世界”，体验异国风情。邀请台湾图书馆学会各委员会及大专院校图书馆推出“图书馆陪你怡情”分项活动，包括“青春学园”“博物嬉游岛”“旅图小径”“鸿图大展——行动书车展示”等创新活动。同日，台湾公共资讯图书馆举办“读家食光好书适”主题活动，将阅读与美食相结合，活动内容包括“书味食代·好好食”主题展览、“读家料理主题讲座”、食光好书市集、好故事剧场及趣味互动闯关等。（国家图书馆　苏丽璇　王薇　张若冰）

【台湾公共资讯图书馆概况】台湾公共资讯图书馆创立于1923年，是台湾最早成立的公共图书馆之一，历经台中州立图书馆、台湾省立台中图书馆等时期。该馆新馆于2012年6月3日正式启用，并于2013年1月1日正式更名为台湾公共资讯图书馆，负有辅导地方公共图书馆的职责。总馆位于台湾台中市南区，下设黎明、精武、中兴三个分馆。台湾公共资讯图书馆是台湾首家数字文献典藏与媒体传播的图书馆，除了征集、组织、典藏各种实体图书数据、数字资源提供民众阅读与终身学习外，还提供分龄分众服务，馆内设有图书阅览、信息检索、数字服务、展览及演讲、训练等区域，并购置全省公共图书馆共享数字资源，旨在打造兼具实体与虚拟服务、虚实合一的数字公共图书馆，致力成为台湾地区公共图书馆数字资源云端中心。截至2021年底，台湾公共资讯图书馆馆藏文献总量达164.43万册/件，其中中文图书114.72册/件、外文图书11.29册/件、东南亚图书资料1.31万册/件、期刊报纸4.32万册/件、非书资料1.66万件、视听资料1.25万件、数字资源18.69万件，持证读者总数达295.61万人，2021年接待到馆读者196.6万人次，文献借阅295.73万册次。2021年，台湾公共资讯图书馆获“2020年度馆际合作服务绩效卓越奖”“第一届图书馆事业贡献奖——标杆图书馆奖”，在政府数据开放作业绩效考核中取得第二名的成绩。（国家图书馆　苏丽璇　王薇　张若冰）

【台湾公共资讯图书馆修订馆藏发展政策】2月8日，台湾公共资讯图书馆发布新修订的馆藏发展政策，包括“前言”“本馆简介”“馆藏概述”“馆藏选择”“馆藏采访”“馆藏评鉴与维护”“预期目标”“馆藏政策的订定与修订”8个部分。2010年8月20日，台湾公共资讯图书馆藏发展政策经关务会审议通过，此后先后于2011年、2013年、2016年、2018年进行过四次修订。（国家图书馆　苏丽璇　王薇　张若冰）

【台湾公共资讯图书馆举办“阅读背包客”世界读书日特别活动】4月24日，台湾公共资讯图书馆与50余家店铺合作举办“阅读背包客”世界读书日特别活动，鼓励读者将阅读与旅行结合，活动内容涵盖私房旅图设计大赛、旅读店家征选、漫游书香市集、背包客电子书展、大师讲堂、旅行电影院等。“阅读背包客”活动通过各类旅游达人，带领民众透过阅读走进不同的新视野，并借由企业、基金会、出版社等单位的跨界交流合作，为图书馆注入丰富的活力创意。活动当日吸引 9383 人次参与。（国家图书馆　苏丽璇　王薇　张若冰）

【台湾图书馆概况】台湾图书馆兼具公共图书馆与专业图书馆双重职能，馆内设有亲子数据中心、视障数据中心、自修室、期刊室、视听区、乐龄资源区、多元文化资源区及青少年悦读区等，提供多元族群阅读、休闲及终身学习的资源，另外还设有台湾学研究中心及台湾图书医院。2021 年，以“点燃希望的爱阅能手”为主题，获第四届台湾地区行政管理机构政府服务奖。2021 年，台湾图书馆年文献购置费 2240 万新台币，采购图书 2.16 万册、古籍 219 册、视听资料 638 件、电子书 623 册、电子学位论文 155 篇、数据库 17 个，订阅中外文报纸 35 种、期刊 394 种。修复古籍资料 225 件。截至 2021 年底，拥有工作人员 125 人，志愿者 348 人，2021 年志愿服务时长 28446 小时。（国家图书馆　苏丽璇　王薇　张若冰）

学校图书馆

【概况】截至 2021 年底，台湾地区学校图书馆馆藏文献总量达 2.56 亿册 / 件，其中图书资料 1.51 亿册 / 件、非书资料 1736 万册 / 件、电子资源 8732 万册 / 件；共有工作人员 5825 人，其中 2096 人拥有图书资料学背景；大专院校、高级中学、初级中学、小学图书馆人均拥有藏书 94.53 册 / 件、28.56 册 / 件、29.61 册 / 件、35.71 册 / 件。2021 年，台湾地区学校图书馆共接待到馆读者 5504 万人次，其中大专院校、高级中学、初级中学、小学图书馆人均到馆 11.92 次、8.95 次、7.74 次、17.43 次；年文献借阅总量 3559 万册次，文献借阅总人次 1693 万，其中大专院校、高级中学、初级中学、小学图书馆人均借阅图书 4.22 册 / 件、3.53 册 / 件、5.33 册 / 件、17.46 册 / 件；年文献购置费 37.34 亿新台币，其中大专院校、高级中学、初级中学、小学图书馆文献购置费分别为 33.46 亿、1.04 亿、0.81 亿、2.03 亿新台币。（国家图书馆　苏丽璇　王薇　张若冰）

台湾图书馆学会

【概况】台湾图书馆学会办公室位于台北市中山南路 20 号台湾汉学研究中心院内，以促进台湾地区图书馆理论研究与事业发展、倡导阅读风气、鼓励图书馆从业人员继续教育等为宗旨和目的，负责制定《中国编目规则》并出版有学术期刊《图书资讯学研究》，定期与台湾汉学研究中心合办图书馆从业人员的教育训练课程，以及每年举办“资讯组织分析师认证考试”。截至 2021 年底，共有会员 1787 个，其中永久会员 606 个、个人会员 451 人、学生会员 353 人、团体会员 377 个。（国家图书馆　苏丽璇　王薇　张若冰）

【首届“图书信息学术与实务研讨会”举办】11 月 26—27 日，台湾图书馆学会与台湾大学图书信息学系联合主办的首届“图书信息学术与实务研讨会”以在线会议形式举办。同时，邀请各级图书馆及会员参与海报展，介绍其有关业务成果，提供各图书馆经验交流及观摩的机会，台湾公共资讯图书馆“iLib Guider can help! 后疫情下的图书馆零接触行动服务”获第一名，成功大学图书馆“共游成图奇幻物语”、台湾图书馆“失智友善图书馆”分获第二、三名。（国家图书馆　苏丽璇　王薇　张若冰）

【“图书馆陪你疫起”2021 图书馆周系列活动】12 月 1 日至 7 日，台湾图书馆学会推出“图书馆陪你疫起”系列活动，活动内容包括“那些年 · 属于我们的记疫”印象募集、“今晚 · 我想来点……”好书推荐、“图书馆陪你怡情”等。（国家图书馆　苏丽璇　王薇　张若冰）

台湾图书资讯学教育学会

【概况】台湾图书资讯学教育学会于 1992 年 5 月 30 日在台北成立，旨在研究、发扬与促进图书资讯学教育，持续推进海峡两岸图书馆学资讯学界的交流与合作。自 1993 年起，联合海峡两岸图书馆学、信息学、教育界和图书馆界先后共同举办过15届“海峡两岸图书资讯学学术研讨会”，在两岸图书资讯学界产生了深远影响。（国家图书馆　苏丽璇　王薇　张若冰）

【《台湾图书资讯学教育白皮书2021—2030》发布】12月12日，台湾图书资讯学教育学会发布《台湾图书信息学教育白皮书2021—2030》，分析世界图书信息学发展背景，制定台湾地区图书信息学的发展目标，并部署了配套行动方案。（国家图书馆　苏丽璇　王薇　张若冰）

图书馆学会组织

中国图书馆学会

【概况】2021年是实施“十四五”规划、开启全面建设社会主义现代化国家新征程的第一年，是中国共产党成立100周年。中国图书馆学会（以下简称“学会”）在中国共产党的坚强领导下，坚持以习近平新时代中国特色社会主义思想为指导，全面贯彻落实党的十九大和十九届二中、三中、四中、五中、六中全会精神，深入贯彻落实习近平总书记给国图老专家回信精神，聚焦组织凝聚力、学术引领力、社会公信力、国际影响力“四大能力”建设，依据《中国图书馆学会2021年工作要点》，围绕中心，服务大局，守正创新，主动作为，统筹推进各项事业实现高质量发展。

一、党建和思想政治工作

1. 深入学习贯彻习近平新时代中国特色社会主义思想和党的十九届六中全会精神，积极组织开展党史学习教育。学习《论中国共产党历史》《中国共产党简史》等书籍；不断创新支部活动内容与形式，结合业务工作策划开展特色活动，设立党员读书角共享图书，录制微视频党课，参加文献借阅创新志愿服务；开展主题党日活动，组织党员参观革命纪念地，观看《共产党宣言》专题展等。

2. 坚持党建与业务相结合，结合图书馆行业的特点和优势，开展形式多样的活动为群众办实事。学会申报并获准开展中国科学技术协会（以下简称“中国科协”）科技社团党委2021年“党建强会计划”项目，在河北阜平、山西兴县等习近平总书记“红色足迹”所在地图书馆，开展《中华传统文化百部经典》出版成果展等科普阅读活动，并赠送相关图书，为当地群众送文化、办实事。

3. 召开5次中国图书馆学会党委会议，学会党委主动参与前置审议学会分支机构换届重要文件和人选等“三重一大”事项；参与《中国图书馆学会“十四五”发展规划纲要（2021—2025年）》《中国图书馆学会专项资助管理办法》《中国图书馆学会分支机构管理办法》和《中国图书馆学会分支机构活动管理办法》等相关文件的审议，充分发挥党委政治引领、思想引领和组织保障的重要作用。

4. 联合国家图书馆积极参加中国科协信息中心“科技工作者心向党”系列音频的录制并受到好评，获得感谢信。向中国科协科技社团党委报送各类学会党建工作宣传材料，其中，案例《不负习总书记嘱托，推动图书馆事业发展》入选《中国科协所属学会党委职责清单试点案例指导手册》。

二、学术交流与编辑出版工作

1. 编制印发《中国图书馆学会“十四五”发展规划纲要（2021—2025年）》，对“十四五”时期图书馆事业的发展环境进行科学分析，并对“十四五”期间中国图书馆学会工作进行总体设计和任务部署。

2. 组织开展2021年中国图书馆学会学术论文和业务案例征集。组织各分支机构围绕领域热点、重点问题设立分主题20项，面向全国各系统、各地区图书馆开展学术论文和业务案例征集活动，共计收到有效稿件1200余篇，部分作者代表受邀在相应学术活动中进行发言交流。

3. 开展中国科协2021年度重要学术会议推荐工作。向中国科协报送中国图书馆年会等6个由中国图书馆学会及其分支机构主办的重要会议、国际图联大会等2个由其他单位和机构主办的重要会议。经中国科协指导委员会认定，8个会议全部入选中国科协《重要学术会议指南（2021）》。

4.《中国图书馆学会年会论文集》全文被收录进“中国重要会议论文全文数据库”（CNKI）。经发表声明、联系作者等流程，学会完成《中国图书馆学会年会论文集》2019年卷、2020年卷授权论文全文收录进入“中国重要会议论文全文数据库"的工作，以网络等载体形式向社会提供服务，有利于进一步促进成果的交流和利用，提高作者学术影响。

5. 中国图书馆学会第八届青年学术论坛于广州举办，主题为"探索与引领：中国图书馆事业的'青年故事'与'青年责任'"。来自图书馆界和相关业界的专家学者，全国各级各类图书馆青年代表以及新闻媒体代表280余人参加论坛。

6. 第33届全国十五城市公共图书馆工作研讨会通过线上线下相结合的方式举办，主题为"城市图书馆服务体系的高质量发展"。

7. 组织分支机构开展学术研究，先后举办面向智慧时代的图书馆空间服务创新学术研讨会、第二届全国图书馆学博士生论坛、2021年图书馆红色空间与红色专藏论坛、"'追寻百年记忆　弘扬红色精神'——红色文献整合与开发高峰论坛"、中国图书馆学会专业图书馆分会2021年学术年会暨专业图书馆发展论坛、高职院校图书馆空间建设与智慧图书馆建设研讨会等学术会议。

8. 编辑、出版、发行《中国图书馆学报》2021年1—6期，发文50篇。完成2020年英文年刊的编辑。

三、组织建设与人才举荐工作

1. 召开中国图书馆学会2021年工作研讨会。中国图书馆学会理事会、监事会负责人及分支机构负责人代表等12人出席会议。会议围绕中国图书馆学会2021年工作要点等内容进行深入研讨。

2. 以通讯方式召开5次学会负责人工作会议、3次常务理事会、2次监事会和1次理事会，审议通过《中国图书馆学会"十四五"发展规划纲要（2021—2025年）》《中国图书馆学会专项资助管理办法》《中国图书馆学会分支机构管理办法》《中国图书馆学会分支机构活动管理办法》以及《中国图书馆学会第十届理事会分支机构组成办法》《中国图书馆学会第十届理事会分支机构组成建议情况》等。组建完成16个分支机构，推动分支机构发展。

3. 3月18—19日，在深圳市盐田区图书馆召开中国图书馆学会2021年秘书长联席会议暨《中国图书馆年鉴》编纂工作会议。会议以"科学谋划，推动社会组织高质量发展"为主题，全国各省、自治区、直辖市图书馆学（协）会的秘书长和同人等70余人参会。

4. 开展个人会员、单位会员的组织发展、会费收缴和证书发放等工作。截至2021年底，单位会员967家，个人会员29396名。

5. 入选中国科协中国特色一流学会建设项目。

6. 开展学会年检工作，顺利通过年检；组织开展全国科普教育基地申报和推荐工作。

7. 开展2021年特色阅读空间风采展示活动；开展2021年"书香社区"发现活动；开展全民阅读示范基地及2020年阅读推广示范项目推荐工作。

8. 开展2021年韦棣华助学金申报和研议工作，发布26名受助学生名单，为其寄发助学金和证书。

四、承接政府转移职能与行业协调工作

1. 承接文化和旅游部公共服务司第七次全国县级以上公共图书馆评估定级标准研制工作。充分发挥学会的专业优势，立足全国公共图书馆事业发展的阶段性特点，统筹基础建设和改革创新，从评价公共图书馆事业发展水平、引领公共图书馆改革创新的角度精选指标，突出数据统计的可操作性。经专家组研究起草、多次组织会议研讨，对省级、市级、县级公共图书馆及少年儿童图书馆评估标准进行研究制定。

2. 承接文化和旅游部公共服务司"城乡新型公共文化空间建设——以公共图书馆为研究对象"课题研究项目；承接文化和旅游部科技教育司行业标准"公共图书馆志愿服务与管理指南"制定工作。

3. 组织申报并获批中国科协"科创中国"科技服务团示范项目。联合国家图书馆组成图书馆科技情报服务团，依托宏富的馆藏资源，发挥图书馆科技情报服务优势，为解决试点城市（园区）重点产业发展中遇到的难点问题提供科学依据和学术参考。

4. 积极关注和参与国家立法决策咨询，重点参与《中华人民共和国专利法实施细则（修改草案送审稿）》《中华人民共和国科学技术进步法（修正草案）》等有关法律法规征求意见工作。

5. 承接文化和旅游部公共服务司“全国基层文化和旅游公共服务队伍示范性培训——第十三期全国县级图书馆馆长培训班”。7月12—17日，来自全国的50名县级图书馆馆长在云南昆明参加培训。

6. 5月10—31日，联合国家图书馆举办2021“全国图书馆未成年人服务提升计划”线上专题培训班，来自全国各地图书馆的600余名未成年人服务工作者参加培训。

7. 7月12—16日，在青岛市图书馆举办2021年信息组织与资源建设研讨班，来自全国各地的公共图书馆采编部主任及业务骨干共100人参加研讨。

8. 7月13—16日，在云南昆明举办基层图书馆创新服务与高质量发展研讨班，全国各级各类图书馆馆长及业务骨干150余人参加研讨。

9. 7月27—30日，在江西赣州举办2021年“革命文献与民国时期文献保护计划”专题培训班——赣州站活动。民国时期文献整理与保护领域专家学者和全国各地110余名从业人员参加活动。

10. 1月18日—2月6日，以线上方式举办图书馆古籍鉴定研修班，2186人报名参加。8—11月，以线上方式举办2021年“中华传统文化经典”系列研修班，其中：“古书版本鉴定”专题培训于8月30日—9月17日举办，1558人报名参加；“中华传统文化经典解读”专题培训于11月8—26日举办，2091人报名参加。

11. 12月2日，全国智慧图书馆建设联席会议第一次会议以线下与线上相结合的方式召开，主题为“智慧图书馆建设实践与思考”。国家图书馆、文化和旅游部全国公共文化发展中心等联席会议成员单位有关负责人等20余位代表参加会议。

12. 继续开展“助力图书馆工作者线上学习行动”。2021年，会员学习中心继续为广大会员免费提供图书馆学基础理论、民国时期文献保护等在线学习课程资源。截至2021年底，用户数已达6450余个。

五、科普与阅读工作

1. 发布2021年全民阅读工作通知，围绕“阅百年历程，传精神力量”主题策划五大类40项活动；发布2021年全国少年儿童阅读年系列活动通知，吸引少年儿童读好书，培养青少年科学思想和科学精神。

2. 联合国家图书馆开展2021年“赏春意　品书香　暖万家”春节主题活动。活动覆盖全国31个省份的1500余家图书馆及有关单位，惠及公众超过1000万人次。

3. 与中国科学技术馆联合实施中国流动科技馆“跨界流动・助力基层”巡展项目，依托全国县级公共图书馆和县级科协面向广大社会公众免费开展科普教育文化活动，提供优质科普文化资源。与中国科学技术馆正式建立战略合作伙伴关系，全面深化交流与合作。

4. 开展第十六届文津图书奖宣传推广活动，通过展览、讲座等形式，向公众推介优质图书资源，全国共计450余家图书馆参与活动。

5. 开展2021年“激活经典　熔古铸今——《中华传统文化百部经典》宣传推广活动”。围绕《中华传统文化百部经典》及中华传统文化主题，开展图文展览、专家访谈、青少年研学等活动。

6. 举办全民信息素养教育公益大讲堂活动，12期线上讲座共有3万余人次参加。

7. 6月8—10日，在陕西宝鸡举办“阅读推广人”培育行动（第十七期），主题为“红色文献阅读推广”，来自全国各地的260余名“阅读推广人”参加培训；12月6—17日，以线上方式举办“阅读推广人”培育行动（第十八期），主题为“中华传统文化典籍阅读推广”，300余人参加培训。

8. 线上举办2021年“书香社区”论坛，主题为“全民阅读与书香城市建设”，与会专家学者和代表通过主旨报告、案例分享等形式进行交流探讨。

9. 开展第四届“中国阅读”图书推荐榜系列活动，产生7个子榜单共70种图书。依托榜单联合全国各级各类图书馆开展第四届“中国阅读”图书推荐榜推广活动。

六、国际合作与交流工作

在2021年国际图联全体会员特别大会和2021年国际图联全体会员大会期间，先后向国际图联提交这两个大会的代理委托书文件，委托大会主席就相关动议代为行使投票权。

2. 组织中国图书馆界代表参加第86届国际图联大会。8月17—19日，第86届国际图联大会在线上举行。学会组织动员近百位中国图书馆界专家、代表出席由国际图联图书馆协会管理专业组主办的“宣传——网络的力量”会议中文分会场。

3. 联合中国国家图书馆、英国国家图书馆举办“2021 中英图书馆论坛”线上培训。中英两国图书馆古籍保护与修复专家围绕中西文古籍修复技艺及保护措施等主题制作发布 6 集培训视频，组织国内 17 家中英图书馆论坛成员图书馆馆员观看学习，点击量超过 2.5 万次。（中国图书馆学会秘书处）

【中国图书馆学会 2021 年秘书长联席会议暨《中国图书馆年鉴》编纂工作会议在深圳盐田召开】3 月 18—19 日，中国图书馆学会 2021 年秘书长联席会议暨《中国图书馆年鉴》编纂工作会议在深圳市盐田区图书馆召开。此次会议以“科学谋划，推动社会组织高质量发展”为主题，专题研讨“十四五”期间图书馆界社会组织如何更好谋划、推动事业高质量发展，总结和部署中国图书馆学会重点工作及《中国图书馆年鉴》编纂工作。中国图书馆学会副理事长、国家图书馆副馆长陈樱，深圳市盐田区委常委、政法委书记王琨，国家图书馆出版社社长魏崇先后致辞。中国图书馆学会秘书长王雁行做题为“科学谋划，推动学会事业高质量发展——中国图书馆学会的实践与探索”的主旨报告。广东图书馆学会秘书长陈卫东、甘肃省图书馆学会秘书长董隽和福建省图书馆学会秘书长雷兰芳分别以“党建引领、智慧创新——粤图学会高质量发展思考与实践”“交流、协调、服务、发展——甘肃省图书馆学会年会工作”“多方合作，共显诵读之美——福建省‘读中华经典　诵时代华章’诵读比赛策划与实施”为题做专题报告。会议期间还进行了《中国图书馆年鉴》编纂工作研讨、分组讨论和现场交流。（中国图书馆学会秘书处）

【“阅读推广人”培育行动（第十七期）在陕西宝鸡举办】6 月 8—10 日，由中国图书馆学会主办，陕西省图书馆学会、宝鸡市图书馆、宝鸡市图书馆学会承办的“阅读推广人”培育行动（第十七期）在陕西宝鸡举办，来自全国各地 260 余名“阅读推广人”参加培训。中国图书馆学会副理事长刘小琴，中共宝鸡市委常委、副市长毕晓男先后致辞。陕西省图书馆副馆长陆路主持开幕活动。此次“阅读推广人”培育行动以“红色文献阅读推广”为主题，特邀阅读推广及红色文献研究领域资深专家学者、具有丰富阅读推广管理和实践经验的图书馆工作者进行授课，通过理论授课与实践案例分享的方式，探讨图书馆如何深挖馆藏红色文献资源，通过多种形式的经典红色文献阅读推广工作，引导广大读者传承奋斗精神，凝聚时代力量。北京大学教授王余光以“阅读，与经典同行”为题，华东师范大学教授范并思以“图书馆阅读推广理论与方法”为题，武汉大学珞珈特聘教授吴永贵以“红色文献阅读推广”为题，延安图书馆馆长薛景春以“奏响红图阅章——延安市图书馆红色文献阅读推广品牌建设实践”为题，宝鸡市图书馆副馆长陈碧红以“强化阅读引领，助推书香宝鸡建设”为题，太原市图书馆“马克思书房”负责人吕楠以“独特空间 + 斜杠馆员 = 无限可能！”为题，分别做交流。培训将现场教学、上机评测等多种形式结合起来，有效提升参训“阅读推广人”的业务素质和服务水平。（中国图书馆学会秘书处）

【“全国基层文化和旅游公共服务队伍示范性培训——第十三期全国县级图书馆馆长培训班”在云南昆明举办】7 月 12—17 日，由文化和旅游部公共服务司主办，中国图书馆学会、云南省文化和旅游厅承办，云南省图书馆学会、云南省图书馆协办的“全国基层文化和旅游公共服务队伍示范性培训——第十三期全国县级图书馆馆长培训班”在云南昆明举办，来自全国的 50 名县级图书馆馆长参加培训。中国图书馆学会副理事长刘小琴、云南省文化和旅游厅一级巡视员马迎春先后在开幕式上致辞。随后，中共云南省委党校（云南行政学院）科学社会主义教研部主任鲁彩荣做题为“中华民族的伟大复兴与百年大党的苦难辉煌”的报告。培训期间，北京大学教授王余光，华东师范大学教授范并思，上海图书馆原副馆长周德明，苏州图书馆原馆长邱冠华，武汉大学教授黄如花，原辽宁省文化厅副巡视员康尔平，四川大学历史文化学院讲座教授、国家图书馆原常务副馆长陈力等专家先后为学员授课，题目分别为“传统文化与经典阅读推广”“图书馆价值与使命”“基层图书馆服务创新与效能提升”“基层图书馆总分馆制建设”“基层图书馆如何开展公众信息素养教育”“‘十四五’时期公共文化相关政策法规解读”“基层图书馆数字资源建设”等。培训期间还安排了分组座谈、学员讲堂、案例分享和现场教学等环节，着重从党性修养和政治觉悟、基层图书馆管理与服务、图书馆社会化运营等多个方面引导学员广泛交流。（中国图书馆学会秘书处）

公共图书馆分会

2021 年，中国图书馆学会公共图书馆分会（以下简称“分会”）在中国图书馆学会的领导和关心下，在全国公共图书馆同行和相关机构的支持帮助下，坚持以习近平新时代中国特色社会主义思想为指导，深入贯彻落实党的十九大和十九届历次全会精神，以人民为中心，以推动高质量发展为主题，以深化公共文化服务供给侧结构性改革为主线，积极构建公共图书馆事业新发展格局，克服疫情影响，重点完成以下几项工作：

1. 学习中国图书馆学会（以下简称“学会”）各项文件精神。2021 年，分会认真填报中国科协转发的自纠自查及整改情况等内容的调查表，学习《中国图书馆学会分支机构管理办法》《中国图书馆学会分支机构活动管理办法》《中国图书馆学会分支机构管理及业务活动常见知识问答》等文件，积极与学会就流程、组织、宣传等各方面的上级指示精神进行沟通，把握工作原则、明确职能定位，努力使分会的工作驶入规范化、程序化轨道。

2. 做好分会组织工作。完成中国图书馆学会第十届理事会公共图书馆分会机构组建工作。按照学会统一部署，分会充分酝酿、广泛沟通、多方协调，确定分会委员会的组建原则、规模和人员构成，并设立 13 个专业组。第十届公共图书馆分会委员会由 51 名委员组成，其中主任 1 名、副主任 7 名、其他委员 43 名。与上一届相比，委员会名单更新率超过 70%，老、中、青梯队的结构特点更加明显。3 月 31 日，分会通过腾讯会议平台召开换届后的第一次线上工作会议，分会主任、副主任、委员以及各专业组相关负责人共计 58 人与会。部分专业组负责人汇报了全年的工作计划与安排，分会主任刘小琴对全年的工作重点和任务进行了部署。换届完成后，经过各地公共图书馆推荐、分会主任审定，各公共图书馆填报人员信息交中国图书馆学会，完成备案等流程。同时，分会还积极组织申报中国图书馆学会开展的全民阅读示范基地及 2020 年阅读推广示范项目推荐、2021 年特色阅读空间推荐等工作。

3. 参与学术交流和调查研究工作。分会积极组织、参与各类学术交流活动，如：牵头组织 5 个主题的学会论文和案例征集工作，得到辽宁省图书馆、安徽省图书馆、首都图书馆、河北省图书馆、山东省图书馆及相关机构的大力支持，共征集有效论文 396 篇，邀请研议专家 21 位（次），推荐交流论文共计 75 篇，推动公共图书馆领域相关主题的理论探讨和学术交流；申报 2021 年中国图书馆年会主题论坛并得到批准，完成确定会议内容、宣传方案及邀请演讲嘉宾等前期准备工作；推荐中国图书馆学会第八届青年学术论坛发言代表，鼓励公共图书馆及其馆员参与行业交流。联合业界力量开展事业发展重点领域的调研、分析及研究工作，继续推进《中华人民共和国公共图书馆法》配套制度研究和建设；编制完成《公共图书馆年度报告指南》；起草并研讨《公共图书馆文献处置管理办法》；组织开展智慧图书馆理论研究，初步提出智慧图书馆标准规范体系建议；有序推进《公共图书馆服务规范》《图书馆古籍书页耐久年限的测评方法》《公共数字文化绩效评估指标》《公共数字文化资源移动终端元数据规范》《图书馆公共安全应急管理规范》等国家标准和行业标准的制修订工作；编印《2020 中国公共图书馆事业发展基础数据概览》等参考资料；开展“农家书屋纳入公共图书馆总分馆体系研究”“实体书店与公共文化服务融合创新发展研究”“公共图书馆老年人科普阅读推广研究”“古籍保护立法研究”等事业发展重点领域的调研。

4. 举办主题研讨活动。7 月 21—23 日，分会与辽宁省社会科学界联合会在沈阳共同主办“‘追寻百年记忆　弘扬红色精神’——红色文献整合与开发高峰论坛”，除专家学者做主题报告外，“红色文献资源整合与开发研究”专题征文推荐交流论文作者也在会上进行了分享交流，来自全国各地的 140 余名代表参会；11 月 4—

6日，分会在广州主办第三届城市图书馆学术论坛，会议以“城市图书馆服务体系高质量发展”为主题，安排开幕活动、主旨演讲、案例分享及专题讨论4个环节，采取线上线下同步联动的形式召开，其中参加线下会议150余人、在线观看直播及回放3600余人次。（公共图书馆分会　刘伟　王芊予　王慧）

高等学校图书馆分会

【概况】2021年，在中国图书馆学会的指导下，中国图书馆学会高等学校图书馆分会（以下简称“高校分会”）完成换届工作。为各位副主任委员和委员快递聘书，为部分委员协助提供兼职审议材料，收集委员登记表并盖章上报。通过主任委员会议表决、学会审批等程序，完成部分因退休或岗位变动不在图书馆工作岗位的委员及主任委员的更换工作。充实秘书处人员，牵头编纂《大学图书馆现代化指南针报告》，协助教育部高校图工委举办“继承与创新：大学图书馆现代化新征程”学术研讨会和2021年教育部高校图工委工作会议。

配合中国图书馆学会组织各高校开展相关申报和推荐工作：开展全民阅读示范基地及2020年阅读推广示范项目推荐活动，产生高校图书馆系统推荐名单；开展中国图书馆学会第八届青年学术论坛发言代表推荐工作，从高校图书馆中遴选青年业务骨干作为推荐人选；开展高校图书馆特色空间代表图书馆推荐工作，推荐清华大学图书馆“清华印记”互动体验空间和北京大学图书馆“大钊阅览室”2个特色空间。

筹备2021年高校图书馆发展论坛。论坛原定于2021年10月在山东省济南市举行，由中国高等教育文献保障系统（CALIS）管理中心、高校分会和北京大学图书馆联合主办，山东大学图书馆承办，正好作为山东大学百年校庆活动之一。虽因疫情原因论坛未能如期举办，但高校分会完成了前期组织工作。

积极与专业图书馆分会合作开展学术交流活动。9月，共同参与组织第13届中国图书馆馆长与国际出版社高层对话论坛；10月，联合协办2021年中国开放获取推荐周活动（在线）；11月，联合主办第18届数字图书馆前沿热点问题研讨会（ADLS2021）。（高等学校图书馆分会）

专业图书馆分会

【概况】2021年，中国图书馆学会专业图书馆分会（以下简称“专业分会”）继续围绕“新型知识服务能力建设”的主线组织各类活动。在分会领导以及各工作委员会的支持下，秉承搭建平台、推进合作、服务会员、促进发展的宗旨，关注国家科技创新新动向，瞄准专业图书馆发展方向，组织专业图书馆开展主题为未来愿景、应对挑战和发展策略的学术探讨与实践交流活动，分享变革和创新发展的经验，探索专业图书馆知识服务和文献情报服务转型发展的途径，活跃专业图书馆的学术氛围，展示专业图书馆的发展理念和发展潜力，提升专业图书馆员的知识服务能力，促进专业图书情报事业的发展。

学术年会以知识服务为核心，跟踪领域前沿，共享实践经验，探索发展新模式。11月23—24日，以“面向科技自立自强深化知识服务，建设国家高端科技信息交流平台”为主题的中国图书馆学会专业图书馆分会2021年学术年会暨专业图书馆发展论坛在线举办。此次年会被列为中国科协2021年度重要学术会议。来自专业图书情报机构的27位专家做报告，全国近230家机构的376名同人注册参会，先后有1496人次进入直播间聆听报告。此次年会召开之时正值国家“十四五”规划开局之年，年会聚焦高端科技信息交流平台，希望专业图书情报机构能够携手面向“十四五”，在危机中育先机，于变局中开新局，以数据驱动开放获取和知识发现，大力推动国家科研论文和科技信息高端交流平台建设，为科技强国建设提供坚实的保障，共同开创图书情报、科技文献以及知识服务的新范式。

举办“大数据时代无处不在的信息监测”专题学术研讨会。4月23日，由专业分会主办，中国科学院文献情报中心、中国化工信息中心联合承办的“大数据时代无处不在的信息监测”专题学术研讨会以“线下＋线上”的会议形式召开。来自中国化工信息中心的4位高级咨询师结合国际经济形势、产业链安全、前沿技术探索，分享不同场景、不同主题下科技情报监测的体系、方法及工具，从多个角度和层面分享相关领域的科技情报服务经验。70 多名来自不同企业、研究院所、高校和咨询机构的专家围绕会议主题，进行线上、线下互动交流，讨论热烈。

参与组织第 13 届中国图书馆馆长与国际出版社高层对话论坛。9 月 16 日，由中国图书进出口（集团）有限公司、中国科学院文献情报中心、国家科技图书文献中心联合主办的第 13 届中国图书馆馆长与国际出版社高层对话论坛在北京举行，专业分会参与组织此次论坛。论坛主题为“构建新型学术交流与服务模式——出版社与图书馆的共同选择”。国内外各类型图书馆、学术出版社相关负责人等约 150 人出席会议。国家科技图书文献中心副主任郭志伟、中国科学院文献情报中心主任刘细文、中国图书进出口（集团）有限公司执行董事李红文代表主办方分别致辞。论坛报告阶段，中国科学院文献情报中心副主任张智雄、约翰威立国际出版集团高级副总裁菲利普・基斯雷、中国科学技术信息研究所信息资源中心主任曾建勋、化学文摘社总裁曼努埃尔・古兹曼、清华大学图书馆副馆长邵敏、科睿唯安科学信息研究所首席科学家乔纳森・亚当斯、中图科信数智技术（北京）有限公司首席科学家张鹤等报告人，分别就各自机构在学术出版数字化转型、开放科学与开放获取、数据驱动科技创新、构建高端交流平台等方面的产品、案例和实践发表演讲。出版社、图书馆以及相关组织，作为出版内容的生产者、传播者，新形势下应顺势而为，努力拓宽服务领域，加强融合发展，重塑产业链，共同营建新型学术交流与服务模式，从而为汇聚学术资源，促进学术创新，推动学术传播方面发挥积极的作用。（专业图书馆分会秘书处　赵树宜　姚伟欣）

医学图书馆分会

【概况】2021 年，中国图书馆学会医学图书馆分会（以下简称“医学分会”）以推动医学图书馆事业发展、加强学会之间的学术交流、提升资源共建共享能力、为抗疫一线医护工作者提供信息服务为己任，充分发挥医学分会统筹、组织、协调和服务功能，促进各省（区、市）医学图书馆服务和科研工作的开展。

筹备中国图书馆学会医学图书馆分会第 29 届学术研讨会暨 2021 年学术年会。此次年会的主题是“医学图书馆服务创新：新起点、新思路、新发展”，征集论文 62 篇，遴选出交流论文 12 篇。年会准备工作就绪后因疫情原因未能召开。申报 2021 年中国图书馆学会年会分会场并获得批准，分会场主题为“健康中国：医学图书馆的使命与挑战”，后因疫情影响未能召开。

开展科研资助项目管理工作。编写《医学图书馆分会科研资助项目暂行管理办法》《医学图书馆分会 2021 年科研资助项目申报说明》《医学图书馆分会 2021 年科研资助项目立项申请书》等文件；建立健全医学分会科研资助项目申报、评审、经费管理和结题的相关规定，使科研资助项目管理工作有章可循；同时在年度科研资助项目中专门设立青年项目，以激励青年员工开展科学研究，助力医学图书馆后备人才队伍建设。经各单位申报和专家组评审，共立项 2021 年科研资助项目 25 项，其中青年项目 13 项、一般科研项目 12 项。

完成医学分会委员改选工作。在中国图书馆学会的领导与指导下，医学分会经过对全国各省级医学（院）图书馆委员会（分会）（以下简称“省级医图委”）会员进行摸排，遴选出一批优秀会员列入医学分会委员候选名单。经上届分会领导审议通过，选出 7 位医学分会领导、1 位秘书长和 44 位委员，组成中国图书馆学会医学图书馆分会第七届委员会并上报中国图书馆学会批准。医学分会委员涵盖全国 22 个省、4 个直辖市和 5 个自治区；同时医学分会成立 4 个专业组，分别是“资源建设专业组”“学科服务专业组”“技术研究专业组”“继续教育专业组”。

组织参加 2021 年“赏春意　品书香　暖万家”春节主题活动。在医学分会的组织、动员下，军事科学院图书馆、山西省汾阳医院图书馆、浙江大学第一附属医院图书馆等图书馆积极报名参加由国家图书馆和中国图书馆学会主办的该活动，通过展板、微信公众平台等转载主题活动消息的形式，加大活动的宣传推广力度，共有 5500 多人次在线参加国图公开课系列视频讲座学习。

组织开展全民阅读工作。医学分会全年组织召开全民阅读论坛和各类阅读推广研讨会，搭建行业组织、图书馆、学者、公众之间的互动交流平台，探索开展阅读推广的新方法、新思路，丰富论坛内容和形式。通过巡展、线上讲座、图像创作等大众喜闻乐见的活动，把中华优秀传统文化的精神标识展示出来，引导广大读者对中华典籍进行深入学习和鉴赏。

各省级医图委除参加医学分会、各省级图书馆学会组织的学术活动外，还通过线上或线下形式，相继组织召开省级医图委 2021 年度学术年会及各类专题研讨会，围绕“智慧医院图书馆的资源建设、新技术应用、服务创新与发展”“疫情期间的信息服务与支撑”“后疫情时代服务创新”等主题进行交流，累计 6000 余人次参会。在开展学术交流的同时，各省级医图委还开展了如“医学文献及专利资源开发与利用”系列讲座、“走进图书馆”系列活动、“护理远程教学”等培训活动。

为助力疫情防控，医学分会通过邮件、微信和电话等形式，号召各会员单位广泛开展疫情防护宣传等工作；各省（区、市）的医学图书馆也相继开展了与本地区、本医院密切相关的各类活动，如疫情防护培训、相关疫情文献提供等。（医学图书馆分会　冯占英　张明华　王伯秋）

各省、自治区、直辖市图书馆学会

北京市

【概况】2021 年，在疫情防控常态化背景下，北京市图书馆协会（以下简称“协会”）在北京市文化和旅游局、北京市社会科学界联合会及中国图书馆学会的支持与指导下，积极开展工作，继续督导会员参加与开展各项学术研究活动，组织会员单位举办面向读者的各具特色的阅读推广活动，并不断探索图书馆事业发展新方向。协会大力发展会员，夯实自身组织基础，截至 2021 年底，有单位会员 23 个、个人会员 841 人，理事会成员 19 名、监事会成员 3 名。协会严格遵守国家法律法规，积极遵照上级主管单位要求，不断完善、健全各项规章制度，通过北京市民政局的年度检查。2021 年组织召开两次理事会与第六届第二次会员代表大会，投票选举协会监事 1 名，审议通过协会 LOGO 设计方案，在理事会范围内建立党支部，并交流研讨业内热点问题。协会联合北京酷车小镇商业管理有限公司和同方知网技术有限公司，以“馆店融合”新形式共同创建“轩辕书馆”汽车文化主题特色阅读空间。“北京市图书馆协会”微信公众号 2021 年共计发文 290 篇。（北京市图书馆协会）

【开展学术培训与研究活动】北京市图书馆协会着眼地区图书馆事业发展，策划、组织和实施图书馆从业人员继续教育。5 月 17 日，协会举办第一届青年论坛征文活动成果展示会，表彰经首都图书馆学术委员会与协会部分理事组成的专家委员评选出的优秀论文（方案）8 篇。12 月 9—10 日，协会与首都图书馆首次采取线上直播方式共同举办北京市公共图书馆业务培训，全市公共图书馆馆长、业务人员以及基层图书管理员 2000 余人报名参加，总观看量达到 1 万余次。培训邀请到北京大学信息管理系教授张久珍、国家图书馆立法和决策服务部研究馆员张曙光、东莞图书馆馆长李东来以及东城区图书馆馆长肖佐刚，结合北京市公共图书馆事业发展现状，围绕“公共图书馆面向全民、全社会的数字素养教育”“从创新服务到法律义务——公共图书馆的立法和决策服务”“新时期图书馆阅读推广工作思考”“社会力量参与图书馆建设的实践与思路”等主题做培训。协会根据需要，组织会员单位工作人员到首都图书馆业务部门进行学习和实习，促进各会员单位之间的业务合作与交流。协会积极组织会员参加中国图书馆学会及其各专业委员会的学术征文活动。（北京市图书馆协会）

【组织开展阅读推广活动】北京市图书馆协会以“阅读北京——2021 年度首都市民阅读系列文化活动”为重要抓手，组织会员单位开展讲座、展览、送书、诵读等阅读活动，全市有 428 万市民参与。协会联合首都图书馆开展市民阅读调研，举办《大爱北京——聚焦北京扶贫支援》画册首发式、“培根铸魂　启智润心　童书经典中的党史——庆祝中国共产党成立100周年主题童书展”等活动，组织会员单位参加中国图书馆学会举办的2021年“赏春意　品书香　暖万家”春节主题活动、第四届“中国阅读”图书推荐榜系列活动、全民阅读示范基地及2020年阅读推广示范项目推荐工作及2021年特色阅读空间系列风采展示活动等。在图书馆服务宣传周、世界读书日、科技周、社会科学普及周以及节假日期间，各会员单位广泛开展阅读体验活动，普及科学知识，2021年举办各类阅读活动10920场，参与读者达到2106万人次，其中线上活动7143场，1963万人次参与。（北京市图书馆协会）

【承办2021年阅读北京·十佳优读空间——百姓身边的基层图书室推优活动】北京市图书馆协会于6月起承办该活动。由11家区级图书馆推荐的20家基层图书馆（室）参选。经过申报材料审核和实地考察，20家参选馆全部进入网络展示与读者投票阶段，共获得150977票。10月13日，专家评审会召开，评审专家依据评选标准，结合各参选馆的建设与服务情况以及读者投票数，最终推选出朝阳城市书屋·京旺家园阅读空间、海淀区清河街道图书馆、海淀区四季青镇图书馆、石景山区苹果园街道图书分馆、房山区图书馆拱辰街道分馆、通州区潞县镇图书馆、顺义区图书馆光明街道分馆、怀柔区喇叭沟门满族乡星空书院、化学工业出版社有限公司阅想书店（东城区第一图书馆合作分馆）、平谷区图书馆三行拾光分馆共10家优秀基层图书馆。（北京市图书馆协会）

天津市

【概况】2021年，在中国共产党成立100周年之际，天津市图书馆学会参与组织内容丰富、形式多样的文化活动。4月24日，由天津市文化和旅游局、和平区人民政府主办，天津市图书馆学会等承办，各区文化和旅游局协办的“心中的歌儿献给党”天津市第六届市民文化艺术节在民园广场开幕。8月17日，由中国图书馆学会未成年人图书馆分会、首都图书馆、北京市图书馆学会主办，天津市图书馆学会、天津图书馆（天津市少年儿童图书馆）承办的“培根铸魂　启智润心　童书经典中的党史——庆祝中国共产党成立100周年主题童书展”在天津图书馆文化中心馆区开展。

开展协作协调，促进阅读推广。天津市图书馆学会积极承接参与中国图书馆学会的各项工作，充分发挥桥梁纽带、组织协调作用。组织全市各级各类图书馆承办2021年“赏春意　品书香　暖万家”春节主题活动、第十六届文津图书奖宣传推广活动、2021年“激活经典　熔古铸今——《中华传统文化百部经典》宣传推广活动”等，全市累计29家单位承办，天津市图书馆学会因组织得力受到中国图书馆学会的通报表扬。组织天津市各公共图书馆参与申报2021“书香社区”发现活动，其中中新生态城社区服务中心（第二社区邻里中心）入选2021年“书香社区”；组织申报2021年特色阅读空间系列风采展示活动，其中天津图书馆申报的特色主题空间——天津图书馆音乐馆入选；组织申报全民阅读示范基地及2020年阅读推广示范项目，其中东丽区图书馆申报的项目“移动的空间　流动的书香”进入2020年阅读推广示范项目名单；在特色阅读空间照片征集活动中，天津市图书馆学会推荐的河西区图书馆“天塔西岸书斋”入选，并在中国图书馆学会官网图书馆风采展示板块展示。

开展业务培训，提升馆员素养。组织全市各级各类图书馆参加2021年“中华传统文化经典”系列研修班——“古书版本鉴定”专题培训，提升图书馆专业人员服务读者的能力。组织全市各级各类图书馆参加“阅读推广人”培育行动（第十八期），加强阅读推广人才培养，提升“阅读推广人”开展阅读指导工作的能力。

加强自身建设，促进协调发展。6月7日，天津市图书馆学会召开八届二次会员代表大会、理事会、常务理事会，增补理事3名、常务理事3名，审议并通过马金香担任天津市图书馆学会秘书长、张超英担任天津市图书馆学会副理事长的议案。10月16日，天津图书馆、天津科学技术馆、天津市图书馆学会、天津市天文学会成立战略合作联盟。在天津市科学技术协会开展的2021年度学会综合能力评估工作中，天津市图书馆学会和天津市图书馆学会党支部分别获得“A级学会”和“优秀学会党组织”称号。

做好编辑出版，扩大社会影响。天津市图书

馆学会与天津图书馆（天津市少年儿童图书馆）联合主办的期刊《图书馆工作与研究》全年收文2665篇，刊发201篇，并出版1期增刊。该刊入编《中文核心期刊要目总览》2020年版（即第9版）之图书馆事业、信息事业类核心期刊。（天津市图书馆学会　张雪英）

【“百年再出发，迈向高水平科技自立自强”科普主题活动举办】9月30日—10月15日，天津图书馆（天津市少年儿童图书馆）、天津市图书馆学会联合推出“百年再出发，迈向高水平科技自立自强”科普主题活动。通过线上活动的方式，针对不同类型的读者群体，结合科普活动主题，推送相关的数字资源，进一步提高读者的科学知识水平，推广科学知识普及。（天津市图书馆学会　张雪英）

【天津图书馆、天津科学技术馆、天津市图书馆学会、天津市天文学会成立战略合作联盟】10月16日，天津图书馆、天津科学技术馆、天津市图书馆学会、天津市天文学会在天津图书馆举行战略合作联盟签约仪式。天津图书馆党委书记王青，天津图书馆馆长、天津市图书馆学会理事长李培，天津科学技术馆馆长姚剑波，天津科学技术馆副馆长、天津市天文学会副理事长张丽共同签署战略合作联盟框架协议，并就搭建学术交流平台、开展专业人才培训与交流、开展科学普及教育活动、实现资源共建共享等事宜达成合作意向。（天津市图书馆学会　张雪英）

河北省

【概况】2021年，河北省图书馆学会在第九届理事会的领导下团结带领全省广大会员及图书馆工作者开拓创新，扎实推进全年各项工作。

以年会为平台开展学术研讨，展示发展成就。召开以“体系·能力·融合——‘十四五’时期图书馆的发展”为主题的2021河北省图书馆学会年会。召开九届三次常务理事会议和九届四次理事会议，通过《河北省图书馆学会分支机构管理规定》，完善学会分支机构的建设管理制度。

组织会员参与各类全国性活动，组织馆员参加各类学术活动。组织全省图书馆参加中国图书馆学会举办的2021年“赏春意　品书香　暖万家”春节主题活动、“阅百年历程，传精神力量”全民阅读主题活动、2021年“激活经典　熔古铸今——《中华传统文化百部经典》宣传推广活动”、第十六届文津图书奖宣传推广活动、“阅读启智　书香润心”馆长导读视频展示活动等。组织会员和馆员参加“中华传统文化经典”系列研修班专题培训；同时还组织申报2021年中国图书馆学会学术论文和业务案例征集以及全民阅读示范基地及2020年阅读推广示范项目的推荐等工作。

利用学术研讨会等形式，邀请专家学者举办学术讲座，搭建高水平学术交流平台，传播先进的理念、技术和经验，鼓励学术创新。组织为期一周的2021年河北省公共图书馆业务骨干专业素养提升研修班；举办“新技术新理念下的图书馆创意传播”学术研讨会暨2021年度京津冀图书馆联盟馆员论坛。

大力开展阅读推广，发挥阵地作用。开展燕赵少年读书系列活动评选和表彰；推选优秀单位参加全民阅读相关称号表彰。激励服务创新，提升服务效能。举办第八届河北省图书馆服务创意方案竞赛，从140个报送项目中最终确定43个项目获奖。（河北省图书馆学会）

【河北省图书馆学会等联合举办“庆祝建党百年，服务社科发展”活动】4月15日，由河北省社会科学院、河北省社会科学界联合会、河北省图书馆学会等联合举办的“庆祝建党百年，服务社科发展”活动启动仪式在河北省图书馆举办。此次活动由“学习百年党史　践行初心使命”专项学习、“学史忆初心　薪火永相传”好书荐读和“追寻百年记忆　定格红色瞬间”主题摄影大赛3个子活动组成，截至7月15日活动结束，共有1900余人注册参与。在专项学习活动中，先后有100余家单位共计1600人提出中国知网资源库的试用申请，总使用量达700万余次；好书荐读活动共收到作品1300余篇，其中331篇作品入围；主题摄影大赛共收到作品306幅，线上平台投票点赞数达3万余次。（河北省图书馆学会）

【2021年河北省公共图书馆业务骨干专业素养提升研修班开班】5月10—16日，为期一周的2021年河北省公共图书馆业务骨干专业

素养提升研修班在北京大学开班。此次研修班是北京大学信息管理系与河北省图书馆学会首次合作举办的全省公共图书馆系统的专业研修班，50名学员来自河北省18个图书馆。研修班授课老师既有北大信息管理系知名教授，又有全国公共文化发展中心、国家图书馆、首都图书馆、朝阳区图书馆等单位的专家，既有理论高度，又有实践经验。2021年恰逢中国共产党百年华诞，北大信息管理系结合北大光荣革命传统，组织全体党员学员到北京大学图书馆李大钊阅览室开展专题党史学习教育。（河北省图书馆学会）

【2021河北省图书馆学会年会召开】6月8—10日，由河北省图书馆学会、河北省图书馆主办，张家口市图书馆承办的2021河北省图书馆学会年会在张家口市召开。全省各级各类图书馆代表共260余人参加会议。年会以“体系·能力·融合——‘十四五’时期图书馆的发展”为主题。上海图书馆副馆长刘炜应邀为大会做题为“‘十四五’规划与智慧图书馆建设”的主旨报告。大会设置“红色文献资源建设与研究利用”“高校图书馆‘十四五’规划的制定与落实”“城乡公共图书馆服务体系一体建设暨创新公共阅读服务的探索与实践”以及“学术研究与写作”4个分会场。（河北省图书馆学会）

山西省

【概况】截至2021年底，山西省图书馆学会（以下简称“学会”）共有团体会员89个，个人会员1500余人。

在中国共产党成立100周年之际，学会组织全省图书馆界深入学习习近平总书记关于党的历史一系列重要论述，引导学会党员、会员和图书馆工作者以及广大社会公众从党的百年伟大奋斗历程中汲取继续前进的智慧和力量，全面了解建党的百年光辉历程、伟大成就和宝贵经验，传承奋斗精神，凝聚时代力量。

充分发挥图书馆“滋养民族心灵、培育文化自信”的重要作用，联合全省各级各类图书馆开展“阅百年历程　传精神力量”世界读书日系列主题活动、科普宣传主题活动、第十六届文津图书奖宣传推广活动、《中华传统文化百部经典》宣传推广活动、2021年春节主题活动；策划开展庆祝中国共产党成立100周年系列活动；发布《2021山西省公共图书馆年度服务数据》。

积极推动“十四五”时期图书馆创新服务与高质量发展，助力基层图书馆员能力提升，组织全省图书馆员参加中国图书馆学会和中部六省（湘鄂赣皖晋豫）公共图书馆联盟举办的基层图书馆创新服务与高质量发展研讨班、面向智慧图书馆时代的图书馆空间创新学术研讨会、第十三期全国县级图书馆馆长培训班、第二期全面信息素养教育公益大讲堂等学术研讨与培训工作。

继续支持与推进分支机构和地方学会的建设与发展，学会秘书处依托各市级图书馆学会开展大量工作，不断完善学会组织建设和层级管理。

为进一步发挥图书馆在全民阅读工作中的示范引领作用，在全省范围内推荐成效突出的图书馆和优秀推广项目，山西省图书馆、太原市图书馆所报项目入选中国图书馆学会评选的2020年阅读推广示范项目。（山西省图书馆学会　武锦丽）

【组织开展世界读书日系列主题活动】2021年，学会组织全省各级各类图书馆参加“阅百年历程　传精神力量”世界读书日系列主题活动。其中，组织全省9个地市图书馆联合举办“读党史　学党史”世界读书日全民阅读大赛，600余名读者自由组队，通过“线上+线下”的方式同步阅读《共产党员应知的党史小故事》，开展党史学习教育；各单位立足红色文献资源，以主题荐读、专题讲座和经典诵读等多种形式，将阅读推广与学习党史、新中国史、改革开放史、社会主义发展史结合起来，掀起读党史、学党史的热潮。（山西省图书馆　张晓庆）

【策划开展庆祝中国共产党成立100周年系列活动】2021年，学会整合优质数字资源，在全省开展“话峥嵘岁月　迎光辉未来——庆祝中国共产党成立100周年”系列活动，活动内容包括讲座、展览、红色经典阅读推广和诗文诵读比赛。其中，联合山西省图书馆、山西省高校图工委举办“话峥嵘岁月　迎光辉未来——庆祝中国共产党成立100周年诗文诵读比赛”，此次活动于4月初启动，至6月底结束，历时3个月，《山西日报》、黄河新闻网、《太原日报》和山西省文化和旅游厅官网等各类媒体广泛报道，百余家图书馆通过官方微信公众号、官方微博、官方网站广泛宣传。全省136家图书馆精心组织与参与，8851人参赛，平台访问量15.6万次，18.6万人参与作品投票，最终有41组作品分获一、二、三等奖。（山西省图书馆学会　武锦丽）

【举办“读党史　学党史”全民阅读活动七一线上知识竞赛】7月1日，2021年山西省群众文化活动——“读党史　学党史”全民阅读活动七一线上党史知识竞赛在全省范围内开赛。此次竞赛由山西省文化和旅游厅主办，山西省图书馆学会、山西省图书馆、山西省各县市图书馆承办，全省35个图书馆积极宣传动员，各地读者踊跃参赛，1.2万余人次活动参与。比赛结束后，答题平台根据得分和用时，对山西省图书馆赛区总成绩前50名的读者、各分赛区总成绩前30名的读者进行表彰。（山西省图书馆学会　赵旭）

【举办山西省公共图书馆信息检索大赛暨全省公共图书馆信息素养提升培训】12月12日，山西省图书馆学会、山西省图书馆联合全省各市、县（区）图书馆举办“万卷寻知　检索智行——山西省公共图书馆信息检索大赛暨全省公共图书馆信息素养提升培训”。培训采取线上方式开展，邀请山西大学图书馆馆长肖珑、东莞图书馆副馆长冯玲从多个角度讲解图书馆员职业能力提升的策略和方向。此次活动还通过信息检索大赛，考查参赛人员对常见知识服务平台、相关智库平台及OPAC书目检索系统等的检索实操能力，引导馆员巩固培训成果，着力提升个人专业技能与综合素养。活动覆盖省、市、县（区）公共图书馆及部分乡镇文化站，共组织千余人次参加。（山西省图书馆学会　冀娜）

【深入基层图书馆开展调研活动】2021年，为推动“十四五”时期图书馆高质量发展，学会秘书处在全省开展业务调研，采用调查问卷和实地调研相结合的方式，深入大同、朔州、忻州、晋中、临汾、运城等地，走访15个基层图书馆，重点了解各级公共图书馆于机构重塑性改革后在机构设置、人员编制、经费保障等方面的情况以及基础业务、读者服务和全民阅读工作开展情况。通过调研，摸清底数、明确定位、谋划发展。（山西省图书馆学会　张晓庆）

内蒙古自治区

【概况】2021年，在各上级主管单位及内蒙古自治区图书馆的大力支持与指导下，内蒙古自治区图书馆学会（以下简称“学会”）认真贯彻落实习近平新时代中国特色社会主义思想和党的十九大精神，深刻领会中央和自治区关于铸牢中华民族共同体意识的文件精神，按照要求开展党史学习教育及“我为群众办实事”主题教育并贯穿于工作中。开展2021年“赏春意　品书香　暖万家”春节主题活动，参与第十六届文津图书奖参选图书初评工作，开展“全区第三届阅读推广优秀案例经验交流会”案例征集活动等；完成内部资料《内蒙古图书馆工作》2021年第1、2期的组稿、编辑工作。（内蒙古自治区图书馆学会　云志芳）

【举办“第十六届文津图书奖获奖图书同步展”】2021年，内蒙古自治区图书馆学会参与第十六届文津图书奖参选图书初评工作，并于“4·23”世界读书日期间在内蒙古自治区图书馆草原印象展厅举办“第十六届文津图书奖获奖图书同步展”，随后在内蒙古医院图书馆、内蒙古党校图书馆进行巡展；经学会积极组织，全区共有46家各级各类图书馆举办了第十六届文津图书奖图书宣传推广活动。（内蒙古自治区图书馆学会　云志芳）

【开展“全区第三届阅读推广优秀案例经验交流会”案例征集活动】在4月23日世界读书日到来之际，内蒙古自治区图书馆学会、内蒙古自治区图书馆学会阅读推广工作委员会向全区各级各类图书馆发布通知，以“阅读红色经典，发扬红色传统”为主题，开展“全区第三届阅读推广优秀案例经验交流会”案例征集活动。截至7月15日，共征集案例87例。7月28日，学会在海拉尔召开专家评审会，专门设立由专家教授组成的评审委员会，评选出一系列将建党百年、铸牢中华民族共同体意识与阅读推广相结合的案例，如内蒙古工业大学图书馆“品读新时代　培育时代新人”师生共读《习近平谈治国理政》（第三卷）活动、宁城县图书馆“童声颂党　献礼百年”活动、西乌珠穆沁旗图书馆“书香乌珠穆沁”读书笔记比赛等案例。此次共评选出特、一、二、三等奖及优秀奖若干名，以及“十佳阅读推广人”。（内蒙古自治区图书馆学会　云志芳）

辽宁省

【辽宁省图书馆学会第九次会员代表大会召开】7月2日，辽宁省图书馆学会第九次会员代表大会在沈阳召开。辽宁省文化和旅游厅党组成员、副厅长许红英，辽宁省科学技术协会党组成员、副主席朱玉宏，以及来自各系统图书馆的会员代表160余人参加大会。开幕会上，许红英、朱玉宏分别致辞，辽宁省图书馆馆长杜希林主持会议。大会听取并审议《辽宁省图书馆学会第八届理事会工作报告》《辽宁省图书馆学会第八届理事会财务收支报告》；审议并表决通过《辽宁省图书馆学会章程》及《辽宁省图书馆学会会员会费收取标准及管理办法》；选举产生由81名理事组成的新一届理事会和由5名监事组成的新一届监事会。大会期间，九届一次理事会议召开，会议选举产生由27名常务理事组成的常务理事会，杜希林当选为理事长；九届一次监事会议召开，沈阳市图书馆馆长赵萍萍当选为监事长。（辽宁省图书馆学会　刘芳）

【辽宁省图书馆学会承办“‘追寻百年记忆　弘扬红色精神’——红色文献整合与开发高峰论坛”】7月21—23日，由中国图书馆学会公共图书馆分会、辽宁省社会科学界联合会主办，辽宁省图书馆学会承办的“‘追寻百年记忆　弘扬红色精神’——红色文献整合与开发高峰论坛”在沈阳召开。中国图书馆学会副理事长刘小琴，辽宁省社会科学界联合会党组成员、副主席金虎，辽宁省文化和旅游厅公共服务处一级调研员文安忠，以及来自全国各地的图书馆界同人140余人参加论坛。刘小琴、金虎、文安忠先后在开幕式上致辞，开幕式由辽宁省图书馆馆长杜希林主持。论坛特邀中国图书馆学会副理事长、北京大学图书馆馆长陈建龙，中国社会科学院马克思主义研究院习近平新时代中国特色社会主义思想研究部副主任戴立兴，辽宁大学马克思主义学院教授、辽宁省党史学习教育省委宣讲团成员祁冰做专家报告；邀请韶山毛泽东图书馆研究室主任王健、瑞金市图书馆馆长杨志强、遵义市图书馆地方文献及古籍部主任朱纯洁分别介绍红色文献资源的保护、开发和利用方面的经验。为配合此次会议召开而开展的“红色文献资源整合与开发研究”专题征文活动共征集学术论文108篇，2位论文作者在会上做交流发言。（辽宁省图书馆学会　刘芳）

吉林省

【吉林省图书馆学会组织开展先进集体和优秀个人评选活动】3月，吉林省图书馆学会依据《吉林省图书馆学会荣誉表彰实施办法》组织开展多项先进集体和优秀个人评选活动。评选出2019—2020年度先进学会、先进单位、科普宣传先进单位、宣传报道先进单位33个，2019—2020年度优秀馆长、优秀学会工作者、优秀会员、优秀科普工作者321名，2020年度全民阅读先进单位7个、最佳服务品牌5个、最佳阅读推广人8名。（吉林省图书馆学会秘书处）

【东北地区第十八次图书馆学科学讨论会举办】7月6—9日，由吉林、辽宁、黑龙江三省图书馆学会共同主办，长白朝鲜族自治县文化广播电视和旅游局、长白朝鲜族自治县图书馆承办的东北地区第十八次图书馆学科学讨论会在吉林长白召开，来自东北三省78个图书馆的专家学者和业界代表160余人参会。吉林省图书馆学会理事长赵瑞军主持开幕式，长白县委常委、宣传部部长夏荣琴，吉林省文化和旅游厅张辰源副厅长出席开幕式并讲话。会议特邀东北师范大学文学院教授高长山做“文化自信与中国传统人文精神”主题报告。三省学会组织征文337篇，评奖192篇，选出6名获奖论文作者做会议交流发言。此次研讨会推进东北地区图书馆间的交流与协作，增进东北地区图书馆从业者间的了解和友谊，达到跨地区学术交流的目的。（吉林省图书馆学会秘书处）

黑龙江省

【黑龙江省图书馆学会组织2021年“赏春意　品书香　暖万家”春节主题活动】1月21

日，黑龙江省图书馆学会贯彻《中国图书馆学会关于组织动员全国图书馆联合开展2021年“赏春意 品书香 暖万家”春节主题活动的通知》精神，组织全省开展丰富多彩的春节主题活动。黑龙江省共有66家公共图书馆参与活动，组织活动237项，约15万人次参与。（黑龙江省图书馆学会秘书处）

【2021年黑龙江省地市图书馆馆长工作会议召开】9月16—18日，“2021年黑龙江省地市图书馆馆长工作会”在双鸭山市图书馆召开。全省各地市图书馆馆长、学会秘书长及相关领导40余人参加会议。会议邀请南京图书馆副馆长吴政做“智慧图书馆再认识——大数据驱动下的智慧图书馆建设”专题讲座。大庆油田图书馆馆长张鹏辉以“用‘大庆精神’树‘油图’品牌”为题进行交流，牡丹江市图书馆副馆长黎富贵以“促进文旅融合 推动图书馆事业高质量发展”为题进行交流，双鸭山市图书馆馆长李仲倬以“智慧图书馆建设实践”为题进行交流。会议期间，与会人员结合“十四五”时期全省公共图书馆如何提供优质服务，尤其是建设公共文化服务体系、打造现代化高水平的服务队伍，如何进一步推进全省公共图书馆文旅深度融合发展，如何探究数智时代全省智慧图书馆服务模式及发展趋势，进行深入研讨。（黑龙江省图书馆学会秘书处）

【2021年黑龙江省图书馆业务辅导暨学会秘书长工作会议召开】9月17日，2021年黑龙江省图书馆业务辅导暨学会秘书长工作会议在双鸭市图书馆召开。来自黑龙江省学会、各地分学会的秘书长以及地市图书馆辅导部主任14人参加会议。会议从学会组织建设、学术活动、培训活动、阅读推广及科普宣传活动5个方面总结黑龙江省学会2020、2021年的工作情况，部署近期工作任务。会上，各地市图书馆代表分别交流工作心得，总结工作经验，并对2021年黑龙江省图书馆学会工作的部署给予积极响应。（黑龙江省图书馆学会秘书处）

上海市

【概况】2021年，上海市图书馆学会在业务主管单位上海市科学技术协会、挂靠单位上海图书馆（上海市科学技术情报研究所）的管理指导和理事会的正确领导下，依据学会章程和学会2021年工作计划要点，以常态化疫情防控要求，积极进取、开拓创新。继续保持上海市科协“二星级”学会称号。学会会刊《图书馆杂志》继续保持“中文社会科学引文索引来源期刊”（CSSCI）、“全国中文核心期刊”、“中国人文社会科学核心期刊”（AMI）、“人大报刊复印资料重要来源期刊”等重要学术期刊评价核心期刊地位。（上海市图书馆学会秘书处）

【上海图书馆学会组织推出“建党百年”专题连载】为配合各级各类图书馆营造好建党百年的学习环境氛围，做好相关学习资源的保障和服务工作，上海市图书馆学会微信公众号在对已经推出的“四史”专题精选基础上，联合相关机构自3月起分4期再推“建党百年”专题连载，包括：“党史”学习教育专题讲座在线资源、“党史”学习教育专题电子书单、跟着《觉醒年代》学党史、“马克思主义传播在中国——文献中的百年党建”红色文献图片展，以历史文献为支撑，生动形象地展现百年来马克思主义在中国的传播历程，兼具学术性、可看性。（上海市图书馆学会秘书处）

【第八届图书馆微服务研讨会举办】6月17—18日，由上海市图书馆学会、上海图书馆联合主办的第八届图书馆微服务研讨会在上海图书馆召开。此次会议面向全国图书馆界的新媒体微服务馆员，聚焦于“微平台 新征程”的会议主题，探讨图书馆融媒体和微服务的未来发展趋势。此次会议采用线上视频会议和网络直播相结合的形式举办，共有来自全国96家图书馆的160位图书馆员正式报名参会，未成功报名的图书馆员通过网络直播同步观看。此次会议依托上海市图书馆学会同步举办第四届图书馆新媒体创新服务评选活动，共收到参评创新服务案例46个、新媒体平台案例12个，案例涵盖新科技在阅读推广的应用、创意短视频、红色阅读的新呈现、无障碍阅读、通识阅读等多种图书馆微服务在新媒体端的实践。参评新媒体平台的图书馆展示其在微信公众号、微博、抖音等平台上的服务实例。经过专家的评审，活动共选出7个优秀新媒体创新服务案例，1个具有

突出影响力的图书馆新媒体平台。（上海市图书馆学会秘书处）

【图书馆杂志社主办“继承百年传统，赓续红色血脉——红色文献整理与研究”学术研讨会】7月8—9日，图书馆杂志社、国家图书馆出版社和上海外国语大学共同主办，上海市图书馆学会、上海外国语大学图书馆承办的“继承百年传统，赓续红色血脉——红色文献整理与研究”学术研讨会在上海外国语大学举行，来自全国各地的红色文献研究专家和图书馆、档案馆、纪念馆及党校、党史机构、文献学界、历史学界等相关领域的专业人员共同探讨红色文献的收藏与整理、研究和传承。中央档案馆原馆长杨冬权、国家图书馆民国时期文献保护工作办公室主任马静、上海社科院研究员熊月之、上海师范大学都市文化研究中心主任苏智良分别做主旨报告。研讨会主办方组织专家从参会论文中评选出一等奖8篇、二等奖11篇、三等奖16篇，其中部分优秀论文由《图书馆杂志》专辑发表。（上海市图书馆学会秘书处）

【“数字人文与索引技术”云培训活动举办】8月4—6日，由中国索引学会、上海市图书馆学会、全国报刊索引主办，中国索引学会数字人文专委会、中国索引学会上海工作站承办，同方知网（北京）技术有限公司上海分公司的“数字人文与索引技术”云培训活动，在知网在线教学服务平台举行，共举办6场线上系列公益讲座，培训主题分别为：“数字人文研究——专业性、学科性与技术性”“‘数字人文’与中西目录索引之学”“图像元数据与视觉知识生产——以报纸广告、历史照片、文化遗产的数字图像研究为例”“历史文献数字化加工全流程管理平台的设计——以家谱联合编目系统为例”“面向学科数据建设的网络数据组织——以国际舆情与全球传播为例”和“面向文种的历史档案文本数据化——以清代地方衙门档案为例”。此次培训采取理论与实践相结合、培训与交流相结合的方式，通过线上模式，普及数字人文与索引理论知识、探索数字人文与索引运用场景、提升数字人文与索引工作相关技能。（上海市图书馆学会秘书处）

【上海市图书馆学会举办“阅读推广人”在线系列培训活动】8月18—20日，由上海市图书馆学会主办，上海市奉贤区图书馆、上海市图书馆学会阅读推广委员会承办，中国知网上海分公司协办的“阅读推广人”培训活动以线上讲座的方式在知网在线教学服务平台举办。此次活动主要面向上海市从事阅读推广工作的各级各类图书馆馆员，培训主题为“阅读推广与案例写作”，3天的培训分别由来自图书情报领域的馆长、专家或业务骨干担任主讲老师，活动受到全国各地各级各类图书馆馆员的欢迎，来自31个省、自治区、直辖市，1600余人报名参加。（上海市图书馆学会秘书处）

【“云瀚智享，图界华章——2021图书馆前沿技术论坛”（IT4L2021）举行】10月22日，上海市图书馆学会、上海市图书馆行业协会、智慧图书馆技术应用联盟（筹）主办，上海市图书馆学会信息技术委员会承办，上海图书馆、上海交通大学图书馆等协办的“云瀚智享，图界华章——2021图书馆前沿技术论坛”（IT4L2021）在上海图书馆举行。论坛采用线上线下相结合的模式，线下有来自40余家公共图书馆和高校图书馆以及10余家行业公司的代表出席论坛，在腾讯会议和哔哩哔哩的论坛线上直播共吸引4000余人次收看。论坛立足智慧图书馆实际建设，提出“云瀚平台”建设计划，成立“智慧图书馆技术应用专家委员会”，并举行专家委员会专家聘任仪式，上海图书馆馆长陈超、上海交通大学图书馆馆长李新碗颁发聘书。在主旨报告环节，李新碗、上海图书馆副馆长徐强、宁波图书馆馆长徐益波分别做题为“未来图书馆的开放性思考与探索——以上海交通大学图书馆为例”“图书馆智慧空间服务与阅读生态建设的思考”“连接与赋能：构建智慧服务的实践与思考”的报告，美国斯坦福大学图书馆副馆长Tom Cramer远程视频介绍斯坦福大学及国际FOLIO社区对图书馆未来平台的选择方向。在“专家面对面”环节，上海图书馆副馆长刘炜、北京大学图书馆研究馆员聂华等围绕“中国图书馆界面临的最大挑战是什么”“如何推进下一代服务平台的应用”“如何解决痛点与难点”等内容进行交流并与观众互动。（上海市图书馆学会秘书处）

【2021年图书馆全民阅读推广与信息素养教育创新案例征集与分享交流会举行】此次交流会由上海市图书馆学会、上海市奉贤区精神文明建设委员会办公室、上海市奉贤区文化和旅游局、国家图书馆出版社联合主办，上海市图书馆学会阅读推广委员会协办，上海市奉贤区图书馆承办，于12月2日在上海市奉贤区图书馆举行。同方知网（北京）技术有限公司上海分公司平台提供技术支持。会议采取“云上汇集，云下相聚”的方式举行，线下邀请上海市的专家学者进行报告，公共图书馆和高校图书馆馆员、“阅读推广人”等一起进行分享。线上面向全国各级各类图书馆，阅读推广及服务创新工作相关的馆长和馆员，以及各类阅读推广组织（人）进行直播，全天累计观看直播人数约9310人次。此次会议通过前期征集，共征集到案例140余项，经专家委员会研议，评选获奖案例45项，开幕式最后进行“云颁奖”，同时在线下为部分优秀案例获奖单位颁发证书。（上海市图书馆学会秘书处）

江苏省

【概况】2021年，江苏省图书馆学会（以下简称“学会”）按照《江苏省图书馆学会章程》，不断加强自身建设，凝聚全省力量，加强业务培训，推动学术研究，扩大合作交流，促进全民阅读，积极推动该省图书馆事业向高质量发展。先后获得中国图书馆学会“优秀组织奖”和第二届“图书馆杯”主题图像创意设计征集活动“贡献之星”称号，被江苏省哲学社会科学界联合会评为“第三届江苏省哲学社会科学先进学术社团”。

积极组织发动、协助开展中国图书馆学会的各项活动。学会在中国图书馆学会阅读推广委员会主办的第二届“图书馆杯”主题图像创意设计征集活动中进入“贡献之星”名单，南京图书馆获“优秀组织单位”。学会完成关于举办2021年“书香社区”发现活动江苏地区的申报工作，江苏地区有4家社区上报。学会落实《中国图书馆学会关于开展全民阅读示范基地及2020年阅读推广示范项目推荐工作的通知》，组织有关单位申报，全省共有7家图书馆申报全民阅读示范基地，共有31个阅读推广示范项目申报。学会组织全省参加2021年“中华传统文化经典”系列研修班——“中华传统文化经典解读”专题培训，培训期间每天上午9—11点开展《史记》《黄帝内经》《尚书》《诗经》《传习录》的授课。按照中图学会的要求，接收中宣部为各省公共图书馆配发的《百年革命家书》100册，并分给省馆及13个设区市馆。

开展各类活动。学会联合上海万方数据有限公司，共同开展“我记忆中‘最中国’的节日——传统文化使者”网络征集活动。共评出一等奖5篇（个）、二等奖8篇（个）、三等奖10篇（个）、优胜奖18篇（个）。为庆祝中国共产党百年华诞，把“学党史”和“悟思想”贯通起来，不断提高广大馆员、读者和高校师生的政治觉悟和思想素养，和江苏省高等学校图书情报工作委员会联合在线上开展江苏省中科杯“重温百年党史　传承红色基因”党史学习教育竞赛。为迎接和庆祝中国共产党成立100周年，学会阅读推广委员会举办“阅百年历程·传精神力量”书法作品征集展示活动，在网站上公布“阅百年历程·传精神力量”书法作品征集获奖名单，共征集作品498部，最终评选出硬笔书法单项奖31个、软笔书法单项奖39个、网络人气奖31个、优秀组织奖16个。

发挥学术引领和行业协调作用，完成政府转移职能任务。一是受省文化和旅游厅委托，组织20名专家学者参照《人力资源社会保障部　文化和旅游部〈关于深化图书资料专业人员职称制度改革的指导意见〉》修订《江苏省图书馆资料专业技术资格条件》。二是根据省文化和旅游厅的要求，对上海、浙江、广东、山东第六次评估时的一级馆数量、参评馆数量以及当时的县级以上馆数量进行统计分析。三是积极开展社会科学普及工作，经过申报、评比、公示等环节，江苏省图书馆学会被省社会科学普及工作联席会议评为2019—2020年实施《江苏省社会科学普及促进条例》工作成绩显著单位。（江苏省图书馆学会秘书处　李浩　董莹）

【举办“陶风青蓝工程”——全省中青年图书馆员科研能力提升培训班】2021年，南京图书馆与江苏省图书馆学会联合开展“陶风青蓝工程”，通过线上线下相结合的方式，举办全省中青年图书馆员科研能力提升培训班。上半年举办第一期，每期八讲。每讲分主题、有侧重点地邀请业界有影响、实操经验多的专家学者授课。3 月 1 日，培训班在南京图书馆举办。南京图书馆 300 多名中青年馆员参加现场培训，近 6.3 万人次在线上参加培训。（江苏省图书馆学会秘书处　李浩　董莹）

【江苏省图书馆学会八届三次理事会召开】12 月 15 日，江苏省图书馆学会以通信会议方式召开江苏省图书馆学会八届三次理事会暨 2020—2021 学术年会，会议审议通过理事长裴旭在江苏省图书馆学会八届六次常务理事会暨八届三次理事会上的工作报告和《关于常务理事及理事调整审议事项》，完成既定议程。（江苏省图书馆学会秘书处　李浩　董莹）

浙江省

【第四届“中国阅读”图书推荐榜发布】5 月 26 日，由中国图书馆学会等单位联合主办，浙江省图书馆学会、浙江图书馆等承办的第四届“中国阅读”图书推荐榜发布仪式在杭州图书馆举行。此推荐榜共收集来自 31 个省份 287 家公共图书馆的图书流通数据 183 万条，通过专家评审，最终《时间之书》《格局》《5G 时代》等 70 本图书入围。发布仪式通过央视频、新华社现场云、今日头条以及杭图微博等平台进行网络直播，近 12 万人次在线观看。同时，国家图书馆、中国图书馆学会面向全国公共图书馆联合开展“阅读点亮心灯　好书点燃生活”主题阅读推广活动，进一步推动全民阅读。（浙江省图书馆学会）

【2021 年“书香社区”论坛在宁波举行】10 月 31 日，由中国图书馆学会主办，中国图书馆学会阅读推广委员会、宁波图书馆承办的 2021 年“书香社区”论坛在宁波举行。此次论坛主题为“全民阅读与书香城市建设”，中国图书馆学会副理事长、国家图书馆副馆长陈樱，宁波市文化广电旅游局副局长邱金岳，浙江省图书馆学会理事长、浙江图书馆馆长褚树青等领导及来自全国各个社区文化主管单位负责人、图书馆馆长近 100 人，以线上线下相结合的方式参会。中国图书馆学会 2021 年“书香社区”发现活动 4 月启动，全国有 71 个社区申报，经审读材料和专家研议等程序，共有 25 个社区进入 2021 年“书香社区”发现活动名单，并在此次论坛开幕式上获得授牌。（浙江省图书馆学会）

【第五届“浙思享”学术研讨会召开】6 月 29 日，由浙江省图书馆学会、宁波市奉化区文化和广电旅游体育局主办，宁波市奉化区图书馆承办，上海万方数据有限公司协办的第五届“浙思享”学术研讨会在宁波奉化召开。来自公共图书馆、高校图书馆等领域的 60 余位专家学者参加研讨会。会议围绕“数字化改革背景下的图书馆发展战略”的主题通过专家报告和互动交流的形式展开。通过多领域、多行业的跨界交流与思想碰撞，从不同的视角探讨了图书馆行业在数字化改革背景下的发展战略，在对话中迸发新的思维火花，为图书馆创新发展提供新的思路和方向。（浙江省图书馆学会）

【2021 年浙江省图书馆学会地方文献培训班召开】10 月 12 日，由浙江省图书馆学会主办、嘉兴市图书馆学会与嘉兴市图书馆承办的 2021 年浙江省地方文献业务工作培训（嘉兴专场）在秀洲区图书馆举办。嘉兴地区各公共图书馆 40 余人参加此次培训。培训围绕浙江省地方文献工作进行 5 场学术报告。此次培训加强了地方文献业务交流与沟通，合理规划馆藏资源的开发利用，有效促进地方文献征集工作。（浙江省图书馆学会）

安徽省

【概况】安徽省图书馆学会（以下简称“省学会”）现有 76 家会员单位，其中常务理事单位 26 家，理事单位 50 家。2021 年有 659 名个人会员在安徽省图书馆学会综合管理平台登记注册。

加强组织建设，发挥学会职能作用。1 月召开中共安徽省图书馆学会委员会暨九届三次常务理事会议。积极推动安徽省图书馆学会综合管理平台建设。省学会综合管理平台建设于 3 月启动，经过与建设方的沟通、确认、平台测试，6 月 12 日，省学会综合管理平台正式上线，功能包括通知公告、会员审核、征文管理、信息发布等模块，平台的建成并投入使用，全面提升了省学会工作信息化水平。为了推广平台的使用，省学会建立学会平台的运行管理机制，组建平台管理员群，鼓励和引导各理事单位积极参与省学会工作。组织落实中国图书馆学会各项活动。组织发动全省各级各类图书馆参加中图学会 2021 年“赏春意　品书香　暖万家”春节主题活动、第九季“馆员书评”、第十六届文津图书奖宣传推广活动和 2021 年“激活经典　熔古铸今——《中华传统文化百部经典》宣传推广活动”，以及 2021 年“书香社区”发现活动和“阅读推广人”培育行动（第十八期）。完成“新时代背景下社会力量参与公共图书馆建设研究”论文选题申报工作，经过省学会学术委员会委员的评审，71 篇论文中有 12 篇论文被评为推荐交流论文。推荐凤阳县图书馆和安徽师范大学图书馆申报“全民阅读示范基地”，推荐安徽省公共图书馆联盟“经典诵读之夜”和安徽图书馆“研学一日营”申报“2020 年阅读推广示范项目”。在中国图书馆学会阅读推广委员会主办的第二届全国“图书馆杯”主题图像创意设计征集活动中，安徽省图书馆学会获“贡献之星”称号。

加强学术研究，组织开展课题申报、学术征文活动。完成 2021 年度安徽省图书馆学会学术研究课题申报工作，立项 26 个；开展省学会学术年会征文活动，评选出优秀征文 20 篇。向安徽省社科规划办报送 2 项“2021 年度安徽省哲学社会科学规划项目”；向省社科联报送 5 项“2021 年度安徽省社会科学创新发展研究课题”。参与《安徽省实施〈中华人民共和国公共图书馆法〉办法》的起草，征求意见座谈会、专家论证会的召开等工作。撰写安徽省地方标准《城市阅读空间建设指南》解读文件及《安徽省图书馆 2020 年度馆员学术研究分析报告》。（安徽省图书馆学会）

【中共安徽省图书馆学会委员会三次扩大会议暨安徽省图书馆学会常务理事会议召开】2 月 5 日，中共安徽省图书馆学会委员会三次扩大会议暨安徽省图书馆学会九届三次常务理事会议在安徽省图书馆召开，中共安徽省图书馆学会委员会在合肥的委员、九届理事会常务理事共 12 人参加此次会议。与会常务理事学习《安徽省第十三届人民代表大会第四次会议政府工作报告》《安徽省省级社会组织功能型党支部建设标准》和《全省社会组织党建工作座谈会会议精神》等相关文件内容，会议通报安徽省图书馆学会九届理事会理事变更情况。委员会通报省学会 2020 年工作总结及 2021 年工作计划，对省学会学术研究课题管理办法、会费收缴情况及省学会综合管理平台等内容进行了研讨并达成共识。理事们建议：省学会要继续加强与省图工委的协作交流，形成工作合力；激发各专业委员会的作用，积极承接中图学会的各项活动；加快推进省学会综合管理平台建设，不断提升省学会工作信息化水平；启动发布省学会学术研究课题，发挥省学会学术引领作用。（安徽省图书馆学会）

【2021 年安徽省图书馆学会学术年会征文评审结果揭晓】为进一步推动全省图书馆理论研究和图书馆管理的实践探索，省学会于 4 月发布《安徽省图书馆学会 2021 年度学术年会征文通知》，至 9 月底共收到全省各级各类图书馆报送论文 70 篇。省学会秘书处制定征文评审标准，组织省学会 3 位学术委员从选题、内容、结论、规范性四个方面，对符合查重要求的 63 篇征文进行评议，最终评选出 20 篇优秀征文。这些论文围绕新时期图书馆高质量发展展开讨论，内容涵盖智慧图书馆建设与发展、图书馆信用服务应用实践等。（安徽省图书馆学会）

【2021 年安徽省图书馆学会学术研究课题立项】4 月，省学会向全省各级各类图书馆发布《安徽省图书馆学会学术研究课题管理办法》和《2021 年度安徽省图书馆学会学术研究课题申报通知》，得到图书馆工作者的积极响应。课题内容涵盖阅读推广、智慧图书馆建设、研学资源开发、城市阅读空间、数字资源管理、馆藏文献研究等多个方向，既有理论探索又有业务研究。截至 9 月底，全省共申报课题 92 项，经省学会初审、专家线上与线下综合评审和公示三个阶段，2021 年省学会学术研究课题共立项 26 个，其中重点课题 6 个、一般课题 20 个。（安徽省图书馆学会）

福建省

【福建省公共图书馆联盟推出“留闽过年，图书馆暖心送‘福’”活动】2 月 6—26 日，为积极响应国家“非必要不返乡，就地过年”的倡议，让家在省外的读者感受留闽过年的温暖，福建省图书馆学会、福建省图书馆发起2021年福建省公共图书馆联盟新春活动，得到全省38家图书馆的积极响应。此次活动以“留‘福’建，游‘福’地，享‘福’务，送祝‘福’，赠‘福’袋——留闽过年，图书馆暖心送‘福’”为主题。此次活动是福建省图书馆开展“全福游，有全福”品牌推广的有效尝试。（福建省图书馆学会　福建省图书馆）

【开展“百年征程　馆员同行”——学习打卡及知识竞赛活动】为庆祝中国共产党百年华诞，7月，福建省图书馆学会面向全省各级各类图书馆员开展“百年征程　馆员同行”——学习打卡及知识竞赛活动，旨在引导全省图书馆人学党史，在学史践行中彰显担当作为，以实际行动推动全省图书馆事业蓬勃发展。此次活动为线上活动，分为学习打卡及挑战答题两个阶段，为期一个月，参加者通过“掌上闽图”app参赛，全省近500人次参加。（福建省图书馆学会）

江西省

【概况】2021年江西省图书馆学会新发展团体会员6家，截至2021年底，共有团体会员168家，其中公共图书馆114家，高校图书馆51家，会员队伍不断壮大。全年围绕庆祝中国共产党建党100周年组织阅读推广活动，认真谋划“十四五”期间学会工作，进一步加强学会组织建设，推动全民阅读，深化交流合作，凝聚行业力量，加强人才培养。

发挥党组织的战斗堡垒作用，推动学会工作发展。组织会员单位认真学习贯彻习近平总书记在庆祝中国共产党成立100周年大会上的重要讲话精神和党的十九届六中全会精神，围绕庆祝建党100周年，开展“忆峥嵘岁月，看今朝辉煌”——庆祝建党100周年线上音视频、书画作品征集活动、“学党史，念党恩”系列线上阅读活动及“红色经典阅读，点亮爱党红心”阅读推广活动。

开展系列活动，推动全民阅读。春节期间组织全省85家图书馆开展“赏春意　品书香　暖万家”春节主题活动，共举办春节文化活动（含线上）2377场，线上线下105.6万人次参与。组织全省开展2021年“书香赣鄱”全民阅读暨第十一届“读好书”活动，“读红色书籍，讲红色故事”活动，“爱·悦读”少儿童诗童谣原创大赛，“书江右文化　览赣鄱风采”文旅主题征文、摄影大赛，全国科普日活动及社科普及宣传周活动。

开展业务培训，促进学术发展。与赣州市图书馆共同承办2021年“革命文献与民国时期文献保护计划”专题培训班——赣州站活动；在赣州市南康区举办2021年江西省公共图书馆未成年人阅读推广培训班。组织2021年中国图书馆年会征文，共征集到论文69篇，其中合格论文62篇，42篇论文获奖。江西省图书馆学会向江西省文化艺术规划办公室提交课题14项，成功立项1项；向江西省社科规划办报送2021年度国家社会科学基金项目1项；向省社联报送2021年社科规划课题7项，成功立项1项。为会员办理课题结项4个。

深入开展行业调研，服务政府与会员。组织填报2021年春节假期公共图书馆、文化馆有关数据及《省妇女儿童发展纲要数据表》《妇女儿童监测统计年报》《江西省科协系统2020年度综合统计调查年报》等多项数据报表；组织开展公共图书馆事业单位改革情况调研；做好多项规划、资料汇编、图情动态的编辑工作，完成《江西省公共图书馆“十四五”规划》的编制。（江西省图书馆学会　谢佳新）

【“书江右文化　览赣鄱风采”文旅主题征文、摄影大赛举办】6—9月，江西省图书馆、江西省图书馆学会共同举办“书江右文化　览赣鄱风采”文旅主题征文、摄影大赛。比赛受到全省多个设区市图书馆以及中小学的广泛关注，共收集到作品220余篇。参赛者们用自己的纸笔和相机展示赣鄱风光，讲述江西故事，以个人独特的视角向大众分享自己眼中的江右文化魅力。经专家评委层层筛选，比赛评选出：小学组与中学组摄影一等奖各1名、二等奖各2名、三等奖各3名；小学组与中学组征文一等奖各1名、二等奖各2名、三等奖各3名；优秀奖作品若干篇。江西省图书馆学会授予南昌市图书馆等13家单位优秀组织单位奖，授予沈裕琳等9位老师优秀指导老师奖。（江西省图书馆学会　谢佳新）

【**2021 年“革命文献与民国时期文献保护计划”专题培训班——赣州站活动举办**】7 月 27—30 日，由国家图书馆、中国图书馆学会主办，江西省图书馆学会、赣州市图书馆、赣州市图书馆学会共同承办的 2021 年“革命文献与民国时期文献保护计划”专题培训班——赣州站活动在赣州市图书馆举办。江西省图书馆学会、赣州市文化广播电视和旅游局、赣州市图书馆等单位主要负责人参加活动启动仪式并致辞。民国文献整理与保护专家学者和来自全国各地的 130 余名从业人员参加此次活动。此次专题培训班主要面向全国各级各类图书馆民国时期文献保护工作的主管领导、业务骨干、专业人员开展。培训期间，国家图书馆副研究馆员刘俊讲授“革命文献与民国时期文献保护计划”概况；赣南医学院马克思主义学院原党委书记谭宗梅讲授“民国时期革命文献概论”；国家图书馆研究馆员刘小玲，副研究馆员杨静、延卫平分别讲授“民国时期图书著录”“民国时期连续出版物的著录”“民国时期图书馆藏编制与联机上载”。（江西省图书馆学会　谢佳新）

【**江西省公共图书馆未成年人阅读推广培训班举办**】10 月 27—29 日，2021 年江西省公共图书馆未成年人阅读推广培训班在赣州市南康区举行。此次培训班由江西省图书馆、江西省图书馆学会主办，赣州市图书馆、赣州市图书馆学会协办，赣州市南康区图书馆承办。来自全省公共图书馆从事未成年人阅读推广工作的 130 余人参加此次培训。优秀儿童阅读推广人、江西省家庭教育学会理事谢莹和江西省图书馆副馆长李晓君分别以“新时代背景下的阅读服务深化”“少儿阅读空间建设与服务——以江西省图书馆少年儿童区为例”为题进行培训。宜春市图书馆副馆长田玮、南昌市图书馆少儿部主任熊思聪、赣州市南康区图书馆馆长叶兰兰、崇仁县图书馆工会主席罗婷分别就本馆在未成年人阅读推广工作方面开展的特色活动进行经验分享。最后，培训班举行结业仪式暨全省征文摄影比赛优秀组织单位颁奖仪式。（江西省图书馆学会　谢佳新）

【**2021 江西图书馆年会举办**】12 月 29 日，由江西省文化和旅游厅指导，江西省图书馆学会、江西省图书馆主办，萍乡市图书馆学会、萍乡市图书馆承办的 2021 江西图书馆年会在萍乡召开。江西省文化和旅游厅、江西省社会科学界联合会、萍乡市县政府、省科协及省图书馆学会主要负责人出席会议。江西省图书馆学会第六届理事会理事、学会会员以及来自全省图书情报界的代表、论文作者共 200 多人参加会议。会议公布全民阅读先进单位和个人、优秀会员和优秀学会工作者、年会征文获奖单位及个人等获奖名单，并为获奖单位颁奖。会议特邀武汉大学教授黄如花以“新时期图书馆高质量发展的若干思考”为题做专题报告。会议设立分会场，专题学习党的十九届六中全会精神和江西省第十五次党代会精神，讨论如何推动江西省公共图书馆高质量发展。（江西省图书馆学会　谢佳新）

【**2021 年江西省公共图书馆工作会议召开**】12 月 30 日，2021 年全省公共图书馆工作会议在萍乡召开。江西省文化和旅游厅二级巡视员潘之钰、江西省图书馆馆长陶涛、江西省图书馆党委书记程春焱出席会议，来自全省各区市文化广播电视和旅游局分管副局长、公共服务科科长，省直管县（市）文化广播电视和旅游局分管副局长和各级公共图书馆馆长 160 余人参加会议。会议对第十一届“读好书”活动进行总结，公布第十一届“读好书”活动先进单位、2021 年公共数字文化服务先进单位和先进个人、古籍保护工作先进单位和先进个人评选结果，并为获奖单位颁奖。会议安排赣州市、九江市、芦溪县、大余县、景德镇市、南昌市、萍乡市等地的图书馆分别就古籍保护、少儿阅读推广、总分馆建设、全民阅读推广、社会化合作、城市书房建设、新馆建设等方面进行工作经验分享与交流。潘之钰在会上发表讲话，对下一阶段工作提出要求。（江西省图书馆学会　谢佳新）

山东省

【**概况**】根据山东省社会组织管理局、山东省文化和旅游厅的要求，山东省图书馆学会（以下简称“省学会”）积极做好“党建入章”工作，设立“党建指导员”，完成社团信息和党建情况登记，及时高效地完成社会组织党建全覆盖任务。选派 5 名中共党员参加中共山东省文化和旅游厅社会组织委员会第一次党员代表大会，与其他厅管社会组织党员代表共同完成了中共山东省文化和旅游厅社会组织第一届委员会的投票选举任务。根据省科学技术协会统一安排，省学会积极组织理事、专业委员会委员、部分会员等收听、收看庆祝中国共产党成立100周年大会，并征集、报送“观后感”。

组织召开省学会六届六次常务理事会暨专业委员会工作会议，省学会理事长、副理事长、常务理事、秘书长、各专业委员会主任20余人参加会议。会议审定《山东省图书馆学会印章管理及使用规定》等内部管理制度，部署2021年省学会重点工作。完成省科协《省级学会媒体情况统计表》《山东省科协学会统计表》的填报工作，完成“智慧科协”数据平台“学会基本信息初始化”任务。

作为中图学会基层图书馆工作委员会和阅读文化研究委员会（以下简称“两委”）挂靠单位，省学会依托“两委”成功申报2项2021年中国图书馆学会学术论文和业务案例征集项目。3月，省学会学术研究委员会组织专家对第28次科学讨论会的294篇征文进行评审，其中167篇论文获奖；完成获奖论文集申请刊号、出版意向征集、初稿编排等工作。根据省文化和旅游厅《关于开展庆祝中国共产党成立100周年山东省文化和旅游厅社会组织优秀科研成果评选的通知》，推荐33个成果参与评选。组织全省各类图书馆参加中图学会年会；完成两委案例征集评选工作。转发省社会科学界联合会《关于申报2021年度山东省人文社会科学课题、山东省社会科学普及应用研究项目和山东省金融应用重点研究项目的通知》，完成课题立项初审推荐工作。

在科普工作方面，参加“2021年全省科协宣传信息工作会议”、“科创中国”建设、省级学会自身能力建设会议线上会议。配合山东省图书馆业务辅导部开展第八届全省公共图书馆业务竞赛筹备工作，拟订竞赛方案，组织有关专家设计竞赛知识库与竞赛命题等相关工作；举办“全省第八届公共图书馆业务竞赛——线上竞赛”活动，据统计有100多个图书馆的逾1330人进行了线上答题。省学会参与《山东省公共图书馆全民阅读服务年报》编纂工作。派员参加“乡镇书房”标准立项论证会，德州市图书馆、日照市图书馆馆舍空间提升论证会，观摩淄博市、青岛市公共图书馆业务竞赛。协助省馆阅读推广部、少儿部等开展全省全民阅读推广工作。

根据《关于举办“初心如磐向未来”庆祝中国共产党成立100周年山东省文化和旅游厅社会组织书画摄影作品展的通知》，推荐3件书画摄影作品参与线上展览评选。起草“红色经典阅读联盟”章程、倡议书、意向书等，协调省学会阅读推广委员会成立“红色经典阅读联盟”；启动“学党史，传承红色基因——百馆千场红色经典阅读推广活动”。开辟“百馆千场”和“新时代、新风采”——庆祝建党百年全省图书馆事业发展视频展播栏目，展示全省各级各类图书馆新面貌、新成就、新经验。

转发《中国图书馆学会关于组织动员全国图书馆联合开展2021年“赏春意　品书香　暖万家”春节主题活动的通知》《中国图书馆学会关于开展2021年全民阅读工作的通知》等20余项通知，通过省学会理事群、秘书长工作群、微信公众号等渠道广泛宣传，发动省内图书馆参与活动，并完成活动情况汇总、上报等工作。

开展2021年“创新阅读空间”评选展示活动，共征集候选案例220个，经审核有164个案例进入票选阶段，活动共收到投票150余万票。经专家评议，最终30个空间入选2021年“创新阅读空间”。省学会微信公众号发布信息945篇，阅读量达10.49万次。（山东省图书馆学会）

【第三届全省青少年读书故事会举办】3月，山东省图书馆、山东省图书馆学会联合16地市图书馆及146个县（区）图书馆共同举办“传承红色基因·争做华彩少年”第三届全省青少年读书故事会。此次活动面向全省6—15岁少年儿童开展，分为6—9岁组、10—15岁组2个组别，进行分组评比，并特别设置乡村少年组。此届读书故事会以“传承红色基因·争做华彩少年”为主题，以讲述发生在齐鲁大地上的红色故事或齐鲁儿女的革命事迹为主要内容，以缅怀先烈、传承精神、坚定信仰为主要目标，充分展示革命先辈的英勇事迹和红色精神。此次活动参赛选手11405人。

根据疫情防控需要，此届故事会通过“山东

公共文化云”平台，采取线上云比赛、云评选形式，参赛选手通过录制、上传参赛视频参与比赛。此次活动中还特别举办“悦读追梦·成就未来”省会经济圈乡村青少年读书故事会。（山东省图书馆学会）

【山东省大运河（五市）公共图书馆联盟成立】3月31日，山东省大运河（五市）公共图书馆联盟成立大会在聊城市举行，与会者共商山东省大运河文化带枣庄、济宁、泰安、聊城、德州五市公共图书馆事业高质量发展大计，助力大运河国家文化公园建设。山东省图书馆、聊城市文化和旅游局等单位领导及大运河（五市）图书馆馆长、聊城各县（市、区）图书馆馆长参加活动。大会公布大运河（五市）公共图书馆联盟章程。山东省图书馆党委书记、馆长刘显世，济宁学院图书馆馆长刘欣，分别做“打造齐鲁特色阅读推广体系，推动全民阅读”“他山之石：向国外图书馆学习什么”专题报告。五市图书馆馆长及相关专家就大运河（五市）图书馆联盟今后如何开展合作交流，建立成熟合作机制等问题进行探讨。（山东省图书馆学会）

河南省

【河南中科杯“重温百年党史传承红色基因”党史知识竞赛举办】2月，河南省图书馆学会、河南省高校图工委与中科教育联合举办河南中科杯“重温百年党史传承红色基因”党史知识竞赛。共有100余家图书馆、近2万名读者参赛。（河南省图书馆学会　刘洋　杨荔雯　严真）

【河南省图书馆学会第十届理事会换届工作完成】4月22日，河南省图书馆学会经报中共河南省科技社团委员会批准，成立中共河南省图书馆学会委员会。5月10日，经报省民政厅社会组织管理局批准于5月26—28日在郑州召开河南省图书馆学会第十次会员代表大会。来自全省各系统的会员代表189人参加大会。

会上代表审议并通过《河南省图书馆学会第九届理事会工作报告》《河南省图书馆学会章程》《河南省图书馆学会第九届理事会财务工作报告》等。大会投票选举新一届学会理事159名、常务理事50名。选举产生新一届学会领导机构，程建立等9人当选为副理事长。大会决定成立学术研究、阅读推广、专业教育与培训、信息资源开发、古籍整理与保护、未成年人图书馆服务、党校图书馆、交流与合作、编译出版等9个学术专业委员会。会上表彰九届理事会期间优秀会员58人、优秀学会工作者16人、先进学会8家，表彰2019年度全民阅读先进单位48家、先进个人48人，表彰2020年度全民阅读先进单位65家、先进个人63人。（河南省图书馆学会　刘洋　杨荔雯　严真）

【河南省图书馆界开展学术成果、科研项目评审工作】6月，河南省图书馆学会、河南省科技情报学会和河南省高校图书情报工作委员会联合下发河南省第十二届图书情报学术成果奖及2021年河南省图书情报研究项目立项的通知。9月，3家机构组成评审委员会，对相关学术成果进行评审，共评出结项课题67项、立项课题176项，学术成果一等奖159项、二等奖170项。（河南省图书馆学会　刘洋　杨荔雯　严真）

【河南省图书馆学会发出倡议，凝聚力量，做好灾后自救】7月，河南各地遭遇极端强降雨天气，很多图书馆文献资源受损。河南省图书馆学会向社会各界发出倡议书，号召各图书馆凝聚力量，做好灾后自救和生产生活秩序恢复工作，为灾区群众提供必要的文献信息服务，动员社会力量支持受灾图书馆。倡议书发出后，得到人民出版社、中国人民大学出版社、知识产权出版社、北京理工大学出版社等7家出版社捐赠的图书1万册，价值50万元，得到上海阿法迪智能数字科技股份有限公司捐赠自助借还设备等，价值100万元。9月16日，河南省图书馆学会向受灾图书馆发放社会各界捐助的救灾物品。（河南省图书馆学会　刘洋　杨荔雯　严真）

【图书馆行政管理与业务创新工作会议召开】6月23—25日，由河南省图书馆学会主办，河南省图书馆学会交流与合作专业委员会、河南理工大学图书馆承办的“图书馆行政管理与业务创新工作会议”在修武县党校召开。河南省图书馆学会领导、河南省图书馆学会交流与合作专业委员会全体委员以及60多位图书馆馆长、业务骨干出席此次会议。河南省图书馆学会副理事长申少春做题为“战争年代中国共产党领导的图书馆事业”的主旨报告，河南工业大学图书馆馆长杨延林、河南财经政法大学图书馆馆长焦军普、河南理工大学图书馆馆长海林鹏、河南师范大学图书馆馆长崔宗超、郑州大学图书馆副馆长马越分别做题为“党政合力，共同推进图书馆事业发展”“开放合作，打造自己的特色图书馆”“新时期图书馆馆员内动力激发路径选择”“图书馆学术氛围塑造与学术兴馆策略”“‘双一流’建设背景下的数字资源建设”的报告。（河南省图书馆学会　刘洋　杨荔雯　严真）

湖北省

【概况】2021 年，湖北省图书馆学会加强组织建设，提升管理服务能力。组织召开 2021 年度湖北省图书馆学会理事长会。做好 2021 年全省优秀学会组织及学会工作者评选工作，表彰在图书馆事业中做出成绩的省图书馆学会工作者，引导学会各项工作健康发展；组织开展首届“全省图书馆数字化发展先进单位”评选活动；组织全省“全民阅读示范基地及 2020 年阅读推广示范项目”推荐工作。搭建全省学术交流平台，在参加中国图书馆学会各项征文学术活动的同时，组织开展 2021 年湖北省图书馆学会年会征文活动。（湖北省图书馆学会）

【开展全省图书馆员风采大赛活动】4—12 月，湖北省图书馆学会在全省范围内组织开展图书馆员风采大赛，大赛共设立“红色”经典诵读、才艺展示、图书馆员知识竞赛、绘本讲演大赛等 4 个项目。全省各级公共图书馆、高校图书馆、科研图书馆等图书馆界同人参加。（湖北省图书馆学会）

湖南省

【举办“学史力行　党的故事我来讲”经典诵读风采展示活动】9 月 17 日，由湖南省图书馆学会主办的“学史力行　党的故事我来讲”经典诵读风采展示活动在湖南图书馆举办。来自全省市（州）公共图书馆、高校图书馆（含图书馆类教学机构）、高职院校图书馆和科技情报系统图书馆的共 30 支代表队参加。湖南图书馆、长沙市图书馆、国防科技大学图书馆、长沙理工大学图书馆代表队获得一等奖，来自株洲市图书馆等的 5 支代表队获二等奖，来自湖南省少年儿童图书馆等的 10 支代表队获三等奖，来自吉首大学图书馆等的 11 支代表队获得优胜奖。（湖南省图书馆学会　段蓓虹）

【举办 2021 年“书香城市（区县级）”发现活动】6—7 月，为深入贯彻落实习近平总书记给国家图书馆老专家回信精神，发现一批保障体系完善、社会参与度高、创新性强、阅读成效显著的“书香城市（区县级）”，发挥其典型带动作用，推动全民阅读，更好地满足人民精神文化需求，湖南省图书馆学会举办 2021 年湖南省“书香城市”（区县级）发现活动。长沙市岳麓区、株洲市醴陵市、娄底市双峰县、衡阳市衡东县等四市（县）入选湖南省 2021 年“书香城市”（区县级）。（湖南省图书馆学会　段蓓虹）

【湖南省图书馆学会召开十届四次理事会议】12 月 17 日，湖南省图书馆学会召开十届四次理事会议。由于疫情防控要求，会议采取线上直播的方式召开，来自全省各系统各类型图书馆的近 90 名常务理事、理事参加此次会议。会议由湖南省图书馆学会秘书长段蓓虹主持，湖南省图书馆学会理事长邹序明做 2021 年度工作报告。会议邀请湘潭大学公共管理学院教授龚蛟腾做题为“图书馆发展现状分析与未来趋势”的学术报告。来自湘潭大学图书馆的王雄青与长沙市图书馆的王璐分别进行论文交流。（湖南省图书馆学会　彭著君）

广东省

【广东图书馆学会未成年人图书馆服务专业委员会召开工作总结会】1 月 19—20 日，广东图书馆学会未成年人图书馆服务专业委员会、佛山市图书馆学会未成年人服务专业委员会来到佛山市顺德图书馆、顺德逢简的人木美术民宿图书馆，联合举办广东图书馆学会未成年人图书馆服务专业委员 2020 年工作总结会议暨“夜研・晓读”文旅融合未成年人阅读推广交流会。全省图书馆少儿阅读服务工作负责人共 43 人参加。会议总结广东未成年人图书馆服务专业委员会 2020 年工作，研讨和确定 2021 年重点工作。与会人员实地观摩顺德图书馆、顺德少年儿童图书馆及当地特色民宿图书馆未成年人阅读推广活动的开展情况，分享交流各地各馆未成年人阅读推广服务经验，深入研讨文旅融合背景下未成年人图书馆服务发展方向。（佛山市顺德图书馆）

【广东图书馆学会等联合举办 2021 年粤港澳“共读半小时”活动】4 月 23 日，由深圳图书情报学会发起，广东图书馆学会、澳门特别行政区政府文化局等联合举办 2021 年粤港澳“共读半小时”活动。来自粤港澳地区超过 200 家图书馆和单位的近千个共读点的约 25 万人参加。此次活动以“100 年里的中国”为主题，由广州、深圳、东莞、澳门四地主会场联动，在遍布粤港澳地区的图书馆、学校、企业、社区、医院、工业园、餐馆的众多共读点同步开展。参与单位数量较 2020 年增加 33%，共读点数量增加 133%，活动覆盖面更加广泛，社会影响力也显著提升。（广东图书馆学会）

【广东图书馆学会智慧服务平台全新上线】经过一年的精心研发，广东图书馆学会秘书处将广东图书馆学会原官网升级为广东图书馆学会智慧服务平台，11 月 26 日正式上线。新上线的广东图书馆学会智慧服务平台具备会员管理系统、科研课题管理系统、会议管理系统、移动端服务、学会网站、投稿系统、统一后台管理等功能。该平台将实现科研课题全流程化管理、会员信息科学化管理、会议高效化管理，实现会员一站式服务。（广东图书馆学会）

【2021 年公共图书馆儿童阅读推广会举行】11 月 27 日，2021 年公共图书馆儿童阅读推广会在中山纪念图书馆开幕。此次推广会由中国图书馆学会阅读推广委员会、中国图书馆学会公共图书馆分会、中共中山市委宣传部、中山市文化广电旅游局主办。推广会由主题报告和主题展览两部分组成，并以“线上 + 线下”的形式进行，约 45 万人次在线观看此次活动直播。中国图书馆学会副理事长刘小琴在开幕式上致辞。推广会围绕“书香润泽童年”主题，邀请聂震宁、王余光、朱自强、王志庚、张文彦、黑鹤、姬炤华、江小英、吕梅、李星明等 10 位专家学者参与讨论。中山纪念图书馆馆长吕梅以“星悦童行：普特儿童融合阅读实践报告”为题，介绍中山纪念图书馆在普特儿童融合阅读方面的探索，从普特儿童融合阅读的背景、目标、理念、实施情况和愿景等 5 个方面进行了详细介绍。东莞图书馆馆长李东来做会议总结。（中山纪念图书馆）

广西壮族自治区

【第十四次全区自治区、市级公共图书馆馆长培训班举办】4 月 25—28 日，由广西图书馆学会承办的第十四次全区自治区、市级公共图书馆馆长培训班暨“走读广西·‘阅’汇百色”“走读广西·‘阅’赏靖西”活动在百色市举办。广西壮族自治区文化和旅游厅公共服务处处长何晓萍、广西壮族自治区图书馆馆长秦小燕、广西壮族自治区桂林图书馆馆长钟琼以及全区 14 个市级公共图书馆馆长及业务骨干等 40 余人参加培训。学员们先后参观百色“不忘初心”主题园、鹅泉游客中心阅读驿站，参加自治区文化和旅游厅在百色举办的“党旗高高飘扬·走读广西”系列活动启动仪式。（广西图书馆学会　韦绍芬）

【广西图书馆学会召开第十一次会员代表大会】5 月 20 日，广西图书馆学会第十一次会员代表大会在广西壮族自治区图书馆地方民族文献中心报告厅召开，来自全区各级各类图书馆的 101 名会员代表参加大会。会上，代表们观看视频《不忘初心　矢志前行　同心协力　共创辉煌——广西图书馆学会第十届理事会工作巡礼》。大会审议并通过相关文件，选举产生第十一届理事会。随后，新产生的第十一届理事会举行第一次会议，选举产生第十一届理事会常务理事以及理事长、副理事长、秘书长、副秘书长。（广西图书馆学会　韦绍芬）

【广西图书馆学会采访工作委员会主办第八届全区图书馆采访工作研讨会】5 月 21 日，广西图书馆学会采访工作委员会主办第八届全区图书馆采访工作研讨会，此次研讨会主题为“后疫情时代文献资源建设”，来自广西各级各类图书馆、多家国内知名出版社等的近 200 多名代表参加会议。会议邀请南京图书馆副馆长许建业做题为“打造更为紧密的战略协作链——后疫情时代文献资源建设与馆配服务的理性思考”的主旨报告，邀请公司代表从馆配商的角度阐释新技术在资源建设中的应用及发展。（广西图书馆学会　韦绍芬）

海南省

【概况】截至2021年底，海南省图书馆协会共有单位会员59家、个人会员423名。2021年，新发展省图书馆协会单位会员8家、个人会员58名。完成换届选举的筹备工作。召开协会负责人工作会议，三届八次理事会，三届十二、十三次常务理事会。审议通过《海南省图书馆协会第三届理事会工作报告（草案）》《海南省图书馆协会三届理事会财务收支情况报告（草案）》《海南省图书馆协会第四次会员代表大会筹备工作报告（草案）》《海南省图书馆协会分支机构设立名称（草案）》和第四次会员代表大会代表、理事候选人、常务理事候选人等的推选办法，以及会员代表资格和理事、常务理事等候选人的推选名单。海南省图书馆协会推动全民阅读，举办“百年荣光　薪火相传”线上有奖答题活动、海南省中科杯“重温百年党史　传承红色基因”党史知识竞赛活动，吸引1928名读者参与。组织各图书馆参加由国家图书馆开展的2021年“赏春意　品书香　暖万家”春节主题活动、第十六届文津图书奖获奖图书宣传推广活动、2021年“激活经典　熔古铸今——《中华传统文化百部经典》宣传推广活动”等。组织各图书馆参加中图学会开展的全民阅读示范基地及2020年阅读推广示范项目推荐工作，三亚市图书馆“领航鲸”海洋知识科普活动获评“2020年阅读推广示范项目”。（海南省图书馆协会　文一叶）

【海南省图书馆协会举办“百年荣光　薪火相传”线上有奖答题活动】3月29日—4月2日，海南省图书馆协会举办“百年荣光　薪火相传”线上有奖答题活动。此次活动以图书馆为单位报名，在各馆微信公众号上开通活动通道。读者从图书馆微信公众号菜单栏进入博看党建云阅读平台，系统从题库中随机抽取10题进行组卷，读者答对一题得10分，满分为100分，答题时长10分钟。有29家各级各类图书馆的1825名读者参与活动。（海南省图书馆协会　文一叶）

重庆市

【概况】重庆市图书馆学会联合重庆市少年儿童图书馆以及重庆市38个区县公共图书馆共同开展2021年“赏春意　品书香　暖万家”春节主题活动，各馆结合自身实际情况，推出内容丰富、形式多样的春节活动共计100余项，并向中国图书馆学会（以下简称“中图学会”）提交总结、照片等相关材料。活动注重线上线下相结合、向基层广泛覆盖、新媒体宣传等方式，区县馆参与达到100%。重庆市图书馆学会组织全市10家公共图书馆参加中图学会“激活经典　熔古铸今——《中华传统文化百部经典》出版成果展”，并向中图学会提交完成情况的总结报告。推荐10家公共图书馆参与中图学会第四届“中国阅读”图书推荐榜活动，协助各馆完成5748个业务数据的校对、上传工作。

北碚区图书馆、大渡口区图书馆、梁平区图书馆积极参与全国特色阅读空间申报。长寿区图书馆、巴南区图书馆、涪陵区图书馆、铜梁区图书馆、沙坪坝区图书馆参加中图学会全民阅读示范基地、示范项目申报。梁平区图书馆参加书香社区的申报。重庆市图书馆学会在中国图书馆学会阅读推广委员会主办的第二届“图书馆杯”主题图像创意设计征集活动中进入“星级组织单位”名单，在“2020全国少年儿童阅读年”系列活动中进入“中华经典国学英文绘本在线诵读”活动星级组织单位名单，在2021年川渝地区“图书馆杯”全民英语口语大赛中荣获“优秀组织单位奖”。（重庆市图书馆学会）

【《重庆市公共图书馆“十三五”时期行业发展报告》出版】由重庆市图书馆学会业务协调中心牵头、联合全市42家公共图书馆，历经一年半时间，完成《重庆市公共图书馆“十三五”时期行业发展报告》。该书首次对重庆市“十三五”期间公共图书馆情况进行客观呈现，受到业界的广泛关注，中国新闻社、华龙网、《重庆日报》等5家媒体对此进行宣传报道。（重庆市图书馆学会）

【“‘峥嵘岁月　筑梦前行’重庆市公共图书馆庆祝中国共产党成立100周年馆藏红色地方文献展”举办】为庆祝中国共产党成立100周年，更好地让红色地方文化薪火相传，重庆图书馆学会联合全市公共图书馆共同推出“‘峥嵘岁月　筑梦前行’重庆市公共图书馆庆祝中国共产党成立100周年馆藏红色地方文献展”。此次展览共收到32个区县馆254册红色文献，遴选了174册红色文献，展览内容涵盖重庆地方党史、革命斗争、英雄人物、中国共产党重庆历史（含大事记）4个方面的内容。展览通过对重庆市公共图书馆馆藏地方红色文献的梳理和展示，从文献史料的角度展现中国共产党重庆历史的重要作用，同时也充分发挥公共图书馆保存、利用馆藏红色地方文献的职能。展览在全市43个公共图书馆通过线上和线下相结合的方式进行专栏展出。（重庆市图书馆学会）

【重庆市图书馆学会通过培训提升馆员队伍服务能力】重庆市图书馆学会举办2021年重庆市文化旅游公共服务工作推进会议暨公共数字文化建设培训班，与网络数字中心共同负责会议资料准备、会场服务、会议协调等相关会务工作，全市250人参与此次会议。此外，43个公共图书馆负责人还参加了重庆市公共图书馆馆长工作会，积极推进全市图书馆公共数字文化建设工作，进一步提升全市各级公共图书馆办馆能力和服务水平。（重庆市图书馆学会）

四川省

【概况】截至2021年底，四川省图书馆学会有：个人会员1766人，其中常务理事39人、理事96人；单位会员97个，其中常务理事单位30个、理事单位46个、普通单位会员17个、企业单位会员4个。内设四川省图书馆学会党支部和13个分支机构。

组织各类阅读推广和学术交流活动。协助开展由中共四川省委宣传部、中共重庆市委宣传部、四川省文化和旅游厅、重庆市文化和旅游发展委员会联合举办的“信仰的力量”——庆祝中国共产党成立100周年川渝“阅读之星”诵读活动；组织动员全省各图书馆开展2021年“赏春意　品书香　暖万家”春节主题系列活动，共有16家单位填写《承办意向表》并按通知内容开展春节主题系列活动、报送活动总结；与四川省翻译协会、四川省音乐学院联合承办“百年辉煌——庆祝中国共产党成立100周年”主题活动。

组织“书香社区”“全民阅读基地”等评选活动。组织动员全省各级文化和旅游主管部门、各级图书馆学会及图书馆，会同属地街道开展发现“书香社区”的推荐申报工作，经中国图书馆学会审读材料和专家研议等程序，四川省德阳市旌阳区孝感街道秦宓社区最终成为进入2021年“书香社区”发现活动名单的25个社区之一。四川省图书馆学会开展2021年度四川省全民阅读相关称号评选工作及中国图书馆学会全民阅读相关称号推荐工作，向中国图书馆学会推荐“全民阅读示范基地”2个、“全民阅读推广示范项目”3个；同时，评选出四川省图书馆学会“全民阅读基地”6个、四川省图书馆学会“阅读推广示范项目”9个。根据全省的实际情况，推荐文旅融合空间、特色主题空间、智慧体验空间等三类特色空间参加2021年特色阅读空间风采展示系列活动。及时广泛地面向全省各县级公共图书馆及有关单位宣传中国流动科技馆“跨界流动·助力基层”巡展项目，四川省西充县图书馆、稻城县图书馆、平武县图书馆进入2021年拟实施站点名单。

四川省图书馆学会有序开展学会日常管理工作。完成全省性社会组织2020年年度检查工作，并对审计换届中的问题进行整改；召开四川省图书馆学会第九次会员代表大会，选举产生新一届理事会及领导班子；举行四川省图书馆学会2021年秘书长联席会，交流全省图书馆学会的发展经验；召开全体党员会议，选举产生四川省图书馆学会党支部委员会书记。完成《2021全省图书馆长会交流材料汇编》的编审、校对工作。（四川省图书馆学会秘书处　朱欢）

【四川省图书馆学会第九次会员代表大会召开】3月4日，四川省图书馆学会第九次会员代表大会在四川省图书馆召开。四川省文化和旅游厅副厅长赵红川，四川省科学技术协会学会部一级调研员孙丰忠，四川省社会科学界联合会学会部副部长邓有根，四川省图书馆馆长、四川省图书馆学会理事长何光伦，四川省中心图书馆委员会办公室主任王晓非，四川大学图书馆馆长、四川省图书馆学会副理事长党跃武，成都图书馆馆长、四川省图书馆学会副理事长肖平，以及来自全省各级各类图书馆的120名会员代表齐聚一堂，共同谋划全省图书馆事业发展的未来。开幕式上，赵红川、孙丰忠分别做重要讲话，会上还对四川省图书馆学会“先进集体”“优秀单位”“优秀学会工作者”“优秀会员”“优秀通讯员”以及“四川省2018—2019年度图书馆、情报与文献学优秀学术成果奖”获奖者进行表彰。大会审议了四川省图书馆学会第八届理事会工作报告、第八届理事会财务收支情况报告、《四川省图书馆学会章程》修改情况报告、《四川省图书馆学会第九届理事会理事选举办法》；表决通过《四川省图书馆学会章程》《四川省图书馆学会会员会费标准及管理办法》，并选举产生四川省图书馆学会第九届理事会理事。第九届一次常务理事会选举何光伦为理事长，审议通过第九届理事会工作机构。（四川省图书馆学会秘书处　朱欢）

【四川省图书馆学会2021年秘书长联席会举行】3月25—26日，四川省图书馆学会2021年秘书长联席会在攀枝花市举行。四川省图书馆学会副理事长兼秘书长、四川省图书馆副馆长谭发祥，四川省图书馆学会副秘书长姜晓、陈云伟、施静、赖柯以及全省21个市（州）图书馆学会秘书长等共计30余人出席会议。此次会议深入贯彻落实习近平总书记给国图老专家回信精神，传达中国图书馆学会2021年秘书长联席会会议精神，交流全省图书馆学会的发展经验，梳理总结学会在科学谋划事业高质量发展中进行的实践和探索，并就四川省图书馆学会2021年工作要点及第九届理事会（2021—2024）工作规划征求意见。会议旨在加强全省各市（州）图书馆学会、系统分会之间的沟通协调，营造良好的发展环境，更好地实现四川省图书馆学会承上启下、辐射全省、沟通左右、协调各方的职责，科学谋划“十四五”时期事业发展，共同推进图书馆行业社会组织高质量发展。（四川省图书馆学会秘书处　朱欢）

贵州省

【概况】截至2021年底，贵州省图书馆学会（以下简称“省学会”）共有会员单位121家、个人会员1350人。个人会员中有中国图书馆学会会员680人。省学会2021年组织召开1次全体理事会，2次常务理事扩大会议。

为庆祝中国共产党建党100周年，缅怀革命先烈，重温党的光辉历史，省学会开展“众心向党，自立自强，党建强会”主题实践活动，组织学会部分党员干部到贵阳花溪青岩红军作战指挥所旧址、高坡红军墓、观音山红军战斗遗址等地参观学习。在上海图书馆、中国近现代新闻出版博物馆的支持下，组织41家图书馆举办“文献中的百年党建——马克思主义传播在中国”展览。

省学会秘书处完成中国科协上报2020年统计数据的上报工作。省图书馆学会向全省67家图书馆赠送贵州省档案馆提供的地方文献30种3000余册。向54家会员单位赠送贵州省文史馆编印的《安顺城记》54套。协助中国图书馆学会向全省公共图书馆配发中宣部宣传教育局编制的《百年革命家书》100册。协助贵州省文物保护中心向全省图书馆赠送《贵州省文物保护工程系列报告》646册。

省学会承办2021年度贵州省科学技术协会第一期学会改革发展沙龙暨学会创新发展与能力提升研讨会，省学会常务副秘书长戴宇丹在会上做“贵州省图书馆学会科普活动实践”主题发言。在贵州省科协组织的百名专家建百言征集活动中，省学会副理事长卢云辉提出的《关于依法加快公共图书馆服务体系建设，切实保障公民基本文化权益的建议》《关于大力提升基层图书馆馆员信息素养能力的建议》《关于加强我省野生水果资源开发保护利用的建议》等建言被采纳。在贵州省科协开展的2021年省级学会年度星级评选中，省学会荣获“四星级学会”称号。在2021年全国科技活动周及重大示范活动中，省学会荣获全国科技活动周组委会办公室和科技部引进国外智力管理司联合颁发的荣誉证书。（贵州省图书馆学会　钟海珍）

【“馆、社、店”纸电资源一体化建设研讨会召开】6月1日，由贵州省图书馆学会主办，贵州省图书馆学会资源建设与共享工作委员会、贵州财经大学图书馆承办，北京人天书店有限公司协办的“馆、社、店”纸电资源一体化建设研讨会在贵阳召开。此次研讨会为打造图书馆、出版社、书店三方深入沟通的平台，探讨协同发展和馆配行业未来新业态的发展蓝图，创新融合发展模式，整合纸电资源一体化建设，实现三方携手合作、共同发展的目标提供了新思路。来自全省高校图书馆、公共图书馆约140人参会。（贵州省图书馆学会　钟海珍）

【公共图书馆资源建设的展望与创新研讨会召开】7月14—16日，由贵州省图书馆学会主办，贵州省图书馆承办，中国图书进出口（集团）有限公司协办的公共图书馆资源建设的展望与创新研讨会在贵阳召开。中国图书馆学会副理事长、中国图书馆学会公共图书馆委员会主任刘小琴出席开幕式。来自全国各图书馆的馆长和业务骨干120余人参加此次研讨会。省内外图书馆业界专家就公共图书馆资源建设在“十四五”开局之年如何行稳致远进行分享与探讨，为促进图书馆馆藏资源建设和提升服务效能提供新的理论支撑。（贵州省图书馆学会　钟海珍）

【2021年贵州省图书馆学会学术年会举行】12月2—3日，由贵州省图书馆学会、贵州省图书馆、贵州省高等学校图书馆工作指导委员会主办的2021年贵州省图书馆学会学术年会在贵州省图书馆（北馆）举行。此次年会的主题为“高质量发展文化支撑视域下的贵州图书馆事业”。为落实疫情防控的要求，年会采取线上线下相结合的形式举办。澳门大学图书馆馆长吴建中应邀在线上做“高质量时代图书馆发展的思考”主旨报告，贵州师范大学教授、博士生导师朱伟华在会议现场做题为“文献载体转型背景下贵州非遗保护现状与文化自信”的报告。在主题论坛环节，北京大学信息管理系主任张久珍、浙江图书馆馆长褚树青、湖南图书馆馆长贺美华、华东师范大学教授段宇锋分别在线上做“论有限度的社会化与有态度的专业化”“公共图书馆的主题图书馆建设探索和实践”“构建新发展格局赋能图书馆高质量发展”“说东道西——浅谈贵州省基层公共图书馆的创新发展”专题报告。贵州省图书馆学会理事长、贵州省图书馆馆长彭银，贵州民族大学图书馆馆长卢云辉在会议现场分别做题为“新时代贵州省图书馆的机遇与挑战”“再读图书馆学五定律”的报告。此次年会评选出征文一等奖1项、二等奖5项、三等奖11项、优秀业务案例奖5项。会议还安排优秀学术论文演讲、优秀业务案例交流、专家点评、行业发展报告以及颁奖仪式等内容。来自省内部分会员单位代表、专家学者、论文获奖者等50余人在主会场现场参会，线上参会人员达9000余人次。（贵州省图书馆学会　钟海珍）

【2021年贵州省职业院校图书馆员业务知识培训班举办】12月6—10日，由贵州省图书馆学会主办，贵州省图书馆学会高职院校图书馆分会、贵州省图书馆学会教育培训委员会承办的2021年贵州省职业院校图书馆员业务知识培训班采用线上培训的方式举办。全省职业院校图书馆132名馆员参加培训。此次培训邀请重庆大学图书馆馆长杨新涯、南宁职业技术学院副研究馆员廖建威、贵阳学院研究生院院长杨允仙、贵州省图书馆学会高级专家咨询委员会副主任王华南等为学员授课。（贵州省图书馆学会　钟海珍）

云南省

【云南省图书馆学会召开七届二次理事会暨学术论坛】3月9日，云南省图书馆学会召开七届二次理事会暨学术论坛。云南省图书馆学会领导以及来自公共图书馆、高校图书馆的60余名理事，围绕文旅融合背景下的图书馆创新、智慧技术与数字化阅读推广、云南省“国门文化”建设展开学习与学术交流。会上，云南省图书馆馆长马云川围绕“十四五”规划、省图书馆工作近况、2021年工作任务以及热点话题梳理工作布局。随后，北京中文在线总经理杜嘉、云南师范大学图书馆馆长殷国聪、云南财经大学图书馆馆长赵越、昆明理工大学图书馆馆长廖寅分别进行交流发言。（云南省图书馆学会办公室）

陕西省

【概况】陕西省图书馆学会（以下简称“学会”）坚持以习近平新时代中国特色社会主义思想为指导，在人员少、任务重的情况下，聚焦组织凝聚力、学术引领力、社会公信力、行业影响力“四大能力”建设，依据学会2021年工作计划要点，守正创新，主动作为。以“区域合作”

为主导，以加快转变发展方式为主线，充分发挥行业引领作用，积极搭建平台，促进合作，服务基层，提升形象，努力克服疫情带来的不利影响，统筹推进、有序完成各项工作任务，为促进陕西省图书馆事业高质量发展做出应有的贡献。

召开陕西省图书馆学会八届三次常务理事会议。与会理事听取学会2020年工作报告和财务报告，讨论并原则通过学会秘书处及4个委员会2021年工作计划，听取2020年理事建议案落实情况和2021年理事建议案收集情况，会议通报更换常务理事和理事情况。

完成中国图书馆学会组织的“阅读推广人”培育行动（第十七期）、2020年全民阅读各项活动申报、2021年特色阅读空间系列风采展示、2021年“书香社区”发现活动等4项活动。

主办以“共商、共建、共享——全力推动西北五省（区）图书馆事业高质量发展”为主题的西北五省（区）图书馆第六次峰会。举办图书馆特藏建设暨古籍整理与保护专题研讨会、图书馆“十四五”发展规划专题研讨会。召开2021年课题立项及2019年课题结题评审会议，分别对学会2019年课题结项申报和2021年课题立项申报进行评审。举办2021年陕西省图书馆“三区”人才支持计划文化工作者专项培养暨陕西省图书馆学会扶贫攻坚项目培训班、2021年陕西省图书馆“三区”人才支持计划文化工作者专项培养暨陕西省图书馆学会乡村振兴项目培训班等培训。联合同方知网（北京）技术有限公司陕西分公司共同开展“奋斗百年路，启航新征程”红色读书月系列活动。与陕西睿鼎文化传播有限公司联合向遭受特大暴雨灾害的安康市公共图书馆捐赠绘本图书3700册，让灾区孩子享受阅读的乐趣。

学会编辑出版委员会参与陕西省文化和旅游厅开展的“十三五”时期全省公共文化服务创新案例征集成果出版工作，具体负责案例的征集、指导、评审和编撰，共征集案例160个，遴选代表性创新案例120个，其成果《陕西省公共文化服务创新与实践》由陕西人民出版社出版。（陕西省图书馆学会　霍彩玲　霍晓焰）

【2021年陕西省图书馆“三区”人才支持计划文化工作者专项培养暨陕西省图书馆学会扶贫攻坚项目培训班举办】4月22—25日，由陕西省图书馆、陕西省图书馆学会、商洛市文化和旅游局、商洛公共图书馆服务联盟、丹凤县文化和旅游局主办，丹凤县图书馆具体承办的此次培训班在商洛市丹凤县举办。全省各市县区文化和旅游局相关负责人，各市县区图书馆、文化馆馆长及业务人员，“美丽乡村”负责人，“三区”文化志愿者等共计120余人参加培训。此次培训邀请西北大学旅游管理系主任梁学成、长安大学长安文化产业研究中心副教授金栋昌、安康市图书馆副研究馆员李焕龙3位专家，分别以“文旅融合驱动高质量发展：新业态、新模式、新动能”“文旅融合的基层畅想：空间、效能、品牌”“基层两馆服务美丽乡村建设路径与方法”为题进行授课。（陕西省图书馆学会　霍彩玲　霍晓焰）

【“奋斗百年路，启航新征程”红色读书月系列活动举办】陕西省图书馆学会联合同方知网（北京）技术有限公司陕西分公司共同举办“奋斗百年路，启航新征程”红色读书月系列活动。活动历时三个多月，全省共有800多家单位参与，包括百余家高校、50家公共图书馆，累计参与读者超过20万人次，评选出产生获奖者207人、优秀组织单位15家。此次合作分为三个阶段进行：第一个阶段是“传承红色基因，培养时代新人”主题讲座，借助中国知网在线教学平台开展，累计超过1万人次参与学习，课程浏览量超过10万次；第二个阶段是“传承红色基因，学习百年党史”线上知识竞赛活动，从4月23日—6月22日累计参与单位238家、参赛1738人，答题7103次；第三个阶段是“传承红色基因　重读红色家书”线上征集活动，参赛作品总浏览量超过10万次，单个作品最高浏览量超过3.2万次，点赞总量超过6600次。（陕西省图书馆学会　霍彩玲　霍晓焰）

【开展结对帮扶活动】6月15日，陕西省图书馆学会协作协调委员会副主任委员、西安科技大学图书馆副馆长冯永财带领部分高校图书馆馆长一行6人赴铜川市进行调研。调研小组首先参观铜川市印台区图书馆，随后与铜川市图书馆副馆长赵艳莲等基层图书馆馆长举行座谈交流会。

9月22日，在陕西省图书馆学会协作协调委员会组织与协调下，冯永财带领西安科技大学图书馆一行5人赴铜川市王益区梁家源村开展捐赠活动，向该村捐赠图书200余册及精美字画10幅。双方还举行捐赠座谈会沟通交流，并实地参观梁家源村乡村文化大院。（陕西省图书馆学会　霍彩玲　霍晓焰）

【西北五省（区）图书馆第六次峰会召开】11月18日，由陕西省图书馆学会主办的西北五省（区）图书馆第六次峰会在线上举行。此次峰会以“共商、共建、共享——全力推动西北五省（区）图书馆事业高质量发展”为主题，来自陕西、甘肃、青海、宁夏、新疆五省（区）主要公共图书馆、高校图书馆、科研机构图书馆的馆长，学会理事长、秘书长等40余人线上参会。会议由陕西省图书馆学会副秘书长霍彩玲主持，学会副理事长、西安交通大学图书馆副馆长杨峰致欢迎词。来自甘肃、宁夏、青海、新疆的参会代表分别做主题发言，包括甘肃省图书馆馆长、甘肃省图书馆学会理事长肖学智的“深化《敦煌共识》，推动西北五省（区）图书馆高质量合作发展”，宁夏回族自治区图书馆馆长、宁夏图书馆学会理事长韩彬的“精诚合作　共创未来——在西北五省（区）图书馆第六次峰会上的讲话”，青海省图书馆党委书记、馆长杜凯的“凝心聚力　共谋图书馆事业高质量发展”，新疆图书馆馆长、新疆图书馆学会理事长历力的“共谋发展路　聚力新征程”。他们从本省（区）实际工作出发，就未来合作发展提出建议。其后，陕西省图书馆党委书记兼馆长、学会理事长周云岳做题为“互相借力，取长补短，共同发展”的主旨报告。会议就事先拟定的西北五省（区）图书馆第十六次科学讨论会征文主题进行讨论，参会代表就增加图书馆与智库服务、公共文化服务与社会治理、高校图书馆文化育人服务等主题提出各自建议。（陕西省图书馆学会　霍彩玲　霍晓焰）

【图书馆“十四五”发展规划专题研讨会举办】11月26日，由陕西省图书馆学会主办、学会学术研究委员会与西安交通大学图书馆承办的图书馆“十四五”发展规划专题研讨会以线上会议的形式召开。会议由学会学术研究委员会主任委员强自力主持，来自省内58家高校图书馆和公共图书馆的130余位代表参会。会议邀请4位专家做报告，分别为：陕西省图书馆研究馆员万行明介绍该馆“十四五”规划编制工作概况以及“全国公共图书馆事业发展战略研究”［陕图专项（西部地区）研究］的情况，并对规划编制工作提出建议；西安交通大学图书馆研究馆员邵晶介绍该馆“十四五”发展规划框架及规划执行的最新情况；宝鸡市图书馆副馆长陈碧红介绍该馆新馆建设的举措及宝鸡市公共文化服务体系建设的最新进展；陕西工业职业技术学院图书馆副馆长王丁从高职院校的校情出发，提出该馆“十四五”期间发展的行动计划。（陕西省图书馆学会　霍彩玲　霍晓焰）

甘肃省

【2021年全省图书馆基础业务知识培训班举办】3月22—30日，由甘肃省图书馆和甘肃省图书馆学会联合举办的2021年全省图书馆基础业务知识培训班在兰州举行。来自全省公共和高校系统图书馆的42名馆长及业务骨干参加培训。此次培训班开设“图书馆工作概论”“文献编目”“连续出版物管理”等课程。为了巩固和强化学习成果，还安排学员上机实践操作。（甘肃省图书馆学会）

【组织开展2021年全民阅读活动】2021年3月，根据中国图书馆学会《关于开展2021年全民阅读活动通知》的要求，甘肃省图书馆学会在全省组织开展以“阅百年历程，传精神力量”为主题的全民阅读活动，同时开展甘肃省“全民阅读基地”等奖项的申报评选工作。经评审，授予华亭市图书馆甘肃省“全民阅读基地”称号，授予甘肃中医药大学图书馆等6家单位“2020—2021年度全民阅读先进单位”称号，授予兰州市图书馆张国蓉等16人“2020—2021年度全民阅读先进个人”称号。（甘肃省图书馆学会）

宁夏回族自治区

【概况】截至2021年底，宁夏图书馆学会（以下简称“学会”）有会员单位43个，常务理事单位18个、理事单位19个，个人会员736人。分设思想政治与行业道德建设委员会、协作与协调委员会、编辑出版委员会、学术研究委员会、阅读推广委员会、社会服务与专业培训委员会等6个委员会。

2021年，学会根据中共中央宣传部发布的《报刊出版单位社会效益评价考核试行办法》完成对学会主办会刊《图书馆理论与实践》的评价考核。10月28日—11月7日，学会号召宁夏地区图书馆积极响应《自治区文明办致全体宁夏人民抗“疫”倡议书》，做联防联控的积极参与者。同期，学会汇集全区图书馆疫情防控期间工作动态，特别推出《披荆斩“疾”，携手抗“疫”——宁夏地区图书馆人疫情防控工作侧记》系列报道，全方位展现宁夏地区图书馆人同舟共济、众志成城，势要取得抗“疫”胜利的精神面貌。为了鼓舞抗“疫”斗志，坚定抗“疫”信心，学会汇集宁夏书画院、周一新工作室的艺术资源，特别策划推出“妙笔生‘画’，以艺抗‘疫’”线上书画作品展，通过书画家的笔墨向广大读者全方位展示宁夏地区抗击疫情的感人瞬间。组织召开2021年宁夏图书馆学会理事长联席会，商议2022年学会工作要点及第八次会员代表大会的相关事宜。

积极参与中国图书馆学会相关活动。开展2021年“赏春意　品书香　暖万家”春节主题活动丰富图书馆春节期间的活动内容，同时组织全区公共图书馆共同开展形式多样的阅读活动；在全区推广第十六届文津图书奖获奖图书展、“激活经典　熔古铸今——《中华传统文化百部经典》编纂出版成果展”、“百名摄影师聚焦新时代”图片展等专题展览。

学会分别被中国图书馆学会评为2021年“赏春意　品书香　暖万家”春节主题活动、第十六届文津图书奖宣传推广活动和2021年“激活经典　熔古铸今——《中华传统文化百部经典》宣传推广活动”优秀组织单位；由学会推荐的中卫市图书馆一号城市悦读书房、石嘴山市图书馆华夏奇石山公益主题书屋，分别入选中国图书馆学会组织评选的2021年特色阅读空间之“城市书房及社区图书篇”和“文旅融合篇——图书馆走进景区”；在中国图书馆学会阅读推广委员会主办的“方言·图书馆”创意短视频展示活动中，由学会选送的《方言图书馆——宁夏图书馆》荣获金星作品奖，《邹，一起克猫猫，昂们宁夏图书馆》《方言图书馆——银川市图书馆》荣获铜星作品奖。在同方知网（北京）技术有限公司甘青宁分公司主办、学会承办的第五届甘青宁CNKI杯知识发现大赛中，宁夏全区共有1975人参赛，其中：参赛读者1603人，14人获奖；参赛馆员372人，19人获奖。（宁夏图书馆学会　张莉）

【2021年“塞上书香节”暨“4·23”世界读书日系列活动之“行走的图书”活动开展】4月23日，宁夏回族自治区图书馆、宁夏图书馆学会联合全区各级各类图书馆共同开展“行走的图书”活动。活动以“读万卷书　行万里路”为理念，通过图书漂流方式，让精选的图书在商圈、社区、公共文化场馆、车站等指定地点漂流；同时结合图书“七进”的方式，让图书进家庭、进社区、进校园、进农村、进企业、进机关、进军营。此项活动旨在唤起大家的阅读兴趣，并积极带动身边人多读书、读好书，把阅读兴趣长久地保持下去，形成一个良好的阅读习惯。（宁夏图书馆学会　张莉）

【宁夏图书馆学会理事长联席会召开】10月19日，宁夏图书馆学会理事长联席会在宁夏回族自治区图书馆召开。学会理事长、各委员会主任委员、秘书处工作人员等共15人出席会议。与会者听取学会秘书处汇报2022年宁夏图书馆学会第八次会员代表大会相关工作事宜，商议2022年宁夏图书馆学会年会相关工作事宜，并就年会涉及的各类事项进行商议；研究改选、补选学会部分理事相关事宜；结合“十四五”面临的新形势新任务，各位理事长深入讨论了学会各专业委员会所承担的职能问题，并对2021年工作提出建议。（宁夏图书馆学会　张莉）

【“七彩家风代代传——寻找‘最中国’的传家修身秘笈征集活动”开展】9月17日—10月31日，由宁夏图书馆学会主办、全区各公共图书馆承办、北京万方数据股份有限公司协办的“七彩家风代代传——寻找‘最中国’的传家修身秘笈征集活动”共征集作品72个/件，其中视频作品25个、书法作品15幅、图片类作品12个、文章4篇、绘画作品9幅、刺绣作品2幅、图文文章类作品5篇。这些作品内容主要围绕传家修身的家教家风，体现中华民族家庭美德，涵盖家教家风故事讲述、家风家训格言推广、家谱探究等。活动最终评选出一等奖1个、二等奖5个、三等奖12个、优秀奖39个。（宁夏图书馆学会　张莉）

新疆维吾尔自治区

【概况】截至2021年底，新疆图书馆学会有个人会员476人，理事单位49个、常务理事单位20个。学会下设编辑出版委员会、学会合作交流委员会、学会宣传教育委员会、学会科普与阅读指导委员会、学术研究委员会5个专业委员会机构。

学术交流与研讨方面呈现良好发展态势。2021年，新疆图书馆学会积极组织会员参加由中国图书馆学会开展的各类线上研讨班及学术交流会10余次，如“中华传统文化经典”系列研修班——“古书版本鉴定”专题、基层图书馆创新服务与高质量发展研讨班等，参与人员达700余人次。

深化图书馆界国际交流与合作。9月1日，新疆图书馆学会理事长历力参加由中国文化和旅游部、浙江省文化和旅游厅支持，中国国家图书馆和阿拉伯国家联盟秘书处共同主办，浙江图书馆承办的第四届中国与阿拉伯国家图书馆及信息领域专家会议，在会上做“逐梦创未来　聚力促发展”主题交流发言；12月1日，新疆图书馆、新疆图书馆学会、新疆高等学校图书情报工作委员会联合开展2021年新疆图书馆学会学术年会征文活动，共征集各级各类图书馆工作者学术论文149篇，经专家评审选出获奖论文95篇，其中一等奖17篇、二等奖32篇、三等奖46篇。

讲坛及展览工作方面，新疆图书馆学会与自治区高校思想政治理论课名师、北京超星集团合作，组织开展“昆仑讲坛——辉煌党史100年”系列名师讲坛活动7场次，惠及民众800余人次，不断为社会公众参与党史学习教育增添新元素。联动全自治区144个公共图书馆、高校图书馆共享“阅百年历程　传精神力量”主题展览和数字资源，实现党史学习教育受教面的全员覆盖。线上党史学习教育资源、活动点击量超过2350万次。各类线上线下党史学习教育1.32万余场次，受众超过1000万余人次。新疆图书馆学会先后推出党史学习教育“码上学”数字资源7期，向全自治区基层图书馆发放120万份，真正搭建了党史学习教育线下可观、线上可看、扫码可听的学习平台。此外，新疆图书馆学会进一步为基层图书馆开办讲座、展览提供支持，2021年向各地州县图书馆提供讲座6场次、其他主题展览10余场次。

业务培训方面，4月25日，新疆图书馆学会以线上线下相结合的方式举办2021年新疆地区公共图书馆第一期线上业务培训班，培训内容以公共图书馆智慧化建设新思路为主题，各级公共图书馆、医科大学图书馆馆员约460人参训。同时，新疆图书馆学会以“学得会、用得上、有实效”为出发点，组织开展下基层业务培训与辅导，加强自治区、地州、县市三级纵向联动，实施资源共享，取得一定成效。7月13日—12月2日，新疆地区公共图书馆开展立法调研期间，新疆图书馆学会根据地州培训需求设计培训课程，选派10余名业务骨干赴哈密、阿勒泰、阿克苏、巴州、博州、伊犁州等地7次，围绕文献资源建设、总分馆体系建设创新服务、阅读推广服务与创新、信息环境图书馆业务自动化管理等课程进行解读，培训学员2300余人次，着力提升基层公共图书馆的服务能力和馆员的综合素质，为培养专业化、知识化的图书馆工作队伍奠定坚实基础。

行业协调与服务方面，新疆图书馆学会加快推进辅助《新疆维吾尔自治区公共图书馆条例》立法的工作，通过调查统计、实地调研、座谈交流，对全自治区各级公共图书馆和乡镇文化站、农家书屋的建设及运行服务等情况进行调查摸底，提出合理化建议。组织开展2021年全民阅读启动仪式及相关系列活动，打造“书香新疆·全民阅读”品牌；召开2021年度新疆地区全民阅读工作评审会，全方位展现全自治区各级各类图书馆服务成效，最终评选出“全民阅读优秀组织单位”51个、“全民阅读活动先进个人”34名、“全民阅读优秀服务品牌”8项、“全民阅读优秀服务案例”11项。同时，新疆图书馆学积极向中国图书馆学会推荐评优，其中，和田地区图书馆被评为“全民阅读示范基地”，库尔勒市图书馆“梨城朗读者”被评为“2020年阅读推广示范项目”。新疆图书馆学会配合自治区科协、社科联等社团管理部门工作，被评选为

“2021年度自治区科协所属先进学会”。(新疆图书馆学会　赵燕)

【联合全自治区各级图书馆开展“书香致远润天山，书韵迎春享悦读——2021年新疆地区图书馆春节系列活动”】春节期间，新疆图书馆学会通过多次召开全自治区馆长视频会议，统筹部署各级图书馆共同推出“书香致远润天山，书韵迎春享悦读——2021年新疆地区图书馆春节系列活动”。活动紧密贴合时代脉搏，深挖传统节日文化内涵，通过视频直播、读书打卡、线上诵读、乐猜灯谜等线上线下互动的形式，将传统文化与阅读活动有机融合，让中华文化浸润各族群众的心灵，增强传统文化的辐射力、吸引力和感召力。春节期间，全自治区各级图书馆线上线下共举办节庆主题活动1500余场次，参与读者217万人次，打造全自治区图书馆共商共建共享的创新发展新格局。(新疆图书馆学会　赵燕)

【联合全自治区各级图书馆开展“阅百年历程　传精神力量”主题展览】4月20日，新疆图书馆学会联合全自治区109家公共图书馆、35家高校图书馆线上线下同步启动“阅百年历程　传精神力量”主题展览，由新疆图书馆学会发挥桥梁纽带作用，面向基层图书馆共享党史展览资源和电子资源，辅以开展主题荐读、专题讲座、知识竞答和经典诵读等线上线下活动，持续扩大党史学习教育影响力、覆盖面，在更大范围内引导广大人民群众全面了解中国共产党百年的光辉历程、伟大成就和宝贵经验。截至12月31日，此次主题展览在全自治区各级图书馆中覆盖率达91.3%，其中：新疆图书馆接待观展团体1000余个，参展社会公众150余万人次；全自治区各级图书馆累计接待参展团体3723场次，参展人数达55.69万人次。(新疆图书馆学会　赵燕)

【举办2021年第一期新疆地区公共图书馆线上业务培训班】4月25日，此次培训班在新疆图书馆智慧教室线上线下同步举办。此次培训由新疆图书馆、新疆图书馆学会主办，来自全自治区各级公共图书馆馆长、业务骨干近460余人参加。培训特邀中国索引学会副理事长叶艳鸿以“新时代　新思想　新发展——公共图书馆智慧化建设新思路”为题，通过大量翔实、鲜活的实践案例，讲解当前智慧图书馆发展动力、构建体系、服务模式等业态前沿与走势，加深学员对智慧图书馆建设与服务的新理念、新技术和新方法的了解，有力提高基层图书馆智慧化服务水平。(新疆图书馆学会　赵燕)

【推动党史教育“码上学”走深走实】6月4日，新疆图书馆、新疆图书馆学会发挥文化阵地优势，创新党史学习教育方式，将“奋斗百年路　启航新征程——党史教育码上学”数字资源推送至公共场所。“码上学”党史，不受时间和空间限制，读者只需通过手机“扫一扫”图书或视频二维码，即可开始免费阅读及观看。活动提高了党史学习教育效率和覆盖面，及时将党的“好声音”传达给广大群众。此外，新疆图书馆学会将红色优质文献资源向基层倾斜，第一时间将资源共享至各级各类图书馆，同时在乡镇村基层综合性文化服务中心、公共交通系统、全自治区大学以及旅游大巴等场所累计发放7期资源共120万份，真正搭建党史学习教育线下可观、线上可看、扫码可听的学习平台。(新疆图书馆学会　赵燕)

【开展基层“党史教育宣讲”活动】7月13日—12月2日，新疆图书馆学会紧扣“我为群众办实事”实践活动要求，在赴地州开展业务培训期间走进乡村，将微党课、微故事、微朗诵、微分享“四微”宣讲活动送到基层。活动期间，10余名业务骨干组成6支小分队深入哈密、阿勒泰、阿克苏、伊犁等地，以群众喜闻乐见的方式开展党史教育宣讲，内容包括历次党代会中的历史细节、小小油灯照亮李大钊的马克思主义道路、为马克思主义来中国开辟一条光明之路等，通过故事化讲述、场景式引导、问答式互动，引导党员、干部联系实际学，及时跟进学，笃信笃行学，以“微”形式推动党史学习教育的广覆盖，惠及群众2700余人。(新疆图书馆学会　赵燕)

图书馆标准化组织

全国信息与文献标准化技术委员会

【概况】全国信息与文献标准化技术委员会（SAC/TC4，以下简称“文标会”）成立于1979年，是在国家标准化管理委员会直接领导下，从事信息与文献领域标准化工作的全国性技术组织，对口国际标准化组织信息与文献工作技术委员会（ISO/TC46）。标准化业务范围为图书馆、文献和信息中心、出版业、档案、文件管理、博物馆文献、检索和文摘服务，以及信息学等工作的标准化，涵盖信息的生产、表示、处理、描述、组织、管理、共享与服务全生命周期，为跨部门、跨地区信息资源整合、集成、交换、共享和服务提供技术保障。文标会秘书处的挂靠单位是中国科学技术信息研究所。

2023年，文标会完成制修订程序并上报国家标准7项，督查处于制修订进程中的国家标准15项，征集国家标准立项3项；代表中国完成ISO/TC46归口管理的现行国际标准复审和国际标准制修订草案投票60项次，实现ISO《信息与文献——转写系统代码》国际标准中删除“台湾通用拼音方案”，组织参加ISO/TC46第48届年会在线会议。（中国科学技术信息研究所国家工程技术图书馆）

全国图书馆标准化技术委员会

【概况】1月20日，根据《国家标准化管理委员会关于批准全国核仪器仪表标准化技术委员会等24个技术委员会换届的公告》（2021年第1号），全国图书馆标准化技术委员会第三届委员会正式组建完成。根据工作安排，全国图书馆标准化技术委员会（以下简称“图标委”）完成了规划文件编制、年度标准征集、评审及宣贯等多项工作。为更好地科学规划“十四五”时期图书馆标准化工作，在完成《全国图书馆标准化工作“十四五”规划纲要（征求意见稿）》的基础上，经提交图标委全体委员审议并征求主管部门意见，修改完善后报请主任委员批准，于8月27日正式发布《全国图书馆标准化工作“十四五”规划》。3月启动年度标准化项目征集工作，经专家论证会讨论论证，最终向文化和旅游部科技教育司申报5个标准化建议项目，其中推荐性国家标准制定项目2项、行业标准制定项目3项。经各级标准化工作主管部门审核批复，图标委全年获批立项各类标准化工作项目共计4项，其中推荐性国家标准制定计划项目及文化和旅游行业标准制定计划项目各2项。此外，11月所申报的《中国图书馆机读规范数据格式》通过国家标准技术审评中心组织的推荐性国家标准立项评估评审。2021年度先后完成4项标准制定项目工作协议书签订，组织开展对7项标准的公开征求意见，完成对1项国家标准计划项目、2项文化和旅游行业标准计划项目及2项文化和旅游行业标准化研究项目的审查，开展对所归口管理的17项在研标准化项目的中期检查。此外，根据国家标准化管理委员会《关于做好逾期未完成的推荐性国家标准计划项目再评估后续工作的通知》要求，完成归口管理的被列为再评估项目的8个推荐性国家标准制定计划项目的情况汇总报送工作，并给出下一步工作建议。10月20—23日，在浙江大学图书馆组织召开的第三届技术委员会工作年会上，图标委在总结“十三五”以来各项重要工作基础上，邀请委员及浙江省文化和旅游厅有关负责同志围绕国家标准化工作要求、大学数字图书馆国际合作计划（CADAL）项目标准规范体系及浙江省文化和旅游标准化工作经验做了3场专题报告，邀请资深委员介绍履职经验。会上审议通过《图书馆标准体系》，并对2022年重点工作进行深入讨论。在标准宣贯工作方面，4月图标委与沧州市图书馆学会联合举办图书馆标准化培训，来自沧州市各级各类图书馆的200余名业务骨干参加培训学习。（全国图书馆标准化技术委员会秘书处　田颖）

学术研究与活动

中国图书馆学会2021年工作研讨会

4月8日，中国图书馆学会2021年工作研讨会在国家图书馆召开。中国图书馆学会理事长饶权，副理事长刘小琴、陈超、陈锐、陈樱、陈传夫、程焕文，秘书长王雁行，监事长王余光，副监事长李春来，学术研究委员会主任吴建中，阅读推广委员会主任李东来等12人出席会议。

饶权在研讨会上致辞，陈樱主持会议。饶权在致辞中简要回顾中国图书馆学会2020年的工作成绩，并对2021年重点工作提出希望和要求。王雁行汇报中国图书馆学会2020年重点工作和2021年工作规划。吴建中对《中国图书馆学会“十四五”发展规划纲要》和2021年中国图书馆年会主题进行说明。

此次会议是中国图书馆学会第十届理事会成立以来的首次工作研讨会。会议就《中国图书馆学会“十四五”发展规划纲要》、中国图书馆学会2021年工作要点和2021年中国图书馆年会主题进行了深入研讨，传达学习民政部社会组织管理局印发的《关于进一步加强社会组织管理严格规范社会组织行为的通知》等。（摘编自中国图书馆学会网站）

中国图书馆学会第八届青年学术论坛

5月18—21日，由中国图书馆学会主办，广东图书馆学会和广东省立中山图书馆承办的中国图书馆学会第八届青年学术论坛在广州举办，主题为“探索与引领：中国图书馆事业的‘青年故事’与‘青年责任’”。来自图书馆界和相关业界的专家学者，全国各级各类图书馆青年代表以及新闻媒体代表280余人参加论坛。

5月19日，论坛开幕活动正式开始。中国图书馆学会秘书长王雁行主持开幕式。中国图书馆学会副理事长、中山大学信息管理学院教授程焕文，中国图书馆学会副理事长、中国农业科学院副院长孙坦，广东省文化和旅游厅副厅长赵红，广东省立中山图书馆馆长王惠君等有关单位领导出席开幕活动。

中国工程院院士、“共和国勋章”获得者钟南山特为此次论坛发来视频表示祝贺。嘉宾致辞后，3位知名专家先后做论坛主旨报告。程焕文从国际视野的角度提出关于“新时代青年图书馆学人的使命与责任”的思考，呼吁要敢于担当、勇于开拓、满怀忠诚，立足国情发展新时代图书馆事业、推动文化繁荣、推动社会进步，为世界图书馆发展贡献更多的中国经验和中国智慧。孙坦围绕如何通过人工智能利用图书馆海量知识帮助人类更高效地传播、学习和发现知识，促进技术创新，对“图书馆智能知识服务的未来”进行探讨。华为技术有限公司文旅行业首席专家朱洪波以“科技点亮知识之光，智慧助力图书馆建设”为题，结合5G、大数据和图书馆业务实际场景，对智慧图书馆建设进行剖析。

论坛围绕“中国图书馆方案和中国图书馆故事”的主题，设立两个分会场。孙坦、程焕文和深圳图书馆馆长张岩、中国人民大学信息资源管理学院教授索传军、上海图书馆原副馆长周德明、浙江大学图书馆副馆长黄晨，分别作为两个分会场的“青年导师”，带领20余位青年代表分享观点、交流成果。

5月20日，论坛闭幕活动由王惠君主持。嘉宾演讲环节，华南师范大学图书馆馆长赵淦森做题为“守护信念　奋勇直前：成长历练与技术变革”的演讲。（摘编自中国图书馆学会网站）

2021 年信息组织与资源建设研讨班

7 月 12—16 日，2021 年信息组织与资源建设研讨班在青岛市图书馆举办。此次研讨班由中国图书馆学会主办，山东省图书馆学会、青岛市图书馆、青岛市图书馆学会承办，北京大学出版社、国家图书馆出版社、清华大学出版社和科学出版社支持，来自全国各地的公共图书馆采编部主任及业务骨干共 100 人参加研讨。中国图书馆学会秘书长王雁行，山东省图书馆学会理事长、山东省图书馆党委书记、馆长刘显世，青岛市文化和旅游局副局长李文革等参加开班仪式并分别致辞。青岛市图书馆馆长徐月霞主持开班仪式。

研讨班上，上海市图书馆学会理事长周德明从图书馆标准化出发，详细阐述图书馆业务规范以及新媒体服务环境下如何做好数字资源建设。浙江大学公共管理学院副教授李超平从"什么是馆藏资源建设"的问题切入，围绕公共图书馆如何做好馆藏资源建设进行分析，并就馆藏资源建设与阅读推广之间的关系以及阅读推广的原则问题进行专业解读。中国人民大学信息资源管理学院教授索传军从图书馆信息组织的回顾、图书馆馆藏资源的变化、语义知识组织及知识组织未来发展趋势等诸多方面，以"数据智能时代知识组织的发展"为题进行全面讲解。中央文史研究馆馆员、国家图书馆原常务副馆长陈力以"基层图书馆数字资源建设"为题进行授课，讲授内容包括数字图书馆的新变化、图书馆资源建设的基本要求和基本原则、基层图书馆的数字资源建设等方面。

研讨期间，学员们围绕"公共图书馆服务体系中的信息资源建设实例"和"公共图书馆资源建设中的问题与对策"等主题，结合各图书馆在信息组织与资源建设方面的实际工作进行分组讨论，并在青岛市图书馆参加现场教学。（摘编自中国图书馆学会网站）

第七次全国公共图书馆评估定级标准研制工作会

7 月 27 日，第七次全国公共图书馆评估定级标准研制工作会在国家图书馆召开。文化和旅游部公共服务司副司长朱渤，中国图书馆学会副理事长刘小琴，中国图书馆学会副理事长、国家图书馆副馆长陈樱等领导及研制专家组专家参加会议，中国图书馆学会秘书长王雁行主持会议。

朱渤介绍第七次全国公共图书馆评估定级工作的总体思路和工作安排，并从评价公共图书馆事业发展水平、引领公共图书馆改革创新的角度，对评估指标设计工作提出具体要求。第七次全国公共图书馆评估指标设计，要立足全国公共图书馆事业发展的阶段性特点，统筹基础建设和改革创新，反映不同层级公共图书馆的职能定位，包容行业改革发展的创新点，突出反映事业发展水平的核心指标和方向性指标，突出数据统计的可操作性。

陈樱回顾了中国图书馆学会参与第六次公共图书馆评估定级工作的情况和经验，介绍了开展第七次公共图书馆评估定级标准研制的工作基础和准备。她表示，学会将全力配合开展工作，充分发挥专业优势和社会公信力，加强调查研究，广泛征求意见，力争研制的评估标准既适用我国公共图书馆事业当前的发展现状，又能引领未来的发展方向，确保评估定级工作真正发挥作用、起到实效。

王雁行结合文化和旅游部公共服务司关于开展第七次全国公共图书馆评估定级工作的要求，从工作思路、工作目标、工作机制与分工、工作进度等方面，对评估标准研制下一步工作的具体安排进行说明。

最后，第七次全国公共图书馆评估定级标准研制专家组组长刘小琴主持与会专家围绕标准研制工作进行研讨。与会专家着重针对评估方式、评估内容、指标数量、数据采集、评分标准划定、图书馆定级等问题交流意见，并提出很多好的建议，对标准的框架和体例等进行了热烈的讨论，统一了工作思路。（摘编自中国图书馆学会网站）

第十七届数字资源长期保存国际学术会议

10月20日，第十七届数字资源长期保存国际学术会议（17th International Conference on Digital Preservation，以下简称“iPRES2021”）在中国科学院文献情报中心开幕。会议荣誉主席、国家科技图书文献中心（NSTL）理事长、中国科学院院士程津培和会议荣誉主席、中国科学院副院长、中国科学院院士张涛出席开幕式并做专家致辞。中国科学院发展规划局、中国科学院国际合作局等相关领导出席开幕式，来自国内图书馆、博物馆、档案馆、科学数据管理机构、新闻媒体的代表参加开幕式。会议主席、国家科技图书文献中心主任彭以祺代表主办机构致欢迎词。开幕式由会议执行主席张晓林主持。

iPRES2021由国家科技图书文献中心和中国科学院文献情报中心共同主办，为期4天，以“增强型数字生态系统中的数字保存”为主题，采用线上与线下混合模式召开，共有来自36个国家和地区的462位业界研究人员注册参会。会议特邀故宫博物院院长王旭东、英国国家图书馆内容与研究服务部主任Torsten Reimer、美国Ithaka S+R机构高级研究员Oya Y.Rieger、中国科学院文献情报中心主任刘细文做主旨报告。来自中国、美国、英国、德国、荷兰、新西兰、丹麦、爱沙尼亚、澳大利亚、奥地利、法国、瑞士等10多个国家60余名专家学者分别在28场分会场研讨会上做学术报告。（摘编自国家科技图书文献中心网站）

“公共图书馆历史使命与时代使命”学术研讨会

11月3—4日，“公共图书馆历史使命与时代使命”学术研讨会在广州图书馆举办。会议由中国图书馆学会公共图书馆分会主办、广州市图书馆学会承办。此次会议采取线上线下同步联动的形式召开。来自广东省内多个地市的200余名代表现场参会，北京、上海、浙江、四川、广西等地区的30余名专家、万余名代表在线上参与会议的开幕活动、主旨演讲、主题讨论等各个环节。

开幕活动由广州图书馆馆长方家忠主持，中国图书馆学会副理事长刘小琴、广东图书馆学会理事长王惠君、广州市文化广电旅游局总工程师李若岚先后致辞。时值广州图书馆即将迎来建馆40周年，开幕活动上展播了由广州图书馆精心制作的口述史宣传片《风正帆悬——广州图书馆四十年》，引起全国各地图书馆界同人的共鸣。

会议包括两个主旨演讲、一个专题报告、三个主题论坛，从多种角度呈现公共图书馆使命相关的专业观点。每个环节都引发热烈的现场互动。会议邀请浙江工商大学公共管理学院执行院长汪锦军、中山大学信息管理学院教授程焕文分别做题为“我国基本公共服务的发展历程、政策逻辑及发展前景”“大众服务：公共图书馆永恒的使命”的主旨演讲。方家忠以“广州图书馆40年发展与思考”为题做专题报告，分享广州图书馆建馆以来四个发展阶段的特征与丰硕成果；广东省立中山图书馆首席研究馆员刘洪辉主持主题论坛一“公共图书馆与其他基本公共服务体系的均衡发展”，方家忠主持主题论坛二“公共图书馆管理与服务专业化建设与提升”，中山大学信息管理学院副教授肖鹏主持主题论坛三“新时代公共图书馆青年人才的责任与担当”。（摘编自广州市图书馆学会网站）

第 33 届全国十五城市公共图书馆工作研讨会

11 月 4—6 日，由中国图书馆学会主办、广州图书馆和广州市图书馆学会承办的第 33 届全国十五城市公共图书馆工作研讨会在广州举行，主题为“城市图书馆服务体系的高质量发展”。会议采取线上线下结合的形式举行，学术报告环节以直播方式面向全国公共图书馆同人开放。中国图书馆学会副理事长、公共图书馆分会主任刘小琴致开幕辞。

全国十五城市公共图书馆馆长在线齐聚，结合工作实践，围绕会议主题进行深入交流讨论。华东师范大学教授金武刚、东莞图书馆馆长李东来分别从城市空间、业务功能层级等视角出发，围绕“城市图书馆服务体系的高质量发展”做主旨报告。广州市白云区图书馆分享“基层推动，均衡发展，创新驱动”的基层公共图书馆建设经验，展示广州图书馆之城建设新实践和新成果；深圳市盐田区图书馆分享以垂直一体智慧总分馆体系构建起高品质、全覆盖、均等化、智慧化的公共文化服务网络，探索图书馆无人值守式智慧书房、文旅融合“粤书吧”等新模式的做法；北京市东城区第二图书馆分享由历史文化古迹改造而成的角楼图书馆的探索，将北京厚重的历史文化传统深刻融入空间设计和文化服务中，展现新时代文化空间的魅力；温州市图书馆分享以标准化建设赋能城市书房高质量发展的实践，为全国城市书房发展提供示范和指引；北海市图书馆分享依托北部湾经济圈公共图书馆服务联盟，推进省域内公共图书馆共建共享的案例，为跨区域的体系建设做出有益尝试。最后，深圳图书馆馆长张岩主持下，与会专家围绕“理想的城市图书馆服务体系”以及“‘十四五’时期公共图书馆服务体系的建设路径”两个议题，理论联系实际，就公共图书馆服务体系机制与功能的优化升级进行讨论。（摘编自中国图书馆学会网站）

数字化转型中的图书馆变革与发展研讨会暨 2021 年度 CALIS 年会

11 月 16—18 日，由中国高等教育文献保障系统（CALIS）管理中心主办、四川大学图书馆承办的数字化转型中的图书馆变革与发展研讨会暨 2021 年度 CALIS 年会在线召开。来自 CALIS 全国中心、地区中心、省中心、成员馆以及国家图书馆、国家科技图书文献中心、中国社会科学院图书馆、中国科学院文献情报中心、中国工程科技知识中心等 217 家单位的 492 名代表齐聚云端，共同探讨数字化转型中图书馆事业的变革、创新和发展。

在 16 日召开的 2021 年 CALIS 中心负责人联席会议上，教育部高等教育司领导、CALIS 管理中心与各中心负责人共同探讨 CALIS“十四五”发展规划和可持续发展方案。

17—18 日，数字化转型中的图书馆变革与发展研讨会正式召开，四川大学副校长梁斌和 CALIS 管理中心副主任、教育部高校图工委主任委员、北京大学图书馆馆长陈建龙分别致辞。会议期间，20 多位图情界的专家学者分享 14 个主题报告以及 12 个创新案例，既有高校图书馆、专业图书馆、公共图书馆的掌舵人和践行者的提纲挈领，也有图书馆专业优秀的专家和馆员的身体力行，从不同角度阐述了图书馆在数字化转型中的深度思考、实践探索和前沿研究。（摘编自中国高等教育文献保障系统网站）

中国图书馆学会专业图书馆分会 2021 年学术年会暨专业图书馆发展论坛

11 月 23—24 日，中国图书馆学会专业图书馆分会 2021 年学术年会暨专业图书馆发展论坛在线举办。此次年会继续围绕知识服务展开，主题是“面向科技自立自强深化知识服务，建设国家高端科技信息交流平台”，交流探讨专业图书情报机构适应未来新形势、新任务、新要求的战略定位、发展目标、核心任务和发展路线，探讨专业图书情报机构可持续发展的核心能力建设。来自全国近 230 家机构的 376 名同人注册参会。根据腾讯会议平台统计，先后有 1496 人次的图书情报工作者进入会议直播间聆听报告，其学术影响力超过历年线下年会。

开幕式上，国家科技图书文献中心主任彭以祺和中国科学院文献情报中心党委书记李猛力分别致辞。随后，年会主题报告分为 5 个时段进行，来自国家科技图书文献中心及其成员单位、中国科学院文献情报系统、中国科协、中国工程院系统、部委信息中心、国家科学数据系统、高校科研机构、国有企业、出版集团、科技企业等多家单位的代表分别做专题报告，如彭以祺“大变局下的科技文献工作”、中国科学院文献情报中心主任刘细文“建设数据驱动型文献情报工作体系”、北京大学信息管理系教授李广建“国家科研论文和科技信息高端交流平台及其能力建设”、中国农业科学院农业信息研究所副所长赵瑞雪“科技自立自强背景下农业知识服务发展构想”等。（摘编自中国图书馆学会专业图书馆分会网站）

第十二届全国知识组织与知识链接学术交流会

12 月 9 日，第十二届全国知识组织与知识链接学术交流会在线召开，主题为“知识组织标准规范的建设与应用”。会议由国家图书馆、中国科学技术信息研究所、国家科技图书文献中心和中国科学技术情报学会主办，数字图书馆论坛编辑部协办。

国家图书馆馆长熊远明、中国科学技术信息研究所所长赵志耘、国家科技图书文献中心主任彭以祺以线上方式出席会议并致辞。来自图书馆、高校、信息情报机构的 8 位专家学者围绕会议主题做专题报告。其中：国家图书馆研究院院长申晓娟介绍“十四五”时期图书馆标准化工作的任务与思路；中国科学院文献情报中心研究馆员宋文介绍《资源描述》国家标准的研制与发展；美国肯特州立大学信息学院教授曾蕾介绍国外知识组织系统语义互操作的方法与策略；中山大学信息管理学院教授曹树金综述知识组织领域标准与规范发展的进展；浙江大学图书馆副馆长黄晨和上海图书馆研究馆员庄蕾波分别以 CADAL 项目和上海图书馆为例，分享基于多维度标签的知识组织实践和徐家汇藏书楼珍稀文献编目实践经验与成果；中国人民大学教授赵鑫介绍面向社交大数据的商业信息挖掘技术与方法；中国科学技术信息研究所博士后郭红梅分享机构名称规范文档的建设与应用。此次会议通过线上直播的方式向知识组织相关领域研究者、从业者开放，近 5000 人线上参会。与会嘉宾集思广益，凝聚共识，会议为业界提供开放创新、学术研讨与交流合作的平台。（摘编自国家图书馆网站）

第二届NSTL科技文献信息开放服务云论坛暨开放学术交流研讨会

12月15—16日，第二届NSTL科技文献信息开放服务云论坛暨开放学术交流研讨会在线举办。会议由国家科技图书文献中心（NSTL）、国家图书馆和中国高等教育文献保障系统（CALIS）联合主办，中国科学技术信息研究所承办。此次会议受到广泛关注吸引我国专业图书馆、高校图书馆、公共图书馆三大系统专家学者、读者和相关工作人员在线参加会议，在线观看人数突破9600人次。会议议题包括“开放环境下图书馆的发展与转型”“开放获取对图书文献机构资源建设的影响”“开放环境下的学术信息服务实践”“数字阅读与推广的创新与实践”等，目的是准确解读新时期下的发展目标，明晰全球科技文献信息资源和服务的发展趋势，研讨开放环境下的学术交流新发展，提升全国科技情报从业人员、科研工作者的信息素养。会议邀请8位业界专家做学术报告，同时邀请国内外主要出版机构、数据库商进行文献数据库操作培训。（国家科技图书文献中心　周杰　崔晓彦）

第十六届全国省、自治区、直辖市、较大城市图书馆馆长联席会议

12月28日，第十六届全国省、自治区、直辖市、较大城市图书馆馆长联席会议通过线上、线下相结合的方式召开。此次会议以“学习贯彻落实党的十九届六中全会精神，交流‘十四五’时期公共图书馆事业高质量转型发展思路”为主题。

文化和旅游部党组成员、副部长张旭出席会议并致辞。他在致辞中充分肯定全国各级公共图书馆在提供专业化信息服务、满足公众居家阅读方面发挥的重要作用，重温习近平总书记给国图老专家回信精神，传达党的十九届六中全会关于文化发展的有关精神，介绍文化和旅游部《关于推动公共文化服务高质量发展的意见》《“十四五”公共文化服务体系建设规划》等文件精神。

国家图书馆馆长熊远明以“把握发展机遇，创新工作思路，共同开拓‘十四五’时期事业发展新局面”为题做主旨报告，从推动全国智慧图书馆体系建设、加强珍贵典籍保护研究利用等5个方面介绍《国家图书馆“十四五”发展规划》的主要思路和重点工作。

文化和旅游部公共服务司一级巡视员陈彬斌，国家图书馆副馆长张志清、陈樱、张军、霍瑞娟，全国副省级以上公共图书馆负责人参加会议。来自黑龙江、上海、湖北、重庆、新疆等省级图书馆和深圳市少年儿童图书馆的6位负责人结合“十四五”时期图书馆高质量转型发展思路、经验和体会等进行交流发言。（摘编自国家图书馆网站）

法律法规与政策性文件

法律法规与政策性文件综述

2021年是国家“十四五”开局之年，《国家基本公共服务标准（2021年版）》《文化和旅游部　国家发展改革委　财政部关于推动公共文化服务高质量发展的意见》《“十四五”文化和旅游发展规划》《“十四五”公共文化服务体系建设规划》等公共文化领域的重要政策文件陆续出台，图书馆相关政策法规建设也取得较大进展，为全面促进全国图书馆事业发展奠定坚实基础。

一、进一步健全服务体系，加快推进图书馆服务均衡发展

图书馆作为重要的公共文化服务阵地，其均衡发展对于增强人民群众文化获得感、安全感尤为重要。2021年出台的政策法规对图书馆健全基层公共文化设施网络、促进城乡和区域协同发展、保障特殊群体权益等方面提出新要求。

一是健全基层公共文化设施网络。文化和旅游部、国家发展改革委、财政部联合印发的《关于推动公共文化服务高质量发展的意见》，提出要积极推动将公共文化设施建设纳入县城城镇化补短板强弱项项目，合理布局分馆建设，鼓励将一些综合文化站建设为覆盖周边乡镇（街道）的区域分中心。《“十四五”文化和旅游发展规划》从推动对全国未达标的县级公共图书馆进行新建或改扩建、在有条件的乡镇建设分馆、创新打造一批“小而美”的城市书房等城乡新型公共文化空间、发展城乡流动文化服务等方面，对健全基层公共文化设施网络进行布局。《关于高质量打造新时代文化高地推进共同富裕示范区建设行动方案（2021—2025年）》要求县级图书馆乡镇分馆覆盖率达到100%。《河北省人民政府办公厅关于推动公共文化服务高质量发展的实施意见》鼓励将符合条件的新型公共文化空间作为公共图书馆分馆。《天津市推进农业农村现代化“十四五”规划》提出统筹规划乡村公共文化空间，构建乡村图书馆（农家书屋）等公共文化设施网络。

二是促进城乡和区域协同发展。在促进城乡协同发展方面，《“十四五”公共文化服务体系建设规划》明确要进一步创新协同发展机制，通过总分馆制建设、城乡对口帮扶、流动文化服务、文化志愿服务等形式，促进城市优质文化资源向农村基层辐射和延伸；《“十四五”公共服务规划》提出要以县级图书馆为中心推进总分馆制建设，实现城乡社区公共文化服务资源整合和互联互通；《文化和旅游部　国家发展改革委　财政部关于推动公共文化服务高质量发展的意见》要求强化县级总馆建设，实现总分馆图书资源的通借通还、数字服务的共享、文化活动的联动和人员的统一培训。在促进区域协同发展方面，《“十四五”公共文化服务体系建设规划》推动将公共文化服务体系建设纳入京津冀协同发展、长江经济带、粤港澳大湾区、长三角一体化、黄河流域生态保护和高质量发展、成渝地区双城经济圈等国家发展战略；《中国图书馆学会“十四五”发展规划纲要（2021—2025年）》提出要推进图书馆服务区域一体化，组织、指导京津冀、长三角、粤港澳大湾区、长江经济带、成渝地区、关中平原城市群等区域图书馆联席机制建设，通过资源共享、讲座、展览等方式扶持西部地区基层图书馆发展。

三是强化特殊群体文化权益保护。《“十四五”公共文化服务体系建设规划》提出要丰富亲子阅读活动，实施青少年阅读素养提升计划；面向老年人群体开展数字技能和文化艺术培训；面向残障群体打造无障碍服务体系，支持盲人图书馆等特殊文化服务。《全国图书馆标准化工作“十四五”规划》明确开展老年人、残疾人、进城务工人员等群体利用新技术获取图书馆服务相关标准的研制，从技术和管理层面解决技术发展带来的新问题，保障社会群体获取公共文化服务的基本权益。具体而言，在残疾人服务方面，《“十四五”残疾人保障和发展规划》将“提升残疾人公共文化服务”作为专项任务，部署“开展盲人数字阅读推广工程”“推动公共图书馆盲人阅览室（区）建设，增加公共图书馆盲文图书和视听文献资源”等重点任务。在未成年人服务方面，《中华人民共和国家庭教育促进法》《关于推进儿童友好城市建设的指导意见》就加强公共图书馆服务设施和场地适儿化改造，定期开展公益性家庭教育

宣传、家庭教育指导服务和实践活动等做出明确要求。在老年人服务方面，《四川省公共文化服务保障条例》规定公共图书馆等公共文化设施管理单位应当考虑老年人群体的特点，积极创造条件，提供适合其需要的文献信息和服务。

二、优化服务举措，充分发挥图书馆作为全民阅读主阵地的作用

图书馆是滋养民族心灵、培育文化自信的重要场所。2021 年出台的政策法规要求图书馆应当始终坚持以人为本，以满足人民群众对美好生活的新期待为目标，为广大读者提供品质高、内容多、形式新的阅读服务。

一是丰富服务内涵。在服务全民阅读方面，《"十四五"公共文化服务体系建设规划》将推进全民阅读作为各级公共图书馆的重要任务，充分利用资源、设施、空间、人才等方面优势，广泛开展主题阅读活动，创新服务方式，打造阅读品牌；《山西省全民阅读促进条例》《关于促进上海全民阅读工作的实施意见》等全民阅读专门规定将图书馆作为重要的全民阅读公共文化设施；《河北省公共文化服务体系建设"十四五"规划》提出要依托各地公共图书馆，汇聚、培育一批领读者、阅读推广人和阅读社群，广泛开展经典诵读、阅读分享、大师课等体验式、互动式的公共阅读活动，培育打造一批富有时代气息的城乡阅读品牌，创新开展"燕赵少年读书"等品牌活动。在社会教育服务方面，《关于加强社会主义法治文化建设的意见》提出积极利用公共文化服务机构等阵地，开展群众喜闻乐见的法治文化活动；《全民科学素质行动规划纲要（2021—2035 年）》要求推进图书馆等公共设施开展科普活动，拓展科普服务功能；《"十四五"国家信息化规划》提出充分调动公共图书馆等社会资源，优化和拓展数字技能教育资源和获取渠道，分级分类推进线上线下数字技能教育培训试点示范；《关于进一步加强非物质文化遗产保护工作的意见》提出利用图书馆等公共文化设施开展非物质文化遗产相关培训、展览、讲座、学术交流等活动。

二是创新服务方式。《中华人民共和国国民经济和社会发展第十四个五年规划和 2035 年远景目标纲要》以及《"十四五"文化和旅游发展规划》纳入公共图书馆数字化发展、智慧图书馆建设等内容。《"十四五"公共文化服务体系建设规划》鼓励以市为单位，增加社保卡文化功能，积极推动公共图书馆实现免注册借阅，面向全民开展服务；推动公共图书馆实现包括智慧服务、智慧分析、智慧评估和辅助决策等功能在内的智慧化运营，并将"全国智慧图书馆体系建设项目"作为专栏项目。《广东省文化和旅游发展"十四五"规划》要求拓宽数字文化服务应用场景，探索有声图书馆等新型文化服务方式。《关于推动云南省公共文化服务高质量发展的实施意见》要求全省各级公共图书馆利用大数据、云计算、物联网等先进技术，创新文献信息借阅服务方式，开展网上办证、网上续借、网上借阅等线上"一站式"服务。《关于促进上海全民阅读工作的实施意见》要求加强公共图书馆信息化建设，探索图书配送、教育服务、阅读定制等与全民阅读相关的线上线下立体化、多元化经营模式。《佛山市公共图书馆管理办法》规定市、区人民政府应当加强公共图书馆信息化、智能化建设，支持公共图书馆在服务中运用大数据、互联网、人工智能等相关信息技术，提高公共图书馆的服务效能。

三、加强珍贵典籍保护利用，推动中华优秀传统文化传承发展

图书馆作为公益性公共文化机构，是传承弘扬中华优秀传统文化的重要场所。2021 年出台的政策法规对图书馆在加强古籍保护工作、传承发展革命文化方面提出新要求。

一是大力加强古籍保护利用。《"十四五"文化和旅游发展规划》提出要统筹推进古籍普查登记、保护修复等工作，开展《永乐大典》、敦煌文献以及黄河、长江、大运河流域等相关古籍的保护修复和整理出版；开展古籍推广活动，加强古籍创意产品开发；健全古籍保护人才队伍；依托全国各级图书馆开展珍贵典籍展示利用。《"十四五"公共文化服务体系建设规划》提出完善国家、省级珍贵古籍名录和古籍重点保护单位评选制度，组织实施中华古籍保护计划。《全国图书馆标准化工作"十四五"规划》明确加强古籍数字化利用标准的研制。云南省在《关于推动云南省公共文化服务高质量发展的实施意见》鼓励省图书馆建设典籍馆，有条件的州市、县图书馆建设中小型古籍馆、古籍修复传拓研习馆，加强民

族古籍文献和珍贵实物资料的抢救保护，建立国家级藏文古籍修复中心，建设傣文、彝文、藏文等文字古籍保护研究服务中心。《四川省“十四五”公共文化服务体系建设规划》提出完善古籍保护利用厅际联席会议制度，出台加强和改进新时期古籍保护利用实施意见；建设四川省典籍博物馆及市（州）分馆；加强与友好省市（城市）合作，推动古籍文献“走出去”；部署古籍普查与成果编纂工程、特色古籍保护工程等八个工程。《佛山市公共图书馆管理办法》规定市图书馆应当积极运用现代信息技术和传播技术进行古籍宣传与利用，传承发展中华优秀传统文化。

二是积极传承革命文化。《中华人民共和国国民经济和社会发展第十四个五年规划和2035年远景目标纲要》要求推进革命文物保护。江西、安徽、四川等地针对红色资源保护、革命文物保护出台专门条例。其中，《四川省红色资源保护传承条例》明确鼓励图书馆等收藏、研究单位加强重要文献、声像资料、实物等红色物质资源的征集、收集；《安徽省红色资源保护和传承条例》要求图书馆等收藏研究单位应当按照有关规定，免费或者优惠向社会公众开放，并利用收藏的红色资源，开展公益讲座、媒体宣传、阅读推广等传承活动；《江西省革命文物保护条例》要求图书馆等国有文物收藏单位应当推进藏品档案信息化标准化建设，加强藏品的分类整理和系统研究；《安徽省“十四五”文化和旅游发展规划》将“革命文物图书出版计划”作为专栏重点任务，计划编纂出版《安徽革命文物通览》《革命文物故事》等革命文物类图书。

四、深化拓展合作边界，共同推进图书馆事业发展

图书馆探索与其他行业合作发展，可以推动与多元主体的优势互补、合作共赢和协同发展。2021年出台的政策法规对图书馆扩大社会多元参与、促进文旅融合方面提出新要求。

一是不断扩大社会多元参与。在法人治理结构改革方面，《“十四五”文化和旅游发展规划》提出深化公共文化机构法人治理结构改革的要求；《佛山市公共图书馆管理办法》规定市、区、镇人民政府（街道办事处）应当推动公共图书馆建立健全法人治理结构，吸收有关方面代表、专业人士和公众参与管理，通过完善理事会等制度，提升公共图书馆现代治理能力；《福建省“十四五”文化和旅游改革发展专项规划》强调深化公共文化单位法人治理结构改革，推动县级以上图书馆等建立理事会。在经费投入方面，《“十四五”公共文化服务体系建设规划》提到鼓励社会力量建立公共文化发展基金，多渠道拓展资金来源；《山东省文化和旅游厅关于进一步加强城市书房和乡村书房建设的意见》提到引导、支持和鼓励各种社会力量以多种方式参与城市书房和乡村书房建设，政府给予社会参建方以冠名、形象宣传等政策，形成多方共赢的城乡书房建设新机制；《四川省公共文化服务保障条例》鼓励和支持公民、法人和其他组织兴办图书馆等文化设施，提供免费或者优惠的公益性文化服务；《四川省“十四五”公共文化服务体系建设规划》提出稳妥推进县以下基层公共文化设施社会化管理运营，对人员缺乏的公共文化设施，鼓励通过服务外包、项目授权、财政补贴等方式，引入符合条件的企业和社会组织进行运行或连锁运行。

二是加强文化和旅游融合发展。《“十四五”文化和旅游发展规划》提出推动图书馆成为旅游目的地；《江西省公共文化服务保障条例》规定鼓励依托公共图书馆等文化资源，发展研学旅行等新型文化旅游业态；《中国图书馆学会“十四五”发展规划纲要（2021—2025年）》提到鼓励图书馆开展研学游、行走阅读等活动；《佛山市公共图书馆管理办法》鼓励公共图书馆与旅游景区、酒店和民宿等单位开展合作；《关于推动云南省公共文化服务高质量发展的实施意见》提出创新开展地铁图书馆、公交图书馆、景区图书馆、商业中心图书馆等文化服务。

此外，2021年出台的图书馆相关政策法规还涉及经费支持、人员保障、安全管理等方面内容。在经费支持方面，《财政部　海关总署　税务总局关于“十四五”期间支持科技创新进口税收政策的通知》规定为图书馆等进口用于科研、教学的图书、资料等，免征进口环节增值税；《佛山市公共图书馆管理办法》规定市、区、镇人民政府（街道办事处）应当在社区公共文化设施建设经费中保留一定比例用于社区的公共图书馆建设。在人员保障方面，《人力资源社会保障部　文化和旅游部关于深化图书资料专业人员职称制度改革的指导意见》，从制度体系、评价标准、评价机制、促进职称制度与人才培养

使用相衔接、加强评审监督服务等方面，为图书馆人才队伍建设提供政策保障；《全国图书馆标准化工作“十四五”规划》提出研究制定图书馆人才队伍建设标准，建立完善图书馆专业教育、岗位培训相关标准等。在安全管理方面，《中华人民共和国数据安全法》《中华人民共和国个人信息保护法》的出台为图书馆数据安全、读者个人信息安全保护提供法律指引；《佛山市公共图书馆管理办法》规定公共图书馆应当建立健全安全保障制度，制定、更新并落实文献保护灾难预案及其他应急预案，配备防火、防盗等设施设备，做好文献信息的保存和保护工作；文化和旅游部印发的《公共图书馆、文化馆（站）疫情防控措施指南（2021 年 11 月修订版）》，对公共图书馆坚持常态防控、科学防控的总体原则，对场馆防控、员工防护以及读者防护提出明确要求。

（国家图书馆　王薇　苏丽璇　张若冰　姜蕴）

法律法规与政策性文件全文

文化和旅游部　国家发展改革委　财政部关于推动公共文化服务高质量发展的意见

文旅公共发〔2021〕21号

各省、自治区、直辖市文化和旅游厅(局)、发展改革委、财政厅(局),新疆生产建设兵团文化体育广电和旅游局、发展改革委、财政局:

推动公共文化服务高质量发展,是进一步深化文化体制改革,发展社会主义先进文化的重要任务,也是让人民享有更加充实、更为丰富、更高质量的精神文化生活,保障人民群众基本文化权益,满足对美好生活新期待的必然要求。为在新的形势下更好推动公共文化服务实现高质量发展,现提出以下意见。

一、总体要求

(一)指导思想。以习近平新时代中国特色社会主义思想为指导,深入贯彻落实党的十九大和十九届二中、三中、四中、五中全会精神,坚持统筹推进"五位一体"总体布局、协调推进"四个全面"战略布局,把握时代发展新趋势,全面贯彻新发展理念,以人民为中心,以社会主义核心价值观为引领,以高质量发展为主题,以深化公共文化服务供给侧结构性改革为主线,完善制度建设,强化创新驱动,努力推动文化治理体系和治理能力现代化,为人民群众提供更高质量、更有效率、更加公平、更可持续的公共文化服务,使城乡居民更好参与文化活动,培育文艺技能,享受文化生活,激发文化热情,增强精神力量,提高社会文明程度,为建设社会主义文化强国奠定基础。

(二)主要原则

坚持正确导向,推动品质发展。牢牢把握社会主义先进文化前进方向,强化政治引领,提升人民文明素质,切实承担起举旗帜、聚民心、育新人、兴文化、展形象的使命任务。

坚持统筹建设,推动均衡发展。加强城乡公共文化服务体系一体建设,促进区域协调发展,健全人民文化权益保障制度,推动基本公共文化服务均等化。

坚持深化改革,推动开放发展。深化公共文化服务体制机制改革,创新管理方式,扩大社会参与,形成开放多元、充满活力的公共文化服务供给体系。

坚持共建共享,推动融合发展。在把握各自特点和规律的基础上,促进公共文化服务与科技、旅游相融合,文化事业、产业相融合,建立协同共进的文化发展格局。

二、主要任务

(三)深入推进公共文化服务标准化建设。全面落实国家基本公共服务标准。在保障国家基本标准落实到位的基础上,推动各省(区、市)结合本地区实际制定地方标准,地(市)、县(区)制定目录。要加强事前论证和风险评估,控制在财政承受范围以内,不得脱离实际盲目攀高,确保财力有保障、服务可持续。进一步完善公共图书馆、文化馆(站)和村(社区)综合性文化服务中心等建设和服务标准规范,健全公共数字文化标准规范体系,根据工作实际,适当提升有关指标,发挥引导作用。依托行业组织,加强公共图书馆、文化馆评估定级工作。以省(区、市)为主体,开展乡镇(街道)综合文化站评估定级。建立健全科学规范的评估标准体系,进一步完善评估定级结果运用机制,鼓励地方通过经费分配、项目安排等方式,加大奖优力度。

(四)完善基层公共文化服务网络。积极推动将公共文化设施建设纳入县城城镇化补短板强弱项项目。根据实际,加大对城镇化过程中新出现的居民聚集区、农民新村的公共文化设施配套建设力度。以县级公共图书馆、文化馆总分馆制为抓手,优化布局基层公共文化服务网络。强化县级总馆建设,实现总分馆图书资源的通借通还、数字服务的共享、文化活动的联动和人员的统一培训。合理布局分馆建设,鼓励将若干人口集中,工作基础好的乡镇(街道)的综合文化站建设为覆盖周边乡镇(街道)的区域分中心。具备条件的可在人口聚居的村(社区)的基层综合性文化服务中心建设基层服务点。推广"乌兰牧骑"等红色文艺轻骑兵形式,大力发展城乡流动文化服务。继续推进“边疆万里文化长廊”建设，打造“文化国门”。充分发挥县、乡、村公共文化设施、资源、组织体系等方面的优势，强化文明实践功能，推进与新时代文明实践中心融合发展。推动公共图书馆、文化馆、博物馆、美术馆、非遗馆等建立联动机制，加强功能融合，提高综合效益。

（五）创新拓展城乡公共文化空间。立足城乡特点，打造有特色、有品位的公共文化空间，扩大公共文化服务覆盖面，增强实效性。适应城乡居民对高品质文化生活的期待，对公共图书馆、文化馆（站）功能布局进行创意性改造，实现设施空间的美化、舒适化。支持各地加强对具有历史意义的公共图书馆、文化馆的保护利用。鼓励在都市商圈、文化园区等区域，引入社会力量，按照规模适当、布局科学、业态多元、特色鲜明的要求，创新打造一批融合图书阅读、艺术展览、文化沙龙、轻食餐饮等服务的“城市书房”“文化驿站”等新型文化业态，营造小而美的公共阅读和艺术空间。着眼于乡村优秀传统文化的活化利用和创新发展，因地制宜建设文化礼堂、乡村戏台、文化广场、非遗传习场所等主题功能空间。鼓励将符合条件的新型公共文化空间作为公共图书馆、文化馆分馆。积极推进社区文化“嵌入式”服务，将文化创意融入社区生活场景，提高环境的美观性和服务的便捷性。鼓励社区养老、文化等公共服务设施共建共享。

（六）促进公共文化服务提质增效。推动基本公共文化服务融入城乡居民生活，提高群众知晓率、参与率和满意率。继续实施公共文化设施免费开放，拓展服务内容，创新服务形式，提升服务品质。进一步加强错时开放、延时开放，鼓励开展夜间服务。推动公共图书馆、文化馆拓展阵地服务功能，面向不同群体，开展经典诵读、阅读分享、大师课、公益音乐会、艺术沙龙、手工艺作坊等体验式、互动式的公共阅读和艺术普及活动；鼓励“走出去”，创新开展创意市集、街区展览、音乐角、嘉年华等文化活动。各级公共图书馆、文化馆（站）可发挥平台作用，通过与社会力量合作、公益众筹等方式，面向不同文化社群，开展形式多样的个性化差异化服务。鼓励有条件的公共图书馆、文化馆提炼开发文化IP，加强文创产品体系建设。加强公共文化服务品牌建设，在全国遴选推介公共图书馆优秀阅读品牌、文化馆（站）优秀艺术普及活动品牌。面向不同年龄段群体开展特色文化服务。鼓励各地根据实际，推动公共文化服务与教育融合发展，面向中小学生设立课外教育基地。鼓励有条件的文化馆将说唱、街舞、小剧场话剧等文化形式纳入服务范围。积极适应老龄化社会发展趋势，提供更多适合老年人的文化产品和服务，让老年人享有更优质的晚年文化生活。加强面向残疾人的文化服务。

（七）做大做强全民艺术普及品牌。切实推动全民艺术普及，使艺术融入日常生活，使生活更具审美品味。推动各地设立全民艺术普及月，鼓励举办全民艺术节，增强社会影响力。坚持以社会主义核心价值观引领群众文艺创作生产与传播，充分发挥“群星奖”等示范作用，推动创作更多有力量、有筋骨、有温度的群众文艺精品。健全支持开展群众性文化活动机制。举办全国性群众文化展演、调演活动。广泛开展广场舞展演、大众合唱节等群众喜闻乐见的文化活动。以市、县为主体组织“百姓明星”大赛，引导城乡群众在文化生活中当主角、唱大戏。与互联网平台合作，创新广场舞等群众文化活动管理和服务手段。进一步加强群众文化艺术培训，使各级文化馆成为城乡居民的终身美育学校。鼓励各地以文化馆为主导，联合社会艺术培训机构，组建全民艺术普及联盟，搭建推广平台。充分发挥群众文艺在国际文化交流中的作用，创造条件组织国际艺术院团到基层开展公益性演出，在“欢乐春节”、海外中国文化旅游年、国际艺术节、多边或双边文化交流中更多地植入群众文化活动、项目，展现中国形象，讲好中国故事，以民相亲促进心相通。

（八）加快推进公共文化服务数字化。加强智慧图书馆体系建设，建立覆盖全国的图书馆智慧服务和管理架构。提升数字文化馆网络化、智能化服务水平。进一步完善国家公共文化云等平台的大数据管理和服务功能。推动国家云和地方云、地方云和当地智慧城市平台的对接。整合利用全国群众文化活动资源，打造分级分布式数字文化资源库群，优化资源结构，提升资源质量。加大微视频、艺术慕课等数字资源建设力度。推动将相关文化资源纳入国家文化大数据体系建设。鼓励公共文化机构与数字文化企业对接合作，大力发展基于5G等新技术应用的数字服务类型，拓宽数字文化服务应用场景。探索发展数字文化大众化实体体验空间，加强数字艺术、沉浸式体验等新型文化业态在公共文化场馆的应用。推广群众文化活动高清网络直播，形成“云上群星奖”等群众文化网上集成展示平台。培育线上文化服务品牌。鼓励公共文化机构打造有影响力的公众号，培养具有高粘性的“粉丝”文化社群。推动在互联网视频平台开设全民艺术普及专题。鼓励与企业合作，探索有声图书馆、文化馆互动体验等新型文化服务方式。

（九）进一步强化社会参与。加大政府购买公共文化服务力度。举办全国或区域性公共文化产品和服务采购大会，建设线上线下相结合的交易平台，促进供需对接。鼓励利用多种方式，推动社会力量参与公共文化设施运营、活动项目打造、服务资源配送等。根据实际，稳步推进有条件的地市级以上公共图书馆、文化馆、博物馆、美术馆开展法人治理结构改革。稳妥推动基层文化设施社会化运营。存在人员缺乏等困难的县级特别是乡镇（街道）、村（社区）文化场馆，可根据实际，通过政府委托运营整体场馆或部分项目的形式，引入符合条件的企业和社会组织，提高运营效率和服务水平。创新监管方式，重点做好政治导向和服务绩效等方面的评估。规范推广政府与社会资本合作（PPP）模式，引导社会资本积极参与建设文化项目，兼顾公共文化服务和文化产业发展，为稳定投资回报、吸引社会投资创造条件。

（十）促进文化志愿服务特色化发展。实施全民阅读推广人和全民艺术普及推广人培育计划，鼓励专业文艺工作者、书评人等积极组织阅读推广和艺术普及推广等活动，并通过新媒体形式传播艺术和阅读知识。发挥“春雨工程”等志愿服务项目的示范引领作用，开展“美好生活”系列主题志愿服务活动。以省（区、市）为单位打造具有区域影响力的文化志愿服务品牌，以市、县为单位培育一批有特色、有影响、惠民生的文化志愿服务项目。进一步规范文化志愿者的招募，分类对文化志愿者进行培训辅导。推动建立各类文化志愿团体。完善文化志愿服务记录和激励制度，逐步建立星级文化志愿者认证制度，对服务时间长、表现突出、贡献较大的优秀文化志愿者团队和个人按国家有关规定给予表彰奖励，增强广大文化志愿者的工作成就感和社会荣誉感。

（十一）加强乡村文化治理。紧紧围绕乡村振兴战略，将乡村文化建设融入城乡经济社会发展全局，融入乡村治理体系。深入开展乡镇综合文化站专项治理。结合实际，适当拓展乡村基层综合性文化服务中心旅游、电商、就业辅导等功能。坚持“见人见物见生活”，加强乡村地区非物质文化遗产保护和利用。开展乡村艺术普及活动，依托中国民间文化艺术之乡，推进“艺术乡村”建设，提升乡村文化建设品质。建立艺术家、策展人等专业人士与民间文化艺术之乡的对接机制，挖掘乡土底蕴，传承乡村文脉。开展“村晚”等富有文化特色的农村节庆活动，形成具有区域影响力的乡村名片，打造节庆新民俗。整合优质资源与力量，持续开展“戏曲进乡村”等送文化下基层活动。结合全国乡村旅游重点村镇建设，打造特色乡村文化和旅游品牌，拓展乡村文化和旅游发展新模式。坚持平等、参与、共享的原则，加强对城市新生代外来务工人员的文化帮扶，推动他们更好融入城市，成为城乡文化交流的重要力量。

三、保障措施

（十二）加强组织领导。各级文化和旅游行政部门要在党委政府领导下，积极协调配合宣传、发展改革、财政、广电、体育等部门，在规划编制、政策衔接、标准制定和实施等方面加强合作，进一步形成推动公共文化服务高质量发展的工作合力。开展公共文化服务高质量发展试点工作，培育一批高质量发展项目，发挥示范引领作用。鼓励各地因地制宜，完善政策环境，创新工作手段，积极探索开展各项工作的新思路新办法。支持京津冀、长三角、粤港澳大湾区、成渝地区双城经济圈等区域发挥创新引擎作用，推动公共文化服务实现高质量协同发展。持续探索革命老区、民族地区、边疆地区和脱贫地区推进公共文化服务体系建设的新路径，努力实现与经济社会的同步发展。加强对地方试点的总结评估，对实践证明行之有效的经验做法，及时总结提炼，完善规范，普及推广。

（十三）加强法制和财政保障。全面贯彻落实公共文化服务保障法、公共图书馆法、公共文化体育设施条例等法律法规。积极推动地方公共文化立法。建立健全公共文化服务执法检查制度，提高依法行政能力和水平。进一步完善法律法规规定的各项基本制度。修订文化馆管理办法，制定公共图书馆馆藏文献信息处置管理办法、公共图书馆文化馆年报编制指南、乡镇综合文化站建设与运营指南等配套规章和文件。进一步完善财政保障机制。落实公共文化领域中央与地方财政事权和支出责任划分改革方案，推动各级财政完善保障机制，把基本公共文化产品和服务项目纳入各级政府预算，全面实施公共文化服务领域预算绩效管理，强化绩效评价结果应用，发挥财政资金最大效益。充分发挥各级财政资金引导作用，鼓励民间资本参与公共文化服务建设。

（十四）建设一支精干高效的基层文化人才队伍。建立健全文化人才的发现、培养、使用和评价机制，为基层文化队伍搭建展示才华的平台。在文化战线培养一批长期扎根基层，有责任心、有能力、具有深厚实践经验的专家型干部。实施基层文化队伍培训项目，强化实践引导，创新交流机制。鼓励文化艺术职业院校开展合作培训。继续开展"三区"人才支持计划文化工作者专项工作。落实基层文化服务岗位人员编制和经费，保持基层文化队伍相对稳定。结合本地实际，采取县招乡用、派出制、县乡双重考核等形式，配齐配强乡镇综合文化站文化专干。实施乡村文化和旅游能人支持项目，支持培养一批扎根乡村、乐于奉献、服务群众的乡村文化骨干。鼓励乡村文艺团队参与乡村文化设施的管理运营和服务，激活基层文化阵地。

文化和旅游部　国家发展改革委　财政部

2021 年 3 月 8 日

财政部　海关总署　税务总局关于"十四五"期间支持科技创新进口税收政策的通知
财关税〔2021〕23 号

各省、自治区、直辖市、计划单列市财政厅（局）、新疆生产建设兵团财政局，海关总署广东分署、各直属海关，国家税务总局各省、自治区、直辖市、计划单列市税务局，财政部各地监管局，国家税务总局驻各地特派员办事处：

为深入实施科教兴国战略、创新驱动发展战略，支持科技创新，现将有关进口税收政策通知如下：

一、对科学研究机构、技术开发机构、学校、党校（行政学院）、图书馆进口国内不能生产或性能不能满足需求的科学研究、科技开发和教学用品，免征进口关税和进口环节增值税、消费税。

二、对出版物进口单位为科研院所、学校、党校（行政学院）、图书馆进口用于科研、教学的图书、资料等，免征进口环节增值税。

三、本通知第一、二条所称科学研究机构、技术开发机构、学校、党校（行政学院）、图书馆是指：

（一）从事科学研究工作的中央级、省级、地市级科研院所（含其具有独立法人资格的图书馆、研究生院）。

（二）国家实验室，国家重点实验室，企业国家重点实验室，国家产业创新中心，国家技术创新中心，国家制造业创新中心，国家临床医学研究中心，国家工程研究中心，国家工程技术研究中心，国家企业技术中心，国家中小企业公共服务示范平台（技术类）。

（三）科技体制改革过程中转制为企业和进入企业的主要从事科学研究和技术开发工作的机构。

（四）科技部会同民政部核定或者省级科技主管部门会同省级民政、财政、税务部门和社会研发机构所在地直属海关核定的科技类民办非企业单位性质的社会研发机构；省级科技主管部门会同省级财政、税务部门和社会研发机构所在地直属海关核定的事业单位性质的社会研发机构。

（五）省级商务主管部门会同省级财政、税务部门和外资研发中心所在地直属海关核定的外资研发中心。

（六）国家承认学历的实施专科及以上高等学历教育的高等学校及其具有独立法人资格的分校、异地办学机构。

（七）县级及以上党校（行政学院）。

（八）地市级及以上公共图书馆。

四、本通知第二条所称出版物进口单位是指中央宣传部核定的具有出版物进口许可的出版物进口单位，科研院所是指第三条第一项规定的机构。

五、本通知第一、二条规定的免税进口商品实行清单管理。免税进口商品清单由财政部、海关总署、税务总局征求有关部门意见后另行制定印发，并动态调整。

六、经海关审核同意，科学研究机构、技术

开发机构、学校、党校（行政学院）、图书馆可将免税进口的科学研究、科技开发和教学用品用于其他单位的科学研究、科技开发和教学活动。

对纳入国家网络管理平台统一管理、符合本通知规定的免税进口科研仪器设备，符合科技部会同海关总署制定的纳入国家网络管理平台免税进口科研仪器设备开放共享管理有关规定的，可以用于其他单位的科学研究、科技开发和教学活动。

经海关审核同意，科学研究机构、技术开发机构、学校以科学研究或教学为目的，可将免税进口的医疗检测、分析仪器及其附件、配套设备用于其附属、所属医院的临床活动，或用于开展临床实验所需依托的其分立前附属、所属医院的临床活动。其中，大中型医疗检测、分析仪器，限每所医院每3年每种1台。

七、“十四五”期间支持科技创新进口税收政策管理办法由财政部、海关总署、税务总局会同有关部门另行制定印发。

八、本通知有效期为2021年1月1日至2025年12月31日。

财政部　海关总署　税务总局

2021年4月15日

文化和旅游部关于印发《“十四五”公共文化服务体系建设规划》的通知

文旅公共发〔2021〕64号

各省、自治区、直辖市文化和旅游厅（局），新疆生产建设兵团文化体育广电和旅游局，本部各司局、各直属单位，国家文物局：

为进一步推进公共文化服务体系建设，根据《中华人民共和国国民经济和社会发展第十四个五年规划和2035年远景目标纲要》和《“十四五”文化和旅游发展规划》，我部编制了《“十四五”公共文化服务体系建设规划》，现印发给你们，请各地区、各单位高度重视规划实施，结合实际认真贯彻落实。

特此通知。

文化和旅游部

2021年6月10日

“十四五”公共文化服务体系建设规划

为贯彻落实《中华人民共和国国民经济和社会发展第十四个五年规划和2035年远景目标纲要》、国家“十四五”文化改革发展规划和《“十四五”文化和旅游发展规划》，加快推进公共文化服务体系建设，编制本规划。

序言

“十三五”以来，在党中央、国务院的高度重视下，在各级党委、政府的大力支持下，在文化和旅游行政部门及广大文化工作者的不懈努力下，我国公共文化服务体系建设取得了重要成就。现代公共文化服务体系“四梁八柱”的制度框架基本建立，公共文化服务法治建设取得突破性进展，体制机制改革不断深化，基本公共文化服务标准化均等化建设全面推进，覆盖城乡的公共文化设施网络更加健全，优质公共文化产品和服务日趋丰富，服务能力和水平明显提高，公共文化事业经费保障能力稳步提升，高素质专业化人才队伍不断壮大，公共文化服务在推动文化治理体系和治理能力现代化，保障人民基本文化权益，满足人民日益增长的美好生活需要，促进城乡经济社会协调发展等方面发挥了重要作用。

“十四五”时期是我国全面建成小康社会、实现第一个百年奋斗目标之后，乘势而上开启全面建设社会主义现代化国家新征程、向第二个百年奋斗目标进军的第一个五年，我国进入新发展阶段。在新的历史起点上，公共文化服务面临着新的发展形势。党中央、国务院将文化建设作为“五位一体”总体布局和“四个全面”战略布局的重要内容，推动公共文化服务体系向更广空间和更深层次发展的任务更加明确；随着我国社会主要矛盾发生变化，人民群众的多样化多层次需求对提升公共文化产品和服务供给水平的要求更加迫切；经济发展方式转变、产业结构调整优化，对公共文化服务培育促进文化消费，拉动内需等方面提出了新的要求；现代科技发展催生新产业新业态新模式不断涌现，为公共文化服务发展提供的动能更加强劲；文化和旅游的融合发展，大众旅游的深入推进，为公共文化服务提供了新的发展契机。但同时必须看到，公共文化服务还存在着不少短板和问题。由于经济社会发展水平的制约，城乡之间、区域之间的公共文化服务发展水平还存在较大差距；公共文化产品和服务品质还有待提升；改革创新力度有待加强；社会力量的作用还没有充分发挥；数字化、网络化、智能化建设与其他领域相比仍显滞后。"十四五"时期，必须立足社会主义初级阶段基本国情，深刻认识公共文化服务的新特征、新要求、新规律，抓住机遇，应对挑战，不断提升公共文化服务水平。

一、总体要求

（一）指导思想

高举中国特色社会主义伟大旗帜，深入贯彻党的十九大和十九届二中、三中、四中、五中全会精神，坚持以马克思列宁主义、毛泽东思想、邓小平理论、"三个代表"重要思想、科学发展观、习近平新时代中国特色社会主义思想为指导，深刻认识和把握公共文化服务体系建设在"五位一体"总体布局和"四个全面"战略布局中的地位和作用，立足新发展阶段、贯彻新发展理念、构建新发展格局，以推动高质量发展为主题，以深化供给侧结构性改革为主线，进一步完善制度建设，提升治理能力，激发创新活力，努力提供更高质量、更有效率、更加公平、更可持续的公共文化服务，切实保障人民群众基本文化权益，提升文化获得感、幸福感，为建设社会主义文化强国奠定基础。

（二）基本原则

1. 坚持正确导向。坚持党对公共文化工作的领导，牢牢把握社会主义先进文化前进方向，紧紧围绕举旗帜、聚民心、育新人、兴文化、展形象的使命任务，以社会主义核心价值观为引领，促进满足人民文化需求和增强人民精神力量相统一，让人民享有更加充实、更为丰富、更高质量的精神文化生活。

2. 坚持以人民为中心。坚持文化发展为了人民，更好顺应人民群众对美好生活的新期待，推动公共文化服务向高品质和多样化升级。坚持文化发展依靠人民，充分尊重人民群众主体地位和首创精神，着力提高文化参与度和创造力。坚持文化发展成果由人民共享，切实保障文化民生，促进社会公平。

3. 坚持改革创新。进一步加强文化治理体系和治理能力建设，持续增强发展动力和活力。坚持向改革要效益，进一步探索现代公共文化服务体系建设体制机制改革路径，着力解决制约公共文化服务高质量发展的突出矛盾和问题。坚持以创新谋发展，打破体制界限，整合社会资源，提高配置效率，形成开放多元的公共文化服务供给体系。

4. 坚持系统推进。加强前瞻性思考、全局性谋划、战略性布局、整体性推进，统筹发展与安全，统筹城乡、区域协调发展，既要坚持保障基本，普惠均等，稳固发展根基，又要尊重差异，鼓励地方善用优势，率先拓展提升，充分发挥引领、示范、带动作用，形成布局科学均衡，质量梯次提升的公共文化服务发展格局。

（三）发展目标

"十四五"末，公共文化服务体系将力争达到以下目标：

——公共文化服务布局更加均衡。城乡公共文化服务体系一体建设取得重大突破，城乡协同发展机制逐步健全，城乡公共文化服务差距进一步缩小。公共文化服务在保障人民基本文化权益，促进城乡经济社会发展中的重要作用更加凸显。

——公共文化服务水平显著提高。城乡公共文化服务供给能力进一步增强，基本公共文化服务水平与经济社会发展水平同步提升。公共文化服务质量明显改善。公共文化服务知晓度、参与度、满意度不断提高。

——公共文化服务供给方式更加多元。政府主导、社会力量广泛参与的公共文化服务供给机制更加成熟，来自基层群众的文化创造更加活跃，政府、市场、社会共同参与公共文化服务体系建设的格局更加健全。

——公共文化数字化网络化智能化发展取得新突破。公共数字文化资源更加丰富，国家公共文化云等平台互联互通体系更加完善，智慧图书馆体系建设取得明显进展，公共文化数字服务更加便捷、应用场景更加丰富。

专栏 1　主要发展指标

序号	发展指标	2019 年	2025 年	属性
1	全国公共图书馆年流通人次（万人次）	90135	100000—110000	预期性

续表

序号	发展指标	2019 年	2025 年	属性
2	全国公共图书馆为读者举办各类活动次数（万次）[1]	19.57	25—35	预期性
3	全国群众文化机构组织文化活动次数（万次）[2]	245.11	275—300	预期性
4	全国群众文化机构年服务人次（万人次）[3]	78715.66	88500—100000	预期性
5	每万人群众业余文化团队数量（个）	3.16	3.3—3.7	预期性

注：

[1] 公共图书馆为读者举办各类活动次数为组织各类讲座、举办展览和举办培训班次数之和。

[2] 群众文化机构组织的各项文化活动包括展览、文艺活动、公益性讲座、训练班等。

[3] 群众文化机构年服务人次为全国参与群众文化机构服务提供的展览、文艺活动、公益性讲座、训练班等活动的总人次。

展望 2035 年，在基本实现社会主义现代化之际，建成与社会主义文化强国相适应的现代公共文化服务体系，人民基本文化权益保障制度更加健全，基本公共文化服务均等化水平持续提升，城乡间、区域间公共文化发展差距明显缩小，人人参与、全民共享的公共文化服务发展局面基本形成，人民群众对美好精神文化生活的新期待得到更好满足，公共文化服务在促进人的全面发展、凝聚人民精神力量、增强国家文化软实力方面发挥更大作用。

二、主要任务

（一）推进城乡公共文化服务体系一体建设

1. 深入推进城乡公共文化服务标准化建设。全面落实国家基本公共服务标准，进一步明确现阶段基本公共文化服务范围和标准，强化保障能力。适应高质量发展的要求，坚持尽力而为，量力而行，推动进一步完善和提升省、市、县三级公共文化服务实施标准（服务目录），确保内容无缺项、人群全覆盖、标准不攀高、财力有保障、服务可持续。发挥标准引领作用，进一步完善公共图书馆、文化馆（站）和基层综合性文化服务中心等公共文化机构建设、管理、服务和评价标准规范，健全城乡公共文化服务标准体系。强化标准实施，开展标准实施情况监督检查和评估，提升公共文化服务质量。建立标准动态调整机制，根据标准实施效果、经济社会发展状况和人民群众精神文化需求等因素，适时调整相关标准。

2. 完善城乡公共文化服务协同发展机制。推进图书馆、文化馆总分馆制建设，提升县级公共图书馆、文化馆统筹协调、组织指导、服务援助能力，依托具备条件的乡镇综合文化站、村级综合性文化服务中心和社会性文化机构等，设立分馆或基层服务点。鼓励以市为单位，增加社保卡文化功能，积极推动公共图书馆实现免注册借阅，面向全民开展服务。推进城乡“结对子、种文化”，加强城市对农村文化建设的对口帮扶，形成常态化工作机制。创新实施文化惠民工程，引导优质文化资源和文化服务更多地向农村倾斜。积极开展流动文化服务，通过流动舞台车、流动图书车、文艺小分队等形式，把慰问演出、文艺辅导、展览讲座等文化活动内容送到百姓身边。持续实施“戏曲进乡村”活动。实施城乡示范性文化和旅游志愿服务活动，促进城乡志愿服务人员的交流互动和共同提升。

3. 以文化繁荣助力乡村振兴。全面落实乡村振兴战略，按照有标准、有网络、有内容、有人才的要求，健全乡村公共文化服务体系。充分发挥县乡村公共文化设施、资源、组织体系等方面的优势，强化文明实践功能，推动与新时代文明实践中心融合发展。深入开展乡镇综合文化站专项治理，完善效能建设长效机制。提升基层综合性文化服务中心功能。因地制宜建设文化礼堂、文化广场、乡村戏台、非遗传习场所等主题功能空间。保护利用乡村传统文化，盘活乡村文化资源，重塑乡村文化生态。加强“中国民间文化艺术之乡”建设管理，开展“艺术乡村”建设试点，使艺术融入乡土，提升乡村文化建设品质。鼓励开展乡村节日民俗活动，举办“村晚”等群众广泛参与的文化活动。紧密结合美丽乡村建设，培育乡村网红，开展民族民俗文化旅游示范区建设试点，规划打造一批兼具教育性、艺术性、体验性的乡村旅游线路，推进乡村文化和旅游融合发展。

4. 创新培育城市公共文化空间。坚持“人民城市”建设理念，提升城市文化治理能力，努力形成优质均衡，便捷高效的公共文化设施网络，创新拓展公共空间，营造良好的城市人文环境。推动将公共文化设施建设纳入城市建设总体规划，围绕城市发展战略定位，根据人口分布等因素，科学规划空间格局，提升覆盖能力。新建公共文化设施要在征求公众意见的基础上，根据实际适当向城乡结合部和远郊区县倾斜，补齐薄弱地区建设短板。落实新建改建扩建居民住宅区配套建设公共文化设施要求，编实织密基层公共文化设施网络。加快推动社区文化“嵌入式”服务，将文化创意融入社区生活场景。推动将社区文化设施建设纳入城市更新计划，鼓励社会力量参与，结合老旧小区、老旧厂区、城中村等改造，创新打造一批具有鲜明特色和人文品质的新型公共文化空间。

专栏2　城乡文化惠民工程
项目1：中国民间文化艺术之乡项目。组织开展“中国民间文化艺术之乡”评审命名，加强建设管理。将中国民间文化艺术之乡建设作为新时期乡村公共文化服务创新发展和乡村优秀传统文化保护与传承的重要抓手，打造“一乡”“一品”“一艺”“一店”“一景”的乡村文化事业产业融合发展的新模式。 项目2：戏曲进乡村项目。通过政府购买服务的方式，为脱贫县所辖乡镇每两个月配送一场以地方戏为主的演出，满足当地人民群众的看戏需求，同时带动地方戏曲传承发展。 项目3：民族民俗文化旅游示范区项目。修订、实施《民族民俗文化旅游示范区认定》国家标准，开展民族民俗文化旅游示范区建设试点，总结经验，逐步打造一批民族民俗文化旅游资源丰富、特色鲜明、旅游功能强的示范区域，助力乡村振兴。 项目4：乡村网红培育计划。以“我的家乡我代言”为主题依托各级文化馆（站），采用微综艺新媒体节目形式，广泛发掘培育一批优秀“乡村网红”，推介乡村文化和旅游资源，引领乡风文明建设。

（二）建设以人为中心的图书馆

1. 推进公共图书馆功能转型升级。适应高质量发展要求，推动公共图书馆向“以人为中心”转型，建设开放、智慧、包容、共享的现代图书馆，将公共图书馆建设成为滋养民族心灵、培育文化自信的重要场所。围绕当地经济社会发展战略任务，积极配合各级党委政府中心工作和社会领域发展重点，充分发挥文献保障和智库作用，建设区域创新文献支持中心。持续优化资源建设方式，完善文献保障体系，提升服务能力，创新服务方式，建设区域性知识、信息和学习中心。优化公共图书馆环境和功能，营造融入人民群众日常生活的高品质文化空间，建设有温度的文化社交中心。拓展与深化公共图书馆服务创新，鼓励支持各级公共图书馆推出一批示范引领作用强的创新项目。探索创新基层图书馆运营模式，结合总分馆制建设，试点推进建设一批管理先进、特色鲜明、与社区融合共生的主题性阅读场所。

2. 广泛开展全民阅读活动。将推动、引导、服务全民阅读作为公共图书馆的重要任务，不断丰富以阅读为核心的综合性文化服务，建设书香社会。围绕世界读书日、图书馆服务宣传周、全民读书月以及重大节庆活动，深入开展系列阅读推广活动。加大党史、新中国史、改革开放史、社会主义发展史等重点出版物的阅读内容引领。树立“大阅读”“悦读”等现代理念，创新活动方式，培育一批具有时代感的城乡阅读品牌。高度重视未成年人阅读习惯培养。进一步丰富亲子阅读活动。实施青少年阅读素养提升计划，推荐一批高质量少年儿童图书。主动适应公众阅读习惯和媒介传播方式变化，通过新媒体广泛开展在线阅读推广活动，吸引更多群众特别是年轻人参与。加强与出版社、品牌书店、上网服务场所和互联网平台等合作，联合开展阅读推广活动。依托公共图书馆汇聚、培育一批领读者、阅读推广人、阅读社群。推广读者积分激励机制。

3. 加强古籍整理保护和传承利用。结合实施中华文化资源普查工程，深入开展古籍普查，全面掌握海内外古籍存藏情况。加强古籍分级分类保护，完善国家、省级珍贵古籍名录和古籍重点保护单位评选制度。组织实施中华古籍保护计划、革命文献与民国时期文献保护计划、《中华传统文化百部经典》编纂、珍贵濒危古籍抢救保护等项目。会同有关部门做好《永乐大典》、敦煌文献、藏文古籍以及黄河流域、大运河沿线相关古籍的保护修复工作。推进国家文献储备库建设。加强古籍保护数字化建设，实施中华古籍影像数据库、全文数据库、大数据平台等建设项目，促进古籍数字资源便捷使用和开放共享。促进古籍保护成果整理出版，加强古籍再生性保护和揭示利用。加强古籍在公共文化服务中的应用。组织开展古籍知识讲座、展览、互动体验、数字化体验等推广活动，实施中华经典诵读工程和中华经典传习计划，加强古籍创意产品开发，让书写在古籍里的文字活起来。加强古籍保护、传承、利用人才培养。

专栏3　公共图书馆发展
项目5：全民阅读项目。将推进全民阅读作为各级公共图书馆的重要任务，充分利用资源、设施、空间、人才等方面优势，广泛开展主题阅读活动，创新服务方式，打造阅读品牌。 项目6：国家文献储备库建设项目。完成国家文献储备库基础设施建设，调整完善国家图书馆国家文献信息资源总库的总体规划和业务布局，充分利用数字化、缩微复制、影印出版等手段，以同城灾备和异地灾备相结合的方式，实现国家文献信息的永久、安全战略保存。 项目7：《永乐大典》保护传承项目。配合有关部门做好国内外各收藏机构存藏《永乐大典》收集整理工作，对国内存藏《永乐大典》开展全文数字化建设，推进海外存藏《永乐大典》的数字化回归，做好《永乐大典》研究和整理出版工作，筹建《永乐大典》研究中心，推动《永乐大典》申报《世界记忆遗产名录》 项目8：中华古籍全文数据库建设项目。结合推进古籍影像数字化工作，借助文字识别等先进技术，将古籍影像转化为编码文字，建立海量文字的中华古籍全文数据库。

（三）繁荣群众文艺

1. 广泛开展群众文艺创作和活动。充分发挥文化馆在繁荣群众文艺工作中的重要作用，加强现代文化馆建设。坚持深入生活，扎根人民，以社会主义核心价值观为引领，把提高质量作为群众文艺作品的生命线，推动各门类群众文艺精品创作。精准把握群众文艺的特点和规律，组织开展重要主题创作，展现百姓生活，表达人民心声，抒写伟大时代。深入开展中国文化艺术政府奖——群星奖评奖工作，充分发挥示范引领作用。积极开展群众文艺创作展演展示活动。健全群众性文化活动机制。在建党100周年等重大节点和七一、国庆等重要节日开展主题文艺活动，旗帜鲜明唱响主旋律，弘扬正能量。围绕春节、元宵节、端午节、中秋节等传统节日，注入时代精神和人文内涵，创新开展传统民俗文化活动。引导群众文化活动与时俱进，推动内容和形式深度创新。开展百姓大舞台、市民文化节、民歌大会、大众合唱节、广场舞示范展示等群众喜闻乐见的文化活动，形成一批有影响力的城乡群众文化品牌。

2. 实施全民艺术普及工程。扎根时代生活，遵循美育特点，深入开展全民艺术普及工作。将全民艺术普及作为公共文化服务的重要品牌，推动各地设立全民艺术普及周、举办全民艺术节，增强社会影响力。坚持以群众基本文化艺术需求为导向，推进全民艺术知识普及、欣赏普及、技能普及和活动普及，把文化馆打造成为城乡居民的终身美育学校。各级文化馆（站）要将全民艺术普及作为免费开放的重要内容，常年举办公益性文化艺术讲座、展演、展览、展示和培训活动。培育全民艺术普及推广人。搭建艺术普及推广平台，统筹组织艺术考级等社会培训机构开展艺术公益培训和展演展示活动，加强社会艺术普及服务。依托国家公共文化云平台，建立全民艺术普及云，实现全民艺术普及的线上线下有效联动。推动乡村艺术普及，结合民情、民风、民俗，策划实施民间艺术普及活动，激发乡村文化活力。组织全民艺术普及成果展示活动。

3. 培育一批扎根基层的群众文艺团队和文艺骨干。尊重人民主体地位，使广大人民群众真正成为文化建设的参与者、展示者、欣赏者、分享者。挖掘选拔一批有热情、有才华的优秀文艺人才，通过加强艺术培训，建立作品研讨提升机制，搭建演出展示平台等措施，造就一大批本土化的群众文化创作和活动“带头人”，引导、带动城乡群众在文化生活中当主角、唱大戏。积极培育、发展群众文艺团队。以县为单位建立群众文艺团队、文化骨干信息库。进一步壮大文化馆馆办文艺团队，吸纳、培养优秀群众文艺人才，打造一批在当地城乡群众中有广泛影响的品牌团队。加大对广场舞、合唱等群众自发性文艺团队的扶持引导，在歌舞编排、骨干培训、器材配备上提供服务保障。建立优秀群众文化团队展示平台，在全国各地培育一批示范性群众文艺团队。鼓励各地对优秀群众文艺团队予以表彰奖励。

专栏4　群众文艺
项目9：群星奖。创新开展“群星奖”评奖工作，评选出一批全国群众文艺的代表性作品，充分发挥示范作用，带动优秀群众文艺作品创作。通过巡演、网上展播等方式，加强“群星奖”获奖作品展示推广。 项目10：全民艺术普及项目。以群众基本文化艺术需求为导向，推进全民艺术知识普及、艺术欣赏普及、艺术技能普及和艺术活动普及，提高群众审美

品位，使艺术融入日常生活。培育一批长期活跃在基层、深受群众喜爱的群众文艺骨干和优秀团队，带动群众性文化活动的广泛开展。搭建全民艺术普及云平台，建设全国艺术普及师资库、艺术普及课程库，通过线上线下有效联动，实现全民艺术普及导航服务。

项目 11："大家唱"群众歌咏活动。推动中国少年儿童合唱节、中国老年合唱节向"大家唱"群众歌咏活动转变，利用线上线下结合的方式，面向全国征集、展示一批有特色、有影响力的歌唱作品及优秀歌唱团队、歌手，展示群众歌唱风采。在合唱节参赛、评选方面降低门槛，突出群众性和普惠化，带动更多群众参与。

项目 12："村晚"项目。引导"村晚"由春节期间集中开展向节日期间常态化开展延伸，由侧重文艺演出活动向群众文艺展示、特色文化传承、好物美景推介等内容相结合的综合性节庆活动转变。通过"村晚"，展示农村群众精神风貌、传承优秀乡土文化、助力乡村振兴。

项目 13：广场舞活动。每年围绕群众性主题宣传教育活动主题，举办全国广场舞活动，带动各地广泛开展主题性广场舞活动。依托行业组织和社会力量，征集推出一批"广场舞带头人""优秀广场舞团队""群众最喜爱的广场舞""最受欢迎的广场舞曲"，健全支持广场舞活动开展的长效机制。

项目 14："百姓大舞台"网络群众文化品牌活动。采取线上线下相结合，通过网络直录播等方式，挖掘、展示各地优秀群众文化活动，培育、提升各地群众文化活动品牌，打造群众文化活动的大集成、大展台。

（四）增强公共文化服务实效性

1. 提高公共文化服务供给能力。全面落实公共图书馆、文化馆（站）、美术馆免费开放政策，进一步完善免费开放信息公开、监督评价、绩效管理等机制，确保"三馆一站"高质量开展基本公共文化服务。积极做好延时、错时和流动服务，完善保障机制。提升公共文化机构的公共安全应急管理能力，保障公共文化设施和公众活动安全。在做好基本公共文化服务的基础上，经上级行政主管部门批准，公共文化机构可根据实际，优惠提供特色化、多元化、个性化非基本公共文化服务，实现优惠有标准、质量有保障、内容有监管。坚持把社会效益放在首位，推动有条件的公共文化机构盘活文化资源，开发文创产品。鼓励公共文化机构与社会力量围绕文化授权、创意设计、生产加工、营销管理等产业链深度合作。搭建文创产品展示和营销平台，支持优秀文创产品开发、交流、展示与合作。支持文化艺术和旅游院校参与公共文化服务供给。做好公共文化服务宣传推广，提高群众知晓率、参与率和满意度。

2. 精准对接人民群众文化需求。聚焦供需矛盾，深入开展供给侧结构性改革，注重需求侧管理。推动建立集需求采集、采购配送、监督管理、反馈互动等于一体的公共文化产品与服务平台。完善"订单式""菜单式""预约式"服务机制，加快实现文化资源网上配送、场地网上预订、活动网上预约等功能。针对不同地域不同群体文化需求，统筹做好特殊群体公共文化服务供给。积极适应老龄化发展趋势，让更多老人享有更优质的晚年文化生活，面向老年人群体开展数字技能和文化艺术培训，切实解决老年群体运用智能技术困难等问题。面向残障群体，打造无障碍服务体系，支持盲人图书馆等特殊文化服务。激发人民群众参与热情，鼓励各级各类公共文化机构通过互联网新媒体等方式，组建以兴趣爱好和特长为纽带的高粘性"粉丝"文化社群，构建新型服务提供与反馈模式。

3. 积极推动公共文化服务融合发展。落实开放共享理念，统筹各领域资源，找准关键节点，推动融合创新，进一步优化公共文化服务发展生态。结合实际推动公共图书馆、文化馆、博物馆、美术馆等公共文化机构发挥各自优势，通过联合开展文化活动、展览品牌建设等措施，形成发展合力。推动文化和旅游融合发展，抓好文化和旅游公共服务机构功能融合试点工作，树立一批有代表性和推广价值的典型案例。探索公共文化服务和教育融合路径。完善公共文化服务进校园的常态化机制，推动高校图书馆等文化设施向社会开放，通过设立课外教育基地、"四点半课堂"等形式，完善与中小学的双向融合机制。加强公共文化服务与农业、卫生、科普、民政等领域惠民项目融合发展。深入推进公共文化服务领域军民融合工作，加快军民公共文化设施和资源的共建共享进程。

专栏 5　公共文化服务供给

项目 15：公共文化服务"点单平台"建设项目。依托各级公共文化云，以县级为重点，从群众文化需求出发，运用信息技术，搭建汇聚整合文化活动、文化设施、文化遗产、文艺演出、图书期刊等公共文化资源的"点单平台"，开设活动报名、场馆预约、活动直播、文化地图、文化日历、资讯订阅、个性推送等多种功能，为群众提供菜单式、订单式、一站式的公共文化服务。

项目16：特殊群体服务项目。加大对特殊群体公共文化保障力度，进一步丰富特殊群体精神文化生活，推进基本公共文化服务均等化。结合"全国助残日""国际残疾人日"等重要节点，联合中国残联广泛开展助残文化活动。在全国评选、推广一批具有特色、效果明显的面向老年人、未成年人、农村留守儿童等特殊群体开展的示范性志愿服务项目。加强制度设计，开展面向特殊群体的志愿服务课题研究，切实保障特殊群体文化权益，多途径丰富面向特殊群体的公共文化产品供给和服务。

项目17：文化和旅游公共服务机构功能融合试点。坚持试点先行，推动有条件的文化和旅游公共服务机构因地制宜探索文化和旅游融合发展路径。找准切入点，通过增加旅游宣传项目，合作开展研学活动等方式，实现公共文化机构与旅游公共服务设施资源共建、优势互补。

（五）推动公共文化服务社会化发展

1. 深入推进政府购买公共文化服务。举办全国或区域性公共文化产品和服务采购大会，搭建购买公共文化服务供需对接平台。加强购买公共文化服务的监督管理，完善事前、事中和事后监管体系，健全由购买主体、公共文化服务对象以及第三方共同参与的评价约束机制，提升购买服务质量。将推进购买公共文化服务与培育公共文化服务社会化力量结合，建立健全承接主体资质评价机制，提升社会化承接组织服务能力。

2. 创新社会力量参与公共文化服务方式。稳妥推进县以下基层公共文化设施社会化管理运营，对存在人员缺乏等困难的公共文化设施，鼓励通过服务外包、项目授权、财政补贴等方式，引入符合条件的企业和社会组织进行运行或连锁运行。上级文化和旅游行政部门对推行社会化管理运营的公共文化设施加强政治导向审核和质量监管。进一步完善公共文化机构法人治理结构。培育一批具有较高服务水平、管理规范的文化类社会组织。充分发挥图书馆、文化馆等行业协会、学会在行业自律、行业管理、行业研究、行业交流中的作用。

3. 提升文化志愿服务水平。构建参与广泛、形式多样、机制健全、灵活高效的文化志愿服务体系，完善文化志愿者注册招募、服务记录、管理评价和激励保障机制，加强文化志愿服务统计，提高志愿服务管理规范化水平。依托文化馆（站）、图书馆等公共文化机构，开展常态化、多样化的文化志愿服务。持续推进"春雨工程"——全国文化和旅游志愿服务行动计划、"阳光工程"——中西部农村文化志愿服务行动计划、"圆梦工程"——农村未成年人文化志愿服务计划。积极探索线上线下相结合、具有地方和行业特色的文化志愿服务工作模式和服务方式，利用数字化手段提升文化志愿服务水平。开展全国文化和旅游志愿服务项目大赛，组织文化和旅游领域学雷锋志愿服务"四个100"先进典型宣传推选活动，形成一批文化志愿服务品牌。壮大文化志愿者队伍，建立各级文化志愿服务组织，鼓励退休人员、专业文化艺术工作者、文化艺术爱好者、学生等群体参与志愿服务。

专栏6　公共文化服务社会化

项目18：公共文化产品和服务采购大会项目。通过线上线下相结合的方式，打造集推荐、展示、交流、交易为一体的"互联网＋展会"服务模式，为社会力量参与公共文化服务供给搭建平台，开辟渠道，促进社会力量全链条参与公共文化服务，为公共文化机构搭建供需精准对接的桥梁纽带，不断推动公共文化服务资源从体制内循环转变为面向全社会的大循环，促进公共文化资源优化配置。

项目19：文化志愿服务建设项目。进一步建立健全文化志愿服务工作机制、活动运行长效机制、嘉许激励促进机制，建设全国文化和旅游志愿服务中心，完善各级志愿服务组织网络。实施"春雨工程"——全国文化和旅游志愿服务行动计划、"阳光工程"——中西部农村文化志愿服务行动计划、"圆梦工程"——农村未成年人文化志愿服务计划。推进文化志愿服务实践和理论研究，完善文化志愿服务数字平台，提升文化志愿服务专业化水平，全面推动文化志愿服务健康可持续发展。

（六）推动公共文化服务数字化、网络化、智能化建设

1. 加强数字文化内容资源和管理服务大数据资源建设。持续推动公共文化机构数字资源建设。以全民阅读和全民艺术普及为建设方向，不断丰富数字资源总量，创新数字资源样态，提升数字资源建设质量，打造全民阅读和全民艺术普

及资源库群。加强地方特色数字资源建设，以数字化、影像化等现代信息技术，以移动互联网和新媒体思维，建设具有鲜明地方特色和较高历史、人文、科学价值，展示中国文化，讲述中国故事的数字资源，弘扬中华优秀传统文化，促进其创造性转化、创新性发展。加强数字文化资源版权保护。推动公共文化大数据管理系统建设。通过数据采集、存储、处理、分析、可视化和系统运维技术，将公共文化大数据资源转化为更强的研判力、决策力和流程优化能力，对文化需求预测和内容供给提供有效的技术支持。推动将相关文化大数据资源纳入国家文化大数据体系建设。

2. 加快公共文化网络平台建设。推动实施智慧图书馆统一平台建设，提升国家公共文化云平台，鼓励各地按照统一标准和规范，因地制宜建设本地文化云平台，加强文化云平台之间的互联互通，构建统筹协调发展的公共文化云平台体系。积极布局公共文化领域“新基建”，努力建设基于“城市大脑”“城市数据湖”上的智慧文化服务。加强公共文化网络平台与政务服务平台、城市民生服务平台的互联互通，实现数据共享、统一认证，为群众提供“一体化”集成式平台服务。引导公共文化云平台与社会网络平台的合作共享，推动端口对接、资源共享、服务嵌入，利用社会化网络平台优势，提升公共文化网络平台的覆盖范围和传播效率。

3. 拓展公共文化服务智慧应用场景。依托云计算、大数据、人工智能、区块链等新一代信息技术，加强云端数据挖掘和分析能力，推动公共图书馆、文化馆（站）实现包括智慧服务、智慧分析、智慧评估和辅助决策等功能在内的智慧化运营，优化数据反馈模式。构建公共文化服务用户画像和知识图谱，为差异化服务提供数据支持。利用现代信息技术加强基层公共文化机构的智慧化服务与管理，强化服务数据采集，提升基层公共文化服务供需对接水平。完善优化包括需求征集、预约预定、点赞分享、在线互动等功能的移动端公共数字服务。探索依托微信、微博、短视频等社会化平台开展公共数字文化服务的工作机制，鼓励公共文化机构打造有影响力的新媒体矩阵。推广群众文化活动高清网络直播。运用人机交互、虚拟现实、全息影像等信息技术，加强公共文化“沉浸式”“互动式”体验服务。推进“互联网＋群众文化活动”，培育“云上群星奖”“云上乡村村晚”等数字文化服务品牌。鼓励公共文化机构与数字文化企业对接合作，拓宽数字文化服务应用场景。开展公共文化数字化服务创新案例评选、推广活动。

专栏7　公共文化服务数字化建设

项目20：全国智慧图书馆体系建设项目。以全国智慧图书馆体系建设为核心，搭建一套支撑智慧图书馆运行的云基础设施，搭载全网知识内容集成仓储，运行下一代智慧图书馆管理系统，建立智慧化知识服务运营环境，在全国部分图书馆及其基层服务网点试点建立实体智慧服务空间，打造面向未来的图书馆智慧服务体系和自有知识产权的智慧图书馆管理系统，助力全国公共图书馆智慧化升级和服务效能提升。

项目21：公共文化云项目。以各级文化馆（站）为主要阵地，运用5G、云计算、大数据、人工智能、区块链等信息技术，以国家公共文化云为依托，联合地方文化云（地方数字文化馆平台），以移动互联网为主要渠道，打造覆盖全国的安全、便捷、权威、丰富、开放的全民艺术普及公共服务总平台、全民艺术普及资源总库、全民艺术普及文创中心、公共文化和旅游产品交易中心，打造群众文化活动的大集成、大展台。

（七）推进公共文化服务区域均衡发展

1. 积极发挥国家重大发展战略引领作用。推动将公共文化服务体系建设纳入京津冀协同发展、长江经济带、粤港澳大湾区、长三角一体化、黄河流域生态保护和高质量发展、成渝地区双城经济圈等国家发展战略。鼓励相关地区充分发挥国家文化创新引擎作用，建立常态化工作机制，在推动公共文化服务高质量一体化等方面先行先试，率先突破。根据区域发展实际，探索通过组建公共文化机构联盟、共同举办品牌文化活动、共同推出以居民身份证、社保卡等为载体的“惠民一卡通”等方式，在公共文化资源、活动、服务、管理等多个方面实现共建共享，完善区域公共文化资源配置格局，实现供给能力和供给质量全面提升。加强对雄安新区文化改革创新的支持力度，推动国家图书馆在新区设立分馆。

2. 多措并举推动区域协调发展。健全区域协调发展体制机制，在形成西部大开发新格局、东北振兴、中部崛起和东部地区加快现代化过程中，确保公共文化服务体系建设同步推进。坚持和完善东西部协作和对口支援机制，常态化开展文化帮扶工作，更好促进发达地区和欠发达地区、东中西部地区协同发展。在基础设施建设、运营管理、专项资金、人才技术等方面，支持革命老区、民族地区、边疆地区、脱贫地区公共文化服务体系建设。坚持“一县一策”，推动中西部欠发达地区公共文化设施查漏补缺，进一步完善设施网络，鼓励和支持有条件的地方推动公共文化设施提档升级。以铸牢中华民族共同体意识为宗旨，以培育“五个认同”为目标，着眼于少数民族文化的创新发展，在民族地区加强国家通用语言文字和民族语言文字“双语”文化产品和服务供给，鼓励和扶持民族文化产品创作生产。

3. 注重调动激发基层内生动力。进一步完善示范和试点机制，调动和激励基层的首创精神，引导形成基层公共文化服务创新的新格局新风尚。加强国家公共文化服务体系示范区（项目）后续建设和管理工作，推动示范区（项目）创新发展，率先建成为全国公共文化服务高质量发展先行区、样板区。支持地方政府结合实际开展示范县区、镇街创建等活动，打造具有地方特色的公共文化服务示范机制。对重要的改革和制度设计，坚持试点先行，灵活设置试点范围和试点层级，完善试点成果评估反馈机制，有序将基层创新成果和经验向专项政策和行业标准转化。鼓励以县区为重点，集成整合全域公共文化服务资源，打造多样化的区域公共文化服务体系创新模式。遴选和表彰基层公共文化服务创新案例，搭建公共文化服务合作交流平台，建立优秀案例发布和推广机制，逐步放大基层公共文化服务的创新价值。

专栏 8　公共文化服务示范
项目 22：基层公共文化服务高质量发展示范行动。在“十四五”期间每年支持各地县级党委、政府充分发挥积极性主动性，探索新时代公共文化服务高质量发展的路径，打造公共文化服务创新发展的高地，与时俱进推出具有典型示范价值的创新经验，发挥创新经验对全国公共文化服务高质量发展的引领作用。

三、保障措施

（一）加强组织领导

各级文化和旅游行政部门要从全局和战略高度，充分认识“十四五”时期公共文化发展对实现社会主义文化强国远景目标的重要意义，切实加强对公共文化服务建设的组织领导，将公共文化服务纳入地方“十四五”经济社会发展规划，纳入重要民生实事工程，纳入繁荣发展文化事业和文化产业总体安排，统筹建设，协同推进。要牢牢树立依法治理意识，进一步完善公共文化法律法规体系，全面落实公共文化服务保障法、公共图书馆法、公共文化体育设施条例等法律法规，推动地方公共文化服务立法进程，把法律规定的各项制度落细落实。加强公共文化服务法律执法检查，督促各级政府明确保障责任，严格依法履行职责。

（二）完善经费保障

建立健全权责明晰、保障有力的公共文化服务财政保障机制，落实国务院办公厅印发的《公共文化领域中央与地方财政事权和支出责任划分改革方案》，明确各级政府公共文化服务财政支出责任划分，依法将公共文化服务经费纳入本级预算，保障公共文化服务体系建设。通过中央和省级财政转移支付积极支持革命老区、民族地区、边疆地区、脱贫地区及农村基层公共文化服务体系建设。鼓励社会力量建立公共文化发展基金，多渠道拓展资金来源。建立健全公共文化服务资金绩效评价机制，发挥绩效评价的激励约束作用，提高资金使用效益。

（三）加强队伍建设

健全公共文化人才队伍培养、激励和评价机制。培养一批长期扎根基层，有责任心、有能力、具有深厚实践经验的专家型干部和实干型专家。实施基层文化队伍培训项目，加强公共图书馆、文化馆（站）干部的专业化建设，提升基层队伍职业素质。鼓励文化艺术职业院校参与实施基层文化队伍培训项目。加大中西部人才支持力度。吸纳村干部、社团文化骨干、退休教师和文化干部等参与基层文化设施的日常运行管理。支持建设公共文化一流专业智库，形成专业过硬、结构合理的公共文化政策研究和咨询专家梯队。推动将公共文化管理纳入学科体系，依托国内重点高校、科研院所，培养高水平公共文化服务管理人才。

（四）健全监督管理

鼓励以省级为单位，加强基层公共文化服务的监督管理，探索建立健全基本公共文化服务绩效动态评价体系。持续推行第三方绩效评估，建立以公众参与为基础、群众需求为导向的公共文化服务机构绩效考核和反馈机制。完善公共图书馆、文化馆评估定级制度，动态调整评估定级指标体系。全面加强对重大文化项目资金使用和服务效能等方面的监测评估。探索利用大数据和数据挖掘技术补充完善公共文化服务统计监测。加强规划实施的组织、协调和督导，做好规划监测评估工作，强化规划实施的公众监督。

人力资源社会保障部　文化和旅游部关于深化图书资料专业人员职称制度改革的指导意见
人社部发〔2021〕42号

各省、自治区、直辖市及新疆生产建设兵团人力资源社会保障厅（局）、文化和旅游厅（局），国务院各部委、各直属机构人事部门，有关中央企业人事部门：

图书资料专业人员是建设文化强国、培育文化自信的重要力量。深化图书资料专业人员职称制度改革，加强图书资料专业人才队伍建设，对传承弘扬中华优秀传统文化、更好满足人民精神文化需求、推动社会主义文化繁荣兴盛具有重要意义。为贯彻落实中共中央办公厅、国务院办公厅印发的《关于深化职称制度改革的意见》，现就深化图书资料专业人员职称制度改革提出如下指导意见。

一、总体要求

（一）指导思想

以习近平新时代中国特色社会主义思想为指导，全面贯彻落实党的十九大和十九届二中、三中、四中、五中全会精神，认真落实党中央、国务院决策部署，立足服务科教兴国战略、人才强国战略和创新驱动发展战略，遵循图书资料专业人员成长规律，健全完善符合图书资料专业人员工作特点的职称制度，推动图书资料专业人才队伍结构更趋合理、能力素质不断提高，为加快文化改革发展，扎实推进社会主义文化强国建设提供人才支撑。

（二）基本原则

1. 坚持服务发展。围绕文化事业发展对图书资料工作提出的新要求，充分发挥职称评价在图书资料专业人员能力评价方面的"指挥棒"作用，着力提升图书资料专业人员的专业能力与职业素养，提高面向经济社会发展的文献信息服务能力，推动图书馆事业繁荣发展。

2. 坚持遵循规律。遵循图书资料专业人员成长规律，突出图书资料行业特点，完善分类科学、合理多元的评价体系，强化服务意识，提高专业能力，引导图书资料专业人员立足岗位、追求卓越。

3. 坚持科学评价。科学设置评价体系，完善图书资料专业人员评价标准，突出评价图书资料专业人员职业道德、能力素质和工作业绩，破除唯学历、唯资历、唯论文、唯奖项倾向，创新评价机制，丰富评价方式，科学、客观、公正评价图书资料专业人员。

4. 坚持开放创新。积极推动图书资料专业人员国际交流与合作，提高图书资料专业人员的专业化、国际化水平，形成有利于图书资料专业人员潜心工作、深入研究、积极创新的人才评价制度，鼓励和调动图书资料专业人员的积极性和创造性，激发和释放创新创造活力。

二、主要内容

通过健全制度体系、完善评价标准、创新评价机制、促进职称制度与人才培养使用相衔接、加强评审监督服务等措施，建立健全符合图书资料行业特点、设置合理、评价科学、管理规范的图书资料专业人员职称制度。

（一）健全制度体系

1. 明确职称层级。图书资料专业人员职称设初级、中级、高级，初级职称分设员级和助理级，高级职称分设副高级和正高级。员级、助理级、中级、副高级和正高级职称名称依次为管理员、助理馆员、馆员、副研究馆员和研究馆员。

2. 图书资料专业人员各层级职称分别与事业单位专业技术岗位等级相对应。正高级对应专业技术岗位一至四级，副高级对应专业技术岗位五至七级，中级对应专业技术岗位八至十级，助理级对应专业技术岗位十一至十二级，员级对应专业技术岗位十三级。

（二）完善评价标准

1. 坚持德才兼备、以德为先。把职业操守放在图书资料专业人员评价的首位，通过个人述职、考核测评等方式综合考察图书资料专业人员的职业道德和从业行为，倡导爱岗敬业，提升服务意识，坚守道德底线。对剽窃他人研究成果等学术不端行为实行“一票否决制”，对通过弄虚作假取得的职称一律予以撤销。

2. 实行分类评价。根据图书资料行业不同岗位类型的特点，分类制定职称评价标准。对于主要从事图书资料业务工作的“操作型”人员，着重考察其工作业绩，突出其实际操作水平和解决问题、创新方法的能力。对于主要从事图书资料研究工作的“学术型”人员，着重考察其研究能力，突出其学术水平、学术影响和应用效果。

3. 实行国家标准、地区标准和单位标准相结合。人力资源社会保障部会同文化和旅游部研究制定《图书资料专业人员职称评价基本标准》（附后）。各地区可根据本地区图书资料事业发展情况，制定地区标准。具有自主评审权的用人单位可结合本单位实际，制定单位标准。地区标准和单位标准不得低于国家标准。

（三）创新评价机制

1. 丰富职称评价方式。建立以同行专家评议为基础的业内评价机制，灵活采用专家评审、考核认定、个人述职、面试答辩、实践操作、业绩展示等多种评价方式，提高职称评价的针对性和科学性。对所从事岗位研究属性较强的专业技术人员，以同行学术评价为主；对所从事岗位应用性和技术性较强的专业技术人员，引入用户评价、社会评价和所在单位评价。

2. 拓宽职称评价人员范围。进一步打破户籍、地域、身份、档案等制约，畅通各类图书资料专业人员职称评价渠道。在非公立图书（资料）馆（室）从事相应工作的图书资料专业人员，以及在公立图书（资料）馆（室）从事相应工作的各类图书资料专业人员，可按属地原则申报职称评审，享有平等待遇。

3. 建立职称评审绿色通道。对取得重大原创性研究成果或关键核心技术突破，以及为图书资料事业发展作出重大贡献的专业人员，放宽学历、年限等条件限制，直接申报评审高级职称。对引进的海外高层次人才和急需紧缺人才，可放宽年限等条件限制。对长期在艰苦边远地区和基层一线工作的图书资料专业人员，重点考察其实际工作业绩，不作论文要求，适当放宽学历和年限等要求。

4. 进一步下放职称评审权限。科学界定、合理下放职称评审权限，鼓励职称制度完善、人才智力密集的大中型图书（资料）馆、高校、科研院所等单位自主开展图书资料系列职称评审。开展自主评审的单位，组建的职称评审委员会实行备案管理。

（四）促进职称评价与人才培养使用有效衔接

1. 促进职称评价与人才培养制度的有效衔接。用人单位应结合用人需求，根据职称评审结果合理使用专业技术人才，实现职称评审结果与图书资料专业人才聘用、考核、晋升等用人制度的衔接。对于全面实行岗位管理的事业单位，一般应在岗位结构比例内开展职称评审，聘用具有相应职称的专业技术人员到相应岗位。不实行事业单位岗位管理的用人单位，可根据工作需要，择优聘任具有相应职称的专业技术人员从事相关岗位工作。健全考核制度，加强聘后管理，在岗位聘用中实现人员能上能下。

2. 加强图书资料专业人员培养与继续教育。用人单位应当保障本单位图书资料专业人员参加继续教育的权利。按照专业技术人员继续教育规定有关要求，创新和丰富图书资料专业人员继续教育内容和手段，促进图书资料专业人员更新知识、拓展技能。

（五）加强评审监督服务

1. 建立健全各级职称评审委员会。健全职称评审委员会核准备案制度，完善职称评审委员会工作程序和评审规则。优化评审专家遴选机制，明确评审专家责任，严肃评审工作纪律，强化评审工作考核，建立倒查追责机制。

2. 加强职称评审监督。加强对职称评审全过程的监督管理，建立职称评审回避制度、公示制度和随机抽查、巡查制度。畅通意见反映渠道，对群众反映较强烈的问题，有针对性地进行专项核查，及时妥善处理。因评审工作把关不严、程序不规范，造成投诉较多、争议较大的，要责令限期整改；对整改无明显改善或逾期不予整改的，暂停其评审工作直至收回评审权，并依法追究相关人员责任。

3. 优化职称评审服务。加强职称评审信息化建设，减少各类申报表格和纸质证明材料。在规范图书资料专业人员职称评审的基础上，探索跨区域职称互认，促进图书资料专业人才合理流动。

三、组织实施

（一）提高认识，加强领导

职称制度改革涉及图书资料专业人员的切身利益，各地区、各有关部门要充分认识改革的重要意义，高度重视改革工作。各级人力资源社会保障部门会同文化和旅游等有关行业主管部门，负责图书资料专业人员职称制度改革的政策制定、组织实施和监督检查工作。各有关部门要密切配合，相互协调，确保改革各项工作顺利进行。

（二）精心组织，狠抓落实

各地区、各有关部门要根据本意见精神，围绕改革重点任务，密切结合实际，抓紧制定实施方案和配套办法，把各项具体改革任务落实到责任人、责任部门。在推进改革过程中，要深入开展调查研究，细化工作措施，确保改革举措落到实处、见到实效。

（三）加强引导，营造环境

各地区、各有关部门要深入细致地做好政策解读和宣传引导工作，充分调动图书资料专业人员的积极性，引导图书资料专业人员积极支持和参与职称制度改革，营造共同推进改革的良好氛围。

各地人力资源社会保障部门会同文化和旅游部门可参照本指导意见，结合本地区群众文化工作实际，开展群众文化专业人员的职称制度改革工作。

附件：图书资料专业人员职称评价基本标准（略）

人力资源社会保障部　文化和旅游部

2021 年 6 月 15 日

关于印发《关于进一步推动文化文物单位文化创意产品开发的若干措施》的通知

文旅资源发〔2021〕85 号

各省、自治区、直辖市及计划单列市人民政府，新疆生产建设兵团，国务院有关部门：

《关于进一步推动文化文物单位文化创意产品开发的若干措施》已经国务院同意，现印发给你们，请认真贯彻执行。

文化和旅游部　中央宣传部　国家发展改革委

财政部　人力资源社会保障部　市场监管总局

国家文物局　国家知识产权局

2021 年 8 月 17 日

关于进一步推动文化文物单位文化创意产品开发的若干措施

依托文化文物单位馆藏文化资源加强文化创意产品开发工作，有利于推动中华优秀传统文化创造性转化、创新性发展，有利于培育和弘扬社会主义核心价值观，有利于社会主义文化强国建设。《国务院办公厅转发文化部等部门关于推动文化文物单位文化创意产品开发若干意见的通知》（国办发〔2016〕36 号）印发以来，文化文物单位按照要求推动文化创意产品开发，取得了一定成绩，但也面临试点政策落实没有完全到位、激励机制有待完善等问题。为深入贯彻落实习近平总书记关于繁荣发展文化事业和文化产业的重要指示精神，进一步推动文化文物单位文化创意产品开发，经国务院同意，提出以下工作措施。

一、把握正确导向

坚持以社会主义核心价值观为引领，保护传承弘扬中华优秀传统文化、革命文化和社会主义先进文化，深入挖掘文化文物资源的精神内涵，使文化创意产品成为广大人民群众感悟中华文化、增强文化自信的重要载体。坚持把社会效益放在首位、实现社会效益和经济效益相统一，鼓励开发兼具艺术性和实用性、适应现代生活需要、符合市场消费需求的文化创意产品。坚持文旅融合发展，以文塑旅、以旅彰文，促进文化创意产品消费。坚持保护为先，合理利用文化文物资源，避免过度商业化、娱乐化。革命历史类文化创意产品要以历史事实为基础，反对历史虚无主义。

二、推进先行先试

（一）落实试点政策。在坚持事企分开原则基础上，文化和旅游部、国家文物局确定或备案的试点单位可通过知识产权作价入股等方式投资设立从事文化创意产品开发的企业，并按要求将企业国有资本纳入党政机关、事业单位经营性国有资产集中统一监管体系。各地区、各有关部门要支持试点单位按照相关程序设立企业，鼓励多家试点单位联合与社会资本合作设立企业。各级文化和旅游、财政、人力资源社会保障、市场监管、文物等部门要加强跨部门协同，积极研究、推进解决试点单位投资设立企业过程中遇到的障碍和困难，推动构建科学有效的容错纠错机制，鼓励试点单位积极作为、先行先试。

（二）创新开发方式。鼓励试点单位结合自身情况，采取合作、授权等方式，引入竞争机制，吸引社会力量参与文化创意产品研发、生产、经营等。推动试点单位与文化创意设计机构、科研单位、高等院校等开展合作，支持试点单位与职业学校合作建立实训基地，提升文化创意产品开发经营水平。试点单位要加强对文化创意产品开发经营的管理，慎重选择合作单位，积极稳妥推进工作。

（三）优化试点管理。建立试点单位文化创意产品开发工作成效评估机制，定期公布评估结果，并根据评估结果对试点单位实行“有进有出”的动态管理。在评估基础上，适时、有序将试点范围扩大至馆藏资源较为丰富、管理制度较为完备的地市级以上博物馆、美术馆、图书馆、文化馆。

三、健全收入分配机制

（一）规范收入管理。按照事业单位相关财务规定，文化文物单位文化创意产品开发取得的事业收入、经营收入和其他收入等纳入本单位预算统一管理。鼓励各地区出台实施细则，确保文化文物单位文化创意产品开发收入用于加强公益文化服务、藏品征集、继续投入文化创意产品开发等，内部分配时向作出突出贡献的人员予以倾斜。

（二）合理确定绩效工资总量。贯彻执行事业单位工作人员收入分配有关制度，推动将文化文物单位绩效工资总量核定与文化创意产品开发业绩挂钩，合理确定绩效工资总量。文化和旅游、文物行政部门会同财政、人力资源社会保障等部门，组织对本级试点单位上一年度文化创意产品开发情况进行评估，评估结果要作为核定试点单位绩效工资总量的重要依据。

（三）落实奖励措施。落实事业单位工作人员奖励有关规定，按照奖励范围、条件、种类、比例（名额）、程序和纪律要求，对符合奖励条件的文化创意产品开发、经营管理人员进行奖励。充分发挥奖励制度的正向激励作用，合理运用一次性奖金等方式，着力调动文化文物单位文化创意产品开发经营人员的积极性和创造性。经批准发放的奖励不计入所在单位绩效工资总量。

四、用好税收优惠政策

积极引导符合条件的相关企业用足用好支持科技创新、改制重组和小微企业普惠性税收减免等优惠政策。对经认定为高新技术企业的文化创意和设计服务企业，按规定减按15%的税率征收企业所得税。落实研究开发费用税前加计扣除有关政策，企业为获得创新性、创意性、突破性产品进行创意设计活动而发生的相关费用，可按照规定进行税前加计扣除。落实事业单位转制为企业有关税收政策，经营性文化事业单位转制为企业，符合条件的自转制注册之日起五年内免征企业所得税。

五、增强文化创意产品开发主体活力

（一）加强市场主体培育扶持。建立完善全国文化和旅游创意产品开发信息名录，为创意设计机构、制造类企业、金融投资机构、渠道平台类企业等畅通信息渠道，培育一批文化创意产品开发示范单位。鼓励各级各类博物馆、美术馆、图书馆、文化馆、群众艺术馆、纪念馆、科技馆、非物质文化遗产保护中心、艺术院团及其他文化文物单位开展文化创意产品开发。

（二）搭建展示推广和交易平台。制定文化文物资源数据化采集行业标准，推动文化文物单位数据资源互联互通。支持文化创意产品开发行业组织发展，促进市场主体资源共享、渠道共用，联合打造具有社会影响力的文化创意产品品牌体系。充分利用各类行业展会、商品博览会等平台，展示推介优秀文化创意产品。鼓励搭建面向全社会的产品开发、营销推广、版权交易等平台，营造开放公平的市场环境。支持文化文物单位通过在电子商务平台开办旗舰店、进行网络直播等形式开展优秀文化创意产品营销。

（三）提升文化创意产品开发科技应用水平。坚持创新驱动，鼓励开发数字文化创意产品。培育一批创新型装备研发和生产服务企业，加强文化创意内容和技术装备协同创新。加强大数据、物联网、人工智能等技术在文化创意产品开发领域的应用，促进创新链和产业链紧密衔接。支持文化文物单位创新利用虚拟现实、增强现实、全息成像、裸眼三维图形显示（裸眼 3D）、交互娱乐引擎开发、文化资源数字化处理、互动影视等技术，增强文化创意产品的文化承载力、展现力和传播力。

（四）推动旅游商品提质升级。坚持问题导向，实施旅游商品创意提升行动，依托文化、提升品质、引导消费。推动将旅游商品质量保障、文化特色等要求纳入高等级旅游景区、旅游度假区评定标准内容和乡村旅游重点村镇等遴选条件。深入推进"创意进景区""创意下乡"工作，以创意设计提升旅游商品价值。鼓励开展品牌化经营，培育一批品质过硬、设计精良、市场认可的旅游商品自主品牌，加强金融、人才、宣传等政策扶持。组织开展全国文化和旅游创意产品推进活动，集中展示、宣传推介优秀旅游商品和品牌，对接市场需求，促进旅游消费提质升级。

六、提升知识产权评估管理水平

文化文物单位对用于投资设立文化创意产品开发企业、对外授权合作开发文化创意产品的知识产权要进行专门评估、规范管理，原则上应由第三方专业资产评估机构进行评估，合理确定知识产权价值。文化文物单位要做好知识产权登记管理相关工作，根据实际情况制定知识产权授权费用标准，在文化创意产品开发合作项目中进行合理协商议价。鼓励文化文物单位采用公开招标方式确定合作方。

各地区、各有关部门要高度重视文化文物单位文化创意产品开发工作，加强组织领导，完善工作机制，明确责任分工，健全评估体系，结合实际进一步完善出台支持文化文物单位文化创意产品开发的配套政策举措，扎实推动各项工作落实。

法律法规及政策性文件目录

主题	标题	文号	发布与实施时间
综合性法律法规	佛山市公共图书馆管理办法	佛山市人民政府令第14号	2021年2月18日发布 2021年5月1日实施
	中华人民共和国乡村振兴促进法	中华人民共和国主席令第77号	2021年4月29日发布 2021年6月1日实施
	山西省全民阅读促进条例	山西省人民代表大会常务委员会公告第82号	2021年6月1日发布 2021年7月1日实施
	江西省公共文化服务保障条例	江西省第十三届人民代表大会常务委员会公告第102号	2021年7月28日发布 2021年10月1日实施
	四川省公共文化服务保障条例	四川省第十三届人民代表大会常务委员会公告第102号	2021年9月29日发布 2021年12月1日实施
文化建设	文化和旅游部　国家发展改革委　财政部关于推动公共文化服务高质量发展的意见	文旅公共发〔2021〕21号	2021年3月8日发布并实施
	2021年文化和旅游志愿服务工作方案	文旅公共发〔2021〕30号	2021年4月6日发布并实施
	关于促进上海全民阅读工作的实施意见	—	2021年4月15日发布并实施
	财政部关于下达2021年中央支持地方公共文化服务体系建设补助资金预算的通知	财教〔2021〕69号	2021年4月20日发布并实施
	山东省文化和旅游厅关于进一步加强城市书房和乡村书房建设的意见	—	2021年4月23日发布并实施
	文化和旅游部公共服务司、财务司关于做好2021年全国智慧图书馆体系建设项目、公共文化云建设项目实施工作的通知	公共函〔2021〕6号	2021年5月19日发布并实施
	财政部关于下达2021年公共图书馆、美术馆、文化馆免费开放补助资金预算的通知	财教〔2021〕60号	2021年6月2日发布并实施
	“十四五”公共文化服务体系建设规划	文旅公共发〔2021〕64号	2021年6月10日发布并实施
	人力资源社会保障部　文化和旅游部关于深化图书资料专业人员职称制度改革的指导意见	人社部发〔2021〕42号	2021年6月21日发布并实施
	湖南省公共文化服务体系高质量发展五年行动计划(2021年—2025年)	—	2021年7月5日发布并实施
	文化和旅游部公共服务司关于贯彻落实《国家基本公共服务标准(2021年版)》的通知	公共函〔2021〕11号	2021年7月30日发布并实施
	河北省公共文化服务体系建设“十四五”规划	冀文旅公共字〔2021〕17号	2021年8月31日发布并实施
	中共中央办公厅、国务院办公厅关于加强网络文明建设的意见	—	2021年9月14日发布报道
	关于高质量打造新时代文化高地推进共同富裕示范区建设行动方案(2021—2025年)	文旅政法发〔2021〕110号	2021年11月3日发布并实施
	广东省公共服务“十四五”规划	粤府办〔2021〕37号	2021年11月11日发布并实施

续表

主题	标题	文号	发布与实施时间
	关于推动云南省公共文化服务高质量发展的实施意见	—	2021年11月12日发布并实施
	文化和旅游部公共服务司、财务司关于做好2022年全国智慧图书馆体系建设项目、公共文化云建设项目实施工作的通知	公共函〔2021〕16号	2021年11月29日发布并实施
	国务院办公厅关于全面加强新时代语言文字工作的意见	国办发〔2020〕30号	2021年11月30日发布并实施
	财政部关于提前下达2022年公共图书馆　美术馆　文化馆（站）免费开放补助资金预算的通知	财教〔2021〕222号	2021年12月7日发布并实施
	四川省"十四五"公共文化服务体系建设规划	川文旅发〔2021〕69号	2021年12月24日发布并实施
	"十四五"公共服务规划	发改社会〔2021〕1946号	2021年12月28日发布并实施
	四川省"十四五"公共服务规划	川府发〔2021〕47号	2021年12月28日发布并实施
	河北省人民政府办公厅关于推动公共文化服务高质量发展的实施意见	冀政办字〔2021〕169号	2021年12月31日发布并实施
文化遗产保护	北京历史文化名城保护条例	—	2021年1月27日发布 2021年3月1日实施
	财政部、国家文物局关于加强国家文物保护资金管理的意见	财教〔2020〕244号	2021年2月20日发布并实施
	国有文物资源资产管理暂行办法	财资〔2021〕84号	2021年3月31日发布并实施
	中央宣传部等九部门关于推进博物馆改革发展的指导意见	文物博发〔2021〕16号	2021年5月24日发布并实施
	"十四五"非物质文化遗产保护规划	文旅非遗发〔2021〕61号	2021年6月9日发布并实施
	国有博物馆藏品征集规程	文物博发〔2021〕21号	2021年6月22日发布并实施
	四川省红色资源保护传承条例	—	2021年6月27日发布 2021年7月1日实施
	关于进一步加强非物质文化遗产保护工作的意见	—	2021年8月12日发布并实施
	关于印发《关于进一步推动文化文物单位文化创意产品开发的若干措施》的通知	文旅资源发〔2021〕85号	2021年8月31日发布并实施
	安徽省红色资源保护和传承条例	—	2021年11月19日发布 2022年1月1日实施
	国家文物局等六部门关于加强民间收藏文物管理　促进文物市场有序发展的意见	文物博发〔2021〕40号	2021年12月16日发布并实施
	江西省革命文物保护条例	江西省第十三届人民代表大会常务委员会公告第117号	2021年12月30日发布 2022年1月1日实施
	革命文物保护利用"十四五"专项规划	文物革发〔2021〕41号	2021年12月31日发布并实施

续表

主题	标题	文号	发布与实施时间
教育事业	中华人民共和国家庭教育促进法	中华人民共和国主席令第98号	2021年10月23日发布 2022年1月1日实施
	中共北京市委教育工作委员会等十六部门关于印发《北京市学习型城市建设行动计划（2021—2025年）》的通知	京教职成〔2021〕19号	2021年12月7日发布并实施
特殊人群保护与服务	“十四五”残疾人保障和发展规划	国发〔2021〕10号	2021年7月21日发布并实施
	“十四五”提升残疾人文化服务能力实施方案	—	2021年9月1日发布并实施
	关于推进儿童友好城市建设的指导意见	发改社会〔2021〕1380号	2021年10月21日发布并实施
科技发展	财政部　海关总署　税务总局关于“十四五”期间支持科技创新进口税收政策的通知	财关税〔2021〕23号	2021年4月20日发布并实施
	“十四五”文化和旅游科技创新规划	文旅科教发〔2021〕39号	2021年4月26日发布并实施
	全民科学素质行动规划纲要（2021—2035年）	国发〔2021〕9号	2021年6月25日发布并实施
	财政部　海关总署　税务总局关于“十四五”期间进口科学研究、科技开发和教学用品免税清单（第一批）的通知	财关税〔2021〕44号	2021年10月29日发布并实施
	提升全民数字素养与技能行动纲要	—	2021年11月5日发布并实施
	文化和旅游部重点实验室管理办法	文旅科教发〔2021〕117号	2021年11月19日发布并实施
	“十四五”国家信息化规划	—	2021年12月27日发布并实施
政府工作	文化和旅游部立法工作规定	中华人民共和国文化和旅游部令第6号	2021年2月1日发布 2021年3月1日实施
	文化和旅游部直属单位建设项目管理办法	文旅财发〔2021〕15号	2021年2月24日发布并实施
安全卫生	中华人民共和国数据安全法	中华人民共和国主席令第84号	2021年6月10日修订通过 2021年9月1日实施
	中华人民共和国个人信息保护法	中华人民共和国主席令第91号	2021年8月20日发布 2021年11月1日实施
	公共图书馆、文化馆（站）疫情防控措施指南（2021年11月修订版）	公共函〔2021〕15号	2021年11月4日发布并实施
文旅融合	“十四五”文化和旅游发展规划	文旅政法发〔2021〕40号	2021年4月29日发布并实施
	文化和旅游部关于建立健全“十四五”规划实施机制的意见	文旅政法发〔2021〕62号	2021年6月8日发布并实施
	天津市文化和旅游融合发展“十四五”规划	津文旅发〔2021〕6号	2021年6月20日发布并实施
	海南省“十四五”旅游文化广电体育发展规划	琼府办〔2021〕25号	2021年7月9日发布并实施
	陕西省“十四五”文化和旅游发展规划	陕文旅发〔2021〕42号	2021年8月10日发布并实施
	安徽省“十四五”文化和旅游发展规划	皖文旅发〔2021〕40号	2021年8月20日发布并实施
	湖南省“十四五”文化和旅游业发展规划	湘文旅政法〔2021〕109号	2021年8月26日发布并实施
	辽宁省“十四五”文化和旅游发展规划	辽文旅发〔2021〕16号	2021年8月31日发布并实施
	北京市“十四五”时期文化和旅游发展规划	—	2021年9月8日发布并实施
	福建省“十四五”文化和旅游改革发展专项规划	闽政办〔2021〕45号	2021年9月9日发布并实施

续表

主题	标题	文号	发布与实施时间
	江西省“十四五”文化和旅游发展规划	赣府厅发〔2021〕21号	2021年9月17日发布并实施
	宁夏回族自治区文化和旅游发展“十四五”规划	宁政办发〔2021〕63号	2021年10月11日发布并实施
	贵州省“十四五”文化和旅游发展规划	—	2021年10月12日发布并实施
	河北省文化和旅游发展“十四五”规划	—	2021年10月14日发布并实施
	江苏省“十四五”文化和旅游发展规划	—	2021年11月15日发布并实施
	吉林省文化和旅游发展“十四五”规划	—	2021年11月19日发布并实施
	广东省文化和旅游发展“十四五”规划	—	2021年11月26日发布并实施
	甘肃省“十四五”文化和旅游发展规划	甘文旅厅字〔2021〕72号	2021年11月29日发布并实施
	青海省“十四五”文化和旅游发展规划	青政办〔2021〕103号	2021年12月11日发布并实施
	四川省“十四五”文化和旅游发展规划	—	2021年12月15日发布并实施
其他	中华人民共和国国民经济和社会发展第十四个五年规划和2035年远景目标纲要	—	2021年3月13日发布并实施
	关于落实《政府工作报告》重点工作分工的意见	国发〔2021〕6号	2021年3月26日发布并实施
	关于加强社会主义法治文化建设的意见	—	2021年4月5日发布并实施
	国家基本公共服务标准（2021年版）	发改社会〔2021〕443号	2021年4月20日发布并实施
	中央宣传部、司法部关于开展法治宣传教育的第八个五年规划（2021—2025年）	—	2021年6月15日发布并实施
	全国图书馆标准化工作“十四五”规划	图标委〔2021〕1号	2021年8月27日发布并实施
	中国图书馆学会“十四五”发展规划纲要（2021—2025年）	中图学字〔2021〕65号	2021年9月6日发布并实施
	国家人权行动计划（2021—2025年）	—	2021年9月9日发布并实施
	知识产权强国建设纲要（2021—2035年）	—	2021年9月22日发布并实施
	“十四五”时期中华诗词发展规划	—	2021年10月9日发布并实施
	甘肃省文化和旅游厅印发《关于加强社会主义法治文化建设实施方案》的通知	甘文旅厅办字〔2021〕107号	2021年10月11日发布并实施
	“十四五”国家知识产权保护和运用规划	国发〔2021〕20号	2021年10月28日发布并实施
	出版业“十四五”时期发展规划	—	2021年12月28日发布并实施

专业文献

2021年部分院校图书馆学情报学博士学位论文摘要①

［**中文题名**］文化和旅游公共服务融合发展研究

［**英文题名**］A Study on the Integrated Development of Culture and Tourism Public Services

［**论文作者**］李阳

［**指导老师**］李国新

［**学位授予单位**］北京大学

［**内容摘要**］当前，我国文化和旅游公共服务的融合发展正处于起步探索阶段，本研究基于跨学科理论和国内外融合发展实践分析，结合文旅融合发展的新背景、新趋势和新要求，从公共文化服务的视角出发，立足我国文化和旅游公共服务的内容与特点，从四个方面提出文化和旅游两者融合发展的路径，指出融合发展的主要着力点。

一是公共服务资源的共建共享。资源是两者深度融合的基础和内生动力。要通过设施的共建共享与改造升级、非物质文化遗产资源的创造性转化、丰富和塑造城市文化内涵、打响“民间文化艺术之乡”和促进优质公共文化资源“出圈”，推动优秀传统文化资源的挖掘与传播，形成区域独特的竞争力，增强旅游吸引力。二是公共服务内容的拓展升级。公共文化机构和旅游公共服务设施要充分借助各自的优势和特点，拓展其文旅公共服务功能，共同探索流动式文旅公共服务和夜间文旅公共服务等新模式，并借助文旅志愿服务，提升服务效能和服务水平。三是公共服务标准的统一兼容。根据文化和旅游公共服务标准建设现状和融合发展现实需要，在规划时应当纳入文旅公共服务要素，在设计中要保障公共图书馆核心服务功能，实现区域动静分隔，并推动乡村文旅公共服务中心建设与服务规范以及文化和旅游公共服务示范区（基地）标准出台。四是公共服务智慧网络的互联互通。公共文化服务要借助已较为成熟的旅游统计技术与平台，共建文旅公共服务大数据体系，参照用户画像推送文旅公共服务，打造一站式智慧文旅公共服务平台，共同构建传播矩阵。

［**中文题名**］国家公共文化示范区制度体系建设研究

［**英文题名**］Research on Institutional System of Demonstration Plots

［**论文作者**］刘晓东

［**指导老师**］李国新

［**学位授予单位**］北京大学

［**内容摘要**］2011年，国家公共文化服务体系示范区（以下简称“示范区”）项目启动，120个示范区在创建过程中形成公共文化示范区制度体系。本研究通过系统梳理这些制度设计研究报告和制度设计转化成果，明确示范区制度体系的建设路径、主要内容、理论与应用价值，提出公共文化示范区制度体系是以制度设计研究报告和制度转化成果为基础形成的法律法规、规章制度、政策文件、行业规范等制度综合体，并指出公共文化示范区制度体系的四个重要组成部分。

一是公共文化服务均衡发展制度。示范区在全面落实基本公共文化服务标准的基础上构建了本区域的体系化标准规范，因地制宜采用总分馆制、“文化圈”机制实现城乡一体化建设，着力保障进城务工人员等特殊群体的基本文化权益，构建均衡发展评价体系，推动均衡发展理念上升到制度和法律高度。

二是社会力量参与制度。示范区以“文采会”机制、孵化机制等方式拓展政府购买范围和主体，鼓励社会力量以整体委托、政社合作、群众自治等机制参与公共文化机构管理。部分示范区还在文化志愿服务中引入专业化建设、项目化孵化、规范化管理机制。

三是公共数字文化制度。示范区在公共文化数字资源、公共服务平台、数字化服务手段等方面开展公共数字文化制度设计和创新实践，

① 此部分内容分别由北京大学顾晓光、武汉大学徐晴、中山大学李晶和李俊鸽提供本校信息。

实现公共文化服务与科技的全面融合。

四是融合发展制度。示范区建设有效推动公共文化服务在区域间、机构间、行业间的协调共建，如不同城市的活动联办、服务联动和平台共建，示范区创建城市内部公共文化机构的空间、功能和组织的融合实践，乡村文旅融合机制等。

[中文题名] 社会科学研究者使用非调查数据的特征和影响因素研究

[英文题名] Research on the Characteristics and Influencing Factors of the Use of Non-survey Data by Social Science Researchers

[论文作者] 聂磊

[指导老师] 王继民

[学位授予单位] 北京大学

[内容摘要] 社会科学研究中的非调查数据是指通过访谈、问卷、调查者填报以外的方式生产的数据。在信息技术的推动下，非调查数据的发展为社会科学研究带来新的机遇和挑战。

为探索我国社会科学研究者对非调查数据的使用特征，本研究以政治学、经济学和社会学三个代表性学科为例，对 2011 至 2020 年间 118 本核心期刊中使用非调查数据的 331 篇论文进行内容分析。总体来看，非调查数据的价值正逐渐得到研究者的认可，但其应用的发展或受到某些因素的制约，需进一步探讨影响社会科学研究者使用非调查数据的因素；此类数据研究方法的发展仍不成熟，研究者对非结构化数据相关研究方法和方法论的需求更为迫切；此外，需要在进一步发展非调查数据使用技术的同时，探索如何更好地实现研究主题、非调查数据以及评估分析技术的综合检索与发现。在此基础上，本研究还进一步研究现阶段影响社会科学研究者使用非调查数据的因素及其作用大小，得出一系列研究结论，如感知价值、社群支持、质量接受度通过正向影响研究者对非调查数据的使用意向间接影响使用行为，在使用意向的三个影响因素的标准化路径系数中，社群支持的系数最大，远高于第二位的感知价值和质量接受度等。

本研究的创新性在于：研究对象上，聚焦于尚未得到充分研究的非调查数据使用，进一步研究影响特定类型数据使用的因素；研究内容上，对于数据使用的影响因素，探索新的影响因素及影响因素之间新的关系；研究成果上，可视为对社会科学研究方法的进一步探索。

[中文题名] 学习型搜索行为的元认知调控模型研究

[英文题名] Research on the Metacognitive Regulation Model of Learning-related Search Behavior

[论文作者] 宋筱璇

[指导老师] 陈建龙

[学位授予单位] 北京大学

[内容摘要] 本研究引入元认知调控概念，分析搜索者在完成学习型搜索任务中的元认知调控过程，构建相应元认知调控模型，进一步理解和解释搜索者对自身认知活动进行自我观察和意识，并据此执行和调整行为活动的模式和特点，以期为优化搜索系统功能设计，辅助提升搜索者元认知调控能力，支持学习任务高效完成，提供启发和借鉴。

本研究通过行为过程观察法和视频回放访谈法对北京大学 30 名学生完成学习型搜索任务的元认知调控过程进行数据收集，应用扎根理论分析识别该过程中的情境计划、过程控制、结果评估 3 个主范畴以及 14 个次范畴和 70 个概念。

通过对主范畴环节的具体要素及其关系的分析发现：(1)在情境计划环节，搜索者的元认知调控表现在个人特征意识、任务特征意识、策略计划、信息源计划四方面。(2)在过程控制环节，包括获取目标意识、获取策略操作等六要素，表现出效果意识—工具转换、努力意识—工具转换等 6 种信息获取控制的频繁模式。在选择控制阶段，发现信息质量等 18 项信息项选择标准，信息内容判断、书目知识判断、推理知识判断 3 种判断依据，功能实用型、认知追求型、情感推动型 3 种价值选择控制模式。在处理控制阶段，搜索者主要意识到信息的记忆与理解、迁移与应用、组织与整理三类不同处理目标，并倾向于使用不同处理策略。(3)搜索者依靠任务完成效果、搜索输出、学习产出、时间和努力 4 个标准对结果展开评估，表现为输出关注型、产出关注型两种评估价值模式。

在此基础上，本研究构建了学习型搜索行

为元认知调控模型，识别了偶遇—发散、偶遇—收敛等 7 种调控模式。最后，讨论了该元认知调控模型在个性化和情境化行为特征的探索以及支持学习的搜索系统的设计和优化中的应用价值。

[中文题名] 基于主动学习的汉语古籍命名实体识别研究

[英文题名] Research on Active Learning-based Named Entity Recognition for Chinese Ancient Texts

[论文作者] 严承希

[指导老师] 王军

[学位授予单位] 北京大学

[内容摘要] 汉语古籍资源的数字化加工处理在我国古籍数字化工程建设中扮演着重要角色，特别是古籍命名实体的自动识别。深化古籍命名实体识别技术的研究将加快相关数字人文数据库的构建进程，并将信息抽取、知识组织等情报学方法扩展到古籍文献上来，为古籍资源语义化和知识化的自动处理和古籍智能产品服务奠定基础。

本研究基于深度主动学习方法提出一个面向汉语古籍的命名实体识别任务的三层研究框架。其中，在数据层中，本研究结合规则匹配和专家校对等对原始古籍文本进行快速实体识别，并将其转化为可供训练的标准数据集。在模型层中，本研究通过比较不同深度神经网络模型的性能优劣，确定主体网络结构，随后探讨基于该架构下不同主动学习查询策略的查询性能，并结合数据增强技术来设计更优秀的迭代增量学习机制，最后，从标注效率和标注质量两方面来实验论证本研究设计的交互式标注平台以及众包标注决策模型的优势。在应用层中，本研究根据此框架开发了一个古籍命名实体识别系统以检验其可靠性和有效性。

本研究提出的框架不仅有效弥补汉语古籍领域命名实体识别研究的不足，并对信息自动抽取的方法层面进行有效拓展，而且对其他类似汉语古籍这样的“少样本”领域中命名实体识别模型的训练也同样有效。

[中文题名] 基于机器学习的古典目录学互著与别裁方法研究

[英文题名] Research on Inter Record and Analytic Record of Classical Bibliography Based on Machine Learning

[论文作者] 张力元

[指导老师] 王军

[学位授予单位] 北京大学

[内容摘要] 我国目录学具有悠久且辉煌的历史。随着目录学与学术史的发展，衍生出互著与别裁两种辅助著录方法。传统方法下的互著与别裁主要由人工完成，存在效率低、成本高、科学性弱、客观性差、可靠性差等问题，这些问题可以借助自然语言处理和机器学习等新的方法与技术来协助解决。

本研究提出一种基于机器学习的互著与别裁方法，并以先秦诸子典籍为例验证其可靠性和有效性。研究从如下三方面展开：一是从数字时代的创新视角分析互著与别裁的基本原理，通过对古典目录学和古典文献学的调研，对互著与别裁概念的内涵做界定，对其流程做梳理，评析利用传统方法实现互著与别裁存在的问题。二是提出可以利用机器学习方法实现互著与别裁的基本原理，协助解决其在传统方法下存在的问题。具体从设计原则、方法框架、关键内容三个方面阐述基于机器学习的互著与别裁方法的核心要义，最后评析此方法的特点与价值。三是以目录“子部”中的先秦诸子学派类别及代表典籍为对象验证本方法的可靠性与有效性，并进一步利用微调后的 BERT 模型对《荀子》和《管子》两部思想融会贯通且学派存在争议的典籍做全书与篇章粒度的分类判断。

本研究的创新性表现在：一是提出利用机器学习来实现古典目录学的互著与别裁方法，二是提出以文本分类方法从全书、篇、章等粒度辨析古籍文献类别并判断学者思想倾向性的流程和方法。

[中文题名] 面向大数据环境的知识融合体系架构研究

[英文题名] Research on Knowledge Fusion Architecture in the Big Data Environment

[论文作者] 王静宜

[指导老师] 李广建

[学位授予单位] 北京大学

[内容摘要] 大数据环境下，知识总量迅猛

增长，知识融合在社会发展中扮演着越来越重要的角色。为此，本研究旨在建立融合技术属性、管理属性、服务与决策属性和社会属性的通用、规范的知识融合体系架构，以满足实践应用场景下使用、研究的需要，为解决面向组织的知识融合的具体实际问题奠定基础。

基于此，本研究界定“知识融合”“体系架构”“大数据环境”等相关概念，在回顾知识融合体系架构相关研究的发展现状、分析研究国内外典型项目相关材料的基础上，综合运用内容分析法、案例分析法、扎根理论法、词频分析法、图谱分析法等方法厘清知识融合体系架构包含的要素，分析要素间的逻辑关系，提出包含技术、管理、服务、决策、社会等属性在内的一般性知识融合体系架构多维异质网络模型，构建在大数据环境下具有普遍应用意义的知识融合体系架构，并进行实证研究。

本研究主要内容为：一是提出基于五要素的知识融合体系架构并进行系统性分析。二是对这一体系架构进行高度抽象，构建特定语义空间及此空间下的异质复杂网络的知识融合体系架构。三是对这一体系架构的合理性与适用性进行讨论，通过对比分析现有知识融合体系架构，证实现有各类架构可以看作是本研究构建体系架构的降维描述或子集。四是将这一体系架构应用于能源矿山行业，厘清这一行业应用场景下的要素类别及相关关系，对项目运行的保障、管理、组织等方面进行讨论。以此为基础，构建能源矿山行业知识融合原型系统，提供在具体产业领域内应用的实证支撑。

［中文题名］我国图书馆服务观念研究（1949—2009）

［英文题名］The Ideas of Library Service in China (1949—2009)

［论文作者］张晓芳

［指导老师］王子舟

［学位授予单位］北京大学

［内容摘要］图书馆服务观念就是人们关于图书馆服务的概括性认识和觉悟。研究我国图书馆服务观念及其变迁具有重要的理论价值与实践意义，不仅有助于丰富图书馆学理论的相关内容，也有助于为图书馆服务实践提供指导思想。

本研究从观念史角度切入，采用文献研究法和历史研究法，纵向梳理1949年至2009年期间我国图书馆服务工作、图书馆服务研究和主要图书馆服务观念的整体发展过程，阐述不同时期主要图书馆服务观念的来源、产生、主要特征及其影响。

通过对我国图书馆服务观念的历史分析，本研究得出一个纵向的历史框架和横向的理论框架。图书馆服务观念的纵向历史框架是根据不同时期的历史特征将观念发展分为5个阶段，阐述了为无产阶级政治服务、为科学研究服务、“一切为了读者”、为阶级斗争服务、“读者第一”、主动服务、有偿服务、特色服务、营销服务、“以人为本”和延伸服务等不同阶段主要图书馆服务观念的发展演变。图书馆服务观念的横向理论框架是观念、实践与理论三者之间的互动关系在图书馆服务领域的具体表现，揭示了图书馆服务观念内生与植入的生成形态、观念对实践的不同作用以及观念与理论的双向转化关系。基于上述两个框架，本研究强调图书馆服务观念对于现实的重要作用，明确我们应坚守的现代图书馆服务理念。

［中文题名］图书馆联盟中的政府角色研究

［英文题名］Research on the Role Of Government in Library Consortium

［论文作者］孙慧明

［指导老师］王子舟

［学位授予单位］北京大学

［内容摘要］图书馆联盟是图书馆间最常见的合作关系之一。本研究围绕政府角色对图书馆联盟发展的影响，采用文献调研法、实地调研法、比较分析法等方法，从政府角色、政府角色影响下的行业行为和行为可能产生的社会影响三个层面展开分析，对图书馆联盟的未来发展趋势进行探讨。

本研究共分为七章。第一章绪论，对“图书馆联盟”进行界定，包括联盟的概念、相关概念、性质、类型和主要目标；第二章研究综述，梳理以往研究的历史脉络和主要观点以及当前主要关注方向；第三章梳理政府角色论、新公共管理和新公共服务、公共物品和外部性等理论，借鉴“协调三角形”模型，构建图书馆联盟“政府—行业—社会”分析框架；第四章梳理国内外图书馆联盟发展现状，收集400多个联盟案例基础数据，通过了解国际性图书馆联盟以及美国、加拿大、德国、澳大利亚、中国等国家和地区图书馆联盟的整体发展情况，得出许多图书馆联盟都受政府角色影响的结论；第五章从立法者角色、经费提供者角色和政策引导者角色三方面讨论图书馆联盟的三重政府角色；第六章从信息基础设施建设、文献信息资源建设、图书馆联盟服务三方面讨论政府角色影响下的图书馆联盟行业行为；第七章分析这些行业行为可能产生的社会影响以及图书馆联盟的发展趋势。

本研究认为，在一段时间内图书馆联盟仍将呈现繁荣发展的趋势，而这种繁荣主要来自发展中国家；真正有影响力的图书馆联盟依然属于稀缺品；时代发展要求图书馆在助力综合国力提升、经济高质量发展、社会转型升级等方面积极作为。

［中文题名］在线精神健康信息搜寻行为的实证研究

［英文题名］Online Mental Health Information Seeking Behavior:An Empirical Study

［论文作者］曹文振

［指导老师］周庆山

［学位授予单位］北京大学

［内容摘要］当前，消费者健康信息学（CHI）已成为学术界研究热点。本研究选择目前健康信息搜寻行为（HISB）研究领域尚未得以解决的问题，从未来可能会受到关注的重要问题——精神健康信息切入，希望能够丰富精神健康信息的相关研究，并提供情报学的视角，推动我国健康信息学迈向纵深发展。

一是分析目前尚不清楚的中国精神疾病患者或照料者的在线精神健康信息需求状况。分别采用访谈法和问卷调查法收集质性与量化两个方面的数据，揭示在线精神健康信息本土用户的需求特征，丰富信息需求研究的分类体系与编码框架。

二是面向精神疾病患者开展日常生活信息搜寻研究。利用混合抽样方法、半结构化深度访谈法、胡塞尔学派的描述性现象学分析，在互联网精神健康信息的日常搜寻情境中探究精神疾病患者与照料者外显的信息搜寻经历与内在的动机、体验和认知过程，深化日常生活信息搜寻（ELIS）模型。

三是构建在线精神健康信息用户发生搜寻行为的影响因素实证模型。通过分析四个关键维度的核心要素与作用机理提出在线精神健康信息行为影响因素的基础理论模型，为特殊群体的健康信息行为研究提供一个实证研究框架。同时，通过在模型中纳入与患者群体相关的新的疾病与医疗关键要素，丰富和拓展后续健康信息行为研究的理论模型、分析视角与实证检验维度。

四是为在线精神健康信息服务行动者网络中的各个主体建立研究发现与服务实践的联结。引入行动者网络理论发现在线精神健康信息服务的多元主体（包括人类和非人类行动者），描绘不同主体与在线健康信息服务供给框架体系的互动关系，提出改进在线精神健康信息服务的策略建议。

［中文题名］团队多样性对科学文献创新的影响研究

［英文题名］Exploring the Influence of Team Diversity on Scientific Paper Innovation

［论文作者］唐旭丽

［指导老师］马费成

［学位授予单位］武汉大学

［内容摘要］21世纪以来，科学团队逐渐成为国家科技发展与科学创新的主要推动力。多样性作为科学团队的基本特征，直接决定团队氛围、团队内部知识流动、成员间的合作意愿和合作效率等，从而可能进一步影响科学创新与科学发展进程。科学文献是科学团队研究成果的主要表现形式之一，也是科学创新的基本载体。本研究将科学文献的合作者团队定义为科学团队，基于此研究科学团队多样性与科学文献创新间的关系。

在理论分析的基础上，本研究使用1950—2019年发表的1705505篇人工智能合作文献，计算作者特征数据及科学团队多样性指标。然后，利用相关分析、回归分析和因果分析方法，深入研究团队在11个特征维度上的多样性对文献新颖性程度、文献创新扩散程度以及文献颠覆创新程度的影响。

本研究共8章：第一章引言，介绍研究背景

和意义，对国内外研究进行综述，还介绍了研究内容与方法、创新点。第二章是本研究理论基础和相关方法。介绍了团队多样性理论、文献创新理论以及复杂网络零模型构建、回归分析和因果分析等方法。第三章构建科学团队多样性指标体系。第四章包括作者特征提取及科学多样性的计算。第五章至七章，分别就科学团队多样性对文献组合创新（即文献新颖性）的影响、对文献创新扩散的影响、对文献颠覆创新程度的影响三个子课题进行研究，此外，还探索了文献新颖性、文献扩散、文献颠覆性创新三者之间的关系。第八章总结全文。

［**中文题名**］谣言微博的说服策略识别及说服效果研究

［**英文题名**］Research on the Detection of Persuasion Strategies and Its Persuasion Effect in Rumor Microblogs

［**论文作者**］陈思菁

［**指导老师**］李纲

［**学位授予单位**］武汉大学

［**内容摘要**］社交媒体庞大的用户群体和缺乏审核的信息发布机制导致各种谣言被分享和消费，影响并操纵人们的行为态度。本研究以新浪微博谣言帖子为研究对象，从说服视角出发，旨在从文本层面揭示谣言微博的说服性内容特征，在方法上实现对谣言微博的说服策略自动识别，从传播层面解析谣言微博说服策略的说服效果。全文共六章：

第一章为引言。第二章对谣言说服策略与说服传播进行理论构建。定义和辨析相关概念，以亚士说服修辞三元素为逻辑起点，结合信息框架等理论，借助基于内容分析法的谣言微博说服策略预标注实验，设计面向内容分析和自然语言处理的谣言微博说服策略分类框架，从说服策略视角构建谣言说服传播概念模型。第三章为谣言微博的说服策略特征挖掘。制订采样计划，构建谣言微博语料库和普通微博语料库。对 5966 条谣言微博和 6000 条普通微博的说服策略进行标注及分析，发现谣言微博说服策略之间的隐含关系；利用 LIWC 文本挖掘工具分析总结各类说服策略的功能语言特征和心理语言特征。第四章为谣言微博的说服策略自动识别方法。阐释说服策略自动识别问题的定义和任务，介绍说服策略语言特征提取方法。基于标签转化算法和多标签适应算法构建 12 种多标签分类模型，开展谣言微博的说服策略自动识别研究。第五章为谣言微博说服策略的说服效果及影响因素。说明研究样本的选取、谣言微博的说服效果表现形式（点赞数和非反驳型转发数），介绍实验数据的获取、说服策略和转发观点的自动识别过程及结果，借助累计分布函数和斯皮尔曼等级相关系数分别从说服策略、谣言主题、传播媒介、传播主体探讨谣言微博说服效果有关因素，构建谣言微博说服效果影响因素回归模型。第六章总结与展望。

［**中文题名**］基于知识网络的突破性科学成果生长过程研究

［**英文题名**］Research on the Growth and Development of Scientific Breakthroughs based on Knowledge Networks

［**论文作者**］马亚雪

［**指导老师**］李纲

［**学位授予单位**］武汉大学

［**内容摘要**］科技创新是推动经济社会发展的核心动力，对突破性科学成果的生长过程及其规律进行探索有助于发现科学创新的产生模式与可行路径。本研究以突破性科学成果为研究对象，从知识载体演化特征、知识主体构成特征、知识本体进化特征以及关联生长要素互动特征四个角度剖析突破性科学成果的生长过程。

本研究以 *Science* 年度十大科学突破榜单中 22 项基因编辑领域突破性科学成果为研究对象，开展基于知识网络的突破性科学成果生长过程研究，主要包括：（1）知识网络视角下突破性科学成果的生长模型与生长路径。实证分析结果表明，突破性科学成果的生长路径大多表现出全发展型或逐步发展后获得创新的路径创新模式。（2）知识主体网络视角下突破性科学成果科研团队结构特征分析。以突破性科学成果科研团队为研究对象，从研究模式、合作模式以及知识组合方式三个维度对比该类团队与其他相似科研团队的差异。研究结果表明，突破性科学成果科研团队是由“优秀”科研人员构成的“普通”团队，表现出组建时间的短暂性、合作关系的非紧密性以及知识组合的多样性特征。

（3）知识本体网络视角下突破性科学成果知识进化模式分析。实证结果表明，突破性科学成果是跨学科知识融合的产物，其生长过程表现出以知识遗传为主导、知识变异程度沿成果生长方向逐代减弱的知识进化模式。（4）基于知识变异的突破性科学成果多层知识网络演化分析。提出面向知识变异的多层知识网络互动模型，在此基础上，秉承“点—路径—网络”的分析视角探究多层知识网络协同演化特征，揭示突破性科学成果生长过程中知识载体网络、知识主体网络和知识本体网络的关联特征与互动机制。

［**中文题名**］学术文本功能认知视角下的知识单元引用网络研究

［**英文题名**］Research on Knowledge Unit Citation Network under the Perspective of Academic Text Functional Cognition

［**论文作者**］王佳敏

［**指导老师**］陆伟

［**学位授予单位**］武汉大学

［**内容摘要**］知识网络是图书情报领域的主流研究方法之一。本研究提出学术文本功能认知视角下的知识单元引用网络，对其进行系统的理论、方法和实证研究，以期从细粒度、语义化、多维度角度，挖掘领域知识分析中涌现的一些新规律和特点，为科学知识网络研究提供创新视角。

第一章为引言。介绍选题背景、研究意义，梳理研究进展，提出研究内容、思路、方法和创新点。第二章界定知识单元等相关概念以及框架语义学等相关理论基础。第三章构建与分析知识单元引用网络。阐述知识单元引用网络定义及构建方法。用文章关键词代表知识单元，基于 ACM 数据集构建关键词引用网络；对知识单元引用网络进行网络结构、知识单元影响力、知识单元引用模式和知识群落识别等分析，并与相同数据集上构建的共词网络进行对比。第四章构建与分析词汇功能敏感的知识单元引用网络。细分知识单元语义角色，设计基于 seq2seq 的标题生成模型并进行词汇功能识别，在此基础上构建问题—方法词汇引用网络，并从功能词汇影响力分析、细粒度知识单元引用模式等方面展开实证研究。第五章构建与分析引用功能敏感的知识单元引用网络。细分知识单元引用网络中词汇关联关系的语义功能，并将被引文献的知识单元由关键词拓展为引用对象，采用多种深度学习模型对 ACL 数据集的引文功能和引用对象进行识别，在此基础上构建引用功能敏感的知识单元引用网络。并从网络可视化、知识单元多维引用分析等角度出发展开实证分析。第六章构建与分析功能认知敏感的知识单元引用网络。融合前述三个层次知识单元引用网络，构建功能认知敏感的知识单元引用网络，并从网络可视化图谱、特定知识单元的多维关联分析等角度进行实证研究。第七章总结与展望。

［**中文题名**］基于知识图谱的生物医学论文临床转化分析

［**英文题名**］Analysis of Clinical Translation for Biomedical Papers Based on Knowledge Graph

［**论文作者**］李信

［**指导老师**］陆伟

［**学位授予单位**］武汉大学

［**内容摘要**］当前，尽管生物医学领域的研究投入和研究的突破不断增加，但是其研究成果的临床转化情况仍不乐观，存在转化时滞长、转化成本高和转化成功率低等问题。及时发现具有高临床价值的生物医学成果、促进其尽早转化，对于科研资源分配、科学政策制定以及人类健康促进等具有重要意义。生物医学论文是生物医学研究成果的主要表现形式之一，因此对其进行及时、合理的临床转化分析十分必要。

在理论方面，本研究基于转化医学三角理论和知识流动理论，定义生物医学论文的临床价值，并从转化过程的视角分析生物医学论文临床价值的显现机理。在此基础上，研究提出三个生物医学论文的临床转化分析指标，即转化位置、转化概率和转化强度，并从多个维度对这三个指标的影响因素进行定性探讨。

在方法和实证方面，本研究提出一个基于知识图谱的生物医学论文临床转化分析的方法框架，并进行方法实现和实证研究。该框架由 4 个子方法构成：一是融合多源数据的生物医学知识图谱构建方法，二是基于知识图谱和表示学习的生物医学论文转化位置计算方法，三是基于知识图谱和多特征融合的生物医学论文转化概率和转化强度预测方法，四是验证性应用方法。最后，本研究从研究领域和研究数据局限性、模型预测效果提升、影响因素的因果关系以及应用推广等方面，分析本研究的不足之处，并对未来工作进行展望。

［中文题名］隐晦文本识别研究

［英文题名］Research on Implied Text Identification

［论文作者］贺国秀

［指导老师］陆伟

［学位授予单位］武汉大学

［内容摘要］目前，互联网常出现以隐晦文本为载体，传播辱骂、色情等不良信息的情况。由于隐晦文本的特征因场景而异，本研究在系统调研已有文本表示研究基础上，基于深度神经网络的理论基础和前沿应用，构建针对不同场景、侧重不同隐晦文本特征的深度神经网络模型，实现更精准和鲁棒的隐晦文本识别效果。

本研究首先探索了基础文本表示模型。针对已有基于语言模型的循环神经网络模型更依赖于紧邻的上一步信息而非考虑全局信息的问题，提出三种策略将输入文本的整体信息以注意力的形式输入到循环神经网络中，在基准情感数据上进行大量实验，证明所提模型的优越性。

隐晦文本常使用比喻反讽等修辞，使常用词汇和文本表达与原意不同甚至相反的语义。本研究通过具体的案例分析和深入的数据统计挖掘，探究隐晦文本在不同场景中的语言特性。

隐晦文本是一种较难理解的自然语言，且容易被上传者根据当前信息审核系统的漏洞、平台实际场景和时间背景等因素修改，因此很难动态快速地获取大规模的标注数据以训练数据驱动的模型。为克服这个困难，本研究探索在动态变化的特征外寻找相对恒定的特征。

当输入的隐晦文本信息量较低，且没有足够的外部信息时，很难训练满意的机器模型，同时预训练的模型也难取得满意效果。为此，本研究提出通过与商品客服进行临时交互，以获取客服回复中对商品的细节描述，以此获得更具辨识度的特征。

总的来说，本研究通过对隐晦文本所在场景的探索，提出深度神经网络模型，不仅为互联网的内容提供平台和电子商务平台更新机器审核系统提供理论依据与可用模型，还为其他自然语言处理任务拓宽思路。

［中文题名］图书馆数字化项目管理模式研究

［英文题名］Research on Digitalization Project Management Mode in Libraries

［论文作者］杨敏

［指导老师］黄晓斌

［学位授予单位］中山大学

［内容摘要］当前，如何构建一种可持续性的图书馆数字化项目管理模式成为图书馆界关注的课题。本研究旨在将项目管理作为图书馆数字化资源建设和项目实施过程中的方法和工具，系统分析国内外图书馆数字化项目管理的理论和应用成果，从而构建一套适合我国图书馆数字化项目发展的管理研究方法和模式体系。本研究首先梳理和阐释传统图书馆管理存在的问题，分析图书馆数字化项目管理的基本内涵和影响因素以及当前图书馆数字化项目面临的新方向。其次，采用文献分析、网络调研和实地考察等方法，以“绍姆堡镇”历史文献数字化项目和“广州大典”古籍数字化项目为例，从背景介绍、发展进程和重要内容等方面，分析图书馆数字化项目基本情况、现实需求、效果评价。最后，根据不同需求层次构建不同类型的数字化项目管理模式。具体如下：就图书馆和用户的需求而言，图书馆需要制定数字化项目决策和目标，通过时间进度和成本费用的模式分析，利用技术手段来弥补地理差距和信息产权保护，促进用户与图书馆之间的连接；数字化项目是一种动态的协同管理模式，从用户体验、社群数字环境和社会效益来分析项目管理规划、启动、执行和监控、效果评价的运作过程；立足在图书馆以终为始的目标下，采用项目范围管理、协同管理以及风险管理模式，不受时间和空间限制，对数字化项目执行进程进行优化、监控和调整。

总的来说，本研究从馆藏建设和用户需求两个不同视角出发，研究图书馆数字化项目管理，得出多维度下的图书馆数字化项目管理模式，为我国图书馆数字化项目管理提供理论支撑和实践指导。

[**中文题名**] 少数民族地方文献生态化建设研究

[**英文题名**] Study on the Ecologicalization Construction of Ethnic Minority Local Documents

[**论文作者**] 王尧

[**指导老师**] 黄晓斌

[**学位授予单位**] 中山大学

[**内容摘要**] 本研究分析了少数民族地方文献生态化建设，尝试构建科学的少数民族地方文献生态建设系统，以提高馆藏机构少数民族地方文献建设质量，优化区域少数民族地方文献布局。

本研究对国内外馆藏资源建设、少数民族地方文献、信息生态进行文献梳理与回顾，界定少数民族地方文献生态化建设相关概念。列举三个具有代表性的少数民族地方文献建设模式，分析当前少数民族地方文献建设生态性不足的表现和原因，及应达到的生态目标。接着，分析少数民族地方文献生态建设系统形成要素、形成基础、影响因素。依托信息生态理论和信息生命周期理论，采用德尔菲法、专家访谈法、问卷调查法，构建影响因素模型。结合服务差距模型，提出研究假设。通过对调研结果的整理，分析各影响因素对少数民族地方文献生态建设系统的影响大小和关联程度。在此基础上，分析少数民族地方文献生态建设系统结构构建的前提、原则，最后从要素结构、时空结构、功能结构分析系统结构，并将这三个维度进行融合，构建起少数民族地方文献生态建设系统总体结构模型。依据结构分析方法，分析这一系统运行机制概念模型，并分别对动力机制、协调机制、共享机制、评估机制、反馈机制五个子机制结构模型及作用过程进行研究，构建运行机制总体关系图。

此外，运用案例分析法，分析武陵山片区应用少数民族地方文献生态建设系统的基础和依据。以该区域为例，进行系统应用研究。最后以少数民族地方文献生态建设系统运行机制为依据，结合少数民族地方文献建设系统影响因素，从信息资源主体、文献信息资源、资源供需服务等方面为实现少数民族地方文献生态化建设提出策略。

[**中文题名**] 国际立法比较视野下图书馆著作权合理使用制度研究

[**英文题名**] Research on Library Copyright Fair Use System From The Perspective Of Comparative International Legislation

[**论文作者**] 吴高

[**指导老师**] 黄晓斌

[**学位授予单位**] 中山大学

[**内容摘要**] 近年来，图书馆可适用的著作权合理使用空间越来越窄。不仅各国有关图书馆著作权合理使用立法变革频率很高，而且相关立法模式和立法内容具有很大差异性。本研究从国际立法比较视野对图书馆著作权合理使用制度进行系统研究，构建图书馆著作权合理使用的制度框架，既为我国图书馆著作权合理使用立法优化提供对策建议，又为图书馆如何利用合理使用例外条款提供最佳实践指南。

本研究主要包括 6 个部分：第一，图书馆著作权合理使用的基本问题探讨，包括图书馆制度与著作权制度关系探究、图书馆著作权合理使用基本内涵等。第二，图书馆著作权合理使用的行业立法诉求，包括国际图联、主要区域性图书馆协会（EIFL、ARL、EBLIDA）和代表性国家（美国、英国、加拿大、澳大利亚、中国）图书馆协（学）会等有关合理使用立法诉求以及相关评析。第三，图书馆著作权合理使用的理论依据论证，包括法学依据、宪法学依据、经济学依据等。第四，图书馆著作权合理使用的国际立法考察，分别从前数字时代、数字时代以及后 TRIPS 时代多边条约视角探讨演进，并在两大法系各选取 5 个国家进行论述，由此总结和分析主要国家图书馆著作权合理使用的立法演进、立法特点、变革评价以及启示。第五，图书馆著作权合理使用的制度比较分析，分别从一般条款、专属例外条款、技术措施规避例外条款、孤儿作品利用条款、残障群体利用条款以及文本与数据挖掘条款等角度，对所调研国家图书馆著作权合理使用的立法历史、最新立法以及立法模式进行横向对比分析，总结相应特点，分析存在不足。第六，图书馆著作权合理使用的中国制度构建，探讨构建的必要性，并从两大方面六个维度对我国著作权立法现状进行评析，提出优化对策。

［中文题名］在中国地方博物馆中使用游戏化的方式增加青少年的教育与娱乐体验感

［英文题名］Using Gamification as a Tool for Engaging Young Teenagers in Edutainment Experiences in a Chinese Local Museum

［论文作者］王萌

［指导老师］José Miguel Baptista Nunes

［学位授予单位］中山大学

［内容摘要］博物馆和档案馆是全民终身学习的重要基础设施。从物联网技术和游戏化方式的角度对组织开展博物馆非正式教育活动进行研究，能够在一定程度上丰富组织开展博物馆非正式教育活动领域已有的科研成果，并且能够在该研究方向上提出具有一定的参考价值的研究成果和理论基础。

本研究针对上述问题开展研究，提出以手机移动设备与电子标签实现的物联网技术来构建适用于我国博物馆非正式教育活动的游戏化理论模型以及具体的应用（物联网游戏化原型）设计。旨在为我国博物馆组织与推广借助物联网技术，且以展品信息为内容的非正式教育活动提供理论模型，为物联网游戏化应用的开发提供可复制的设计思路和可模仿的开发路径。

本研究的主要内容包括：一是整理回顾国内外博物馆的社会教育职能、推广其社会教育职能的非正式教育活动形式和特征，梳理博物馆非正式教育活动的活动形式和种类，开展以游戏化和物联网为基础的博物馆非正式教育活动的理论概念框架构建研究。二是综合运用文献分析、结构化访谈、案例分析方法，以构建的物联网游戏化理论概念框架为指导，对个案博物馆开展物联网游戏化应用的需求进行分析，得出具体应用（物联网游戏化原型）的开发需求。开发完成后，采用多次实验室测试方法及两轮实地测试对具体应用的功能进行评估，验证研究构建的理论模型的有效性。三是基于数据分析结果，得到一系列研究成果及用户使用理论。

［中文题名］面向中华古籍阅读推广的 VR 系统模型研究

［英文题名］Research of Designing a Virtual Reality Enabled System Model for Chinese Ancient Book Reading Promotion

［论文作者］张宁

［指导老师］彭国超

［学位授予单位］中山大学

［内容摘要］随着传播媒介的嬗变，基于 VR 技术媒介的阅读使读者从对文图的抽象理解走向对资源的具象化感知转变。本研究旨在探索如何使用 VR 技术解决（或弱化）普通读者在古籍阅读中存在的古汉语、专业知识、古今文化差异和阅读动力不足的问题，促进中华古籍阅读推广与文化传播。

本研究整体上采用信息系统视域下的设计科学研究方法论，遵循发现问题—系统设计需求分析—系统原型设计—系统评估—得出结论的研究主线，综合采用网络调研方法、专家咨询方法、案例研究方法、实验室测试方法和现场评估试验方法。在文献和理论梳理基础上，研究基于单个案例设计 VR 古籍系统原型，完成 3 场试点评估试验，检测 VR 古籍系统评估环境与问卷设计的合理性；完成 63 场正式评估试验，验证 VR 古籍系统理论模型解决（或弱化）古籍阅读障碍的有用性。

本研究主要成果为：一是基于设计科学研究方法生成的促进古籍阅读推广和文化传播的 VR 古籍系统设计理论与方法；二是基于 VR 古籍系统的阅读推广路径模型，该模型包含读者需求分析、设计 VR 古籍系统、系统营销应用、系统评估四个模块。

本研究验证 VR 古籍系统设计原则和理论模型对解决（或弱化）普通读者古籍阅读障碍的有用性，构建基于 VR 古籍系统的阅读推广路径模型，归纳当前设计中存在的问题与难点，为未来 VR 古籍设计与研发提供理论指引和经验借鉴。

［中文题名］基于用户体验的学术资源聚合系统界面研究

［英文题名］Research on the Interface of Academic Resource Aggregation System Based on User Experience

［论文作者］刘慧云

［指导老师］曹树金

［学位授予单位］中山大学

［内容摘要］学术资源聚合系统在引导用户访问学术内容方面起着重要作用。本研究从学

术用户的体验出发，构建基于用户体验的学术资源聚合系统界面，并对系统及其界面设计进行用户体验评估。

首先，考察国内外具有聚合功能的学术资源聚合系统的异同点。接着，利用过程视角对系统界面用户体验的前中后展开探究。包括：用户体验前的需求识别，即通过访谈构建学术资源聚合系统用户需求模型，利用层次分析法确定需求权重；用户体验前的系统界面设计，即从用户体验层次模型本能层出发，利用眼动实验，分析符合用户认知和需求的界面布局，设计符合用户认知和需求的学术资源聚合系统界面；用户体验过程中的情绪反应，即从模型行为层出发，利用情绪量表和脑电波技术验证本系统所设计的学术资源聚合系统界面用户体验效果良好；用户体验后的评估，即从模型反思层出发，使用系统后的评估结果证明用户体验效果良好。

研究结论为：一是用户对资源聚合的广度和深度需求强烈程度超过检索功能需求，良好的界面设计需求是用户需求的重要内容。二是界面布局影响用户的注意力和认知负荷，以单一搜索框为系统搜索首页的用户注意力更集中，搜索结果页界面的左上角区域是视觉注意力的重点。三是本研究所设计的学术资源聚合系统的用户情绪反应较好。四是个体差异对系统的脑电情绪体验有重要影响，学科背景显著影响脑电波情绪体验效果，而性别和认知风格共同影响脑电波情绪体验。五是使用本系统进行解释性和探索性科研任务的用户比进行事实性任务的用户体验效果更好。六是绝大多数用户对本系统界面设计认可度很高，但在系统质量上仍有优化空间。

[中文题名] 数字人文视域下的档案现象研究——基于美国实践的调查

[英文题名] Research on Archival Phenomena from the Perspective of Digital Humanities:Based on a Survey of American Practice

[论文作者] 郭学敏

[指导老师] 陈永生

[学位授予单位] 中山大学

[内容摘要] 数字人文是一种数字技术与人文研究相结合而催生的全新研究范式。自2009年起，这一术语走进中国的图书情报与档案管理领域，近年来热度俱增，方兴未艾。

本研究选取数字人文发展较充分、档案领域与数字人文融合程度较高的国家——美国作为调查对象，按照“实况调查—现象分析—借鉴启示”的研究逻辑，通过对当前美国档案领域在数字人文方面的实践现状调查，发现和挖掘数字人文视域下的档案现象及其本质，在此基础上，为中国档案界开展数字人文提出策略、方针。

本研究综合运用文献研究法、案例分析法、问卷调查法、主题分析法等研究方法，主要研究内容共分三部分：第一部分为实况调查，旨在分析当前美国档案领域在数字人文方面的实践现状。其中，第二章对具有代表性的美国高校数字人文中心进行调查研究，在数据统计与内容分析的基础上，结合文献调查和去函询问，了解数字人文在档案界的实践现状；第三章对美国档案工作者进行问卷调查，结合定量的问卷数据分析及定性的开放式问答分析，发现当前美国档案界参与数字人文的现状，即总体情况较为乐观、档案界扮演着多重角色、双方协作障碍不容忽视。第二部分为现象分析，旨在对实况调查中发现的档案现象进行交叉验证与归纳总结。其中，第四章为数字人文视域下的档案现象表征探析，整合出在数字人文的框架与视野下，档案术语、档案内容、档案工作、档案学理论等方面的发展与变化。第五章是在现象总结的基础上进一步进行本质归纳，从而挖掘出档案与数字人文的本质关系。第三部分为借鉴启示，旨在通过借鉴与参考他国经验，为我国档案界开展数字人文提供思路与建议。

[中文题名] 工业大数据环境下制造企业信息需求及其实现障碍研究

[英文题名] Research on Information Needs and Barriers of Manufacturing Enterprises in the Environment of Industrial Big Data

[论文作者] 邢飞

[指导老师] 彭国超

[学位授予单位] 中山大学

[内容摘要] 作为信息服务行业的最大用户和重点对象，针对制造企业信息需求的研究是情报学信息需求领域富有价值的研究方向。此外，企业信息需求研究具有阶段性的特征，在不

同时期或者不同社会环境下往往有不同的企业信息需求。为此，本研究从情报学角度出发，围绕工业大数据环境下制造企业用户决策过程中的信息需求内容及特征、信息需求实现路径以及影响信息需求实现的障碍因素这三个层面展开深入的探索性研究。

首先，采用案例分析法，选取典型工业大数据环境下的智能制造企业作为案例研究企业对其进行分析。其次，基于扎根理论饱和原则以及工业大数据产品生命周期准则，在案例企业中选取60名信息用户作为受访对象，利用深度访谈法就工业大数据环境下制造企业用户决策过程中的信息需求内容、信息需求实现路径以及实现信息需求过程中所面临的障碍收集访谈数据，并进行数据分析。分析结果表明：一是工业大数据环境下制造企业用户信息需求包括科技类信息、管理类信息、市场类信息、政策法规类信息以及自然环境类信息，这些信息需求内容呈现出系统性、阶段性、多样性等特征；二是工业大数据环境下制造企业用户信息需求的实现主要有数据收集、数据预处理、数据存储、数据分析、数据可视化五个环节；三是技术、数据、技术支持、组织、个体、社会环境等六类障碍因素影响信息需求的实现。最终，研究构建工业大数据环境下制造企业信息需求及其实现障碍理论模型，在此基础上，对相关组织及个体提出建议。

（国家图书馆　杨凡整理）

2021 年部分院校图书馆学情报学硕士学位论文目录

题目	作者	学校	导师	学科专业
消费者视角下 B2C 电商平台服务质量评价体系构建研究	李　涛	安徽大学	周　瑛	情报学
高校应届毕业生工作搜寻的信息行为研究——以北京大学为例	雷　苗	北京大学	韩圣龙	情报学
省级数字经济政策文本研究	王李祥	北京大学	韩圣龙	情报学
基于视频数据的幼儿社会情绪学习能力自动评测研究	刘千慧	北京大学	黄文彬	情报学
自适应学习效果评价体系构建研究	贺　博	北京大学	黄文彬	情报学
基于多源数据的美国商业管制清单变更因素探究	窦鸿鹏	北京大学	李广建	情报学
在线医疗团队绩效和团队医生个人绩效影响因素研究——基于动态面板数据的系统 GMM 分析	唐坤孟	北京大学	李胜利	情报学
在线评论有用性影响因素的实证研究——基于社交网络整合的调节作用	吴佳炫	北京大学	李胜利	情报学
Z 世代大学生用户对搜索引擎的认知研究	张　瑶	北京大学	刘　畅	情报学
家庭环境中智能音箱的用户信息行为研究	王艳卿	北京大学	刘　畅	情报学
数据驱动的智库知识服务流程优化研究	杨家鑫	北京大学	申　静	情报学
高校科研数据平台评价指标体系的构建与实证研究	何杨煜琪	北京大学	王继民	情报学
人文社科数据仓储的元数据质量评价研究	李　倩	北京大学	王继民	情报学
中国历史人物年谱生平信息重构与时空可视化呈现——以《朱熹年谱长编》为例	桑宇辰	北京大学	王　军	情报学
古籍标注平台的用户研究和平台设计	何姿谊	北京大学	王　军	情报学
数字人文知识图谱可视化语义检索系统的设计与实现	李晓煜	北京大学	王　军	情报学
科技人才评价指标的线索发现研究	夏新月	北京大学	王延飞	情报学
我国退役军人信息素养现状研究	贾献鑫	北京大学	王益明	情报学
社会化问答社区中的专家检索模型研究	杨明仪	北京大学	徐　扬	情报学
政务微博的公众参与现状及影响因素研究	石秋霜	北京大学	徐　扬	情报学
北京大学图书馆学专业课程体系的变迁	谢运萍	北京大学	王子舟	图书馆学
安宁市公共文化服务标准体系构建研究	张　影	北京大学	张广钦	图书馆学
刘国钧图书馆社会教育理论研究	崔　汭	北京大学	张久珍	图书馆学
社会化问答平台问题类型与答案内容和质量的关系研究——以知乎为例	刘洁丽	北京大学	张鹏翼	图书馆学
小学生网络使用与家庭监管研究	张艳琼	北京大学	张鹏翼	图书馆学
用户在线讨论参与动机对参与行为的影响研究	刘鸿彬	北京大学	张鹏翼	图书馆学
医学领域学科交叉性和论文影响力的关系研究	杨辰毓妍	北京协和医学院	安新颖	情报学
基于 SAO 结构的技术主题演化路径研究	任雪菁	北京协和医学院	安新颖	情报学
基于灰色综合评价法的《“健康中国 2030”规划纲要》实施效果研究	徐　畅	北京协和医学院	高东平	情报学
人工智能辅助诊断医疗软件评价指标体系研究	刘雅茹	北京协和医学院	高东平	情报学

续表

题目	作者	学校	导师	学科专业
基于引文全文本的医学领域突破性文献识别研究	王　雪	北京协和医学院	唐小利	情报学
吉林省公共图书馆农村信息服务模式研究	刘亭亭	东北师范大学	陈昊琳	情报学
基于专利文献相似性的技术竞争多维分析——以3D打印技术为例	魏玉梅	东北师范大学	滕广青	情报学
图书馆学情报学领域学科交叉及其地区差异的演化分析	王思茗	东北师范大学	滕广青	情报学
社交媒体用户个人数据披露行为影响因素研究	李思航	东北师范大学	魏　来	情报学
我国图书情报领域学术微信公众号建设现状分析研究	陈　琳	东北师范大学	徐　宽	情报学
基于主题引文的知识扩散特征研究	李成凯	东北师范大学	徐　宽	情报学
基于用户需求的科学数据与科技文献关联模式研究	郭庙琴	东北师范大学	王翠萍	情报学
社交媒体用户学术信息采纳行为影响因素研究	荣子悦	东北师范大学	王翠萍	情报学
在线问答平台回答质量评价研究	程秋一	东北师范大学	王　姣	情报学
公共图书馆主题分馆建设模式研究	王　睿	东北师范大学	陈昊琳	图书馆学
我国政府开放数据利用评价指标体系构建与应用研究	韩宏宇	东北师范大学	陈　凌	图书馆学
高校图书馆学科服务现状及提升策略研究	刘　萌	东北师范大学	李明鑫	图书馆学
基于用户需求分析的网络文学网站信息组织优化研究	晋　瑶	东北师范大学	孙成江	图书馆学
时空类数字人文项目建设现状及优化策略	张　玥	东北师范大学	王　姣	图书馆学
加布里埃尔·诺德的图书馆学思想与贡献	益欣妍	东北师范大学	徐跃权	图书馆学
我国高校智库成果的调查研究	张　戈	东北师范大学	徐跃权	图书馆学
交流过程视域下学术图书多维评价指标研究	张缘圆	东南大学	宋　歌	情报学
高校图书馆空间再造策略研究——基于江苏高校的田野调查	查海平	东南大学	顾建新	图书馆学
分级视域下儿童自主阅读能力测评研究	沈　宸	东南大学	袁曦临	图书馆学
视频平台上“信息检索”课程建设与利用研究	孟令慧	福建师范大学	洪秋兰	情报学
福建省公共图书馆非物质文化遗产资源建设与服务研究	陈美玲	福建师范大学	傅文奇	图书馆学
美国高校图书馆电子书优先政策及启示	魏凌煦	福建师范大学	傅文奇	图书馆学
国外iSchools院校图情档研究生教育中学科整合的研究与启示	李燕燕	福建师范大学	洪秋兰	图书馆学
福州大学城高校图书馆空间服务研究	林晓彤	福建师范大学	孟雪梅	图书馆学
美国公共图书馆暑期学习活动及启示	刘　杰	福建师范大学	许春漫	图书馆学
德国学术图书馆支持开放科学运动发展的实践与启示	王灵婷	福建师范大学	许春漫	图书馆学
公共图书馆开展青少年编程教育研究——以福建省少年儿童图书馆为例	王国强	福建师范大学	张雪峰	图书馆学
中国—东盟图书馆信息交流平台构建研究	李　跃	广西民族大学	苏瑞竹	图书馆学
东盟国家多语种信息资源网络服务平台构建研究	张　悦	广西民族大学	苏瑞竹	图书馆学
政策工具视角下政府数据治理政策文本分析	岳双双	河北大学	陈则谦	情报学
我国政府开放数据生态系统评价指标构建研究	郑娜静	河北大学	陈则谦	情报学
短视频平台农民用户信息规避行为影响因素研究	李培金	河北大学	郭海玲	情报学
城区老年人健康信息素养提升研究	牛宇峰	河北大学	宛　玲	情报学
微信用户有奖信息分享行为及效果研究	王腾达	河北大学	宇文姝丽	情报学

续表

题目	作者	学校	导师	学科专业
政府交通出行数据利用中的数据伦理问题研究	吴爱荣	河北大学	白献阳	图书馆学
公共图书馆志愿者激励措施优化研究	杜　璇	河北大学	白献阳	图书馆学
高校图书馆专利信息服务质量评价指标体系构建研究	王欣培	河北大学	陈兰杰	图书馆学
专业硕士研究生学术信息素养现状及影响因素研究	王静涵	河北大学	陈兰杰	图书馆学
基于区块链的图书馆用户隐私保护模型研究	闻　航	河北大学	陈兰杰	图书馆学
老年人健康信息甄别能力影响因素研究	孙翰宸	河北大学	黄令贺	图书馆学
孕妇信息焦虑影响因素研究	云　慧	河北大学	黄令贺	图书馆学
孕妇健康信息意识影响因素研究	于金平	河北大学	黄令贺	图书馆学
基于决策树算法的高校图书馆图书采访决策模型研究	鞠　静	河北大学	金胜勇	图书馆学
我国图书馆学发展的数据化趋势研究	张　琪	河北大学	金胜勇	图书馆学
我国实行数字出版物公共借阅权补偿金研究	章　亭	河北大学	金胜勇	图书馆学
基于图数据库的非遗知识图谱构建与语义关系发现研究——以京杭大运河沿线非遗为例	韩帆帆	河北大学	任瑞娟	图书馆学
大学图书馆作者版权信息服务策略研究	刘云漫	河北大学	魏　蕊	图书馆学
国家图书馆馆藏资源出版服务策略研究	郭弘佩	河北大学	魏　蕊	图书馆学
黄彭年文献学思想研究	刘　彤	河北大学	张社列	图书馆学
高校图书馆科研数据管理服务体系构建	张玲玲	黑龙江大学	陈媛媛	情报学
中国特色新型智库政策文本研究	孙雨晴	黑龙江大学	刘春艳	情报学
社会智库知识服务模式研究	杨权治	黑龙江大学	刘春艳	情报学
社交媒体倦怠用户消极使用行为影响因素研究	郑典江	黑龙江大学	刘甲学	情报学
用户需求下科学数据共享平台优化研究	梅相月	黑龙江大学	马海群	情报学
基于 SOA 的政府数据开放平台设计与建构	王逸涵	黑龙江大学	马海群	情报学
网络舆情传播对我国政府公共政策制定的影响研究	王天宇	黑龙江大学	马海群	情报学
基于 GDPR 的我国个人信息保护政策研究	盖立伟	黑龙江大学	马海群	情报学
基于 PbD 理论的政府数据开放中个人隐私问题研究	田玥鑫	黑龙江大学	马海群	情报学
基于 Altmetrics 的开放获取图书影响力评价研究	王　利	黑龙江大学	马小琪	情报学
开放获取图书用户使用行为的影响因素研究	朱洪涛	黑龙江大学	牛晓宏	情报学
心理学视角的公共卫生事件舆情引导研究	刘　畅	黑龙江大学	孙瑞英	情报学
突发事件网络舆情的社会稳定风险评价研究	张凤哲	黑龙江大学	孙瑞英	情报学
公共图书馆儿童阅读行为研究	王姝涵	黑龙江大学	黄丽霞	图书馆学
图书馆知识功能研究——基于图情领域知识论的视角	马　敏	黑龙江大学	黄丽霞	图书馆学
基于感知价值的高校图书馆用户忠诚度研究	蒋大平	黑龙江大学	黄丽霞	图书馆学
我国图书馆读者荐购服务研究	刘雅心	黑龙江大学	贺延辉	图书馆学
我国省级公共图书馆特色数据库建设与发展研究	崔宇婷	黑龙江大学	贺延辉	图书馆学
中国古代阅读思想若干问题研究	单舒扬	黑龙江大学	蒋永福	图书馆学
中国古代书目提要特征研究	张婷凯	黑龙江大学	蒋永福	图书馆学
程朱学派与颜李学派的阅读观比较研究	王新雨	黑龙江大学	蒋永福	图书馆学
基于 4I 理论的重庆市区县图书馆运营策略研究	颜俪娟	黑龙江大学	王丹丹	图书馆学

续表

题目	作者	学校	导师	学科专业
网络社交化阅读中深阅读的实现路径研究	杨　慧	黑龙江大学	王明慧	图书馆学
基于粉丝文化的阅读推广研究	闫天怡	黑龙江大学	王明慧	图书馆学
科学数据共享服务用户感知价值研究	张　贝	黑龙江大学	赵丽梅	图书馆学
基于专利分析的工业机器人技术演变与技术预测研究	郭　玥	华东师范大学	段宇锋	情报学
基于在线文本分析的图书馆文旅融合发展研究	赵　娜	华东师范大学	金武刚	情报学
基于作者主题网络的研究偏好社区发现及应用——以国内图情领域为例	陈红伶	华东师范大学	许　鑫	情报学
中国市场云服务商竞争差异研究	罗瑞脩	华东师范大学	赵　星	情报学
高校本硕应届毕业生择业信息搜集策略研究	李子豪	吉林大学	窦平安	情报学
基于联盟区块链网络的募捐信息平台的优化研究	雷　晶	吉林大学	窦平安	情报学
网络次生舆情热度演化机理及引导策略研究	刘仕林	吉林大学	黄　微	情报学
羊群效应对虚拟社区在线评论信息采纳的影响研究	沈嘉琪	吉林大学	沈　旺	情报学
弹幕视频网站用户信息交互行为影响因素及服务模式研究	冒羽卉	吉林大学	王晰巍	情报学
突发公共卫生事件辟谣信息传播影响因素及辟谣模式研究	许　可	吉林大学	王晰巍	情报学
虚拟健康社区用户生成内容主题发现及个性化推荐研究	王欣研	吉林大学	张向先	情报学
运动类 app 用户评论需求主题发现研究	于玥源	吉林大学	张向先	情报学
移动短视频用户内容创造行为机理研究	孙　彤	吉林大学	张海涛	情报学
多源数据背景下产业竞争情报智慧服务模型与模式研究	杨竞雄	吉林大学	郑　荣	情报学
基于医案元数据的中医诊疗知识库构建	王　珏	吉林大学	马　捷	图书馆学
我国古籍保护研究的文献计量及可视化分析	肖辉英	辽宁大学	崔海兰	图书馆学
辽宁区域图书馆数字阅读推广服务研究	李盈儒	辽宁大学	范艳芬	图书馆学
突发公共卫生事件下图书馆线上阅读推广服务研究——以辽宁省图书馆为例	何天姝	辽宁大学	刘　澜	图书馆学
突发公共卫生事件背景下的用户画像及信息服务策略研究	王笑语	南京大学	柯　青	情报学
社会化问答平台用户互动行为对知识贡献的影响研究——以知乎为例	宋澍炜	南京大学	刘友华	情报学
基于弹幕文本的视频挖掘研究	吴陈昊	南京大学	杨建林	情报学
科学论文语步自动识别与应用研究	陈嘉文	南京大学	欧石燕	图书馆学
中美名校经典阅读课程及其推荐书目比较研究	黄育雅	南京大学	徐　雁	图书馆学
公共文化服务体系背景下的高校图书馆学培养模式研究	郭　怡	南京大学	郑建明	图书馆学
脑电信号情感识别的算法及其应用研究	高小欢	南京理工大学	陈　芬	情报学
网络购物中的信息呈现对消费者购买意愿的影响——基于框架效应视角	崔玉姣	南京理工大学	戴建华	情报学
基于案例库的轨道交通运行图多目标决策方法研究	蔡　婧	南京理工大学	哈进兵	情报学
知识流视角下企业利益相关者整合对双元知识创新的影响研究	李　豪	青岛科技大学	赵宏霞	情报学

续表

题目	作者	学校	导师	学科专业
明清之际江南地区藏书家的书籍收藏阅读与书籍社交网络研究——以祁彪佳为例	徐嘉弈	曲阜师范大学	董广伟	图书馆学
基于知识扩散的作者学术影响力评价研究	逄顺欣	曲阜师范大学	李秀霞	图书馆学
基于引文和链接分析的作者学术影响力评价研究	高彩娇	曲阜师范大学	李秀霞	图书馆学
国内区块链研究的知识演化路径分析	郭子榕	曲阜师范大学	李秀霞	图书馆学
基于节点中心性与均衡性的学术期刊主题分布特征研究	马　蒙	曲阜师范大学	李秀霞	图书馆学
基于 LDA 模型的图书情报学与教育学知识流动现状及演化态势研究	丁晓贞	曲阜师范大学	马秀峰	图书馆学
高校图书馆智慧型学科服务平台设计研究	钟欢	曲阜师范大学	马秀峰	图书馆学
中外图书馆智慧服务发展现状比较研究	黄继乾	曲阜师范大学	王焕景	图书馆学
用户需求驱动下高校图书馆创新学习空间服务模式研究	刘士轩	曲阜师范大学	王焕景	图书馆学
我国政府数据治理的影响因素及实现路径研究	杨文霞	山东理工大学	刘文云	情报学
面向开放科学的机构知识库内容建设研究	张　宇	山东理工大学	刘文云	情报学
城乡数字鸿沟对城镇化进程影响研究——以山西省为例	吴晓凝	山西财经大学	程　鑫	情报学
我国图书情报领域科研工作者学术影响力评价研究	王雪梅	山西财经大学	程　鑫	情报学
我国图书情报领域可视化研究的文献计量分析	王　芳	山西财经大学	韩雅鸣	情报学
基于科学计量的情报学学科演进研究	万　里	山西财经大学	韩雅鸣	情报学
突发事件下网络谣言传播结果影响因素研究	范诗雨	山西财经大学	韩雅鸣	情报学
基于在线评论文本挖掘的体验型产品用户需求分析	卢春燕	山西财经大学	尚成国	情报学
公共图书馆虚拟参考咨询服务应用深度学习的智能问答研究	滕　琦	山西财经大学	徐彤阳	情报学
出版社短视频阅读推广互动效果与用户情感影响因素研究	李　婷	山西财经大学	徐彤阳	情报学
智慧医养信息服务质量评价指标构建及实证研究	马雪纯	山西财经大学	王　昌	情报学
中老年人健康信息甄别能力研究	申子阳	山西财经大学	王　昌	情报学
协同信息搜索中的用户学习投入研究——基于协作能力和时间压力	李晓敏	山西财经大学	王　昌	情报学
我国省级公共图书馆非物质文化遗产保护研究	邓　娟	山西财经大学	王　红	情报学
学术不端检测系统下的高校硕士研究生学术规范研究	史雯获	山西财经大学	王　红	情报学
计算机学科会议“守门人”与大学科研产出及学科水平的相关性研究	李　翠	山西财经大学	王　兴	情报学
学科分类方案对于不同学科标准化方法效果的影响研究	任元秋	山西财经大学	王　兴	情报学
高校硕士研究生信息素养教育研究	史　佳	山西财经大学	吴汉华	情报学
数字原生代信息获取行为研究	郭淑敬	山西财经大学	吴汉华	情报学
信息传播下山西国家级非物质文化遗产研究	古永洁	山西财经大学	吴汉华	情报学
我国社区健康信息服务研究	卫劭杰	山西财经大学	吴汉华	情报学
国内杰出科研人员成长轨迹与影响因素的性别差异分析——以经济学和计算机学科为例	马　瑞	山西财经大学	张丽华	情报学
关联数据中词表重用及动态演变研究	李　衎	山西大学	贾君枝	情报学

续表

题目	作者	学校	导师	学科专业
关联数据环境下基于价值链的新闻生产模型构建研究	梅　玥	山西大学	贾君枝	情报学
面向数据集应用的 LOD 词表分类导航研究	马文雯	山西大学	贾君枝	情报学
省级公共图书馆微信公众平台阅读推广文本挖掘研究	王　帅	山西大学	李　倩	情报学
基于超网络的社会化问答社区用户知识协同模型研究	高　望	山西大学	李　倩	情报学
跨境数据流动的法律监管制度研究	张佳彧	山西大学	相丽玲	情报学
高校图书馆用户承诺对忠诚的影响研究	高宇	山西大学	齐向华	图书馆学
新技术条件下的智慧图书馆服务模式比较研究	焦丽叶	山西大学	相丽玲	图书馆学
中外隐私影响评估标准比较研究	张轩瑜	山西大学	相丽玲	图书馆学
高校图书馆用户电子资源持续使用意愿研究	杨臻仪	天津师范大学	黄雪梅	图书馆学
Altmetrics 视角下的论文影响力评价研究	王修涵	天津师范大学	宋丽萍	图书馆学
基于事件态势与用户认知的信息敏捷发送策略研究	周雯静	武汉大学	安　璐	情报学
突发公共卫生事件应急响应缺陷信息的识别与评估	王小燕	武汉大学	安　璐	情报学
面向复杂问题的科研项目成果知识关联研究	秦　岩	武汉大学	代　君	情报学
社会化问答网站用户健康信息披露研究	武　奕	武汉大学	邓胜利	情报学
营销组合视角下社会化问答平台问题属性与问题回答关系研究	胡树欣	武汉大学	邓胜利	情报学
科研人员对科技评价政策信息的选择性接触机制研究	权明喆	武汉大学	姜婷婷	情报学
基于复杂网络节点影响力的乳腺癌驱动基因挖掘研究	王彩莲	武汉大学	卢　龙	情报学
基于特征分析与表示学习的社会化问答社区专家发现研究	黄　梨	武汉大学	卢　龙	情报学
开源社区开发者参与行为特性及其影响因素研究	莫雪盈	武汉大学	卢　龙	情报学
基于知识图谱嵌入的医疗问句匹配研究	郝志同	武汉大学	陆　泉	情报学
科技文献前沿研究主题识别与融合研究	李松繁	武汉大学	陆　伟	情报学
基于“问题—方法”双层时序网络的学术论文创新度量	王玉琦	武汉大学	陆　伟	情报学
词汇功能视角下的关键词生存分析——以计算机学科为例	刘智锋	武汉大学	陆　伟	情报学
谣言传播期间社交媒体信息对股票价格的影响研究	吕华揆	武汉大学	马费成	情报学
基于意义扩展单元模型的词汇共现特征研究	吴林容	武汉大学	赵一鸣	情报学
探寻式搜索路径推荐研究：基于马尔科夫模型与案例推理方法	王阿凤	武汉大学	赵一鸣	情报学
面向辅助科研的医学领域本体构建与推理研究——以脑区与自闭症为例	石晓月	武汉大学	洪　亮	图书馆学
明代湖北藩府刻书研究	张纤柯	武汉大学	李明杰	图书馆学
澳门高校图书馆社会化服务研究	李晓琳	武汉大学	陆颖隽	图书馆学
基于生命周期的我国人工智能知识产权制度研究	王　义	武汉大学	冉从敬	图书馆学
“一带一路”多语种经济管理数据库资源多主体合作共建模式研究	罗　泉	武汉大学	司　莉	图书馆学
基于科研用户需求的“一带一路”数据库经管类资源建设现状与对策	郭晓彤	武汉大学	司　莉	图书馆学

续表

题目	作者	学校	导师	学科专业
公共数字文化服务中的多语言信息需求模型研究——以内蒙古自治区为例	徐　爽	武汉大学	吴　丹	图书馆学
交互式语音搜索中用户搜索失败影响因素研究	黄椰曼	武汉大学	吴　丹	图书馆学
从中美比较看民国时期图书馆学教育本土化的发展	吴庆梅	武汉大学	肖希明	图书馆学
中美比较视角下中国1978年以来 图书馆学教育本土化研究	李舒琼	武汉大学	肖希明	图书馆学
面向全文本分析的论文知识输出特征研究	王　雨	武汉大学	杨思洛	图书馆学
绿色图书馆建设背景下馆员节能行为影响因素研究	贺沛沛	西北大学	崔　旭	图书馆学
人文社会科学硕士研究生专业文献阅读行为研究	许碧涵	西北大学	杨九龙	图书馆学
面向公众终身教育的公共图书馆服务体系构建研究	颜　晶	西北大学	张新鹤	图书馆学
基于微信群的非正式学术信息交流研究——以高校师生群为例	魏佳文	西南大学	韩　毅	情报学
信息茧房视角下日常生活信息查询行为的社会网络依赖研究——以新冠病毒疫情为例	任秋菊	西南大学	韩　毅	情报学
移动音乐app用户音乐信息偶遇过程及影响因素研究——以QQ音乐为例	许　可	西南大学	黄　敏	图书馆学
任务视角下偏差信息搜寻的行为特征与影响机制研究——以大学生群体为例	杨乔焜	西南大学	郑　宏	图书馆学
突发事件微博用户情绪归因演化研究	周舒阳	湘潭大学	邓春林	情报学
微信公众平台用户健康信息采纳行为影响因素研究	曹　丹	湘潭大学	蒋知义	情报学
新冠肺炎疫情事件网络舆情情感建模及多维度演化分析	庄穆妮	湘潭大学	李　勇 毛太田	情报学
智慧社区公共信息服务质量影响因素研究	李　巧	湘潭大学	刘武阳 邹　凯	情报学
基于BP神经网络的智慧城市信息安全风险管理绩效评价研究	夏双双	湘潭大学	刘绪崇 邹　凯	情报学
数据跨境流动下个人隐私管理问题及策略研究	种　政	湘潭大学	龙朝阳	情报学
基于LDA与关联规则的政府信息资源主动推送服务模式研究	张静婕	湘潭大学	毛太田	情报学
智慧城市疫情情报生态协同体构建研究	施　阳	湘潭大学	邹　凯	情报学
论文长度与被引频次的关系——多维度不同引证时间窗口比较研究	申　蓝	新乡医学院	刘雪立	情报学
健康中原视角下河南省农村居民健康信息素养模糊评价研究	李梦蕾	新乡医学院	张　帆	情报学
人文社科类硕士生与导师知识互动研究	闫家慧	郑州大学	付立宏	情报学
信任视角下硕士研究生学术信息利用行为研究	韩　璐	郑州大学	付立宏	情报学
UGC旅游网站评价指标体系构建与实证研究	张贝贝	郑州大学	郭少友	情报学
隐私视角下国内健康类app用户转移意愿研究	李京珂	郑州大学	金　燕	情报学
国内虚拟学术社区潜水用户转换意愿的影响因素研究——以科学网为例	王震飞	郑州大学	金　燕	情报学

续表

题目	作者	学校	导师	学科专业
老年人健康信息素养影响因素研究	王　路	郑州大学	尚新丽	情报学
电子商务平台用户持续性反馈意愿的影响因素研究	程　成	郑州大学	王　娜	情报学
中美 iSchool 院校师资结构均衡性比较研究	万佳琦	郑州大学	杨瑞仙	情报学
基于多维特征的在线健康社区用户兴趣模型构建研究	黄书瑞	郑州大学	杨瑞仙	情报学
学术虚拟社区知识交流机制的系统动力学仿真研究	张广轶	郑州大学	杨瑞仙	情报学
学科主题探测方法比较研究——以 LIS 学科为例	李俊良	郑州大学	杨瑞仙	情报学
老年人健康信息获取行为研究——以河南省为例	苏　航	郑州大学	袁　静	情报学
医疗数据中病种隐私的计量与分析	贾瑞莹	郑州大学	臧国全	情报学
社交网络中关联隐私的价值计量与影响因素分析	周晓倩	郑州大学	臧国全	情报学
国际科学计量学领域核心学者群体引用特征研究	王艺博	郑州大学	周春雷	情报学
基于 ESI 的河南省优势学科与人才评价研究	袁　扬	郑州大学	周春雷	情报学
国内图情领域核心学者群体引用特征研究	王晓丹	郑州大学	周春雷	情报学
基于书目分类体系的蒙古族文献本体构建研究	段赛月	郑州大学	李　敏	图书馆学
民国时期图书馆社会职能的演变研究	陈宝楼	郑州大学	王国强	图书馆学
四十年来图书馆学核心知识的变革与思考	李齐栋	郑州大学	王国强	图书馆学
公共文化云平台服务效能评价研究	安　琪	郑州大学	王　平	图书馆学
河南省公共文化机构儿童服务研究	孙明伟	郑州大学	王　平	图书馆学
图书馆虚拟现实技术应用研究	武　童	郑州大学	周拴龙	图书馆学
阅读情境驱动下长文本情感分析模型构建研究	孙庆庆	郑州航空工业管理学院	付永华	情报学
应急处置能力建设框架下的协同信息供给模式研究	王　蕊	郑州航空工业管理学院	刘　永	情报学
融媒体时代地方政府网络舆情应对研究	梁斯佳	郑州航空工业管理学院	刘焕成	情报学
中老年人信息茧房效应形成机理及治理机制研究	李姝熹	郑州航空工业管理学院	朱红涛	情报学
大学生阅读能力评价指标体系研究	刘思贤	郑州航空工业管理学院	周九常	图书馆学

注：此部分内容主要为 2022 年 9 月前在中国知网检索获得，此外北京大学顾晓光、武汉大学徐晴、中山大学李晶和李俊鸽分别提供本校信息。

（国家图书馆　杨凡整理）

2021 年出版图书馆学情报学著作目录

序号	书名	责任者及著作方式	出版社	ISBN
1	现代高校图书馆服务研究	安玉洁著	吉林科学技术出版社	978-7-5578-8599-1
2	新媒体环境下图书情报资源研究	白美程，覃振明，杨欣艳主编	吉林出版集团有限责任公司	978-7-5731-0157-0
3	北京大学中国古文献研究中心集刊 . 第二十二辑	北京大学中国古文献研究中心编	北京大学出版社	978-7-301-32178-2
4	北京大学中国古文献研究中心集刊 . 第二十三辑	北京大学中国古文献研究中心编	北京大学出版社	978-7-301-32718-0
5	从 0 到 1 的管理笔记：新型国际化大学图书馆十年创见	毕新著	江苏人民出版社	978-7-214-26085-7
6	传承人类记忆遗产：联合国教科文组织世界记忆项目研究	卜鉴民，王玉珏主编；苏州市工商档案管理中心，世界记忆项目苏州学术中心编	苏州大学出版社	978-7-5672-3655-4
7	面向信息精准服务的信息检索与查询推荐方法研究	蔡飞等著	湖南大学出版社	978-7-5667-2177-8
8	学校图书馆导论	曹青编著	现代教育出版社	978-7-5106-7853-0
9	公共图书馆阅读推广与营销	曹晓晓，李玲著	天津科学技术出版社	978-7-5576-9195-0
10	中国高被引分析报告 . 2019	曾建勋主编	科学技术文献出版社	978-7-5189-7619-5
11	现代图书馆信息资源建设与档案信息管理	查道懂，王琳，卢月明著	吉林文史出版社	978-7-5472-7767-6
12	抄本、印本与小集、大集：抄印转换与文学演变工作坊论集	查屏球主编	复旦大学出版社	978-7-309-14945-6
13	厦门藏书史略	陈峰著	厦门大学出版社	978-7-5615-7994-7
14	大数据时代图书情报与信息资源管理	陈桂菊著	九州出版社	978-7-5225-0194-9
15	高校图书馆员应知应会	陈红主编	国家图书馆出版社	978-7-5013-7240-9
16	高校图书馆管理与阅读推广的多视野探究	陈凯，原晓冬，王春霞编著	东北师范大学出版社	978-7-5681-8500-4
17	高校图书馆阅读推广与活动策划研究	陈立风著	东北林业大学出版社	978-7-5674-2497-5
18	后现代性与别现代性：图书馆学理论发展方向与建设研究	陈立华著	延边大学出版社	978-7-230-02020-6
19	非遗中国之古籍修复	陈宁著	贵州教育出版社	978-7-5456-1386-5
20	信息获取与知识创新	陈泉，杨菲，周妍著	清华大学出版社	978-7-302-58677-7
21	图书馆智慧化服务模式探究	陈伟，张霞，王仲皓主编	吉林人民出版社	978-7-206-18431-4
22	基于增量式语义标注的专利分析与挖掘	陈旭著	武汉大学出版社	978-7-307-22077-5

续表

序号	书名	责任者及著作方式	出版社	ISBN
23	民国时期福建私立大学图书馆研究	陈艳芬著	团结出版社	978-7-5126-8840-7
24	新环境下公共图书馆的阅读推广	陈燕琳著	吉林人民出版社	978-7-206-18624-0
25	三辅黄图校证	陈直著	中华书局	978-7-101-14942-5
26	有为言之：先秦“书”类文献的源与流	程浩著	中华书局	978-7-101-15301-9
27	技术视角下高校图书馆创新实践	程静，鲁丹，陈金传著	上海社会科学院出版社	978-7-5520-3497-4
28	古典文献研究 . 第二十四辑 . 上	程章灿主编	凤凰出版社	978-7-5506-3484-8
29	古典文献研究 . 第二十四辑 . 下	程章灿主编	凤凰出版社	978-7-5506-3550-0
30	学术图书馆与新型出版	初景利主编	国家图书馆出版社	978-7-5013-6962-1
31	图书馆创客空间建设	储结兵著	中国科学技术大学出版社	978-7-312-05116-6
32	文献的观念：一种关于证据和历史的哲学	崔罡著	四川大学出版社	978-7-5690-4839-1
33	数字图书馆信息咨询与服务研究	崔萌著	吉林文史出版社	978-7-5472-7943-4
34	社会阅读与图书馆服务研究	崔维梅著	现代出版社	978-7-5143-9392-7
35	黄宗羲明文选本文献学研究	崔霞著	浙江大学出版社	978-7-308-21059-1
36	互联网时代图书馆服务研究	戴豫君主编	新疆文化出版社	978-7-5694-3168-1
37	全国高校图书馆服务本科教育教学优秀创新案例	党跃武主编	四川大学出版社	978-7-5690-4476-8
38	实战情报大数据	邓劲生，黄金锋，黎珍编著	清华大学出版社	978-7-302-56708-0
39	大数据时代图书馆管理的创新与发展	狄冬梅，陈刚，赵明杰编著	东北师范大学出版社	978-7-5681-8088-7
40	阅读易读	东莞图书馆编	南方日报出版社	978-7-5491-2501-2
41	第十六届全国纺织服装信息研究会馆长论坛论文集：高校图书馆学科服务与创新	东华大学图书馆编著	东华大学出版社	978-7-5669-1985-4
42	新时期图书馆管理体系与应用	董晖著	济南出版社	978-7-5488-4791-5
43	高校图书馆创客空间建设理论与实践	杜杨芳著	东北大学出版社	978-7-5517-2682-5
44	图书馆管理与资源开发建设	段知雨著	吉林文史出版社	978-7-5472-7562-7
45	现代高校图书馆建设与历史文献管理工作	范正芳编著	清华大学出版社	978-7-89511-225-4
46	风正帆悬：广州图书馆 40 年：1982—2022	方家忠主编	广州出版社	978-7-5462-3367-3
47	广州图书馆年度报告 . 2020	方家忠主编	广州出版社	978-7-5462-3358-1
48	广州市“图书馆之城”建设案例汇编	方家忠主编	中山大学出版社	978-7-306-07070-8
49	写本学研究 . 第一辑	伏俊琏主编	商务印书馆	978-7-100-19447-1

续表

序号	书名	责任者及著作方式	出版社	ISBN
50	“双一流”高校图书馆学科知识共享平台建设与服务研究	付冬梅著	吉林教育出版社	978-7-5553-9945-2
51	公共图书馆用户权利义务规范配置研究	付立宏等著	武汉大学出版社	978-7-307-22668-5
52	高职院校图书馆服务创新与发展探索	高保雪著	吉林摄影出版社	978-7-5498-5065-5
53	图书馆阅读推广服务研究与案例分析	高瑾著	吉林人民出版社	978-7-206-18753-7
54	信息检索	高俊宽主编	合肥工业大学出版社	978-7-5650-4988-0
55	图书馆管理与档案资源建设	高莉著	吉林人民出版社	978-7-206-18178-8
56	图书馆建设与阅读服务管理	高伟著	吉林人民出版社	978-7-206-18236-5
57	图书馆读者服务与管理	谷春燕，李萧，阿曼古丽·艾则孜主编	宁夏人民出版社	978-7-227-07482-3
58	图书馆管理的创新方法研究	谷慧宇著	延边大学出版社	978-7-2300-1491-5
59	因书而美：世界图书馆与书店漫游	顾晓光著	浙江摄影出版社	978-7-5514-3549-9
60	2020年江苏省高等学校图书馆发展报告：基于“江苏省高校图书馆事业发展统计与决策服务系统”平台填报数据	管红星主编	南京师范大学出版社	978-7-5651-4793-7
61	开放　务实　变革：图书馆的治理与提升	广西壮族自治区图书馆，广西图书馆学会编	广西科学技术出版社	978-7-5551-1637-0
62	公共图书馆服务创新战略研究报告	广州图书馆，中山大学国家文化遗产与文化发展研究院编	国家图书馆出版社	978-7-5013-7378-9
63	新媒体环境下的信息服务	郭海玲，史海燕，徐杰主编	科学出版社	978-7-03-067312-1
64	西华师范大学图书馆史	郭明蓉著	国家图书馆出版社	978-7-5013-7227-0
65	高校图书馆木版年画的资源管理与文献开发	郭淑慧著	江苏凤凰美术出版社	978-7-5580-8649-6
66	唐代秘书省研究	郭伟玲著	武汉大学出版社	978-7-307-22464-3
67	图书馆管理与信息化建设	郭玉强，褚洪涛，李钊主编	吉林科学技术出版社	978-7-5578-8824-4
68	战后美国联邦公共图书馆政策演变研究：1946—2006	郭忠义著	上海辞书出版社	978-7-5326-5825-1
69	现代图书馆资源建设与创新服务研究	国冬梅著	哈尔滨地图出版社	978-7-5465-2339-2
70	电子信息技术叙词表	国家工业信息安全发展研究中心主编	电子工业出版社	978-7-121-40328-6
71	抗战时期典籍文献抢救保护研讨会文集	国家古籍保护中心编	北京大学出版社	978-7-301-32282-6

续表

序号	书名	责任者及著作方式	出版社	ISBN
72	妙手补书书可春：全国古籍修复技艺竞赛暨古籍保护成果展图录	国家古籍保护中心编	国家图书馆出版社	978-7-5013-7284-3
73	2021年国家图书馆青年学术论坛论文集	国家图书馆编	国家图书馆出版社	978-7-5013-7272-0
74	文津流觞．第一辑	国家图书馆古籍馆编	广西师范大学出版社	978-7-5598-4100-1
75	专利审查中的检索规则与实例	国家知识产权局专利局专利审查协作湖北中心组织编写	知识产权出版社	978-7-5130-7620-3
76	跟着审查员学检索：医药化学领域	国家知识产权局专利局专利审查协作江苏中心组织编写	知识产权出版社	978-7-5130-7321-9
77	公共图书馆资源建设与发展研究	国伟，于泳著	吉林科学技术出版社	978-7-5578-9076-6
78	基于时间特性的微博检索和微博过滤研究	韩中元著	哈尔滨工业大学出版社	978-7-5603-8793-2
79	中国农业大学图书馆史	何秀荣主编	中国农业大学出版社	978-7-5655-2548-3
80	文献信息检索及科技论文写作	和正华，王靓亮，罗清威主编	中国铁道出版社	978-7-113-28483-1
81	迪庆藏族自治州图书馆建设发展初探	洪耀辉著	云南民族出版社	978-7-5367-8701-8
82	图书馆馆藏建设与档案管理	胡洁，王丽华，阎静辉著	吉林摄影出版社	978-7-5498-4878-2
83	数字图书馆的建设与阅读推广的创新研究	胡晶晶著	吉林科学技术出版社	978-7-5578-8423-9
84	图书馆学概论	胡艳玲，董娅丽主编	电子科技大学出版社	978-7-5647-8777-6
85	传承：华东师范大学图书馆发展回眸	华东师范大学老教授协会图书馆分会组编	华东师范大学出版社	978-7-5760-1954-4
86	图书馆信息资源安全：基于云计算环境下	黄国彬著	知识产权出版社	978-7-5130-7709-5
87	高校图书馆阅读与文化育人研究	黄汝伦著	吉林出版集团股份有限公司	978-7-5731-0981-1
88	古籍书名考	黄威著	中华书局	978-7-101-15241-8
89	公共图书馆建设与阅读服务研究	黄溢琦，秦伟，王宁著	吉林文史出版社	978-7-5472-8080-5
90	大数据图书馆资源建设与信息管理研究	霍霏著	哈尔滨出版社	978-7-5484-5883-8
91	内蒙古高校图书馆总分馆体系标准化建设研究	姬曼姝著	内蒙古大学出版社	978-7-5665-1959-7
92	“互联网+”背景下图书馆的著作权利保障研究	吉宇宽著	中国社会科学出版社	978-7-5203-8806-1

续表

序号	书名	责任者及著作方式	出版社	ISBN
93	公共图书馆管理与服务创新研究	贾竹青著	云南科技出版社	978-7-5587-3557-8
94	日本十进分类法与中国图书馆分类法转换研究	姜化林编著	万卷出版公司	978-7-5470-5574-8
95	高校图书馆阅读文化多维视角研究	姜玉晶著	哈尔滨出版社	978-7-5484-6004-6
96	社会文化、情报与决策	蒋飞著	金城出版社	978-7-5155-2212-8
97	中国古代图书馆学研究	蒋永福著	中国社会科学出版社	978-7-5203-8344-8
98	图书馆讲座工作指南	金龙著	国家图书馆出版社	978-7-5013-7170-9
99	区、县级图书馆建设研究	井继龙著	中国纺织出版社	978-7-5180-8983-3
100	智慧图书馆建设与服务创新研究	阚丽红著	吉林文史出版社	978-7-5472-8291-5
101	明椠宝光：明代文献学学术研讨会论文集	柯皓仁主编；王国良等著	台湾师范大学出版中心	978-986-5624-69-9
102	数字化图书馆管理研究	李冰著	吉林摄影出版社	978-7-5498-5087-7
103	网络环境下图书馆新媒体的应用及其发展	李惠著	吉林文史出版社	978-7-5472-8076-8
104	网络环境下图书馆流通服务与模式探究	李火苗著	西北工业大学出版社	978-7-5612-7794-2
105	聚焦新时代：湖北省图书馆创新发展研究	李开寿主编	湖北科学技术出版社	978-7-5706-1388-5
106	公共图书馆服务与创新管理	李蕾，史蕾著	延边大学出版社	978-7-230-02243-9
107	图书馆管理策略与阅读服务创新研究	李蕾，徐莉著	吉林人民出版社	978-7-206-18077-4
108	管理科学与工程学科领域英文文献检索筛选、阅读分析与写作	李曼宁等编著	东北大学出版社	978-7-5517-2526-2
109	大数据环境下高校图书馆知识服务模式研究	李敏著	机械工业出版社	978-7-111-69139-6
110	其书其文：作家藏书与中国现代文学	李明刚著	暨南大学出版社	978-7-5668-3202-3
111	文献检索与分析	李楠，陈荣，曾媛主编	上海交通大学出版社	978-7-313-25177-0
112	图书馆新媒体营销概论	李楠著	中国商务出版社	978-7-5103-3757-4
113	馆藏资源建设管理与服务研究	李瑞，赵蕊，周炜著	吉林摄影出版社	978-7-5498-4991-8
114	新媒体下图书馆阅读推广研究	李若鹏，祁月月，刘鑫著	中国商务出版社	978-7-5103-3984-4
115	宋代岁时民俗文献研究	李文宁著	中国社会科学出版社	978-7-5203-9154-2
116	高校图书馆信息服务	李文竹著	中国原子能出版社	978-7-5221-1506-1
117	“双一流”高校图书馆学科服务模式与特色文献利用	李晓笛，张华，孙颖著	吉林大学出版社	978-7-5692-8446-1

续表

序号	书名	责任者及著作方式	出版社	ISBN
118	高校图书馆读者服务工作创新与发展	李晓梅著	吉林出版集团股份有限公司	978-7-5731-0543-1
119	图书馆智能管理与智慧服务	李筱梅著	中国国际广播出版社	978-7-5078-5025-3
120	科技形势分析的理论与实践研究	李妍等著	中国社会科学出版社	978-7-5203-8040-9
121	现代图书馆服务与管理创新研究	李杨著	吉林文史出版社	978-7-5472-7616-7
122	化学化工文献信息检索	李一梅等编著	中国科学技术大学出版社	978-7-312-05295-8
123	科技型中小企业专利信息利用的探索与实践	李勇敢等著	郑州大学出版社	978-7-5645-8008-7
124	高校图书馆管理与服务	李友红等主编	吉林科学技术出版社	978-7-5578-8252-5
125	信息时代图书馆发展与文献建设工作	李豫诚，罗琳著	电子科技大学出版社	978-7-5647-8378-5
126	面向“海上丝绸之路”国家倡议的信息服务：南亚东南亚国家科技发展战略研究	李志明主编	云南人民出版社	978-7-222-19757-2
127	古书版本鉴定	李致忠著	北京联合出版公司	978-7-5596-4893-8
128	基于注疏文献的《孟子》信息处理研究	梁社会著	北京大学出版社	978-7-301-32098-3
129	图书馆服务与管理创新研究	梁艳玲著	吉林教育出版社	978-7-5553-2380-8
130	海源书钞：海源阁图书馆藏古籍撷萃	聊城市海源阁图书馆编	济南出版社	978-7-5488-4851-6
131	现代图书馆智能化管理研究	林军著	现代出版社	978-7-5143-9248-7
132	图书馆身心障碍读者服务	林巧敏著	元华文创股份有限公司	978-957-711-200-2
133	大数据时代图书馆信息服务创新与管理研究	刘斌，林蓉著	哈尔滨出版社	978-7-5484-6121-0
134	守藏集	刘波，林世田著	国家图书馆出版社	978-7-5013-7077-1
135	现代图书馆管理创新研究	刘春节著	中国财富出版社	978-7-5047-7179-7
136	智慧场馆与智慧学习：场馆智慧学习研究	刘德建，黄荣怀，闫伟著	人民邮电出版社	978-7-115-55056-9
137	新媒体下高校图书馆阅读推广研究	刘欢，乔丽，徐爽著	东北林业大学出版社	978-7-5674-2401-2
138	基于用户体验的学术搜索引擎设计及优化路径	刘敏著	江苏大学出版社	978-7-5684-1473-9
139	图书馆的热点问题及其研究	刘萍著	东北林业大学出版社	978-7-5674-2503-3
140	面向用户认知的交互式信息检索研究	刘萍著	科学出版社	978-7-03-068108-9
141	图书馆公共服务与信息化管理	刘庆娜著	吉林人民出版社	978-7-206-18717-9

续表

序号	书名	责任者及著作方式	出版社	ISBN
142	大学图书馆员的能力建设研究	刘荣清著	郑州大学出版社	978-7-5645-7545-8
143	聚焦：湖北省图书馆 2019 年阅读推广集锦	刘伟成，王涛主编；湖北省图书馆编	武汉大学出版社	978-7-307-21944-1
144	山东省公共图书馆全民阅读服务大数据（2019—2020）	刘显世主编	山东人民出版社	978-7-209-13519-1
145	智慧图书馆知识服务创新研究	刘勇著	郑州大学出版社	978-7-5645-8174-9
146	公共图书馆多元阅读空间的构建	刘昱著	天津科学技术出版社	978-7-5576-9194-3
147	图书馆空间服务理论体系的构建研究	刘志国等著	中国书籍出版社	978-7-5068-8566-9
148	非物质文化遗产传承与数字时代图书馆功能的扩展研究	刘自强，邹积超，王芳著	吉林人民出版社	978-7-206-18094-1
149	相约图书馆	刘宗歧主编	北京邮电大学出版社	978-7-5635-6342-5
150	大数据环境下高校图书馆信息服务创新探索	柳燕著	吉林教育出版社	978-7-5553-0186-8
151	社会信息的搜集与利用	卢伟著	中国原子能出版社	978-7-5221-1557-3
152	高校图书馆建设与阅读服务研究	卢晓峰，高雨，韩祎楠著	哈尔滨工业大学出版社	978-7-5603-9415-2
153	中国农业科学院外文文献资源需求与保障研究	卢垚，王鹭飞，马鑫著	中国农业科学技术出版社	978-7-5116-5477-9
154	数字信息资源检索	陆春华编著	安徽师范大学出版社	978-7-5676-5419-8
155	数字时代下图书馆学研究	鹿梅，高飞著	吉林人民出版社	978-7-206-18276-1
156	高校图书馆信息化的建设与创新研究	罗晖，任丽清，汤小华著	吉林文史出版社	978-7-5472-7982-3
157	江苏省高校图书馆发展编年史	罗钧主编	南京大学出版社	978-7-305-22544-4
158	基于 CiteSpace 的社会科学文献计量研究	罗润东，沈君编著	知识产权出版社	978-7-5130-7553-4
159	红河州公共图书馆事业建设与发展	马慧编著	云南人民出版社	978-7-222-20082-1
160	国图馆阅读推广与服务	马杰著	北京燕山出版社	978-7-5402-5888-7
161	公共图书馆档案信息资源开发与整合	马静，霍宏旭，姚倩倩著	吉林文史出版社	978-7-5472-7769-0
162	图书馆管理与阅读服务研究	马蓉，胡琬堃，杨丽杰著	吉林人民出版社	978-7-206-18600-4
163	专利有效性检索	马天旗，赵星，欧阳石文编著	知识产权出版社	978-7-5130-7643-2
164	明代内府刻书考	马学良著	上海古籍出版社	978-7-5732-0023-5
165	哈佛燕京学社汉学引得丛刊研究	马学良著	北京联合出版公司	978-7-5596-4642-2
166	虚拟现实技术在数字图书馆中的应用	马雨佳著	吉林人民出版社	978-7-206-18649-3

续表

序号	书名	责任者及著作方式	出版社	ISBN
167	深度数字阅读推广研究	茆意宏，马坤坤，彭爱东著	中国社会科学出版社	978-7-5203-9390-4
168	说唱文学文献学述略	苗怀明著	中国社会科学出版社	978-7-5203-7977-9
169	国际搜索引擎优化与营销	缪晨卿主编	电子工业出版社	978-7-121-41566-1
170	科技文献检索实用教程	穆安民编著	重庆大学出版社	978-7-5624-8934-4
171	中医药信息检索	庞桂娟著	中国华侨出版社	978-7-5113-8458-4
172	数字化图书馆建设与阅读服务创新	庞余良，董恩娜，温颖著	吉林人民出版社	978-7-206-18188-7
173	图书馆个性化管理与服务研究	裴红英著	现代出版社	978-7-5143-9371-2
174	高校图书馆文化建设研究	彭拓夫，王红艳，王笑梅著	吉林人民出版社	978-7-206-18609-7
175	三全育人视域下的高校图书馆阅读推广服务创新研究	彭薇著	东北林业大学出版社	978-7-5674-2532-3
176	大数据环境下公安情报学研究	彭知辉著	光明日报出版社	978-7-5194-5873-7
177	外文学术期刊评价方法的演进及其对采选工作的影响	齐东峰著	知识产权出版社	978-7-5130-7565-7
178	公共图书馆书籍维护与修复	祁雨江著	中州古籍出版社	978-7-5348-9715-3
179	基于RDA的学术成果分析与个人健康数据资源管理系统研究	乔强编著	四川科学技术出版社	978-7-5727-0138-2
180	AI探视人类情感原理与实践：人工智能驱动的音乐信息检索	秦静编著	清华大学出版社	978-7-302-58203-8
181	清华时间简史 · 图书馆	清华时间简史图书馆编委会编著	清华大学出版社	978-7-302-57777-5
182	中国学术期刊评价研究报告：RCCSE权威期刊、核心期刊排行榜与指南	邱均平等编著	科学出版社	978-7-03-067954-3
183	与纸偕老：邱晓刚文献修复工作实录	邱晓刚著	南京大学出版社	978-7-305-23246-6
184	学术图书开放获取理论建构及实践进路研究	任红娟著	东北师范大学出版社	978-7-5681-8147-1
185	山东省图书馆馆史图录	山东省图书馆编著	国家图书馆出版社	978-7-5013-6963-8
186	2020年英文科技学术图书引证报告	上海交通大学编	上海交通大学出版社	978-7-313-24747-6
187	上海市志 · 图书 · 文博分志 · 图书馆事业卷（1978—2010）	上海市地方志编纂委员会编	上海古籍出版社	978-7-5325-9868-7
188	上海市公共图书馆行业发展报告 . 2020	上海图书馆，上海市图书馆行业协会编	上海科学技术文献出版社	978-7-5439-8483-7
189	上海图书馆藏革命文献总目，图录编	上海图书馆编；黄国荣，胡新卷主编	中华书局	978-7-101-15215-9
190	智慧图书馆建设探索与研究	沈煜著	郑州大学出版社	978-7-5645-7863-3

续表

序号	书名	责任者及著作方式	出版社	ISBN
191	基于专利的潜在竞争对手识别方法研究	史敏，罗建著	科学技术文献出版社	978-7-5189-8707-8
192	高校图书馆学科服务研究及应用实践	舒予主编	四川大学出版社	978-7-5690-4769-1
193	百年文献辨伪学研究菁华集成	司马朝军主编	武汉大学出版社	978-7-307-21798-0
194	文献辨伪研究	司马朝军著	武汉大学出版社	978-7-307-22127-7
195	图书馆资源建设管理与阅读服务研究	宋菲，张新杰，郭松竹著	吉林人民出版社	978-7-206-18565-6
196	图书馆文化帮扶精准化与法律问题研究	宋寒亮，许曌著	吉林大学出版社	978-7-5692-8504-8
197	图书馆口述历史工作研究	宋蓉著	黄山书社	978-7-5461-6539-4
198	现代图书馆资源管理与推广	宋文秀著	吉林科学技术出版社	978-7-5578-8664-6
199	公共图书馆资源建设与服务创新研究	宋文秀著	成都时代出版社	978-7-5464-2861-1
200	图书馆数字人文服务	苏芳荔著	中国纺织出版社	978-7-5180-9059-4
201	东盟文献信息资源保障研究	苏瑞竹等著	中国纺织出版社	978-7-5180-8768-6
202	古籍保护与修复技术研究	孙治国著	吉林大学出版社	978-7-5692-8728-8
203	基于网络化发展下图书馆信息管理可视化研究	唐敏著	黑龙江教育出版社	978-7-5709-2429-5
204	智慧图书馆建设及新兴技术的应用研究	陶功美著	吉林人民出版社	978-7-206-18800-8
205	航空情报服务	陶媚主编	清华大学出版社，北京交通大学出版社	978-7-5121-4377-7
206	天一阁文丛．第 18 辑	天一阁博物院编	浙江古籍出版社	978-7-5540-2023-4
207	大数据时代下图书馆信息服务创新研究	田玉山著	吉林教育出版社	978-7-5553-9429-7
208	汉籍与汉学．二〇二一年第一辑（总第八辑）	王承略主编	山东人民出版社	978-7-209-13292-3
209	Web 网页信息多特征融合的排序算法优化研究	王冲著	西安电子科技大学出版社	978-7-5606-6127-8
210	张琪玉学术思想研究	王崇良著	武汉大学出版社	978-7-307-22677-7
211	高校图书馆科技查新员激励机制研究	王春萍著	云南人民出版社	978-7-222-17337-8
212	图书馆地方文献工作探微	王芳著	云南人民出版社	978-7-222-20339-6
213	两浙古刊本考	王国维撰	国家图书馆出版社	978-7-5013-6704-7
214	五代两宋监本考．两浙古刊本考	王国维撰	国家图书馆出版社	978-7-5013-6704-7
215	新技术环境下信息搜寻行为研究	王浩成著	吉林教育出版社	978-7-5553-9431-0
216	数字图书馆：智能图像检索系统研究	王华秋著	清华大学出版社	978-7-302-56712-7

续表

序号	书名	责任者及著作方式	出版社	ISBN
217	高校图书馆信息资源建设与实践	王欢著	吉林大学出版社	978-7-5692-8206-1
218	图书馆读者服务与阅读推广探究	王金著	吉林大学出版社	978-7-5692-8448-5
219	现代图书馆建设与信息整合	王炬颖著	吉林科学技术出版社	978-7-5578-8947-0
220	建设中国特色哲学社会科学专业图书馆：中国社会科学院图书馆“十三五”建设实践	王岚，赵慧，赵以安等著	社会科学文献出版社	978-7-5201-9497-6
221	知识生态图书馆：高校图书馆从信息化到知识化的智慧之路	王利蕊著	河海大学出版社	978-7-5630-7220-0
222	公共图书馆管理与资源建设	王利著	中国商业出版社	978-7-5208-1784-4
223	图书馆阅读推广研究	王苗，钱鹏鹏著	东北师范大学出版社	978-7-5681-8376-5
224	公共图书馆读者服务	王娜主编	吉林科学技术出版社	978-7-5578-8729-2
225	汉籍知新．第一辑	王培源，任增强主编	山东人民出版社	978-7-209-13129-2
226	学龄前儿童视角下的公共图书馆儿童服务	王翩然著	国家图书馆出版社	978-7-5013-7241-6
227	大数据时代下数字图书馆建设与创新	王清芳，于景红，张新杰著	吉林文史出版社	978-7-5472-8029-4
228	安全数据共享关键技术研究	王锐芳，张启坤著	吉林大学出版社	978-7-5692-8955-8
229	图书馆馆配工作及校园书店研究	王世恩著	吉林人民出版社	978-7-206-18411-6
230	社会阅读推广与图书馆服务效能	王玮著	线装书局	978-7-5120-4523-1
231	图书馆数字化管理与阅读推广研究	王晓波，徐燕，李雨函著	哈尔滨地图出版社	978-7-5465-2317-0
232	高校图书馆学科服务研究	王晓艳，郭豪，张会芳著	东北林业大学出版社	978-7-5674-2452-4
233	图书馆管理研究与读者服务	王幸远著	远方出版社	978-7-5555-1637-8
234	高校图书馆管理创新研究	王秀琴，郑芙玉，浮肖肖著	吉林人民出版社	978-7-206-18122-1
235	高校图书馆读者服务与档案管理探索	王秀文，于丽娜，孙悦著	吉林科学技术出版社	978-7-5578-8554-0
236	高校图书馆学科服务：理论与实务	王旭编著	化学工业出版社	978-7-122-36823-2
237	欧洲图书馆数字服务研究：从开放获取到开放科学	王阳著	吉林大学出版社	978-7-5692-9134-6
238	智慧图书馆理论研究与实践	王洋编著	吉林科学技术出版社	978-7-5578-8988-3
239	新时期图书馆管理与智慧服务研究	王莹著	北方文艺出版社	978-7-5317-4470-2
240	高校图书馆空间嬗变轨迹	王宇等编著	冶金工业出版社	978-7-5024-8970-0
241	山东省图书馆馆员著述提要：1949—2019	王玉梅主编；王文刚等编著	国家图书馆出版社	978-7-5013-5321-7
242	高校图书馆学科化服务：机制研究与实践探索	王云凤著	九州出版社	978-7-5108-8935-6

续表

序号	书名	责任者及著作方式	出版社	ISBN
243	公共图书馆的服务体系建设与创新	王蕴慧，张秀菊著	中国纺织出版社	978-7-5180-8982-6
244	现代图书馆服务实践与理论研究	王站伟著	吉林出版集团股份有限公司	978-7-5731-0991-0
245	智慧图书馆建设与阅读推广研究	王志红，侯习哲，张静著	哈尔滨出版社	978-7-5484-5884-5
246	数字图书馆多粒度集成知识服务理论与实现	王忠义著	科学出版社	978-7-03-068888-0
247	民国时期北京的图书馆发展史研究	韦庆媛著	清华大学出版社	978-7-302-58745-3
248	浩荡游丝：何焯与清代的批校文化	韦胤宗著	中华书局	978-7-101-15261-6
249	图书馆信息化建设与服务创新研究	魏奎巍著	吉林出版集团股份有限公司	978-7-5581-9837-3
250	移动图书馆的用户体验模型与服务质量提升研究	魏群义，许天才著	中央编译出版社	978-7-5117-3790-8
251	高校图书馆读者服务工作拓展与创新	魏艳霞，李冰，王春晖著	中国商务出版社	978-7-5103-3944-8
252	数字环境下公共图书馆管理创新探析	温洪玲著	吉林人民出版社	978-7-206-18648-6
253	终南书香：西安翻译学院图书馆馆史：(1987—2018)	文炜编著	西南财经大学出版社	978-7-5504-4690-8
254	新时期高职学生信息素养及其教育研究	文小华，高寿斌著	天津科学技术出版社	978-7-5576-9038-0
255	民族图书馆学研究．十：第十六次全国民族地区图书馆学术研讨会论文集	吴贵飙，陈烨主编；中国民族图书馆编	中央民族大学出版社	978-7-5660-1976-9
256	公共文化服务中的民间图书馆发展战略研究	吴汉华等著	山西人民出版社	978-7-203-11713-1
257	图书馆文献资源建设与共享服务创新	吴环伟著	吉林出版集团股份有限公司	978-7-5581-8446-8
258	图书资料管理与图书馆阅读推广研究	吴凯，苑秀娟，郑杨著	吉林人民出版社	978-7-206-18474-1
259	公共图书馆全民阅读推广模式的创新与探析	吴克芝著	吉林文史出版社	978-7-5472-8199-4
260	清代四堡书坊刻书	吴世灯著	福建人民出版社	978-7-211-08528-6
261	唐代书籍活动与文学秩序	吴夏平著	上海古籍出版社	978-7-5325-9986-8
262	彭懿作品版本叙录	吴翔宇，卫栋编著	浙江工商大学出版社	978-7-5178-4137-1
263	智慧图书馆视角下的阅读推广研究	吴小冰著	郑州大学出版社	978-7-5645-8052-0

续表

序号	书名	责任者及著作方式	出版社	ISBN
264	文献信息资源建设	吴英梅，李书宁，李晓娟编著	现代教育出版社	978-7-5106-7883-7
265	实证研究：“馆藏与出版论坛”成果精选	吴志荣，王宗义主编	北京理工大学出版社	978-7-5682-7404-3
266	新时代智能体育信息服务的创新研究	吴钟著	中国纺织出版社	978-7-5180-9208-6
267	数字图书馆用户的行为偏好隐私保护方法研究	吴宗大著	电子工业出版社	978-7-121-40954-7
268	布达拉宫藏品保护与研究，古籍文献研究	西藏自治区布达拉宫管理处编著	四川大学出版社	978-7-5690-4500-0
269	图书馆古籍整理工作实践	肖志丹著	吉林文史出版社	978-7-5472-8109-3
270	武昌近现代公共图书馆史话	谢春枝，杨萍著	武汉出版社	978-7-5582-4711-8
271	文津书话	谢冬荣著	国家图书馆出版社	978-7-5013-7140-2
272	回归与传承：钱亚新图书馆学学术思想论稿	谢欢著	科学出版社	978-7-03-069441-6
273	明清之际西学汉籍序跋目录集	谢辉整理	上海古籍出版社	978-7-5732-0051-8
274	大数据时代高校图书馆信息服务创新研究	谢瑞娟著	吉林科学技术出版社	978-7-5578-8943-2
275	新时代背景下中学图书馆管理研究	谢银铭著	吉林出版集团股份有限公司	978-7-5731-0037-5
276	中原民间珍贵古籍展图录．第一辑	谢昱，席聪主编	大象出版社	978-7-5711-0859-5
277	正史版本谈	辛德勇著	生活·读书·新知三联书店	978-7-108-07214-6
278	“都市农业职业教育”专题文献研究：基于“知网”数字期刊文献	辛力春编著	中国农业出版社	978-7-109-27435-8
279	大数据背景下图书馆理论梳理与管理透视	熊金权，张义，余婷编著	上海交通大学出版社	978-7-313-23218-2
280	面向互联网的智能信息检索技术研究	徐博著	科学出版社	978-7-03-070064-3
281	数字图书馆用户体验研究	徐芳著	社会科学文献出版社	978-7-5201-9213-2
282	数字时代的图书馆教育	徐宽著	东北师范大学出版社	978-7-5681-7559-3
283	多种应用情境下的多媒体检索技术研究	徐彤阳著	山西人民出版社	978-7-203-11713-1
284	高校图书馆管理与读者服务研究	徐玮著	吉林科学技术出版社	978-7-5578-8629-5
285	公共图书馆信用服务的宁波实践	徐益波主编	天津大学出版社	978-7-5618-7015-0
286	图书馆统一业务规范研究	徐志熹著	四川大学出版社	978-7-5690-2415-9
287	公共图书馆古旧文献管理与服务	许莉著	湖南大学出版社	978-7-5667-2240-9

续表

序号	书名	责任者及著作方式	出版社	ISBN
288	曾巩校书考	闫真真，邓骏捷著	江西高校出版社	978-7-5762-0916-7
289	日本藏汉籍善本研究	严绍璗著	北京大学出版社	978-7-301-32487-5
290	主题图书馆研究：从理论到实践	杨东铭著	江西教育出版社	978-7-5705-2669-7
291	法律检索牵星术：律师法律检索指南	杨洪浦著	中国法制出版社	978-7-5216-1760-3
292	高校图书馆知识产权信息服务研究	杨静，冀萌萌，李寒主编	内蒙古科学技术出版社	978-7-5380-3160-7
293	中文期刊书目数据编制指南	杨静编著	广西科学技术出版社	978-7-5551-1702-5
294	古典文献及其利用	杨琳著	北京大学出版社	978-7-301-32473-8
295	多模态数据融合与检索技术	杨曦，宋彬编著	西安电子科技大学出版社	978-7-5606-6057-8
296	大数据时代图书馆服务模式研究	杨玉娟著	吉林文史出版社	978-7-5472-7646-4
297	图书馆大数据应用模式与研究	杨玉娟著	吉林文史出版社	978-7-5472-7645-7
298	大学图书馆与文化传承创新	姚春燕，查志强编著	辽宁人民出版社	978-7-205-10210-4
299	近代图书馆档案汇编 . 第一辑 . 第一册	姚乐野，马振犊主编	国家图书馆出版社	978-7-5013-7346-8
300	近代图书馆档案汇编 . 第一辑 . 第二册	姚乐野，马振犊主编	国家图书馆出版社	978-7-5013-7346-8
301	近代图书馆档案汇编 . 第一辑 . 第三册	姚乐野，马振犊主编	国家图书馆出版社	978-7-5013-7346-8
302	近代图书馆档案汇编 . 第一辑 . 第四册	姚乐野，马振犊主编	国家图书馆出版社	978-7-5013-7346-8
303	信息资源建设	叶继元等编著	科学出版社	978-7-03-067402-9
304	消失的图书馆	叶锦鸿著	浙江大学出版社	978-7-308-21439-1
305	基于可疑用户度量的鲁棒推荐方法研究	伊华伟著	东北大学出版社	978-7-5517-2726-6
306	政府购买公共图书馆运营服务研究	易斌等著	知识产权出版社	978-7-5130-7610-4
307	古籍保护与修复技术基础知识	袁东珏著	国家图书馆出版社	978-7-5013-6532-6
308	高校图书馆心理育人隐性课程研究	袁红玉主编	吉林大学出版社	978-7-5692-8503-1
309	篮球竞争情报系统构建研究	岳文著	北京体育大学出版社	978-7-5644-3232-4
310	信息素养与信息检索	岳修志主编	清华大学出版社	978-7-302-58511-4
311	新时代高校图书馆社会化服务与创新	云玉芹著	吉林人民出版社	978-7-206-18138-2
312	图书馆管理方法探究	展银辉著	吉林科学技术出版社	978-7-5578-8808-4
313	湛庐珍藏 · 大英图书馆 .2022	湛庐文化编	中国纺织出版社	978-7-5180-8727-3
314	中国古代科技文献学讲义	张秉伦编著	中国科学技术大学出版社	978-7-312-04653-7

续表

序号	书名	责任者及著作方式	出版社	ISBN
315	阅读重庆：重庆市公共图书馆事业“十三五”发展报告	张波，朱晖主编	中国经济出版社	978-7-5136-6550-6
316	藏书第一课	张晨著	武汉理工大学出版社	978-7-5629-6165-9
317	大数据环境下高校图书馆信息服务创新	张登军著	吉林教育出版社	978-7-5553-9943-8
318	情报编写：文体与语言	张高杰，李广玉著	金城出版社	978-7-5155-2117-6
319	互联网＋背景下图书馆信息资源建设和创新服务研究	张荷立，金叶著	中国书籍出版社	978-7-5068-7512-7
320	欧洲书籍插图艺术的发展与演变	张鸿博著	中国纺织出版社	978-7-5180-3169-6
321	公共图书馆管理与读者服务研究	张辉梅著	吉林人民出版社	978-7-206-18530-4
322	基于“互联网＋”时代下的图书馆研究	张娟，林蓉著	哈尔滨出版社	978-7-5484-5857-9
323	科学化图书馆管理与阅读推广	张骏毅，张奎莲，廖紫莹著	吉林人民出版社	978-7-206-18614-1
324	中国人民大学复印报刊资料转载指数排名研究报告．2020	张可云主编	中国人民大学出版社	978-7-300-29140-6
325	《献帝春秋》钩沉：从数字人文角度看古籍辑佚	张立著	燕山大学出版社	978-7-5761-0073-0
326	智慧图书馆新兴技术研究与应用	张丽著	吉林出版集团股份有限公司	978-7-5731-0040-5
327	图书馆与图书漂流	张茜著	哈尔滨出版社	978-7-5484-5916-3
328	联盟价值共创的高校医学图书馆学科服务实践与创新	张容主编	四川大学出版社	978-7-5690-4853-7
329	高校图书馆专利信息服务体系建设研究：基于产业技术创新的需求	张善杰，陈伟炯等著	上海科学技术文献出版社	978-7-5439-8219-2
330	科技情报与危机管理	张士运主编	北京交通大学出版社	978-7-5121-4586-3
331	大学生信息素养概论	张树著	吉林文史出版社	978-7-5472-7588-7
332	智慧校园环境下图书馆创新服务与变革	张素娟，张睿，李晶晶著	东北林业大学出版社	978-7-5674-2512-5
333	国家安全情报研究	张薇主编	金城出版社	978-7-5155-2079-7
334	古籍之美：古籍的演变与发展	张围东著	方集出版社	978-986-471-303-5
335	数字环境下的图书馆古籍整理与保护	张炜著	北方文艺出版社	978-7-5317-5140-3
336	图书馆文献资源建设研究	张文娟著	东北林业大学出版社	978-7-5674-2566-8
337	公共图书馆信息化管理体系研究	张小晶，王丽，但静修著	九州出版社	978-7-5225-0408-7
338	高校图书馆信息服务创新与信息管理研究	张旭瞳著	天津科学技术出版社	978-7-5576-9240-7

续表

序号	书名	责任者及著作方式	出版社	ISBN
339	文献检索与毕业论文写作	张言彩编著	西安电子科技大学出版社	978-7-5606-6117-9
340	化学信息学	张艳玲，董阿力德尔图，张君等编	化学工业出版社	978-7-122-37246-8
341	数字图书馆信息资源建设与管理创新探究	张阳，赵珊，崔帅编著	东北师范大学出版社	978-7-5681-8163-1
342	图书馆管理与服务创新研究	张译文著	中国商务出版社	978-7-5103-4132-8
343	新时代图书馆阅读服务途径	张兆华著	黑龙江美术出版社	978-7-5593-7661-9
344	出版与文化政治：晚清的“卫生”书籍研究	张仲民著	上海人民出版社	978-7-208-16907-4
345	图书馆电子资源的建设及阅读推广研究	赵丹僖著	哈尔滨出版社	978-7-5484-5818-0
346	图书档案资源数字化融合服务实现研究	赵红颖著	东北师范大学出版社	978-7-5681-8339-0
347	数字图书馆建设与档案管理	赵吉文，李斌，朱瑞萍著	汕头大学出版社	978-7-5658-4333-4
348	图书馆管理新论	赵杰，杨海亚，葛洁敏主编	上海交通大学出版社	978-7-313-23586-2
349	信息时代图书馆档案管理工作的实践与创新	赵莉著	中国商务出版社	978-7-5103-4000-0
350	中国民族历史文献学	赵令志编著	中央民族大学出版社	978-7-5660-1933-2
351	中国古典学．第二辑	赵卫东，许东主编	山东大学出版社	978-7-5607-7130-4
352	图书馆数字资源建设研究与实践	赵夕姝，陶梦云，孔令超著	吉林科学技术出版社	978-7-5578-8256-3
353	数字化图书馆资源建设与档案管理实践	赵毅菲，李丹，张丽著	北方文艺出版社	978-7-5317-5281-3
354	辨伪与存真：百年来的古书体例研究	赵争著	中西书局	978-7-5475-1843-4
355	图书馆信息资源建设与服务创新研究	郑丽珺，张清智，宋茜著	西北工业大学出版社	978-7-5612-8075-1
356	中国图书馆年鉴．2020	中国图书馆学会，国家图书馆编	国家图书馆出版社	978-7-5013-7302-4
357	图林漫笔	周德明著	上海书店出版社	978-7-5458-1989-2
358	公共图书馆全民阅读推广理论与实践探究	周红波著	云南科技出版社	978-7-5587-3558-5
359	信息素养与信息检索	周建芳主编	科学出版社	978-7-03-069089-0
360	高校图书馆读者服务工作拓展与创新	周静著	延边大学出版社	978-7-230-02576-8
361	高校图书馆的管理与信息整合研究	周娜著	吉林科学技术出版社	978-7-5578-8661-5
362	社会认识层次论：一个 LIS 基础理论框架的建构与检验	周文杰著	中国社会科学出版社	978-7-5203-7858-1

续表

序号	书名	责任者及著作方式	出版社	ISBN
363	中文信息检索数字参考咨询方法与实务	周燕著	东北师范大学出版社	978-7-5681-8323-9
364	大数据环境下情报研究方法论体系研究	周瑛著	科学出版社	978-7-03-068649-7
365	现代图书馆管理与信息资源建设	周云颜，曹碧云，徐冰著	吉林文史出版社	978-7-5472-8087-4
366	图书馆现代化管理与服务创新研究	朱丹阳著	吉林大学出版社	978-7-5692-9768-3
367	高校图书馆管理与学科服务研究	朱晓霞著	吉林出版集团股份有限公司	978-7-5731-0651-3
368	高校图书馆信息资源管理与建设研究	朱毅曼，陈莹著	吉林人民出版社	978-7-206-18420-8
369	图书馆信息采编与图书情报实用技术	朱泽业，邵阳，李寒著	河海大学出版社	978-7-5630-6979-8
370	公共图书馆发展及其文旅融合路径探究	祝坤著	吉林人民出版社	978-7-206-18441-3
371	职教科研文献检索与综述实例分析	庄曼丽主编	浙江工商大学出版社	978-7-5178-4280-4
372	另眼看古书	宗鸣安著	陕西人民美术出版社	978-7-5368-3755-3
373	中国古文献概论	踪凡主编	高等教育出版社	978-7-04-056067-1
374	基于文献计量的植物活性成分研究趋势分析	纵伟，陈淑慧著	郑州大学出版社	978-7-5645-8110-7
375	新业态、新领域发明专利申请检索及创造性解析	邹斌主编	知识产权出版社	978-7-5130-7772-9
376	大学的新衣：对基于文献计量学的科研评价的反思	（加）伊夫斯·金格拉斯著；刘莉，董彦邦，王琪译	上海交通大学出版社	978-7-313-24874-9
377	开源情报：互联网情报实用指南	（美）尼哈德·哈桑，（美）拉米·希贾兹著；王奕结译	清华大学出版社	978-7-302-58211-3
378	美国公共图书馆史	（美）韦恩·A. 威甘德著；谢欢，谢天译	国家图书馆出版社	978-7-5013-6842-6
379	古希腊图书馆史：从米诺斯的档案图书馆到托勒密的世界图书馆	（希）康斯坦蒂诺斯·斯塔伊克斯著；刘伟译	研究出版社	978-7-5199-0969-7
380	如何进行资料收集	（英）温迪·奥尔森著；李芬译	中国人民大学出版社	978-7-300-29735-4
381	藏书的艺术	（英）约翰·威利斯·克拉克著；黄瑶译	四川人民出版社	978-7-220-12068-8

注：此部分内容于 2022 年 4 月 20 日在国家图书馆联机公共目录查询系统检索获得。

（国家图书馆　刘洁萍整理）

统计资料

2021年全国公共图书馆事业统计[①]

按年份全国公共图书馆主要业务活动情况

年份	机构数/个	从业人员/人	总藏量/万册(件)	总流通人次/万人次		书刊文献外借册次/万册次	书架单层总长度/万米	实际持证读者数/人	本年新购藏量/万册(件)
					外借人次				
1979年	1651		18353	7787		9625			
1980年	1732		19904	9045		11830			
1985年	2344	29350	25573	11614		18942			1343
1986年	2406	31849	26133	11722		16205	504	523	1359
1990年	2527	40247	29064	12435		20242	772	603	895
1991年	2535	42037	30614	20496	7949	13325	758	631	771
1992年	2558	43051	31175	18495	7653	12625	748	563	740
1993年	2572	44656	31410	16973	6970	11685	797	562	631
1994年	2589	44367	32332	14451	7232	11852	776	552	556
1995年	2615	45323	32850	14142	7160	11814	899	540	551
1996年	2620	46457	33686	14793	7731	13544	967	527	577
1997年	2628	47882	37549	16114	8561	15685	817	556	680
1998年	2662	48313	38514	17058	8910	15422	873	582	700
1999年	2669	48792	39539	18040	9075	16290	934	596	678
2000年	2675	51342	40953	18854	9600	16913	978	623	692
2001年	2696	48579	42130	20757	9829	17559	945	792	819
2002年	2697	48447	42683	21950	10428	20021	995	918	946
2003年	2709	49646	43776	21440	10666	18775	1035	943	1049
2004年	2720	49069	46152	22095	10140	18536	1247	1056	1228
2005年	2762	50423	48056	23332	10821	20269	1320	1062	1535
2006年	2778	51311	50024	25218	11408	21039	1413	1160	1686
2007年	2799	51650	52053	26103	11454	21319	1318	1273	1871
2008年	2820	52021	55064	28141	12251	23129	1112	1454	2071
2009年	2850	52688	58521	32167	13277	25857	1216	1749	2939
2010年	2884	53564	61726	32823	13934	26392	1200	2020	2956
2011年	2952	54475	63896	37423	15316	28452	1218	2214	3985
2012年	3076	54997	68827	43437	17402	33191	1216	2485	5826
2013年	3112	56320	74896	49232	20552	40868	1191	2877	4865
2014年	3117	56071	79092	53036	22737	46734	1210	3944	4742
2015年	3139	56422	83844	58892	23085	50896	1262	5721	5151
2016年	3154	57219	90163	66037	24892	54725	1335	5593	6275
2017年	3166	57567	96953	74450	25503	55091	1432	6736	7034
2018年	3176	57617	103659	81827	25503	58010	1487	7252	6895
2019年	3196	57796	111181	90135	26609	61373	1615	8627	6986
2020年	3212	57980	117930	54146	17467	42087	1612	10251	6732
2021年	3215	59301	126178	74614	23809	58730	1704	10314	7407

① 数据由文化和旅游部财务司规划统计处提供。

按年份全国公共图书馆经费收支及设施情况

年 份	收入合计/万元	财政拨款	支出合计/万元	新增藏量购置费	新购图书/万册	实际使用房屋建筑面积/万平方米	书库	阅览室	阅览室座席数/万个
1979年	5040	5040	5206	2163		86.6	38.1	21.1	
1980年	5476	5476	5486	2273		92.0	42.1	23.5	
1985年	15272	15272	13393	4164	1343	172.0	64.1	46.1	23.1
1986年	19891	19070	17242	5300	1359	210.2	73.0	53.4	33.7
1990年	32328	29292	30271	8474	895	326.0	98.4	76.1	32.1
1991年	36764	32593	34388	8927	771	349.1	104.3	80.0	34.0
1992年	45354	39010	41132	9916	740	363.6	105.3	84.3	34.4
1993年	50917	42975	48211	10698	631	368.0	108.0	85.0	34.3
1994年	74586	60639	63295	9252	556	409.1	113.6	85.7	34.8
1995年	79685	65829	74080	16788	551	415.5	117.8	88.3	35.2
1996年	93235	76582	88963	19626	577	441.4	120.8	94.0	35.6
1997年	114004	93177	113927	25527	680	471.5	124.9	98.0	37.4
1998年	129082	107521	127032	28067	700	492.5	131.7	101.8	39.9
1999年	137430	115830	135826	30473	678	506.0	137.4	105.7	41.6
2000年	163799	139321	157173	37141	692	598.2	139.0	109.7	41.6
2001年	183368	152732	187661	36489	819	561.8	146.4	114.4	43.7
2002年	213322	176882	208929	41853	946	582.8	151.6	122.6	43.9
2003年	242188	205252	235819	44407	1049	588.6	156.0	129.7	46.1
2004年	281234	238141	275034	50780	1228	625.1	158.4	138.6	47.2
2005年	325880	277848	312571	59781	1535	677.0	170.0	150.0	48.0
2006年	366089	319479	344076	66095	1686	718.9	175.5	159.0	50.0
2007年	450512	395441	431326	78262	1871	741.4	181.6	169.2	52.7
2008年	531926	477616	519841	83832	2071	780.0	183.5	179.3	55.4
2009年	613175	550808	606630	104404	2939	850.3	194.7	203.5	60.2
2010年	646085	583685	643629	111093	2956	900.4	204.5	220.6	63.1
2011年	813232	756357	794778	141477	3985	994.9	212.9	245.3	68.1
2012年	1002068	934890	977556	147785	5826	1058.4	230.1	281.9	73.5
2013年	1151163	1070575	1130035	165959	4865	1158.5	240.2	318.9	81.0
2014年	1212979	1137210	1163583	170133	4742	1231.6	252.4	331.8	85.6
2015年	1358370	1270354	1340481	197468	5151	1301.5	268.4	358.0	91.1
2016年	1494998	1415668	1451469	216020	6275	1424.3	281.9	398.2	98.6
2017年	1801356	1722791	1692580	236506	7034	1515.3	302.7	433.5	106.4
2018年	1829159	1754512	1876015	204622	6894	1596.0	318.5	458.4	111.7
2019年	1912115	1835549	1928714	234890	6986	1699.7	335.1	497.6	119.1
2020年	1914647	1821282	1883153	225760	6732	1785.8	345.7	537.3	126.5
2021年	1843958	1782476	1892952	221364	7407	1914.2	366.1	598.1	134.4

按年份各地区公共图书馆机构数

单位：个

地 区	1995年	2000年	2005年	2010年	2015年	2019年	2020年	2021年
全 国	**2615**	**2675**	**2762**	**2884**	**3139**	**3196**	**3212**	**3215**
北 京	22	24	25	24	24	23	23	20
天 津	31	31	32	31	31	29	27	20
河 北	134	145	153	165	172	173	176	177
山 西	119	121	122	126	126	128	128	128
内蒙古	107	108	110	113	117	117	117	117
辽 宁	127	128	126	128	129	130	129	129
吉 林	51	60	63	65	66	66	66	66
黑龙江	96	97	96	107	107	110	103	103
上 海	31	31	28	28	25	23	23	22
江 苏	94	101	103	111	114	117	120	123
浙 江	81	83	90	97	100	103	104	103
安 徽	83	84	88	88	122	127	131	133
福 建	78	81	84	86	90	94	97	96
江 西	104	104	104	108	114	114	114	114
山 东	130	133	145	149	154	154	154	153
河 南	132	134	136	142	158	164	166	169
湖 北	100	103	102	107	112	116	117	117
湖 南	116	115	120	124	137	141	143	144
广 东	114	124	129	132	140	146	148	150
广 西	99	94	95	108	112	116	116	116
海 南	19	19	20	20	21	24	24	24
重 庆		42	43	43	43	43	43	43
四 川	166	129	141	161	203	206	207	207
贵 州	87	89	91	93	96	98	100	99
云 南	148	148	149	150	151	151	149	151
西 藏	18	1	4	4	79	81	81	82
陕 西	114	114	111	112	110	111	117	117
甘 肃	86	91	92	94	103	104	104	104
青 海	41	38	43	44	49	52	50	50
宁 夏	20	22	20	20	26	27	27	27
新 疆	66	80	96	103	107	107	107	110

按年份各地区公共图书馆从业人员

单位：人

地　区	1995年	2000年	2005年	2010年	2015年	2019年	2020年	2021年
全　国	**45323**	**51342**	**50423**	**53564**	**56422**	**57796**	**57980**	**59301**
北　京	886	1080	1219	1307	1263	1218	1228	1224
天　津	1084	1111	1057	1077	1189	1060	1163	1090
河　北	1592	1711	1690	1789	1855	1892	2020	2149
山　西	1370	1527	1631	1575	1554	1670	1765	1788
内蒙古	2015	1833	1776	1804	1942	1795	1784	1813
辽　宁	2859	4916	2888	3152	2805	2423	2295	2193
吉　林	1596	1724	1783	1661	1628	1566	1471	1485
黑龙江	2014	1846	1669	1846	1693	1594	1535	1558
上　海	1686	2513	2597	2180	2113	2164	2112	2158
江　苏	1953	2092	2363	2838	3183	3617	3684	3825
浙　江	1565	1936	2122	3040	3577	4055	3876	3902
安　徽	1168	1241	1217	1239	1510	1509	1572	1622
福　建	1077	1172	1110	1190	1330	1612	1643	1672
江　西	1386	1462	1373	1406	1395	1372	1387	1389
山　东	2318	2506	2690	2680	2750	2816	2904	2995
河　南	2352	2626	2742	2762	2949	2910	2906	2877
湖　北	2054	2299	2253	2151	2212	2101	2089	2155
湖　南	1733	1925	1963	1993	2092	2063	2066	2168
广　东	2355	2837	3252	3761	4159	4729	5163	5417
广　西	1335	1540	1459	1509	1509	1680	1680	1763
海　南	252	250	250	374	325	316	363	358
重　庆		785	755	854	874	984	953	1049
四　川	2415	1719	1869	1972	2261	2295	2365	2450
贵　州	869	876	905	937	1046	1088	1084	1238
云　南	1429	1571	1661	1760	1826	1785	1755	1777
西　藏	50	42	62	64	187	185	198	198
陕　西	1317	1572	1691	1988	2121	2383	2056	2101
甘　肃	979	1110	1179	1306	1443	1433	1488	1530
青　海	400	378	365	398	411	469	488	495
宁　夏	498	537	509	543	558	586	568	562
新　疆	770	907	951	978	1083	1015	977	987

按年份各地区公共图书馆总藏量

单位：万册/件

地　区	1995年	2000年	2005年	2010年	2015年	2019年	2020年	2021年
全　国	**32850**	**40953**	**48056**	**61726**	**83844**	**111181**	**117930**	**126178**
北　京	670	767	1121	1715	2425	3012	3133	3317
天　津	677	786	869	1258	1697	2099	2175	2282
河　北	845	1081	1307	1611	2200	3064	3432	3984
山　西	777	867	963	1208	1548	2026	2153	2296
内蒙古	621	683	744	940	1513	1996	2050	2145
辽　宁	1786	1970	2326	2953	3736	4395	4533	4670
吉　林	921	1030	1202	1380	1768	2168	2258	2401
黑龙江	1094	1186	1291	1644	1827	2319	2357	2430
上　海	1586	5500	6049	6809	7568	8063	8092	8222
江　苏	2420	2669	3179	4370	6847	9887	10546	11161
浙　江	1511	1715	2324	3761	6250	9433	9867	10619
安　徽	752	787	847	1236	1942	3123	3546	3770
福　建	902	985	1274	1682	2821	4254	4606	5251
江　西	1070	1122	1282	1520	2159	2659	2857	3111
山　东	1724	1989	2746	3636	4727	6616	6975	7526
河　南	1062	1239	1429	1837	2472	3409	4065	4106
湖　北	1445	1678	1923	2361	3003	4221	4416	4651
湖　南	1362	1514	1667	1961	2555	3567	3923	4828
广　东	1651	2316	3119	4615	7008	10543	11687	12687
广　西	1243	1312	1491	1881	2606	2902	3003	3027
海　南	137	154	184	285	424	598	665	697
重　庆		811	768	1031	1304	1901	1997	2341
四　川	2356	1722	2002	2599	3328	4172	4350	4613
贵　州	616	681	764	812	1221	1606	1674	1825
云　南	1104	1254	1371	1566	1944	2338	2344	2419
西　藏	51	60	42	53	162	245	249	263
陕　西	733	837	887	1127	1506	2097	2155	2295
甘　肃	670	745	860	1042	1340	1700	1814	1953
青　海	280	286	324	358	415	494	582	602
宁　夏	338	380	378	462	706	749	803	856
新　疆	489	579	817	1113	1303	1490	1513	1601

按年份各地区人均拥有公共图书馆藏量

单位：册/件

地区	1995年	2000年	2005年	2010年	2015年	2019年	2020年	2021年
全国	**0.27**	**0.32**	**0.37**	**0.46**	**0.61**	**0.79**	**0.84**	**0.89**
北京	0.54	0.55	0.73	0.87	1.12	1.40	1.43	1.52
天津	0.72	0.79	0.83	0.97	1.10	1.34	1.57	1.66
河北	0.13	0.16	0.19	0.22	0.30	0.40	0.46	0.53
山西	0.25	0.26	0.29	0.34	0.42	0.54	0.62	0.66
内蒙古	0.27	0.29	0.31	0.38	0.60	0.79	0.85	0.89
辽宁	0.44	0.46	0.55	0.68	0.85	1.01	1.06	1.10
吉林	0.36	0.38	0.44	0.50	0.64	0.81	0.94	1.01
黑龙江	0.30	0.32	0.34	0.43	0.48	0.62	0.74	0.78
上海	1.12	3.29	3.40	2.96	3.13	3.32	3.25	3.30
江苏	0.34	0.36	0.43	0.56	0.86	1.23	1.24	1.31
浙江	0.35	0.37	0.47	0.69	1.13	1.61	1.53	1.62
安徽	0.13	0.13	0.14	0.21	0.32	0.49	0.58	0.62
福建	0.28	0.28	0.36	0.46	0.73	1.07	1.11	1.25
江西	0.26	0.27	0.30	0.34	0.47	0.57	0.63	0.69
山东	0.20	0.22	0.30	0.38	0.48	0.66	0.69	0.74
河南	0.12	0.13	0.15	0.20	0.26	0.35	0.41	0.42
湖北	0.25	0.28	0.34	0.41	0.51	0.71	0.76	0.80
湖南	0.21	0.24	0.26	0.30	0.38	0.52	0.59	0.73
广东	0.24	0.27	0.34	0.44	0.65	0.92	0.93	1.00
广西	0.27	0.29	0.32	0.41	0.54	0.59	0.60	0.60
海南	0.19	0.20	0.22	0.33	0.47	0.63	0.66	0.68
重庆		0.26	0.27	0.36	0.43	0.61	0.62	0.73
四川	0.21	0.21	0.24	0.32	0.41	0.50	0.52	0.55
贵州	0.18	0.19	0.20	0.23	0.35	0.44	0.43	0.47
云南	0.28	0.29	0.31	0.34	0.41	0.48	0.50	0.52
西藏	0.21	0.23	0.15	0.18	0.50	0.70	0.68	0.72
陕西	0.21	0.23	0.24	0.30	0.40	0.54	0.55	0.58
甘肃	0.27	0.29	0.33	0.41	0.52	0.64	0.73	0.78
青海	0.58	0.55	0.60	0.64	0.70	0.81	0.98	1.01
宁夏	0.66	0.68	0.63	0.73	1.06	1.08	1.11	1.18
新疆	0.29	0.30	0.41	0.51	0.55	0.59	0.59	0.62

按年份各地区公共图书馆总流通人次

单位：万人次

地　区	1995年	2000年	2005年	2010年	2015年	2019年	2020年	2021年
全　国	**14142**	**18854**	**23332**	**32823**	**58892**	**90135**	**54146**	**74614**
北　京	272	320	715	775	1264	1969	413	724
天　津	265	461	483	606	789	1621	759	861
河　北	473	736	635	736	1428	2563	857	2157
山　西	227	261	256	374	830	2030	989	1477
内蒙古	282	270	380	312	649	1377	744	837
辽　宁	829	1184	1133	1457	2068	3123	1562	1738
吉　林	385	409	505	503	732	971	415	510
黑龙江	631	608	505	622	968	1152	396	509
上　海	687	1225	1249	1853	3931	2734	668	1294
江　苏	883	1227	1735	3006	6001	8425	9047	10961
浙　江	555	1140	1398	3454	7942	13935	8461	10999
安　徽	372	561	461	760	1739	3582	2392	4099
福　建	466	647	734	1193	2396	3895	1660	2295
江　西	413	485	534	639	1258	1859	1396	2651
山　东	509	795	1422	1717	2729	5245	3574	4251
河　南	650	713	828	1026	2233	4295	2526	3091
湖　北	559	714	1145	1516	1955	2646	1293	1996
湖　南	618	808	787	1028	1617	2662	3118	4107
广　东	1447	2235	3543	4540	7855	12201	5494	8654
广　西	809	927	896	1343	2065	2113	1163	1790
海　南	94	121	115	172	445	444	309	437
重　庆		266	595	621	1235	1598	1190	1465
四　川	776	554	766	1168	2010	2739	1744	2146
贵　州	462	228	187	369	594	930	705	1390
云　南	559	654	735	907	1223	1693	1073	1085
西　藏		2	2	3	20	38	26	34
陕　西	242	275	365	519	982	1538	825	1126
甘　肃	225	185	317	468	678	907	588	801
青　海	39	58	68	89	112	168	106	111
宁　夏	140	142	167	163	282	531	339	368
新　疆	140	263	212	350	474	575	246	485

按年份各地区公共图书馆书刊文献外借册次

单位：万册次

地　区	1995年	2000年	2005年	2010年	2015年	2019年	2020年	2021年
全　国	**11814**	**16913**	**20269**	**26392**	**50896**	**61373**	**42087**	**58730**
北　京	283	442	678	804	940	1266	309	630
天　津	237	274	380	572	859	1067	459	741
河　北	379	673	469	493	972	1713	892	1866
山　西	204	207	272	282	547	1044	728	1023
内蒙古	239	233	243	312	574	784	541	477
辽　宁	856	1119	1173	1456	1708	1982	1387	1889
吉　林	332	387	794	412	748	710	363	354
黑龙江	500	527	789	479	688	884	288	354
上　海	507	970	1028	1461	8681	2151	786	1536
江　苏	967	1269	1494	2542	4980	6153	6240	8020
浙　江	550	1054	1233	2924	5727	7846	5546	7399
安　徽	343	455	341	683	1481	2340	1714	2281
福　建	517	779	729	1097	2465	4176	2268	3391
江　西	383	543	723	562	1119	1688	1271	1752
山　东	573	718	1379	1514	2331	3623	2412	3494
河　南	517	695	647	915	1676	2465	1602	2014
湖　北	543	769	927	1846	1816	2298	1211	1731
湖　南	562	735	801	1059	1540	2409	2151	3582
广　东	687	1192	2037	2267	4377	7933	5991	8676
广　西	528	688	761	733	1155	1061	596	869
海　南	49	64	28	86	222	228	158	224
重　庆		435	472	706	949	1324	1064	1184
四　川	691	564	651	924	1617	1929	1317	1618
贵　州	133	189	118	222	476	642	534	753
云　南	529	680	701	702	1072	1056	793	907
西　藏		11	4	4	7	11	7	9
陕　西	238	305	264	305	681	1003	569	751
甘　肃	173	153	261	345	588	715	373	578
青　海	51	52	58	42	91	93	65	49
宁　夏	125	265	212	182	302	354	240	222
新　疆	91	251	175	317	440	362	200	325

按年份各地区公共图书馆财政拨款

单位：万元

地区	1995年	2000年	2005年	2010年	2015年	2019年	2020年	2021年
全国	**65829**	**139321**	**277848**	**583685**	**1270354**	**1835549**	**1821282**	**1782476**
北京	1683	8734	15554	32746	58565	74926	73607	73605
天津	1295	2751	10980	18500	37294	64223	48730	49733
河北	1827	2980	6717	10034	28569	35300	42593	45647
山西	1184	2150	4862	9838	22710	42261	36189	36707
内蒙古	1432	2452	5086	17898	38852	36952	37436	36250
辽宁	3737	6822	15446	31121	48542	52927	44701	48420
吉林	1707	3364	5861	12385	28732	34036	31270	28466
黑龙江	2088	3104	7752	13616	28784	31013	27606	30151
上海	5558	22870	30636	56345	85027	156373	188139	130308
江苏	3620	6729	16075	34240	82558	136072	128116	142201
浙江	2356	6509	20316	43536	94626	133723	132525	142048
安徽	1165	2054	5436	10008	24786	45391	40791	41691
福建	1778	3681	6579	14975	35015	49944	62688	62226
江西	1184	2022	3780	9726	24660	31278	34008	35595
山东	2814	6129	12039	22996	54919	74024	75597	71547
河南	1766	3591	5987	12252	33275	55535	52687	50074
湖北	1649	2896	6498	29240	47629	59526	57305	58176
湖南	1816	2550	5376	12154	29914	45615	45329	44705
广东	6110	11868	28592	58296	127501	234178	235388	236231
广西	1563	2851	5469	12191	32734	43378	39641	35918
海南	378	322	631	3373	9758	9955	24580	19710
重庆		1491	2957	7650	23778	32073	32578	32956
四川	2591	2877	7229	16955	64020	61442	62218	63170
贵州	746	1259	3401	5939	15290	61815	39127	43331
云南	2178	5134	6096	11763	24864	40968	49667	47156
西藏	72	111	336	1145	6932	6245	8994	6569
陕西	934	2038	3973	11547	25922	34586	32977	44010
甘肃	985	1752	4438	9648	22858	25579	27046	26271
青海	724	678	1237	3096	9340	10493	11784	11551
宁夏	408	786	1504	5067	12731	11882	11266	12365
新疆	1062	1476	3360	8089	21635	21600	19024	20236

按年份各地区公共图书馆总支出

单位：万元

地　区	1995年	2000年	2005年	2010年	2015年	2019年	2020年	2021年
全　国	**74080**	**157173**	**312571**	**643629**	**1340481**	**1928714**	**1883153**	**1892952**
北　京	1851	5326	16840	26706	59616	74400	71609	74402
天　津	2128	3074	7548	20119	35517	59775	51152	50746
河　北	2044	3458	7208	11062	28024	36871	42382	47519
山　西	1170	2270	5085	10787	23050	41861	43440	35284
内蒙古	1458	2536	4959	15124	39865	39053	38309	37347
辽　宁	4392	7783	16225	32183	49577	53354	47535	47852
吉　林	1835	3520	6295	12613	29390	32865	32279	30983
黑龙江	2139	3409	8602	13500	31318	31220	27753	28797
上　海	7021	24425	36757	63728	93556	141282	194038	168390
江　苏	4046	8400	20630	37964	86604	143067	129244	145435
浙　江	3082	8500	22905	47316	100338	166239	136592	145727
安　徽	1384	2641	5767	11788	26927	43534	42662	43031
福　建	1710	3916	7446	15517	34971	57532	65034	59679
江　西	1323	2343	4343	10432	25599	34173	35446	40705
山　东	2968	6881	13242	23206	56509	78346	77636	74620
河　南	2140	3902	6377	13452	32060	57976	54013	51806
湖　北	2372	3952	8120	31444	50295	62709	58583	59938
湖　南	2329	3399	6431	13378	30504	48584	47725	62558
广　东	6807	14597	33777	61294	134518	240520	232773	239893
广　西	1769	3077	6288	13369	35915	44243	40367	37218
海　南	369	355	658	4320	9808	12801	24021	19699
重　庆		2026	3856	9335	24115	35160	35355	34752
四　川	3245	3462	8218	17841	59960	68280	63570	65155
贵　州	810	1428	3497	6736	17210	64014	41620	41950
云　南	2234	3928	6786	12632	27661	40346	46813	48225
西　藏	61	110	336	689	5146	6550	8041	7155
陕　西	951	2263	4405	11820	27944	38002	40501	46396
甘　肃	1011	1799	4399	9592	25254	28366	29648	28698
青　海	424	780	1315	3155	9074	12007	12294	12118
宁　夏	430	783	1574	5786	12828	14135	12182	13610
新　疆	1119	1677	3999	8890	26944	25569	20076	21456

按年份各地区公共图书馆新增藏量购置费

单位：万元

地　区	1995年	2000年	2005年	2010年	2015年	2019年	2020年	2021年
全　国	**16788**	**37141**	**59781**	**111093**	**197468**	**234890**	**225760**	**221364**
北　京	251	914	3413	4483	8392	7382	7446	7600
天　津	318	563	1527	3267	4870	9331	6986	7499
河　北	302	428	677	1524	4063	4214	4555	5272
山　西	131	292	385	1482	2466	4469	5749	4415
内蒙古	86	166	169	939	3209	2940	3690	2985
辽　宁	768	948	2027	5165	6801	6509	4749	4674
吉　林	250	459	777	1312	3877	3367	3315	2890
黑龙江	235	395	410	1584	2436	2900	2231	2481
上　海	2204	11210	10342	14950	19127	16030	15410	14850
江　苏	732	1780	3739	8279	15421	18308	15090	16483
浙　江	578	1577	3994	10908	17781	25282	25214	26527
安　徽	262	297	619	1454	4634	6431	7664	6492
福　建	311	716	1599	2801	6229	9979	9299	7848
江　西	99	302	646	1299	2624	5080	4701	6407
山　东	506	978	1868	4000	7665	9515	10275	9656
河　南	255	413	655	1449	4166	6053	6996	6103
湖　北	299	699	1296	1847	8752	10400	7469	7602
湖　南	207	415	900	1672	3933	6344	5243	5682
广　东	1186	2832	7394	12506	23670	37892	31289	32514
广　西	291	520	674	1863	5043	5739	4735	3642
海　南	59	41	92	874	873	1434	1554	1019
重　庆		330	569	1626	3230	4858	3981	3854
四　川	431	485	1095	2129	4912	7259	6176	8292
贵　州	100	166	301	682	1446	2144	2309	3513
云　南	441	538	720	1700	2699	2312	2462	2674
西　藏	14	16	43	119	1176	348	502	575
陕　西	104	117	701	1527	3270	3972	7468	3748
甘　肃	170	289	594	1177	2382	2871	3242	2781
青　海	33	54	72	153	785	848	1310	1098
宁　夏	41	68	136	501	1355	1162	959	1309
新　疆	91	136	347	925	1480	1117	1007	1652

按年份各地区公共图书馆人均购书费

单位：元

地　区	1995年	2000年	2005年	2010年	2015年	2019年	2020年	2021年
全　国	**0.14**	**0.29**	**0.46**	**0.83**	**1.43**	**1.68**	**1.60**	**1.57**
北　京	0.20	0.66	2.22	2.29	3.87	3.43	3.40	3.47
天　津	0.34	0.56	1.46	2.53	3.15	5.97	5.04	5.46
河　北	0.05	0.06	0.10	0.21	0.55	0.56	0.61	0.71
山　西	0.04	0.09	0.12	0.42	0.67	1.20	1.65	1.27
内蒙古	0.04	0.07	0.07	0.38	1.28	1.16	1.53	1.24
辽　宁	0.19	0.22	0.48	1.18	1.55	1.50	1.12	1.11
吉　林	0.10	0.17	0.29	0.48	1.41	1.25	1.38	1.22
黑龙江	0.06	0.11	0.11	0.41	0.64	0.77	0.70	0.79
上　海	1.56	6.70	5.82	6.49	7.92	6.60	6.20	5.97
江　苏	0.10	0.24	0.50	1.05	1.93	2.27	1.78	1.94
浙　江	0.13	0.34	0.82	2.00	3.21	4.32	3.91	4.06
安　徽	0.04	0.05	0.10	0.24	0.75	1.01	1.26	1.06
福　建	0.10	0.21	0.45	0.76	1.62	2.51	2.24	1.87
江　西	0.02	0.07	0.15	0.29	0.58	1.09	1.04	1.42
山　东	0.06	0.11	0.20	0.42	0.78	0.95	1.01	0.95
河　南	0.03	0.05	0.07	0.15	0.44	0.63	0.70	0.62
湖　北	0.05	0.12	0.23	0.32	1.50	1.76	1.29	1.30
湖　南	0.03	0.06	0.14	0.25	0.58	0.92	0.79	0.86
广　东	0.17	0.33	0.80	1.20	2.18	3.29	2.48	2.56
广　西	0.06	0.12	0.15	0.41	1.05	1.16	0.94	0.72
海　南	0.08	0.05	0.11	1.01	0.54	1.52	1.54	1.00
重　庆		0.11	0.20	0.56	1.07	1.56	1.24	1.20
四　川	0.04	0.06	0.13	0.27	0.60	0.87	0.74	0.99
贵　州	0.03	0.05	0.08	0.20	0.41	0.59	0.60	0.91
云　南	0.11	0.13	0.16	0.37	0.57	0.48	0.52	0.57
西　藏	0.06	0.06	0.16	0.40	3.63	0.99	1.38	1.57
陕　西	0.03	0.03	0.19	0.41	0.86	1.03	1.89	0.95
甘　肃	0.07	0.11	0.23	0.46	0.92	1.08	1.30	1.12
青　海	0.07	0.10	0.13	0.27	1.33	1.39	2.21	1.85
宁　夏	0.08	0.12	0.23	0.80	2.03	1.67	1.33	1.81
新　疆	0.06	0.07	0.17	0.42	0.63	0.44	0.39	0.64

按年份各地区公共图书馆购书费支出占总支出的比重

单位：%

地　区	1995年	2000年	2005年	2010年	2015年	2019年	2020年	2021年
全　国	**22.7**	**23.6**	**19.1**	**17.3**	**14.7**	**12.2**	**12.0**	**11.7**
北　京	13.6	17.2	20.3	16.8	14.1	9.9	10.4	10.2
天　津	14.9	18.3	20.2	16.2	13.7	15.6	13.7	14.8
河　北	14.8	12.4	9.4	13.8	14.5	11.4	10.7	11.1
山　西	11.2	12.9	7.6	13.7	10.7	10.7	13.2	12.5
内蒙古	5.9	6.5	3.4	6.2	8.0	7.5	9.6	8.0
辽　宁	17.5	12.2	12.5	16.0	13.7	12.2	10.0	9.8
吉　林	13.6	13.0	12.3	10.4	13.2	10.2	10.3	9.3
黑龙江	11.0	11.6	4.8	11.7	7.8	9.3	8.0	8.6
上　海	31.4	45.9	28.1	23.5	20.4	11.3	7.9	8.8
江　苏	18.1	21.2	18.1	21.8	17.8	12.8	11.7	11.3
浙　江	18.8	18.6	17.4	23.1	17.7	15.2	18.5	18.2
安　徽	18.9	11.2	10.7	12.3	17.2	14.8	18.0	15.1
福　建	18.2	18.3	21.5	18.0	17.8	17.3	14.3	13.1
江　西	7.5	12.9	14.9	12.4	10.3	14.9	13.3	15.7
山　东	17.0	14.2	14.1	17.2	13.6	12.1	13.2	12.9
河　南	11.9	10.6	10.3	10.8	13.0	10.4	13.0	11.8
湖　北	12.6	17.7	16.0	5.9	17.4	16.6	12.7	12.7
湖　南	8.9	12.2	14.0	12.5	12.9	13.1	11.0	9.1
广　东	17.4	19.4	21.9	20.4	17.6	15.8	13.4	13.6
广　西	16.4	16.9	10.7	13.9	14.0	13.0	11.7	9.8
海　南	16.0	11.5	14.0	20.2	8.9	11.2	6.5	5.2
重　庆		16.3	14.8	17.4	13.4	13.8	11.3	11.1
四　川	13.3	14.0	13.3	11.9	8.2	10.6	9.7	12.7
贵　州	12.3	11.6	8.6	10.1	8.4	3.3	5.5	8.4
云　南	19.7	13.7	10.6	13.5	9.8	5.7	5.3	5.5
西　藏	23.0	14.5	12.8	17.2	22.8	5.3	6.2	8.0
陕　西	10.9	5.2	15.9	12.9	11.7	10.5	18.4	8.1
甘　肃	16.8	16.1	13.5	12.3	9.4	10.1	10.9	9.7
青　海	7.8	6.9	5.5	4.8	8.7	7.1	10.7	9.1
宁　夏	9.5	8.7	8.6	8.7	10.6	8.2	7.9	9.6
新　疆	8.1	8.1	8.7	10.4	5.5	4.4	5.0	7.7

按年份各地区公共图书馆新购图书册数

单位：万册

地　区	1995年	2000年	2005年	2010年	2015年	2019年	2020年	2021年
全　国	**551**	**692**	**1535**	**2956**	**5151**	**6986**	**6732**	**7407**
北　京	11	33	114	125	196	171	119	152
天　津	12	17	35	74	102	248	119	158
河　北	26	15	33	68	122	261	307	422
山　西	7	12	17	45	81	168	130	165
内蒙古	7	11	8	67	68	88	123	120
辽　宁	41	39	72	157	179	154	113	107
吉　林	14	14	32	52	96	117	94	72
黑龙江	17	17	26	71	88	86	70	91
上　海	44	67	100	176	242	184	161	187
江　苏	41	57	106	259	478	577	578	604
浙　江	33	54	142	337	643	816	894	769
安　徽	9	11	23	61	191	236	422	245
福　建	18	25	71	103	211	480	352	533
江　西	9	15	26	65	91	134	179	194
山　东	23	32	64	133	259	399	407	466
河　南	16	21	30	95	124	230	252	209
湖　北	23	28	43	60	185	304	185	208
湖　南	19	24	54	80	134	218	293	466
广　东	69	77	316	368	557	937	918	917
广　西	16	20	26	56	149	152	97	96
海　南	6	3	3	25	27	39	48	30
重　庆		12	23	52	104	105	100	183
四　川	25	21	47	95	211	217	200	256
贵　州	5	8	7	27	61	111	86	141
云　南	22	15	26	43	93	95	62	83
西　藏			2	2	39	13	15	17
陕　西	5	6	25	43	79	105	117	141
甘　肃	7	7	12	26	55	87	72	81
青　海	1	2	3	6	19	17	21	21
宁　夏	2	3	5	31	33	42	70	75
新　疆	6	5	15	32	93	59	57	76

按年份各地区公共图书馆阅览室座席数

单位：万个

地　区	1995年	2000年	2005年	2010年	2015年	2019年	2020年	2021年
全　国	**35.2**	**41.6**	**48.0**	**63.1**	**91.1**	**119.1**	**126.5**	**134.4**
北　京	0.5	0.8	1.1	1.3	1.5	1.6	1.6	1.8
天　津	0.5	0.7	1.0	0.9	1.5	2.0	2.1	2.2
河　北	1.4	1.8	2.0	2.2	3.3	4.6	4.8	5.7
山　西	0.9	1.1	1.2	1.6	2.7	3.9	4.2	4.3
内蒙古	1.2	1.3	1.4	1.7	2.6	3.3	3.6	3.6
辽　宁	1.7	2.0	2.3	3.0	3.5	4.1	4.2	4.1
吉　林	0.9	1.2	1.2	1.4	1.9	2.3	2.3	2.3
黑龙江	1.1	1.1	1.3	1.8	2.3	2.8	2.8	2.9
上　海	1.2	1.5	1.5	1.9	2.2	2.4	2.4	2.3
江　苏	1.8	2.2	2.5	3.9	5.1	7.3	7.7	8.0
浙　江	1.2	1.6	2.5	3.5	6.1	8.5	8.6	9.8
安　徽	0.9	0.8	1.0	1.6	3.3	4.6	4.9	5.1
福　建	1.3	1.3	1.7	2.5	3.2	4.5	4.6	4.6
江　西	1.6	1.6	1.7	2.2	3.1	4.0	4.8	5.2
山　东	1.4	2.0	2.7	3.7	5.6	6.4	7.0	7.4
河　南	1.2	1.6	1.7	2.4	4.2	6.2	6.5	6.7
湖　北	2.1	2.1	2.4	2.7	3.7	4.8	5.0	5.1
湖　南	2.2	2.5	2.3	3.0	3.3	4.2	4.6	5.3
广　东	2.6	3.0	4.0	5.9	9.0	11.0	12.5	13.4
广　西	1.8	2.0	1.8	2.5	2.8	3.4	3.7	3.8
海　南	0.3	0.3	0.3	0.4	0.6	0.7	0.7	0.7
重　庆		0.8	0.8	1.4	2.1	3.1	3.2	3.4
四　川	2.2	2.1	2.3	2.6	4.6	6.2	6.3	6.9
贵　州	0.8	1.0	1.1	1.2	2.0	2.7	2.9	3.2
云　南	1.5	1.9	1.9	2.1	2.6	3.3	3.2	3.5
西　藏					0.3	0.4	0.3	0.4
陕　西	0.9	0.9	1.3	1.4	2.0	2.8	3.2	3.4
甘　肃	0.7	0.8	1.0	1.3	1.9	2.8	3.3	3.6
青　海	0.2	0.2	0.2	0.3	0.4	0.5	0.7	0.8
宁　夏	0.4	0.4	0.5	0.5	0.9	1.3	1.4	1.4
新　疆	0.5	0.7	1.0	1.4	2.3	3.0	3.0	3.1

按年份各地区每万人公共图书馆建筑面积

单位：平方米

地　区	1995年	2000年	2005年	2010年	2015年	2019年	2020年	2021年
全　国	**34.3**	**47.3**	**51.8**	**67.2**	**94.7**	**121.4**	**126.5**	**135.5**
北　京	56.7	75.3	99.5	86.6	113.6	138.4	136.6	156.8
天　津	81.6	99.9	162.0	103.1	167.4	278.7	313.8	317.7
河　北	26.9	33.5	38.5	34.6	59.2	75.0	81.4	97.1
山　西	27.6	34.3	45.0	67.8	114.3	148.8	162.6	167.2
内蒙古	46.0	53.0	65.8	90.4	135.5	170.4	182.5	209.8
辽　宁	53.8	61.6	81.3	100.8	126.7	141.2	144.5	147.0
吉　林	35.5	39.6	50.1	53.3	98.9	114.2	128.4	138.6
黑龙江	33.6	36.6	48.2	65.0	76.6	91.8	110.2	116.3
上　海	85.8	132.6	137.2	160.9	173.2	182.9	183.2	177.9
江　苏	30.3	35.5	57.9	83.1	129.3	195.4	190.1	191.0
浙　江	34.8	57.7	83.7	106.7	171.7	223.4	204.0	238.9
安　徽	14.6	15.9	23.9	37.0	65.0	89.5	99.2	104.0
福　建	42.2	47.5	65.9	117.1	99.1	152.2	148.3	159.5
江　西	38.6	39.9	47.6	61.1	80.1	95.2	120.1	129.8
山　东	22.6	26.9	42.3	49.7	83.8	107.2	113.0	119.5
河　南	21.6	25.9	27.2	34.5	57.9	75.3	79.5	84.2
湖　北	35.1	39.3	49.9	57.3	91.9	121.4	126.1	128.2
湖　南	33.6	38.7	39.7	54.9	61.1	77.1	92.0	106.6
广　东	43.2	132.1	57.8	80.6	115.9	131.2	134.5	138.7
广　西	38.1	46.8	45.1	55.8	72.0	95.4	98.6	98.7
海　南	36.0	41.9	53.1	98.2	88.5	97.0	95.6	98.2
重　庆		37.5	47.2	70.8	97.6	118.4	119.4	124.7
四　川	22.6	27.3	34.2	42.1	68.5	81.2	83.4	98.7
贵　州	23.9	39.7	35.7	44.5	63.7	79.1	77.9	100.6
云　南	44.6	48.5	78.4	65.5	75.1	84.7	85.9	91.7
西　藏	52.1	61.1	104.7	89.6	156.2	168.3	169.1	196.4
陕　西	32.8	33.8	52.7	53.5	64.4	93.8	104.5	108.8
甘　肃	34.5	43.7	41.6	63.2	84.3	123.2	149.0	154.0
青　海	60.5	73.4	68.1	78.9	105.9	151.4	188.9	217.7
宁　夏	78.2	78.3	68.8	133.9	158.8	200.3	194.2	204.6
新　疆	43.1	44.7	54.7	82.0	100.6	140.5	139.0	145.8

	机构数/个	从业人员/人	专业技术人才	正高级职称	副高级职称	中级职称	总藏量/万册(件)
总　　计	**3215**	**59301**	**40867**	**938**	**6475**	**18979**	**126178.02**
其中：少儿图书馆	143	2610	1786	66	314	802	5491.27
按隶属关系分：							
中央	1	1313	1235	1	508	598	4230.15
省区市	38	7686	6724	355	1440	3116	22635.34
地市	385	15967	11996	381	2075	5675	32354.53
县市区	2791	34335	20912	201	2452	9590	66958.00
县图书馆	1548	14339	9288	74	1120	4296	23435.54

续表 1

	在藏量中		音视频资源总量/千万小时	电子文本、图片文献资源总量/TB	线上服务人次/万人次	书架单层总长度/米
	开架书刊	少儿文献				
总　　计	**67918.49**	**16626.92**	**1677.40**	**6823600.43**	**214524.03**	**17041812**
其中：少儿图书馆	3501.98	2743.04	10.74	168075.57	5523.32	442894
按隶属关系分：						
中央	170.69	8.56	0.03	2435.00	25938.41	
省区市	6010.46	1263.79	42.16	54699.83	78473.63	3133682
地市	19866.15	5864.11	100.93	1209568.03	75269.25	6462906
县市区	41871.19	9490.46	1534.28	5556897.57	34842.74	7445224
县图书馆	13321.52	3056.40	1043.49	2617512.97	9324.70	3000310

基本情况

图书	盲文图书	古籍	善本	报刊	视听文献	缩微制品	其他
102204.83	**135.56**	**2682.90**	**290.70**	**10432.88**	**2289.95**	**1558.79**	**7010.67**
4920.14	5.90	57.23	7.97	249.51	158.60	4.24	101.62
1679.58	0.67	199.51	38.26	1644.79	49.39	173.00	483.89
14691.86	14.58	1340.08	169.43	2190.69	418.06	1299.67	2695.00
27597.50	37.67	670.21	43.42	2609.59	731.20	7.82	738.35
58235.89	82.64	473.10	39.59	3987.81	1091.30	78.30	3093.43
19746.16	37.56	198.36	18.93	2013.22	338.30	34.65	1105.91

本年新增藏量/万册(件)	本年新增电子图书/万册	当年购买的报刊种类/种	实际持证读者数/人	总流通人次/万人次	书刊文献外借人次	书刊文献外借册次/万册次	组织各类讲座次数/次
7406.83	**7697.38**	**1005341**	**103139289**	**74613.69**	**23809.24**	**58730.15**	**83278**
329.01	260.91	37663	3222617	3476.23	1191.93	3682.80	6234
122.18	3.15	16010	5359933	164.68	19.04	33.31	48
619.81	1587.09	135466	14186876	5935.96	1142.05	3918.28	2912
1839.72	1815.76	302757	39416092	21179.61	6118.68	18012.90	19962
4825.12	4291.38	551108	44176388	47333.44	16529.47	36765.66	60356
1711.17	1673.05	212086	11312841	16896.54	6743.27	12467.98	21830

续表 2

	为读者举办各种活动					开展基层培训辅导人次/万人次
	参加人次/万人次	举办展览/个	参加人次/万人次	举办培训班/次	培训人次/万人次	
总　计	**2148.03**	**49839**	**9213.95**	**69451**	**530.51**	**138.11**
其中：少儿图书馆	120.68	2945	450.11	3812	24.79	5.46
按隶属关系分：						
中央	0.75	7	2.63	1508	4.47	0.19
省区市	785.84	2520	1172.40	2496	79.95	34.24
地市	481.65	9724	3082.40	20846	167.28	15.05
县市区	879.79	37588	4956.52	44601	278.81	88.63
县图书馆	318.01	18407	1725.97	15084	108.65	46.27

续表 3

	购书专项经费	上级补助收入	事业预算收入	经营收入	附属单位上缴收入	其他收入
总　计	**2105425**	**109747**	**242380**	**9542**	**8043**	**245110**
其中：少儿图书馆	97144	932	3334	1511		10980
按隶属关系分：						
中央	95000		107697	138	8000	25550
省区市	610338	40	95414	1647		71523
地市	632849	19222	11546	7679		49486
县市区	767238	90485	27723	78	43	98551
县图书馆	176595	55374	8260	9	43	26585

本单位受训人次/万人次	计算机/台	供读者使用电子阅览室终端数	图书馆网站访问量/人次	本年收入合计/千元	财政拨款预算收入	免费开放资金	中央资金
27.46	**224473**	**139417**	**2728185413**	**18439579**	**17824757**	**1776912**	**509535**
1.30	8697	4842	53605211	911766	895009	111579	29962
1.01	4104	503	1221574205	695921	554536		
6.35	20165	8535	453396484	4059971	3891347	293689	37010
7.48	53422	29607	716088001	5413359	5325426	687339	115268
12.62	146782	100772	337126723	8270328	8053448	795884	357257
5.70	66642	47936	152512502	2605775	2515504	313329	175317

本年支出合计/千元	基本支出	项目支出	经营支出	在支出合计中：工资福利支出	商品和服务支出	差旅费	劳务费
18929518	**10133291**	**8173317**	**7626**	**8025632**	**4664518**	**57016**	**436249**
986375	453262	517692	1099	358989	220229	2666	17033
718077	400214	317863		297939	259840	827	19832
4154635	1853684	2299372	1549	1493831	1054571	11146	44820
5534277	2940559	2535786	1793	2390868	1404035	12587	141252
8522529	4938834	3020296	4284	3842994	1946072	32456	230345
2652317	1712962	716339	1740	1313935	404789	14577	54412

续表 4

	福利费	各种税金支出	对个人和家庭补助支出	抚恤金和生活补助	其他资本性支出	各种设备、交通工具、图书购置费
总　计	**71312**	**15637**	**623966**	**75037**	**3353087**	**2802430**
其中：少儿图书馆	2567	1485	25686	4110	132587	120883
按隶属关系分：						
中央	874	6248	39258	1845	121040	101868
省区市	14507	3845	122253	11384	820431	623179
地市	19475	1734	235551	20699	987306	864426
县市区	36456	3810	226904	41109	1424310	1212957
县图书馆	10457	1314	71139	14087	463325	352573

续表 5

	电子阅览室面积	实际拥有产权面积/万平方米	阅览室座席数/个	少儿阅览室座席数	盲人阅览室座席数	志愿者服务队伍数/支
总　计	**68.31**	**1050.18**	**1344188**	**334953**	**32478**	**11804**
其中：少儿图书馆	2.14	32.64	55898	35630	1174	287
按隶属关系分：						
中央	0.26	27.81	5339	300	12	1
省区市	3.40	131.77	89092	12408	871	963
地市	14.05	276.81	356273	79128	6785	1107
县市区	50.60	613.79	893484	243117	24810	9733
县图书馆	24.05	270.78	378774	113079	12193	2922

新增藏量购置费	新增数字资源购置费	资产总计/千元	固定资产净值	实际使用公用房屋建筑面积/万平方米	书库面积	阅览室面积	书刊阅览室面积
1865861	**347774**	**79443339**	**61687531**	**1914.24**	**366.09**	**598.10**	**450.04**
82390	19925	2676309	1653054	67.83	10.38	23.20	18.13
92219	66	5366342	4755645	27.81	6.93	2.30	2.04
447613	103882	22263598	14441568	199.15	43.54	54.23	44.69
519489	147273	21064238	16702018	561.73	105.18	177.40	143.61
806540	96553	30749161	25788300	1125.55	210.44	364.17	259.70
238919	30290	8215332	6703575	439.75	88.38	145.27	95.29

志愿者服务队伍人数/人	图书馆延伸服务情况			
	流动图书车数/辆	流动服务书刊借阅人次/万人次	流动图书车书刊借阅册次/万册次	分馆数量/个
603797	**2951**	**1651.26**	**3315.44**	**43603**
32716	37	79.20	165.97	1233
300				19
81539	20	37.42	139.41	1144
204043	407	488.88	1079.08	5688
317915	2524	1124.96	2096.95	36752
92560	1102	567.41	867.10	15261

地　区	机构数/个	从业人员/人	专业技术人才	正高级职称	副高级职称	中级职称	总藏量/万册（件）
全　国	**3215**	**59301**	**40867**	**938**	**6475**	**18979**	**126178.02**
北　京	20	1224	929	16	83	399	3316.70
天　津	20	1090	830	22	146	368	2281.54
河　北	177	2149	1354	37	224	636	3983.67
山　西	128	1788	1108	22	147	472	2296.48
内蒙古	117	1813	1496	28	376	627	2145.06
辽　宁	129	2193	1642	79	271	937	4670.42
吉　林	66	1485	1232	61	295	494	2401.13
黑龙江	103	1558	1266	106	349	571	2430.38
上　海	22	2158	1939	58	183	817	8222.16
江　苏	123	3825	2374	62	385	1074	11160.84
浙　江	103	3902	2182	59	275	1069	10619.26
安　徽	133	1622	1022	10	114	451	3770.00
福　建	96	1672	1120	15	101	520	5251.24
江　西	114	1389	845	12	96	358	3110.99
山　东	153	2995	2336	58	410	1117	7525.63
河　南	169	2877	1669	34	216	748	4105.89
湖　北	117	2155	1614	28	206	848	4650.84
湖　南	144	2168	1563	16	162	805	4828.07
广　东	150	5417	3182	59	322	1589	12687.22
广　西	116	1763	1335	20	167	618	3026.99
海　南	24	358	232	1	9	121	696.83
重　庆	43	1049	639	38	109	281	2340.69
四　川	207	2450	1441	14	153	631	4612.55
贵　州	99	1238	918	11	119	345	1824.56
云　南	151	1777	1610	17	596	706	2419.40
西　藏	82	198	128	2	12	23	262.62
陕　西	117	2101	1256	9	102	615	2295.00
甘　肃	104	1530	954	24	102	465	1953.05
青　海	50	495	267	5	39	122	601.64
宁　夏	27	562	385	8	60	179	856.17
新　疆	110	987	764	6	138	375	1600.85

图书馆基本情况

图书	盲文图书	古籍	善本	报刊	视听文献	缩微制品	其他
102204.83	**135.56**	**2682.90**	**290.70**	**10432.88**	**2289.95**	**1558.79**	**7010.67**
3082.72	0.46	47.00	7.07	64.26	77.26	0.30	45.18
2039.32	1.30	65.47	10.47	76.24	29.90	1.23	69.36
3344.39	6.81	58.12	3.25	267.25	120.79	9.90	183.24
1875.77	4.50	75.70	11.12	257.70	25.38	1.75	60.29
1789.07	4.98	35.96	3.11	178.61	28.86	0.91	111.68
3789.09	3.30	137.20	16.22	328.73	124.47	2.73	288.25
1946.53	3.02	45.42	7.11	182.31	37.20	18.04	171.64
2003.41	3.19	43.34	2.38	274.84	44.15	35.09	29.69
3901.06	2.08	200.80	19.71	409.45	147.52	1235.94	2327.37
9780.52	7.57	352.95	27.58	614.31	171.10	5.70	236.40
9574.70	7.25	191.85	22.77	523.34	235.67	0.92	92.88
3356.40	8.66	62.91	5.41	188.97	50.11	1.01	110.74
4183.12	3.00	46.06	3.55	320.74	148.34	2.87	550.11
2546.93	5.30	78.25	9.92	293.79	23.78	1.08	167.18
6448.15	8.24	141.40	24.75	636.26	61.68	5.29	233.01
3503.36	10.43	110.20	8.42	391.22	45.95	1.67	53.54
3896.50	5.86	94.90	8.30	421.16	68.21	37.42	132.76
4166.06	6.82	117.52	8.48	368.34	75.13	2.23	98.90
11031.02	9.15	70.12	5.15	557.18	333.82	3.12	692.01
2341.83	1.31	39.76	2.35	495.78	39.16	1.16	109.46
614.75	0.29	1.21	0.06	39.04	39.02	0.82	1.99
1964.60	4.89	67.45	9.34	202.41	29.61	1.17	75.48
3839.84	7.92	144.35	10.43	440.40	68.27	6.55	113.18
1538.72	2.66	18.11	1.15	165.97	17.28	0.93	83.62
1816.26	2.89	93.20	6.44	341.86	84.14	1.24	82.75
217.80	0.81	3.86	0.32	14.90	1.15	0.41	24.51
1959.46	3.55	55.76	6.12	186.99	25.12	0.41	67.34
1535.07	4.26	52.74	9.84	241.97	13.70	2.25	107.39
506.83	1.10	15.09	1.13	42.90	2.65	2.76	31.52
614.75	1.44	4.21	0.14	85.07	56.03	0.11	96.06
1317.22	1.85	12.48	0.35	176.10	15.11	0.78	79.25

续表 1

地区	在藏量中		音视频资源总量/千万小时	电子文本、图片文献资源总量/TB	线上服务人次/万人次	书架单层总长度/米
	开架书刊	少儿文献				
全国	**67918.49**	**16626.92**	**1677.40**	**6823600.43**	**214524.03**	**17041812**
北京	1868.79	474.14	0.93	1593.89	2697.44	313028
天津	1004.25	316.26	0.11	6880.09	2319.22	239819
河北	2297.50	474.72	9.48	212952.85	2985.18	456948
山西	1283.48	262.95	15.04	749586.19	3020.30	291733
内蒙古	1160.81	196.80	20.36	124327.22	1857.95	480078
辽宁	2753.72	701.79	78.12	317975.27	4079.22	551594
吉林	902.95	247.82	1.97	93542.60	8153.38	279787
黑龙江	1257.48	207.38	44.28	436874.75	5031.26	423000
上海	2335.96	438.53	0.33	2709.67	16952.61	623008
江苏	6160.71	1565.87	6.96	1990.16	21947.52	1123368
浙江	7047.35	2116.21	2.58	3564.71	22438.72	1387419
安徽	2203.89	511.69	9.95	6356.53	8458.23	384758
福建	2758.41	898.31	3.31	1232.27	9076.33	426945
江西	1470.07	391.72	168.55	294985.88	1668.36	338843
山东	5023.39	867.49	166.78	2204253.20	22466.86	877240
河南	2498.36	659.92	158.93	288491.56	1363.93	495936
湖北	2287.63	497.89	83.46	34838.83	9187.34	604668
湖南	2664.73	726.45	125.19	1089656.54	6122.61	1237329
广东	8706.82	2612.68	90.18	172123.93	19013.51	2248787
广西	1383.26	356.30	3.40	139669.90	5046.79	518763
海南	469.30	91.81	2.02	313.96	1865.74	91280
重庆	1449.91	329.84	4.18	1095.94	1850.92	430116
四川	2472.21	506.62	0.20	2197.93	2125.63	1503179
贵州	1191.52	190.45	67.25	227387.32	1512.39	344158
云南	1244.53	196.18	591.84	264722.27	1240.48	481266
西藏	53.83	12.76	0.37	53.21	9.57	23788
陕西	1263.72	237.52	15.83	1097.17	2261.83	316404
甘肃	1115.38	214.84	4.65	103084.04	1688.16	208559
青海	206.44	39.28	0.55	7779.57	496.19	84868
宁夏	385.81	105.51	0.11	454.16	1024.63	108140
新疆	825.59	168.63	0.46	29373.82	623.32	147003

本年新增藏量/万册(件)	本年新增电子图书/万册	当年购买的报刊种类/种	实际持证读者数/人	总流通人次/万人次	书刊文献外借人次	书刊文献外借册次/万册次	组织各类讲座次数/次
7406.83	**7697.38**	**1005341**	**103139289**	**74613.69**	**23809.24**	**58730.15**	**83278**
152.24	134.18	21928	1929435	723.93	152.12	629.93	1765
157.73	410.67	22335	1388364	860.67	212.14	741.28	1056
422.22	295.15	32355	2281912	2157.31	936.08	1865.76	3940
165.18	235.01	18953	2050341	1476.78	578.70	1022.89	2060
119.60	61.32	19933	988922	837.48	248.45	476.97	789
106.68	22.52	35810	2303968	1737.57	487.96	1888.64	1439
72.35	128.78	19494	1078096	509.86	161.08	353.62	1518
90.59	37.16	20688	679601	508.58	145.28	354.11	693
187.29	36.20	40502	5872263	1293.60	275.66	1536.38	1632
603.92	253.88	76795	20266863	10960.86	4499.65	8019.63	5512
769.17	750.35	76258	7930802	10998.80	1823.50	7398.97	6583
244.92	210.07	33603	3676991	4099.17	1135.61	2281.37	3946
533.34	328.28	36884	2361966	2294.92	1043.58	3390.51	1852
193.51	151.28	33051	1994577	2650.69	863.74	1752.22	3102
466.00	563.44	53321	5979442	4251.01	1754.62	3493.55	7259
208.60	379.95	32588	2584518	3090.55	1280.47	2013.96	4552
208.34	556.33	32875	2812443	1996.26	815.28	1730.76	2078
466.48	325.12	36060	3408188	4107.26	1728.96	3582.06	5415
917.28	258.84	92922	15310995	8654.07	2007.25	8675.90	10292
95.63	386.86	35360	1991096	1790.06	396.49	868.96	1685
30.45	28.83	9103	364239	437.48	83.31	223.81	407
183.25	277.15	24668	2934256	1465.21	484.97	1184.27	1535
256.34	581.30	49745	3220524	2145.59	826.30	1618.29	2972
141.18	203.34	17963	939531	1390.29	495.75	752.88	1451
83.36	344.93	32618	784426	1085.12	354.48	906.81	3482
16.66	117.70	2819	18041	34.39	4.44	8.78	63
140.62	176.92	25137	842037	1126.48	380.24	750.68	1861
80.64	139.65	21204	564638	801.01	268.06	577.70	1560
20.68	10.68	4827	203607	111.40	27.71	48.85	240
74.52	184.50	8381	357732	368.06	129.08	222.46	251
75.88	103.84	21151	659542	484.55	189.24	324.84	2240

续表 2

地　区	为读者举办各种活动					开展基层培训辅导人次/万人次
	参加人次/万人次	举办展览/个	参加人次/万人次	举办培训班/次	培训人次/万人次	
全　国	**2148.03**	**49839**	**9213.95**	**69451**	**530.51**	**138.11**
北　京	75.81	595	125.84	686	3.77	1.02
天　津	6.63	547	99.81	1003	4.50	1.19
河　北	56.62	2935	285.47	2741	24.58	4.35
山　西	24.60	1197	407.00	1785	36.22	2.43
内蒙古	9.93	662	36.86	317	2.40	1.14
辽　宁	33.41	1084	236.05	1351	10.16	1.41
吉　林	11.99	1072	100.66	330	4.44	0.67
黑龙江	4.06	575	65.50	415	1.46	0.38
上　海	29.92	333	141.32	1078	5.30	0.74
江　苏	88.20	4071	1767.71	5760	50.37	40.09
浙　江	258.39	4741	912.75	11338	69.72	4.97
安　徽	75.66	2561	266.70	3321	20.33	9.96
福　建	32.28	1036	128.68	1415	7.81	0.90
江　西	44.57	1659	220.84	1098	9.74	3.60
山　东	69.82	3164	352.51	6749	40.38	6.27
河　南	64.88	1972	304.26	1944	17.76	5.64
湖　北	62.64	1495	188.40	1711	13.39	6.88
湖　南	691.01	2495	440.62	4337	50.84	12.98
广　东	294.29	3629	1599.61	9297	52.92	5.08
广　西	21.50	1235	278.90	1509	8.26	2.10
海　南	4.19	152	51.81	1655	4.25	2.34
重　庆	15.92	1379	139.25	1438	10.43	3.42
四　川	35.06	1486	220.40	1241	6.77	8.85
贵　州	21.68	979	136.52	1155	10.39	2.22
云　南	34.80	2242	177.71	987	5.12	1.69
西　藏	0.46	211	1.11	159	0.51	0.03
陕　西	36.68	2512	147.16	1344	44.06	2.66
甘　肃	13.74	869	91.59	507	4.71	1.50
青　海	2.88	194	9.71	112	0.83	0.21
宁　夏	5.32	265	128.92	116	0.84	0.54
新　疆	20.34	2485	147.65	1044	3.78	2.66

本单位受训人次/万人次	计算机/台	供读者使用电子阅览室终端数	图书馆网站访问量/人次	本年收入合计/千元	财政拨款预算收入	免费开放资金	中央资金
27.46	**224473**	**139417**	**2728185413**	**18439579**	**17824757**	**1776912**	**509535**
0.93	4724	2029	15389764	742992	736045	37343	22625
0.16	4562	2829	10339495	505250	497333	13329	4046
0.33	8112	5708	19403644	465991	456471	51406	21287
1.03	6983	4560	25112317	373876	367070	40642	17394
0.22	6331	4086	6110748	366486	362498	34590	20953
3.12	9438	5688	21828850	487008	484195	48258	9744
0.90	4398	2656	4990378	296233	284662	14653	7639
	5254	3240	19527581	303722	301513	21379	15060
0.71	6713	2697	127574703	1411411	1303076	54190	53900
0.41	13144	6886	156226630	1450562	1422005	63303	9835
2.65	11842	7169	211915411	1449155	1420484	135225	6791
2.43	8198	5696	39978342	435757	416914	50408	16813
1.13	7298	4422	69016555	641780	622259	31677	3075
0.54	7233	5240	23043645	368824	355952	62044	11816
1.02	11690	7692	70496431	738220	715472	68385	14183
0.96	10512	6853	18442058	513314	500742	44813	24620
1.14	7047	4395	54505869	595804	581756	31535	14327
2.09	7918	5383	41952407	461436	447049	42606	15858
2.89	20155	12466	354652705	2393921	2362314	536820	11542
0.72	6548	4316	31523846	371024	359182	33718	21672
0.13	1588	1034	4632965	198063	197097	10773	3398
0.29	4073	2758	35792793	350304	329561	40270	16440
0.03	10902	7601	25458444	637445	631699	84101	38245
0.42	5794	3810	42277317	448356	433305	38412	13134
0.60	7405	4907	44926060	483529	471561	37813	24518
0.04	1441	1020	3660146	69742	65691	18754	13800
0.92	6224	4105	20184842	453648	440099	34285	17572
0.24	5346	3360	2346626	267468	262705	37312	19907
0.03	2216	1203	1014491	119572	115508	15462	11664
0.14	2178	1470	1453368	130579	123646	11722	6535
0.23	5102	3635	16473559	212186	202357	31684	21142

续表 3

地区	购书专项经费	上级补助收入	事业预算收入	经营收入	附属单位上缴收入	其他收入
全国	**2105425**	**109747**	**242380**	**9542**	**8043**	**245110**
北京	87919		5502	24		1421
天津	62282	360	3911			3646
河北	42928	1065	617	45		7793
山西	41310	2776	20	908		3102
内蒙古	23996		2057			1931
辽宁	53773	1443	497			873
吉林	31558	10	5427			6134
黑龙江	20942	343	1814			52
上海	207828		60105	1364		46866
江苏	151643	6909	5124	5241		11283
浙江	245531	2625	1597	1		24448
安徽	53317	11881	1647			5315
福建	67543	5118	700	1530		12173
江西	51670	5329	906			6637
山东	80294	10463	5169			7116
河南	55502	3155	809	125		8483
湖北	77267	5569	204			8275
湖南	45351	5072	5635		38	3642
广东	301399	15254	7476			8877
广西	35097	7362	560			3920
海南	7970	344	86			536
重庆	44943	1151	14402			5190
四川	67440	480	943			4323
贵州	34752	7611	2204			5236
云南	23566	4000	507	166		7295
西藏	7716	94				3957
陕西	37727	3097	3618			6834
甘肃	21657	1294	2969			500
青海	10721	351	168		5	3540
宁夏	8166	4487				2446
新疆	8617	2104	9			7716

本年支出合计/千元	基本支出	项目支出	经营支出	在支出合计中			
				工资福利支出	商品和服务支出	差旅费	劳务费
18929518	**10133291**	**8173317**	**7626**	**8025632**	**4664518**	**57016**	**436249**
744024	419212	321242		330632	255689	1328	9133
507457	305270	186259		233845	156361	196	8474
475193	238430	225614	586	176421	101639	1168	9729
352844	165259	178843	803	148155	85940	1115	8808
373473	264536	96931	8	201303	81552	1149	3848
478520	265072	152092	1997	224391	114173	850	14612
309829	197140	110051		166223	72575	1165	10788
287968	218262	69705		166355	49344	587	4186
1683897	735687	946943	1267	560073	438613	642	7600
1454346	842326	595803	224	689563	394521	3842	39099
1457274	762901	674187		616197	387223	4030	50137
430310	245688	157038	192	177044	105527	1568	5708
596788	266100	322356	949	197270	152517	372	32437
407050	212513	171867	628	174589	87875	2642	6603
746201	456865	254990	14	353561	153334	1463	18332
518062	335085	142232	126	264957	99219	1637	10508
599375	360953	230143	24	309675	133196	1632	14677
625577	322577	134645		231739	95488	2085	9520
2398933	1102360	1263863	160	869443	665689	1304	69076
372178	231957	133806	12	195176	72919	2640	4365
196993	44810	149709		33940	43567	610	5854
347515	199011	147690		153733	97536	9943	19075
651548	324939	315472		273316	184728	5998	18738
419498	183059	208943	60	125271	54419	1020	5178
482250	275926	198258	206	241953	68157	1865	8183
71547	36398	31502	53	26866	17650	224	24
463960	222424	211206	252	199515	77478	1612	6621
286984	182035	90097	45	136846	57369	1605	6638
121181	71921	44898		57143	20904	245	2237
136102	95750	38398		71176	27245	242	1818
214564	148611	50671	20	121322	52231	1410	4411

地　区	福利费	各种税金支出	对个人和家庭补助支出	抚恤金和生活补助	其他资本性支出	各种设备、交通工具、图书购置费
全　国	**71312**	**15637**	**623966**	**75037**	**3353087**	**2802430**
北　京	4432	807	14112	2790	101978	88958
天　津	1666	462	6291	621	83855	83030
河　北	1210	127	16969	2977	138878	72103
山　西	2124	7	4702	400	56513	52606
内蒙古	1374	51	9561	1545	54592	47808
辽　宁	141	35	9929	3920	61083	58498
吉　林	1216		5940	2212	42700	36274
黑龙江	932	28	23680	2077	31853	28555
上　海	6684	538	10416	2404	180167	162062
江　苏	4478	406	64440	2589	234396	212616
浙　江	20279	817	20270	3341	330367	308765
安　徽	2233	371	17849	2032	80915	75826
福　建	207	81	14117	1461	107211	94078
江　西	1810	141	9226	1670	100104	94013
山　东	750	619	44987	2341	131183	126788
河　南	1806	50	23923	3825	92502	79216
湖　北	4060	491	18115	974	114637	101265
湖　南	2111	239	23689	2678	83473	70786
广　东	4629	642	138398	5907	506813	426175
广　西	469	737	8275	2624	50986	47990
海　南	24	17	656	87	15569	12401
重　庆	844	584	16500	6330	57803	49574
四　川	2230	370	24381	8302	135103	125504
贵　州	429	171	12595	794	129008	66232
云　南	1307	276	9090	3510	35522	34452
西　藏			517		7244	6731
陕　西	922	750	3134	1202	155072	50202
甘　肃	1193	94	18258	1971	50035	34901
青　海	300		5496	721	19228	17651
宁　夏	11	461	4204	778	19394	15103
新　疆	567	17	4988	1109	23863	20399

新增藏量购置费	新增数字资源购置费	资产总计/千元	固定资产净值	实际使用公用房屋建筑面积/万平方米	书库面积	阅览室面积	书刊阅览室面积
1865861	**347774**	**79443339**	**61687531**	**1914.24**	**366.09**	**598.10**	**450.04**
64255	11747	2368336	1564304	34.33	5.94	9.02	7.54
57592	17400	1398320	1143101	43.62	7.57	11.69	7.66
47403	5312	1562293	1180274	72.30	12.93	27.23	20.89
35024	9122	2294022	1887158	58.17	8.43	19.04	14.15
25576	4277	1381540	1235180	50.35	6.25	15.54	11.12
35808	10927	3224969	2748934	62.18	10.98	17.49	13.18
23478	5426	846316	721252	32.92	5.45	10.64	8.27
19835	4970	1087687	875297	36.35	6.15	11.34	7.41
133526	14974	8448778	4640643	44.29	9.18	11.13	9.43
134681	30145	9145291	7731204	162.42	19.58	46.01	36.75
225582	39692	6439582	5848738	156.21	22.68	46.53	39.82
54664	10253	2646050	2112009	63.55	11.06	22.48	15.67
62988	15489	2574881	2010645	66.80	17.73	26.04	20.63
55712	8359	1582850	1349729	58.63	14.29	18.61	13.08
89915	6644	2286156	1714964	121.56	24.76	32.60	23.66
50680	10345	2255040	1667838	83.21	19.40	23.95	16.22
63834	12187	2601435	2124507	74.76	17.91	25.16	18.24
47635	9180	1048282	838127	70.62	18.70	19.93	14.97
265136	60006	7227761	5926643	175.87	34.31	62.56	51.16
27918	8504	1371128	1116791	49.71	12.09	12.59	9.27
8312	1879	489860	183954	10.02	2.48	3.61	2.95
31374	7163	1145399	941390	40.05	7.50	12.40	8.82
73031	9888	2083506	1733076	82.65	15.14	29.73	22.54
28475	6658	2747223	1799502	38.77	8.79	13.41	7.69
20682	6054	1288839	854631	43.02	11.58	13.29	8.37
5652	101	144625	126202	7.19	1.37	1.88	1.03
33276	4203	1301503	750319	43.02	9.64	14.84	11.58
20866	6941	1287064	568220	38.35	5.84	11.92	7.73
9473	1509	291171	214884	12.93	1.66	5.19	3.77
8438	4653	484081	424208	14.83	2.78	5.32	3.98
12821	3700	1023009	898162	37.75	6.99	14.63	10.42

续表 5

地区		实际拥有产权面积/万平方米	阅览室座席数/个		
	电子阅览室面积			少儿阅览室座席数	盲人阅览室座席数
全国	**68.31**	**1050.18**	**1344188**	**334953**	**32478**
北京	0.80	13.95	18078	3602	231
天津	0.85	3.62	21658	3154	361
河北	3.30	40.24	56849	13283	1384
山西	2.41	45.74	42932	9879	1177
内蒙古	1.94	22.92	35801	8347	1212
辽宁	2.40	31.49	40967	8849	895
吉林	1.18	19.14	23434	5002	482
黑龙江	1.42	16.84	28641	7048	782
上海	1.07	26.85	22565	5456	302
江苏	3.35	69.07	79767	22000	1602
浙江	4.19	59.41	97889	27270	1443
安徽	2.48	39.70	50833	13542	1652
福建	1.99	37.59	46217	12552	896
江西	2.23	36.34	52462	13715	1624
山东	4.17	55.83	74398	17429	2546
河南	3.51	50.01	67239	19410	1910
湖北	2.99	56.63	50777	12790	1250
湖南	2.98	46.72	53150	17168	1327
广东	5.82	91.83	133606	31877	1635
广西	2.02	26.86	38166	10419	730
海南	0.43	6.26	7057	2077	70
重庆	1.29	33.37	33944	7264	839
四川	4.24	52.44	68708	16452	2040
贵州	1.59	20.43	31650	7408	916
云南	2.61	31.25	35053	9384	1226
西藏	0.43	4.66	4322	894	157
陕西	1.84	26.67	33771	7885	943
甘肃	1.35	25.85	35810	8990	1056
青海	0.53	3.83	8125	1377	213
宁夏	0.84	9.89	14147	2895	368
新疆	1.80	16.94	30833	7235	1197

志愿者服务队伍数/支	志愿者服务队伍人数/人	图书馆延伸服务情况			
		流动图书车数/辆	流动服务书刊借阅人次/万人次	流动图书车书刊借阅册次/万册次	分馆数量/个
11804	**603797**	**2951**	**1651.26**	**3315.44**	**43603**
100	32447	14	2.52	44.95	472
68	5884	13	25.45	50.21	313
309	11268	96	57.20	87.55	1310
269	23454	153	46.57	84.44	2596
183	7971	57	19.82	26.90	1510
326	17177	20	52.28	121.64	1354
111	5947	57	14.87	29.58	721
177	8887	41	18.03	47.26	909
282	8872	5	61.81	108.66	239
328	66443	46	129.39	203.27	7854
387	58591	78	227.76	567.85	3504
352	17176	35	66.86	99.13	1442
221	10256	32	42.56	232.21	899
228	9351	40	28.03	47.14	855
3366	22061	63	95.53	159.06	2225
515	17190	91	101.11	133.01	1613
896	14013	96	90.00	125.98	1287
863	70101	840	85.79	157.36	2366
264	118068	383	155.30	464.75	2974
186	11311	67	29.48	49.03	508
69	2653	7	7.08	9.08	122
140	8152	39	36.69	74.82	1408
347	17006	154	53.62	88.72	1667
162	6589	82	75.15	92.65	792
329	14234	115	43.40	71.05	1402
79	681	63	0.63	0.82	10
733	7354	99	28.56	36.71	1055
204	4563	55	16.38	29.93	974
44	371	45	7.39	11.75	149
115	2429	12	22.22	50.06	177
150	2997	53	9.78	9.87	877

地　区	机构数/个	从业人员/人	专业技术人才	正高级职称	副高级职称	中级职称	总藏量/万册（件）
全　国	**38**	**7686**	**6724**	**355**	**1440**	**3116**	**22635.34**
北　京	1	358	326	12	40	149	941.69
天　津	1	325	306	15	66	153	941.67
河　北	1	199	139	10	39	64	360.79
山　西	1	227	208	14	48	96	337.80
内蒙古	1	165	163	7	54	64	434.44
辽　宁	1	218	190	17	50	94	772.34
吉　林	1	176	166	13	45	46	521.61
黑龙江	1	171	153	8	27	88	442.94
上　海	2	923	873	55	129	409	5922.87
江　苏	1	530	415	24	122	187	1262.23
浙　江	1	257	242	6	38	134	784.85
安　徽	1	177	149	6	40	68	389.31
福　建	2	211	195	3	33	103	509.77
江　西	1	156	144	8	38	72	452.09
山　东	1	228	223	20	45	110	946.11
河　南	2	216	155	14	52	77	434.47
湖　北	1	302	284	16	66	127	941.96
湖　南	2	322	298	11	60	145	648.56
广　东	1	289	259	7	50	134	940.55
广　西	3	345	309	15	69	143	830.59
海　南	1	94	87	1	5	69	202.65
重　庆	2	296	249	20	53	105	519.42
四　川	1	304	185	6	29	70	583.97
贵　州	1	217	181	8	36	44	315.37
云　南	1	178	164	7	88	54	380.75
西　藏	1	55	40	2	9	14	56.97
陕　西	1	198	164	6	20	94	569.48
甘　肃	1	221	191	12	32	88	496.45
青　海	1	115	74	3	13	28	190.52
宁　夏	1	128	114	6	28	48	208.55
新　疆	1	85	78	3	16	39	294.57

公共图书馆基本情况

图书	盲文图书	古籍	善本	报刊	视听文献	缩微制品	其他
14691.86	**14.58**	**1340.08**	**169.43**	**2190.69**	**418.06**	**1299.67**	**2695.00**
789.28	0.08	41.83	6.74	48.30	49.78	0.03	12.48
844.61	0.09	59.05	10.08	16.97	19.52	1.23	0.29
291.09	0.53	8.17	0.56	44.88	12.23	2.80	1.63
212.70	0.53	29.68	5.02	90.55	2.73	0.40	1.73
329.54	1.92	22.08	2.00	30.90	1.66	0.52	49.75
634.11	0.44	48.44	12.39	63.70	11.41	0.63	14.06
425.72	0.15	23.14	5.35	56.13	2.22	2.60	11.80
340.62	0.34	13.37	0.66	49.83	4.19	34.93	
1762.73	0.78	192.23	19.24	383.66	39.71	1235.93	2308.61
935.31	0.30	160.00	14.00	117.64	30.80	5.21	13.28
586.04	0.58	82.24	15.01	102.38	13.57	0.48	0.14
315.57	0.14	35.21	3.31	36.78	1.08	0.52	0.15
416.65	0.38	25.34	2.07	52.93	13.23	1.62	
328.44	0.64	37.91	4.21	43.21	1.99	0.20	40.33
625.56	0.28	75.36	20.00	137.13	8.89	0.86	98.30
342.65	0.12	50.66	3.00	37.90	2.92	0.25	0.09
778.05	0.65	46.18	5.87	74.09	30.94	3.54	9.16
488.37	0.99	62.14	5.00	60.65	33.32	0.46	3.62
725.07	1.22	37.81	3.25	137.10	34.74	2.55	3.28
623.71	0.15	26.65	1.65	113.94	15.26	0.20	50.84
190.44	0.19	0.02	0.01	6.40	5.74		0.04
381.37	1.75	45.26	6.99	77.09	8.79	1.05	5.86
420.49	0.36	53.01	6.60	102.84	4.83	2.80	0.01
263.30	0.42	11.76	0.40	34.86	1.00	0.31	4.13
238.58	0.29	59.62	3.32	77.84	4.52	0.12	0.06
46.91	0.05	1.50	0.17	8.53	0.04		
455.38	0.31	32.84	4.37	65.66	7.53	0.03	8.04
393.23	0.59	31.76	6.78	66.00	4.74	0.25	0.47
153.42	0.20	12.07	1.00	22.63	0.47	0.05	1.89
106.80	0.03	3.52	0.12	12.67	50.21	0.08	35.26
246.12	0.08	11.23	0.26	17.50		0.02	19.70

续表 1

地　区	在藏量中		音视频资源总量/千万小时	电子文本、图片文献资源总量/TB	线上服务人次/万人次	书架单层总长度/米
	开架书刊	少儿文献				
全　国	**6010.46**	**1263.79**	**42.16**	**54699.83**	**78473.63**	**3133682**
北　京	123.23	146.63	0.04	300.65	189.82	109297
天　津	302.90	161.50	0.04	252.00	392.80	137149
河　北	121.07	19.49		0.12	104.58	71800
山　西	200.88	40.47	0.01	12.25	1735.55	36505
内蒙古	116.98	12.55		1.30	1362.46	85196
辽　宁	259.34	33.30	0.02	735.00	1890.94	157878
吉　林	68.95	11.57		50.00	1871.28	101196
黑龙江	80.16	13.29		8.20	3397.61	55472
上　海	875.74	131.71		847.22	15378.86	422696
江　苏	90.00	10.30	0.02	110.84	2198.22	260000
浙　江	519.64	13.92	0.05	241.00	5808.60	133629
安　徽	107.13	18.47	0.02	574.72	5552.18	60168
福　建	170.43	111.95	0.01	330.80	135.76	8658
江　西	158.74	15.48	0.01	260.00	626.61	8204
山　东	498.72	54.44	1.46	447.90	15345.90	154116
河　南	134.54	65.11	0.02	100.50	15.46	46016
湖　北	255.66	61.52	0.19	65.00	5282.10	163732
湖　南	178.66	42.02	0.03	497.20	3607.04	91888
广　东	315.67	32.96	39.70	46890.00	4892.48	178841
广　西	89.23	39.58	0.02	773.80	4548.36	169729
海　南	142.05	40.29	0.01	164.10	26.30	33947
重　庆	144.91	54.22		250.48	1112.07	44901
四　川	85.49	9.10	0.05	497.86	70.90	40221
贵　州	254.47	13.87		200.00		185062
云　南	56.15	5.50		145.00	210.00	129035
西　藏	7.16	2.22	0.28	1.00	0.17	22708
陕　西	188.74	39.10	0.03	408.60	827.14	115876
甘　肃	272.80	26.54	0.09	282.00	986.05	9975
青　海	52.30	4.80	0.01	69.37	412.61	50642
宁　夏	78.81	12.19	0.05	181.42	491.78	44896
新　疆	59.91	19.70		1.50		4249

本年新增藏量/万册(件)	本年新增电子图书/万册	当年购买的报刊种类/种	实际持证读者数/人	总流通人次/万人次	书刊文献外借人次	书刊文献外借册次/万册次	组织各类讲座次数/次
619.81	**1587.09**	**135466**	**14186876**	**5935.96**	**1142.05**	**3918.28**	**2912**
23.38	2.74	6814	718287	227.83	14.29	70.99	57
34.62	342.28	7553	711598	175.31	68.72	308.20	66
8.82	75.00	4581	314600	46.21	12.78	42.66	30
8.66	11.70	2566	464721	81.92	37.17	109.77	136
16.12	8.50	2253	174677	44.15	12.68	21.51	15
21.81		5213	315978	311.34	27.08	130.57	31
9.91		4057	185760	86.53	6.38	29.42	40
11.03	10.00	2288	26002	101.39	8.76	40.39	14
88.22	2.94	12931	3814313	381.46	55.05	257.20	143
13.63	10.81	3759	922582	223.29	68.10	72.32	46
41.19	13.36	6467	48191	287.17	69.87	151.78	47
14.25	13.53	2817	267034	176.11	20.53	107.40	70
19.13	12.74	6018	284861	115.73	25.59	230.89	137
33.91	3.00	7428	318694	214.78	39.48	157.93	29
18.22	2.71	6069	71141	122.39	22.75	85.86	283
10.97	157.15	2247	219207	96.77	35.01	101.79	29
38.87	30.00	5702	701843	206.23	49.88	227.32	118
22.74	0.74	2128	394505	181.77	42.98	210.67	411
36.51	21.29	5746	1508748	1255.18	206.60	532.13	50
25.69	323.27	6359	1142086	495.47	51.12	181.34	171
6.87	7.85	2218	231248	140.78	23.65	95.49	157
15.43	130.34	4663	539046	222.79	48.22	147.45	102
11.31	88.12	6283	49615	110.19	20.74	60.60	44
30.14			130309	117.54	29.00	29.00	37
8.87	163.87	3531	136195	115.09	54.18	253.51	47
2.74	110.20	1461	6130	16.92	1.08	2.35	17
18.31	16.40	4937	47908	92.63	31.08	139.03	64
14.11	3.50	4084	99176	51.25	30.70	48.27	72
6.47	5.10	1292	61722	40.01	3.68	11.04	43
5.15	3.55	1887	107206	70.40	7.39	22.75	17
2.73	16.40	2114	173493	127.33	17.51	38.65	389

续表 2

地区	为读者举办各种活动					开展基层培训辅导人次/万人次
	参加人次/万人次	举办展览/个	参加人次/万人次	举办培训班/次	培训人次/万人次	
全国	**785.84**	**2520**	**1172.40**	**2496**	**79.95**	**34.24**
北京	0.96	108	37.01	1		0.52
天津	0.42	25	47.79	66	0.50	0.09
河北	0.54	31	7.85	19	0.05	0.01
山西	1.83	59	3.31	4	0.03	0.05
内蒙古	0.40	15	0.50	10	0.28	0.15
辽宁	3.29	89	97.68	207	1.28	0.66
吉林	1.81	50	28.68			0.30
黑龙江	0.15	64	30.34	74	0.16	0.07
上海	3.35	53	16.23	73	1.81	0.24
江苏	2.25	30	7.47	58	0.38	27.01
浙江	0.75	74	13.19	94	0.26	0.09
安徽	1.11	41	4.05	304	0.67	0.68
福建	17.67	108	32.85	96	0.58	0.05
江西	0.58	9	18.76	62	0.57	0.30
山东	2.70	80	8.10	428	0.66	0.03
河南	0.29	76	8.91	12	0.55	
湖北	2.02	50	42.28	35	0.26	0.31
湖南	615.14	1007	96.36	153	26.35	0.74
广东	94.45	110	316.70	107	2.44	0.02
广西	3.50	69	153.71	46	0.53	0.16
海南	1.04	20	5.33	113	0.34	
重庆	1.77	105	31.58	261	2.04	1.56
四川	0.79	7	43.61	10	0.13	0.13
贵州	0.18	27	4.25	176	2.12	0.11
云南	0.32	45	10.49	20	0.13	0.10
西藏	0.07	2	0.02	1	0.01	
陕西	18.05	31	16.36	50	37.71	0.59
甘肃	0.74	7	2.35	6	0.04	0.14
青海	0.93	22	0.94	4	0.02	0.02
宁夏	0.34	97	20.37	2	0.02	0.03
新疆	8.40	9	65.33	4	0.03	0.08

本单位受训人次/万人次	计算机/台	供读者使用电子阅览室终端数	图书馆网站访问量/人次	本年收入合计/千元	财政拨款预算收入	免费开放资金	中央资金
6.35	**20165**	**8535**	**453396484**	**4059971**	**3891347**	**293689**	**37010**
	1010	520	7408815	248501	241747	26941	21240
0.03	1445	906	3823198	187296	181503	2241	
0.02	204	49	448952	60689	60612	16245	
0.06	670	267	492642	105235	103505	12240	
	576	424	611762	47571	47303	8130	
2.78	783	434	1216444	118178	116872	30100	3447
0.19	792	405	1481120	72015	67526	1152	
	257	80	13714108	55701	53887	3598	
0.02	2834	712	102921816	771258	669485		
0.05	1084	138	22594429	236749	233773	11100	
	731	358	131113465	147432	144571	1297	
0.16	271	106	866776	67189	67139	3412	
0.09	615	282	40906993	189444	188803	6979	500
0.27	705	545	337061	92630	92372	34000	
0.01	525	250	777508	101894	100444	3985	
0.22	280	128	833216	74964	72788	6560	1400
0.41	865	360	29703620	151134	149276		
1.15	377	96	17725781	83813	82821	8854	
0.27	1346	255	11444100	224305	221491	3480	2030
0.42	970	689	21914595	109949	106528	6626	
0.01	290	106	3278049	129616	129616	4159	
	407	153	15812050	108063	89608	13750	400
0.01	400	130	3689195	86836	85893	25708	
0.07	500	300		169995	169995	20623	3
0.02	332	136	4750374	57716	55670	2500	
	73	54	3640000	29819	29819	2374	
0.04	528	167	11321134	152146	149630	8445	
0.02	444	164	322791	62993	62648	13000	
	411	150	22000	41309	40833	7990	7990
	290	110	140379	37675	37376	2000	
0.03	150	61	84111	37856	37813	6200	

地区	购书专项经费	上级补助收入	事业预算收入	经营收入	其他收入
全国	**610338**	**40**	**95414**	**1647**	**71523**
北京	35711		5499		1255
天津	43270	40	3911		1842
河北	8500				77
山西	4684				1730
内蒙古	6600				268
辽宁	20000		440		866
吉林	11546		9		4480
黑龙江	6500		1796		18
上海	137561		60033	1364	40376
江苏	20630		1931		1045
浙江	46000		1387	1	1473
安徽	9510				50
福建	11779		133		508
江西	21000				258
山东	14990		711		739
河南	10690			116	2060
湖北	40610				1858
湖南	11590		449		543
广东	39430		2814		
广西	15650		347		3074
海南	2640				
重庆	18032		14402		4053
四川	12998		943		
贵州	19903				
云南	10000		255	166	1625
西藏	3200				
陕西	8094				2516
甘肃	12000		345		
青海	4250				476
宁夏	2970				299
新疆			9		34

本年支出合计/千元	基本支出	项目支出	经营支出	在支出合计中			
				工资福利支出	商品和服务支出	差旅费	劳务费
4154635	**1853684**	**2299372**	**1549**	**1493831**	**1054571**	**11146**	**44820**
247244	141500	105743		94560	91240	97	720
171240	89289	81951		75974	49489	24	147
51382	23511	27871		20400	24044	508	2900
70464	33763	36700		29354	15572	130	424
47471	27144	20327		24535	12715	227	433
100887	48545	52342		39053	43881	436	3136
68526	28092	40434		21784	36531	381	1942
55495	33520	21975		23825	14683	198	254
1037040	302924	732849	1267	254984	220200	431	5339
218284	142904	75380		133856	52589	357	5048
148520	85175	63344		61251	29508	385	2441
63122	46239	16883		27971	19777	125	1548
122761	55752	67009		31867	18082	108	3361
100496	29753	70743		31849	33456	438	88
102011	60616	41395		42606	26889	315	2937
67458	42018	25324	116	34616	19083	295	629
155328	73390	81938		65952	47592	240	4128
90305	52623	37682		44402	22840	123	904
218611	134657	83953		103630	43254	49	245
111581	64386	47195		48517	19641	425	891
129641	18051	111565		12629	16216	178	484
105821	65856	39964		54567	25589	3553	2507
86662	38094	48568		37527	32352	650	208
146101	27120	118981		22310	25325	23	
58534	33066	25302	166	30392	16564	256	815
34355	16944	17411		14683	16804	151	
156691	33603	123088		30240	20201	167	201
76074	30623	45451		23804	24293	671	2117
35779	21138	14641		19616	8070	17	351
38514	29941	8573		22780	8705		
38237	23447	14790		14297	19386	188	622

续表 4

地区	福利费	各种税金支出	对个人和家庭补助支出	抚恤金和生活补助	其他资本性支出	各种设备、交通工具、图书购置费
全国	**14507**	**3845**	**122253**	**11384**	**820431**	**623179**
北京	1231	726	2708	299	58736	46157
天津	614	350	2313	381	43464	43464
河北	241		1182	169	5756	5756
山西	555		1730	55	6296	4877
内蒙古	386		1086	106	9135	9135
辽宁		29	2529	1281	15424	15424
吉林	551		1125	213	9086	9086
黑龙江	647		4555	640	6572	6572
上海	2366	538	5690	1107	95938	95854
江苏	226	89	10521	386	21318	19866
浙江	2830	645	3654	2199	54107	48685
安徽	897	111	4546	18	10625	10625
福建		5	3105	608	13794	13466
江西	525	110	3434	281	31757	31757
山东	299		15073	332	17442	17188
河南	436		4705	223	8980	8980
湖北	1321		2909	29	38875	38875
湖南		200	7377	932	15286	11716
广东		13	19712	195	52015	49640
广西	180	377	2635	330	16771	16771
海南		6	43	32	4487	4487
重庆	25	463	4606		20205	15907
四川	284	19	3569	223	13213	13125
贵州			3161	304	95305	36296
云南	195	160	386		11192	11192
西藏			463		2405	2300
陕西	172		390	159	105860	8542
甘肃	393		4149	273	23828	17085
青海			2163	16	4247	4243
宁夏			2000	581	5029	2825
新疆	133	4	734	12	3283	3283

新增藏量购置费	新增数字资源购置费	资产总计/千元	固定资产净值	实际使用公用房屋建筑面积/万平方米	书库面积	阅览室面积	书刊阅览室面积
447613	**103882**	**22263598**	**14441568**	**199.15**	**43.54**	**54.23**	**44.69**
34158	9942	1367912	726464	9.40	1.25	2.52	2.34
35070	8200	680309	624724	12.78	2.03	5.08	2.67
5600		364978	323637	5.06	1.12	0.93	0.86
2777	2100	536083	436858	7.49	1.07	1.71	1.66
4184	1470	271095	250184	3.50	0.58	1.56	1.28
13700	1724	1312316	1033533	10.32	1.74	3.81	3.32
8696		193802	163854	6.30	1.02	2.11	2.05
4500	2000	243576	219101	3.39	0.34	1.22	1.22
84770	5503	6429503	2835689	14.49	5.58	1.29	1.12
10967	6210	968230	839840	10.30	1.03	1.80	1.69
32878	13976	605449	514259	5.52	2.18	1.10	1.06
7086	2050	260387	160467	3.69	0.87	0.97	0.89
8883	3681	505429	263751	2.80	0.55	0.48	0.42
24763	4000	241745	213663	9.62	3.27	1.26	1.16
14978	54	460353	402235	7.07	1.36	1.14	0.96
5742	1945	182492	149569	3.89	1.04	1.46	1.38
26195	7709	1178020	993260	10.23	1.80	4.20	3.90
7846	3557	157417	148784	4.40	1.36	1.42	1.38
32409	6712	1229522	1139263	9.10	1.84	1.49	1.46
11321	4329	555407	454855	10.60	3.29	1.84	1.67
2640	1462	315788	62054	2.50	0.57	1.72	1.67
10957	3977	597015	524809	5.61	1.07	1.47	1.04
9500	3498	674663	600411	5.19	0.52	1.45	1.38
12850	1925	719638	210979	8.10	2.60	3.00	
6600	3400	227359	186185	3.04	0.75	0.82	0.75
2300		4510	3914	1.90	0.42	0.34	0.26
7166	928	659918	260207	4.98	1.03	1.72	1.62
9488	3530	539466	6751	6.52	1.04	0.86	0.64
4243		114304	65607	2.40	0.26	1.23	0.76
2338		275694	249445	3.32	0.90	1.33	1.24
3008		391218	377216	5.64	1.06	2.90	2.84

续表 5

地区	电子阅览室面积	实际拥有产权面积/万平方米	阅览室座席数/个	少儿阅览室座席数	盲人阅览室座席数
全国	**3.40**	**131.77**	**89092**	**12408**	**871**
北京	0.18		3525	570	49
天津	0.25	0.14	4734	307	12
河北	0.07	5.06	3670	280	22
山西	0.04	7.49	3425	200	23
内蒙古	0.28	3.50	2793	759	103
辽宁	0.49	9.93	5862	196	80
吉林	0.06	1.38	3308	120	8
黑龙江		3.05	2385	259	52
上海	0.18	13.38	1686	472	9
江苏	0.10	3.40	1847	420	12
浙江	0.04	4.99	1334	62	42
安徽	0.04	3.69	1545	320	36
福建	0.04	4.20	978	754	30
江西	0.11	9.62	6000	411	34
山东	0.10	4.54	1500	160	20
河南	0.08	2.95	2078	932	4
湖北	0.30	10.23	5703	1160	24
湖南	0.04	4.29	3194	1359	28
广东	0.03	7.77	8109	398	33
广西	0.17	7.34	3967	812	36
海南	0.05		1670	380	9
重庆	0.08	5.01	2319	605	32
四川	0.07	5.19	2958	150	8
贵州	0.10		2800	142	
云南	0.07	3.04	1159	156	37
西藏	0.07	2.97	300	85	13
陕西	0.10		1851	147	14
甘肃	0.06	3.92	2540	150	30
青海	0.04	1.37	1152	132	26
宁夏	0.10	3.32	1700	350	25
新疆	0.06		3000	160	20

志愿者服务队伍数/支	志愿者服务队伍人数	图书馆延伸服务情况			
		流动图书车数/辆	流动服务书刊借阅人次/万人次	流动图书车书刊借阅册次/万册次	分馆数量/个
963	**81539**	**20**	**37.42**	**139.41**	**1144**
59	11807		0.01	2.86	16
4	1603	1	0.05	0.18	55
1	289	1			55
5	5357				291
2	200				125
76	4750	3	7.36	8.95	2
14	620				1
8	101				93
102	2036	1	3.67	6.42	
1	368		3.76	3.04	2
6	5563				41
8	441				12
1	199	2	0.26	59.37	63
3	700				48
35	2600		1.88	4.01	2
23	577	1			38
1	1207	1	0.40	1.10	14
477	27500		4.48	25.81	10
2	4021				95
5	1981	2	6.63	8.71	20
25	400				13
12	2515	1	5.07	12.81	40
44	3454	1	0.35	0.72	27
3	320				4
16	1072				19
1	49	1	0.06	0.13	
23	1059	1	0.09	0.28	26
2	607	1			6
2	48	1	0.01	0.01	6
1	15	1	3.34	5.01	
1	80	1			20

地区	机构数/个	从业人员/人	专业技术人才	正高级职称	副高级职称	中级职称	总藏量/万册（件）
全国	**385**	**15967**	**11996**	**381**	**2075**	**5675**	**32354.53**
北京							
天津							
河北	12	670	435	25	95	207	1115.50
山西	10	564	293	6	49	103	683.15
内蒙古	12	510	453	10	117	188	553.17
辽宁	23	925	766	55	135	424	2311.89
吉林	10	500	429	34	138	164	906.04
黑龙江	13	593	423	46	116	196	980.27
上海							
江苏	17	1197	784	25	128	391	3081.41
浙江	12	1102	775	31	109	362	2786.40
安徽	23	544	370	3	37	167	1140.73
福建	13	651	444	8	36	199	1631.92
江西	11	341	258	3	36	116	712.48
山东	17	989	779	33	156	369	2159.09
河南	21	837	656	16	94	237	1412.89
湖北	16	647	577	12	101	285	1502.77
湖南	18	600	436	5	67	222	1078.58
广东	27	1851	1489	40	191	805	5008.52
广西	15	636	470	4	70	212	831.20
海南	4	73	54		3	26	156.41
重庆							
四川	22	642	447	6	74	207	1416.73
贵州	10	341	276	3	48	118	390.05
云南	18	453	414	8	125	199	559.85
西藏	6	54	34		1	6	71.48
陕西	10	282	198	1	27	103	453.99
甘肃	18	394	282	3	32	151	498.88
青海	8	141	89	1	17	44	210.46
宁夏	5	124	101	1	17	38	200.84
新疆	14	306	264	2	56	136	499.83

公共图书馆基本情况

图书	盲文图书	古籍	善本	报刊	视听文献	缩微制品	其他
27597.50	**37.67**	**670.21**	**43.42**	**2609.59**	**731.20**	**7.82**	**738.35**
860.52	2.11	44.04	2.21	115.27	20.18	4.41	71.06
600.01	1.97	17.14	1.43	50.58	10.96		4.48
488.08	1.40	11.81	0.71	43.76	8.06		1.44
1813.81	1.21	85.47	2.91	216.32	78.83	1.37	116.11
782.52	0.80	21.03	1.73	69.13	16.69	0.14	16.52
770.32	1.23	29.56	1.71	140.97	33.85	0.05	5.54
2641.94	1.66	128.14	9.91	242.91	68.19	0.02	0.25
2456.91	2.23	57.65	4.47	138.36	129.61	0.01	3.88
1035.97	2.09	15.57	1.71	64.62	18.11	0.01	6.43
1205.71	1.28	9.73	0.63	131.78	26.22	0.02	258.46
609.31	1.04	16.39	1.84	68.64	9.10	0.04	9.02
1849.22	1.57	42.50	2.26	235.58	11.76	0.51	19.56
1205.31	1.54	44.63	4.21	148.20	11.91	0.69	2.14
1273.00	2.62	35.51	1.41	143.35	14.09	0.13	36.65
977.49	2.25	14.14	0.57	65.92	17.55	0.13	3.40
4528.86	4.18	20.07	0.69	214.81	186.05	0.18	58.50
690.41	0.54	6.62	0.54	114.99	10.31	0.01	8.89
138.30	0.06	0.58	0.01	13.92	2.49	0.02	1.09
1187.78	2.58	46.68	2.09	132.04	32.69	0.04	17.51
349.89	0.39	2.34	0.06	32.57	3.49		1.75
462.50	0.97	6.50	0.38	80.32	5.16		5.37
64.88	0.37	0.03	0.03	0.81	0.05		5.70
422.99	0.63	3.61	0.76	17.99	3.86		5.56
389.54	1.24	9.15	1.03	44.78	2.75	0.01	52.68
189.72	0.35	0.44	0.05	10.54	0.46	0.02	9.31
170.59	0.24	0.12		19.53	0.51		10.09
431.92	1.12	0.76	0.07	51.90	8.27	0.01	6.96

续表 1

地区	在藏量中		音视频资源总量/千万小时	电子文本、图片文献资源总量/TB	线上服务人次/万人次	书架单层总长度/米
	开架书刊	少儿文献				
全 国	**19866.15**	**5864.11**	**100.93**	**1209568.03**	**75269.25**	**6462906**
北 京						
天 津						
河 北	774.63	159.83	0.26	869.50	2125.49	145344
山 西	432.21	115.45	0.02	758.30	1164.15	111791
内蒙古	344.47	64.73	0.01	138.27	362.38	65010
辽 宁	1549.71	411.80	27.79	864.66	1908.81	235354
吉 林	303.54	134.22	0.32	317.11	6186.08	88175
黑龙江	489.70	79.53	0.05	790.78	1505.73	263132
上 海						
江 苏	1729.42	583.13	0.09	480.72	16089.28	304215
浙 江	1305.75	655.55	0.23	1207.77	8520.57	597771
安 徽	790.26	182.29	4.73	804.83	1805.91	152784
福 建	926.48	313.11	0.03	458.33	7242.54	189168
江 西	336.81	92.91	2.07	319.43	577.31	53675
山 东	1450.91	285.77	0.10	1355.86	5842.32	345072
河 南	926.27	296.16	26.28	260352.43	939.91	200855
湖 北	902.97	128.96	0.15	994.61	3347.17	220815
湖 南	729.49	188.94	0.13	850362.54	1336.28	505103
广 东	3678.37	1470.10	35.12	2570.71	10311.26	1423908
广 西	584.79	179.87	0.02	60208.29	367.72	149978
海 南	111.70	21.83	2.01	118.60	1779.37	20789
重 庆						
四 川	778.23	181.94	0.03	505.33	846.85	995316
贵 州	252.53	70.16	0.11	124.60	708.48	43432
云 南	323.99	41.09	0.28	190.37	300.90	118359
西 藏	37.27	3.10	0.06	41.21	9.31	18
陕 西	318.56	34.32	0.43	235.26	843.73	68486
甘 肃	295.61	66.72	0.03	25158.06	367.72	86958
青 海	95.51	17.50	0.51	27.00	21.21	9963
宁 夏	106.73	28.06	0.01	135.28	307.90	20622
新 疆	290.24	57.04	0.06	178.18	450.87	46813

本年新增藏量/万册(件)	本年新增电子图书/万册	当年购买的报刊种类/种	实际持证读者数/人	总流通人次/万人次	书刊文献外借人次	书刊文献外借册次/万册次	组织各类讲座次数/次
1839.72	**1815.76**	**302757**	**39416092**	**21179.61**	**6118.68**	**18012.90**	**19962**
49.71	53.39	8420	924622	582.63	191.52	379.95	527
105.52	200.55	6211	1064757	678.99	305.91	502.03	296
24.02	24.93	5448	370960	279.46	73.98	138.37	194
51.45	15.43	16917	1149305	763.37	258.36	1384.63	712
25.56	6.26	8521	707448	177.04	75.17	161.36	452
45.20	20.86	6311	334514	225.29	64.26	145.65	172
141.49	44.74	29289	11546994	3098.49	1042.39	2192.16	1349
160.09	87.37	18504	2240637	2007.30	364.58	1766.10	1822
74.09	74.66	12562	1733339	1859.05	223.19	777.71	1473
186.81	101.94	11326	1074186	835.14	436.30	1332.30	338
33.65	35.06	6473	732403	602.92	161.79	375.37	1050
182.24	151.12	18490	2367778	1601.40	491.65	1109.89	1404
65.73	101.64	13774	1109630	1264.77	386.52	588.46	2032
63.19	365.70	11528	1201916	877.92	272.82	634.90	699
55.12	118.06	7527	1062803	686.79	280.07	725.50	1133
263.70	78.97	51398	8220548	2789.75	779.89	4198.08	3231
34.76	19.51	13435	577474	786.69	120.22	308.95	483
8.72	0.21	1933	65442	100.66	22.55	61.88	40
74.21	92.22	16406	1472576	546.61	201.97	419.68	639
51.36	11.91	4889	241485	262.85	63.27	149.59	136
29.97	44.03	7433	179927	302.30	74.41	175.11	577
6.67	7.50	1089	8869	9.39	0.80	2.22	10
17.40	55.02	6756	312595	341.89	78.53	164.98	161
14.03	44.20	8260	186382	262.40	60.05	159.15	579
9.70	2.10	1728	110681	25.70	9.14	18.75	37
46.07	23.30	1746	125594	84.59	24.77	48.41	94
19.26	35.08	6383	293227	126.22	54.57	91.72	322

续表 2

地区	为读者举办各种活动					开展基层培训辅导人次/万人次
	参加人次/万人次	举办展览/个	参加人次/万人次	举办培训班/次	培训人次/万人次	
全国	**481.65**	**9724**	**3082.40**	**20846**	**167.28**	**15.05**
北京						
天津						
河北	11.19	324	82.22	303	5.20	0.28
山西	2.96	148	352.89	1208	33.07	0.61
内蒙古	2.08	126	12.26	29	0.26	0.25
辽宁	19.64	408	88.80	757	6.86	0.17
吉林	5.41	349	40.38	155	2.99	0.08
黑龙江	0.68	180	7.42	185	0.50	0.07
上海						
江苏	13.50	1178	548.06	1573	5.96	0.96
浙江	133.30	1034	282.00	3983	30.43	0.58
安徽	17.45	611	83.81	1122	7.05	3.46
福建	3.09	209	38.55	502	3.53	0.09
江西	11.21	289	39.85	115	1.13	0.29
山东	14.95	719	172.53	2736	21.02	0.63
河南	37.86	513	193.03	576	3.12	1.60
湖北	43.70	335	66.56	841	5.98	0.41
湖南	13.76	214	145.35	2120	5.98	0.58
广东	107.78	903	601.31	3061	24.01	2.70
广西	7.94	400	71.97	583	3.25	0.42
海南	1.20	24	6.45	76	0.44	0.06
重庆						
四川	7.42	179	61.41	163	0.79	0.61
贵州	3.59	168	31.38	93	1.33	0.17
云南	12.49	434	34.64	186	1.23	0.30
西藏	0.10	102	0.23	139	0.25	0.01
陕西	2.51	185	37.82	28	0.17	0.25
甘肃	3.34	204	32.49	179	2.16	0.17
青海	0.46	20	4.18	10	0.13	0.02
宁夏	2.42	51	7.89	18	0.13	0.17
新疆	1.62	417	38.92	105	0.31	0.11

本单位受训人次/万人次	计算机/台	供读者使用电子阅览室终端数	图书馆网站访问量/人次	本年收入合计/千元	财政拨款预算收入	免费开放资金	中央资金
7.48	**53422**	**29607**	**716088001**	**5413359**	**5325426**	**687339**	**115268**
0.10	1835	1065	10434256	160378	158417	7820	3615
0.69	1872	994	21602337	131951	130669	5050	3000
0.08	1161	555	2677139	130574	130466	8957	7329
0.22	3413	1709	19811678	192813	191806	8683	3067
0.51	1042	567	1566885	101897	96188	4769	2179
	1397	655	3997978	104388	104337	4485	3780
0.27	4173	1639	97114560	556402	547646	18129	6000
0.50	2974	1495	71242568	455217	447921	67794	1630
0.30	2531	1613	26292120	176880	173986	22854	6550
0.87	2945	1640	22144322	251651	241566	12601	692
0.16	1089	738	16888100	95077	94213	9857	3550
0.41	3506	2048	39737622	287789	286848	24841	8272
0.36	2868	1522	12534748	216584	211775	11875	6000
0.43	1846	1053	16452035	208065	205998	9165	4154
0.26	1796	1080	10232663	147749	141886	10118	4491
1.17	6644	3898	316934815	1129301	1122374	396152	3039
0.20	1649	1000	4145027	150903	144759	7790	6070
0.05	385	283	883727	29324	29223	1635	950
0.01	2183	1357	7431391	218820	217843	11874	8800
0.16	1010	410	7164450	129366	123210	4169	3411
0.22	1759	918	3502924	221469	219958	10074	6859
	296	254	18922	21697	17740	2600	2160
0.26	997	497	1220518	72116	70739	4500	3300
0.14	1245	777	617559	69339	69321	8530	6700
0.02	608	389	873354	39026	38368	3280	2000
0.05	615	438	35468	34760	32472	2950	2000
0.04	1583	1013	530835	79823	75697	6787	5670

续表 3

地区	购书专项经费	上级补助收入	事业预算收入	经营收入	其他收入
全　国	**632849**	**19222**	**11546**	**7679**	**49486**
北　京					
天　津					
河　北	12421		100		1861
山　西	31098	25		908	349
内蒙古	8037				108
辽　宁	28619	1000			7
吉　林	13236		5418		291
黑龙江	9836		18		33
上　海					
江　苏	58864		421	5241	3094
浙　江	72791		200		7096
安　徽	27022				2894
福　建	29606	154	566	1530	7835
江　西	11980	370	19		475
山　东	37737				941
河　南	21891	20	69		4720
湖　北	19956	1500	10		557
湖　南	16512	811	4695		357
广　东	153697	3314			3613
广　西	11701	6037			107
海　南	2620				101
重　庆					
四　川	22300				977
贵　州	6963	2234			3922
云　南	7852		30		1481
西　藏	2613				3957
陕　西	8530	20			1357
甘　肃	4365	18			
青　海	3660	103			555
宁　夏	3007	2107			181
新　疆	5935	1509			2617

本年支出合计/千元	基本支出	项目支出	经营支出	在支出合计中			
				工资福利支出	商品和服务支出	差旅费	劳务费
5534277	**2940559**	**2535786**	**1793**	**2390868**	**1404035**	**12587**	**141252**
156077	95477	60600		68602	47722	356	3515
145477	39762	104930	785	38473	47265	454	5258
139086	91731	47355		64981	44853	447	387
192454	109922	75095		96462	49789	212	7910
114370	79109	35261		69801	20661	338	5769
107286	84446	22840		63803	16967	145	2603
568729	308155	260323	59	254868	174666	1929	19829
462728	243233	219495		197727	138874	758	21083
175596	86456	85447		68785	52617	573	1689
269106	99471	168686	949	76583	81111	126	17711
101313	62948	38362		54375	21905	377	2382
290797	170769	119784		127481	76476	381	9093
230558	131475	80227		107983	54344	463	6274
211129	128166	82962		110388	50358	512	4693
151341	105003	41132		79201	28941	513	3507
1132613	575739	555179		462408	261449	550	9535
149694	81219	67745		82263	34896	759	964
29324	8993	20330		6838	14793	87	1568
227454	96165	131286		77564	60964	921	5647
125869	56975	64338		47398	19751	262	2693
219011	85951	132970		69704	23507	547	2519
22628	8661	13520		7515	794	22	24
74351	36860	33737		36317	26417	254	1561
71952	53302	17606		33640	15895	352	1445
45677	25038	18810		22866	7675	73	1179
37882	22270	15612		20152	10538	156	248
81775	53263	22154		44690	20807	1020	2166

续表 4

地　区	福利费	各种税金支出	对个人和家庭补助支出	抚恤金和生活补助	其他资本性支出	各种设备、交通工具、图书购置费
全　国	**19475**	**1734**	**235551**	**20699**	**987306**	**864426**
北　京						
天　津						
河　北	402	117	8606	814	28250	26586
山　西	949	6	831	28	33848	32406
内蒙古	490		3240	649	19177	15155
辽　宁	43	6	4007	1243	34248	32905
吉　林	497		2260	1558	15644	14494
黑龙江	210	28	10119	636	15288	12957
上　海						
江　苏	1282	111	27162	1034	90258	77084
浙　江	6386	4	5136	379	87598	81366
安　徽	442	257	6604	543	33184	33035
福　建	161	59	6910	162	48885	46208
江　西	243		1899	410	19307	16594
山　东	358	20	19534	707	54357	53112
河　南	835	29	11835	1588	38418	34736
湖　北	1225	41	7089	167	39423	34209
湖　南	760	14	10226	1000	28917	24756
广　东	2343	519	72187	928	223937	169509
广　西	181	80	2445	915	22534	20182
海　南		1	274	22	3959	3564
重　庆						
四　川	915	49	11390	4245	71072	64579
贵　州	314	4	6953	264	18651	16573
云　南	641	75	3786	1919	12930	12226
西　藏			54		2239	2239
陕　西	95		150	129	9594	9032
甘　肃	376		7770	367	6924	4656
青　海			2107	249	11447	10604
宁　夏	2	314	985	101	5892	5792
新　疆	325		1992	642	11325	9867

新增藏量购置费	新增数字资源购置费	资产总计/千元	固定资产净值	实际使用公用房屋建筑面积/万平方米	书库面积	阅览室面积	书刊阅览室面积
519489	**147273**	**21064238**	**16702018**	**561.73**	**105.18**	**177.40**	**143.61**
16515	1806	444232	356154	19.25	2.28	5.38	4.87
24048	6358	1324142	1115610	20.92	2.17	7.60	6.02
8600	2096	666100	619753	18.15	1.53	3.63	3.20
16224	7623	1100811	991247	25.97	4.83	6.72	4.84
6513	4921	352431	314989	12.24	1.80	3.55	2.87
8501	2266	470146	430079	14.78	2.64	4.00	2.60
48273	10397	1622502	963338	47.69	6.61	14.67	13.32
60882	13234	1490260	1211000	35.44	5.57	10.10	8.77
23916	6670	1811683	1492635	23.96	4.24	8.95	7.10
29192	10600	1320287	1123567	31.01	7.94	15.30	12.95
10230	2725	235638	189714	14.54	3.86	5.02	3.79
31091	5510	1000049	706249	44.29	8.56	13.49	11.04
19194	6131	1172523	961949	33.40	7.87	8.57	6.06
19616	2032	644645	500831	26.30	8.05	9.20	6.59
17827	1704	336752	278019	18.82	5.59	4.36	3.51
104233	44221	3878449	3196951	67.32	12.11	22.26	19.60
9006	3071	543542	440049	19.68	3.41	4.93	3.85
2769	150	74824	41031	1.71	0.60	0.39	0.31
28947	1583	451667	370004	18.80	3.58	5.72	4.75
5285	3744	361612	159836	8.84	1.34	2.81	2.64
6449	2082	531513	249181	12.98	3.53	4.26	2.83
1854	70	85273	71467	2.38	0.33	0.60	0.35
5241	1109	217250	166151	9.93	2.05	3.84	3.62
3097	1139	336244	271333	11.31	1.58	5.13	2.57
4035	900	124850	107065	5.88	0.64	2.41	1.99
2385	2627	62753	49157	4.04	0.49	1.24	1.06
5566	2504	404060	324659	12.10	1.98	3.27	2.51

续表 5

地区	电子阅览室面积	实际拥有产权面积/万平方米	阅览室座席数/个	少儿阅览室座席数	盲人阅览室座席数
全国	**14.05**	**276.81**	**356273**	**79128**	**6785**
北京					
天津					
河北	0.37	10.51	12888	2665	243
山西	0.57	11.50	13835	2899	147
内蒙古	0.29	8.59	8397	1157	198
辽宁	0.72	10.60	15159	3371	304
吉林	0.29	8.05	7529	1190	105
黑龙江	0.30	5.27	8950	1612	88
上海					
江苏	0.62	24.83	23689	5237	393
浙江	0.66	10.12	19746	5878	193
安徽	0.58	14.53	19260	4318	424
福建	0.82	13.31	19942	3411	215
江西	0.40	5.78	10065	2683	301
山东	1.17	22.28	21178	4595	376
河南	0.79	19.68	24123	7256	465
湖北	0.67	14.73	16809	3405	324
湖南	0.56	10.18	11975	3395	246
广东	1.91	28.20	38347	9097	386
广西	0.63	5.66	13323	3420	200
海南	0.08	2.06	1425	436	15
重庆					
四川	0.48	11.57	15358	3137	361
贵州	0.14	4.87	6597	1793	165
云南	0.60	8.29	9722	1713	416
西藏	0.16	0.87	1273	233	66
陕西	0.23	7.71	7782	1122	157
甘肃	0.31	7.71	11486	2475	203
青海	0.14	0.89	3589	296	36
宁夏	0.16	2.21	4662	1048	52
新疆	0.40	6.81	9164	1286	706

志愿者服务队伍数/支	志愿者服务队伍人数/人	图书馆延伸服务情况			
		流动图书车数/辆	流动服务书刊借阅人次/万人次	流动图书车书刊借阅册次/万册次	分馆数量/个
1107	**204043**	**407**	**488.88**	**1,079.08**	**5688**
26	2273	3	3.95	8.59	113
63	9512	10	13.84	39.57	167
19	1123	4	0.82	1.37	182
84	7253	3	30.64	81.06	590
26	3262	4	2.88	3.80	27
16	4768	3	14.74	40.94	153
98	41022	17	37.98	37.61	441
100	19091	17	70.37	161.97	441
85	7975	9	6.88	14.85	222
42	2452	7	33.27	154.05	319
22	1350	5	1.34	2.51	105
54	5854	17	45.14	67.28	349
54	3740	9	21.76	29.31	195
34	4342	11	32.46	48.94	282
109	10261	4	12.30	24.57	465
59	55139	246	75.59	230.91	987
35	6275	4	4.70	6.91	88
7	315		1.89	2.63	29
37	3744	10	11.73	20.50	117
15	1551	2	37.40	42.68	49
36	7844	1	8.59	12.69	58
3	47				3
24	1696	4	0.34	0.69	114
28	936	1	2.22	4.58	53
7	96	9	3.49	6.65	7
6	1204	2	14.00	33.58	37
18	918	5	0.56	0.84	95

2021年各地区县市级

地　　区	机构数/个	从业人员/人	专业技术人才	正高级职称	副高级职称	中级职称	总藏量/万册(件)
全　　国	**2791**	**34335**	**20912**	**201**	**2452**	**9590**	**66958.00**
北　　京	19	866	603	4	43	250	2375.01
天　　津	19	765	524	7	80	215	1339.87
河　　北	164	1280	780	2	90	365	2507.38
山　　西	117	997	607	2	50	273	1275.53
内 蒙 古	104	1138	880	11	205	375	1157.45
辽　　宁	105	1050	686	7	86	419	1586.19
吉　　林	55	809	637	14	112	284	973.48
黑 龙 江	89	794	690	52	206	287	1007.17
上　　海	20	1235	1066	3	54	408	2299.29
江　　苏	105	2098	1175	13	135	496	6817.20
浙　　江	90	2543	1165	22	128	573	7048.01
安　　徽	109	901	503	1	37	216	2239.96
福　　建	81	810	481	4	32	218	3109.55
江　　西	102	892	443	1	22	170	1946.42
山　　东	135	1778	1334	5	209	638	4420.43
河　　南	146	1824	858	4	70	434	2258.53
湖　　北	100	1206	753		39	436	2206.11
湖　　南	124	1246	829		35	438	3100.93
广　　东	122	3277	1434	12	81	650	6738.15
广　　西	98	782	556	1	28	263	1365.20
海　　南	19	191	91		1	26	337.77
重　　庆	41	753	390	18	56	176	1821.27
四　　川	184	1504	809	2	50	354	2611.85
贵　　州	88	680	461		35	183	1119.14
云　　南	132	1146	1032	2	383	453	1478.80
西　　藏	75	89	54		2	3	134.17
陕　　西	106	1621	894	2	55	418	1271.53
甘　　肃	85	915	481	9	38	226	957.72
青　　海	41	239	104	1	9	50	200.66
宁　　夏	21	310	170	1	15	93	446.78
新　　疆	95	596	422	1	66	200	806.45

公共图书馆基本情况

图书	盲文图书	古籍	善本	报刊	视听文献	缩微制品	其他
58235.89	**82.64**	**473.10**	**39.59**	**3987.81**	**1091.30**	**78.30**	**3093.43**
2293.44	0.38	5.17	0.33	15.96	27.48	0.27	32.70
1194.71	1.21	6.42	0.39	59.27	10.38		69.07
2192.78	4.17	5.91	0.48	107.10	88.38	2.69	110.55
1063.06	2.00	28.88	4.67	116.57	11.69	1.35	54.08
971.45	1.66	2.07	0.40	103.95	19.14	0.39	60.49
1341.17	1.65	3.29	0.92	48.71	34.23	0.73	158.08
738.29	2.07	1.25	0.03	57.05	18.29	15.30	143.32
892.47	1.62	0.41	0.01	84.04	6.11	0.11	24.15
2138.33	1.30	8.57	0.47	25.79	107.81	0.01	18.76
6203.27	5.61	64.81	3.67	253.76	72.11	0.47	222.87
6531.75	4.44	51.96	3.29	282.60	92.49	0.43	88.86
2004.86	6.43	12.13	0.39	87.57	30.92	0.48	104.16
2560.76	1.34	10.99	0.85	136.03	108.89	1.23	291.65
1609.18	3.62	23.95	3.87	181.94	12.69	0.84	117.83
3973.37	6.39	23.54	2.49	263.55	41.03	3.92	115.15
1955.40	8.77	14.91	1.21	205.12	31.12	0.73	51.31
1845.45	2.59	13.21	1.02	203.72	23.18	33.75	86.95
2700.20	3.58	41.24	2.91	241.77	24.26	1.64	91.88
5777.09	3.75	12.24	1.21	205.27	113.03	0.39	630.23
1027.71	0.62	6.49	0.16	266.85	13.59	0.95	49.73
286.01	0.04	0.61	0.04	18.72	30.79	0.80	0.86
1583.23	3.14	22.19	2.35	125.32	20.82	0.12	69.62
2231.57	4.98	44.66	1.74	205.52	30.75	3.71	95.66
925.53	1.85	4.01	0.69	98.54	12.79	0.62	77.74
1115.18	1.63	27.08	2.74	183.70	74.46	1.12	77.32
106.01	0.39	2.33	0.12	5.56	1.06	0.41	18.81
1081.09	2.61	19.31	0.99	103.34	13.73	0.38	53.74
752.30	2.43	11.83	2.03	131.19	6.21	1.99	54.24
163.69	0.55	2.58	0.08	9.73	1.72	2.69	20.32
337.36	1.17	0.57	0.02	52.87	5.31	0.03	50.71
639.18	0.65	0.49	0.02	106.70	6.84	0.75	52.59

续表 1

地 区	在藏量中		音视频资源总量/千万小时	电子文本、图片文献资源总量/TB	线上服务人次/万人次	书架单层总长度/米
	开架书刊	少儿文献				
全 国	**41871.19**	**9490.46**	**1534.28**	**5556897.57**	**34842.74**	**7445224**
北 京	1745.56	327.51	0.89	1293.24	2507.62	203731
天 津	701.35	154.76	0.07	6628.09	1926.42	102670
河 北	1401.80	295.40	9.22	212083.23	755.11	239804
山 西	650.39	107.03	15.01	748815.64	120.60	143437
内蒙古	699.36	119.52	20.35	124187.65	133.11	329872
辽 宁	944.67	256.69	50.31	316375.61	279.47	158362
吉 林	530.46	102.03	1.65	93175.49	96.02	90416
黑龙江	687.62	114.56	44.23	436075.77	127.92	104396
上 海	1460.22	306.82	0.33	1862.45	1573.75	200312
江 苏	4341.29	972.44	6.85	1398.60	3660.02	559153
浙 江	5221.96	1446.74	2.30	2115.94	8109.55	656019
安 徽	1306.50	310.93	5.20	4976.98	1100.14	171806
福 建	1661.50	473.25	3.27	443.14	1698.03	229119
江 西	974.52	283.33	166.47	294406.45	464.44	276964
山 东	3073.76	527.28	165.22	2202449.44	1278.64	378052
河 南	1437.55	298.65	132.63	28038.63	408.56	249065
湖 北	1129.00	307.41	83.12	33779.22	558.07	220121
湖 南	1756.58	495.49	125.03	238796.80	1179.29	640338
广 东	4712.78	1109.62	15.36	122663.22	3809.77	646038
广 西	709.24	136.85	3.36	78687.81	130.71	199056
海 南	215.55	29.69		31.26	60.07	36544
重 庆	1305.00	275.62	4.18	845.46	738.85	385215
四 川	1608.49	315.58	0.12	1194.74	1207.88	467642
贵 州	684.52	106.42	67.14	227062.72	803.91	115664
云 南	864.39	149.59	591.56	264386.90	729.58	233872
西 藏	9.40	7.44	0.03	11.00	0.09	1062
陕 西	756.42	164.10	15.37	453.31	590.96	132042
甘 肃	546.97	121.58	4.53	77643.98	334.39	111626
青 海	58.63	16.98	0.03	7683.20	62.37	24263
宁 夏	200.27	65.26	0.05	137.46	224.95	42622
新 疆	475.44	91.89	0.40	29194.14	172.45	95941

本年新增藏量/万册(件)	本年新增电子图书/万册	当年购买的报刊种类/种	实际持证读者数/人	总流通人次/万人次	书刊文献外借人次	书刊文献外借册次/万册次	组织各类讲座次数/次
4825.12	**4291.38**	**551108**	**44176388**	**47333.44**	**16529.47**	**36765.66**	**60356**
128.86	131.44	15114	1211148	496.10	137.83	558.94	1708
123.11	68.39	14782	676766	685.36	143.42	433.08	990
363.69	166.76	19354	1042690	1528.47	731.78	1443.15	3383
51.00	22.76	10176	520863	715.87	235.62	411.09	1628
79.46	27.89	12232	443285	513.87	161.79	317.09	580
33.42	7.09	13680	838685	662.86	202.52	373.44	696
36.88	122.52	6916	184888	246.29	79.53	162.84	1026
34.36	6.30	12089	319085	181.90	72.26	168.07	507
99.07	33.26	27571	2057950	912.14	220.61	1279.18	1489
448.80	198.33	43747	7797287	7639.08	3389.16	5755.15	4117
567.89	649.62	51287	5641974	8704.33	1389.05	5481.09	4714
156.58	121.88	18224	1676618	2064.01	891.89	1396.26	2403
327.40	213.60	19540	1002919	1344.05	581.69	1827.32	1377
125.95	113.22	19150	943480	1832.99	662.47	1218.92	2023
265.54	409.61	28762	3540523	2527.22	1240.22	2297.80	5572
131.90	121.16	16567	1255681	1729.01	858.94	1323.71	2491
106.28	160.63	15645	908684	912.11	492.58	868.54	1261
388.62	206.32	26405	1950880	3238.70	1405.91	2645.89	3871
617.07	158.58	35778	5581699	4609.14	1020.76	3945.69	7011
35.18	44.08	15566	271536	507.90	225.15	378.67	1031
14.86	20.77	4952	67549	196.04	37.11	66.44	210
167.82	146.81	20005	2395210	1242.42	436.75	1036.82	1433
170.82	400.96	27056	1698333	1488.79	603.59	1138.01	2289
59.68	191.43	13074	567737	1009.90	403.48	574.29	1278
44.52	137.03	21654	468304	667.73	225.89	478.19	2858
7.25		269	3042	8.08	2.56	4.21	36
104.91	105.50	13444	481534	691.96	270.63	446.67	1636
52.50	91.95	8860	279080	487.36	177.31	370.28	909
4.51	3.48	1807	31204	45.69	14.89	19.06	160
23.30	157.65	4748	124932	213.07	96.92	151.30	140
53.89	52.36	12654	192822	231.00	117.16	194.47	1529

续表 2

地区	为读者举办各种活动					开展基层培训辅导人次/万人次
	参加人次/万人次	举办展览/个	参加人次/万人次	举办培训班/次	培训人次/万人次	
全国	**879.79**	**37588**	**4956.52**	**44601**	**278.81**	**88.63**
北京	74.85	487	88.83	685	3.77	0.50
天津	6.21	522	52.02	937	4.00	1.10
河北	44.89	2580	195.40	2419	19.33	4.06
山西	19.81	990	50.80	573	3.12	1.77
内蒙古	7.45	521	24.10	278	1.86	0.74
辽宁	10.48	587	49.57	387	2.02	0.58
吉林	4.77	673	31.60	175	1.45	0.29
黑龙江	3.23	331	27.74	156	0.80	0.24
上海	26.57	280	125.09	1005	3.49	0.50
江苏	72.45	2863	1212.18	4129	44.03	12.12
浙江	124.34	3633	617.56	7261	39.03	4.30
安徽	57.10	1909	178.84	1895	12.61	5.82
福建	11.52	719	57.28	817	3.70	0.76
江西	32.78	1361	162.23	921	8.04	3.01
山东	52.17	2365	171.88	3585	18.70	5.61
河南	26.73	1383	102.32	1356	14.09	4.04
湖北	16.92	1110	79.56	835	7.15	6.16
湖南	62.11	1274	198.91	2064	18.51	11.66
广东	92.06	2616	681.60	6129	26.47	2.36
广西	10.06	766	53.22	880	4.48	1.52
海南	1.95	108	40.03	1466	3.47	2.28
重庆	14.15	1274	107.67	1177	8.39	1.86
四川	26.85	1300	115.38	1068	5.85	8.11
贵州	17.91	784	100.89	886	6.94	1.94
云南	21.99	1763	132.58	781	3.76	1.29
西藏	0.29	107	0.86	19	0.25	0.02
陕西	16.12	2296	92.98	1266	6.18	1.82
甘肃	9.66	658	56.75	322	2.51	1.19
青海	1.49	152	4.59	98	0.68	0.17
宁夏	2.56	117	100.66	96	0.69	0.34
新疆	10.32	2059	43.40	935	3.44	2.47

本单位受训人次/万人次	计算机/台	供读者使用电子阅览室终端数	图书馆网站访问量/人次	本年收入合计/千元	财政拨款预算收入	免费开放资金	中央资金
12.62	**146782**	**100772**	**337126723**	**8270328**	**8053448**	**795884**	**357257**
0.93	3714	1509	7980949	494491	494298	10402	1385
0.13	3117	1923	6516297	317954	315830	11088	4046
0.21	6073	4594	8520436	244924	237442	27341	17672
0.28	4441	3299	3017338	136690	132896	23352	14394
0.14	4594	3107	2821847	188341	184729	17503	13624
0.12	5242	3545	800728	176017	175517	9475	3230
0.20	2564	1684	1942373	122321	120948	8732	5460
	3600	2505	1815495	143633	143289	13296	11280
0.69	3879	1985	24652887	640153	633591	54190	53900
0.09	7887	5109	36517641	657411	640586	34074	3835
2.15	8137	5316	9559378	846506	827992	66134	5161
1.97	5396	3977	12819446	191688	175789	24142	10263
0.17	3738	2500	5965240	200685	191890	12097	1883
0.11	5439	3957	5818484	181117	169367	18187	8266
0.60	7659	5394	29981301	348537	328180	39559	5911
0.38	7364	5203	5074094	221766	216179	26378	17220
0.30	4336	2982	8350214	236605	226482	22370	10173
0.68	5745	4207	13993963	229874	222342	23634	11367
1.45	12165	8313	26273790	1040315	1018449	137188	6473
0.10	3929	2627	5464224	110172	107895	19302	15602
0.07	913	645	471189	39123	38258	4979	2448
0.29	3666	2605	19980743	242241	239953	26520	16040
0.01	8319	6114	14337858	331789	327963	46519	29445
0.19	4284	3100	35112867	148995	140100	13620	9720
0.36	5314	3853	36672762	204344	195933	25239	17659
0.04	1072	712	1224	18226	18132	13780	11640
0.62	4699	3441	7643190	229386	219730	21340	14272
0.08	3657	2419	1406276	135136	130736	15782	13207
0.01	1197	664	119137	39237	36307	4192	1674
0.09	1273	922	1277521	58144	53798	6772	4535
0.16	3369	2561	2217831	94507	88847	18697	15472

续表 3

地区	购书专项经费	上级补助收入	事业预算收入	经营收入	附属单位上缴收入	其他收入
全国	**767238**	**90485**	**27723**	**78**	**43**	**98551**
北京	52208		3	24		166
天津	19012	320				1804
河北	22007	1065	517	45		5855
山西	5528	2751	20			1023
内蒙古	9359		2057			1555
辽宁	5154	443	57			
吉林	6776	10				1363
黑龙江	4606	343				1
上海	70267		72			6490
江苏	72149	6909	2772			7144
浙江	126740	2625	10			15879
安徽	16785	11881	1647			2371
福建	26158	4964	1			3830
江西	18690	4959	887			5904
山东	27567	10463	4458			5436
河南	22921	3135	740	9		1703
湖北	16701	4069	194			5860
湖南	17249	4261	491		38	2742
广东	108272	11940	4662			5264
广西	7746	1325	213			739
海南	2710	344	86			435
重庆	26911	1151				1137
四川	32142	480				3346
贵州	7886	5377	2204			1314
云南	5714	4000	222			4189
西藏	1903	94				
陕西	21103	3077	3618			2961
甘肃	5292	1276	2624			500
青海	2811	248	168		5	2509
宁夏	2189	2380				1966
新疆	2682	595				5065

本年支出合计/千元	基本支出	项目支出	经营支出	在支出合计中			
				工资福利支出	商品和服务支出	差旅费	劳务费
8522529	**4938834**	**3020296**	**4284**	**3842994**	**1946072**	**32456**	**230345**
496780	277712	215499		236072	164449	1231	8413
336217	215981	104308		157871	106872	172	8327
267734	119442	137143	586	87419	29873	304	3314
136903	91734	37213	18	80328	23103	531	3126
186916	145661	29249	8	111787	23984	475	3028
185179	106605	24655	1997	88876	20503	202	3566
126933	89939	34356		74638	15383	446	3077
125187	100296	24890		78727	17694	244	1329
646857	432763	214094		305089	218413	211	2261
667333	391267	260100	165	300839	167266	1556	14222
846026	434493	391348		357219	218841	2887	26613
191592	112993	54708	192	80288	33133	870	2471
204921	110877	86661		88820	53324	138	11365
205241	119812	62762	628	88365	32514	1827	4133
353393	225480	93811	14	183474	49969	767	6302
220046	161592	36681	10	122358	25792	879	3605
232918	159397	65243	24	133335	35246	880	5856
383931	164951	55831		108136	43707	1449	5109
1047709	391964	624731	160	303405	360986	705	59296
110903	86352	18866	12	64396	18382	1456	2510
38028	17766	17814		14473	12558	345	3802
241694	133155	107726		99166	71947	6390	16568
337432	190680	135618		158225	91412	4427	12883
147528	98964	25624	60	55563	9343	735	2485
204705	156909	39986	40	141857	28086	1062	4849
14564	10793	571	53	4668	52	51	
232918	151961	54381	252	132958	30860	1191	4859
138958	98110	27040	45	79402	17181	582	3076
39725	25745	11447		14661	5159	155	707
59706	43539	14213		28244	8002	86	1570
94552	71901	13727	20	62335	12038	202	1623

续表 4

地区	福利费	各种税金支出	对个人和家庭补助支出	抚恤金和生活补助	其他资本性支出	各种设备、交通工具、图书购置费
全国	**36456**	**3810**	**226904**	**41109**	**1424310**	**1212957**
北京	3201	81	11404	2491	43242	42801
天津	1052	112	3978	240	40391	39566
河北	567	10	7181	1994	104872	39761
山西	620	1	2141	317	16369	15323
内蒙古	498	51	5235	790	26280	23518
辽宁	98		3393	1396	11411	10169
吉林	168		2555	441	17970	12694
黑龙江	75		9006	801	9993	9026
上海	4318		4726	1297	84229	66208
江苏	2970	206	26757	1169	122820	115666
浙江	11063	168	11480	763	188662	178714
安徽	894	3	6699	1471	37106	32166
福建	46	17	4102	691	44532	34404
江西	1042	31	3893	979	49040	45662
山东	93	599	10380	1302	59384	56488
河南	535	21	7383	2014	45104	35500
湖北	1514	450	8117	778	36339	28181
湖南	1351	25	6086	746	39270	34314
广东	2286	110	46499	4784	230861	207026
广西	108	280	3195	1379	11681	11037
海南	24	10	339	33	7123	4350
重庆	819	121	11894	6330	37598	33667
四川	1031	302	9422	3834	50818	47800
贵州	115	167	2481	226	15052	13363
云南	471	41	4918	1591	11400	11034
西藏					2600	2192
陕西	655	750	2594	914	39618	32628
甘肃	424	94	6339	1331	19283	13160
青海	300		1226	456	3534	2804
宁夏	9	147	1219	96	8473	6486
新疆	109	13	2262	455	9255	7249

新增藏量购置费	新增数字资源购置费	资产总计/千元	固定资产净值	实际使用公用房屋建筑面积/万平方米	书库面积	阅览室面积	书刊阅览室面积
806540	**96553**	**30749161**	**25788300**	**1125.55**	**210.44**	**364.17**	**259.70**
30097	1805	1000424	837840	24.93	4.69	6.50	5.20
22522	9200	718011	518377	30.84	5.54	6.61	4.99
25288	3506	753083	500483	47.99	9.53	20.92	15.16
8199	664	433797	334690	29.76	5.19	9.73	6.47
12792	711	444345	365243	28.70	4.14	10.35	6.64
5884	1580	811842	724154	25.89	4.41	6.96	5.02
8269	505	300083	242409	14.38	2.63	4.98	3.35
6834	704	373965	226117	18.18	3.17	6.12	3.59
48756	9471	2019275	1804954	29.80	3.60	9.84	8.31
75441	13538	6554559	5928026	104.43	11.94	29.54	21.74
131822	12482	4343873	4123479	115.25	14.93	35.33	29.99
23662	1533	573980	458907	35.90	5.95	12.56	7.68
24913	1208	749165	623327	32.99	9.24	10.26	7.26
20719	1634	1105467	946352	34.47	7.16	12.33	8.13
43846	1080	825754	606480	70.20	14.84	17.97	11.66
25744	2269	900025	556320	45.92	10.49	13.92	8.78
18023	2446	778770	630416	38.23	8.06	11.76	7.75
21962	3919	554113	411324	47.40	11.75	14.15	10.08
128494	9073	2119790	1590429	99.45	20.36	38.81	30.10
7591	1104	272179	221887	19.43	5.39	5.82	3.75
2903	267	99248	80869	5.81	1.31	1.50	0.97
20417	3186	548384	416581	34.44	6.43	10.93	7.78
34584	4807	957176	762661	58.66	11.04	22.56	16.41
10340	989	1665973	1428687	21.83	4.85	7.60	5.05
7633	572	529967	419265	27.00	7.30	8.21	4.79
1498	31	54842	50821	2.91	0.62	0.94	0.42
20869	2166	424335	323961	28.11	6.56	9.28	6.34
8281	2272	411354	290136	20.52	3.22	5.93	4.52
1195	609	52017	42212	4.65	0.76	1.55	1.02
3715	2026	145634	125606	7.47	1.39	2.75	1.68
4247	1196	227731	196287	20.01	3.95	8.46	5.07

续表 5

地　区	电子阅览室面积	实际拥有产权面积/万平方米	阅览室座席数/个	少儿阅览室座席数	盲人阅览室座席数
全　国	**50.60**	**613.79**	**893484**	**243117**	**24810**
北　京	0.62	13.95	14553	3032	182
天　津	0.60	3.48	16924	2847	349
河　北	2.86	24.67	40291	10338	1119
山　西	1.80	26.75	25672	6780	1007
内蒙古	1.37	10.83	24611	6431	911
辽　宁	1.19	10.96	19946	5282	511
吉　林	0.83	9.71	12597	3692	369
黑龙江	1.12	8.52	17306	5177	642
上　海	0.89	13.47	20879	4984	293
江　苏	2.63	40.84	54231	16343	1197
浙　江	3.49	44.30	76809	21330	1208
安　徽	1.86	21.48	30028	8904	1192
福　建	1.13	20.08	25297	8387	651
江　西	1.72	20.94	36397	10621	1289
山　东	2.90	29.01	51720	12674	2150
河　南	2.64	27.38	41038	11222	1441
湖　北	2.02	31.67	28265	8225	902
湖　南	2.38	32.25	37981	12414	1053
广　东	3.88	55.86	87150	22382	1216
广　西	1.22	13.86	20876	6187	494
海　南	0.30	4.20	3962	1261	46
重　庆	1.21	28.36	31625	6659	807
四　川	3.69	35.68	50392	13165	1671
贵　州	1.35	15.56	22253	5473	751
云　南	1.94	19.92	24172	7515	773
西　藏	0.20	0.82	2749	576	78
陕　西	1.51	18.96	24138	6616	772
甘　肃	0.98	14.22	21784	6365	823
青　海	0.35	1.57	3384	949	151
宁　夏	0.58	4.36	7785	1497	291
新　疆	1.34	10.13	18669	5789	471

志愿者服务队伍数/支	志愿者服务队伍人数/人	图书馆延伸服务情况			
		流动图书车数/辆	流动服务书刊借阅人次/万人次	流动图书车书刊借阅册次/万册次	分馆数量/个
9733	**317915**	**2524**	**1124.96**	**2096.95**	**36752**
41	20640	14	2.51	42.09	456
64	4281	12	25.40	50.03	258
282	8706	92	53.25	78.96	1142
201	8585	143	32.73	44.87	2138
162	6648	53	19.00	25.53	1203
166	5174	14	14.28	31.63	762
71	2065	53	11.99	25.78	693
153	4018	38	3.29	6.32	663
180	6836	4	58.14	102.24	239
229	25053	29	87.65	162.62	7411
281	33937	61	157.39	405.88	3022
259	8760	26	59.98	84.28	1208
178	7605	23	9.03	18.79	517
203	7301	35	26.69	44.63	702
3277	13607	46	48.51	87.77	1874
438	12873	81	79.35	103.70	1380
861	8464	84	57.14	75.94	991
277	32340	836	69.01	106.98	1891
203	58908	137	79.71	233.84	1892
146	3055	61	18.15	33.41	400
37	1938	7	5.19	6.45	80
128	5637	38	31.62	62.01	1368
266	9808	143	41.54	67.50	1523
144	4718	80	37.75	49.97	739
277	5318	114	34.81	58.36	1325
75	585	62	0.57	0.69	7
686	4599	94	28.13	35.74	915
174	3020	53	14.16	25.35	915
35	227	35	3.89	5.09	136
108	1210	9	4.88	11.47	140
131	1999	47	9.22	9.03	762

主要统计指标解释

1．**藏量**：指本馆已编目的古籍、图书、期刊和报纸的合订本、小册子、手稿以及缩微制品、录像带、录音带、光盘等视听文献资料数量之和。

对同一书名，但分若干册（卷）的图书，按每一册（卷）作为一册统计。期刊和报纸均以每一合订本为一册统计。至本年鉴统计数据时，尚未装订成册编目的期刊和报纸不统计在内。

2．**图书**：指装订成册，不少于49页，并在“古籍”范围以外的纸介质图书。装订成册但不足49页的，按小册子统计到“其他”类中。

3．**盲文图书**：指供盲人读者阅读的图书。

4．**报刊**：指刊登当前事件的专题或综合新闻，每周至少出版一张并按年、月、日顺序或按编号排列的连续出版物，或者是同一刊名下，按顺序号或按年、月、日出版的定期或不定期的连续出版物。包括报纸和期刊。

5．**古籍、善本**：实际成书和出版年代在1911年（含1911年）以前的线装、卷轴装、经折装、蝴蝶装、包背装等书籍为古籍。其中清乾隆六十年即1795年以前（含1795年）的古籍为善本，1795年至1911年间的具有历史文献性、学术资料性和印刷装帧艺术代表性的也归为善本。

6．**视听文献**：包括各类型声频文献（唱片、录音带、盒式磁带等）、视频文献（例如幻灯片、透明正片等）和声频与视频混合文献（例如有声电影、录像片等）。

7．**缩微文献**：指所有经过缩微处理制成缩微胶卷和缩微平片，使用时需要放大的文献资料。

8．**其他**：指馆藏文献资源中，不在以上任何一类文献中的内容。

9．**开架书刊**：指图书馆总藏量中已上架并可用于外借或馆内阅读的图书、报刊等。

10．**少儿文献**：是指供少儿阅读的文献，包括图书、绘本、画册、连环画等，不论其是否装订成册，或页数是否达到49页，均按1个“册（件）”计算在内。“少儿文献”不纳入“总藏量”加总计算，在图书、报刊、视听文献、缩微制品中，涉及少儿文献的，仍然分别统计在原类别中。

11．**电子图书**：指本馆通过购买方式取得当前使用权的电子图书，以及本馆自建或与其他机构合作建设的电子图书。

本馆自建电子图书：指本馆通过数字化加工、网络采集、依法保存等方式获得，并在本地存储和保管的电子图书。

本馆外购电子图书：指本馆付费获得使用权不少于12个月的电子图书。

从其他机构免费共享的电子图书：指其他机构通过VPN共享、本地镜像或硬存储等方式免费授权给本馆使用的电子图书。

12．**书架单层总长度**：指馆藏实际占用书架、书柜单层单面长度之和。

13．**本年度新购藏量**：是指本年度内，通过购买、征集、竞拍等各种方式新入藏的各类型文献资源总量（不包括电子图书）。

14．新增电子图书：指图书馆本年度自建、购买（获得使用权不少于 12 个月）的电子图书总量。

15．当年购买的报刊种类：指图书馆当年购买的期刊和报纸种类之和。

16．有效借书证数：是指由本馆或本馆所在总分馆体系中其他图书馆发放，并在当年内在本馆、本馆所辖分馆或本馆派出的各类馆外服务设施中使用过至少一次的借书证数。

17．总流通人次：指本年度内到图书馆场馆接受图书馆服务的总人次，包括借阅书刊、咨询问题以及参加各类读者活动等。

18．书刊文献外借人次：指通过本馆或本馆所辖分馆以及本馆派出的各类馆外服务设施将本馆各类型文献资源借出阅读的读者人次。

19．书刊文献外借册次：指读者通过由本馆或本馆所辖分馆以及本馆派出的各类馆外服务设施借出阅读的本馆各类型文献册次。

20．组织各类讲座次数、参加人次：指由本馆举办或与其他机构联合举办的各类讲座次数及参加这些讲座的人次。

21．举办展览个数、参观人次：指本馆举办或与外机构联合举办的在馆内或馆外展览的展览个数及参观人次。个数按展览的内容计算。同一内容的展览不论在哪些地点展出和展出时间多久，只计算一个。

22．举办训练班班次、培训人次：指本馆举办或与其他机构联合举办的各种科普、文化、艺术等训练班，按截止到年底办完的班数及培训人数分别计算班次及培训人次。截止到年底未办完的班数和人数均在下一年度统计。

23．为少儿举办的专场活动：是指专门以少年儿童为受众组织的展览、讲座、读书、培训等活动，含亲子阅读类活动。

24．图书馆网站访问量：指本年度中图书馆网站中所有网页（含文件及动态网页）被访客浏览的总次数。图书馆网站指有独立域名的 Web 站点，其中包括 cn 和通用顶级域名下的 Web 站点。

25．计算机台数：指图书馆内列入固定资产管理并正在使用的计算机终端台数。

26．供读者使用的终端数：指图书馆内放置可供读者使用的计算机台数。

27．新增藏量购置费：指本馆本年购进图书、报刊、缩微制品、视听文献等藏品所用经费之和。

28．新增电子图书购置费：指图书馆本年度专门用于自建、购买电子图书的经费。

29．少儿阅览室座席数：指图书馆中专门提供给少年儿童使用的座位数。

30．盲人阅览室座席数：指图书馆中专门提供给盲人使用，并配置有专门的辅助阅读、视听设备的坐席数。

31．流动服务书刊借阅人次/册次：指图书馆利用流动服务方式开展书刊借阅服务的读者人次和册次。

32．分馆数量：指在以本馆为中心馆的总分馆体系中，接受本馆统一管理，具有独立馆舍、一定数量的馆藏、专职管理人员的图书馆数量。总馆对分馆负有业务指导关系，并且总、分馆之间实现文献资源共建共享、通借通还。

2021年全国高校图书馆统计数据①

2021年部分高校图书馆在编职工人数统计表

序号	图书馆名称	在编职工 / 人	序号	图书馆名称	在编职工 / 人
1	吉林大学图书馆	302	34	清华大学图书馆	103
2	中山大学图书馆	221	35	湖南大学图书馆	102
3	武汉大学图书馆	218	36	兰州大学图书馆	100
4	山东大学图书馆	212	37	福州大学图书馆	99
5	上海交通大学图书馆	201	38	南京航空航天大学图书馆	98
6	浙江大学图书馆	177	39	九江学院图书馆	97
7	复旦大学图书馆	175	40	暨南大学图书馆	97
8	华中科技大学图书馆	165	41	哈尔滨师范大学图书馆	97
9	四川大学图书馆	156	42	湖南师范大学图书馆	95
10	武汉理工大学图书馆	152	43	江苏师范大学图书馆	95
11	北京大学图书馆	150	44	深圳大学城图书馆	94
12	厦门大学图书馆	148	45	河北科技大学图书馆	94
13	郑州大学图书馆	146	46	江苏大学图书馆	94
14	中国地质大学（北京）图书馆	124	47	云南大学图书馆	94
15	同济大学图书馆	123	48	宁波大学图书馆	91
16	中南大学图书馆	123	49	江西财经大学图书馆	91
17	华东师范大学图书馆	122	50	北京师范大学图书馆	90
18	西北农林科技大学图书馆	120	51	南京大学图书馆	90
19	深圳大学图书馆	119	52	大连理工大学图书馆	90
20	南昌大学图书馆	118	53	中国海洋大学图书馆	90
21	曲阜师范大学图书馆	117	54	浙江师范大学图书馆	90
22	东北师范大学图书馆	115	55	黑龙江大学图书馆	90
23	天津大学图书馆	112	56	延边大学图书馆	90
24	河南大学图书馆	111	57	临沂大学图书馆	90
25	华南理工大学图书馆	110	58	华北理工大学图书馆	89
26	河北大学图书馆	110	59	上海师范大学图书馆	87
27	哈尔滨工业大学图书馆	110	60	华北电力大学图书馆	87
28	西安交通大学图书馆	109	61	河北农业大学图书馆	87
29	南开大学图书馆	108	62	青岛科技大学图书馆	87
30	上海大学图书馆	107	63	安徽师范大学图书馆	87
31	东南大学图书馆	106	64	长江大学图书馆	87
32	扬州大学图书馆	104	65	中国人民大学图书馆	86
33	重庆大学图书馆	104	66	南京师范大学图书馆	84

① 此部分统计数据出自教育部高校图书馆事实数据库，为各馆自报，顺序为自动导出。版权归教育部高等学校图书情报工作指导委员会秘书处所有。

续表

序号	图书馆名称	在编职工 / 人	序号	图书馆名称	在编职工 / 人
67	河南理工大学图书馆	83	106	南通大学图书馆	70
68	西南交通大学图书馆	81	107	长安大学图书馆	69
69	广西师范大学图书馆	81	108	合肥工业大学图书馆	69
70	河海大学图书馆	81	109	云南师范大学图书馆	69
71	温州大学图书馆	81	110	西安建筑科技大学图书馆	69
72	华南农业大学图书馆	80	111	烟台大学图书馆	69
73	苏州大学图书馆	80	112	首都师范大学图书馆	68
74	河北师范大学图书馆	80	113	山东师范大学图书馆	68
75	中南财经政法大学图书馆	80	114	武汉科技大学图书馆	68
76	华中师范大学图书馆	79	115	广东外语外贸大学图书馆	68
77	四川师范大学图书馆	79	116	北华大学图书馆	68
78	华南师范大学图书馆	79	117	岭南师范学院图书馆	67
79	浙江工业大学图书馆	78	118	太原理工大学图书馆	67
80	佳木斯大学图书馆	78	119	贵州大学图书馆	67
81	电子科技大学图书馆	77	120	齐齐哈尔大学图书馆	67
82	江南大学图书馆	77	121	衡水学院图书馆	67
83	内蒙古工业大学图书馆	77	122	上海中医药大学图书馆	67
84	新疆大学图书馆	77	123	河南牧业经济学院图书馆	67
85	青岛大学图书馆	76	124	湖北大学图书馆	67
86	山东财经大学图书馆	76	125	安徽财经大学图书馆	66
87	湘潭大学图书馆	75	126	中国药科大学图书馆	66
88	东北林业大学图书馆	75	127	西安科技大学图书馆	66
89	集美大学图书馆	75	128	河北工程大学图书馆	66
90	陕西师范大学图书馆	74	129	吉首大学图书馆	66
91	中国矿业大学图书馆	74	130	西北大学图书馆	65
92	北京联合大学图书馆	74	131	山东农业大学图书馆	65
93	山东理工大学图书馆	74	132	中南林业科技大学图书馆	65
94	东北大学图书馆	73	133	武汉纺织大学图书馆	65
95	西北师范大学图书馆	73	134	中国石油大学（华东）图书馆	64
96	广西大学图书馆	73	135	内蒙古医科大学图书馆	64
97	哈尔滨理工大学图书馆	73	136	桂林电子科技大学图书馆	64
98	宁夏大学图书馆	73	137	北京工业大学图书馆	63
99	江汉大学图书馆	72	138	石家庄学院图书馆	63
100	华东理工大学图书馆	72	139	中国地质大学图书馆	63
101	山东科技大学图书馆	72	140	内蒙古大学图书馆	62
102	福建师范大学图书馆	72	141	淮阴师范学院图书馆	62
103	昆明理工大学图书馆	72	142	西安翻译学院图书馆	61
104	南京财经大学图书馆	72	143	西安电子科技大学图书馆	61
105	湖南农业大学图书馆	71	144	大连海事大学图书馆	61

续表

序号	图书馆名称	在编职工 / 人	序号	图书馆名称	在编职工 / 人
145	北京邮电大学图书馆	61	184	黄淮学院图书馆	54
146	江西师范大学图书馆	61	185	重庆文理学院图书馆	54
147	华侨大学图书馆	61	186	贵州财经大学图书馆	54
148	杭州师范大学图书馆	61	187	黄冈师范学院图书馆	54
149	河南师范大学图书馆	61	188	东北石油大学图书馆	54
150	北京交通大学图书馆	60	189	湖北工程学院图书馆	54
151	山西大学图书馆	60	190	廊坊师范学院图书馆	54
152	湖北工业大学图书馆	60	191	井冈山大学图书馆	54
153	吉林师范大学图书馆	60	192	常熟理工学院图书馆	54
154	西北工业大学图书馆	59	193	太原师范学院图书馆	53
155	西南民族大学图书馆	59	194	辽东学院图书馆	53
156	中国科学技术大学图书馆	59	195	东北农业大学图书馆	53
157	南京邮电大学图书馆	59	196	中国政法大学图书馆	52
158	南京工业大学图书馆	59	197	浙江财经大学图书馆	52
159	三峡大学图书馆	59	198	沈阳师范大学图书馆	52
160	广东海洋大学图书馆	59	199	湖南理工学院图书馆	52
161	南京农业大学图书馆	58	200	重庆师范大学图书馆	52
162	北京航空航天大学图书馆	58	201	浙江海洋大学图书馆	52
163	西华师范大学图书馆	58	202	唐山学院图书馆	52
164	南华大学图书馆	58	203	上海理工大学图书馆	52
165	闽南师范大学图书馆	58	204	深圳职业技术学院图书馆	51
166	新疆师范大学图书馆	58	205	上海财经大学图书馆	51
167	温州医科大学图书馆	58	206	贵州民族大学图书馆	51
168	大理大学图书馆	58	207	上海应用技术大学图书馆	51
169	海南大学图书馆	58	208	内蒙古科技大学图书馆	51
170	哈尔滨工程大学图书馆	57	209	西北民族大学图书馆	51
171	台州学院图书馆	57	210	重庆工商大学图书馆	51
172	安徽工业大学图书馆	57	211	浙江理工大学图书馆	51
173	东北财经大学图书馆	56	212	华东政法大学图书馆	51
174	石河子大学图书馆	56	213	新疆财经大学图书馆	51
175	中国民航大学图书馆	56	214	内蒙古民族大学图书馆	51
176	西南财经大学图书馆	56	215	西安财经大学图书馆	51
177	天津商业大学图书馆	55	216	湖北科技学院图书馆	50
178	福建农林大学图书馆	55	217	辽宁科技大学图书馆	50
179	西华大学图书馆	55	218	四川轻化工大学图书馆	50
180	河北工业大学图书馆	55	219	湖北民族大学图书馆	50
181	浙江工商大学图书馆	55	220	淮北师范大学图书馆	50
182	成都理工大学图书馆	54	221	广东财经大学图书馆	50
183	华中农业大学图书馆	54	222	南京中医药大学图书馆	50

续表

序号	图书馆名称	在编职工 / 人	序号	图书馆名称	在编职工 / 人
223	江西理工大学图书馆	50	262	天津财经大学图书馆	45
224	南京理工大学图书馆	49	263	上海外国语大学图书馆	45
225	常州大学图书馆	49	264	西南石油大学图书馆	45
226	上海海事大学图书馆	49	265	绍兴文理学院图书馆	45
227	燕山大学图书馆	49	266	浙江农林大学图书馆	45
228	天津理工大学图书馆	49	267	郑州轻工业学院图书馆	45
229	山西财经大学图书馆	48	268	兰州财经大学图书馆	45
230	东华大学图书馆	48	269	湖南城市学院图书馆	45
231	陕西科技大学图书馆	48	270	滨州学院图书馆	45
232	沈阳大学图书馆	48	271	湘南学院图书馆	45
233	武昌首义学院图书馆	48	272	闽江学院图书馆	44
234	海南医学院图书馆	48	273	齐鲁工业大学图书馆	44
235	武汉轻工大学图书馆	48	274	西安文理学院图书馆	44
236	德州学院图书馆	48	275	浙江万里学院图书馆	44
237	海南师范大学图书馆	48	276	江西科技师范大学图书馆	44
238	山西师范大学图书馆	48	277	西安工业大学图书馆	44
239	宜春学院图书馆	48	278	南昌航空大学图书馆	44
240	山东交通学院图书馆	48	279	天津工业大学图书馆	44
241	天津科技大学图书馆	48	280	天津医科大学图书馆	44
242	广西科技大学图书馆	47	281	天津外国语大学图书馆	43
243	聊城大学图书馆	47	282	江苏理工学院图书馆	43
244	山西农业大学图书馆	47	283	淮阴工学院图书馆	43
245	广西民族大学图书馆	47	284	北京理工大学图书馆	43
246	长春理工大学图书馆	47	285	北京信息科技大学图书馆	43
247	南京林业大学图书馆	47	286	河北地质大学图书馆	43
248	南京信息工程大学图书馆	46	287	吉林农业大学图书馆	43
249	哈尔滨商业大学图书馆	46	288	中北大学图书馆	43
250	广西财经学院图书馆	46	289	河北经贸大学图书馆	43
251	新疆医科大学图书馆	46	290	嘉兴学院图书馆	43
252	云南财经大学图书馆	46	291	成都大学图书馆	43
253	苏州科技大学图书馆	46	292	西昌学院图书馆	43
254	西安工程大学图书馆	46	293	安徽农业大学图书馆	43
255	杭州电子科技大学图书馆	46	294	北京大学医学图书馆	42
256	湖北师范大学图书馆	46	295	西安理工大学图书馆	42
257	玉林师范学院图书馆	46	296	北京工商大学图书馆	42
258	广西医科大学图书馆	46	297	成都中医药大学图书馆	42
259	云南民族大学图书馆	46	298	浙江传媒学院图书馆	42
260	北京科技大学图书馆	45	299	长春工程学院图书馆	42
261	西南政法大学图书馆	45	300	福建工程学院图书馆	42

2021年部分高校图书馆馆舍面积统计表

序号	图书馆名称	馆舍总面积 / 平方米	序号	图书馆名称	馆舍总面积 / 平方米
1	山东大学图书馆	130498	38	杭州师范大学图书馆	71611
2	中山大学图书馆	119030	39	南开大学图书馆	71610
3	华南师范大学图书馆	108000	40	广西民族大学图书馆	71227
4	吉林大学图书馆	103245	41	河北工程大学图书馆	71202
5	厦门大学图书馆	102596	42	浙江工业大学图书馆	70633
6	浙江大学图书馆	92203	43	河南理工大学图书馆	69000
7	新疆大学图书馆	90000	44	福建农林大学图书馆	68200
8	成都理工大学图书馆	85007	45	山东农业工程学院图书馆	68165
9	贵州大学图书馆	84339	46	中国石油大学（北京）图书馆	67596
10	郑州大学图书馆	84000	47	电子科技大学图书馆	66974
11	延安大学图书馆	83000	48	东南大学图书馆	66900
12	合肥工业大学图书馆	82614	49	北京大学图书馆	66235
13	沧州师范学院图书馆	82300	50	复旦大学图书馆	66137
14	暨南大学图书馆	81726	51	南京理工大学图书馆	66120
15	山东财经大学图书馆	80890	52	华南理工大学图书馆	66000
16	广西医科大学图书馆	80792	53	青岛农业大学图书馆	65427
17	中国科学技术大学图书馆	80783	54	太原师范学院图书馆	64806
18	福州大学图书馆	79652	55	华中科技大学图书馆	64581
19	温州医科大学图书馆	79418	56	南通大学图书馆	64512
20	上海大学图书馆	79139	57	北京化工大学图书馆	64445
21	清华大学图书馆	78647	58	山东师范大学图书馆	64400
22	扬州大学图书馆	78619	59	东北大学图书馆	64210
23	同济大学图书馆	77808	60	安徽大学图书馆	64045
24	华北理工大学图书馆	77400	61	贵州民族大学图书馆	64000
25	武汉大学图书馆	77389	62	四川大学图书馆	63430
26	哈尔滨工程大学图书馆	77156	63	广西大学图书馆	63106
27	广西师范大学图书馆	77000	64	南宁师范大学图书馆	63093
28	云南大学图书馆	76293	65	贵州财经大学图书馆	62410
29	北京师范大学图书馆	76143	66	成都工业学院图书馆	61034
30	天津大学图书馆	75700	67	兰州大学图书馆	61000
31	上海交通大学图书馆	75062	68	安徽工业大学图书馆	61000
32	深圳技术大学图书馆	75000	69	中国地质大学图书馆	60835
33	河南大学图书馆	74858	70	中国矿业大学图书馆	60000
34	武汉理工大学图书馆	73624	71	昆明理工大学图书馆	60000
35	中南大学图书馆	73290	72	西安建筑科技大学图书馆	59638
36	南京大学图书馆	73100	73	延边大学图书馆	59530
37	临沂大学图书馆	71835	74	江西师范大学图书馆	59466

续表

序号	图书馆名称	馆舍总面积 / 平方米	序号	图书馆名称	馆舍总面积 / 平方米
75	重庆大学图书馆	59362	114	江南大学图书馆	52217
76	西南交通大学图书馆	59316	115	北京邮电大学图书馆	52211
77	南昌大学图书馆	59003	116	西安电子科技大学图书馆	52200
78	河海大学图书馆	59000	117	洛阳师范学院图书馆	52000
79	浙江工商大学图书馆	57800	118	喀什大学图书馆	52000
80	陕西师范大学图书馆	57758	119	西安石油大学图书馆	51980
81	云南师范大学图书馆	57300	120	宁波大学图书馆	51936
82	兰州理工大学图书馆	57000	121	郑州航空工业管理学院图书馆	51500
83	甘肃中医药大学图书馆	56800	122	青岛科技大学图书馆	51457
84	华东师范大学图书馆	56397	123	河南农业大学图书馆	51330
85	苏州大学图书馆	56363	124	深圳大学图书馆	51202
86	洛阳理工学院图书馆	56274	125	江苏师范大学图书馆	51100
87	长江大学图书馆	56200	126	温州大学图书馆	51000
88	中央民族大学图书馆	56000	127	武汉学院图书馆	50975
89	河北农业大学图书馆	55889	128	西安理工大学图书馆	50781
90	新疆师范大学图书馆	55800	129	河北大学图书馆	50775
91	西华大学图书馆	55776	130	广东海洋大学图书馆	50511
92	北京理工大学图书馆	55699	131	江西农业大学图书馆	50015
93	福建师范大学图书馆	55571	132	大连理工大学图书馆	50000
94	安徽科技学院图书馆	55174	133	西南财经大学图书馆	50000
95	河北科技大学图书馆	55157	134	聊城大学图书馆	49970
96	中国人民大学图书馆	54985	135	兰州财经大学图书馆	49933
97	南昌理工学院图书馆	54602	136	西北民族大学图书馆	49808
98	山东华宇工学院图书馆	54447	137	海南师范大学图书馆	49645
99	浙江建设职业技术学院图书馆	54355	138	武汉工程科技学院图书馆	49628
100	莆田学院图书馆	54337	139	太原理工大学图书馆	49599
101	武汉科技大学图书馆	54300	140	苏州科技大学图书馆	49581
102	武汉纺织大学图书馆	53827	141	兰州交通大学图书馆	49436
103	南京林业大学图书馆	53440	142	西南民族大学图书馆	49316
104	广东财经大学图书馆	53185	143	九江学院图书馆	49300
105	河北工业大学图书馆	53100	144	湖北经济学院图书馆	49014
106	新疆医科大学图书馆	53000	145	山东理工大学图书馆	49000
107	贵州理工学院图书馆	52915	146	新疆农业大学图书馆	48800
108	广东外语外贸大学图书馆	52855	147	云南民族大学图书馆	48509
109	浙江师范大学图书馆	52820	148	北京工业大学图书馆	48207
110	西北大学图书馆	52661	149	中南民族大学图书馆	48171
111	珠海科技学院图书馆	52497	150	安徽师范大学图书馆	48150
112	重庆工商大学图书馆	52489	151	广西财经学院图书馆	48143
113	黄河科技学院图书馆	52402	152	江西科技师范大学图书馆	48000

续表

序号	图书馆名称	馆舍总面积 / 平方米	序号	图书馆名称	馆舍总面积 / 平方米
153	成都大学图书馆	48000	189	长安大学图书馆	44822
154	渤海大学图书馆	48000	190	海南热带海洋学院图书馆	44792
155	深圳职业技术学院图书馆	47666	191	广西国际商务职业技术学院图书馆	44738
156	金华职业技术学院图书馆	47455	192	北部湾大学图书馆	44732
157	南京财经大学图书馆	47300	193	南方医科大学图书馆	44661
158	中国石油大学（华东）图书馆	47300	194	四川农业大学图书馆	44607
159	江苏大学图书馆	47270	195	湖北大学图书馆	44451
160	山西医科大学图书馆	47063	196	三亚学院图书馆	44400
161	常熟理工学院图书馆	47000	197	青岛大学图书馆	44200
162	华中师范大学图书馆	46875	198	哈尔滨师范大学图书馆	44000
163	华东理工大学图书馆	46766	199	哈尔滨理工大学图书馆	44000
164	西北师范大学图书馆	46752	200	内蒙古大学图书馆	44000
165	盐城工学院图书馆	46730	201	中国人民公安大学图书馆	44000
166	桂林电子科技大学图书馆	46600	202	云南经济管理学院图书馆	43890
167	安徽财经大学图书馆	46470	203	湖南农业大学图书馆	43800
168	上海海事大学图书馆	46426	204	西安交通大学图书馆	43794
169	安徽中医药大学图书馆	46203	205	嘉兴学院图书馆	43573
170	西北工业大学图书馆	46161	206	盐城师范学院图书馆	43500
171	哈尔滨商业大学图书馆	46106	207	吉林通用航空职业技术学院图书馆	43500
172	天津理工大学图书馆	46000	208	湖北科技学院图书馆	43248
173	呼和浩特职业学院图书馆	46000	209	宁夏大学图书馆	43157
174	渭南职业技术学院图书馆	46000	210	重庆师范大学图书馆	43085
175	遵义医科大学图书馆	45887	211	西安工业大学图书馆	43023
176	湖北工业大学图书馆	45875	212	绵阳师范学院图书馆	43000
177	湖北工业大学工程技术学院图书馆	45875	213	中国传媒大学图书馆	43000
178	郑州轻工业学院图书馆	45706	214	曲阜师范大学图书馆	42888
179	南京航空航天大学图书馆	45607	215	河南财政金融学院图书馆	42878
180	山西大同大学图书馆	45604	216	广西中医药大学图书馆	42700
181	河南牧业经济学院图书馆	45454	217	安徽农业大学图书馆	42546
182	河北师范大学图书馆	45300	218	江西理工大学图书馆	42490
183	华侨大学图书馆	45000	219	烟台大学图书馆	42300
184	东北石油大学图书馆	45000	220	江西财经职业学院图书馆	42300
185	安徽理工大学图书馆	45000	221	浙江传媒学院图书馆	42029
186	辽宁工程技术大学图书馆	45000	222	中国海洋大学图书馆	42000
187	江西财经大学图书馆	44994	223	芜湖职业技术学院图书馆	41927
188	遵义师范学院图书馆	44977	224	东北林业大学图书馆	41765

续表

序号	图书馆名称	馆舍总面积 / 平方米	序号	图书馆名称	馆舍总面积 / 平方米
225	东北电力大学图书馆	41700	263	安阳师范学院图书馆	38550
226	集美大学图书馆	41670	264	上海财经大学浙江学院图书馆	38522
227	西安科技大学图书馆	41564	265	山西大学图书馆	38506
228	武汉轻工大学图书馆	41480	266	南京工程学院图书馆	38500
229	玉林师范学院图书馆	41470	267	山西财经大学图书馆	38462
230	西安外事学院图书馆	41233	268	淄博职业学院图书馆	38336
231	中南林业科技大学图书馆	41196	269	东华理工大学图书馆	38329
232	合肥学院图书馆	41122	270	济宁学院图书馆	38300
233	昆明学院图书馆	41093	271	淮阴工学院图书馆	38213
234	金陵科技学院图书馆	41056	272	佳木斯大学图书馆	38105
235	河南经贸职业学院图书馆	41000	273	黄山学院图书馆	38076
236	内蒙古科技大学图书馆	40800	274	厦门大学嘉庚学院图书馆	37792
237	三峡大学图书馆	40549	275	西南政法大学图书馆	37684
238	南昌航空大学图书馆	40283	276	台州学院图书馆	37500
239	井冈山大学图书馆	40230	277	成都信息工程大学图书馆	37487
240	西安外国语大学图书馆	40227	278	辽宁大学图书馆	37470
241	中国政法大学图书馆	40213	279	广西科技大学图书馆	37450
242	深圳大学城图书馆	40000	280	福建商学院图书馆	37345
243	重庆三峡学院图书馆	40000	281	淮南师范学院图书馆	37300
244	浙江树人大学图书馆	40000	282	湖南师范大学图书馆	37246
245	河北传媒学院图书馆	39957	283	西南科技大学图书馆	37202
246	淮阴师范学院图书馆	39900	284	湖南理工学院图书馆	37000
247	常州工学院图书馆	39899	285	湖北中医药大学图书馆	37000
248	中南财经政法大学图书馆	39788	286	南京理工大学泰州科技学院图书馆	36800
249	南京师范大学图书馆	39705	287	泰州学院图书馆	36800
250	哈尔滨工业大学图书馆	39534	288	哈尔滨金融学院图书馆	36500
251	四川师范大学图书馆	39407	289	中央财经大学图书馆	36482
252	昌吉学院图书馆	39405	290	华东交通大学图书馆	36169
253	西南石油大学图书馆	39173	291	河北经贸大学图书馆	36059
254	河南工学院图书馆	39106	292	石河子大学图书馆	36000
255	神木职业技术学院图书馆	39072	293	福建工程学院图书馆	36000
256	西安财经大学图书馆	39017	294	南阳师范学院图书馆	36000
257	湖北工程学院图书馆	39000	295	塔里木大学图书馆	36000
258	克拉玛依职业技术学院图书馆	39000	296	巴中职业技术学院图书馆	35956
259	江苏农牧科技职业学院图书馆	38994	297	西北政法大学图书馆	35800
260	河南工业职业技术学院图书馆	38874	298	海口经济学院图书馆	35787
261	南京邮电大学图书馆	38749	299	上海师范大学图书馆	35773
262	东北师范大学图书馆	38675	300	上海财经大学图书馆	35649

2021 年部分高校图书馆文献资源购置费统计表

序号	图书馆名称	文献资源购置费 / 元	序号	图书馆名称	文献资源购置费 / 元
1	中山大学图书馆	74751757.0	36	华南理工大学图书馆	24032018.1
2	清华大学图书馆	70265187.9	37	上海大学图书馆	23773697.6
3	上海交通大学图书馆	62464687.5	38	苏州大学图书馆	23496021.2
4	中国人民大学图书馆	59235101.9	39	中国海洋大学图书馆	23363011.8
5	北京师范大学图书馆	57372961.5	40	天津大学图书馆	23177728.2
6	浙江大学图书馆	57259168.0	41	东北大学图书馆	23066525.0
7	复旦大学图书馆	54036209.1	42	山东师范大学图书馆	22812546.7
8	北京大学图书馆	52914262.8	43	合肥工业大学图书馆	22753415.9
9	山东大学图书馆	51338230.0	44	西北工业大学图书馆	22728229.4
10	武汉大学图书馆	46067347.4	45	华南师范大学图书馆	22441331.0
11	中国科学技术大学图书馆	41719969.8	46	南京师范大学图书馆	22072367.4
12	同济大学图书馆	41093045.3	47	北京理工大学图书馆	21991502.7
13	南京大学图书馆	39000000.0	48	深圳技术大学图书馆	21842683.0
14	深圳大学城图书馆	38012000.0	49	武汉理工大学图书馆	21591690.0
15	四川大学图书馆	36928935.5	50	深圳大学图书馆	21537803.5
16	河南工学院图书馆	36445008.0	51	杭州师范大学图书馆	21381804.0
17	东南大学图书馆	36297500.0	52	内蒙古大学图书馆	21101962.0
18	郑州大学图书馆	34400000.0	53	浙江工业大学图书馆	21090138.0
19	华东师范大学图书馆	34398107.9	54	浙大城市学院（原名浙江大学城市学院）图书馆	21044050.0
20	暨南大学图书馆	33617614.5	55	河南师范大学图书馆	20466339.4
21	厦门大学图书馆	33550246.5	56	哈尔滨工程大学图书馆	20341532.1
22	中南大学图书馆	32128520.9	57	广西大学图书馆	20209636.0
23	河南大学图书馆	31229741.5	58	河海大学图书馆	20171271.6
24	西交利物浦大学图书馆	30773974.4	59	海南大学图书馆	20000000.0
25	电子科技大学图书馆	30250578.9	60	西南交通大学图书馆	20000000.0
26	上海师范大学图书馆	30011992.0	61	陕西师范大学图书馆	19996697.5
27	首都师范大学图书馆	29956902.2	62	华中师范大学图书馆	19873559.2
28	哈尔滨工业大学图书馆	29833846.3	63	北京邮电大学图书馆	19855468.0
29	西安交通大学图书馆	29276812.0	64	首都医科大学图书馆	19693077.0
30	南开大学图书馆	28676449.1	65	北京师范大学 – 香港浸会大学联合国际学院图书馆	19612062.0
31	兰州大学图书馆	27478230.5	66	贵州大学图书馆	19599493.1
32	重庆大学图书馆	26701000.0	67	南方科技大学图书馆	19296738.6
33	北京航空航天大学图书馆	26496981.0	68	南昌大学图书馆	19270246.0
34	宁波大学图书馆	24850000.0	69	西安电子科技大学图书馆	19186415.5
35	山西大学图书馆	24694461.6	70	广东海洋大学图书馆	18773238.3

序号	图书馆名称	文献资源购置费 / 元	序号	图书馆名称	文献资源购置费 / 元
71	北京科技大学图书馆	18741008.9	110	中北大学图书馆	14311926.6
72	北京交通大学图书馆	18581763.7	111	华东理工大学图书馆	14066610.4
73	中国矿业大学图书馆	18454200.0	112	南京中医药大学图书馆	13926007.0
74	西南财经大学图书馆	18254000.0	113	齐鲁工业大学图书馆	13874800.0
75	大连理工大学图书馆	18173689.6	114	青岛大学图书馆	13858601.2
76	南京农业大学图书馆	17958800.0	115	重庆医科大学图书馆	13837936.6
77	安徽大学图书馆	17614809.1	116	新疆大学图书馆	13824691.3
78	广州医科大学图书馆	17604260.0	117	广东外语外贸大学图书馆	13776354.4
79	云南师范大学图书馆	17541418.1	118	中国地质大学图书馆	13617814.6
80	上海理工大学图书馆	17487999.9	119	温州大学图书馆	13539483.2
81	上海财经大学图书馆	17448963.4	120	中国医科大学图书馆	13528420.7
82	燕山大学图书馆	16996066.7	121	东华大学图书馆	13496951.4
83	江苏大学图书馆	16858888.0	122	广西师范大学图书馆	13355476.6
84	江南大学图书馆	16705503.6	123	山东农业大学图书馆	13325462.0
85	成都理工大学图书馆	16600761.0	124	南通大学图书馆	13257694.6
86	宁夏大学图书馆	16568211.5	125	山东科技大学图书馆	13106050.7
87	福州大学图书馆	16506784.7	126	中国石油大学（华东）图书馆	13080185.3
88	南京理工大学图书馆	16458436.0	127	内蒙古工业大学图书馆	13043842.0
89	昆明学院图书馆	16353000.0	128	中国药科大学图书馆	13010699.2
90	西北大学图书馆	16162743.8	129	西华师范大学图书馆	13002231.9
91	中国农业大学图书馆	15977124.0	130	北京工业大学图书馆	12970236.6
92	东北师范大学图书馆	15696833.7	131	河北大学图书馆	12920000.0
93	北京外国语大学图书馆	15696119.4	132	杭州电子科技大学图书馆	12823054.7
94	华侨大学图书馆	15667320.8	133	上海外国语大学图书馆	12782868.5
95	北部湾大学图书馆	15598498.0	134	曲阜师范大学图书馆	12671767.6
96	北京工商大学图书馆	15522709.0	135	郑州轻工业学院图书馆	12541027.0
97	石河子大学图书馆	15472700.0	136	太原理工大学图书馆	12540491.0
98	上海科技大学图书馆	15438751.2	137	中南民族大学图书馆	12284702.3
99	华南农业大学图书馆	15368391.0	138	河南农业大学图书馆	12218935.2
100	扬州大学图书馆	15335700.0	139	河北师范大学图书馆	12064909.2
101	中南财经政法大学图书馆	15323488.1	140	长安大学图书馆	12014610.8
102	昆明理工大学图书馆	15242790.5	141	南京工业大学图书馆	11986818.1
103	安徽理工大学图书馆	15088104.5	142	河南理工大学图书馆	11917496.3
104	对外经济贸易大学图书馆	15011779.0	143	北方民族大学图书馆	11858881.2
105	西北师范大学图书馆	15002088.6	144	集美大学图书馆	11858784.1
106	浙江师范大学图书馆	15000000.0	145	河北工业大学图书馆	11643538.0
107	西北农林科技大学图书馆	14833943.0	146	四川师范大学图书馆	11618998.6
108	福建师范大学图书馆	14504676.8	147	西南科技大学图书馆	11582970.2
109	浙江理工大学图书馆	14475295.8	148	南方医科大学图书馆	11492271.0

续表

序号	图书馆名称	文献资源购置费 / 元	序号	图书馆名称	文献资源购置费 / 元
149	浙江工商大学图书馆	11481407.5	189	安徽医科大学图书馆	9529531.0
150	南京审计大学图书馆	11443625.0	190	太原科技大学图书馆	9424456.1
151	南京财经大学图书馆	11415298.0	191	山东财经大学图书馆	9356000.0
152	西南石油大学图书馆	11376772.9	192	中央财经大学图书馆	9355854.0
153	西南政法大学图书馆	11100664.0	193	北京师范大学珠海分校图书馆	9301297.3
154	福建农林大学图书馆	11032806.4	194	山东交通学院图书馆	9300000.0
155	烟台大学图书馆	11000000.0	195	宁波诺丁汉大学图书馆	9290288.0
156	江苏师范大学图书馆	10968002.0	196	内蒙古科技大学图书馆	9231981.5
157	湖南师范大学图书馆	10917484.4	197	北方工业大学图书馆	9217105.4
158	深圳职业技术学院图书馆	10913036.0	198	吉林农业大学图书馆	9186128.8
159	东北林业大学图书馆	10899796.0	199	闽南师范大学图书馆	9150768.6
160	大连海事大学图书馆	10862938.0	200	江西工程学院图书馆	9088406.2
161	江西师范大学图书馆	10796340.6	201	洛阳师范学院图书馆	9031929.8
162	成都中医药大学图书馆	10744938.0	202	江汉大学图书馆	9020853.0
163	四川农业大学图书馆	10737897.2	203	绍兴文理学院图书馆	9019612.7
164	西湖大学图书馆	10506297.0	204	中国石油大学（北京）图书馆	8847685.0
165	中国民航大学图书馆	10419481.2	205	江西理工大学图书馆	8840328.1
166	江西财经大学图书馆	10304776.0	206	北京林业大学图书馆	8838471.7
167	南京医科大学图书馆	10251216.7	207	广州中医药大学图书馆	8820513.0
168	汕头大学图书馆	10250982.1	208	北京中医药大学图书馆	8760611.5
169	重庆工商大学图书馆	10243905.0	209	川北医学院图书馆	8686449.4
170	浙江财经大学图书馆	10217653.1	210	延边大学图书馆	8658694.4
171	南京林业大学图书馆	10195798.0	211	西南医科大学图书馆	8636160.0
172	浙江农林大学图书馆	10157159.5	212	苏州科技大学图书馆	8612200.0
173	武汉科技大学图书馆	10156929.5	213	台州学院图书馆	8557251.1
174	常州大学图书馆	10150983.2	214	上海海洋大学图书馆	8550601.2
175	河北工程大学图书馆	10132921.1	215	大连大学图书馆	8492187.0
176	华东政法大学图书馆	10096995.2	216	黑龙江大学图书馆	8488509.0
177	西南民族大学图书馆	10074034.6	217	安徽农业大学图书馆	8467300.0
178	安徽财经大学图书馆	10068400.0	218	北京联合大学图书馆	8407230.0
179	兰州交通大学图书馆	9972100.0	219	武汉商学院图书馆	8387857.4
180	湖南大学图书馆	9970012.0	220	长春师范大学图书馆	8334368.5
181	南京邮电大学图书馆	9962913.0	221	安徽工业大学图书馆	8319697.0
182	兰州理工大学图书馆	9845302.3	222	惠州学院图书馆	8305059.9
183	温州医科大学图书馆	9768127.4	223	武汉纺织大学图书馆	8300000.0
184	华北理工大学图书馆	9763995.0	224	浙江海洋大学图书馆	8279584.4
185	上海师范大学天华学院图书馆	9754083.0	225	西北民族大学图书馆	8259802.0
186	中国民用航空飞行学院图书馆	9670580.9	226	上海健康医学院图书馆	8254508.5
187	南京信息工程大学图书馆	9660231.2	227	宜宾学院图书馆	8204766.8
188	上海对外经贸大学图书馆	9539339.3	228	三峡大学图书馆	8188999.5

续表

序号	图书馆名称	文献资源购置费 / 元	序号	图书馆名称	文献资源购置费 / 元
229	厦门工学院（原名华侨大学厦门工学院）图书馆	8188999.5	265	浙江树人大学图书馆	7312493.5
230	广西警察学院图书馆	8182535.4	266	上海海事大学图书馆	7305218.6
231	上海体育学院图书馆	8158811.7	267	海南医学院图书馆	7286153.0
232	四川外国语大学图书馆	8143610.9	268	广西民族大学图书馆	7263453.0
233	聊城大学图书馆	8142502.0	269	闽江学院图书馆	7256534.4
234	南昌航空大学图书馆	8127500.0	270	南京晓庄学院图书馆	7218489.1
235	中国计量大学图书馆	8123280.1	271	辽宁大学图书馆	7169732.5
236	南华大学图书馆	8086147.8	272	西安外国语大学图书馆	7098552.9
237	东华理工大学图书馆	8066650.2	273	四川轻化工大学图书馆	6983768.4
238	德宏师范高等专科学校图书馆	8045818.1	274	临沂大学图书馆	6974200.0
239	湖北工业大学图书馆	8039959.5	275	南京工程学院图书馆	6968149.7
240	西安理工大学图书馆	7981585.2	276	河北医科大学图书馆	6958200.0
241	广州新华学院（原名中山大学新华学院）图书馆	7950524.3	277	重庆三峡学院图书馆	6912200.0
242	吉林铁道职业技术学院图书馆	7887208.0	278	河南工业职业技术学院图书馆	6890012.0
243	铜陵学院图书馆	7885839.0	279	西南财经大学天府学院图书馆	6862017.5
244	成都医学院图书馆	7871696.4	280	长江大学图书馆	6860359.0
245	湖南农业大学图书馆	7810000.0	281	西华大学图书馆	6858958.0
246	西藏民族大学图书馆	7781511.5	282	福建医科大学图书馆	6855342.2
247	聊城大学东昌学院图书馆	7779398.7	283	吉林财经大学图书馆	6821263.6
248	浙江农林大学暨阳学院图书馆	7771960.8	284	贵州医科大学图书馆	6781326.2
249	安徽建筑大学图书馆	7759641.0	285	浙江传媒学院图书馆	6771728.0
250	青岛科技大学图书馆	7722103.0	286	武汉工程科技学院图书馆	6758263.4
251	嘉兴学院图书馆	7591763.5	287	甘肃中医药大学图书馆	6746950.0
252	陕西科技大学图书馆	7565374.5	288	成都锦城学院图书馆	6741617.8
253	上海电力学院图书馆	7561428.0	289	山西师范大学图书馆	6718105.5
254	西安建筑科技大学图书馆	7520711.8	290	兰州财经大学图书馆	6684991.0
255	湖北大学图书馆	7506196.9	291	贵州财经大学图书馆	6673263.6
256	云南财经大学图书馆	7490900.0	292	北京大学医学图书馆	6666651.5
257	北京信息科技大学图书馆	7470281.4	293	安顺学院图书馆	6621387.7
258	赣南医学院图书馆	7414051.0	294	南宁师范大学图书馆	6541995.3
259	大连医科大学图书馆	7413906.2	295	济宁医学院图书馆	6518029.9
260	重庆师范大学图书馆	7406301.6	296	山西财经大学图书馆	6481018.3
261	贵州民族大学图书馆	7402862.7	297	盐城工学院图书馆	6480200.0
262	亳州学院图书馆	7356500.0	298	沈阳药科大学图书馆	6449536.8
263	广东华南工商职业学院（原名民办南华工商学院）图书馆	7351037.1	299	宁波工程学院图书馆	6443968.3
264	江西中医药大学图书馆	7339852.2	300	天津财经大学珠江学院图书馆	6443190.4

2021年部分高校图书馆纸质资源购置费统计表

序号	图书馆名称	纸质资源购置费／元	序号	图书馆名称	纸质资源购置费／元
1	中山大学图书馆	43960000.0	35	东南大学图书馆	7650000.0
2	北京师范大学图书馆	27601130.8	36	吉林铁道职业技术学院图书馆	7507208.0
3	复旦大学图书馆	25524345.7	37	聊城大学东昌学院图书馆	7421398.7
4	北京大学图书馆	25403060.8	38	南京农业大学图书馆	7236400.0
5	浙江大学图书馆	22543059.0	39	山东师范大学图书馆	7221717.3
6	山东大学图书馆	20663589.0	40	华南师范大学图书馆	7178000.0
7	武汉大学图书馆	18004198.9	41	浙江工业大学图书馆	7171026.0
8	清华大学图书馆	17606573.0	42	广西警察学院图书馆	7111575.4
9	南京大学图书馆	15401939.7	43	海南大学图书馆	7000000.0
10	暨南大学图书馆	14460491.5	44	北京外国语大学图书馆	6975974.4
11	上海交通大学图书馆	14394894.9	45	武汉理工大学图书馆	6943246.0
12	中国人民大学图书馆	14170022.6	46	杭州师范大学图书馆	6853136.5
13	郑州大学图书馆	13770000.0	47	南开大学图书馆	6515599.1
14	西交利物浦大学图书馆	12569755.3	48	西南财经大学天府学院图书馆	6476902.5
15	广东海洋大学图书馆	11799292.3	49	广东华南工商职业学院（原名民办南华工商学院）图书馆	6460037.1
16	兰州大学图书馆	11330925.5	50	河南大学图书馆	6448227.9
17	北京邮电大学图书馆	11115687.0	51	大连理工大学图书馆	6384118.8
18	河海大学图书馆	10751647.6	52	南京师范大学图书馆	6313455.3
19	宁波大学图书馆	10095000.0	53	南京航空航天大学图书馆	6308025.0
20	四川大学图书馆	9760396.8	54	中国海洋大学图书馆	6227741.1
21	华东师范大学图书馆	9557338.6	55	深圳大学图书馆	6225732.5
22	上海师范大学天华学院图书馆	9453083.0	56	天津财经大学珠江学院图书馆	6222190.4
23	云南师范大学图书馆	9261218.1	57	北京交通大学图书馆	6200030.7
24	北京师范大学珠海分校图书馆	9121297.3	58	苏州大学图书馆	6129210.4
25	深圳大学城图书馆	8570919.4	59	中国石油大学（华东）图书馆	6099571.3
26	厦门大学图书馆	8474627.6	60	内蒙古大学图书馆	6098892.0
27	华中师范大学图书馆	8344855.2	61	江西工商职业技术学院图书馆	6067830.0
28	北京师范大学－香港浸会大学联合国际学院图书馆	8342685.0	62	东北大学图书馆	6063600.0
29	江西工程学院图书馆	8224406.2	63	华侨大学图书馆	6035621.8
30	重庆大学图书馆	8211000.0	64	宁波诺丁汉大学图书馆	6033849.8
31	同济大学图书馆	8152472.7	65	河南工业职业技术学院图书馆	6000012.0
32	上海师范大学图书馆	8150607.0	66	吉林大学图书馆	5998100.0
33	德宏师范高等专科学校图书馆	7897485.1	67	宜宾学院图书馆	5996224.8
34	广州新华学院（原名中山大学新华学院）图书馆	7722254.3	68	上海大学图书馆	5992529.7

续表

序号	图书馆名称	纸质资源购置费 / 元	序号	图书馆名称	纸质资源购置费 / 元
69	中国农业大学图书馆	5991196.4	106	南京邮电大学图书馆	4702900.0
70	合肥工业大学图书馆	5951921.8	107	西安电子科技大学图书馆	4685505.2
71	北京航空航天大学图书馆	5932000.0	108	南通大学图书馆	4643002.6
72	漳州理工职业学院图书馆	5926200.0	109	云南大学滇池学院图书馆	4641335.0
73	西南交通大学图书馆	5797268.3	110	西安外事学院图书馆	4614483.9
74	成都锦城学院图书馆	5765575.8	111	广东外语外贸大学图书馆	4601504.4
75	中南大学图书馆	5665068.9	112	重庆医科大学图书馆	4597968.6
76	西安交通工程学院图书馆	5556260.6	113	浙江海洋大学图书馆	4589584.4
77	浙大城市学院（原名浙江大学城市学院）图书馆	5390000.0	114	郑州旅游职业学院图书馆	4571575.0
78	亳州学院图书馆	5387000.0	115	郑州财税金融职业学院图书馆	4552000.0
79	贵州大学图书馆	5382274.1	116	电子科技大学图书馆	4545040.4
80	广州医科大学图书馆	5350579.0	117	武汉商学院图书馆	4543788.4
81	郑州升达经贸管理学院图书馆	5294323.1	118	河南艺术职业学院图书馆	4528944.8
82	安徽大学图书馆	5288909.1	119	华北理工大学图书馆	4520000.0
83	成都理工大学图书馆	5264161.0	120	武汉科技大学图书馆	4509238.5
84	对外经济贸易大学图书馆	5258800.0	121	兰州财经大学图书馆	4499991.0
85	云南大学图书馆	5231453.8	122	江苏大学图书馆	4488000.0
86	河北传媒学院图书馆	5216590.7	123	河南师范大学图书馆	4475703.4
87	重庆三峡学院图书馆	5210000.0	124	中南财经政法大学图书馆	4471212.1
88	北京科技大学图书馆	5192362.9	125	浙江理工大学图书馆	4469750.8
89	安顺学院图书馆	5161087.7	126	浙江工商大学图书馆	4468154.0
90	天津大学图书馆	5109229.4	127	中国民用航空飞行学院图书馆	4467580.9
91	上海外国语大学图书馆	5055809.6	128	石河子大学图书馆	4440000.0
92	西南科技大学图书馆	5046670.2	129	杭州电子科技大学图书馆	4397673.8
93	中国矿业大学图书馆	4999348.0	130	广西大学图书馆	4366455.0
94	重庆工商大学图书馆	4990948.0	131	西北工业大学图书馆	4333204.5
95	山东科技大学图书馆	4985000.0	132	青岛幼儿师范高等专科学校图书馆	4289918.2
96	蚌埠工商学院图书馆	4965861.7	133	温州大学图书馆	4267809.1
97	西南财经大学图书馆	4915200.0	134	洛阳师范学院图书馆	4247129.8
98	成都文理学院图书馆	4900817.2	135	深圳职业技术学院图书馆	4235000.0
99	四川外国语大学图书馆	4857138.8	136	陕西师范大学图书馆	4223443.1
100	中北大学图书馆	4838760.6	137	北京理工大学珠海学院图书馆	4210000.0
101	成都医学院图书馆	4829596.4	138	广州华商学院（原名广东财经大学华商学院）图书馆	4206166.6
102	惠州学院图书馆	4809448.9	139	成都工业学院图书馆	4173124.6
103	广东职业技术学院图书馆	4750000.0	140	赣西科技职业学院图书馆	4156361.0
104	哈尔滨工业大学图书馆	4737648.8	141	温州职业技术学院图书馆	4092073.0
105	川北医学院图书馆	4704459.4	142	山东华宇工学院图书馆	4080310.8

续表

序号	图书馆名称	纸质资源购置费 / 元	序号	图书馆名称	纸质资源购置费 / 元
143	华中农业大学图书馆	4078509.2	179	延安大学西安创新学院图书馆	3726808.4
144	抚州幼儿师范高等专科学校图书馆	4059908.1	180	南京工业大学图书馆	3726700.0
145	温州医科大学图书馆	4057851.6	181	四川师范大学图书馆	3721874.6
146	上海对外经贸大学图书馆	4050712.2	182	中国科学技术大学图书馆	3718772.1
147	江苏第二师范学院图书馆	4000800.0	183	昆明理工大学图书馆	3718277.5
148	浙江农林大学图书馆	3998559.5	184	河北工程大学图书馆	3700895.1
149	浙江财经大学图书馆	3988325.1	185	东北师范大学图书馆	3656708.7
150	河南医学高等专科学校图书馆	3985000.0	186	喀什大学图书馆	3656091.0
151	南京中医药大学图书馆	3984000.0	187	西安建筑科技大学图书馆	3653687.4
152	邯郸学院图书馆	3975000.0	188	湖南大学图书馆	3632062.1
153	苏州科技大学图书馆	3955962.0	189	云南财经大学图书馆	3614900.0
154	深圳技术大学图书馆	3946717.1	190	浙江传媒学院图书馆	3612828.0
155	南京医科大学康达学院图书馆	3915000.0	191	南京林业大学图书馆	3599000.0
156	首都师范大学图书馆	3913791.2	192	中国政法大学图书馆	3593265.0
157	南京理工大学图书馆	3902576.0	193	浙江师范大学图书馆	3587722.0
158	浙江越秀外国语学院图书馆	3900028.6	194	集美大学图书馆	3576315.8
159	陇南师范高等专科学校图书馆	3900000.0	195	昆山杜克大学图书馆	3570614.4
160	扬州大学图书馆	3899100.0	196	成都中医药大学图书馆	3554900.0
161	铜陵学院图书馆	3885839.0	197	南方科技大学图书馆	3554397.1
162	西安交通大学图书馆	3872091.0	198	长安大学图书馆	3535869.8
163	哈尔滨工程大学图书馆	3870499.1	199	黄河科技学院图书馆	3527683.7
164	贵州民族大学图书馆	3853238.7	200	江汉大学图书馆	3519149.0
165	新乡医学院图书馆	3840000.0	201	南宁数字科技学院（原名广西民族大学相思湖学院）图书馆	3516411.2
166	湖北科技学院图书馆	3839562.8	202	嘉兴学院图书馆	3500212.5
167	长春中医药大学图书馆	3830999.8	203	西华师范大学图书馆	3500000.0
168	河南理工大学图书馆	3824862.7	204	内蒙古科技大学图书馆	3481981.5
169	中国民航大学图书馆	3816497.9	205	武昌首义学院图书馆	3461250.3
170	北京大学医学图书馆	3816388.1	206	南昌理工学院图书馆	3458417.7
171	宁波财经学院图书馆	3805713.0	207	西南民族大学图书馆	3452745.6
172	信阳农林学院图书馆	3800000.0	208	山东财经大学图书馆	3450000.0
173	南京信息工程大学图书馆	3789547.8	209	绍兴文理学院图书馆	3432647.9
174	山西大学图书馆	3783147.6	210	中南民族大学图书馆	3428985.3
175	西安培华学院图书馆	3775533.2	211	江西理工大学图书馆	3421683.1
176	北京城市学院图书馆	3751573.9	212	广西师范大学图书馆	3420124.6
177	北京科技大学天津学院图书馆	3748720.0	213	上海杉达学院图书馆	3411016.3
178	湖北师范大学文理学院图书馆	3745305.0	214	南京财经大学图书馆	3400000.0

续表

序号	图书馆名称	纸质资源购置费 / 元	序号	图书馆名称	纸质资源购置费 / 元
215	文华学院图书馆	3396435.3	251	浙江旅游职业学院图书馆	3140000.0
216	重庆水利电力职业技术学院图书馆	3381231.0	252	宁夏大学图书馆	3133901.5
217	武汉学院图书馆	3380873.3	253	江西财经大学图书馆	3126000.0
218	安徽医科大学图书馆	3380800.0	254	中央民族大学图书馆	3119387.0
219	太原理工大学图书馆	3374216.0	255	上海财经大学图书馆	3116772.4
220	内江师范学院图书馆	3357529.2	256	南宁师范大学图书馆	3114695.3
221	琼台师范学院图书馆	3357217.3	257	西北师范大学图书馆	3107088.6
222	闽南师范大学图书馆	3349862.6	258	陕西国际商贸学院图书馆	3100000.0
223	南昌大学图书馆	3345000.0	259	三江学院图书馆	3098429.3
224	黄淮学院图书馆	3343194.1	260	西安翻译学院图书馆	3087213.2
225	太原科技大学图书馆	3341583.1	261	浙江外国语学院图书馆	3052176.5
226	南京审计大学图书馆	3338245.0	262	河北师范大学图书馆	3035653.3
227	西南医科大学图书馆	3329880.0	263	广西科技师范学院图书馆	3024981.0
228	华东政法大学图书馆	3325479.2	264	南京艺术学院图书馆	3018100.0
229	西北大学图书馆	3321209.9	265	济宁医学院图书馆	3018029.9
230	甘肃中医药大学图书馆	3300000.0	266	北京联合大学图书馆	3017000.0
231	西藏民族大学图书馆	3295751.5	267	燕山大学图书馆	3014741.0
232	兴义民族师范学院图书馆	3285754.7	268	贵州商学院图书馆	3004999.0
233	贵州财经大学图书馆	3270263.6	269	中国石油大学（北京）图书馆	3002844.0
234	宿迁学院图书馆	3270212.0	270	汕头大学图书馆	3000593.1
235	浙江树人大学图书馆	3265153.5	271	南宁职业技术学院图书馆	3000000.0
236	四川职业技术学院图书馆	3254350.0	272	重庆第二师范学院图书馆	2999954.1
237	四川农业大学图书馆	3242082.2	273	丽江文化旅游学院（原名云南大学旅游文化学院）图书馆	2995200.0
238	河北大学图书馆	3241677.0	274	新疆医科大学图书馆	2992754.0
239	太原学院（原名太原大学）图书馆	3229426.7	275	南京工业职业技术学院图书馆	2976682.2
240	河南农业大学图书馆	3224834.2	276	三明学院图书馆	2956316.4
241	南宁学院图书馆	3210702.7	277	江西农业大学图书馆	2945623.8
242	郑州轻工业学院图书馆	3200000.0	278	信阳职业技术学院图书馆	2936530.0
243	四川轻化工大学图书馆	3199968.4	279	福建师范大学图书馆	2934590.3
244	山西大同大学图书馆	3199908.2	280	青岛大学图书馆	2918453.6
245	白银矿冶职业技术学院图书馆	3192465.2	281	湖北民族大学图书馆	2900000.0
246	周口师范学院图书馆	3177244.0	282	华南理工大学图书馆	2898490.1
247	贵州医科大学图书馆	3172527.2	283	山西财经大学图书馆	2891629.3
248	西安财经大学行知学院图书馆	3161344.7	284	三亚理工职业学院图书馆	2889122.0
249	豫章师范学院图书馆	3145000.0	285	山西工商学院图书馆	2868545.3
250	金华职业技术学院图书馆	3144000.0	286	上海健康医学院图书馆	2852624.8

续表

序号	图书馆名称	纸质资源购置费 / 元	序号	图书馆名称	纸质资源购置费 / 元
287	茂名职业技术学院图书馆	2836483.0	294	贵州师范学院图书馆	2755377.2
288	宁夏医科大学图书馆	2834803.1	295	凯里学院图书馆	2752347.3
289	桂林旅游学院图书馆	2832103.0	296	重庆科创职业学院图书馆	2750000.0
290	中央财经大学图书馆	2803289.3	297	江南大学图书馆	2748503.6
291	武汉工程科技学院图书馆	2798263.4	298	烟台大学图书馆	2735000.0
292	西南林业大学图书馆	2780000.0	299	中国社会科学院大学图书馆	2732102.7
293	西安理工大学图书馆	2762782.2	300	三亚学院图书馆	2730000.0

2021年部分高校图书馆电子资源购置费统计表

序号	图书馆名称	电子资源购置费 / 元	序号	图书馆名称	电子资源购置费 / 元
1	上海交通大学图书馆	47754247.4	37	天津大学图书馆	18067236.0
2	清华大学图书馆	47424160.7	38	深圳技术大学图书馆	17890465.9
3	中国人民大学图书馆	45060881.4	39	上海大学图书馆	17742461.0
4	中国科学技术大学图书馆	37998559.7	40	苏州大学图书馆	17366810.9
5	浙江大学图书馆	33625288.0	41	中国海洋大学图书馆	17128500.0
6	同济大学图书馆	32894035.8	42	东北大学图书馆	17000200.0
7	山东大学图书馆	30669425.0	43	合肥工业大学图书馆	16801494.1
8	中山大学图书馆	30650000.0	44	哈尔滨工程大学图书馆	16471033.0
9	深圳大学城图书馆	29429080.6	45	兰州大学图书馆	16135145.0
10	北京师范大学图书馆	29202681.6	46	河南师范大学图书馆	15990636.0
11	东南大学图书馆	28640000.0	47	南昌大学图书馆	15925246.0
12	复旦大学图书馆	28218557.5	48	广西大学图书馆	15842905.0
13	武汉大学图书馆	27977580.5	49	陕西师范大学图书馆	15761357.0
14	北京大学图书馆	27227754.0	50	南京师范大学图书馆	15744456.9
15	四川大学图书馆	26877929.0	51	南方科技大学图书馆	15726492.0
16	中南大学图书馆	26463452.0	52	浙大城市学院（原名浙江大学城市学院）图书馆	15654050.0
17	首都师范大学图书馆	26028111.0	53	山东师范大学图书馆	15588700.0
18	电子科技大学图书馆	25669535.5	54	深圳大学图书馆	15312071.0
19	西安交通大学图书馆	25404721.0	55	华南师范大学图书馆	15263331.0
20	哈尔滨工业大学图书馆	25096197.5	56	内蒙古大学图书馆	15003070.0
21	厦门大学图书馆	25038966.4	57	上海理工大学图书馆	14871241.0
22	河南大学图书馆	24780213.5	58	宁波大学图书馆	14755000.0
23	华东师范大学图书馆	24686454.4	59	福州大学图书馆	14695123.0
24	安徽师范大学图书馆	24288500.0	60	武汉理工大学图书馆	14648444.0
25	南京大学图书馆	23598060.3	61	杭州师范大学图书馆	14524600.3
26	南开大学图书馆	22040050.0	62	西安电子科技大学图书馆	14446510.3
27	上海师范大学图书馆	21861385.0	63	上海财经大学图书馆	14309691.0
28	华南理工大学图书馆	21131028.0	64	西南交通大学图书馆	14202731.7
29	山西大学图书馆	20909814.0	65	贵州大学图书馆	14187219.0
30	郑州大学图书馆	20630000.0	66	华南农业大学图书馆	14171865.2
31	北京航空航天大学图书馆	20564981.0	67	昆明学院图书馆	14003000.0
32	北京理工大学图书馆	20518400.0	68	燕山大学图书馆	13977865.0
33	暨南大学图书馆	19137123.0	69	江南大学图书馆	13955800.0
34	重庆大学图书馆	18490000.0	70	浙江工业大学图书馆	13919112.0
35	西北工业大学图书馆	18379849.3	71	上海科技大学图书馆	13721871.8
36	西交利物浦大学图书馆	18144219.1	72	北京科技大学图书馆	13548646.0

续表

序号	图书馆名称	电子资源购置费 / 元	序号	图书馆名称	电子资源购置费 / 元
73	中国矿业大学图书馆	13454852.0	111	山东农业大学图书馆	10611150.0
74	宁夏大学图书馆	13434310.0	112	内蒙古工业大学图书馆	10586388.0
75	北部湾大学图书馆	13398498.0	113	南方医科大学图书馆	10548216.1
76	西南财经大学图书馆	13338800.0	114	曲阜师范大学图书馆	10411767.0
77	北京工商大学图书馆	13262709.0	115	华北电力大学图书馆	10161870.0
78	海南大学图书馆	13000000.0	116	浙江理工大学图书馆	10005545.0
79	华东理工大学图书馆	12901814.8	117	中国农业大学图书馆	9985040.0
80	西北大学图书馆	12806300.0	118	南京中医药大学图书馆	9942007.0
81	安徽理工大学图书馆	12777800.0	119	广西师范大学图书馆	9935352.0
82	南京理工大学图书馆	12554860.0	120	西湖大学图书馆	9855000.0
83	北京交通大学图书馆	12381733.0	121	对外经济贸易大学图书馆	9752979.0
84	江苏大学图书馆	12369888.0	122	河北大学图书馆	9678323.0
85	西北农林科技大学图书馆	12368773.0	123	华侨大学图书馆	9631699.0
86	安徽大学图书馆	12325900.0	124	北方民族大学图书馆	9604310.0
87	新疆大学图书馆	12313420.0	125	河北工业大学图书馆	9555100.0
88	东华大学图书馆	12286245.0	126	西华师范大学图书馆	9500000.0
89	广州医科大学图书馆	12253681.0	127	中北大学图书馆	9473166.0
90	首都医科大学图书馆	12163287.0	128	河海大学图书馆	9419624.0
91	东北师范大学图书馆	12029787.0	129	大连海事大学图书馆	9342938.0
92	西北师范大学图书馆	11890000.0	130	郑州轻工业学院图书馆	9341027.0
93	北京工业大学图书馆	11830237.0	131	温州大学图书馆	9271674.1
94	大连理工大学图书馆	11783537.8	132	重庆医科大学图书馆	9239968.0
95	中国医科大学图书馆	11680964.0	133	西南石油大学图书馆	9236140.0
96	福建师范大学图书馆	11542200.0	134	福建农林大学图书馆	9202083.0
97	昆明理工大学图书馆	11524513.0	135	广东外语外贸大学图书馆	9174850.0
98	华中师范大学图书馆	11522704.0	136	太原理工大学图书馆	9164775.0
99	齐鲁工业大学图书馆	11444800.0	137	河北师范大学图书馆	8998607.0
100	扬州大学图书馆	11428600.0	138	河南农业大学图书馆	8994101.0
101	浙江师范大学图书馆	11412278.0	139	中南民族大学图书馆	8855717.0
102	中国地质大学图书馆	11404494.0	140	西南政法大学图书馆	8808483.9
103	北京化工大学图书馆	11348070.0	141	东北林业大学图书馆	8790500.0
104	成都理工大学图书馆	11336600.0	142	江苏师范大学图书馆	8761002.0
105	中国药科大学图书馆	11302619.6	143	北京邮电大学图书馆	8739781.0
106	北京师范大学－香港浸会大学联合国际学院图书馆	11266677.0	144	北京外国语大学图书馆	8720145.0
107	石河子大学图书馆	11022700.0	145	常州大学图书馆	8650300.0
108	青岛大学图书馆	10938421.0	146	南通大学图书馆	8614692.1
109	中南财经政法大学图书馆	10852276.0	147	湖南师范大学图书馆	8574216.0
110	南京农业大学图书馆	10694600.0	148	长安大学图书馆	8474041.0

序号	图书馆名称	电子资源购置费 / 元	序号	图书馆名称	电子资源购置费 / 元
149	杭州电子科技大学图书馆	8418203.0	187	深圳职业技术学院图书馆	6668036.0
150	集美大学图书馆	8281197.0	188	聊城大学图书馆	6640500.0
151	云南师范大学图书馆	8280200.0	189	西南民族大学图书馆	6621289.0
152	烟台大学图书馆	8265000.0	190	南昌航空大学图书馆	6618500.0
153	江西师范大学图书馆	8263201.0	191	中国民航大学图书馆	6600175.2
154	南京工业大学图书馆	8260118.1	192	南京林业大学图书馆	6596798.0
155	吉林农业大学图书馆	8248100.0	193	中央财经大学图书馆	6552064.6
156	南京医科大学图书馆	8121242.0	194	西南科技大学图书馆	6530800.0
157	山东科技大学图书馆	8120600.0	195	大连医科大学图书馆	6512902.0
158	河南理工大学图书馆	8092633.6	196	南华大学图书馆	6487920.0
159	南京审计大学图书馆	8085580.0	197	河北工程大学图书馆	6432026.0
160	安徽财经大学图书馆	8080000.0	198	广西科技大学图书馆	6345029.6
161	南京财经大学图书馆	7992498.0	199	武汉纺织大学图书馆	6337552.0
162	四川师范大学图书馆	7897124.0	200	湖南大学图书馆	6321199.0
163	兰州理工大学图书馆	7845466.0	201	台州学院图书馆	6284252.0
164	上海外国语大学图书馆	7723058.8	202	大连大学图书馆	6254200.0
165	兰州交通大学图书馆	7522100.0	203	辽宁大学图书馆	6214906.0
166	四川农业大学图书馆	7495815.0	204	浙江财经大学图书馆	6209328.0
167	长春师范大学图书馆	7493635.0	205	广州中医药大学图书馆	6207513.0
168	北京林业大学图书馆	7321183.0	206	浙江农林大学图书馆	6154000.0
169	安徽农业大学图书馆	7317300.0	207	浙江农林大学暨阳学院图书馆	6154000.0
170	山东交通学院图书馆	7300000.0	208	安徽医科大学图书馆	6148731.0
171	延边大学图书馆	7270850.0	209	北京中医药大学图书馆	6134427.0
172	汕头大学图书馆	7235883.0	210	国际关系学院图书馆	6120792.0
173	湖南农业大学图书馆	7190000.0	211	太原科技大学图书馆	6081373.0
174	江西财经大学图书馆	7178776.0	212	上海海事大学图书馆	6028388.0
175	浙江工商大学图书馆	7012340.0	213	山西师范大学图书馆	6010200.0
176	三峡大学图书馆	6990286.0	214	长江大学图书馆	5996300.0
177	厦门工学院（原名华侨大学厦门工学院）图书馆	6990286.0	215	山东财经大学图书馆	5906000.0
178	中国石油大学（华东）图书馆	6980614.0	216	陕西科技大学图书馆	5891900.0
179	湖北大学图书馆	6974830.0	217	南京信息工程大学图书馆	5867079.0
180	广东海洋大学图书馆	6973946.0	218	西北民族大学图书馆	5859590.0
181	黑龙江大学图书馆	6950000.0	219	中国计量大学图书馆	5856174.7
182	成都中医药大学图书馆	6941038.0	220	中国石油大学（北京）图书馆	5842341.0
183	安徽工业大学图书馆	6819885.0	221	海南医学院图书馆	5827581.0
184	华东政法大学图书馆	6771516.0	222	闽南师范大学图书馆	5793206.0
185	北方工业大学图书馆	6748154.0	223	临沂大学图书馆	5774200.0
186	上海海洋大学图书馆	6691291.0	224	湖北工业大学图书馆	5773800.0

续表

序号	图书馆名称	电子资源购置费 / 元	序号	图书馆名称	电子资源购置费 / 元
225	内蒙古科技大学图书馆	5747000.0	263	洛阳师范学院图书馆	4784800.0
226	河北科技大学图书馆	5735500.0	264	合肥学院图书馆	4771350.0
227	上海电力学院图书馆	5735495.0	265	天津理工大学图书馆	4764700.0
228	安徽建筑大学图书馆	5717041.0	266	重庆师范大学图书馆	4740400.0
229	温州医科大学图书馆	5677558.0	267	苏州科技大学图书馆	4656125.0
230	武汉科技大学图书馆	5647691.0	268	南京工程学院图书馆	4609836.0
231	绍兴文理学院图书馆	5583082.0	269	西藏民族大学图书馆	4478100.0
232	江汉大学图书馆	5501704.0	270	盐城师范学院图书馆	4410000.0
233	上海对外经贸大学图书馆	5488627.2	271	哈尔滨理工大学图书馆	4390070.6
234	上海体育学院图书馆	5462660.0	272	成都大学图书馆	4326400.0
235	沈阳药科大学图书馆	5459243.0	273	宁波工程学院图书馆	4292123.0
236	江西理工大学图书馆	5418645.0	274	天津财经大学图书馆	4247000.0
237	上海健康医学院图书馆	5401883.7	275	天津商业大学图书馆	4190756.0
238	盐城工学院图书馆	5395195.0	276	岭南师范学院图书馆	4147040.0
239	北京联合大学图书馆	5389230.0	277	吉林财经大学图书馆	4141600.0
240	沈阳工业大学图书馆	5373654.0	278	内蒙古医科大学图书馆	4107560.0
241	东华理工大学图书馆	5368700.0	279	嘉兴学院图书馆	4091551.0
242	西安外国语大学图书馆	5338900.0	280	大连民族大学图书馆	4082578.0
243	赣南医学院图书馆	5316900.0	281	浙江树人大学图书馆	4047340.0
244	西南医科大学图书馆	5306280.0	282	西安工业大学图书馆	4046600.0
245	西华大学图书馆	5297200.0	283	山西医科大学图书馆	4028580.0
246	广西民族大学图书馆	5260423.0	284	中南林业科技大学图书馆	4028300.0
247	南京邮电大学图书馆	5260013.0	285	湖北师范大学图书馆	4016700.0
248	重庆工商大学图书馆	5252957.0	286	铜陵学院图书馆	4000000.0
249	闽江学院图书馆	5246796.0	287	东北财经大学图书馆	3996938.0
250	华北理工大学图书馆	5243995.0	288	江苏海洋大学图书馆	3993619.0
251	青岛科技大学图书馆	5222103.0	289	川北医学院图书馆	3980750.0
252	西安理工大学图书馆	5218803.0	290	武汉工程科技学院图书馆	3960000.0
253	福建医科大学图书馆	5209318.0	291	新疆师范大学图书馆	3959348.0
254	中国民用航空飞行学院图书馆	5201000.0	292	云南财经大学图书馆	3876000.0
255	沈阳农业大学图书馆	5155679.0	293	西安建筑科技大学图书馆	3864800.0
256	江西中医药大学图书馆	5081970.0	294	江西科技师范大学图书馆	3851860.0
257	南京晓庄学院图书馆	5041087.0	295	北京印刷学院图书馆	3850000.0
258	河北医科大学图书馆	5000000.0	296	武汉商学院图书馆	3844069.0
259	山西农业大学图书馆	4998527.0	297	广西医科大学图书馆	3820143.0
260	北京信息科技大学图书馆	4960003.0	298	延安大学图书馆	3809000.0
261	天津医科大学图书馆	4940350.0	299	中国传媒大学图书馆	3799634.0
262	河北农业大学图书馆	4865298.0	300	四川轻化工大学图书馆	3782800.0

2021年部分高校图书馆年度总经费统计表

序号	图书馆名称	年度总经费/元	序号	图书馆名称	年度总经费/元
1	中山大学图书馆	84611757.0	36	上海大学图书馆	28149855.2
2	北京大学图书馆	75851601.7	37	山东师范大学图书馆	27158358.7
3	清华大学图书馆	71258540.9	38	北京航空航天大学图书馆	26592981.0
4	上海交通大学图书馆	69576326.4	39	宁波大学图书馆	25889171.9
5	复旦大学图书馆	62855089.1	40	哈尔滨工程大学图书馆	25715752.1
6	北京师范大学图书馆	62050069.9	41	中国海洋大学图书馆	25583484.7
7	中国人民大学图书馆	61350542.9	42	苏州大学图书馆	24998730.5
8	浙江大学图书馆	59336470.0	43	华南理工大学图书馆	24975318.1
9	山东大学图书馆	55308294.0	44	深圳技术大学图书馆	24589606.0
10	武汉大学图书馆	54467347.4	45	东北大学图书馆	24177825.0
11	同济大学图书馆	48281193.5	46	华南师范大学图书馆	23898634.1
12	四川大学图书馆	43853272.3	47	西北工业大学图书馆	23897325.7
13	中国科学技术大学图书馆	43786689.1	48	合肥工业大学图书馆	23529184.1
14	南京大学图书馆	40200000.0	49	武汉理工大学图书馆	23270187.0
15	东南大学图书馆	38150110.5	50	天津大学图书馆	23177728.2
16	深圳大学城图书馆	38012000.0	51	西安电子科技大学图书馆	23101600.0
17	嘉兴学院图书馆	37343588.0	52	深圳大学图书馆	22436852.7
18	华东师范大学图书馆	36726716.7	53	浙大城市学院（原名浙江大学城市学院）图书馆	22352852.0
19	河南工学院图书馆	36445008.0	54	广西大学图书馆	22340619.0
20	暨南大学图书馆	36091274.5	55	太原理工大学图书馆	22201754.7
21	厦门大学图书馆	35557976.8	56	南京师范大学图书馆	22152372.8
22	郑州大学图书馆	34400000.0	57	北京理工大学图书馆	21991502.7
23	贵州大学图书馆	34293011.5	58	北京师范大学－香港浸会大学联合国际学院图书馆	21817862.0
24	山西大学图书馆	32744202.5	59	北京交通大学图书馆	21783551.8
25	中南大学图书馆	32645987.9	60	中南民族大学图书馆	21727407.7
26	西交利物浦大学图书馆	32024474.4	61	西北师范大学图书馆	21695916.6
27	北京工商大学图书馆	31951814.5	62	西南交通大学图书馆	21527002.6
28	电子科技大学图书馆	31865616.9	63	南京农业大学图书馆	21518300.0
29	西安交通大学图书馆	31700863.0	64	杭州师范大学图书馆	21404184.0
30	河南大学图书馆	31646338.3	65	上海财经大学图书馆	21202862.2
31	首都师范大学图书馆	31097179.2	66	浙江工业大学图书馆	21175138.0
32	上海师范大学图书馆	31026720.1	67	内蒙古大学图书馆	21165241.0
33	哈尔滨工业大学图书馆	29833846.3	68	陕西师范大学图书馆	20988801.5
34	南开大学图书馆	29446667.4	69	重庆医科大学图书馆	20866505.6
35	兰州大学图书馆	28220064.1	70	河海大学图书馆	20619486.6

续表

序号	图书馆名称	年度总经费 / 元	序号	图书馆名称	年度总经费 / 元
71	南方科技大学图书馆	20512128.4	111	西安建筑科技大学图书馆	15692414.9
72	河南师范大学图书馆	20466339.4	112	西北农林科技大学图书馆	15680579.2
73	北京邮电大学图书馆	20318432.0	113	华侨大学图书馆	15667320.8
74	华中师范大学图书馆	20219280.4	114	上海科技大学图书馆	15438751.2
75	首都医科大学图书馆	20182259.0	115	南京中医药大学图书馆	15414001.0
76	大连理工大学图书馆	20113650.5	116	昆明理工大学图书馆	15396592.5
77	北京工业大学图书馆	20028725.0	117	华东政法大学图书馆	15383300.8
78	海南大学图书馆	20000000.0	118	安徽理工大学图书馆	15145527.5
79	福建师范大学图书馆	19471553.3	119	中国石油大学（华东）图书馆	15117379.1
80	南昌大学图书馆	19300446.0	120	中央民族大学图书馆	15093845.0
81	北京科技大学图书馆	19158566.6	121	对外经济贸易大学图书馆	15011779.0
82	昆明学院图书馆	19132149.5	122	浙江理工大学图书馆	14811405.1
83	广东海洋大学图书馆	18804078.7	123	杭州电子科技大学图书馆	14788309.7
84	西南财经大学图书馆	18773711.0	124	东华大学图书馆	14496951.4
85	成都理工大学图书馆	18693693.8	125	中国地质大学图书馆	14440000.0
86	南京理工大学图书馆	18472472.7	126	华东理工大学图书馆	14371298.2
87	云南师范大学图书馆	18469225.5	127	中北大学图书馆	14360727.6
88	中国矿业大学图书馆	18469200.0	128	山东科技大学图书馆	14273993.0
89	浙江工贸职业技术学院图书馆	17867052.0	129	青岛大学图书馆	14260653.2
90	广州医科大学图书馆	17826685.0	130	山东农业大学图书馆	14252055.0
91	安徽大学图书馆	17714809.1	131	长安大学图书馆	14194802.4
92	江南大学图书馆	17515399.6	132	新疆大学图书馆	14137067.3
93	上海理工大学图书馆	17508377.9	133	河北师范大学图书馆	13977044.6
94	燕山大学图书馆	17397941.7	134	齐鲁工业大学图书馆	13955578.5
95	东北师范大学图书馆	17380032.2	135	广西师范大学图书馆	13918582.6
96	江苏大学图书馆	17285610.4	136	广东外语外贸大学图书馆	13831750.0
97	石河子大学图书馆	17204700.0	137	南通大学图书馆	13826303.6
98	扬州大学图书馆	17093000.0	138	温州大学图书馆	13701357.7
99	西北大学图书馆	17015105.8	139	中国医科大学图书馆	13602290.7
100	宁夏大学图书馆	16878637.5	140	曲阜师范大学图书馆	13462464.6
101	福州大学图书馆	16806784.7	141	上海外国语大学图书馆	13416600.7
102	中国政法大学图书馆	16416379.5	142	西华师范大学图书馆	13397231.9
103	内蒙古工业大学图书馆	16337000.0	143	郑州轻工业学院图书馆	13341027.0
104	北京外国语大学图书馆	16287635.4	144	江汉大学图书馆	13268387.9
105	芜湖职业技术学院图书馆	16262702.3	145	福建农林大学图书馆	13267699.7
106	浙江师范大学图书馆	16220700.0	146	中国药科大学图书馆	13099998.2
107	中国农业大学图书馆	15977124.0	147	河北大学图书馆	13000000.0
108	中南财经政法大学图书馆	15939655.5	148	安徽财经大学图书馆	12882400.0
109	北部湾大学图书馆	15828318.0	149	北方民族大学图书馆	12874828.8
110	华南农业大学图书馆	15788007.7	150	北京电影学院图书馆	12755497.0

序号	图书馆名称	年度总经费 / 元	序号	图书馆名称	年度总经费 / 元
151	成都中医药大学图书馆	12730381.3	190	湖南大学图书馆	10494800.0
152	南京工业大学图书馆	12656917.1	191	汕头大学图书馆	10401891.9
153	集美大学图书馆	12596025.1	192	北方工业大学图书馆	10392165.1
154	内蒙古医科大学图书馆	12449688.2	193	西南民族大学图书馆	10362744.2
155	浙江工商大学图书馆	12423528.1	194	江西财经大学图书馆	10304776.0
156	河北工业大学图书馆	12350404.0	195	中国民用航空飞行学院图书馆	10263262.4
157	西湖大学图书馆	12306297.0	196	湖北工业大学图书馆	10263148.4
158	云南大学图书馆	12303270.7	197	莆田学院图书馆	10258624.4
159	河南农业大学图书馆	12218935.2	198	华北理工大学图书馆	10233995.0
160	西南科技大学图书馆	12146913.5	199	南京林业大学图书馆	10220798.0
161	常州大学图书馆	12144419.2	200	兰州交通大学图书馆	10220100.0
162	深圳职业技术学院图书馆	12125239.0	201	闽南师范大学图书馆	10156097.0
163	河南理工大学图书馆	12097496.3	202	吉林农业大学图书馆	10139441.8
164	南方医科大学图书馆	11966907.0	203	兰州理工大学图书馆	10109448.5
165	西南政法大学图书馆	11965952.0	204	南京邮电大学图书馆	10084689.0
166	南京财经大学图书馆	11830198.0	205	西藏民族大学图书馆	10040454.2
167	西南石油大学图书馆	11699124.3	206	绍兴文理学院图书馆	9995372.1
168	四川师范大学图书馆	11645258.6	207	广州中医药大学图书馆	9993531.0
169	南京审计大学图书馆	11636552.0	208	南京信息工程大学图书馆	9930888.4
170	浙江财经大学图书馆	11623894.1	209	内蒙古科技大学图书馆	9911981.5
171	江西师范大学图书馆	11554511.6	210	温州医科大学图书馆	9911772.4
172	西安外国语大学图书馆	11490390.9	211	江西工程学院图书馆	9888406.2
173	东北林业大学图书馆	11459796.0	212	中国石油大学（北京）图书馆	9881011.0
174	大连海事大学图书馆	11452938.0	213	中央财经大学图书馆	9872508.6
175	河北工程大学图书馆	11404711.1	214	上海师范大学天华学院图书馆	9754083.0
176	山西财经大学图书馆	11186563.1	215	安徽工业经济职业技术学院图书馆	9695000.5
177	南京医科大学图书馆	11091164.3	216	东华理工大学图书馆	9693980.2
178	江苏师范大学图书馆	11078002.0	217	安徽医科大学图书馆	9644056.0
179	武昌首义学院图书馆	11049963.2	218	成都锦城学院图书馆	9635144.6
180	烟台大学图书馆	11000000.0	219	太原科技大学图书馆	9624456.1
181	浙江长征职业技术学院图书馆	10953610.7	220	湖南农业大学图书馆	9420000.0
182	湖南师范大学图书馆	10917484.4	221	山东财经大学图书馆	9406000.0
183	浙江农林大学图书馆	10841941.5	222	山东交通学院图书馆	9350000.0
184	武汉科技大学图书馆	10819929.5	223	宁波诺丁汉大学图书馆	9341988.0
185	上海对外经贸大学图书馆	10782893.3	224	上海海洋大学图书馆	9304634.7
186	四川农业大学图书馆	10737897.2	225	北京师范大学珠海分校图书馆	9301297.3
187	重庆工商大学图书馆	10697240.5	226	北京林业大学图书馆	9300000.0
188	中国民航大学图书馆	10651871.7	227	台州学院图书馆	9283865.2
189	陕西科技大学图书馆	10641481.1	228	苏州科技大学图书馆	9273429.0

续表

序号	图书馆名称	年度总经费 / 元	序号	图书馆名称	年度总经费 / 元
229	洛阳师范学院图书馆	9221929.8	265	上海健康医学院图书馆	8254508.5
230	北京中医药大学图书馆	9181896.5	266	南华大学图书馆	8239147.8
231	中国社会科学院大学图书馆	9087553.7	267	德宏师范高等专科学校图书馆	8220971.7
232	川北医学院图书馆	9072788.6	268	中国计量大学图书馆	8141380.1
233	延边大学图书馆	9008694.4	269	浙江传媒学院图书馆	8136012.0
234	三峡大学图书馆	9005532.4	270	闽江学院图书馆	8121185.9
235	厦门工学院（原名华侨大学厦门工学院）图书馆	9005532.4	271	广州新华学院（原名中山大学新华学院）图书馆	8098181.3
236	太原师范学院图书馆	8935314.7	272	贵州民族大学图书馆	8077455.7
237	惠州学院图书馆	8931754.0	273	云南财经大学图书馆	8074800.0
238	湖北大学图书馆	8928298.7	274	四川化工职业技术学院图书馆	8073462.5
239	安徽农业大学图书馆	8917300.0	275	聊城大学东昌学院图书馆	8059993.7
240	聊城大学图书馆	8883702.0	276	西华大学图书馆	8051909.5
241	北京联合大学图书馆	8862341.5	277	上海海事大学图书馆	8030739.0
242	宁波工程学院图书馆	8852867.3	278	西安理工大学图书馆	7990525.2
243	浙江海洋大学图书馆	8852259.4	279	广东华南工商职业学院（原名民办南华工商学院）图书馆	7942849.1
244	江西理工大学图书馆	8844328.1	280	武汉工程科技学院图书馆	7925931.7
245	江苏第二师范学院图书馆	8774400.0	281	大连医科大学图书馆	7914817.7
246	武汉商学院图书馆	8738923.2	282	吉林铁道职业技术学院图书馆	7887208.0
247	铜陵学院图书馆	8731839.0	283	长春中医药大学图书馆	7870759.8
248	西南医科大学图书馆	8728227.5	284	安徽建筑大学图书馆	7860290.9
249	南京晓庄学院图书馆	8723818.6	285	浙江农林大学暨阳学院图书馆	7858820.8
250	上海电力学院图书馆	8721701.0	286	浙江树人大学图书馆	7834875.5
251	四川外国语大学图书馆	8696090.9	287	亳州学院图书馆	7784100.0
252	黑龙江大学图书馆	8663301.0	288	江西中医药大学图书馆	7723452.2
253	上海体育学院图书馆	8639297.3	289	青岛科技大学图书馆	7722103.0
254	武汉纺织大学图书馆	8596000.0	290	宜春幼儿师范高等专科学校图书馆	7686749.0
255	北京科技大学天津学院图书馆	8587720.0	291	重庆师范大学图书馆	7670201.6
256	南昌航空大学图书馆	8558500.0	292	中华女子学院图书馆	7568151.4
257	沈阳工业大学图书馆	8557068.6	293	周口师范学院图书馆	7547888.0
258	长春师范大学图书馆	8502368.5	294	西安交通工程学院图书馆	7547340.6
259	大连大学图书馆	8492187.0	295	南京航空航天大学图书馆	7532676.3
260	成都医学院图书馆	8468496.4	296	北京信息科技大学图书馆	7527281.4
261	广西警察学院图书馆	8429035.4	297	赣南医学院图书馆	7516591.0
262	安徽工业大学图书馆	8419697.0	298	北京服装学院图书馆	7510951.0
263	宜宾学院图书馆	8319766.8	299	顺德职业技术学院图书馆	7448755.6
264	西北民族大学图书馆	8296819.0	300	广西民族大学图书馆	7373453.0

2021年国家图书馆馆情数据

类别		项目	数据
面积		总建筑面积	28 万平方米
		总馆南区	17 万平方米
		总馆北区	8 万平方米
		古籍馆	3 万平方米
机构		处级机构总数	33 个
		职能部门	15 个
		业务部门	17 个
		后勤服务部门	1 个
		党支部总数	23 个
		科组总数	109 个
人员结构	在编人员	在编人员总数	1313 人
		党员总数	790 人
	学历结构	博士研究生	94 人
		硕士研究生	752 人
		本科	394 人
		大专	41 人
		大专以下学历	32 人
	专业技术人员职称结构	专业技术人员	1235 人
		高级专业技术人员	589 人
		中级专业技术人员	598 人
		初级专业技术人员	48 人
	离退休人员	离退休人员总数	1206 人
		党员总数	442 人
经费		财政拨款总数	56453.57 万元
		购书经费	9500 万元
		事业经费	22513.35 万元
资产		资产总额	537020 万元
		固定资产总额	475568 万元
馆藏		馆藏文献总量	4230.15 万册 / 件
		中文文献总量	2981.68 万册 / 件
		外文文献总量	1248.47 万册 / 件
		善本古籍总量	34.46 万册 / 件
		普通古籍总量	163.26 万册 / 件
		善本特藏（不含古籍）	101.06 万册 / 件
		数字资源总量	2497.98TB（馆藏特色数字资源 1904.48TB、外购数据库 285.21TB、网络采集资源 308.29TB）
		外购数据库	253 个（中文数据库 135 个、外文数据库 118 个）

续表

类别	项目		数据
服务	开馆时间	总馆南区	周二至周日 9:00—17:00， 周一闭馆
		总馆北区	周二至周日 9:00—17:00， 周一闭馆
		古籍馆	周二至周六 9:00—17:00， 周一、周日闭馆
		少年儿童馆	周二至周日 9:00—17:00， 周一闭馆
		典籍博物馆	周二至周日 9:00—17:00， 周一闭馆
	阅览室		25 个（总馆南区 14 个、总馆北区 9 个、古籍馆 2 个）
	阅览座位		5339 个（总馆南区 2007 个、总馆北区 3232 个、古籍馆 100 个）
	到馆读者		164.68 万人次
	流通书刊		745.62 万册次
	各类咨询		61.59 万件
	网站点击量		12.22 亿次（含网站点击量和手机门户点击量）
	办理读者证卡		42.85 万个（实体证卡 6.01 万个、网络实名注册 36.84 万个）
	公益讲座和培训（含线上）		855 场 / 期，7.54 万人次参与，2698 万人次浏览
	公益展览（含线上）		15 场，26.26 万人次参与，0.30 万人次浏览
	馆际互借		720 家文献信息单位
	国际互借		63 个国家和地区的 535 家图书馆
	部委分馆		19 家
	全国图书馆联合编目中心	分中心	32 家
		成员馆	3555 家
		数据用户	4240 家
国际交流	国际交换		117 个国家和地区的 497 家机构
	建立人员交流与合作关系的国家图书馆		53 个
	国际图联相关机构任职人员		16 名

（国家图书馆）

2021年图书馆相关国家标准、行业标准统计

2021 年发布的图书馆相关国家标准、行业标准

序号	标准计划项目名称	标准号	分类	制定 / 修订	归口技术组织
1	学位论文内容索引编制规则	GB/T 41210—2021	推荐性国家标准	制定	—

2021 年立项的图书馆相关标准制修订计划项目及标准化研究项目

序号	标准计划项目名称	计划编号	分类	制定 / 修订	归口技术组织
1	信息与文献　应急准备和响应	20214725-T-469	推荐性国家标准	制定	全国信息与文献标准化技术委员会
2	信息与文献　网络存档的统计和质量问题	20214718-Z-469	国家标准化指导性技术文件	制定	全国信息与文献标准化技术委员会
3	科技资源用户需求描述	20210919-T-469	推荐性国家标准	制定	全国信息与文献标准化技术委员会
4	文档管理　影响缩微胶片冲洗机的环境与工作场所安全规则	20213203-Z-469	国家标准化指导性技术文件	制定	全国文献影像技术标准化技术委员会
5	乡镇（街道）综合文化站图书室　管理与服务	20214083-T-357	推荐性国家标准	制定	全国图书馆标准化技术委员会
6	图书馆纸质文献脱酸工艺有效性评价方法	20214080-Z-357	国家标准化指导性技术文件	制定	全国图书馆标准化技术委员会
7	公共图书馆老年人服务指南	WH 2021-03	文化行业标准	制定	全国图书馆标准化技术委员会
8	公共图书馆馆外服务场所服务规范	WH 2021-04	文化行业标准	制定	全国图书馆标准化技术委员会

（国家图书馆　田颖整理）

2021年图书馆界获得各类基金资助项目统计

2021 年国家社会科学基金重点项目

项目名称	负责人	工作单位	预期成果	批准号
《王献唐全集》编纂整理与研究	张书学	山东财经大学	专著　研究报告	21ATQ001
《四库全书总目》的学术史书写与学理建构研究	傅荣贤	扬州大学	专著	21ATQ002
数智时代阅读服务转型研究	茆意宏	南京农业大学	研究报告	21ATQ003
面向 2035 年远景目标的少年儿童图书馆员培养机制研究	徐建华	南开大学	专著　其他	21ATQ004
健康中国战略下信息贫困群体健康焦虑问题及其疏导行动研究	王　琳	杭州电子科技大学	论文集　研究报告 电脑软件	21ATQ005
在线健康社区知识共创机理及引导机制研究	易　明	华中师范大学	论文集　研究报告	21ATQ006
基于代表作的科技人才学术创新能力分类评价理论与方法研究	成　颖	南京大学	研究报告	21ATQ007
新时期产业技术情报分析方法体系研究	卢小宾	中国人民大学	论文集　研究报告	21ATQ008
新时代我国档案服务能力建设研究	黄霄羽	中国人民大学	专著　研究报告	21ATQ009

2021 年国家社会科学基金一般项目

项目名称	负责人	工作单位	预期成果	批准号
中国古籍修复技术体系建构及其应用研究	王国强	郑州大学	专著	21BTQ001
北美东亚图书馆藏中文古籍善本递藏研究	张　琦	中山大学	论文集	21BTQ002
中国近代雕版印刷研究（1840—1949）	刘洪权	安徽大学	专著	21BTQ003
敦煌吐蕃医学文献整理与研究	维马泽里	西藏大学	研究报告　其他	21BTQ004
开放科学环境中数据馆员服务模式研究	顾立平	中国科学院文献情报中心	专著　论文集 研究报告	21BTQ005
技术时代作为“场所”存在的公共图书馆研究	金武刚	华东师范大学	专著　论文集	21BTQ006
面向新时代高等教育内涵式发展的高校图书馆服务成效与贡献度测评研究	唐承秀	天津财经大学	论文集　研究报告	21BTQ007
数据驱动的学术评价范式研究	索传军	中国人民大学	论文集　研究报告	21BTQ008
情报刻画的理论与实践研究	王延飞	北京大学	专著	21BTQ009
基于多元数据融合的社科领域新兴主题探测方法及实证研究	丁敬达	上海大学	专著　论文集	21BTQ010
数字资源知识共享与知识再利用模式与方法研究	刘　耀	中国科学技术信息研究所	论文集　研究报告 电脑软件	21BTQ011
面向国家安全的科技竞争情报态势感知研究	石　进	南京大学	论文集　研究报告	21BTQ012
网络信息内容生态安全风险治理模式建构与实现研究	周　毅	苏州大学	研究报告	21BTQ013

续表

项目名称	负责人	工作单位	预期成果	批准号
云南少数民族碑谱整理与研究	何俊伟	大理大学	专著　电脑软件	21BTQ014
《黑图档 · 档案房》档案整理与研究	赵彦昌	辽宁大学	专著	21BTQ015
国家大数据战略背景下档案数据质量优化控制研究	周林兴	上海大学	专著	21BTQ016
容庚友朋尺牍整理与研究	倪俊明	广东省立中山图书馆	专著　论文集	21BTQ017
中国古代家训中的阅读史料整理与研究	高　田	淮北师范大学	专著	21BTQ018
李调元与清代四川刻书研究	王永波	四川省社会科学院	专著	21BTQ019
安岳石窟佛经文献整理及文字研究	廖　强	西南大学	专著	21BTQ020
北京大学图书馆藏洪业未刊书信整理与研究	邹新明	北京大学	专著　其他	21BTQ021
近代学术转型与正史目录考补演进研究（1912—1949）	李学玲	贵州师范大学	专著	21BTQ022
文华图专档案教育史料整理与研究	肖秋会	武汉大学	研究报告	21BTQ023
社会文化史视野下的近代西北官书局出版研究	甄　芸	西北民族大学	专著	21BTQ024
江汉影戏濒危口述史料征编与研究	付　琴	长沙师范学院	专著　研究报告 电脑软件	21BTQ025
基于图文语料库的宋校医书方剂文献异文研究	曾　凤	北京中医药大学	研究报告电脑软件	21BTQ026
社会学习视角下青少年数字阅读行为研究	张文彦	广西民族大学	论文集　研究报告	21BTQ027
基于 PIRLS 测评的乡村儿童阅读生态系统构建研究	仇　恢	广州体育学院	专著　研究报告	21BTQ028
阅读推广人专业化职业化培育模式研究	霍瑞娟	国家图书馆	研究报告	21BTQ029
协同共治视角下图书馆推进开放科学的服务模式研究	虞　为	南京大学	专著	21BTQ030
多源数据深度融合驱动的图书馆智慧服务职能体系研究	刘　慧	南京晓庄学院	专著　论文集	21BTQ031
高校图书馆引进国外数字资源的合同风险防控体系研究	向佳丽	厦门大学	研究报告	21BTQ032
面向开放科学的科技期刊产业链整合研究	许　洁	武汉大学	研究报告	21BTQ033
以公众获得感为导向的公共数字文化服务可及性研究	戴艳清	湘潭大学	专著	21BTQ034
数字缩微胶片在电子档案长期保存中的应用研究	仇壮丽	湘潭大学	专著	21BTQ035
数字人文生态构建中图书馆参与模式研究	苏芳荔	郑州航空工业管理学院	研究报告	21BTQ036
知识服务升级情景下学术出版业与研究型图书馆融合发展研究	孙慧娟	中国社会科学院社会科学文献出版社	专著	21BTQ037
高校图书馆跨学科知识组织与智慧服务模式构建研究	马翠嫦	中山大学	研究报告	21BTQ038
循证社会科学背景下的图书馆学研究方法变革研究	魏志鹏	甘肃省图书馆	论文集　研究报告	21BTQ039
开放科学环境下图情机构与智库协同创新模式及运行机制研究	黄长伟	哈尔滨商业大学	研究报告	21BTQ040

续表

项目名称	负责人	工作单位	预期成果	批准号
图书馆在国家健康战略中的角色定位和实现路径研究	谈大军	华南师范大学	论文集　研究报告	21BTQ041
我国公共文化服务可及性模式研究	陈　雅	南京大学	专著	21BTQ042
价值共创视角下大学图书馆空间服务模式研究	史艳芬	同济大学	专著	21BTQ043
基于图书馆嵌入式服务过程的馆员与用户协同信息行为研究	谢守美	中南民族大学	研究报告	21BTQ044
突发公共卫生事件用户画像构建与舆情演化机制研究	曾　金	湖北经济学院	论文集　研究报告	21BTQ045
面向突发公共卫生事件的网络舆情时空演化与决策支持研究	曾子明	武汉大学	论文集　研究报告	21BTQ046
重大突发事件中信息迷雾的感知与识别研究	罗建宏	浙江理工大学	论文集	21BTQ047
面向突发事件网络舆情治理的政府双向信息沟通能力建设研究	齐云飞	郑州航空工业管理学院	论文集	21BTQ048
社交媒体情境下网络虚假信息传播行为干预研究	莫祖英	郑州航空工业管理学院	研究报告	21BTQ049
健康中国背景下多源数据驱动的药物知识发现方法研究	贺培风	山西医科大学	论文集　研究报告	21BTQ050
医疗健康大数据资产管理模式与再利用机制研究	张军亮	新乡医学院	研究报告	21BTQ051
云南人口较少民族信息扶贫成效跟踪调查及巩固拓展研究	朱　明	云南大学	研究报告	21BTQ052
医疗健康大数据资产管理模式与再利用机制研究	翟运开	郑州大学	专著　研究报告	21BTQ053
群体参与视角下在线健康信息质量治理研究	金　燕	郑州大学	研究报告	21BTQ054
社会感知驱动下用户画像时空数据知识组织研究	赵又霖	河海大学	研究报告	21BTQ055
大数据环境下企业网络评论信息组织与语义挖掘研究	袁国华	河南师范大学	研究报告　电脑软件	21BTQ056
认知和心理账户视角下社交媒体用户隐私悖论行为及干预机制研究	相甍甍	吉林财经大学	论文集	21BTQ057
突发公共事件大数据通证的用户隐私安全研究	王　峰	吉林大学	论文集	21BTQ058
基于用户跨社交媒体的信息行为偏好特征挖掘与推荐研究	毕达天	吉林大学	专著　论文集	21BTQ059
基于凸显性效应视角和财经媒体信息深度处理的投资者有限关注行为研究	岑咏华	南京理工大学	研究报告	21BTQ060
语义驱动的科研人员学术专长画像研究	宋培彦	天津师范大学	研究报告　电脑软件	21BTQ061
个人数据保护影响评估制度研究	喻建中	湘潭大学	研究报告	21BTQ062
移动社交媒体情境下偶遇健康信息利用行为机理及模式研究	田　梅	新乡医学院	论文集　研究报告	21BTQ063
情感体验视角下社交网络用户的中辍行为研究	甘春梅	中山大学	论文集	21BTQ064

续表

项目名称	负责人	工作单位	预期成果	批准号
面向科研人员定量评价的多维学术专长识别及属性度量研究	陈　翀	北京师范大学	论文集　研究报告	21BTQ065
数据协同驱动的城市治理数字化转型效能评估研究	范佳佳	上海社会科学院	论文集	21BTQ066
学术图书价值揭示方法研究	周春雷	郑州大学	研究报告	21BTQ067
数字政府背景下大城市政府数据治理能力评估与提升对策研究	李　平	中共上海市委党校	研究报告	21BTQ068
基于知识组织的量表资源语义互联研究	孙海霞	北京协和医学院	研究报告　电脑软件	21BTQ069
总体国家安全观视域下基于大数据的企业竞争情报感知能力提升研究	宋新平	江苏大学	研究报告	21BTQ070
多源数据融合驱动的智慧情报感知研究	白如江	山东理工大学	研究报告	21BTQ071
时间感知的个性化学术文献引文推荐研究	张晓娟	西南大学	研究报告	21BTQ072
基于认知图谱的应急知识组织与智慧服务模式研究	葛　岩	北华大学	论文集	21BTQ073
数据要素市场化背景下基于区块链的科学数据可信共享与服务研究	魏银珍	黄冈师范学院	论文集　电脑软件	21BTQ074
多源数据驱动下产业竞争情报智慧服务机制与模式研究	郑　荣	吉林大学	论文集	21BTQ075
智能媒体时代出版企业服务生态系统构建研究	王鹏涛	南京大学	论文集　研究报告	21BTQ076
数据全面进入生产要素体系背景下政府数据深度开放动力机制研究	迪莉娅	燕山大学	论文集　研究报告	21BTQ077
新时期产业技术竞争情报服务理论方法体系研究	陈　峰	中国科学技术信息研究所	研究报告	21BTQ078
区块链中用户数据的合规利用与隐私风险研究	康海燕	北京信息科技大学	论文集　研究报告	21BTQ079
科学数据融合模式设计与体系建构研究	刘桂锋	江苏大学	专著	21BTQ080
区块链生态赋能的“个性化推荐——隐私悖论”平衡机制研究	刘海鸥	燕山大学	论文集　研究报告	21BTQ081
大数据背景下南海水下考古多源档案资源的语义互联框架研究	张兴旺	桂林理工大学	论文集　研究报告	21BTQ082
清代鄂尔多斯人口档案搜集整理研究	周乌云	呼和浩特民族学院	专著　其他	21BTQ083
非物质文化遗产数字档案资源分层集群融合模式研究	刘　婧	华中师范大学	专著	21BTQ084
明清以来中国大运河流域民歌搜集整理与研究	陈　璇	苏州市职业大学	研究报告	21BTQ085
基于要素协同的非物质文化遗产档案资源跨机构集成机制研究	戴　旸	安徽大学	论文集　研究报告	21BTQ086
雄安新区档案治理研究	李　颖	河北大学	论文集　研究报告	21BTQ087
突发公共事件冲击下政府公开信息融合机制研究	熊曙初	湖南工商大学	论文集　研究报告	21BTQ088
新《档案法》背景下综合档案馆文化功能及其实现研究	聂云霞	南昌大学	专著	21BTQ089
档案资源数据化开发利用研究	倪代川	上海大学	专著	21BTQ090

续表

项目名称	负责人	工作单位	预期成果	批准号
电子档案“单套制”管理施行条件与技术研究	张照余	苏州大学	专著	21BTQ091
档案信息数据化生态安全治理体系研究	麻新纯	梧州学院	专著　论文集	21BTQ092
档案数据安全治理研究	于海燕	扬州大学	专著	21BTQ093
基于关联数据的古代辞书知识组织与应用研究	钱智勇	南通大学	专著	21BTQ094
《汉书·艺文志》解题新撰	孙振田	西安工业大学	专著	21BTQ095
民国时期古籍影印与流通研究	刘净净	北京师范大学	专著　研究报告	21BTQ096
公共图书馆婴幼儿阅读推广研究	孙　蕊	国家图书馆	研究报告	21BTQ097
面向2035的国民信息素养教育体系研究	吉久明	华东理工大学	研究报告	21BTQ098
区域科技资源协同融合、智能共享与生态化治理机制研究	周　蓉	成都信息工程大学	研究报告	21BTQ099
高校图书馆特藏资源服务模式及站群系统研究	张　毅	华东师范大学	专著　电脑软件	21BTQ100
面向动态疫情的政府辟谣信息效果评价及提升路径研究	陈　娟	华中农业大学	论文集　研究报告	21BTQ101
“5P”医学模式下的中医药知识聚合与智慧服务研究	王晓玉	安徽中医药大学	专著	21BTQ102
文化强国背景下提升中国学术话语权的生成逻辑、评价体系与实现路径研究	余　波	杭州电子科技大学	论文集　研究报告	21BTQ103
基于科学计量大数据的人文社会科学学术专著评价研究	李江波	青岛大学	研究报告	21BTQ104
智慧数据驱动的公共数字文化资源知识图谱构建与应用研究	张云中	上海大学	专著	21BTQ105
面向循证医学的领域文献实体关系识别方法研究	常志军	中国科学院文献情报中心	论文集　研究报告　电脑软件	21BTQ106
多源数据驱动的制造产业智慧情报服务研究	钱玲飞	南京航空航天大学	研究报告	21BTQ107
盛宣怀档案科技文献整理与研究	史　斌	上海交通大学	专著	21BTQ108
数据驱动的档案文献资源知识构建与知识服务研究	宋雪雁	吉林大学	论文集	21BTQ109
档案术语与档案学科协同演化机理研究	孙大东	郑州大学	专著	21BTQ110

2021年国家社会科学基金青年项目

项目名称	负责人	工作单位	预期成果	批准号
日本公藏中国古旧地图整理、编目与研究	陈　熙	复旦大学	工具书	21CTQ001
故宫博物院藏藏文古籍整理研究	李若愚	故宫博物院	工具书	21CTQ002
天一阁藏明代方志所见宋代地方文献辑考	何　适	扬州大学	专著	21CTQ003
域外藏中国散佚古医籍综合研究	于业礼	上海中医药大学	专著	21CTQ004
布达拉宫藏永乐版《甘珠尔》刊刻源流研究	刚索南草	西藏自治区布达拉宫管理处	专著	21CTQ005

续表

项目名称	负责人	工作单位	预期成果	批准号
国内外东巴舞谱古籍藏本搜集、整理与翻译研究	刁建勋	云南民族大学	专著	21CTQ006
教科书阅读与集体记忆建构研究	张学科	复旦大学	研究报告	21CTQ007
协同共治视域下公共图书馆社会数字素养教育效能及其创新路径研究	李秋实	华中师范大学	论文集　研究报告	21CTQ008
智慧图书馆建设评价模型与应用研究	段美珍	军事科学院军事科学信息研究中心	专著	21CTQ009
听觉文化复兴视角下公共数字文化资源的听觉化开发与触达研究	王　铮	西北大学	研究报告	21CTQ010
需求侧数据驱动的图书馆空间服务评价与体验优化研究	曹芬芳	安徽大学	论文集　研究报告	21CTQ011
中国知识产权信息公共服务体系优化对策研究	隆　瑾	湘潭大学	研究报告	21CTQ012
科技图书馆面向区域创新发展的服务机制研究	王　博	中国科学院武汉文献情报中心	论文集　研究报告	21CTQ013
面向风险治理的突发事件事理图谱构建研究	王　晓	华中师范大学	论文集	21CTQ014
认知图式视角下网络评论的影响力形成机制与评估研究	祝琳琳	吉林大学	论文集	21CTQ015
突发公共卫生事件网络信息资源的知识图谱构建研究	胡佳慧	北京协和医学院	研究报告 电脑软件　其他	21CTQ016
面向代表作评价的科研论文学术价值测度研究	董　克	武汉大学	研究报告	21CTQ017
数据驱动下科研项目团队异质性对创新绩效的影响研究	田人合	西北大学	论文集	21CTQ018
开放科学数据的经济价值及其测度研究	涂志芳	中国科学院文献情报中心	论文集　研究报告	21CTQ019
情报视角下大国竞争中的信息迷雾成因与识别研究	王冰琪	北京市科学技术研究院	研究报告	21CTQ020
多链交互的新时期产业技术情报服务方法体系研究	黄怡淳	广东省科技图书馆（广东省科技信息与发展战略研究所）	研究报告	21CTQ021
基于文本挖掘的学术论文创新性识别研究	魏绪秋	山东理工大学	研究报告	21CTQ022
生态系统理论视角下跨学科科研合作运行机理与保障策略研究	曾粤亮	华中师范大学	论文集　研究报告	21CTQ023
社会化标注系统知识协同演化机制研究	石燕青	南京农业大学	研究报告	21CTQ024
追踪研究前沿创新要素的领域知识元方法研究	孙　震	山东理工大学	研究报告	21CTQ025
新时代国家数据主权战略及治理体系研究	郑　琳	扬州大学	专著	21CTQ026
数字人文视域下云南陆军讲武堂档案文献数据化整理与研究	马立伟	安徽大学	研究报告	21CTQ027
文化大数据背景下古村落多源异构档案的知识融合研究	祁天娇	中国人民大学	研究报告	21CTQ028
新《档案法》背景下档案开放体系构建研究	张　臻	北京电子科技学院	论文集　研究报告	21CTQ029
基于人工智能的分层多粒度档案开放鉴定研究	杨建梁	中国人民大学	研究报告	21CTQ030

续表

项目名称	负责人	工作单位	预期成果	批准号
民国时期广东图书馆学人群体研究	陈润好	广东省立中山图书馆	论文集	21CTQ031
中央苏区红色书籍的编辑出版及其当代价值研究	彭嗣禹	南昌大学	专著	21CTQ032
中国图书馆员职业化百年进程与发展规律研究	胡康林	四川大学	专著	21CTQ033
我国老年人数字贫困的形成机理及消减对策研究	张克永	常州大学	研究报告	21CTQ034
健康中国战略下医养健康信息跨链协同模式研究	胡　漠	南京师范大学	论文集	21CTQ035
学术网络视域下学术成果影响力扩散路径研究	魏明坤	河北大学	研究报告	21CTQ036
基于分布式语义分析的学术创新演化模式研究	陈柏彤	上海大学	专著	21CTQ037
基于多源数据的新兴技术识别方法与演化路径研究	高　楠	中国科学技术信息研究所	研究报告	21CTQ038
基于多源知识网络的颠覆性技术分类识别方法研究	邢晓昭	中国科学技术信息研究所	研究报告	21CTQ039
全文本引文分析视角下的交叉学科融合和演化机制研究	姜　霖	南通大学	论文集	21CTQ040
文化遗产图像资源关联数据集成与叙事化呈现研究	侯西龙	武汉大学	论文集　研究报告	21CTQ041
电子文件归档的中国特色研究	苏焕宁	中山大学	论文集	21CTQ042

2021年国家社会科学基金重大项目

项目名称	首席专家	责任单位	批准号
新时代我国数字强边战略及实施路径研究	沙勇忠	兰州大学	21&ZD163
大数据主权安全保障体系建设研究	余　丽	郑州大学	21&ZD168
	冉从敬	武汉大学	21&ZD169
大数据驱动的科技文献语义评价体系研究	张智雄	中国科学院文献情报中心	21&ZD329
中国古代典籍跨语言知识库构建及应用研究	王东波	南京农业大学	21&ZD331
文化遗产智慧数据资源建设与服务研究	王晓光	武汉大学	21&ZD334
	周晓英	中国人民大学	21&ZD335
面向数字化发展的公共数据开放利用体系与能力建设研究	马海群	黑龙江大学	21&ZD336
	郑　磊	复旦大学	21&ZD337
政府数据的隐私风险计量与保护机制创新研究	臧国全	郑州大学	21&ZD338
粤港澳大湾区建设国际科创中心知识产权情报保障研究	韦景竹	中山大学	21&ZD339

2021年国家社会科学基金西部项目

项目名称	负责人	工作单位	预期成果	批准号
历史进程中的藏学佛教文献体系	王　黎	乐山师范学院	专著	21XTQ001
元代畏兀儿汉文文献整理与研究	王红梅	西华师范大学	专著	21XTQ002
滇黔桂砵卷闱墨整理与研究	王　力	贵州民族大学	专著	21XTQ003
全国历代佛教石刻造像记汇辑校注	吴继刚	贵州师范大学	专著	21XTQ004
明清实录藏事史料编年整理研究及数据库建设	孔繁秀	西藏民族大学	工具书　电脑软件	21XTQ005
西藏和平解放70年以来图书出版物中文化认同理论的演进	赵娜娜	西藏民族大学	研究报告	21XTQ006
西藏藏茶文化史料搜集、整理研究	赵国栋	西藏民族大学	专著	21XTQ007
布达拉宫馆藏印章整理与研究	阿央章态	西藏自治区布达拉宫管理处	专著	21XTQ008
新疆出土佉卢文收养子文书整理与研究	李　博	陕西中医药大学	专著	21XTQ009
乡村振兴背景下数字乡村文化发展的基本理论与服务可及性研究	杨九龙	西北大学	专著	21XTQ010
数字人文视域下新疆红色文化资源保护、开发和利用研究	胡可杨	中共新疆维吾尔自治区委员会党校	专著　研究报告	21XTQ011
海春生所藏民族古籍总目	小　春	内蒙古大学	专著	21XTQ012
日本馆藏侵华时期日本对内蒙古地区调查资料的整理与研究	刚巴嘎那	内蒙古民族大学	专著	21XTQ013
日本军政机构有关中共的档案资料整理与研究（1921—1945）	李洪锡	延边大学	研究报告　其他	21XTQ014
“区块链+”在医联体电子医疗文档管理中的应用研究	黄振杰	闽南师范大学	研究报告	21XTQ015
刘永济文学遗稿（未刊7种）整理与研究	王焕林	吉首大学	专著	21XTQ016

2021年国家社会科学基金后期资助项目

项目名称	负责人	项目责任单位	项目类别
《续四库总目》广东文献解题与传本研究	罗志欢	暨南大学	重点项目
生物安全情报导论	王　秉	中南大学	一般项目
基于危机生命周期的企业竞争情报机制研究	徐　芳	苏州大学	一般项目
情报编写理论研究	彭知辉	中国人民公安大学	一般项目
个人信用信息的利用与保护研究	郭育艳	河南财经政法大学	一般项目
图书馆基本理念研究	蒋永福	黑龙江大学	一般项目
我国电子图书发展史	王彦力	重庆大学	一般项目
美国儿童图书馆学教育研究	李芙蓉	上海大学	一般项目
民国时期阅读推广史研究	唐　艳	淮阴师范学院	一般项目
科学交流中学术大数据的运动规律研究	楼　雯	华东师范大学	一般项目

续表

项目名称	负责人	项目责任单位	项目类别
科学技术联动视角下区块链创新演化路径识别研究	余德建	南京审计大学	一般项目
大数据视角下基于事件抽取的科技发展态势智能监测研究	刘　振	徐州工程学院	一般项目
民国目录学编年与研究	熊　静	上海大学	一般项目
袁同礼年谱长编	雷　强	国家图书馆	一般项目
融媒时代的阅读研究	徐丽芳	武汉大学	一般项目
基于引文索引的“一带一路”学术传播话语体系建构研究	赵豪迈	陕西师范大学	一般项目
学术期刊评价——指标创新与方法研究	俞立平	浙江工商大学	一般项目
马克思主义中国化纪检监察思想变迁及重要历史文献评析	段　勇	上海大学	一般项目
在线用户评论行为时间序列关联数据知识发现	张艳丰	湘潭大学	一般项目
面向移动图书信息服务平台的读者隐私保护模型与策略	吴宗大	绍兴文理学院	一般项目
我国图书馆服务体系的标准化建设路径研究	宫　平	辽宁大学	一般项目
国家图书馆藏宋版《分门集注杜工部诗》校注	王东峰	长江师范学院	一般项目
《书林清话》注释本	王京山	中国传媒大学	一般项目
王伯群年谱	汤　涛	华东师范大学	一般项目

2021年度教育部人文社会科学研究规划基金、青年基金项目

项目名称	项目类别	申请人	学校名称	项目批准号
基于学科生态系统的高校图书馆学科联络与协同支持体系构建研究	规划基金项目	陆晓曦	北京语言大学	21YJA870006
组织间情报网络的分形规律和协作机理研究：以新冠疫情中的政府间协作为例	规划基金项目	郭　骅	河海大学	21YJA870002
基于深度学习的数字图书馆移动视觉搜索方法研究	规划基金项目	刘华咏	华中师范大学	21YJA870005
目录学语境下中国古代科学在儒学中的内在发展理路研究	规划基金项目	张晚霞	淮北师范大学	21YJA870012
“破五唯”视域下我国科技论文社会影响力评价体系构建研究	规划基金项目	吴祝华	南京林业大学	21YJA870010
老年人健康信息替代搜寻的行为机理及效果测度研究	规划基金项目	王　昌	山西财经大学	21YJA870009
基于特征扰乱的信息服务隐私保护策略研究	规划基金项目	吴宗大	绍兴文理学院	21YJA870011
移动社交媒体中疾病类健康信息特点分析及评价指标体系研究	规划基金项目	田　瑞	首都医科大学	21YJA870008
海内外现存《四库全书》散本的调查与研究	规划基金项目	高　远	四川师范大学	21YJA870001
跨学科知识组织中学科概念跨学科关联研究	规划基金项目	黄　京	武汉职业技术学院	21YJA870003
社会力量参与城乡阅读空间建设准入和评价机制研究	规划基金项目	阮　可	浙大城市学院	21YJA870007
创新导向的学术影响力评价模型与应用研究	规划基金项目	李　晶	中山大学	21YJA870004
复杂网络视角下科学文献的知识融合与知识扩散对比研究	青年基金项目	步　一	北京大学	21YJC870001
基于科学创造力测量的论文代表作识别方法研究	青年基金项目	王军辉	北京协和医学院	21YJC870016
科学文献引用行为异化现象的自动识别研究	青年基金项目	于　田	哈尔滨工程大学	21YJC870018

续表

项目名称	项目类别	申请人	学校名称	项目批准号
情境大数据驱动的社交媒体虚假信息识别模型与治理策略研究	青年基金项目	曾江峰	华中师范大学	21YJC870002
新中国阅读推广发展史研究	青年基金项目	唐　艳	淮阴师范学院	21YJC870015
面向“四新”的高校图书馆学科服务模式重构研究	青年基金项目	刘　丹	金陵科技学院	21YJC870010
移动图书馆视障用户界面导航模式与导航关键技术研究	青年基金项目	李雅洁	兰州大学	21YJC870006
“轻应用”背景下智慧图书馆微服务体系建设研究	青年基金项目	周玲元	南昌航空大学	21YJC870022
移动健康管理中信息回避形成机制与演化规律研究	青年基金项目	张　玥	南京大学	21YJC870020
基于领域实体的学科研究前沿识别体系构建研究	青年基金项目	陈　果	南京理工大学	21YJC870003
社交网络视角下用户线上评论的信息质量评估与行为趋同研究	青年基金项目	潘　雪	南京信息工程大学	21YJC870014
西部少数民族地区中小学生信息素养测评与研究	青年基金项目	罗艺杰	黔南民族师范学院	21YJC870011
河西汉代医简整理与研究	青年基金项目	范香立	陕西中医药大学	21YJC870004
公共数字文化服务质量提升的用户体验优化研究	青年基金项目	郑　燃	武汉大学	21YJC870021
用户认知结构视角下人文图像资源标注研究	青年基金项目	周　知	西北大学	21YJC870023
面向低成本专业化的高校图书馆知识产权信息公共服务研究	青年基金项目	林　静	厦门大学	21YJC870008
地方政府数据开放政策实施效果、影响因素及路径优化研究	青年基金项目	温芳芳	浙江财经大学	21YJC870017
多模态环境下的城市突发事件画像构建方法研究	青年基金项目	马　超	浙江师范大学	21YJC870013
面向高质量发展的档案治理体系现代化建设研究	青年基金项目	李宗富	郑州大学	21YJC870007
全球数据主权博弈背景下健全我国数据跨境流动规则体系研究	青年基金项目	张心源	郑州大学	21YJC870019
多领域科学数据元数据互操作方法研究	青年基金项目	贾　欢	郑州航空工业管理学院	21YJC870005
红色基因传承视阈下“三线建设”口述史料资源建设研究	青年基金项目	吕豪杰	郑州航空工业管理学院	21YJC870012
大数据时代多源在线健康信息质量适老化治理研究	青年基金项目	刘彩华	中山大学	21YJC870009

2021 年度教育部人文社会科学研究西部和边疆地区项目

项目名称	项目类别	申请人	学校名称	批准号
中国学者学术论文发表的语言选择及其影响因素研究	规划基金项目	林　芳	广西师范大学	21XJA870002
世界文化遗产丽江古城的数字记忆构建研究	规划基金项目	胡　莹	云南大学	21XJA870001
图书馆助力乡村振兴战略下的健康信息普及机制研究	青年基金项目	李淑敏	西安医学院	21XJC870001
基于深度学习的学者学术影响力递进维度精准评价研究	青年基金项目	徐小莹	西北工业大学	21XJC870002

中国博士后科学基金第69批面上资助图书馆界获资助人员名单

姓名	博管会编号	设站单位	资助等级	资助金额/万元	资助编号
祁天娇	261464	中国人民大学	1	8	2021M690166
王志红	276378	清华大学	2	5	2021M691823
高俊峰	265401	中国科学技术信息研究所	2	5	2021M693106
罗梦奇	258955	中国科学技术大学	2	5	2021M693090
孟庆时	248375	上海大学	2	5	2021M692026
范佳佳	270092	上海市人民政府发展研究中心	2	5	2021M692148
宋宁远	269514	南京大学	2	5	2021M691534
梁少博	279228	武汉大学	2	5	2021M692480
姜　霄	260343	中山大学	2	5	2021M693680

中国博士后科学基金第70批面上资助图书馆界获资助人员名单

姓名	博管办编号	设站单位	资助等级	资助金额/万元	资助编号
江天明	264321	华中师范大学	2	5	2021M701367
武　川	280391	华中师范大学	2	5	2021M701368
祝琳琳	264130	吉林大学	2	5	2021M701397
王婧怡	274629	江苏大学	2	5	2021M701482
王　迪	255947	武汉大学	2	5	2021M702528
戴　涛	260001	长安大学	2	5	2021M700533
王益成	293070	中国科学技术信息研究所	2	5	2021M703124
严承希	292784	中国人民大学	2	5	2021M703564

中国博士后科学基金第14批特别资助（站中）图书馆界获资助人员名单

姓名	博管会编号	设站单位	资助金额/万元	资助编号
赵又霖	223353	南京大学	15	2021T140311
朱多刚	188844	西安交通大学	15	2021T140548

（国家图书馆　马祥涛整理）

2021年国内图书馆学博士、硕士学位授予单位名录

2021 年国内图书馆学博士学位授予单位名录

序号	单位名称	序号	单位名称
1	北京大学信息管理系	10	上海大学文化遗产与信息管理学院
2	国防大学政治学院军事信息与网络舆论系	11	武汉大学信息管理学院
3	河北大学管理学院	12	湘潭大学公共管理学院
4	华东师范大学经济与管理学部	13	郑州大学信息管理学院
5	华中师范大学信息管理学院	14	中国科学院大学（中国科学院文献情报中心）
6	吉林大学商学与管理学院	15	中国科学院西北生态环境资源研究院
7	南京大学信息管理学院	16	中国人民大学信息资源管理学院
8	南京农业大学信息管理学院	17	中山大学信息管理学院
9	南开大学商学院		

2021 年国内图书馆学硕士学位授予单位名录

序号	单位名称	序号	单位名称
1	安徽大学管理学院	26	南京农业大学信息管理学院
2	北京大学信息管理系	27	南开大学商学院
3	北京师范大学政府管理学院	28	曲阜师范大学传媒学院
4	东北师范大学信息科学与技术学院	29	山东理工大学科技信息研究所
5	东南大学图书馆	30	山西财经大学信息学院
6	福建师范大学社会历史学院（社会发展学院）	31	山西大学经济与管理学院
7	福州大学图书馆	32	上海大学文化遗产与信息管理学院
8	复旦大学图书馆文献信息中心	33	四川大学公共管理学院
9	广西民族大学管理学院	34	苏州大学社会学院
10	国防大学政治学院军事信息与网络舆论系	35	天津师范大学管理学院
11	河北大学管理学院	36	武汉大学信息管理学院
12	河南科技大学图书馆	37	西安电子科技大学经济与管理学院
13	黑龙江大学信息管理学院	38	西北大学公共管理学院
14	湖北大学历史文化学院	39	西南大学计算机与信息科学学院　软件学院
15	华东师范大学经济与管理学部	40	湘潭大学公共管理学院
16	华南师范大学经济与管理学院	41	郑州大学信息管理学院
17	华中师范大学信息管理学院	42	郑州航空工业管理学院信息管理学院
18	吉林大学管理学院	43	中国科学技术信息研究所
19	江苏大学科技信息研究所	44	中国科学院大学（中国科学院文献情报中心）
20	辽宁大学历史学院	45	中国农业大学图书馆
21	辽宁师范大学政府管理学院	46	中国人民大学信息资源管理学院
22	南昌大学公共政策与管理学院	47	中国医学科学院　北京协和医学院　医学信息研究所 / 图书馆
23	南京大学信息管理学院	48	中国中医科学院中医药信息研究所
24	南京工业大学经济与管理学院	49	中山大学信息管理学院
25	南京理工大学经济管理学院		

（国家图书馆　杨凡整理）

年度大事记

2021年中国图书馆事业大事记

1月

1月18日—2月6日，图书馆古籍鉴定研修班以线上方式举办。

1月20日，经国家标准化管理委员会批准，全国图书馆标准化技术委员会第三届委员会正式组建完成。

3月

3月4日，四川省图书馆学会第九次会员代表大会在四川省图书馆召开。

3月4日，上海图书馆推出的“上图讲座·何健明系列党史课”系列讲座启动仪式暨第一讲《中国共产党成立为什么在上海？》在该馆举办。

3月11日，国家图书馆、中国图书馆学会与中国科技馆在国家图书馆举行战略合作框架协议签约仪式，正式建立战略合作伙伴关系。

3月31日，第六届长江读书节启动仪式在湖北省图书馆举行。国家图书馆、上海图书馆、湖南图书馆、江西省图书馆、四川省图书馆、湖北省图书馆、武汉大学图书馆、武汉图书馆等8家图书馆馆长和读者代表一起点亮长江阅读之灯，启动“走读长江”系列交流推广活动。

4月

4月7日，第二届中国图书馆馆长高级论坛在北京大学信息管理系举办，主题为“新阶段图书馆再发现”。

4月8日，中国图书馆学会2021年工作研讨会在国家图书馆召开。

4月13日，2021年广东省公共图书馆联盟第一次馆长联席会议在广东省立中山图书馆召开。

4月16日，国家图书馆（国家古籍保护中心）举行全国古籍修复技艺竞赛颁奖仪式暨古籍修复工作研讨会。

4月21日，国家图书馆（国家古籍保护中心）与天津图书馆等9家图书馆在国家图书馆召开古籍数字资源联合发布座谈会。会上，10家单位联合发布新增古籍资源1700余部/件。

4月23日，在第26个世界读书日到来之际，“行走在阅读的时空里——第十六届文津图书奖发布暨北京公园阅读文化季启动活动”在颐和园霁清轩举办。此次活动由文化和旅游部、中共北京市委宣传部指导，国家图书馆和北京市公园管理中心主办。

4月23日，由上海图书馆、苏州市文化广电和旅游局主办，苏州图书馆承办的下一代图书馆智慧服务平台研讨暨长三角智慧阅读圆桌会议在苏州第二图书馆举办。

4月23日，广东图书馆学会、澳门特别行政区政府文化局等联合举办2021年粤港澳“共读半小时”活动。

5月

5月10—31日，由国家图书馆、中国图书馆学会主办的2021“全国图书馆未成年人服务提升计划”线上专题培训班举办。

5月11日，2021年春季北京高校图工委暨BALIS管理委员会工作会议在中国人民大学图书馆召开。

5月13日，由中国信息协会教育分会、华中师范大学信息管理学院和教育装备采购网主办，华中师范大学图书馆、国家图书馆出版社协办，教育装备采购网、华中师范大学中国图书馆创新发展研究中心承办的2021第五届智慧图书馆发展论坛在湖北武汉开幕。

5月16—21日，由CALIS管理中心主办、贵州大学图书馆承办的CALIS外文书刊RDA编目业务培训研讨会在贵州贵阳召开。

5月18—21日，由中国图书馆学会主办，广东图书馆学会和广东省立中山图书馆承办的中国图书馆学会第八届青年学术论坛在广东省立中山图书馆举办，主题为“探索与引领：中国图书馆事业的‘青年故事'与'青年责任'"。

5月20日，广西图书馆学会第十一次会员代表大会在广西壮族自治区图书馆召开。

5月24日，2021年中国图书馆学会中小学图书馆分会工作会议在江苏苏州召开。

5月26日，由中国图书馆学会等单位联合主办的第四届"中国阅读"图书推荐榜发布仪式在杭州图书馆举行。

5月26—28日，河南省图书馆学会第十次会员代表大会在河南郑州召开。

5月30日，山东省图书馆发布《山东省公共图书馆全民阅读服务年报（2019—2020）》。

5月30日，由南京图书馆主办，江苏省旅游协会、《中国图书馆学报》等12家支持单位共同举办的首届文化与旅游融合发展国际高端智库峰会在南京图书馆举行。

6月

6月8—10日，2021河北省图书馆学会年会在张家口召开，主题为"体系·能力·融合——'十四五'时期图书馆的发展"。

6月9—10日，由中国图书馆学会阅读推广委员会、太原市文化和旅游局主办，太原市图书馆、太原图书馆学会承办的2021年图书馆红色空间与红色专藏论坛在山西太原召开。

6月10日—12月20日，中国图书馆学会阅读推广委员会组织举办2021年"读绘经典"图像阅读与创作活动。

6月11日，2021年度京津冀图书馆联盟工作会议在张家口市图书馆召开。

6月15日，济南市图书馆"泉城书房——'快递小哥'阅读驿站"项目荣获2021年"IFLA国际营销奖"第二名，上海图书馆"我的战疫"阅读马拉松线上快闪赛、温州市图书馆"漫画温图"两个项目入选前十名。

6月15日，由四川省图书馆、重庆图书馆、成都图书馆三馆联合主办的"成渝地·巴蜀情"成渝地区公共图书馆联盟第二次会议在四川省图书馆举办。

6月16—19日，由中国出版协会、韬奋基金会等主办，长春市图书馆等承办，《国际出版周报》《图书馆报》等协办的2021出版发行界图书馆界阅读推广论坛在吉林长春举办，主题为"书香百年路　阅读新征程"。

6月17—18日，由上海市图书馆学会、上海图书馆联合主办的第八届图书馆微服务研讨会在上海图书馆召开。

6月18日，"阅读红色经典·百年薪火相传"长征之路图书馆联盟红色经典阅读推广交流会在遵义市图书馆举行。

6月19—20日，2021年江苏全省公共图书馆工作年会暨全省少儿图书馆工作交流会在江苏盐城召开。

6月28日，河南省图书馆学会暨河南省高校图工委2021年阅读推广工作会议在河南郑州召开。

7月

7月2日，由中国文学艺术界联合会、国家图书馆、中国书法家协会主办的"国图之夏——寻踪仰迹·共沐理想之光"庆祝建党一百周年主题活动在国家图书馆举行。

7月2日，辽宁省图书馆学会第九次会员代表大会在辽宁沈阳召开。

7月6—9日，由吉林、辽宁、黑龙江三省图书馆学会共同主办，长白朝鲜族自治县文化广播电视和旅游局、长白朝鲜族自治县图书馆承办的东北地区第十八次图书馆学科学讨论会在吉林长白召开。

7月8日，由国家图书馆与中共浙江省委宣传部共同主办的《共产党宣言》专题展在国家图书馆开幕。

7月12—16日，由中国图书馆学会主办，山东省图书馆学会、青岛市图书馆、青岛市图书馆学会承办的2021年信息组织与资源建设研讨班在青岛市图书馆举办。

7月12—17日，由文化和旅游部公共服务司主办，中国图书馆学会、云南省文化和旅游厅承办，云南省图书馆学会、云南省图书馆协办的"全国基层文化和旅游公共服务队伍示范性培训——第十三期全国县级图书馆馆长培训班"在云南昆明举办。

7月15日，第二届全国高校图书馆古籍保护工作研讨会暨"册府千华：中国与亚洲"展览开幕式在浙江大学举行。

7月20日，郑州市受强降雨影响，单日降雨量突破历史极值，郑州图书馆第一时间发布不闭馆消息，馆员坚守岗位，为在馆读者及附近受困群众提供免费食宿等服务，得到社会各界的关注并获得赞誉。

7 月 21—23 日，由中国图书馆学会公共图书馆分会和辽宁省社会科学界联合会共同主办，辽宁省图书馆学会承办的“‘追寻百年记忆　弘扬红色精神’——红色文献整合与开发高峰论坛”在辽宁沈阳召开。

7 月 22—23 日，由中国图书馆学会学术研究委员会主办、山西大学图书馆及图书情报工作杂志社承办的面向智慧时代的图书馆空间服务创新学术研讨会在山西大学召开。

7 月 27 日，第七次全国公共图书馆评估定级标准研制工作会在国家图书馆召开。

7 月 27—30 日，2021 年“革命文献与民国时期文献保护计划”专题培训班——赣州站活动在江西赣州举办。

8 月

8 月 24—27 日，由中国图书馆学会主办的西部公共图书馆 2021 年学术研讨会在新疆克拉玛依举行。

8 月 30 日—9 月 17 日，由中国图书馆学会主办的 2021 年“中华传统文化经典”系列研修班——“古书版本鉴定”专题培训在线举办。

9 月

9 月 1 日，第四届中国与阿拉伯国家图书馆及信息领域专家会议在浙江杭州以视频会议形式举行。会议以“疫情常态化条件下图书馆的区域性交流与合作”为主题，由中国国家图书馆和阿拉伯国家联盟秘书共同主办，浙江图书馆承办。

9 月 2 日，首届丝绸之路国际图书馆联盟大会在浙江杭州以视频会议形式举行。会议由中国国家图书馆与浙江省文化和旅游厅共同主办，浙江图书馆承办。大会期间，联盟单位讨论并通过《丝绸之路国际图书馆联盟管理办法》。

9 月 6 日，《中国图书馆学会“十四五”发展规划纲要（2021—2025 年）》经中国图书馆学会十届二次理事会审议通过后正式印发。

9 月 13 日，国家图书馆召开学习贯彻习近平总书记给国图老专家回信精神两周年座谈会。

9 月 17 日，2021 年黑龙江省图书馆业务辅导暨学会秘书长工作会议在双鸭山市图书馆召开。

9 月 28 日，《鲁迅手稿全集》新书首发式在国家图书馆举行。

9 月 28—29 日，由高校图书馆数字资源采购联盟（DRAA）主办、中国高等教育文献保障系统（CALIS）管理中心和北京大学图书馆共同承办的第一届 DRAA 集团采购谈判工作研讨会在北京大学图书馆召开。

9 月 29 日，山东省第八届公共图书馆业务竞赛颁奖典礼在山东省图书馆举行。

10 月

10 月 13 日，由国家图书馆、中国盲人协会、中国盲文图书馆合作策划的中国记忆项目“视障领域代表性人物专题”资源共建共享工作启动仪式在国图艺术中心举行。

10 月 13—14 日，第二届中国—中东欧国家图书馆联盟馆长论坛在浙江杭州举行，主题为“图书馆在充满挑战的时代不可或缺：图书馆设计的新方法”。

10 月 13—14 日，由全国图书馆文献缩微复制中心主办、中国文献影像技术协会承办的 2021 年全国公共图书馆缩微技术培训班在线举办。

10 月 14 日，第二十八届河北省、市公共图书馆馆长联席会议在廊坊召开。

10 月 20 日，第十七届数字资源长期保存国际学术会议（iPRES2021）在中国科学院文献情报中心开幕。

10 月 20 日，秉承“资源共享、优势互补、互惠互利、共谋发展”原则的青海图书馆联盟成立大会在青海省图书馆举办。

10 月 20—21 日，由中国图书馆学会阅读推广委员会主办，河北省图书馆学会、沧州市图书馆学会、沧州市图书馆、《藏书报》联合承办的 2021 公私藏书与经典阅读（沧州）会议在沧州市图书馆举办。会议主题为“公私藏书资源共享与经典阅读多元创新推广”。

10 月 22 日，由上海市图书馆学会、上海市图书馆行业协会和智慧图书馆技术应用联盟（筹）共同主办的“云瀚智享，图界华章——2021 图书馆前沿技术论坛（IT4L2021）”在上海图书馆举行。

10 月 22 日，由四川省普通高等学校图书情报工作指导委员会、重庆市高等学校图书情报工作委员会主办的 2021 年川渝高校信息素养大赛启动会通过线上平台召开。

10月23日，由上海图书馆、浙江图书馆、安徽省图书馆、南京图书馆和阅读马拉松组委会共同主办的“2021长三角阅读马拉松大赛”在沪苏浙皖四省市同时开赛。

10月31日，由中国图书馆学会主办，中国图书馆学会阅读推广委员会、宁波图书馆承办的2021年“书香社区”论坛以线上、线下相结合的方式举行。

11月

11月3—4日，“公共图书馆历史使命与时代使命”学术研讨会在广州图书馆举办。会议由中国图书馆学会公共图书馆分会主办、广州市图书馆学会承办，采取线上、线下同步联动的形式召开。

11月4—6日，由中国图书馆学会主办、广州图书馆和广州市图书馆学会承办的第33届全国十五城市公共图书馆工作研讨会在广州举行，主题为“城市图书馆服务体系的高质量发展”，采取线上、线下相结合的形式召开。

11月5日，江西省公共图书馆联盟成立。

11月11—12日，中部六省（湘鄂赣皖晋豫）公共图书馆联盟馆员业务能力提升线上培训举办。

11月16—18日，由中国高等教育文献保障系统（CALIS）管理中心主办、四川大学图书馆承办的数字化转型中的图书馆变革与发展研讨会暨2021年度CALIS年会在线召开。

11月18日，西北五省（区）图书馆第六次峰会在线召开，主题为“共商、共建、共享——全力推动西北五省（区）图书馆事业高质量发展”。

11月18日，第十届中国开放获取推介周活动在中国科学院文献情报中心开幕。

11月23日，全国图书馆联合编目中心2021年度工作会议在线召开。

11月23—24日，中国图书馆学会专业图书馆分会2021年学术年会暨专业图书馆发展论坛在线举办，主题为“面向科技自立自强深化知识服务，建设国家高端科技信息交流平台”。

11月26日，中国社会科学情报学会2021年度学术年会召开，主题为“庆祝中国共产党成立100周年，中国社会科学情报事业回顾与展望”。

12月

12月2日，全国智慧图书馆建设联席会议第一次会议以线下与线上相结合的方式召开，主题为“智慧图书馆建设实践与思考”。

12月8日，2021年全国古籍保护工作座谈会在湖北武汉召开。相关单位获颁发第六批国家珍贵古籍名录证书和“第六批全国古籍重点保护单位”标牌。

12月9日，第十二届全国知识组织与知识链接学术交流会在线召开，主题为“知识组织标准规范的建设与应用”。会议由国家图书馆、中国科学技术信息研究所、国家科技图书文献中心和中国科学技术情报学会主办，数字图书馆论坛编辑部协办。

12月15日，由中国图书馆学会阅读推广委员会主办、佛山市图书馆学会承办的“图书馆与家庭阅读推广创新发展研讨会”在佛山市图书馆举办。此次研讨会以“阅读新时代　书香润万家”为主题，采取线下主会场与线上直播相结合的形式举行。

12月15—16日，第二届NSTL科技文献信息开放服务云论坛暨开放学术交流研讨会在线举办。

12月24日，为庆祝教育部高等学校图书情报工作指导委员会成立40周年，“继承与创新：大学图书馆现代化新征程”学术研讨会在北京大学举行。

12月28日，第十六届全国省、自治区、直辖市、较大城市图书馆馆长联席会议通过线上、线下相结合的方式召开，主题是“学习贯彻落实党的十九届六中全会精神，交流‘十四五’时期公共图书馆事业高质量转型发展思路”。

（国家图书馆　罗欢整理）

综合主题索引

A

B

C

D

E

F

G

H

J

K

L

M

N

P

Q

R

S

T

W

X

Y

Z

（佛山大学　衡中青　李秋宇编制）